Friedemann Bedürftig

Taschenlexikon Deutschland nach 1945

SERIE PIPER

Zu diesem Buch

Der Zweite Weltkrieg war 1945 zu Ende – inzwischen ist mehr als ein halbes Jahrhundert vergangen, eine Epoche mit vielen Facetten, prall von Ereignissen, in Deutschland eine Zeit des Neuanfangs, der Teilung, des Aufbaus zweier deutscher Staaten mit eigenen Institutionen und eigener Geschichte, die schließlich 1990 wieder zusammengeführt werden konnten. Wir müssen über beide deutsche Staaten Bescheid wissen, wenn die Grenzen auch in den Köpfen und Herzen endlich fallen sollen. Dieses Lexikon erfaßt daher Begriffe und Personen, Organisationen und Verträge, politische Entwicklungen und Stationen in Deutschland nach 1945. Zahlreiche Querverweise regen zu inhaltlich zusammenhängender Lektüre an, Fotos und Grafiken machen sie anschaulich. Als deutsch-deutsches Nachschlagewerk knüpft dieser Band nahtlos an das »Taschenlexikon Drittes Reich« vom selben Autor an.

Friedemann Bedürftig, geboren 1940 in Breslau, studierte Geschichte und Germanistik in Tübingen. Arbeitete als Lexikonredakteur, Verlagslektor und Journalist. Lebt seit 1981 als freier Autor in Hamburg und ist unter anderem Herausgeber des »Preußischen Lesebuches« und des »Großen Lexikons des Dritten Reiches«. Weitere Taschenlexika von Friedemann Bedürftig: »Taschenlexikon Drittes Reich«, »Taschenlexikon Bismarck«.

Friedemann Bedürftig

Taschenlexikon Deutschland nach 1945

Vorwort von Kurt Sontheimer

Mit zahlreichen Abbildungen

Piper München Zürich

Von Friedemann Bedürftig liegen in der Serie Piper außerdem vor:
Taschenlexikon Drittes Reich (2369)
Taschenlexikon Bismarck (2593)

Ungekürzte Taschenbuchausgabe
Piper Verlag GmbH, München
August 1998

unter dem Titel:
Lexikon Deutschland nach 1945
Umschlag: Büro Hamburg
Simone Leitenberger, Susanne Schmitt, Annette Hartwig
Foto Umschlagvorderseite: Archiv für Kunst und Geschichte, Berlin
Foto Umschlagrückseite: Enno Kaufhold
Satz: Dörlemann-Satz, Lemförde
Druck und Bindung: Clausen & Bosse, Leck
Printed in Germany ISBN 3-492-22495-4

Vorwort

Ein Lexikon ist der Versuch, das vorhandene Wissen über eine bestimmte Zeit oder ein Fachgebiet nach den wichtigsten Stichpunkten zu gliedern und dem Leser einen raschen und verläßlichen Zugang zu den notwendigen Informationen zu bieten. Es gibt verschiedene Lexika über Staat, Politik und Geschichte, manche in mehreren Bänden und ziemlich gelehrt, andere nur in einem Band und als Taschenbuch, wie das erfolgreichste Politiklexikon nach 1945, das, herausgegeben von Ernst Fraenkel und Karl Dietrich Bracher, das politologische Wissen der Anfangszeit der Bundesrepublik zusammenfaßte. Ich selbst habe 1977 ein wissenschaftliches Handbuch des politischen Systems der Bundesrepublik herausgegeben, besitze also gewisse Erfahrung auf diesem Sektor.
Das vorliegende »Lexikon Deutschland nach 1945«, verfaßt von Friedemann Bedürftig, zeichnet sich nach meinem Eindruck durch einige Vorzüge aus, die es von den streng wissenschaftlichen und groß angelegten Lexika vorteilhaft unterscheiden: Es präsentiert das Grundwissen über Deutschland seit dem Ende des 3. Reiches in einem handlichen Band; es behandelt Deutschland als Ganzes, also nicht mehr aufgeteilt zwischen BRD und DDR, und es wird durch die fachüblichen Trennungen zwischen Geschichte, Politik, Ökonomie und Staatsrecht und dergleichen nicht behindert. Im Gegenteil. Das ist vor allem das Verdienst des Autors, eines umfassend gebildeten und informierten Publizisten, dem es gelungen ist, das ihm notwendig scheinende Grundwissen über Deutschland in der zweiten Hälfte des 20. Jahrhunderts so knapp und klar wie möglich zu erfassen und - in die einzelnen Stichworte gegliedert - leicht und verständlich auszubreiten.
Weil wir es in diesem Lexikon nicht wie gewöhnlich mit vielen Mitwirkenden, sondern nur mit einem Autor zu tun haben, ist ein sprachlich einheitliches und geschlossenes Werk entstanden, bei dem auch die Proportionen stimmen, d. h. die Bestimmung des relativen Gewichts der einzelnen Stichworte im Rahmen des Ganzen.
Diese Art des Vorgehens hat sich schon im vorangegangenen »Taschenlexikon Drittes Reich« bewährt, an dessen erfolgreiche Gestaltung der Autor nun auch für die Behandlung der Nachkriegszeit anknüpfen konnte. Lexika sind wichtige Hilfsmittel der Wissens- und Bildungsvermittlung, wenn sie die Fülle des Stoffes sichten und dessen Komplexität reduzieren, den raschen Zugang zu ihm eröffnen und das unentbehrliche Grundwissen bereitstellen. Dieser Band wird diesem Verlangen gerecht. Auf der Grundlage des Wissens, das ein Lexikon wie dieses bereitstellt, übersichtlich gegliedert, in gutem Deutsch verfaßt, läßt sich der wünschenswerte Schritt zu größerem Wissen,

tieferem Verständnis und umfassender Bildung, zu dem wir die Leser anregen und ermuntern wollen, leichter tun.
Die Verarbeitung und Aufarbeitung der rund fünfzigjährigen deutschen Nachkriegsgeschichte ist eine wichtige, unverzichtbare Aufgabe der historischen und politischen Bildung. Ich finde, daß dieses Lexikon dabei gute Dienste leisten kann.

Professor Kurt Sontheimer

A

AA, Abk. für Auswärtiges Amt, s. *Bundesminister*, s. *Außenpolitik*

ABF, Abk. für Arbeiter-und-Bauern-Fakultät, s. *Arbeiter-und-Bauern-Macht*

Abgeordnete
Die in den *Bundestag* oder die *Landtage* gewählten Volksvertreter nennt man Abgeordnete. Sie sind laut Art. 38 GG an Weisungen und Aufträge nicht gebunden und nur ihrem Gewissen unterworfen; sie verfügen also über ein freies *Mandat.* Da jedoch fast ausschließlich *Parteien* Vertreter in die Parlamente entsenden, gefährdet ein Abgeordneter, der sich gegen die Parteilinie oder gegen seine *Fraktion* stellt, seine Wiederwahl. Er unterwirft sich daher in der Regel der Fraktionsdisziplin, die bis zum Fraktionszwang gehen kann. Berufliche Tätigkeit ist neben der Funktion als Abgeordneter kaum noch möglich, Beamtentätigkeit ist untersagt, weil Beamte dann sowohl der Exekutive wie der Legislative angehörten, was dem Prinzip der *Gewaltenteilung* widerspräche. Abgeordneten stehen daher Bezahlung *(Diäten)* und, nach bestimmter Tätigkeitsdauer, Ruhegeld zu. Außerdem erhalten sie eine steuerfreie Aufwandsentschädigung und haben freie Fahrt mit staatlichen Verkehrsmitteln.
Aus Äußerungen im Parlament dürfen den Abgeordneten keine Nachteile entstehen *(Indemnität).* Während ihres Mandats genießen sie Schutz vor strafrechtlicher Verfolgung *(Immunität)* und haben das Recht der Zeugnisverweigerung über Personen und Sachen, mit denen sie in ihrer Eigenschaft als Abgeordnete zu tun hatten. Das Mandat kann ihnen nicht entzogen werden; es endet mit der Wahlperiode, bei Verzicht, Auflösung des Parlaments, Ungültigkeitserklärung der Wahl oder bei Verbot der Partei. Abgeordneter kann nur werden, wer das 18. Lebensjahr vollendet hat, seit mindestens 1 Jahr deutscher Staatsbürger und im Besitz der bürgerlichen *Ehrenrechte* ist.
Die Abgeordneten der *Volkskammer* hatten während der SED-Herrschaft formal ähnliche Rechte, die aber wegen bestehender Vorrechte des *Staatsrats*, des *Ministerrats* und der Führungsgremien der Staatspartei kaum ausgeübt werden konnten. Mehr als Zustimmung zu deren Beschlüssen war den Abgeordneten bis 1989 nicht möglich. Sie wurden über die Einheitsliste der *Nationalen Front* gewählt; wie viele Sitze auf die einzelnen Parteien und *Massenorganisationen* entfielen, stand vorher fest und war vom Wähler nicht zu beeinflussen.

ABI, Abkürzung für Arbeiter-und-Bauern-Inspektion der DDR, s. *Arbeiter-und-Bauern-Macht*

Abrüstung
Seit Ende des 19. Jh. gibt es Bemühungen um Verminderung oder Abschaffung von Waffen und/oder Streitkräften, bis in die 1960er Jahre jedoch erfolglos. Selbst als der 2. Weltkrieg mit dem Einsatz der ersten Kernwaffen die vervielfachte Vernichtungskraft moderner Waffen offenbarte, kam es im *Kalten Krieg* zunächst zu einem weiteren Rüstungsschub, in den auch die beiden deutschen Staaten einbezogen wurden; es entstanden *Bundeswehr* und *Nationale Volksarmee.* Erste Schritte zu einer Abrüstung oder zumindest Rüstungskontrolle gelangen den Supermächten USA und UdSSR durch Vereinbarung eines Teststopps für Kernwaffen in der Atmosphäre (1963), der Nichtverbreitung von Kernwaffen (Atomwaffensperrvertrag, 1968) und der Begrenzung der strategischen Rüstung (SALT-I-Vertrag, 1972). Gleichzeitig kam es jedoch immer wieder zu neuen Rüstungsrunden wie z. B. durch den *NATO-Doppelbeschluß* (1979). Mit Amtsantritt Michail Gorbatschows in der UdSSR (1985) verminderten sich die Ost-West-Spannungen, so daß die Vernichtung der atomaren Mittelstreckenraketen (INF-Vertrag, 1987), weitere Abrüstungsschritte (Verbot chemischer Waffen u. a.) und die Auflösung des *Warschauer Pakts* möglich wurden. Die im Zuge dieser Entspannung im *Zwei-plus-Vier-Vertrag* ausgehandelte *Wiedervereinigung* Deutschlands führte zur Reduzierung der Bundeswehr auf 370 000 Mann als deutschem Beitrag zur Abrüstung.

Abschiebung s. *Ausländer*, s. *Ausweisung*

Abschreckung
Rüstung kann aggressiv sein oder defensiv. Im letzteren Fall erfüllt sie ihre Funktion, wenn sie einen potentiellen Gegner von einem Angriff abschreckt. Die Militärdoktrin der Abschreckung gewann mit der Entwicklung der Kernwaffen und anderer Massenvernichtungsmittel an Bedeutung, weil ein Angreifer nun mit einem vernichtenden Gegenschlag rechnen mußte. Diese Form der »massiven Vergeltung« war zunächst maßgebend für die Strategie der *NATO*, wurde aber in den 1960er Jahren abgelöst durch die »abgestufte« Abschreckung, die »flexible response«, je nach eingesetztem Angriffspotential des Gegners. Die *Bundeswehr* war in diese Strategie eingebunden, die nach Zusammenbruch des Ostblocks nicht mehr aktuell ist.

absolute Mehrheit
Verfügt eine Partei in einem Parlament oder eine Gruppe in einem anderen Gremium über mehr als die Hälfte der stimmberechtigten Mitglieder, dann hat sie die absolute Mehrheit, benötigt also zur Durchsetzung von Beschlüssen, zur Wahl von Funktionsträgern oder zur Regierungsbildung keinen Partner. Z.B. ist nach Art. 63 GG zur Wahl des *Bundeskanzlers* in den ersten beiden Wahlgängen die abso-

lute Mehrheit, also die Mehrheit der Mitglieder des *Bundestages* erforderlich, erst im dritten Wahlgang genügt die relative Mehrheit, also die Mehrheit der abgegebenen Stimmen. Es gelang in der Geschichte der Bundesrepublik einer Partei bisher erst einmal, die absolute Mehrheit der Bundestagsmandate zu erringen: der CDU/CSU 1957.

Abstimmung
Entscheidungen in den Parlamenten kommen durch Mehrheitsvotum zustande. Zur Feststellung von Mehrheiten wird über *Anträge*, Gesetzentwürfe, personelle Zusammensetzung von Gremien u. a. abgestimmt. Dabei unterscheidet man zwischen öffentlicher Abstimmung durch Aufstehen oder Handzeichen, was nur bei klaren Mehrheitsverhältnissen sinnvoll ist, *Hammelsprung,* namentlicher und geheimer Abstimmung. Die namentliche Stimmabgabe, die auf Antrag einer Fraktion oder von mindestens 5 % der anwesenden *Abgeordneten* erfolgt, dient der Feststellung der Verantwortlichkeit des einzelnen und wird per Stimmkarte vorgenommen, auf der der Name des Abgeordneten und die Entscheidung »Ja«, »Nein« oder »Enthaltung« verzeichnet sind. Geheime Abstimmung mit verdeckten Stimmkarten ist im *Bundestag* bindend vorgeschrieben bei der Wahl des *Bundeskanzlers* und des *Wehrbeautragten*; auch die *Bundesversammlung* stimmt geheim ab. Damit soll die Unabhängigkeit des Abstimmenden gesichert werden. Unecht sind Abstimmungen per *Akklamation.*

Abtreibung s. *Schwangerschaftsabbruch*

Abwicklung
Im Zuge der deutschen Vereinigung nach 1990 sollten die politischen, wirtschaftlichen und kulturellen Strukturen in den neuen Ländern entideologisiert und effektiviert werden. Dazu gehörte die Verkleinerung oder Auflösung von Behörden, die *Privatisierung* von Staatsbetrieben durch die *Treuhandanstalt* und die Dezentralisierung von Entscheidungsprozessen, kurz »Abwicklung« genannt. Der Begriff stammt aus dem Wirtschaftsrecht und bezeichnet die Auflösung (Liquidation) von Firmen unter abschließender Befriedigung der Gläubiger, Beendigung der Geschäfte und Verwertung des Vermögens. Entsprechend war die Abwicklung von einstigen DDR-Einrichtungen von Entlassungen, Lohnkürzungen und Umstrukturierungen begleitet und erzeugte ein Gefühl bedrohlicher sozialer Unsicherheit.

Achtundsechziger Bewegung s. *Studentenbewegung*

Adenauer, Konrad
* Köln 5. 1. 1876, † Rhöndorf 19. 4. 1967 – 1906 der *Zentrums*partei beigetreten, wurde der katholische Jurist Adenauer ins Kölner Stadt-

Bundeskanzler Konrad Adenauer mit dem US-Hochkommissar James B. Conant (l.) bei der Unterzeichnung des Protokolls über die Hinterlegung der Ratifikationsurkunde der Pariser Verträge.

parlament und 1917 zum Oberbürgermeister gewählt. Zeitweilig propagierte Adenauer in den Anfangsjahren der Weimarer Republik die Lösung des Rheinlands von Preußen (nicht vom Reich), dessen Staatsrat er 1920-33 als Mitglied und Präsident angehörte. Mehrfach wurde er als Kandidat für das Amt des Reichskanzlers genannt, ehe ihn die Nationalsozialisten im März 1933 absetzten. Obwohl er sich ganz aus der Politik zurückzog, galt er als Regimegegner und wurde nach dem Anschlag auf Hitler am 20. Juli 1944 vorübergehend festgenommen.
Die amerikanische Besatzungsmacht berief Adenauer 1945 wieder zum Oberbürgermeister seiner Heimatstadt, die nachfolgende britische Militärregierung entließ ihn erneut »wegen Untätigkeit«. Er stieg anschließend in der ohne seine direkte Mitwirkung gegründeten *Christlich-Demokratischen Union* (CDU) zum Vorsitzenden in der britischen Zone auf, war Landtagsabgeordneter und wurde 1948 zum Vorsitzenden des *Parlamentarischen Rates* gewählt. Er gehörte damit zu den »Vätern des *Grundgesetzes*« der Bundesrepublik Deutschland, deren »Kanzlerdemokratie« er als erster Regierungschef *(Bundeskanzler* 1949-63) maßgeblich prägte. Zur Überwindung der deutschen Teilung setzte Adenauer ganz auf die Einbindung Westdeutschlands in das westliche Bündnis, betrieb die *Wiederbewaffnung* seit 1950 sowie den Beitritt zur *NATO* (1955) und war unter deren Schirm ein dezidierter Vertreter einer »Politik der Stärke« gegenüber dem Osten, mit dem er gleichwohl das Gespräch suchte (1955 Moskaubesuch und Aufnahme diplomatischer Beziehungen zur UdSSR). Befreundet mit US-Außenminister John Foster Dulles, entwickelte sich Adenauer zum entschiedenen »Atlantiker«, der allerdings dem Schwenk der amerikanischen Regierung seit 1959/60 in Richtung *Entspannungspolitik* nicht folgte, sondern mit Forcierung der europäischen Einigung beantwortete. Die 1957 ausgehandelten *Römischen Verträge* waren dafür die Basis, die Aussöhnung mit Frankreich (*Deutsch-Französischer Freundschaftsvertrag* 1963) flankierte seine Politik, die freilich als Strategie für die deutsche *Wiedervereinigung* scheiterte (*Berlin-Krise* 1958, *Berliner Mauer* 1961).
Das Ende der Ära Adenauer war nach dem Verlust der *absoluten Mehrheit*, die er für die von ihm 1950-66 geführte CDU/CSU 1957 errungen hatte, seit 1961 absehbar und wurde durch die *Spiegel-Affäre* 1962 noch beschleunigt. 1963 trat Adenauer zurück und machte seinem bisherigen Wirtschaftsminister *Erhard* Platz, dessen *Wirtschaftswunder* er viel von seinem außenpolitischen Spielraum und die Stabilisierung der Demokratie verdankte; auch die Politik der *Wiedergutmachung* wurde dadurch ermöglicht.

Agitprop
Im westdeutschen und im heutigen deutschen Sprachgebrauch sind Agitation und Propaganda fast synonyme Begriffe für Meinungslen-

kung. Der DDR-Sprachgebrauch unterschied zwischen beiden nach der Definition Lenins: »Ein Propagandist erklärt viele Ideen einer oder wenigen Personen; ein Agitator wirbt nur für eine oder wenige Ideen, aber er erklärt sie vor einer Volksmasse.« Danach hatte Propaganda vor allem die Aufgabe der Schulung und der langfristigen Erziehung zum Sozialismus, während die Agitation der jeweils aktuellen Aufklärung im sozialistischen Sinn und der Beeinflussung der öffentlichen Meinung diente. Das Kürzel »Agitprop« bezeichnete die Mischung beider und ihre künstlerische Umsetzung vor allem im Agitproptheater, für das z. B. *Brecht* oder Peter Weiss standen.

Agrarpolitik

Alle politischen, wirtschaftlichen und juristischen Maßnahmen, mit denen der Staat auf die Entwicklung der Land-, Forst- und Fischwirtschaft einwirkt, werden unter dem Begriff der Agrarpolitik zusammengefaßt. Für sie war in der DDR und ist in der Bundesrepublik ein eigenes Ministerium zuständig. Hauptfelder der Agrarpolitik sind: Sicherstellung der Ernährung der Bevölkerung; Gestaltung des Agrarmarkts nach Absatz, Preisen, Mengen und Qualität der Produkte; Regelung des Einkommens der in der Landwirtschaft beschäftigten Personen und ihrer sozialen Sicherung; Verbesserung der Agrarstruktur durch Flurbereinigung, Beratung, Weiterbildung, Ausgleich natürlicher Nachteile, Modernisierung, Bildung von Genossenschaften u. a.; *Umweltschutz* durch Verminderung des Chemikalieneinsatzes, Regelung der Entsorgung (z. B. Gülle), Erhalt von Hecken, Rückbau begradigter Gewässer, Flächenstillegung u. a.; Gestaltung der internationalen Agrarbeziehungen (Ex- und Import von landwirtschaftlichen Produkten).
In den Jahren unmittelbar nach dem Krieg ging es zunächst nur um Steigerung der Agrarproduktion zur Versorgung der Bevölkerung. Die größte Not war nach einem Jahrfünft behoben, strukturelle und soziale Probleme traten in den Vordergrund; in der Bundesrepublik wurden sie besonders drängend nach Bildung der *Europäischen Wirtschaftsgemeinschaft* (EWG, 1958), die eine Agrarunion aller Mitgliedsstaaten anstrebte. Im hochindustrialisierten Westdeutschland bedeutete das vor allem für landwirtschaftliche Klein- und Mittelbetriebe oft das Ende, die Zahl der Höfe ging drastisch zurück (1949: 1,65 Mio., 1993: 570 000), die Einkommensentwicklung der verbleibenden Betriebe hielt mit der in anderen Wirtschaftszweigen nicht Schritt. Das ließ sich nur durch erhebliche Finanzhilfen (1993: 30,5 Mrd. DM) ausgleichen. Zudem kam es in der Gemeinschaft zu Überproduktionen, die entweder mit erheblichen Verlusten auf dem Weltmarkt verkauft oder aber vernichtet werden mußten (150 Mrd. DM, über 50 % des EU-Haushalts von 1994, wurden für den Agrarsektor aufgebracht).
In der DDR sollten auch auf dem Lande sozialistische Produktionsverhältnisse geschaffen werden. Zunächst wurde mit der Parole »Jun-

kerland in Bauernhand« der Großgrundbesitz und der Besitz von tatsächlichen oder angeblichen »Naziaktivisten und Kriegsverbrechern« enteignet. Dann folgte eine Welle der Kollektivierung, die zur Bildung von *Landwirtschaftlichen Produktionsgenossenschaften* (LPG) oder *Volkseigenen Gütern (VEG)* führte. Man wollte die Produktivität durch Einführung industrieller Methoden in die Landwirtschaft steigern: Riesenflächen wurden gebildet, Mastkombinate übernahmen die Fleischproduktion, Maschinen-Traktoren-Stationen (MTS) erhöhten den Mechanisierungsgrad. Dennoch erreichte die DDR-Landwirtschaft nie »Westniveau« und richtete noch erheblich schwerere Umweltschäden an als die der Bundesrepublik. Hohe Kosten für Transportleistungen, personelle Überbesetzung, Reibungsverluste der *Planwirtschaft* und Verschlechterung der Böden ließen zudem die Rentabilität immer weiter sinken.

Ahlener Programm der CDU
»Das kapitalistische Wirtschaftssystem ist den staatlichen und sozialen Lebensinteressen des deutschen Volkes nicht gerecht geworden.« Mit diesem Satz beginnt das im münsterländischen Ahlen beschlossene Wirtschafts- und Sozialprogramm der *Christlich-Demokratischen Union (CDU)* in der britischen *Besatzungszone* vom 3. 2. 1947. Es sah die Entflechtung von Großkonzernen vor, wandte sich gegen Monopole, forderte die Vergesellschaftung der Bergwerke und die Mitbestimmung und Ertragsbeteiligung der Arbeitnehmer, verwarf aber auch den Staatskapitalismus. Das Ahlener Programm war die Reaktion auf die akute Not im Nachkriegsdeutschland und zugleich der Versuch, die Sozialisierungspläne der SPD zu verhindern. Die *Düsseldorfer Leitsätze* der CDU revidierten es schon zwei Jahre später grundlegend.

Akklamation
Die Zustimmung zu einem Vorschlag oder die Wahl eines Kandidaten kann per Stimmzettel, Handzeichen oder Akklamation, d.h. durch gemeinsamen Beifall oder Zuruf erfolgen. Da bei der Akklamation kein klares Bild der Mehrheitsverhältnisse entsteht, eignet sie sich allenfalls für kleine, überschaubare Gremien (z.B. im *Kabinett*) oder zur Bestätigung eines Einzelkandidaten. Parlamente demokratischer Staaten machen selten Gebrauch von akklamatorischen Verfahren, während autoritäre Systeme gerne darauf zurückgreifen, da die Akklamation scheinbar dem demokratischen Mehrheitsprinzip entspricht, den Abstimmenden aber zugleich die Möglichkeit sichtbarer Ablehnung nimmt.

Aktionseinheit
Ursprünglich sahen sich die kommunistischen Parteien im Alleinbesitz der revolutionären Wahrheit und lehnten bis 1934 ein Zusammen-

gehen mit Sozialisten oder Sozialdemokraten im allgemeinen ab. Erst die Erfolge des Faschismus ließen seit 1935 (VII. Weltkongreß der Komintern) eine »Aktionseinheit der Arbeiterklasse« geraten erscheinen, die allerdings im Fall Deutschlands, wo die KPD durch ihre Ablehnung der Sozialdemokraten als »Sozialfaschisten« Hitlers Aufstieg ermöglicht hatte, zu spät kam. Volksfront-Bündnisse wie in Spanien oder Frankreich bemühten sich nun um gemeinsamen Kampf gegen den *Faschismus*, vermochten aber die Katastrophe des 2. Weltkriegs nicht zu verhindern. Nach 1945 wurde daher u. a. von der *SED* die Aktionseinheit aller demokratischen Kräfte unter Einschluß bürgerlicher Gruppierungen vor allem für Westdeutschland propagiert. Damit wollte man die angebliche »Spaltung der Arbeiterklasse durch *Revisionismus* und Opportunismus« überwinden und Einfluß auf die nichtkommunistische Arbeiterschaft gewinnen. – Zu unterscheiden von diesen Zielen ist die Aktionseinheit aller Kommunisten, die Moskau immer dann anmahnte, wenn Bruderparteien nicht der Linie des Kremls folgten, wie z. B. *Ulbricht* bei der *Entstalinisierung*.

Aktionsfront Nationale Sozialisten (ANS) s. *Neonazismus*

Aktiv

Nach DDR-Definition war das Aktiv eine »Organisationsform zur Einbeziehung der Werktätigen bei der Lösung gesellschaftlicher, wirtschaftlicher und kultureller Aufgaben«. Es gab Partei-Aktivs an der Basis, Gewerkschafts- oder Neuerer-Aktivs in den Betrieben, und an den Schulen wirkten Eltern-Aktivs mit. Ihre Mitglieder, die Aktivisten, wurden in Aktivistenschulen aus- oder weitergebildet. Besonders herausragende Aktivisten in der Wirtschaft wurden als Vorbilder hingestellt, die Arbeitsnormen übererfüllt, betriebliche Verbesserungen angeregt oder Erfindungen gemacht hatten. Sie konnten sich mit Titeln schmücken wie *»Held der Arbeit«*, »Aktivist des Siebenjahrplans« oder »Verdienter Aktivist«.

Aktivisten-Bewegung s. *Hennecke-Bewegung*

Aktuelle Stunde

Eine *Fraktion*, der *Ältestenrat* oder mindestens 26 *Abgeordnete* können laut Geschäftsordnung des *Bundestages* eine sog. Aktuelle Stunde verlangen, in der Themen des Tages oder in einer *Fragestunde* nicht hinreichend geklärte Sachverhalte diskutiert werden. Die Aktuelle Stunde soll möglichst nur eine Zeitstunde dauern, kein Abgeordneter darf länger als 5 Minuten sprechen, eine Abstimmung nach Ende der Diskussion ist nicht vorgesehen. Die 1965 eingeführte Aktuelle Stunde dient also lediglich der Meinungsbildung und gibt vor allem der *Opposition* die Möglichkeit, ihre Haltung öffentlichkeitswirksam darzustellen.

Beispiele für Themen, die 1994 in Aktuellen Stunden behandelt wurden

Datum	Thema	Antrag
12.1.1994	Politische Konsequenzen aus der jüngsten Entwicklung der Asylbewerberzahlen nach Inkrafttreten der Asylgesetze	B 90/Grüne
13.1.1994	Haltung der Bundesregierung zu Vorstellungen über die Lockerung der Rüstungsexportpolitik	SPD
02.2.1994	Benachteiligung von Familien mit Kindern und niedrigem Einkommen durch die aktuell ergehenden Bescheide über den Kindergeldzuschlag von 1993	SPD
03.3.1994	Haltung der Bundesregierung zum ersten NATO-Kampfeinsatz seit 1949 und zur Beteiligung der Bundeswehr	PDS/LL
09.3.1994	Abschiebung von Flüchtlingen und Deserteuren nach Rest-Jugoslawien über Rumänien	B 90/Grüne
13.4.1994	Notwendig zu ziehende Konsequenzen aus den aktuellen Fällen von Giftstoffen in Babynahrung	SPD
14.4.1994	Haltung der Bundesregierung zum verbrecherischen Brandanschlag auf eine Synagoge in Lübeck	PDS/LL
21.4.1994	Lage in Gorazde und Hilfe der Bundesregierung für die bedrohten Menschen	B 90/Grüne
18.5.1994	Bundesgesetzliche Konsequenzen aus rechtsradikalen Ausschreitungen in Deutschland am Beispiel der jüngsten Vorfälle in Magdeburg	B 90/Grüne
18.5.1994	Haltung der Bundesregierung zur Zukunft von EKO-Stahl und von Eisenhüttenstadt im Rahmen eines wahlpolitischen Gesamtkonzepts	SPD
23.6.1994	Haltung der Bundesregierung zur aktuellen Diskussion über die Steuerpolitik	SPD

Quelle: Deutscher Bundestag

Alleinvertretungsanspruch
Alle CDU-geführten Bundesregierungen erhoben in den ersten 20 Jahren nach Gründung der Bundesrepublik den Anspruch, diese sei alleinige Rechtsnachfolgerin des Deutschen Reiches, übernehme alle Rechte und Pflichten daraus und sei einzige legitime Vertreterin des ganzen deutschen Volkes, also auch der Menschen in der DDR, »denen mitzuwirken versagt war« (Präambel GG) und die nicht in freien Wahlen ihr *Selbstbestimmungsrecht* ausüben konnten. Eine *Wiedervereinigung* konnte gemäß diesem Anspruch nur in einem Anschluß der DDR bestehen, die nicht als souveräner Staat anerkannt wurde und deren Anerkennung durch andere Staaten verhindert werden sollte. Das gelang in den 1960er Jahren immer weniger, so daß die erste SPD-geführte Bundesregierung unter *Brandt* 1970 den Alleinvertretungsanspruch wie die *Hallstein-Doktrin* fallenließ und den *Grundlagenvertrag* mit der DDR anstrebte.

allgemeines Wahlrecht s. *Wahlen*

Allianz für Deutschland
Für die erste freie Wahl zur *Volkskammer* am 18. 3. 1990 schlossen die *Christlich-Demokratische Union (CDU)*, die von der westdeutschen CSU unterstützte *Deutsche Soziale Union (DSU)* und der *Demokratische Aufbruch (DA)* unter dem Namen Allianz für Deutschland ein Wahlbündnis, das für eine möglichst rasche Herstellung der deutschen Einheit und für die Wiederherstellung der alten Länder in der DDR eintrat. Das Bündnis erhielt 48 % der abgegebenen Stimmen (CDU 40,8; DSU 6,3; DA 0,9 %) und bildete anschließend mit Liberalen (5,3 %) und SPD (21,9 %) eine *Große Koalition*. Mit der Vereinigung der beiden deutschen Staaten am 3. 10. 1990 löste sich die Allianz für Deutschland auf.

Alliierte Hohe Kommission (AHK)

In der aus den drei westlichen *Besatzungszonen* entstehenden Bundesrepublik Deutschland richteten die USA, Frankreich und Großbritannien zur Wahrung ihrer Kontrollrechte in Westdeutschland und in den Westsektoren von Berlin eine Alliierte Hohe Kommission (AHK) mit Sitz auf dem Petersberg bei Bonn ein. Die AHK nahm ihre Arbeit am 21. 9. 1949 auf; sie bestand aus dem Rat der Hohen Kommissare, von ihnen gebildeten Ausschüssen und Körperschaften sowie einem Generalsekretariat. In den Bundesländern nahmen Landeskommissare die Aufgaben der AHK wahr. Mit Abschluß des *Deutschlandvertrags* am 5. 5. 1955 wurde die AHK aufgelöst.
In der DDR existierte 1953–55 ein vergleichbares Amt: Der Hohe Kommissar der UdSSR in Deutschland.

Alliierter Kontrollrat

Nach dem Zusammenbruch des Deutschen Reiches errichteten die *Siegermächte* einen Alliierten Kontrollrat als gemeinsames oberstes Regierungsorgan für Deutschland auf der Rechtsgrundlage der *Junideklaration* vom 5. 6. 1945. Mitglieder waren die Oberbefehlshaber der Besatzungstruppen, der Vorsitz wechselte monatlich, Entscheidungen wurden im »Amtsblatt des Kontrollrats in Deutschland« veröffentlicht. Der Alliierte Kontrollrat, der erstmals am 30. 7. im Gebäude des Berliner Kammergerichts im amerikanischen Sektor zusammentrat, sollte alle Deutschland als Ganzes betreffenden Fragen regeln, eine einheitliche Politik der Besatzungsmächte sicherstellen, die deutsche Zentralverwaltung überwachen und die Verwaltung von *Berlin* wahrnehmen. Die laufenden Geschäfte erledigte ein ständiger Koordinierungsausschuß, der in paritätisch besetzte Abteilungen gegliedert war, die wiederum Fachkommissionen bildeten (Ende 1945 über 170). Vornehmlich ging es bei ihrer Arbeit um die Beseitigung von NS-Gesetzen und -Vorschriften sowie um die Umsetzung der Vereinbarungen des *Potsdamer Abkommens.* Wegen der Unvereinbarkeit der anglo-amerikanischen mit der sowjetischen, z. T. auch mit der französischen Besatzungspolitik konnte in vielen Fragen die vorgeschriebene Einstimmigkeit nicht erzielt werden. Als die USA die Westsektoren Berlins in ihr europäisches Aufbauprogramm (European Recovery Program, *Marshallplan*) einbezogen, kam es auf der Sitzung vom 20. 3. 1948 zum Eklat: Die sowjetische Delegation verließ den Alliierten Kontrollrat, der damit ohne formale Auflösung faktisch alle Funktionen verlor.

Allparteienregierung

Die parlamentarische Demokratie lebt vom Gegenüber von Regierung und Opposition. Eine *Koalition* aller im Parlament vertretenen Parteien kann daher nur in Ausnahmefällen und für beschränkte Zeit gerechtfertigt sein. So bildete sich im 2. Weltkrieg in Großbritannien 1940 eine

Allparteienregierung zur Sammlung aller Kräfte gegen die äußere Bedrohung und löste sich 1945 sogleich wieder auf. In der Bundesrepublik wurde ein solches Bündnis z. B. zur Überwindung der Wirtschaftskrise 1966/67 erwogen, doch bewältigte diese die *Große Koalition*, die bei der schwachen FDP-*Opposition* (49 Sitze gegenüber 447 der Koalition) einer Allparteienregierung nahekam und mit zur Bildung der *APO* beitrug.

alternative Bewegung

Studentenbewegung und *APO* hatten Ende der 1960er Jahre mit ihrer Grundsatzkritik an Gesellschaft, Politik und Kultur der Bundesrepublik einen Umdenkprozeß in Gang gebracht, der in der Folgezeit unterschiedlichste Gegenentwürfe zum etablierten System hervorbrachte. Die Gruppen, die sie vertraten und vertreten, werden zusammenfassend als alternative Bewegung bezeichnet. Hauptrichtungen sind Umwelt-, *Friedens-* und *Frauenbewegung*, es gehören hierher aber auch Dritte-Welt-Gruppen, Hausbesetzerszene, Homosexuellen-Organisationen, Sponti-Gruppen, Landkommunen u. a. An den Rändern zerfasert die Bewegung bis hin zu Jugendkulten, gewalttätigen Autonomen

In der Hamburger Hafenstraße erkämpfen sich Hausbesetzer Freiräume für die Entwicklung alternativer Lebensformen.

und Aussteigern. Allen Gruppierungen gemeinsam ist die Ablehnung von Machtkonzentration, politisch-bürokratischer Maschinerie, Großindustrie und Technokratie. An ihre Stelle sollen basisdemokratische Entscheidungsprozesse treten, Selbstbestimmung und Selbstverwirklichung sind höchste Werte, der Mensch als Mitmensch steht im Zentrum der Konzepte, Verminderung der Arbeitsteiligkeit soll die Entfremdung der Arbeit mildern, Hierarchien sollen zugunsten von mehr Partnerschaftlichkeit abgebaut werden.
Als besonders nachhaltig wirksam erwies sich die Richtung, die sich für den *Umweltschutz* engagierte. Sie beeinflußte viele *Bürgerinitiativen*, wirkte in die etablierten Parteien hinein und fand selbst zu politischer Organisation in der Partei der *Grünen*. Auch die Anliegen der Frauenbewegung wurden Themen der offiziellen Politik, denn es setzte sich bis hin zu den Konservativen die Einsicht durch, daß die im Grundgesetz verbriefte *Gleichberechtigung* auf vielen Gebieten, insbesondere sozial und ökonomisch, nicht verwirklicht ist. Die Friedensbewegung dagegen verlor - nach einem Höhepunkt in der Zeit der Nachrüstung und noch einmal während es Golfkriegs 1991 - mit Aufflammen der Kriege auf dem Balkan und in den Nachfolgestaaten der UdSSR an Boden; ihre antiamerikanischen Wurzeln erschweren ihr die Umorientierung.

Alterspräsident
Dieser parlamentarische Brauch ist älter als die Bundesrepublik: Schon im 19. Jh. wurde es üblich, daß das älteste Mitglied die erste Sitzung eines neu gewählten Parlaments eröffnete und bis zur Wahl eines Präsidenten oder der Amtsübernahme durch einen seiner Stellvertreter leitete. Die Geschäftsordnung des *Bundestags* sieht dies ebenfalls vor und bestimmt, daß der Alterspräsident *Abgeordnete* zu »vorläufigen Schriftführern« ernennt und sein Amt wieder übernimmt, falls der *Bundestagspräsident* und alle seine Stellvertreter verhindert sein sollten. Da der Alterspräsident auch die Eröffnungsrede hält, kann er mit großer öffentlicher Aufmerksamkeit rechnen. 1994 kam es daher wegen der Alterspräsidentschaft des Abgeordneten *Heym*, der für die PDS kandidiert hatte, zu Konflikten, weil konservative Politiker der PDS als Nachfolgepartei der SED ein gestörtes Verhältnis zur Demokratie unterstellten und Heym das Rederecht bestritten. Prominente Alterspräsidenten des Bundestags waren u. a. Paul Löbe, Marie-Elisabeth Lüders, *Wehner, Brandt.*

Ältestenrat
Bei der Führung der Geschäfte des Parlaments wurde das Präsidium der *Volkskammer* und wird das Präsidium des *Bundestags* von einem Ältestenrat unterstützt. Ihm gehören im Bundestag neben dem Präsidenten und seinen Stellvertretern, den Vizepräsidenten, 24 weitere

von den *Fraktionen* nach ihrer Stärke gestellte *Abgeordnete* sowie ein Vertreter der *Bundesregierung* an. Es sind nicht die »ältesten«, sondern besonders erfahrene Parlamentarier. Sie beraten über die Tagesordnungen und die Rednerlisten der Plenarsitzungen, über Zahl, Stärke und Besetzung der *Ausschüsse* sowie über Probleme, die sich aus den laufenden Geschäften des Bundestages ergeben. Kommt im Ältestenrat, der nur einmütig entscheiden kann, z.B. eine Einigung über die Tagesordnung nicht zustande, muß das Plenum diese selbst festlegen.

Amnestie

Zu besonderen Anlässen wie Thronwechsel, Friedensschluß u.a. werden oft rechtskräftig ausgesprochene, aber noch nicht vollstreckte (Rest-)Strafen erlassen. In Monarchien und autoritären Staaten geschieht dies durch den Monarchen oder die Staatsführung, in rechtsstaatlichen Demokratien muß dazu ein (Straffreiheits-)Gesetz erlassen werden. Eine Amnestie betrifft immer sämtliche Verstöße gegen ein bestimmtes Gesetz und alle dadurch straffällig gewordenen Personen; die Anwendung auf einen Einzeltäter (Abolition) ist verfassungswidrig (Art. 101,1 GG).

Die DDR machte regen Gebrauch vom Instrument der Amnestie. Neben einigen Massenbegnadigungen gab es echte Amnestien etwa bei der Staatsgründung, zu runden Jahrestagen der Gründung, für DDR-Flüchtlinge (z.B. 16. 10. 1972) und nach der *Wende* (sog. *Krenz*-Amnestie 27. 10. 1989, erweitert 6. 12. 1989). Nicht immer war der offizielle Anlaß der wahre: Die »Amnestie aus Anlaß des 23. Jahrestages der Gründung der DDR« vom 6. 10. 1972 sollte den anstehenden *Grundlagenvertrag* flankieren, und die »aus Anlaß des 38. Jahrestages« vom 17. 7. 1987 war als Geste vor dem Staatsbesuch *Honeckers* in der Bundesrepublik gedacht.

Auch die Bundesrepublik verkündete bei Gründung eine Amnestie, 1954 ergänzt durch ein Straffreiheitsgesetz für Straftaten in der Notzeit nach dem Krieg. Sonst kam es nur zur Amnestierung von Straftaten anläßlich von Änderungen des Strafrechts, nach denen diese Taten nicht mehr strafbar waren. Hingegen scheiterten Vorstöße zur Amnestierung von Hausbesetzern, Sitzblockierern der *Friedensbewegung* und Spionen der einstigen DDR am Widerstand der Parteien. Deren Versuch, 1984 eine Amnestie für Steuerhinterziehungen bei Parteispenden zu erlassen, ließ sich wiederum gegen den massiven öffentlichen Widerstand nicht verwirklichen.

Ampelkoalition

Journalistische Bezeichnung für eine *Koalition* aus SPD (Rot), FDP (Gelb) und Grünen, benannt nach der Farbreihenfolge von Verkehrssignalanlagen.

Amt Blank
Nach dem Krieg sorgten die Besatzungsmächte gemäß dem *Potsdamer Abkommen* für die *Entmilitarisierung* Deutschlands. Noch bei beginnendem *Kalten Krieg* gegen die UdSSR taten sich die Westmächte schwer, den Feind von gestern als Verbündeten von morgen anzunehmen. Als aber das Konzept der wirtschaftlichen Eindämmung der sowjetischen Expansion als nicht ausreichend erkannt worden war und in der *SBZ* paramilitärische Polizeieinheiten aufgestellt wurden, als die Bundesrepublik gegründet war und *Adenauer* über die Westintegration die Sicherheit des westdeutschen Staates und die Gewinnung der Souveränität anstrebte, wurde ein deutscher Wehrbeitrag unvermeidlich.
Seine politische Durchsetzung so kurz nach dem Krieg aber schien fast unmöglich. Die Bundesregierung unternahm daher die ersten Schritte verdeckt: Im Kanzleramt wurde am 24. 5. 1950 eine Dienststelle Schwerin für Sicherheitsfragen eingerichtet, die dann unter der Tarnbezeichnung Zentrale für Heimatdienst firmierte und nach Ablösung des ersten Leiters durch Theodor Blank noch im gleichen Jahr als Dienststelle, später etwas förmlicher als Amt Blank bezeichnet und wegen ihres polizeilichen Charakters ins Innenministerium verlegt wurde. Seine Aufgabe wurde nun schon - der Ausbruch des Koreakriegs hatte eine neue Lage geschaffen - als Bearbeitung der mit der Vermehrung der alliierten Truppen zusammenhängenden Fragen umschrieben, die öffentliche Debatte um die *Wiederbewaffnung* begann. Erst jetzt griff der *Bundestag* ein und sicherte den Primat der Politik und die parlamentarische Kontrolle über die entstehende *Bundeswehr.* Aus dem Amt Blank ging 1955 das Bundesministerium für Verteidigung hervor.

Amt für Nationale Sicherheit s. *Stasi*

Amtseid
Staatsoberhaupt, Regierungschef und *Minister* leisten bei Amtsübernahme einen Amtseid, dessen Formel rechtlich genau vorgeschrieben ist, für den *Bundespräsidenten* in Art. 56 GG, für den *Bundeskanzler* und seine Minister in Art. 64,2 GG; Mitglieder der *Landesregierungen* werden ebenfalls vereidigt. *Beamte* leisten einen entsprechenden Diensteid, Zeit- und Berufssoldaten einen Fahneneid, Wehrpflichtige legen ein feierliches Gelöbnis gleichen Inhalts ab. Die Verweigerung des Amtseids durch den Bundespräsidenten ist eine Verfassungsverletzung und kann zur Anklage vor dem *Bundesverfassungsgericht* führen, Minister und Beamte können bei Verweigerung des Eides nicht ernannt werden. Die Verletzung des Amtseids wird nicht als Meineid geahndet, sondern nur als Amtsvergehen bestraft.

Amtsgericht s. *Gerichte*

Anerkennung

Behandelt ein Staat einen anderen als Völkerrechtssubjekt oder eine Regierung als rechtmäßig, dann erkennt er ihn/sie stillschweigend (de facto) oder ausdrücklich (de jure) an. Meist ist die Anerkennung mit der Aufnahme *diplomatischer Beziehungen* verbunden und hat nur bilaterale Bedeutung für den Anerkennenden und den Anerkannten. Neu entstandene Staaten oder neu an die Macht gekommene Regierungen bemühen sich um möglichst baldige und umfassende Anerkennung, damit sie am völkerrechtlichen Verkehr (Verträge, internationale Organisationen u. a.) teilnehmen können und Unterstützung durch etablierte Mächte erfahren.
Die DDR versuchte lange vergeblich, außerhalb des Ostblocks Anerkennung zu finden, da die Bundesrepublik eine solche durch die *Hallstein-Doktrin* zu einem unfreundlichen Akt erklärt hatte. Erste Erfolge hatte Ostberlin in den 1960er Jahren bei den blockfreien Staaten und mit wachsendem ökonomischem Gewicht auch bei anderen Staaten. Die sozialliberale Koalition unter *Brandt* gab daher den Widerstand auf und sprach von einer staatsrechtlichen, nicht aber von einer völkerrechtlichen Anerkennung der DDR, die für die Bundesrepublik nicht Ausland sein könne. Daher wurden nach dem *Grundlagenvertrag* 1973 auch nicht Botschafter, sondern sog. Ständige Vertreter *(Ständige Vertretung)* zwischen den beiden deutschen Staaten ausgetauscht. Diese De-facto-Anerkennung ermöglichte ihre Aufnahme in die *Vereinten Nationen.*

Anfrage

Zur parlamentarischen Kontrolle der Regierungstätigkeit dienen die von Gruppen von *Abgeordneten* (z. B. *Fraktionen*) im *Bundestag* einzubringenden Anfragen. Man unterscheidet Kleine Anfragen, die nur schriftlich beantwortet werden und ohne Aussprache bleiben, und Große Anfragen, deren schriftliche Beantwortung im Parlament *debattiert* wird. Die *Opposition* kann damit wirksam auf die Themenwahl im Bundestag Einfluß nehmen. Besondere Formen der Anfrage sind die *Fragestunde* und die *Aktuelle Stunde.*

ANS s. *Neonazismus*

Anstalt des öffentlichen Rechts

Zur Wahrnehmung bestimmter (Verwaltungs-)Aufgaben auf Dauer werden Anstalten des öffentlichen Rechts errichtet, z. B. Rundfunkanstalten oder Sparkassen. Sie stehen unter staatlicher Aufsicht und sind selbständige juristische Personen. Im Unterschied zu Körperschaften des öffentlichen Rechts, die Mitglieder haben, kennen die Anstalten nur Benutzer, die nicht Träger der Anstalt sind. Einige von ihnen sind mit einem Nutzungszwang ausgestattet, z. B. Müllabfuhr. Wegen der verbreiteten Einrichtung solcher Anstalten wird der moderne Staat auch als »Anstaltenstaat« bezeichnet.

Antifa

Griffigkeit der Schlagwörter ist ein Gebot wirkungsvoller Propaganda: Der Begriff *»Antifaschismus«* wurde daher im politischen Kampf der Kommunisten zu »Antifa« verkürzt. Die Antifa-Bewegung wurde im 2. Weltkrieg intensiviert: In den sowjetischen Gefangenenlagern wurden Antifa-Schulen für die deutschen Soldaten eingerichtet, Antifa-*Aktivs* bereiteten sich auf die Übernahme von Aufgaben im befreiten Deutschland vor, kurz Antifas hießen die Ausschüsse aus KPD- und SPD-Mitgliedern, die sich beim Nahen der Roten Armee in vielen Orten Ostdeutschlands bildeten und die Macht übernahmen. Sie wurden Keimzellen der neuen »antifaschistisch-demokratisch« genannten Ordnung, die auf einer »*Aktionseinheit* aller demokratischen Kräfte« aufbauen sollte. Die Zwangsvereinigung von SPD und KPD zur *Sozialistischen Einheitspartei Deutschlands* (SED) war der erste Schritt, dem die Bildung eines Antifa-Blocks aller Parteien folgte. Diese Politik des *Blocksystems* wurde dann in der DDR mit der *Einheitsliste* fortgesetzt.

Antifaschismus

Der ursprüngliche Sinn des Wortes »Antifaschismus« ist fast untergegangen: Der Begriff entstand in den 1920er Jahren zur Kennzeichnung einer gegen den *Faschismus* Benito Mussolinis in Italien gerichteten politischen Einstellung. Er wurde auf die Bekämpfung ähnlicher Diktaturen und schließlich von den Kommunisten auch auf den Widerstand gegen den Nationalsozialismus übertragen. Hier aber griff die Parole zu kurz, denn in der kommunistischen Lehre von den Klassenkämpfen waren ein »Rassenkampf«, wie ihn der Nationalsozialismus propagierte, nicht vorgesehen und der Völkermord, den Hitler anordnete, nicht vorstellbar.
Das NS-System war aus marxistischer Sicht ein Symptom der finalen Krise des *Kapitalismus*. Daß man es schließlich nur gemeinsam mit den Westmächten niederzuringen vermochte und daß die kapitalistischen Staaten danach keineswegs automatisch zusammenbrachen, verschärfte die kommunistische antifaschistische Propaganda nur; laut ihrer Doktrin hatten nach 1945 nahezu alle Formen bürgerlicher Herrschaft als »faschistisch« zu gelten; die *Berliner Mauer* wurde entsprechend als »antifaschistischer Schutzwall« bezeichnet.

Antikommunismus

Gegen die kommunistischen Vorstellungen von der Weltrevolution mit dem Endziel einer klassenlosen Gesellschaft kämpften Adel und Bürgertum schon seit der Entstehung entsprechender Theorien zu Beginn des 19. Jh., vor allem seit Veröffentlichung des »Kommunisti-

schen Manifests« (1848) von Karl Marx und Friedrich Engels. Von Antikommunismus aber konnte erst seit dem Sieg der Bolschewiki in der russischen Oktoberrevolution 1917 und anderer kommunistischer Parteien in ihrem Gefolge die Rede sein. Nahrung erhielt diese Feindschaft durch die Meldung unvorstellbarer Greueltaten der »Roten«. Kommunistenfurcht schürten insbesondere die rechtskonservativen Parteien, allen voran die NSDAP, zu deren Programm auch die Bekämpfung von *Marxismus-Leninismus*, *Kommunismus* und Bolschewismus gehörte. Das brachte ihr die großen Wahlerfolge in der Weltwirtschaftskrise (1929–33) und bis 1939 auch außenpolitische Erfolge, da die Westmächte im Nationalsozialismus ein »Bollwerk gegen den Kommunismus« sahen.
Vor allem die Erfahrungen mit dem *Stalinismus* gegen Ende des 2. Weltkriegs und kurz danach während der *Bolschewisierung* Ost- und Südosteuropas durch die UdSSR steigerten in den westlichen Ländern die vorübergehend durch die Kriegsallianz gegen den gemeinsamen Feind, das nationalsozialistische Deutschland, verdeckte antikommunistische Haltung. Der *Kalte Krieg*, die Teilung Deutschlands und die Bildung von *NATO* und *Warschauer Pakt* waren die Folge. Die Bundesrepublik kann daher mit einigem Recht als Kind des Antikommunismus bezeichnet werden, ihr wirtschaftlicher und militärischer Aufstieg wäre ohne ihn nicht denkbar gewesen. Antikommunistische Züge prägten ihre Politik vor allem in der Auseinandersetzung mit dem der kommunistischen Ideologie verpflichteten anderen deutschen Staat, aber auch im Innern (u.a. KPD-Verbot 1956): Die SPD, von den Konservativen gern als »fünfte Kolonne Moskaus« diffamiert, sah sich auf dem Weg zur Volkspartei gezwungen, sich im *Godesberger Programm* von marxistischen Gedanken zu trennen, und auch die *Grünen* mußten sich von linksradikalen Wurzeln lösen, ehe sie von der antikommunistisch geprägten Wählerschaft endgültig akzeptiert wurden.

Antisemitismus

Judenfeindlichkeit gibt es seit Jahrtausenden; der Begriff Antisemitismus, der dieses Phänomen beschreiben soll, ist aber gerade erst ein gutes Jahrhundert alt. Er stammt aus einer Zeit, als man den Kampf gegen den jüdischen Einfluß in den europäischen Staaten »wissenschaftlich« zu untermauern suchte, indem man die Juden als »Rasse« identifizierte. Semiten aber sind keine Rasse, sondern eine vorderasiatisch-nordafrikanische Völkerfamilie, und der Begriff Antisemitismus richtete sich ausschließlich gegen die Juden, die aufgrund tausendjähriger Zerstreuung (Diaspora) in alle Welt allenfalls über die hebräische Sprache noch eine Bindung zu den semitischen Völkern haben. Dieser »moderne« Antisemitismus hatte Vorläufer in der religiösen Feindschaft gegen die Juden als »Christus-« oder »Gottesmörder« und im Neid-Antisemitismus, der den Juden ihren wirtschaftlichen Erfolg

nicht gönnte. Während aber früher der »jüdische Makel« durch die Taufe abgewaschen werden konnte, wurde er in der »wissenschaftlichen« Theorie zum Merkmal einer »kulturzerstörerischen« Rasse. Ganz im biologischen Sinn wurden die Juden als »Parasiten« an den »Wirtsvölkern« gesehen; der nationalsozialistische Völkermord an ihnen erhielt in dieser wahnhaften Fixierung die Qualität von »Schädlingsbekämpfung«.
Mit dem Ende des NS-Staates schien der Antisemitismus 1945 untergegangen und für immer geächtet zu sein. Das unvorstellbare Geschehen in den deutschen Todeslagern blieb jedoch allgegenwärtig und verlangte nicht nur nach materieller *Wiedergutmachung*, sondern auch nach ständiger juristischer, politischer und geistiger Auseinandersetzung mit dem *Holocaust*. Die Bundesrepublik hat sich dieser Aufgabe mit wechselndem Geschick gestellt (z. B. *Auschwitz-Prozeß*), die DDR hat sie als angeblich nicht betroffen zurückgewiesen und wie im Fall *Merker* jede interne Diskussion unterdrückt; sie hat sogar in Form antiisraelischer (»antizionistischer«) Politik einen neuen, staatlichen Antisemitismus gepflegt. Erst gegen Ende ihrer Existenz kam es zu Ansätzen eines Dialogs zwischen SED-Führung und Israel bzw. jüdischen Gemeinden in der DDR.
Trotz der intensiven Beschäftigung mit der NS-Judenverfolgung wurde in der Bundesrepublik am äußersten rechten politischen Rand seit den 1970er Jahren erneut antisemitisches Gedankengut verbreitet, ein Antisemitismus quasi ohne Juden, da nur noch etwa 30 000 jüdische Bürger in der Bundesrepublik lebten. Auslöser waren Versuche, sich aus der historischen Verantwortung zu stehlen, indem man den Völkermord als »Erfindung des internationalen Judentums« zur »Ausplünderung Deutschlands« hinstellte. Nach der *Wiedervereinigung* wurden diese Töne, die bis zur Behauptung einer *Auschwitzlüge* gehen, lauter. In dieser Form der Realitätsverleugnung ist der Antisemitismus eine Säule des *Neonazismus*.

Antrag
Zur Herbeiführung von Beschlüssen können *Fraktionen*, Gruppen oder einzelne *Abgeordnete* in Parlamenten Anträge stellen; im *Bundestag* unterscheidet man nach Anträgen zur Sache und solchen zur Geschäftsordnung, sog. Verfahrensanträgen. Zu den Sachanträgen gehören u. a. Gesetzesvorlagen als neu zu behandelnde Materie (Initiativanträge), Änderungsanträge zu bereits in Beratung befindlichen Vorgängen und Entschließungsanträge, die die Meinung des Parlaments zu bestimmten Themen zum Ausdruck bringen. Alle diese Anträge können nur eingebracht werden, wenn sie die Unterstützung von 5 % der Mitglieder des Hauses haben. Ein Antrag, dem *Bundeskanzler* das Mißtrauen auszusprechen, den *Bundespräsidenten* vor dem *Bundesverfassungsgericht* anzuklagen oder einen *Untersuchungsausschuß* einzu-

setzen, muß von mindestens 25 % der Abgeordneten unterstützt werden. Anträge zur Geschäftsordnung, die dem Zeit- und Arbeitsplan des Parlaments gelten, brauchen solche Unterstützung nur, wenn es um den Ausschluß der Öffentlichkeit (10 %) geht oder wenn die Sitzung vertagt oder geschlossen werden soll (5 %).

APO

Zu Beginn der 1960er Jahre war die erste stürmische Aufbauphase in Westdeutschland abgeschlossen, die materielle Not weitgehend überwunden. Ideologisch bedingte Defizite machten sich bemerkbar, zuerst in einer Debatte über die Demokratisierung der Hochschulen, dann in einer von ihnen ausgehenden Generalkritik am verkrusteten Gesellschaftssystem der Bundesrepublik und an ihren herrschenden Kreisen, dem *»Establishment«*. Impulse dazu waren von der amerikanischen Hippie- und Bürgerrechtsbewegung ausgegangen, aber auch von der offiziellen Politik der USA, gegen deren Neokolonialismus (»Dollarimperialismus«) und deren »Krieg gegen das vietnamesische Volk« sich der Protest sammelte. Kontur gewann die von linken bis linksradikalen Kräften getragene Bewegung in der Bundesrepublik, als in Bonn mit Bildung der *Großen Koalition* (1966) Opposition im Parlament so gut wie nicht mehr stattfand. Vor allem gegen die *Notstands*gesetze bildete sich daher eine außerparlamentarische Opposition, die weitere Kreise erfaßte als die *Studentenbewegung* und unter dem Kürzel APO Geschichte machte.
In der APO, die nur in punktuellen Aktionsbündnissen zutage trat, trafen sich Kriegsdienstverweigerer und Anhänger sozialistischer Gruppen, Ostermarschierer und Radikaldemokraten, Intellektuelle und Altkommunisten. Sie einte über das sehr unterschiedlich interpretierte Ziel der Gesellschaftsveränderung hinaus auch ein moralischer Impetus: Daß in Bonn mit *Kiesinger* ein ehemals aktives NSDAP-Mitglied als Kanzler regierte und daß zugleich die rechtsextreme NPD ungeahnten Zulauf erhielt, zeige den angeblich unverändert »faschistoiden Charakter« der Gesellschaft und eine neue »Faschisierung«, die bekämpft werden müsse. Dazu übernahm die APO Formen spontanen Protests aus den USA wie Teach-in, Sit-in oder Sprengung von Versammlungen. An ihren Rändern sammelten sich Revolutionäre, die das A in APO als »antiparlamentarisch« verstanden, und auch ein gewisses Gewaltpotential, das etwa bei Angriffen auf Einrichtungen des Springer-Konzerns in Erscheinung trat und später z.T. in den *Terrorismus* abdriftete. Die anderen Kräfte der APO konnten nach Bildung der sozialliberalen Koalition (1969) weitgehend wieder integriert werden. Viele fanden eine politische Heimat in der SPD, andere setzten den Protest in *Bürgerinitiativen*, beim Kampf gegen den Bau von Atomkraftwerken, in Umweltgruppen, bei den *Grünen* oder in der *Friedensbewegung* fort.

Apparatschik
Funktionäre und Parteibürokraten sind nirgends beliebt. Sie gelten als Bonzen oder seelenlose Vollstrecker der Vereins- oder Parteibeschlüsse. Vor allem in den Staatsparteien der Ostblockländer, in ihren *Massenorganisationen* und in ihrer Planbürokratie bildete sich ein Funktionärstypus, dessen blinde Parteihörigkeit ihm den russischen Spottnamen Apparatschik eintrug, der auch im Westen in den Sprachgebrauch einging.

Appeasement
Solange Adolf Hitler, verglichen mit dem Kommunismus, als das »kleinere Übel« erschien und solange man ihn als Bollwerk gegen den Bolschewismus zu brauchen meinte, verfolgte England ihm gegenüber eine Politik der Befriedung, Appeasement genannt. Gedacht als Methode, den Diktator durch dosierte Zugeständnisse zu saturieren, entpuppte sich diese Politik angesichts der wirklichen Ziele Hitlers spätestens 1939 als feiges Zurückweichen vor seiner Skrupellosigkeit. Appeasement wurde zum Schimpfwort für rückgratlose Beschwichtigungspolitik gegenüber Diktaturen.

Arbeit, Recht auf
In der »Allgemeinen Erklärung der Menschenrechte« der *Vereinten Nationen* vom 10. 12. 1948 heißt es, jeder Mensch habe ein »Recht auf Arbeit, [. . .] auf angemessene und befriedigende Arbeitsbedingungen sowie auf Schutz gegen *Arbeitslosigkeit*«. Dieses menschliche *Grundrecht* schließt eine Entlohnung ein, »die [. . .] eine der menschlichen Würde entsprechende Existenz sichert«. In einigen Länderverfassungen erwähnt, fehlt das Recht auf Arbeit im *Grundgesetz*. Die Aufnahme scheiterte mehrfach an Bedenken, es könne mit der *Eigentums*garantie kollidieren und die Entscheidungsfreiheit der Unternehmen beschneiden; in einer *Marktwirtschaft* könne der Staat sich nur bemühen, die Bürger vor *Arbeitslosigkeit* oder ihren Folgen zu schützen.
Die *Verfassung* der DDR kannte hingegen ein Recht auf Arbeit, allerdings verknüpft mit der Arbeitspflicht (»Das Recht auf Arbeit und die Pflicht zur Arbeit bilden eine Einheit«, Art. 24,2). Eine solche Verbindung ist rechtsstaatlich nicht möglich, weil ein Recht auf Arbeit die Freiheit einschließen muß, nicht zu arbeiten.

Arbeiteraufstand in der DDR s. *Siebzehnter Juni* 1953

Arbeiterbewegung
Erste organisierte Bestrebungen der Arbeiter zur Verbesserung ihrer Lebens- und Arbeitsbedingungen regten sich seit Beginn des 19. Jh. 1863 kam es zur Bildung des Allgemeinen Deutschen Arbeitervereins, 1869 folgten die Sozialdemokratische Arbeiterpartei (später SPD) und

bald darauf die ersten *Gewerkschaften.* Mit Aufkommen des *Kommunismus* spaltete sich die internationale Arbeiterbewegung in einen sozialdemokratischen Reformflügel und einen revolutionären sozialistischen Flügel; christliche Absplitterungen fielen zahlenmäßig kaum ins Gewicht. Die beiden Lager standen sich feindlich gegenüber und fanden auch angesichts der Bedrohung durch den Nationalsozialismus nicht zu gemeinsamer Gegenwehr. Ihre Führer wichen nach 1933 ins Exil aus oder arbeiteten im Untergrund weiter, viele wurden hingerichtet oder kamen in den KZ ums Leben.
Nach diesem Aderlaß erholte sich die Arbeiterbewegung in Westdeutschland erst allmählich, während in der *SBZ* und später in der DDR ihr kommunistischer Flügel die Macht übernahm und damit seine revolutionäre Aufgabe verlor. In den westlichen *Besatzungszonen* und dann in der Bundesrepublik hatte er hingegen keinen Erfolg: 1956 wurde die zur Splitterpartei abgesunkene KPD verboten; die 1968 neu gegründete DKP blieb politisch bedeutungslos. Dagegen wurde die Sozialdemokratie zu einer entscheidenden politischen Kraft. Die wesentlichen Forderungen der Arbeiterbewegung waren in der Bundesrepublik schon in den 1950er Jahren erfüllt: Koalitionsfreiheit, Tarifautonomie, Sozialversicherung für alle Arbeitnehmer u.a. Die Gewerkschaften entwickelten sich zu einer Interessenvertretung der *Arbeitnehmer* (also auch der Angestellten und Beamten), und die SPD verstand sich spätestens seit dem *Godesberger Programm* als Volkspartei mit dem Ziel der Integration der Arbeiterschaft in die Gesellschaft und des friedlichen Interessenausgleichs zwischen Kapital und Arbeit.
Daß die Arbeiterbewegung dennoch nicht überflüssig geworden ist, zeigte sich bereits in der ersten großen Krise der westdeutschen Wirtschaft 1966/67 und ist auch heute angesichts anhaltender Massenarbeitslosigkeit offenkundig.

Arbeiterfestspiele

Der V. Parteitag der SED beschloß 1958, daß »die Arbeiterklasse die Höhen der Kultur erstürmen und von ihnen Besitz ergreifen« solle. Dazu rief der *Freie Deutsche Gewerkschaftsbund* (FDGB) Arbeiterfestspiele mit Theater, Kunstausstellungen, Filmen, Kabarett, Konzerten, Konferenzen (z.B. »der schreibenden Arbeiter«) ins Leben, die als Gegenstück zu den »bürgerlich-dekadenten« westdeutschen Ruhrfestspielen gedacht waren. Im Juni 1959 fanden unter Beteiligung auch von Künstlern aus anderen sozialistischen Ländern die ersten Arbeiterfestspiele im Bezirk Halle statt. Sie wurden bis 1972 jährlich, dann alle zwei Jahre in wechselnden Bezirken veranstaltet (zum letzten Mal 1988) und hatten zunächst die Aufgabe, Laien- und Berufskunst enger zu verknüpfen. Später wurden sie reine »Leistungsschauen der kulturschöpferischen Kräfte der Arbeiterklasse« und nahmen, umrahmt von Musikparaden der NVA-Orchester, Volksfestcharakter an. Flankierend dazu wurden seit 1970 Betriebsfestspiele abgehalten, die auch zur Talentförderung und -sichtung gedacht waren.

Arbeiterklasse s. *Proletariat*

Arbeitertheater s. *Bitterfelder Weg*

Arbeiter-und-Bauern-Macht
In den sozialistischen Staaten hatte nach deren Selbstverständnis das *Proletariat* die Macht übernommen und übte sie in einer Koalition von Bauern- und Arbeiterschaft aus. Die Erweiterung des Proletariatsbegriffs um die Bauern ging zurück auf Wladimir Iljitsch Lenin und die Revolution von 1917 in Rußland, das damals noch weitgehend agrarisch geprägt war. Obwohl dies auf die DDR kaum noch zutraf, bezeichnete sich der SED-Staat seit 1952 offiziell als »Arbeiter-und-Bauern-Macht«. Zur Betonung des Sieges der Revolution erhielten auch einige Einrichtungen das proletarische Etikett: An den Hochschulen wurden bereits seit 1949 Arbeiter-und-Bauern-Fakultäten (ABF) zur »Brechung des bürgerlichen Bildungsprivilegs« durch kostenlose Vorbereitung von Unterschichtkindern auf die Hochschulreife eingerichtet. Die am 13. 5. 1963 berufene Kommission des ZK der SED und des *Ministerrats* zur Kontrolle der wirtschaftlichen Planvorgaben, der Einhaltung der Beschlüsse der *Volkskammer* und der Verordnungen des Ministerrats wurde Arbeiter-und-Bauern-Inspektion (ABI) genannt; sie sollte »der Festigung der Staatsdisziplin und der Wahrung der sozialistischen Gesetzlichkeit« dienen.

Arbeitgeber
Jede natürliche oder juristische Person, die andere natürliche Personen als *Arbeitnehmer* beschäftigt, wird im *Arbeitsrecht* als Arbeitgeber bezeichnet. Bei juristischen Personen agieren Vorstand oder Geschäftsführung als Arbeitgeber, obwohl ihre Mitglieder als leitende Angestellte ihrerseits Arbeitnehmer der Firma oder Organisation sind. Die Mehrheit der Arbeitgeber stellen private Unternehmen, doch tritt auch der Staat als Arbeitgeber (Firmen, Behörden, Bildungseinrichtungen u. a.) auf. Der Arbeitgeber ist Vertragspartner des einzelnen Arbeitnehmers wie der Gesamtbelegschaft, vertreten durch einen Personal- oder Betriebsrat. Der Arbeitgeber hat seinen Arbeitnehmern gegenüber Pflichten (Bezahlung, Fürsorge u. a.) und Rechte (Weisung, Kündigung u. a.); sie sind in der *Betriebsverfassung* niedergelegt. Er gehört gewöhnlich einem Arbeitgeberverband seiner Branche an, der wiederum Mitglied in der Bundesvereinigung der Deutschen Arbeitgeberverbände (BDA) ist. Die *Arbeitgeberverbände* sind Tarifpartner der *Gewerkschaften.*

Arbeitgeberverbände
Als Reaktion auf die Organisation der Arbeitnehmer in den *Gewerkschaften* schlossen sich zu Beginn unseres Jahrhunderts auch die Arbeitgeber zu Verbänden zusammen. Das geschah auf regionaler Ebene und nach Branchen; als Dachorganisation bildete sich nach dem Krieg 1949 die Bundesvereinigung der Deutschen Arbeitgeberverbände (BDA) mit Sitz in Köln. Partner der Gewerkschaften aber bei der Aushandlung von *Tarifverträgen* sind die Branchenverbände. Sie beraten zudem die Mitglieder in arbeitsrechtlichen Fragen, unterstützen sie bei gerichtlichen Auseinandersetzungen, beobachten den *Arbeitsmarkt* und versuchen, ihn in ihrem Sinn zu lenken, nehmen als *Interessenverbände* Einfluß auf politische Entscheidungen und die Berufsberatung. Im marktwirtschaftlichen System der Bundesrepublik haben die Arbeitgeberverbände als Zusammenschlüsse auch der wichtigsten Kapitaleigner und Besitzer fast aller Produktionsmittel maßgebliches politisches Gewicht und hohe soziale Verantwortung im Sinne der Sozialbindung des *Eigentums* nach Art. 14,2 GG.

Arbeitnehmer
Gegen Entgelt abhängig beschäftige Personen, ob Arbeiter oder Angestellte, sind Arbeitnehmer. Die Unterscheidung nach Gehalts- (Angestellte) und Lohnempfängern (Arbeiter) hat nur noch geringe rechtliche Relevanz. Heimarbeiter, freie Künstler, Journalisten oder Handelsvertreter gelten vielfach als »arbeitnehmerähnliche Personen« wegen ihrer meist direkten Abhängigkeit von einem Unternehmen oder einem Auftraggeber. Sonderfälle sind *Beamte*, in einem Betrieb beschäftigte Familienmitglieder und zwangsbeschäftigte Strafgefangene. Die Arbeitnehmer in mittleren und größeren Unternehmen sowie in Behörden werden durch Personal- oder Betriebsrat vertreten, den Part des Arbeitgebers übernehmen in diesem Fall leitende Angestellte als Mitglieder der Geschäftsführung oder des Vorstands. Die tariflichen Rechte der Arbeitnehmer werden durch die *Gewerkschaften* gegenüber den *Arbeitgeberverbänden* wahrgenommen.

Arbeitsgemeinschaft der öffentlich-rechtlichen Rundfunkanstalten der Bundesrepublik Deutschland (ARD) s. *Hörfunk und Fernsehen*

Arbeitsgericht s. *Gerichte*

Arbeitskampf
Können sich die Tarifparteien einer Branche nicht auf einen neuen *Tarifvertrag* über die Anpassung von Löhnen, Arbeitsbedingungen und/oder Arbeitszeiten einigen, kommt es zum Arbeitskampf. Er kann von den *Gewerkschaften* als *Streik* organisiert und von den *Arbeitgebern* durch *Aussperrung* geführt werden. Das *Grundgesetz* legitimiert Ar-

beitskämpfe aufgrund der *Koalitionsfreiheit* (Art. 9,3) und läßt sie sogar im Falle von *Notstand* zu (Arbeitsschutzklausel). Die Ausgestaltung des Arbeitskampfrechts aber ist weitgehend dem Einzelfall überlassen, in dem die Kampfparteien die Arbeitsgerichte anrufen, wenn sie eine Maßnahme der Gegenpartei für nicht gerechtfertigt halten (z. B. Schwerpunktstreiks, »kalte« Aussperrung).

Arbeitslosigkeit

Nur in *Marktwirtschaften* kann es eine mehr oder minder große Zahl arbeitsfähiger und -williger Personen geben, die dennoch keine Beschäftigung zu zumutbaren Bedingungen finden. Man unterscheidet durch Fluktuation ausgelöste friktionelle, durch Witterungsschwankungen bedingte saisonale sowie konjunkturelle Arbeitslosigkeit bei schlechter Wirtschaftslage. Problematischer als diese vorübergehenden Beschäftigungsprobleme ist die langfristige strukturelle Arbeitslosigkeit, die z. B. durch Einführung neuer Technologien entsteht. Der Grad der Arbeitslosigkeit in einem Land wird durch die Arbeitslosenquote (Verhältnis der Arbeitslosen zur arbeitsfähigen Bevölkerung) ausgedrückt; bei bis zu 3 % spricht man von *Vollbeschäftigung*, bei über 10 % von Massenarbeitslosigkeit. Zur Milderung ihrer materiellen Folgen wurde die obligatorische Arbeitslosenversicherung für abhängig Beschäftigte geschaffen.

In *Planwirtschaften* existiert Arbeitslosigkeit zwar ebenso, doch wird sie verdeckt durch Einsatz der überschüssigen Arbeitskräfte bei überflüssigen, unproduktiven und Scheinaufgaben sowie durch Mehrfachbesetzung von Arbeitsplätzen. In der DDR hat es daher offiziell nie Arbeitslosigkeit gegeben; wie hoch aber ihr verdeckter Anteil war, wurde nach dem Beitritt zur Bundesrepublik deutlich. Wegen der mangelnden Konkurrenzfähigkeit der Firmen in den neuen Bundesländern schnellte die Arbeitslosenquote dort in einen zweistelligen Bereich. Doch auch im Westen lag und liegt die Quote in lange Zeit unvorstellbarer Höhe: Nach dem Krieg, als Millionen Menschen in die Bundesrepublik strömten und die Betriebe erst wieder aufgebaut werden mußten, waren zeitweise bis zu 2 Millionen Menschen ohne Arbeit, schon 1955 aber wurde die Millionengrenze unterschritten, so daß man seitdem von *Vollbeschäftigung* sprechen konnte. Geburtenstarke Jahrgänge, Rationalisierung und internationaler Konkurrenzdruck ließen seit Mitte der 1970er Jahre die Arbeitslosigkeit wieder steigen. Seit 1982 blieb sie auf hohem Niveau (Westen 1995: 8,8 %; Osten: 15 %).

Trotz der sozialen Sicherungssysteme hat die hohe Zahl von Arbeitslosen in der Bundesrepublik eine *Neue Armut* entstehen lassen. Konzepte zur Bekämpfung der Arbeitslosigkeit haben sich als wenig erfolgreich erwiesen: Arbeitszeitverkürzungen zur Verteilung der Arbeit auf eine größere Zahl von Menschen bremsen allenfalls den Anstieg; Wachstum um jeden Preis muß notwendig in die ökologische Sackgasse führen; bessere Qualifizierung der Arbeitnehmer kann erst langfristig und ungenügend greifen.

Arbeitsmarkt
In einer reinen *Marktwirtschaft* ist auch Arbeit eine Ware, deren Preis sich nach Angebot und Nachfrage bildet. Da aber die *Arbeitnehmer* als Anbieter von Arbeit wegen ihrer existentiellen Abhängigkeit von entlohnter Arbeit immer in einer schwächeren Position sind als die *Arbeitgeber* der Kapitalseite, greift eine soziale Marktwirtschaft regulierend in den Arbeitsmarkt ein. In der Bundesrepublik sorgt der Staat durch arbeitsmarktpolitische Maßnahmen wie Kündigungsschutz, Strukturhilfen, Arbeitsbeschaffung, Umschulung sowie *Gesetzgebung* zur Berufsbildung, *Betriebsverfassung* und *Mitbestimmung* für Korrektive. Die Arbeitnehmer schützen sich zudem selbst durch Zusammenschluß in *Gewerkschaften*, die dem Arbeitsmarkt tarifvertragliche Grenzen setzen. Außerdem hatten die Arbeitsämter bis 1994 das Monopol der Arbeitsvermittlung, doch auch vorher blieb durch Presseanzeigen u. a. genügend Raum für den freien Markt.
In *Planwirtschaften* gibt es allenfalls einen informellen freien Arbeitsmarkt. In der DDR herrschte an seiner Stelle ein System zentral gelenkter Qualifizierung und Lenkung von Arbeitskräften bis hin zur *Arbeitspflicht.*

Arbeitspflicht
Die freie Berufswahl, also die *Berufsfreiheit*, gehört zu den *Grundrechten* der Deutschen. In Art. 12,3 GG heißt es: »Niemand darf zu einer bestimmten Arbeit gezwungen werden, außer im Rahmen einer herkömmlichen allgemeinen, für alle gleichen öffentlichen Dienstleistungspflicht.« Außer beim Wehrdienst kann eine solche nur im Fall von *Notstand* greifen oder als »Zwangsarbeit« nach Verurteilung zu einer Freiheitsstrafe. Ansonsten hat die vom *Europarat* am 4. 11. 1950 beschlossene Konvention über das Verbot von Zwangsarbeit in der Bundesrepublik Gesetzeskraft.
Die *Verfassung* der DDR dagegen kannte eine Arbeitspflicht nach Art. 24,2: »Das Recht auf Arbeit und die Pflicht zur Arbeit bilden eine Einheit.« Die Arbeitspflicht wurde z. B. in Form eines »Dienstes für Deutschland« 1952/53 als Jugendarbeitsdienst umgesetzt, oder sie konnte darin bestehen, daß *Arbeitnehmer* bis zu 6 Monate verpflichtet wurden, in einem anderen Betrieb am gleichen Ort zu arbeiten.

Arbeitsrecht
Die Beziehungen zwischen *Arbeitgebern* und *Arbeitnehmern* müssen in einer sozialen *Marktwirtschaft* gesetzlich geregelt werden; das geschieht im Arbeitsrecht. Man unterscheidet Individualarbeitsrecht, das die

Rechtsbeziehungen zwischen dem einzelnen Beschäftigten und dem Arbeitgeber regelt, z. B. Arbeitsvertrag, Kündigungsschutz oder Arbeitszeitordnung, und Kollektivarbeitsrecht, das *Betriebsverfassung*, Tarifvertrags- und Arbeitskampfrecht umfaßt. Arbeitsrecht ist in erster Linie Schutzrecht für die abhängig arbeitende Bevölkerung. Arbeitsrechtliche Streitigkeit werden vor Arbeitsgerichten ausgetragen *(Gerichte).*

Arbeitsverfassung
Alle gesetzlichen Regelungen, Normen und freien Vereinbarungen zur Ordnung der unselbständigen Arbeit in einem Gemeinwesen werden unter dem Begriff der Arbeitsverfassung gebündelt. Zur ihr gehören die *Grundrechte*, die die Arbeit betreffen, wie z. B. *Koalitionsfreiheit* (Art. 9,3 GG), Berufsfreiheit (Art. 12,1 GG) und Verbot der Zwangsarbeit (Art. 12,2 GG); weiter gehören dazu das *Arbeitsrecht*, die von *Arbeitgebern* und *Gewerkschaften* ausgehandelten *Tarifverträge*, die Betriebsvereinbarungen, die Arbeitsverträge der einzelnen Beschäftigten. Die rechtliche Ordnung der selbständigen Arbeit ist in der Unternehmensverfassung festgelegt.

ARD s. *Hörfunk und Fernsehen*

Assoziierung
Ein Land, das nicht Mitglied einer internationalen Organisation ist, kann sich ihr durch Assoziierung enger verbinden. Dazu wird ein je nach Interessenlage der beiden Seiten ausgehandeltes Assoziierungsabkommen geschlossen, in dem z. B. Handelsvorrechte vereinbart werden. Zwischen *Europäischer Union (EU)* und zahlreichen Staaten bestehen solche Abkommen.

Asyl
Während der NS-Zeit fanden viele politisch oder rassisch verfolgte Deutsche im Ausland Aufnahme. Bei der Formulierung des *Grundgesetzes* wurde daher auf eine großzügige Asylregelung für politische Flüchtlinge Wert gelegt; sie ist in Art. 16 verankert. Mit der Gewährung von Asyl wird der *Flüchtling* dem Zugriff des Heimatstaates entzogen. Lange Zeit lag die Zahl der Bewerber relativ konstant zwischen 5000 und 10 000 Fällen jährlich. Meist handelte es sich um Flüchtlinge aus dem Ostblock, deren Anträge vom Bundesamt für die Anerkennung ausländischer Flüchtlinge in Zirndorf fast automatisch genehmigt wurden. Die DDR ihrerseits gewährte Flüchtlingen Asyl, die angeblich »wegen ihres Eintretens für Frieden, Demokratie und Fortschritt verfolgt« wurden, meist Kommunisten aus westlichen Ländern.
Mit dem Anwachsen der Bevölkerung und des Elends in der Dritten Welt schwoll der Flüchtlingsstrom in die Industriestaaten, ausgenutzt

von skrupellosen Schlepperorganisationen, so an, daß die liberale Praxis der Bundesrepublik zu einem Mengenproblem führte. Es verschärfte sich seit den 1970er Jahren durch *Arbeitslosigkeit* und Wohnungsmangel, die von Rechtsextremisten den »Wirtschaftsflüchtlingen« zur Last gelegt wurden. Schrittweise wurde daher die Aufnahmepraxis verschärft: Zunächst erging ein Arbeitsverbot für die ersten beiden Jahre des Aufenthalts in der Bundesrepublik (Ostblockflüchtlinge nur 1 Jahr), Sozialleistungen wurden zunehmend unbar geleistet, dann wurde mit dem Asylverfahrensgesetz vom 16. 7. 1982 das Gewährungs- bzw. Ablehnungsverfahren beschleunigt. Dennoch wuchs die Bewerberzahl auf bis zu eine halbe Million jährlich, und das bei einer Anerkennungsquote von 7,2 % (1994). Anfang 1993 einigten sich SPD, CDU/CSU und FDP auf eine Änderung des Grundgesetzes (in Kraft 1. 7. 1993), nach der aus »sicheren Drittländern« und Nicht-Verfolgerstaaten einreisende Asylbewerber abgelehnt werden; für Kriegsflüchtlinge z. B. aus dem ehemaligen Jugoslawien wurden jeweils Sonderregelungen getroffen. Die Bewerberzahlen gingen danach drastisch zurück.
Kritiker sehen damit das *Grundrecht* auf Asyl als zerstört an, da Deutschlands Nachbarstaaten sämtlich als »sicher« gelten. In Einzelfällen haben daher v. a. kirchliche Organisationen Asylsuchende dem Zugriff der Behörden entzogen; dieses Kirchenasyl ist illegal, wird aber meist stillschweigend geduldet.

Atomares Gleichgewicht s. *Abschreckung*

Atomenergie s. *Kernenergie*

Atomwaffen
Bei der 1938 von Otto Hahn entdeckten Spaltung von (Uran-)Atomkernen werden ungeheure Energien frei, die Waffentechniker zur Entwicklung von sog. Atom- oder Kernwaffen (Nuklearsprengsätzen) nutzten. Diese Massenvernichtungswaffen bedrohen seit der ersten Testexplosion am 16. 7. 1945 und den ersten und bisher einzigen Einsätzen am 6. und am 9. 8. 1945 gegen die japanischen Städte Hiroshima und Nagasaki die Menschheit und stellen ein besonders dringliches Problem der *Abrüstung* dar, v. a. seit Trägerwaffen (Raketen) Sprengköpfe über beliebige Entfernungen ins Ziel bringen können. Gegenstück der Bedrohung ist die *Abschreckung* des Gegners durch diese Waffen, die während des *Kalten Krieges* einen neuen globalen bewaffneten Konflikt verhindert haben. Erste Atommacht waren die USA, es folgten 1949 die UdSSR, 1952 Großbritannien, 1960 Frankreich, 1964 China und 1974 Indien; von weiteren Staaten wie Israel, Pakistan u. a. wird angenommen, daß sie über »die Bombe« oder über die Mittel zu ihrer Herstellung verfügen. Unkalkulierbare Risiken ge-

hen heute von den in den Nachfolgestaaten der UdSSR (z. B. Rußland, Ukraine, Kasachstan) lagernden Atomwaffen aus.
Bei sich verschärfendem Ost-West-Konflikt kam es 1957 auch zu einer Debatte, ob die Bundeswehr im Rahmen der *NATO* mit amerikanischen Atomwaffen ausgerüstet werden sollte. Die Regierung *Adenauer* scheiterte mit diesem Vorstoß ebenso wie der polnische Außenministers Adam Rapacki mit seinem ebenfalls 1956/57 entwickelten Plan für eine atomwaffenfreie Zone in Mitteleuropa. Die Supermächte stationierten bei ihrem jeweiligen deutschen Bündnispartner Atomraketen und atomare Gefechtsfeldwaffen (taktische Atomwaffen). Erste Schritte zur Kontrolle der Atomwaffenarsenale gelangen 1963 mit einem Abkommen über einen Teststopp in der Atmosphäre und 1968 mit dem sog. Atomwaffensperrvertrag, der die Weiterverbreitung von Kernwaffen und des Know-hows zu ihrer Herstellung verbietet. Westdeutsche Sorgen, der Vertrag könne zu einer Aufwertung der DDR führen und der UdSSR Kontrollrechte in der Bundesrepublik einräumen, hatten zeitweise die Verhandlungen belastet. Im Zuge der schon während der *Großen Koalition* eingeleiteten neuen *Ostpolitik* entfielen diese Bedenken jedoch; am 1. 7. 1968 unterzeichnete die DDR den Vertrag, die Bundesrepublik folgte wegen der genannten Vorbehalte erst am 16. 11. 1969.

Aufenthaltsberechtigung s. *Ausländer*

Auflösung von Parlamenten
In allen demokratischen Verfassungen sind Regelungen für die Auflösung der Volksvertretung vorgesehen. Im Falle des *Bundestages* kann der *Bundespräsident* die Auflösung binnen 7 Tagen verfügen, wenn es den Volksvertretern auch im dritten Wahlgang nicht gelingt, einen *Bundeskanzler* zu wählen (Art. 63,4 GG), oder binnen 21 Tagen auf Vorschlag des Bundeskanzlers, wenn dessen Antrag, ihm das Vertrauen auszusprechen, nicht die Mehrheit der Mitglieder des Hauses findet (Art. 68,1 GG). Dagegen haben viele Länderparlamente (z. B. Berlin, Hessen) das Recht zur Selbstauflösung und/oder können per Volksentscheid (u. a. Bayern, Baden-Württemberg) zur Auflösung gezwungen werden; in Schleswig-Holstein kann auch der Ministerpräsident, in Nordrhein-Westfalen auch die Landesregierung die Auflösung des Landtags beschließen. Das neu zu wählende Parlament darf vom aufgelösten begonnene Vorhaben nicht fortsetzen, sondern muß sie völlig neu in Angriff nehmen (Grundsatz der Diskontinuität gemäß Geschäftsordnungen des Bundestages und der Länderparlamente).
Die *Volkskammer* der DDR konnte sich nach der Verfassung von 1968 in der Fassung von 1974 (Art. 64) mit Zweidrittelmehrheit selbst auflösen.

Aufrüstung

Der Auf- und Ausbau von Streitkräften und Waffensystemen kann aggressiver wie defensiver Natur sein. Immer aber steigert solche Aufrüstung das Konfliktpotential in einer Region oder global, zumal die Rüstungsanstrengungen eines Staates oder Bündnissystems gewöhnlich mit entsprechenden Maßnahmen des potentiellen Gegners beantwortet werden und damit ein Wettrüsten auslösen können (»Rüstungsspirale«). Nach dem 2. Weltkrieg wurden die Verliererstaaten, also v. a. Deutschland und Japan, nur vorübergehend vollständig abgerüstet. Mit wachsender Ost-West-Spannung wurde das Thema *Wiederbewaffnung* auch in den beiden inzwischen entstandenen deutschen Staaten schnell wieder aktuell, so daß sich wegen unterschiedlicher Bündniszugehörigkeit am *Eisernen Vorhang* bald deutsche Streitkräfte unmittelbar gegenüberstanden. Die atomare *Abschreckung* hielt jedoch die Konfrontation trotz immer neuer Rüstungsrunden bis zur *Wiedervereinigung* unterhalb der Schwelle zur bewaffneten Auseinandersetzung.

Ausbürgerung

Verlust der Staatsangehörigkeit ist mit dem Verlust der politischen Rechte und dem Entzug des diplomatischen Schutzes durch den Heimatstaat verbunden. Sofern ausgebürgerte Personen keine andere Staatsbürgerschaft erwerben, werden sie staatenlos. Deswegen sehen demokratische Verfassungen eine Ausbürgerung nur in Ausnahmefällen (in der Weimarer Republik z. B. bei Steuerflucht) oder gar nicht vor (z. B. Art. 16,1 GG). Im »Dritten Reich« hingegen ermöglichte das Gesetz über den Widerruf von *Einbürgerungen* und Aberkennung der deutschen Staatsangehörigkeit vom 14. 7. 1933 die Ausbürgerung z. B. von Juden oder politischen Emigranten. Auch die DDR griff gegen Regimekritiker zum Mittel des Entzugs der Staatsbürgerschaft; bekanntester Fall wurde der des Liedermachers *Biermann* (1976). Vom NS-Staat oder von der DDR Ausgebürgerte erhielten in der Bundesrepublik automatisch wieder die deutsche Staatsangehörigkeit.

Auschwitzlüge

Im deutschen Konzentrations- und Vernichtungslager Auschwitz (polnisch Oświ'ęcim) wurden während des 2. Weltkrieges mindestens 1,5 Millionen Menschen, vor allem Juden, ermordet. Dieses Geschehen übersteigt jedes Vorstellungsvermögen, so daß von Rechtsextremisten und Neonazis immer wieder versucht wurde, den Völkermord überhaupt zu leugnen, mit wachsendem zeitlichen Abstand häufiger und lautstärker. Sie behaupten, die Massenvernichtung habe nicht stattgefunden, sondern sei von Juden und Kommunisten zur Ausplünderung Deutschlands erfunden worden. Die Argumentation zum Beleg dieser sog. Auschwitzlüge ist immer die gleiche: Kleine

Unstimmigkeiten in Zeugenaussagen oder leichte Abweichungen in den Daten sollen Zweifel wecken und schließlich den *Holocaust* insgesamt abstreiten. Nur kurze Beschäftigung mit den Dokumenten aber wird jeden, der keine antisemitischen Scheuklappen trägt oder aus anderen Gründen die Realität leugnet, davon überzeugen, daß die »Endlösung der Judenfrage«, wie das Tötungsprogramm in der NS-Sprachregelung hieß, eine viel schrecklichere Wirklichkeit war, als menschliche Phantasie sich auszumalen vermag. Die Originaldokumente (Tagebücher der Täter u. a.) sind schon Beweis genug. Wer dann noch immer nicht überzeugt ist, den erdrücken spätestens die Fakten, die in den großen Prozessen um die Vernichtungslager an den Tag gekommen sind. Die Verbreitung der Auschwitzlüge ist nach einer Entscheidung des *Bundesverfassungsgerichts* vom 26. 4. 94 als »erwiesen unwahre Tatsachenbehauptung« strafbar (Aktenzeichen: 1 BvR 23/94).

Auschwitz-Prozeß

Das größte deutsche Konzentrations- und Vernichtungslager während des Krieges war Auschwitz (polnisch Oświ'ęcim). Eine völlige Klärung aller dort bis zur Befreiung am 27. 1. 1945 begangenen Verbrechen (mindestens 1,5 Mio. Opfer) wird immer unmöglich bleiben. Dennoch bemühten sich alliierte und später auch deutsche Gerichte um die Aburteilung der Hauptverantwortlichen. Deutsche Auschwitz-Prozesse kamen erst seit 1958 in Gang, als Anzeige gegen bis dahin noch nicht gefaßte Mitglieder der Wachmannschaften erhoben wurde. Größter und damit »der« Auschwitz-Prozeß wurde das Verfahren gegen 20 Angeklagte vor dem Schwurgericht beim Landgericht Frankfurt, das am 20. 12. 1963 begann und nach fast zweijähriger Verhandlung mit vielen lebenslänglichen Haftstrafen endete. Es erbrachte neben der juristischen Aufarbeitung der Verbrechen eine erdrückende Fülle von Beweismaterial, das erst das ganze Ausmaß des Geschehens beleuchtete. Der Dichter Peter Weiss schrieb darüber das Drama »Die Ermittlung« (1965). Auch in der DDR fand ein Auschwitz-Prozeß statt, und zwar gegen Lagerarzt Horst Fischer, der im März 1966 zum Tode verurteilt und Anfang Juli 1966 hingerichtet wurde.

Ausländer

Alle Personen, die nicht die *Staatsangehörigkeit* des Landes besitzen, in dem sie leben, sind Ausländer; zu ihnen zählen also auch Staatenlose. Seit sich in der Bundesrepublik Mitte der 1950er Jahre Arbeitskräftemangel bemerkbar machte, wurden zunächst in Italien, dann auch in anderen Mittelmeerländern *Gastarbeiter* angeworben. Die Zahl der Ausländer stieg bis zum Anwerbestopp 1973 auf über 2,5 Mio. und wuchs auch danach durch Nachzug von Familienangehörigen, hohe Geburtenrate, politische Flüchtlinge *(Asyl)* bis auf knapp 7 Mio. (1994)

oder 8,5 % der Bevölkerung. Auch die DDR hatte zeitweilig Gastarbeiter aus Angola, Vietnam u. a. angeworben, von denen noch einige in Deutschland leben. Die Rechte der ausländischen Mitbürger sind im Ausländerrecht geregelt, nach dem jeder Nichtdeutsche eine Aufenthaltserlaubnis, zur Berufstätigkeit eine Arbeitserlaubnis und zum Gewerbetreiben eine Niederlassungserlaubnis braucht. Ihre Gewährung ist, v. a. bei noch geringer Verweildauer in Deutschland, weitgehend ins Belieben der Behörden gestellt; sie kann verweigert werden, wenn »Belange« der Bundesrepublik »beeinträchtigt« werden könnten. In einem solchen Fall kommt es zur *Ausweisung* und, wenn dieser nicht Folge geleistet wird, zur gewaltsamen Abschiebung.
Die Integration der Ausländer blieb trotz ihres großen Anteils am *Wirtschaftswunder* und trotz ihres Beitrags zu *Steuern* und zur *Sozialversicherung* in Ansätzen stecken. Das lag an Sprachproblemen, Einsatz v. a. zu niedrigen Arbeiten (Hilfsarbeiter) mit schlechterer Entlohnung, geringer Anpassungswilligkeit der Arbeitsimmigranten (Ghetto-Bildung), am wachsenden Anteil von Gruppen mit anderen Glaubenshintergrund wie islamischen Türken (1994: über 2 Mio.), am Import von politischen Konflikten der Heimatländer (z. B. Türken gegen Kurden), aber auch an wachsender Fremdenfeindlichkeit in Deutschland bei abflachender Konjunktur, explodierender *Arbeitslosigkeit* und v. a. im Zuge der *Wiedervereinigung*. Obwohl nur knapp 8 % der Ausländer in den neuen Bundesländern leben, kam es dort zuerst zu gewalttätigen Ausschreitungen, die sich wie ein Flächenbrand über ganz Deutschland ausbreiteten. Massendemonstrationen und Lichterketten dagegen zeigten, daß hinter den Anschlägen nur eine rechtsradikale Minderheit steckt *(Rechtsradikalismus)*, doch ist bei zunehmenden sozialen Konflikten auch mit einer Eskalation der Gewalt gegen Ausländer zu rechnen, die insbesondere zu Aggressionsobjekten deklassierter männlicher Jugendlicher werden. In diesem Zusammenhang machte sich auch der überwunden geglaubte *Antisemitismus* wieder bemerkbar.

Auslandshilfe s. *Entwicklungshilfe*

Auslieferung
In der Bundesrepublik ist die Auslieferung von Straftätern an andere Staaten zur Aburteilung und Strafvollstreckung im Gesetz über internationale Rechtshilfe in Strafsachen vom 23. 12. 1982 und in zwischenstaatlichen Auslieferungsverträgen geregelt. Die Auslieferung deutscher Staatsangehöriger ist nach Art. 16,2 GG nicht statthaft; Ausländer werden nicht ausgeliefert, wenn ihnen *Asyl* zusteht. Gewöhnlich kann der Staat, auf dessen Gebiet die Straftat begangen wurde, die Auslieferung verlangen. Über sie wird in der Bundesrepublik von den Oberlandesgerichten positiv entschieden, wenn es sich

um Vergehen oder Verbrechen nach deutschem Recht handelt, wenn sichergestellt ist, daß der Auszuliefernde nur wegen dieser Tat belangt wird, und wenn mit dem Staat, der das Auslieferungsersuchen stellt, Gegenseitigkeit verbürgt ist. An die DDR wurden auch straffällig gewordene Bundesbürger nach dem Gesetz über innerdeutsche Amtshilfe in Strafsachen vom 2. 5. 1953 ausgeliefert, da die DDR nicht als Ausland galt. Allerdings mußte gewährleistet sein, daß der betroffenen Person keine mit rechtsstaatlichen Grundsätzen unvereinbare Behandlung drohte.

Ausnahmezustand s. *Notstand*

ausschließliche Gesetzgebung
Die Gesetzgebung, die in einem Bundesstaat wie Deutschland allein dem Bund zusteht, heißt ausschließliche Gesetzgebung im Unterschied zur *konkurrierenden Gesetzgebung* und zur Gesetzgebung der *Bundesländer.* Die ausschließliche Gesetzgebung kann zwar auf die Länder übertragen werden, bisher wurde aber von dieser Möglichkeit kaum Gebrauch gemacht. Ihre Gegenstände sind: Auswärtige Angelegenheiten · Verteidigung und *Zivilschutz* · *Staatsangehörigkeit* · *Freizügigkeit,* Paßwesen, Ein- und Auswanderung, *Auslieferung* · Währung, Geld- und Münzwesen · Maße, Gewichte, Zeitbestimmung · Einheit des Zoll- und Handelsgebietes, Handels- und Schiffahrtsverträge, Freizügigkeit des Waren- und Zahlungsverkehrs, Zoll- und Grenzschutz · Bundeseisenbahn und Luftverkehr · Post- und Fernmeldewesen · Recht des öffentlichen Dienstes des Bundes · Gewerblicher Rechtsschutz, Urheberrecht und Verlagsrecht · Zusammenarbeit des Bundes und der Länder in der Kriminalpolizei, im *Verfassungsschutz* sowie der Einrichtung eines Bundeskriminalamtes und der internationalen Verbrechensbekämpfung · Statistik für Bundeszwecke · Zölle und Finanzmonopole.

Ausschüsse
Ein so großes Gremium wie der *Bundestag* ist für die Feinarbeit an Gesetzesvorlagen zu unbeweglich. Er bildet daher nichtöffentlich tagende Ausschüsse, die von den *Fraktionen* nach ihrer Stärke besetzt werden. Dabei unterscheidet man ständige (s. Tabelle) und Ad-hoc-Ausschüsse (*Untersuchungsausschüsse* u. a.), die nach Bedarf gebildet werden. Die Ausschußvorsitzenden bestimmt nach dem Proporz der *Ältestenrat* im Einvernehmen mit den Fraktionen. Zu ihrer Information können die Ausschüsse Experten anhören *(Hearings)* und Vertreter von *Interessenverbänden* laden. Ebenso haben die Mitglieder von *Bundesregierung* und *Bundesrat* das Recht auf Anhörung in den Ausschüssen. Eine besondere Rolle spielt der gemeinsame *Vermittlungsausschuß* von Bundestag und Bundesrat.

Die ständigen Ausschüsse des 13. Deutschen Bundestages

	Mitgliederzahl
1. Ausschuß für Wahlprüfung, Immunität und Geschäftsordnung	17
2. Petitionsausschuß	32
3. Auswärtiger Ausschuß	39
4. Innenausschuß	39
5. Sportausschuß	17
6. Finanzausschuß	39
7. Haushaltsausschuß	41
8. Ausschuß für Wirtschaft	39
9. Ausschuß für Ernährung, Landwirtschaft und Forsten	32
10. Ausschuß für Arbeit und Sozialordnung	39
11. Verteidigungsausschuß	39
12. Ausschuß für Familie, Senioren, Frauen und Jugend	39
13. Ausschuß für Gesundheit	39
14. Ausschuß für Verkehr	41
15. Ausschuß für Umwelt, Naturschutz und Reaktorsicherheit	39
16. Ausschuß für Post und Telekommunikation	17
17. Ausschuß für Raumordnung, Bauwesen und Städtebau	32
18. Ausschuß für Bildung, Wissenschaft, Forschung, Technologie und Technologiefolgenabschätzung	39
19. Ausschuß für Wirtschaftliche Zusammenarbeit	32
20. Ausschuß für Fremdenverkehr	17
21. Ausschuß für Angelegenheiten der Europäischen Union	19
22. Rechtsausschuß	32

Ausschuß für deutsche Einheit

Beide deutsche Staaten suchten sich in den 1950er/60er Jahren die Schuld für das Mißlingen einer *Wiedervereinigung* gegenseitig zuzuschieben. Ein Propagandainstrument dafür wurde von der DDR am 7. 1. 1954 geschaffen: der Ausschuß für deutsche Einheit, dem auf westlicher Seite das ebenfalls 1954 gegründete *Kuratorium unteilbares Deutschland* entsprach. Der Ausschuß sollte regierungsamtlich alle Fragen bearbeiten, »die mit der Vorbereitung eines *Friedensvertrags* mit Deutschland und der Wiederherstellung der Einheit eines demokratischen, friedliebenden und unabhängigen Deutschland in Zusammenhang stehen«. Der Versuch aber, die Regierung *Adenauer* für die dauernde Vertiefung der deutschen Teilung allein verantwortlich zu machen, hatte kaum Wirkung und war nach dem Bau der *Berliner Mauer* vollends unglaubwürdig. Im Dezember 1965 wurde der Ausschuß aufgelöst.

Außenministerium s. *Bundesminister,* s. *Außenpolitik*

Außenpolitik
In der Bundesrepublik obliegt die Außenpolitik, also die Gestaltung der Beziehungen zwischen Deutschland und anderen Staaten und internationalen Organisationen, dem Auswärtigen Amt (AA, Außenministerium) nach den Richtlinien der Regierung; in der DDR war dafür das Ministerium für Auswärtige Angelegenheiten im Rahmen des *Ministerrats* zuständig. Das Außenministerium verfügt dazu über einen diplomatischen Dienst und koordiniert sein Vorgehen z. B. mit verteidigungs- oder kulturpolitischen Maßnahmen. In beiden deutschen Staaten konnte jedoch lange keine Rede von einer ausschließlich deutschen Außenpolitik sein, da sich die jeweiligen *Siegermächte* Rechte vorbehielten. Erst seit der *Wiedervereinigung* bestimmt Deutschland seine Außenpolitik uneingeschränkt selbst.
In der DDR hatte das schon 5 Tage nach Gründung des Staates (12. 10. 1949) geschaffene Außenministerium aufgrund der sowjetischen Vorherrschaft nie nennenswerten Spielraum, zumal gemäß der 1968 verkündeten *Breschnew-Doktrin* von der eingeschränkten Souveränität der sozialistischen Länder auch in späterer Zeit die Richtlinien aus Moskau kamen. Die DDR wandelte sich daher von einer Besatzungszone in einen sowjetischen Satellitenstaat, dem wegen seiner Lage und in der Frontstellung zur kapitalistischen Bundesrepublik im *Kalten Krieg* besondere Bedeutung zukam. Die DDR wurde in den Rat für gegenseitige Wirtschaftshilfe (RGW, *Comecon*) und in den *Warschauer Pakt* eingegliedert. Dank wachsender Wirtschaftskraft gewann sie im Ostblock an Gewicht und folgte der Entstalinisierung durch den sowjetischen Parteichef Nikita Chruschtschow Ende der 1950er Jahre nur zögernd, wie sie auch nach 1985 die Politik der Öffnung unter KPdSU-Generalsekretär Michail Gorbatschow ablehnte und schließlich 1989 von der Entwicklung überrollt wurde. Damit endete die kurze Phase internationaler Aufwertung, die die DDR nach dem *Grundlagenvertrag* mit der Bundesrepublik und Aufnahme in die *Vereinten Nationen* (beides 1973) erreicht hatte.
In der Bundesrepublik dauerte es bis März 1951, ehe das AA die Arbeit aufnahm; es wurde bis 1955 von Bundeskanzler *Adenauer* in Personalunion geführt. Die bundesdeutsche Außenpolitik war das Pendant zur Ostintegration der DDR, allerdings war der Bonner Westkurs von breiter Zustimmung in der Bevölkerung getragen. Auch gewann die Bundesrepublik durch den *Deutschlandvertrag* 1952 und die *Pariser Verträge* 1955 ihre Souveränität (mit Einschränkungen) rasch zurück und konnte ihren außenpolitischen Kurs weitgehend selbst bestimmen. Er führte lange (trotz Aufnahme *diplomatischer Beziehungen* zur UdSSR 1955) nur nach Westen: Mitgliedschaft im *Europarat*, in der *NATO* und der *Montanunion*, Mitgründung der *Europäischen Wirt-*

schaftsgemeinschaft (EWG) und Aussöhnung mit Frankreich *(Deutsch-Französischer Freundschafsvertrag)*. Wie die DDR geriet die Bundesrepublik Ende der 1950er Jahre jedoch allmählich in Gegensatz zur *Entspannungspolitik*, die die westliche Führungsmacht USA einschlug. Erst mit Ende der Ära Adenauer 1963, dem Zwischenspiel des Atlantikers *Erhard*, der *Großen Koalition* (1966–69) und schließlich der Ostpolitik *Brandts* gewann die deutsche Außenpolitik wieder Anschluß an die Entwicklung und setzte sich zeitweilig sogar an ihre Spitze. Außenpolitik war dabei immer auch innerdeutsche Politik, die mittels Wandel durch Annäherung die Überwindung der deutschen Teilung anstrebte und im Zusammenwirken mit anderen weltpolitischen Faktoren schließlich erreichte. Dazu trug die konsequente Beibehaltung dieser außenpolitischen Orientierung durch die seit 1982 regierende konservativ-liberale *Koalition* wesentlich bei.
Sie brachte ein weiteres lebenswichtiges Element der deutschen Außenpolitik zu neuer Geltung: Die Integration Europas, von allen bundesdeutschen Regierungen gefördert, rückte in den letzten Jahren, vor allem nach der *Wiedervereinigung*, in den Vordergrund *(Maastricht)* und wird neben dem Krisenmanagement der Folgekonflikte nach dem Zusammenbruch des Ostblocks und des sich verschärfenden Nord-Süd-Konflikts in den nächsten Jahren bestimmend bleiben.

Außerparlamentarische Opposition s. *APO*

Aussiedler
Nach dem Gesetz über die Angelegenheiten der *Vertriebenen* und *Flüchtlinge* (Bundesvertriebenengesetz) vom 19. 5. 1953 in der Fassung vom 3. 9. 1971 gelten als Aussiedler alle Personen deutscher *Staatsangehörigkeit* oder Volkszugehörigkeit, die nach Abschluß der allgemeinen *Vertreibung* aus den deutschen Ostgebieten oder Ländern Ost- und Südosteuropas sowie aus China nach dem 2. Weltkrieg in die Bundesrepublik gekommen sind oder kommen. Sie besitzen von vornherein die deutsche Staatsangehörigkeit. Dies gilt auch für Personen, die legal aus der DDR gekommen sind und Übersiedler genannt werden, und für DDR-Flüchtlinge. Mit wachsendem Gefälle des Lebensstandards und Liberalisierung der Auswanderungsbestimmungen in den einstigen Heimatstaaten schwoll die Welle von Aussiedlern an (1994: rd. 220000) und führte zu Kontroversen über die Bevorzugung von Deutschstämmigen, die oft seit vielen Generationen z. B. in Rußland oder Rumänien gelebt haben, vor Bewerbern um *Asyl*, denen bei Abschiebung Elend und Tod durch Not und/oder Verfolgung droht.

Aussperrung
Bei einem *Arbeitskampf* können sich die *Arbeitgeber* gegen *Streiks* durch Aussperrung (gemäß *Koalitionsfreiheit* nach Art. 9,3, GG) wehren: Sie

entlassen vorübergehend eine größere Zahl von Arbeitern in der Absicht, sie nach Streikende wieder einzustellen. Da ausgesperrte Arbeiter Anspruch auf Unterstützung aus der Streikkasse haben, ist dies eine große Belastung für die *Gewerkschaften.* Allerdings steht nur den im Streikgebiet selbst Ausgesperrten Lohnersatz zu; »kalt« Ausgesperrte in nur indirekt betroffenen Betrieben erhalten keine Unterstützung und wegen der Neutralitätspflicht des Staates auch kein Arbeitslosen- oder Kurzarbeitergeld. Die Gewerkschaften haben immer wieder versucht, ein Aussperrungsverbot zu erreichen. Sie kritisieren, daß Unternehmer durch Aussperrung in einem kleinen, aber zentralen Zulieferbetrieb die Produktion bundesweit lahmlegen und damit hunderttausende Menschen in einen Streik hineinziehen können. Der Gesetzgeber hat ein generelles Verbot bisher abgelehnt, die Gerichte haben jedoch in Einzelfällen (Flächen- oder Angriffsaussperrung oder nur Aussperrung von Gewerkschaftsmitgliedern) gegen die Aussperrung entschieden.

Aussprache
Gesetzentwürfe, Anträge, *Regierungserklärungen*, Große *Anfragen* u.a. werden im *Bundestag* gewöhnlich debattiert, d.h. es findet darüber eine Aussprache statt; bei Kleinen Anfragen wird darauf verzichtet. Man unterscheidet bei der Beratung von Gesetzentwürfen zwischen allgemeiner Aussprache bei der ersten und dritten *Lesung* über grundsätzliche Probleme und Einzelaussprache über einzelne Bestimmungen des Entwurfs in der zweiten Lesung.

Auswärtiges Amt s. *Bundesminister,* s. *Außenpolitik*

Ausweisung
Während ein *Rechtsstaat* eigene Bürger nicht des Landes verweisen darf (Art. 11 GG), ist die Ausweisung von *Ausländern* generell zulässig. Allerdings müssen gemäß Ausländergesetz vom 28. 4. 1965 erhebliche Belange der Bundesrepublik durch das Verbleiben des Ausländers im Land bedroht sein, ehe eine Ausweisung durch Entzug der Aufenthaltsgenehmigung angeordnet wird. Die Behörden haben dabei einen weiten Ermessensspielraum und können die polizeiliche Abschiebung und dazu notfalls Abschiebehaft verfügen, wenn der Ausgewiesene nicht unverzüglich das Land verläßt. Die Ausweisung von Inländern aus Teilgebieten der Bundesrepublik ist nur zulässig zur Bekämpfung von Seuchen oder zur Vorbeugung von Straftaten.

Autonomie
Für das Recht, nach selbst gegebenen Gesetzen zu leben und zu handeln, wurde aus den griechischen Wörtern autos (selbst) und nomos (Gesetz) der Begriff Autonomie gebildet. Staatsrechtlich meint sie das Recht von Körperschaften, für ihre Mitglieder bindende Rechts-

sätze aufzustellen. Voll autonom also ist nur der Staat, doch kann er Ländern, Institutionen und Verbänden in gewissem Rahmen Autonomie zugestehen: So erlassen *Gemeinden* autonom ihre Satzungen, und so haben *Gewerkschaften* und *Arbeitgeberverbände Tarifautonomie,* können also ohne Fremdeinmischung *Tarifverträge* abschließen.
Völkerrechtlich bedeutet Autonomie *Selbstverwaltung* von Gebieten oder Bevölkerungsgruppen innerhalb eines Staates. Es handelt sich dabei wegen der Integration in einen Staat meist nur um Teilautonomien, etwa in Form der Kulturautonomie von Minderheiten. Anders als Separatisten wirken Autonomisten daher nicht auf Loslösung vom Staat hin, sondern verlangen nach mehr oder minder weitgehender Selbstbestimmung im Staatsverband.

Axen, Hermann
* Leipzig 6. 3. 1916, † Berlin 16. 2. 1990 - Als Sohn eines KPD-Funktionärs war Axen schon 1930 Mitglied im kommunistischen Ju-

SED-Politbüromitglied Hermann Axen und SPD-Vorstandsmitglied Egon Bahr *(l.) am 7. 7. 1988 bei einer gemeinsamen Pressekonferenz in* Bonn, *bei der sie eine »Zone des Vertrauens und der Sicherheit in Zentraleuropa« fordern.*

gendverband, wurde 1933 inhaftiert und konnte 1938 nach Frankreich fliehen. Dort holten ihn die deutschen Truppen ein; bis Kriegsende wurde er in den KZ Auschwitz und Buchenwald festgehalten. 1945 war Axen Mitbegründer der *Freien Deutschen Jugend (FDJ)* in der *SBZ*, trat 1946 der SED bei und stieg 1950 ins ZK auf. 1956–66 Chefredakteur des SED-Zentralorgans *Neues Deutschland* und seit 1954 Mitglied der *Volkskammer*, wurde Axen 1970 Mitglied des *Politbüros* der SED und ein Jahr später Vorsitzender des Ausschusses der Volkskammer für Auswärtige Angelegenheiten. In dieser Eigenschaft besuchte er mehrfach die Bundesrepublik (u. a. Okt. 1986) und suchte nach deutschlandpolitischen Gemeinsamkeiten mit der SPD. Im Zuge des gesellschaftlichen Umbruchs wurde Axen am 3. 12. 1989 aus der SED ausgeschlossen und war Anfang 1990 zeitweilig wegen des Verdachts der Korruption und des Amtsmißbrauchs in Haft.

B

Baader-Meinhof-Gruppe

Nach den führenden Köpfen Andreas Baader und Ulrike Meinhof wurden die westdeutschen Terroristen der ersten Generation Baader-Meinhof-Gruppe (oder -Bande) genannt; sie selbst bezeichneten sich nach informellen Anfängen als *Rote Armee Fraktion* (RAF). Ihre Mitglieder kamen aus der *Studentenbewegung*, aus deren theoretischer Gewaltdiskussion sie das Recht auf Gewaltausübung ableiteten. Die Befreiung des Kaufhausbrandstifters Baader aus der Haft am 14. 5. 1970 - hier wurde erstmals von der Schußwaffe Gebrauch gemacht - war die Geburtsstunde der Gruppe, die sich dem Kampf gegen die Schaltstellen des imperialistischen Machtapparats verschrieb. Konnten die Untergrundkämpfer anfangs noch mit Sympathien bei linken Intellektuellen rechnen, verloren sie mit den ersten Mordtaten bald jeden Rückhalt. 1972 wurde der harte Kern der Gruppe (neben Baader und Meinhof v. a. Gudrun Ensslin und Jan-Carl Raspe) verhaftet und den Mitgliedern der Prozeß gemacht, der geprägt war von einer Flut von Befangenheitsanträgen, Hungerstreiks wegen »Isolationsfolter« (u. a. Tod des Häftlings Holger Meins am 9. 11. 1974), Ausschlüssen von Verteidigern u. a. und mit der Verurteilung der Haupttäter zu lebenslanger Haft endete. Die noch in Freiheit befindlichen Gruppenmitglieder, verstärkt durch die zweite Terroristengeneration, versuchten am 5. 9. 1977, durch Entführung von Arbeitgeberpräsident *Schleyer* (unter Erschießung seiner 4 Begleiter) die Inhaftierten freizupressen. Als dies ebenso scheiterte (Ermordung Schleyers) wie ein paralleler Erpressungsversuch arabischer Terroristen mit der Entführung einer Lufthansa-Maschine (Erstürmung durch deutsche Sicherheitskräfte in Mogadischu), nahmen sich Baader, Ensslin und Raspe im Gefängnis Stuttgart-Stammheim am 18. 10. 1977 das Leben; die schwerkranke Ulrike Meinhof hatte bereits ein Jahr zuvor Selbstmord begangen. Diese Ereignisse hatten einen politischen Ausnahmezustand zur Folge, der als »Deutscher Herbst« in die Geschichte der Bundesrepublik einging.

BAföG

Zur Bekämpfung des *Bildungsnotstands* in der Bundesrepublik wurde 1971 ein Förderungsmodell für Schüler und Studenten entwickelt und im Bundesausbildungsförderungsgesetz geregelt, bekannter unter der Abkürzung BAföG. Mehrfach novelliert, gewährt es Schülern und Studenten aus einkommensschwachen Familien finanzielle Unterstützung, bis 1983 z. T. als Stipendium (verlorener Zuschuß), danach bis 1990 nur noch als rückzahlbares Darlehen, seitdem wieder zur Hälfte als Zuschuß. Allerdings wurden die Kriterien für die Vergabe mehrfach

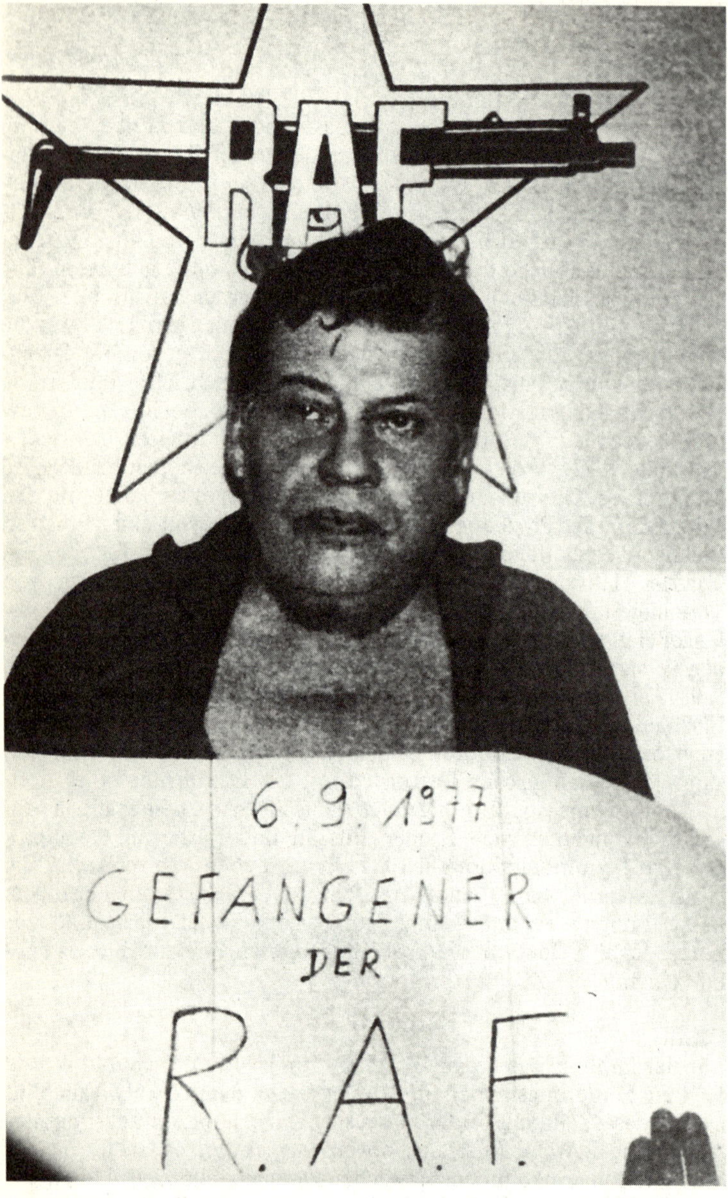

Um elf inhaftierte Gesinnungsgenossen freizupressen, entführen RAF-Terroristen am 5. 10. 1977 den Präsidenten der Bundesvereinigung Deutscher Arbeitgeberverbände, Hanns Martin Schleyer.

Egon Bahr (l.) mit dem sowjetischen Außenminister Andrej Gromyko (r.) und dem Botschafter der Bundesrepublik in der UdSSR, Ulrich Sahm, 1972 in Moskau.

verschärft. So erhalten seit 1983 Schüler nur noch dann Hilfen nach dem BAföG, wenn sie eine Abendschule besuchen oder wegen unzumutbarer Entfernung zur Schule nicht bei den Eltern wohnen können. Selbst Oberstufenschüler aus Familien, die von *Sozialhilfe* leben, werden nicht mehr gefördert. Auch die Anpassung der Fördersätze an den tatsächlichen Bedarf und die Anhebung der Bemessungsgrenzen hinken stets hinterher, so daß immer mehr Studenten auch während des Semesters Geld hinzuverdienen müssen, was zur Studienzeitverlängerung beigetragen hat. Auch hat der Gedanke der Chancengleichheit, der hinter der Einführung des BAföG stand, gelitten: Jeder zweite Schüler aus wohlhabender Familie im Westen studiert, hingegen nur jeder fünfte aus ärmeren Familien, in Ostdeutschland liegt die Quote sogar nur noch bei 6 %.

Bahr, Egon

* Treffurt 18. 3. 1922 – Der gelernte Industriekaufmann Bahr war im Krieg Soldat und arbeitete danach als Journalist (u. a. Leiter des Bonner RIAS-Büros 1950–60). 1956 der SPD beigetreten, wurde er zum Berater *Brandts* als Regierender Bürgermeister von Berlin und als

Kanzlerkandidat. Bereits in dieser Zeit entwickelte Bahr das Konzept einer neuen *Ostpolitik* nach der Maxime »Wandel durch Annäherung«, die er nach Bildung der sozialliberalen Koalition als *Staatssekretär* im Kanzleramt seit 1969 beim Aushandeln der *Gewaltverzichts*abkommen mit Moskau und Warschau und des *Grundlagenvertrags* mit der DDR verwirklichen half. 1972-90 war Bahr Bundestagsabgeordneter, neben seinen Ämtern als Bundesminister für besondere Aufgaben 1972-74 und für wirtschaftliche Zusammenarbeit 1974-76, als Bundesgeschäftsführer der SPD 1976-81 und als Direktor des Instituts für Friedensforschung in Hamburg 1984-94.

Banken

Das deutsche Wort »Bank« entstand aus dem italienischen »banco«, womit der Tisch des Geldwechslers bezeichnet wurde. Heute versteht man unter Banken staatlich konzessionierte Unternehmen, die Bankgeschäfte wie Geldaufbewahrung, bargeldlose Überweisungen, Kreditvermittlung und Finanzierung betreiben. In Deutschland sind Banken gewöhnlich nicht nur im Kredit- und Einlagewesen tätig, sondern auch im Wertpapierhandel, sind also sog. Universalbanken. Historisch haben sich 3 Gruppen von Banken (= Kreditinstitute) herausgebildet: private Geschäftsbanken, öffentlich-rechtliche Sparkassen und genossenschaftliche Volks- und Raiffeisenbanken. Den Geschäftsbanken steht die *Deutsche Bundesbank* als Zentral- und Notenbank gegenüber. Die Tätigkeiten der Banken gliedern sich in Aktiv- (Kreditvergabe) und Passivgeschäfte (Kreditnahme durch Einlagen). Als Verwalter von Wertpapierdepots haben die Banken erheblichen Einfluß auf das Wirtschaftsgeschehen; sie unterliegen daher staatlicher Bankenaufsicht (Bundesaufsichtsamt für das Kreditwesen) und sind verpflichtet, das Bankgeheimnis zu wahren, das nur aus besonderen - z. B. steuerrechtlichen - Gründen aufgehoben werden kann.

Bannmeile

Per Gesetz sind Gebiete um die Gebäude der gesetzgebenden Körperschaften von Bund *(Bundestag, Bundesrat)* und Ländern *(Landtage)* sowie um das *Bundesverfassungsgericht* als Bannmeile oder Bannkreis ausgewiesen. In diesem Bereich sind zur Sicherung der ungestörten Arbeit öffentliche Aufzüge *(Demonstrationen)* und Versammlungen untersagt. Bannkreisverletzung ist nach § 106a Strafgesetzbuch ein Straftatbestand.

Barschel-Affäre

Im Sommer 1987 bestand für die CDU-Regierung in Schleswig-Holstein die Gefahr des Machtverlusts an die SPD unter dem populären Björn Engholm. Ministerpräsident Uwe Barschel ließ daher im Vorfeld der Wahl zum *Landtag* (13. 9.) durch seinen Medienreferenten Reiner

Mit seinem Ehrenwort weist der schleswig-holsteinische Ministerpräsident Uwe Barschel die vom »Spiegel« gegen ihn erhobenen schweren Vorwürfe zurück.

Pfeiffer eine anonyme Steueranzeige gegen Engholm, Lauschangriffe und eine Detektivüberwachung veranlassen mit dem Ziel, belastendes Material über das Privatleben des politischen Gegners zu erhalten. Ein vorab veröffentlichter Bericht des »Spiegel« brachte diese Intrigen am Vortag der Wahl an die Öffentlichkeit. Selbst ein »Ehrenwort« Barschels, er habe von allem nichts gewußt, hielt nur wenige Tage stand. Am 2. 10. trat er zurück, am 11. 10. wurde er in einem Genfer Hotel tot aufgefunden. Die These der Genfer Ermittler vom Selbstmord wurde angezweifelt und der Fall von der Lübecker Staatsanwaltschaft 1994 neu aufgerollt.

Aber auch Engholm, Opfer der Affäre, stolperte über sie: 1992 wurde offenbar, daß er schon früher als vor dem *Untersuchungsausschuß* zugegeben von Barschels Machenschaften unterrichtet war. Der inzwischen zum Bundesvorsitzenden der SPD und Ministerpräsidenten von Schleswig-Holstein aufgestiegene Engholm mußte am 3. 5. 1993 zurücktreten. Sein einstiger Sozialminister Günter Janssen, der Pfeiffer heimlich - angeblich aus eigener Schublade und aus Mitleid - DM 40000 gezahlt hatte, verlor 1993 wegen dieser »Schubladenaffäre« ebenfalls alle Ämter.

Barzel, Rainer
* Braunsberg (Ostpreußen) 20. 6. 1924 - Als 17jähriger noch zu den Seefliegern gekommen, erlebte Barzel das Kriegsende als Leutnant, studierte Jura und war 1954 jüngster Ministerialrat der Bundesrepublik. 1957 rückte er für die rheinische CDU in den *Bundestag* ein und wurde 1962 von *Adenauer* zum Minister für gesamtdeutsche Fragen berufen. 1964 übernahm Barzel die *Fraktions*führung der CDU/CSU im Bundestag, wurde 1971 als Nachfolger *Kiesingers* Bundesvorsitzender der CDU, scheiterte aber im April 1972 mit dem Versuch, *Brandt*, dessen Mehrheit wegen der strittigen *Ostpolitik* abgebröckelt war, mit einem *konstruktiven Mißtrauensvotum* als Kanzler abzulösen. 1973 verzichtete Barzel auf die Wiederwahl zum CDU-Vorsitzenden, übernahm aber in der 1. Regierung *Kohl* 1982 wieder das gesamtdeutsche Ressort, das nun Ministerium für innerdeutsche Beziehungen hieß. 1983 zum *Bundestagspräsidenten* gewählt, trat Barzel am 25. 10. 1984 wegen des Verdachts, in die *Flick-Affäre* verwickelt zu sein, zurück.

Basis
Das griechische Wort »Basis« für Grundlage, Fundament, Ausgangspunkt oder -gebiet wird auch im übertragenen Sinn verwendet als Sammelbegriff für die einfachen Mitglieder einer *Gewerkschaft, Partei* u. a. im Unterschied zu den Funktionären und zur Führung. Basisdemokratie ist demnach eine Form der innerorganisatorischen Willensbildung, die vornehmlich oder gar ausschließlich von der Mitgliedschaft ausgeht. Als Basisgruppen bezeichneten sich Vereinigungen, die in der *APO* und in der *alternativen Bewegung* entstanden, meist ganz auf Führung und Amtsträger verzichteten und sich in Gemeinden, Schulen oder Betrieben in gleichberechtigter Diskussion um Einzelfragen oder allgemeinpolitische Themen kümmerten.

Bayerischer Rundfunk s. *Hörfunk und Fernsehen*

Bayernpartei (BP)
Am 28. 10. 1946, also später als die großen Parteien, entstand die Bayernpartei als Sammelbecken für Honoratioren, Monarchisten, Separatisten und Christlich-Konservative. Sie entwickelte sich v. a. in der unnachgiebigen Frontstellung gegen das *Grundgesetz* und als Kämpferin gegen Überfremdung (»Bayern den Bayern«) zu einer bayerischen

Volksbewegung, erreichte 1949 fast 21 % der bayerischen Wählerstimmen und zog mit 17 Sitzen in den 1. *Bundestag* ein. Damit erreichte sie jedoch bereits den Höhepunkt ihrer Bedeutung, die in der Folgezeit durch Verluste an die *Christlich-Soziale Union* (CSU) kontinuierlich zurückging. Schon im 2. Bundestag 1953 war die BP nicht mehr vertreten, und auch im *Landtag* verlor sie an Boden: Hatte sie 1950 noch 39 Mandate, waren es 1954 28 und 1962 nur noch 8. Seit 1966 spielt sie auch landespolitisch keine nennenswerte Rolle mehr.

Beamte

Die Bediensteten des Staates unterscheidet man nach Angestellten des öffentlichen Dienstes und Beamten, die hoheitliche Aufgaben zu erfüllen haben und deswegen in einem besonderen Gehorsams- und Treueverhältnis zu ihrem Dienstherrn stehen. Daraus folgt einerseits eine besondere Fürsorgepflicht des Dienstherrn (Anspruch des Beamten auf Ruhegeld, Unkündbarkeit, Beihilfe zu Krankheitskosten u. a.), andererseits die Verpflichtung des Beamten, nicht zu streiken und jederzeit für die *freiheitlich-demokratische Grundordnung* einzutreten. Letzteres bereitete bei Gründung der Bundesrepublik Probleme, da ein großer Teil (fast 30 %) der noch aktiven und der pensionsberechtigten Beamten Mitglieder der NSDAP gewesen waren und auch die übrige Beamtenschaft sich weitgehend mit dem NS-Regime arrangiert haben mußte. Obwohl mit dem Untergang des nationalsozialistischen deutschen Staates am 8. 5. 1945 alle Beamtenverhältnisse erloschen waren, übernahm die Bundesrepublik als neu geschaffener deutscher Staat alle nicht direkt belasteten Beamten nach Art. 131 GG erneut in den Staatsdienst oder gewährte den bereits ausgeschiedenen ihre Pensionen.

In der *SBZ* dagegen hob die *SMAD* das Beamtengesetz von 1937 am 17. 9. 1945 ausdrücklich auf. Anders als in der Bundesrepublik kam es danach nicht zur Wiederherstellung des Berufsbeamtentums; vergleichbar mit den westdeutschen Beamten waren danach in der DDR allenfalls die Staatsfunktionäre (Leiter und Mitarbeiter der Staatsorgane sowie Richter und Staatsanwälte) und Staatlichen Leiter (Vorsitzende organisierter Kollektive wie Betrieb, Schule, Theater u. a.), die jedoch arbeitsrechtlich Angestellte waren.

Becher, Johannes R.[obert]

* München 22. 5. 1891, † Berlin 11. 10. 1958 – Der expressionistische Schriftsteller Becher (»Verfall und Triumph«, 1914) trat 1919 der gerade entstandenen KPD bei, emigrierte 1933 über Österreich und Frankreich nach Moskau, kehrte 1945 nach Ostberlin zurück und war seit 1954 erster Minister für Kultur der DDR. Er verfaßte den Text der DDR-*Nationalhymne* »Auferstanden aus Ruinen«, nach ihm auch Becher-Hymne genannt.

Johannes R. Becher, Verfasser der Nationalhymne *der DDR, 1950 bei einer Veranstaltung des »Deutschen* Kulturbunds« *in Mainz.*

bedingungslose Kapitulation

Im 2. Weltkrieg verlangten die Alliierten vom Kriegsgegner Deutschland nicht nur, wie sonst in bewaffneten Konflikten üblich, die Waffenstreckung zur Einstellung der Feindseligkeiten, sondern die militärisch-politische Totalkapitulation. Diese Forderung nach »unconditional surrender« (bedingungsloser Kapitulation) ging v. a. auf US-Präsident Franklin D. Roosevelt zurück, der sie auf der Konferenz von Casablanca im Jan. 1943 mit dem britischen Premierminister Winston Churchill formulierte; Josef Stalin übernahm sie im Mai 1943. Am 7. 5. 1945 unterzeichneten die Beauftragten der Reichsregierung Karl Dönitz in Reims die Kapitulationsurkunde, auf Wunsch Stalins nochmals am 9. 5. in Berlin-Karlshorst gegenüber der Sowjetunion. Mit Wirkung vom 8. 5. 1945, 23.01 Uhr MEZ, verschwand Deutschland als Staat von der politischen Landkarte; mit der *Junideklaration* vom 5. 6. 1945 übernahmen die Alliierten die Regierungsgewalt in ihren *Besatzungszonen*, für Deutschland als Ganzes war ein *Alliierter Kontrollrat* zuständig.

Behörden

Der Staat - und ebenfalls die Kirche - bedient sich zur Erledigung bestimmter sachlich und räumlich begrenzter (Verwaltungs-)Aufgaben besonderer Amtsstellen, für die sich der Begriff Behörden gebildet hat. Man unterscheidet sie nach der Ebene der Tätigkeit in Bundes-, Landes- und Gemeindebehörden, die untereinander in bestimmten Fragen von oben nach unten (hierarchisch) weisungsbefugt sein können, und differenziert hinsichtlich dieser Befugnis in Zentralbehörden (z.B. Finanzministerium), Mittelbehörden (z.B. Oberfinanzdirektionen) und Unter- oder Ortsbehörden (z.B. Finanzämter). Außerdem werden sie fachlich zugeordnet: Schul-, Finanz-, Polizei- u.a. Behörden. Daneben gibt es die Justizbehörden *(Gerichte)*.

Benjamin, Hilde

* Bernburg/Saale 5. 2. 1902, † Berlin 18. 4. 1989 - Hilde Lange studierte Jura und heiratete 1926 den Arzt Georg Benjamin, der 1942 im KZ Mauthausen ermordet wurde. Sie trat 1927 der KPD bei, erhielt 1933 Berufsverbot und war während des Krieges dienstverpflichtet. 1945 wurde sie Oberstaatsanwältin in Berlin-Lichterfelde, im Jahr darauf Mitglied der SED, für die sie 1949-67 in der *Volkskammer* saß und deren ZK sie seit 1954 angehörte. Als Vizepräsidentin des Obersten Gerichts der DDR 1949-53 leitete sie die ersten Schauprozesse gegen »Staatsfeinde« und zog sich wegen doktrinärer Verhandlungsführung den Spitznamen »Rote Hilde« zu. 1953-67 Ministerin für Justiz, war Hilde Benjamin maßgeblich an der Neuordnung des Strafrechts der DDR im stalinistischen Sinne beteiligt.

Berlin

1945 wurde die durch Luftangriffe und Straßenkämpfe völlig zerstörte Reichshauptstadt Berlin von Verbänden der Roten Armee erobert (Kapitulation 2. 5.) und besetzt. Nach den Abmachungen von *Jalta* zogen wenig später auch Truppen der drei Westmächte ein und übernahmen ihre Sektoren. Zunächst von der Berliner Alliierten Kommandantur gemeinsam verwaltet, entwickelten sich Ost- und Westteil später ebenso auseinander wie die *Besatzungszonen*. Die Sowjets setzten einen kommunistisch beherrschten Magistrat ein, hielten an ihm auch nach dem Wahlsieg der SPD im Okt. 1946 fest und hinderten den gewählten Regierenden Bürgermeister *Reuter* am Amtsantritt. Nach dem Eklat im *Alliierten Kontrollrat* wegen der *Währungsreform* verließ der sowjetische Vertreter am 16. 6. 1948 auch die Alliierte Kommandantur; mit der *Berlin-Blockade* versuchte Moskau, Westberlin in die Knie zu zwingen, was die Westalliierten mit der *Luftbrücke* verhinderten. Die Stadt jedoch war faktisch geteilt; im Osten regierte mit Friedrich Ebert seit Sept. 1948 ein eigener Oberbürgermeister, Reuter und das Abgeordnetenhaus zogen in den Westberliner Stadtteil Schöneberg um.

Mit seinem Bekenntnis »Ich bin ein Berliner« erobert US-Präsident John F. Kennedy 1963 bei einem Besuch in der geteilten Stadt die Herzen der Menschen. Links im Bild: Konrad Adenauer, *rechts* Willy Brandt.

In der Folgezeit vertiefte sich die Spaltung, denn die DDR-Regierung behandelte den Ostsektor entgegen den Abmachungen als *Hauptstadt* der DDR. Dies beantwortete der Westen mit einer immer stärkeren Bindung Westberlins an die Bundesrepublik (z. B. Übernahme von deren Gesetzen, Amtssitz des *Bundespräsidenten* im Schloß Bellevue), doch erhielten die Berliner Abgeordneten im *Bundestag* kein volles Stimmrecht, und auch die *Wehrpflicht* galt nicht für Westberliner. Der Westteil der Stadt aber, ausgebaut zu einem »Schaufenster des Westens«, entwickelte eine erhebliche Anziehungskraft auf die Ostberliner und DDR-Bürger, die am *Siebzehnten Juni 1953* gegen die schlechten Lebensverhältnisse im Osten revoltierten. Nach Niederwerfung des Aufstands versuchte Moskau daher, durch ultimative Forderungen (u. a. 1958) Westberlin als »Freie Stadt« von der Bundesrepublik abzukoppeln. Als das mißlang, wurde Westberlin am 13. 8. 1961 durch die *Berliner Mauer* vom Ostteil und Umland abgeriegelt und damit endgültig zur Frontstadt im *Kalten Krieg*. Die DDR-Führung baute Ostberlin zu einem repräsentativen Machtzentrum aus (*Palast der Republik*, Fernsehturm auf dem Alexanderplatz u. a.); mit dem *Berlin-Abkommen* von 1971 erfaßte die *Entspannungspolitik* auch Berlin.
Nach den Reformen von Michail Gorbatschow in der UdSSR seit 1985

erwachte in der DDR das Protestpotential wieder und führte 1989 zum Fall der Mauer und dem Ende des SED-Regimes. Seit dem Beitritt der DDR zur Bundesrepublik am 3. 10. 1990 ist auch Berlin wiedervereinigt, erneut *Hauptstadt* Deutschlands und ein *Bundesland* (Stadtstaat, 890 km^2, 3,48 Mio. Einwohner; 1996), seit 2. 12. 1990 von einer *Großen Koalition* aus CDU und SPD regiert. Am 20. 6. 1991 beschloß der Bundestag die Verlegung von Parlament und Regierung von Bonn nach Berlin. Am 24. 6. 1995 billigten die Berliner Bürgerschaft und der brandenburgische Landtag mit Zweidrittelmehrheit Pläne zur Verschmelzung beider *Bundesländer* bis spätestens 2002. Sie scheiterte am 5. 5. 1996 an der Ablehnung durch die Mehrheit der Brandenburger in einer *Volksabstimmung.*

Berlin-Abkommen

Die von der sozialliberalen Koalition unter *Brandt* seit 1969 eingeleitete *Ostpolitik* brachte auch Bewegung in die deutschlandpolitischen Positionen der Alliierten. Nachdem die DDR Ostberlin im Widerspruch zum Sonderstatus für ganz Berlin als ihre Hauptstadt behandelte, stand dieser Status insgesamt zur Disposition, so daß Westberlin und seine Bindungen an die Bundesrepublik in Gefahr gerieten. Nach dem *Deutsch-Sowjetischen Vertrag* fand sich Moskau bereit, diese Frage mit den anderen *Siegermächten* neu zu regeln. In einem Vier-Mächte-Abkommen über Berlin, kurz Berlin-Abkommen, vom 3. 9. 1971 (in Kraft 3. 6. 1972) sicherte die UdSSR den ungestörten Transitverkehr von und nach Westberlin zu, versprach eine Verbesserung des Verkehrs zwischen West- und Ostsektoren der durch die Berliner Mauer geteilten Stadt und akzeptierte die außenpolitische Vertretung Westberlins durch den Bund. Die Westmächte hielten formal weiterhin am Sonderstatus für ganz Berlin fest und bewiesen Präsenz auch im Ostteil der Stadt, nahmen aber dessen Hauptstadtrolle für die DDR de facto hin. Diese erneuerte Viermächtegarantie für die einstige Reichshauptstadt bewährte sich, bis sie durch die *Wiedervereinigung* gegenstandslos wurde.

Berlin-Blockade

Nachdem alle Kompromißversuche gescheitert waren und die Westmächte Moskau mitgeteilt hatten, daß sie die *Währungsreform* auch in ihren Sektoren Berlins durchführen würden, verließ der sowjetische Vertreter am 16. 6. 1948 die Alliierte Kommandantur. Am 24. 6. gingen rund um Berlin und an den Grenzen der *SBZ* die Schlagbäume herunter und versperrten Land- und Wasserwege in die noch schwer unter den Kriegsfolgen leidende Stadt. Sie sollte durch diese Blockade ausgehungert werden. Die *Luftbrücke* der Westalliierten konnte jedoch die Versorgung sichern, und der Durchhaltewille der Berliner Bevölkerung verschaffte den Deutschen sogar erstmals einen Sympathierückgewinn. Mit der Aufhebung der Berlin-Blockade nach fast elf Monaten am 12. 5. 1949 gestand Stalin ein, daß sein Versuch einer gewaltsamen Lösung der deutschen Frage gescheitert war. Die Teilung Berlins und Deutschlands aber hatte sich weiter vertieft.

Berliner Luftbrücke s. *Luftbrücke*

Berliner Mauer

Die DDR war durch die Niederschlagung des Aufstands vom *Siebzehnten Juni 1953* nur vorübergehend »ruhiggestellt«. Zwar wußte jeder, daß gewaltsamer Widerstand zwecklos war, doch die Flüchtlingswelle über Berlin in die Bundesrepublik schwoll Anfang der 1960er Jahre erneut gewaltig an und drohte die DDR auszubluten. Am 13. August 1961 schloß daher die DDR mit sowjetischer Billigung das Hauptschlupfloch: Eine Mauer, von den Ost-Propagandisten »antifaschistischer Schutzwall« genannt, trennte die bisher nur polizeilich kontrollierte Grenze zwischen Ost- und Westberlin. Amerikanische Panzer fuhren an der Demarkationslinie auf, doch der Westen hielt still. Ein Krieg hätte den Untergang Europas bedeuten können. Erst nach über 28 Jahren konnte die Mauer im Zuge der Umwälzungen in der DDR

Unmittelbar vor der Errichtung der Berliner Mauer gelingt einem Angehörigen der Volkspolizei *in letzter Minute die Flucht in den Westen.*

überwunden werden: 9. 11. 1989 Öffnung erster Grenzübergänge, 22. 12. des *Brandenburger Tors*. Stücke der auf der Westseite bunt bemalten Mauer wurden als Souvenirs verkauft, größere Teile kamen in die Museen oder blieben zum Gedenken stehen.

Berlin-Krise
Kritisch war die Situation der geteilten ehemaligen Reichshauptstadt *Berlin* nach 1945 ständig, als eigentliche Berlin-Krise aber gilt der Konflikt um den Status Westberlins, ausgelöst durch ein sowjetisches Ultimatum vom 27. 11. 1958. Die UdSSR forderte darin die Beendigung der Viermächtezuständigkeit und die Umwandlung Westberlins in eine entmilitarisierte Freie Stadt, andernfalls man die Kontrolle der Zugangswege zur Stadt der DDR übergeben und mit dieser einen separaten *Friedensvertrag* abschließen werde. Ein Eingehen auf diese Forderung hätte auf längere Sicht zum Anschluß Westberlins an die DDR geführt. Die USA und Frankreich wiesen daher die sowjetischen Forderungen rundweg ab, nur die britische Regierung unter Harold Macmillan erwog zeitweilig Kompromisse, reihte sich dann aber auch in die westliche Ablehnungsfront ein. Die UdSSR verzichtete schließlich nach ergebnislosen Verhandlungen mit den USA 1959 in Camp David und 1961 in Wien auf die Durchsetzung ihres Ultimatums, ermutigte aber die DDR zu schärferer Überwachung der Grenze zwischen Ost- und Westberlin und schließlich zum Bau der *Berliner Mauer*.

Berufsfreiheit
Zu den *Grundrechten* aller Deutschen gehört die freie, von staatlichen Ver- oder Geboten ungehinderte Wahl von Ausbildung, Arbeitsplatz und Beruf (Art. 12,1, GG). Diese Berufsfreiheit ist jedoch ein beschränkbares Grundrecht, da Altersgrenzen, Ausbildungsgänge, Qualifikationen u. a. gesetzlich vorgegeben werden können. Auch ist z. B. die Wahl des Studienortes durch das Angebot an Studienplätzen (Numerus clausus) eingeschränkt. Zudem können Standesvertretungen oder Ehrengerichte Berufsverbote verhängen.
Die DDR kannte Berufsfreiheit nur in dem Sinne, daß die Jugendlichen bei der Wahl von Ausbildung und Beruf ihre persönlichen Interessen mit den - im Ernstfall stets vorrangigen - gesellschaftlichen Erfordernissen in Einklang bringen sollten (Art. 24,1 der *Verfassung* von 1968). Dazu diente ein System der Berufsberatung und Berufslenkung, das z. B. Jugendliche aus ehemals bürgerlichen Schichten benachteiligte. Heute wechseln auch deswegen viele Menschen in den neuen Ländern den Beruf.

Berufsverbot s. *Berufsfreiheit*, s. *Extremistenbeschluß*

Besatzungsrecht

Mit der *bedingungslosen Kapitulation* vom 8. 5. 1945 hatte Deutschlands Staatlichkeit ein vorläufiges Ende gefunden; für die gesetzliche Regelung des öffentlichen Lebens waren nun Organe der Besatzungsmächte wie die Zonenbefehlshaber, der *Alliierte Kontrollrat* u.a. zuständig. Sie erließen rechtliche Bestimmungen oder setzten deutsche Behörden ein, die solche verkündeten. Dieses Besatzungsrecht behielt bis Ende des Besatzungsregimes (5. 5. 1955) in der Bundesrepublik seine Gültigkeit, doch erhielten die deutschen Gesetzgebungsorgane durch den *Überleitungsvertrag* das Recht, es zu ändern oder aufzuheben. Ähnliches galt für die von der *SMAD* erlassenen Gesetze nach Gründung der DDR und ihrer Entlassung in die Souveränität mit Note vom 25. 3. 1954 bzw. mit Vertrag über die Beziehungen zwischen der DDR und der UdSSR vom 20. 9. 1955.

Besatzungsstatut

Bei Gründung der Bundesrepublik regelten die *Siegermächte* USA, Frankreich und Großbritannien die Beziehungen zum neuen westdeutschen Staat durch das Besatzungsstatut vom 10. 4. 1949. Bund und Länder waren danach souverän in *Gesetzgebung*, Rechtsprechung und vollziehender Gewalt, ausgenommen *Abrüstung*, Reparationen, *Entmilitarisierung*, Entflechtung von Konzernen, auswärtigen Angelegenheiten u.a. Außerdem sah das Statut vor, daß die Besatzungsmächte, repräsentiert durch die *Alliierte Hohe Kommission*, wieder die volle Gewalt übernehmen sollten, wenn die demokratische Ordnung oder ihre Sicherheit durch unvorhersehbare Entwicklungen gefährdet erschien. Bereits am 22. 11. 1949 erreichte die Bundesregierung mit dem *Petersberger Abkommen* eine erste Revision des Statuts, das durch den 1952 ausgehandelten *Deutschlandvertrag* in der Fassung der *Pariser Verträge* am 5. 5. 1955 aufgehoben wurde; damit war die Bundesrepublik ein souveräner Staat.

Besatzungszonen

Im Sept. 1944 legte die Europäische Beratende Kommission (European Advisory Comission, EAC) der Alliierten drei Besatzungszonen fest, aus denen auf der Konferenz von *Jalta* durch Aufnahme Frankreichs unter die Siegermächte vier Zonen wurden. Nach endgültiger Abgrenzung im Juli 1945 besetzten Truppen der Roten Armee Brandenburg, Mecklenburg, Vorpommern, Sachsen, Sachsen-Anhalt und Thüringen. Die Amerikaner übernahmen Bayern, Hessen, Württemberg-Baden und Bremen, die Briten Schleswig-Holstein, Hamburg, Niedersachsen und Nordrhein-Westfalen, während Rheinland-Pfalz, Württemberg-Hohenzollern und Baden zur französischen Zone wurden; *Berlin* wurde in vier Sektoren aufgeteilt. Am 1. 1. 1947 bildete sich aus der amerikanischen und der britischen Zone die *Bizone*, aus

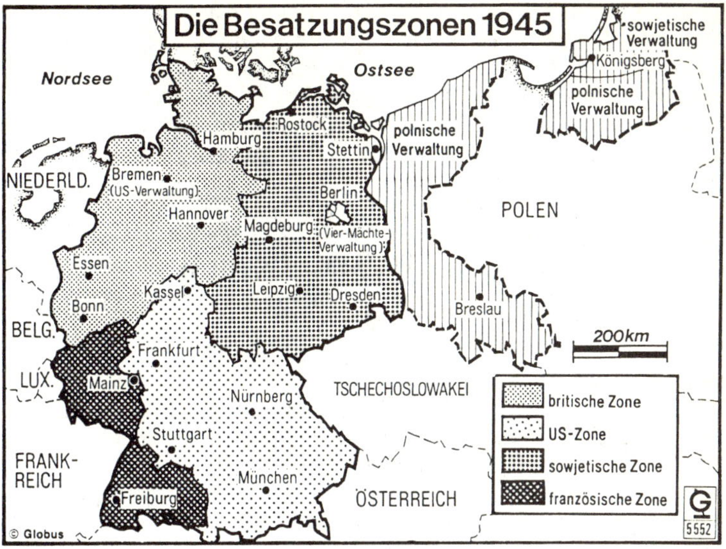

der im April 1949 durch Beitritt der französischen Zone die *Trizone* wurde, Vorstufe der im Sept. 1949 entstehenden Bundesrepublik Deutschland. Aus der sowjetischen Besatzungszone *(SBZ)* wurde im Okt. die DDR.

Betriebskampfgruppen s. *Kampfgruppen der Arbeiterklasse*

Betriebsverfassung
Die Gesamtheit der Rechte und Pflichten, die in der betrieblichen Zusammenarbeit gelten, bezeichnet man als Betriebsverfassung. Sie wurde in der Bundesrepublik erstmals am 11. 10. 1952 durch ein Betriebsverfassungsgesetz (BetrVG) einheitlich geregelt, das am 15. 1. 1972 durch ein neues abgelöst wurde; es gilt heute in der Fassung vom 23. 12. 1988 für Betriebe mit mindestens 5 ständigen wahlberechtigten Mitarbeitern (alle über 18jährigen Belegschaftsmitglieder, also auch Ausländer, nicht hingegen leitende Angestellte). Sie wählen alle 3 Jahre einen Betriebsrat, für den alle seit über 6 Monaten dem Betrieb angehörenden wahlberechtigten Mitarbeiter wählbar sind. Er beruft Betriebsversammlungen ein, muß bei personellen oder betrieblichen Veränderungen gehört werden, ist Beschwerdestelle für die einzelnen *Arbeitnehmer* und hat v. a. im sozialen Bereich Mitspracherechte: Kündigungen, Sozialplan, Arbeitszeiten, Pausenregelung, Dienstwohnungen, Arbeitsschutz u. a., worüber Betriebsvereinbarungen getroffen werden können. In wirtschaftlichen Fragen ist sein Einfluß dagegen

gering, denn selbst der in Firmen mit mehr als 100 Mitarbeitern mögliche, aber nicht zwingend vorgeschriebene Wirtschaftsausschuß hat nur Anhörungs-, aber keine Mitbestimmungsrechte. Bei Differenzen zwischen Betriebsrat und Betriebsführung sucht eine paritätisch zu besetzende Einigungsstelle nach Kompromissen, notfalls werden die Arbeitsgerichte angerufen. Das BetrVG regelt auch den Zugang der *Gewerkschaften* zu den Betrieben.
In der DDR sorgte eine Betriebsgewerkschaftsorganisation (BGO) für die Mitwirkung der Arbeitnehmer, die alle 2,5 Jahre ihre Vertreter aus den Reihen der FDGB-Mitglieder wählten. Sie waren damit nach dem Prinzip des *demokratischen Zentralismus* in eine *Massenorganisation* eingebunden und Teil des *Blocksystems.*

Bewegung 2. Juni
Am 27. 2. 1975 wurde der Vorsitzende der Berliner CDU, Peter Lorenz, entführt und die bundesdeutsche Öffentlichkeit mit einer neuen Terroristengruppe konfrontiert. Sie nannte sich selbst nach dem Todestag des während der Unruhen beim Schah-Besuch 1967 von einem Polizisten erschossenen Studenten Benno Ohnesorg »Bewegung 2. Juni« und rekrutierte sich aus militanten Mitgliedern des »Zentralrats der umherschweifenden Haschrebellen« und den davon abgespaltenen »Tupamaros Westberlin« sowie Angehörigen der »Schwarzen Hilfe«, die durch »Knastarbeit« Mitkämpfer gegen die »faschistoide« Gesellschaft der Bundesrepublik gewinnen wollte. Die Terroristen forderten die Freilassung von sechs inhaftierten Gesinnungsgenossen. Fünf Freigepreßte (einer verzichtete) wurden in Begleitung des einstigen Regierenden Bürgermeisters von Westberlin, Heinrich Albertz, in den Jemen ausgeflogen, am 5. 3. ließen daraufhin die Kidnapper ihr Opfer frei.

Bezirk
In der Bundesrepublik sind Bezirke Untergliederungen der Stadtstaaten Hamburg und Berlin, andere Länder sind in Regierungsbezirke gegliedert. In der DDR traten mit Gesetz über die weitere Demokratisierung des Aufbaus und der Arbeitsweise der staatliche Organe vom 23. 7. 1952 Bezirke an die Stelle der alten Länder, die föderale Ordnung war damit aufgehoben. Zum einen erschienen die Landesverwaltungen als »Bastionen bürgerlichen Denkens«, zum anderen wollte man zur Durchsetzung des gesellschaftlichen Umbaus einen höheren Grad der Zentralisierung erreichen. Aus den 5 Ländern wurden die 14 Bezirke Chemnitz (seit 1953 Karl-Marx-Stadt), Cottbus, Dresden, Erfurt, Frankfurt/Oder, Gera, Halle, Leipzig, Magdeburg, Neubrandenburg, Potsdam, Rostock, Schwerin und Suhl; Ostberlin wurde trotz des alliierten Sonderstatus für *Berlin* 15. Bezirk. Die Bezirke blieben in Kreise eingeteilt, die allerdings durch Verkleinerung von 132 auf 217

vermehrt wurden. Nach Herstellung der deutschen Einheit am 3. 10. und *Landtags*wahlen am 14. 10. 1990 konstituierten sich die Länder auf dem Gebiet der einstigen DDR neu.

BHE s. *Block der Heimatvertriebenen und Entrechteten*

Biermann, Wolf

* Hamburg 15. 11. 1936 - Es gab auch Flüchtlinge, die den Weg von der Bundesrepublik in die DDR gingen. Einer von ihnen war 1953 Biermann, dessen Vater 1943 in Auschwitz ermordet worden war und der es nicht ertrug, daß die Bundesrepublik nach Hitler so bruchlos zur konservativen Tagesordnung überging. Er studierte u. a. Philosophie und begann in den 1960er Jahren zu schreiben und eigene Lieder vorzutragen. In ihnen klang jedoch bereits aus marxistischer Sicht formulierte Kritik am starren DDR-Sozialismus an, die schärfer wurde und 1963 zum Ausschluß Biermanns aus der SED führte. Nachdem 1965 seine Liedersammlung »Die Drahtharfe« in der Bundesrepublik erschienen war, bekam er Auftrittsverbot, 1976 aber dennoch die Genehmigung zu einer Tournee im Westen. Sie nutzte das Regime zum Entzug der DDR-Staatsbürgerschaft, was zu einer heftigen kulturpolitischen Kontroverse in der DDR führte. Biermann erhielt 1991 den Georg-Büchner-Preis.

Bildungsnotstand

1964 veröffentlichte der Pädagoge Georg Picht eine Analyse des westdeutschen Bildungssystems mit dem Titel »Die Bildungskatastrophe«. Er kritisierte darin die zu geringe Anzahl von Abiturienten und die krasse Ungleichheit der Chancen auf qualifizierte Ausbildung nach Herkommen, Geschlecht oder Ort. Bei Arbeiterkindern, bei Mädchen und bei der Landjugend gebe es ungeheure Bildungsreserven, die ausgeschöpft werden müßten, wenn die Bundesrepublik weiter zu den führenden Industriestaaten gehören wolle. Die Politik nahm die Kritik in gemilderter Form auf und sprach von einem Bildungsnotstand, der durch ein Umdenken in der *Bildungspolitik* bewältigt werden müsse. Der in einer Zeit der Hochkonjunktur ausgelöste Alarm führte schon in den 1970er Jahren zu einer so großen Zahl von Abiturienten, daß es zu wachsender Akademikerarbeitslosigkeit kam.

Bildungspolitik

Zur Infrastruktur eines Staates gehören auch seine Bildungseinrichtungen, deren Pflege und Weiterentwicklung Gegenstand der Bildungspolitik sind. Sie ist in der föderal verfaßten Bundesrepublik größtenteils Ländersache und daher zentral nur bedingt beeinflußbar, doch haben die Länder schon 1949 eine *Kultusministerkonferenz* ins Leben gerufen, die für eine gewisse Einheitlichkeit sorgt. Der Bund wird v. a. tätig auf

dem Gebiet der beruflichen Bildung, der Umschulung und Ausbildungsförderung *(BAföG)*, der Forschungspolitik und der Rahmengesetzgebung für die Hochschulen, im Hochschulbau sowie bei Errichtung und Betrieb deutscher Schulen und Institute im Ausland.
Der Nationalsozialismus hatte das deutsche Bildungssystem inhaltlich wie materiell ruiniert. Die Bildungspolitiker der ersten Stunde standen daher zunächst vor großen personellen (Ersetzung belasteter Lehrer u. a.) sowie finanziellen Problemen bei der Beschaffung geeigneten Lehrmaterials und beim Wiederaufbau. Während dieser im Westen rasch gelang, blieb hier eine inhaltliche Neuorientierung zunächst aus. Man griff auf das dreigliedrige Schulsystem (Volks-, Real-, Oberschule [Gymnasium]) und auch auf Fächerkanon und Lehrinhalte der Weimarer Zeit zurück.
In der *SBZ* und später in der DDR wurde unverzüglich alles getan, um die Einheitsschule zu verwirklichen, die das Bildungsmonopol des Bürgertums brechen, allen gleiche Chancen eröffnen und den »allseitig gebildeten und harmonisch entwickelten Menschen« (Art. 25,2 der *Verfassung* von 1968) schaffen sollte. Dazu gehörte Erziehung im »antifaschistischen Geist« auf der Grundlage des *Marxismus-Leninismus* zur Gewinnung eines »festen Klassenstandpunkts«. Wie im Dritten Reich wurde die ideologische Erfassung möglichst aller Kinder und Jugendlichen von der staatlichen Kinderkrippe über Vorschule, Schule, FDJ *(Jugendweihe)* bis hin zu Wehrdienst und Hochschule angestrebt. Die SED kontrollierte alle Bereiche, auch Weiterbildung und Berufsausbildung. In der Praxis führte diese Erziehungsdiktatur zur Benachteiligung von Jugendlichen bürgerlicher Herkunft. Kinder von »politisch unzuverlässigen« (z. B. kirchlich engagierten) Eltern waren von höherer Schulbildung ausgeschlossen.
In der Bundesrepublik kam erst in den 1960er Jahren Bewegung in die Bildungspolitik, als der Anschluß an die anderen Industriestaaten verlorenzugehen und ein *Bildungsnotstand* drohte. Zur besseren Qualifizierung einer größeren Zahl von Menschen wurde der Zweite Bildungsweg ausgebaut, weitgehende Lernmittelfreiheit durchgesetzt, neben dem dreigliedrigen Schulsystem wurden verschiedene Typen der Gesamtschule entwickelt und Umschulungsmöglichkeiten geschaffen. Damit wurde das Bildungssystem durchlässiger, aber auch erheblich teurer (1965: 3,4 %; 1985: 5,3 % des Bruttosozialprodukts). Teile der Bildungsreformen mußten zurückgenommen oder korrigiert werden (z. B. Kürzung oder Streichung von Mitteln nach dem Bundesausbildungsförderungsgesetz [BAföG], Numerus clausus in fast allen Fachbereichen zur Reduzierung der Studentenzahlen u. a.).

Bitterfelder Weg

Auf dem Weg zur »klassenlosen Gesellschaft« war in der DDR auch die noch vorhandene »Trennung von Kunst und Leben« und die »Entfremdung zwischen Künstler und Volk« zu überwinden. Auf einer kulturpolitischen Konferenz im VEB Chemiekombinat Bitterfeld vom 24. 4. 1959 unter dem Motto: »Greif zur Feder, Kumpel!« gab *Ulbricht* dafür Direktiven aus, die als Bitterfelder Weg popularisiert und auf einer weiteren Konferenz auf den Tag genau 5 Jahre später bestätigt wurden. Die angestrebte sozialistische Nationalkultur sollte den wachsenden künstlerisch-ästhetischen Bedürfnissen der Werktätigen entgegenkommen und diese zu künstlerischem Schaffen anregen in Arbeitertheatern, in einer »Bewegung schreibender Arbeiter«, durch Förderung des bildnerischen Volksschaffens, *Arbeiterfestspiele* u. a. Es kam jedoch beim Versuch der Aufhebung der Trennung von Berufs- und Laienkunst zu Differenzen mit prominenten Autoren wie Stefan *Heym*, Christa Wolf, Peter Hacks u. a. über die kritische Funktion von Kunst, deren Mißbrauch als Propagandawaffe befürchtet wurde, und über künstlerische Beurteilungskriterien.

Bizone

Die Aufteilung in Zonen 1945 zerriß im ohnedies schwer zerstörten Deutschland Wirtschaftszusammenhänge und erschwerte den Verkehr. V. a. den Amerikanern lag daran, Deutschland möglichst rasch von einem Kostgänger der Sieger zum Selbstversorger zu machen, und sie verständigten sich am 2. 12. 1946 mit den Briten auf eine Verschmelzung ihrer Zonen zu einer wirtschaftlich lebensfähigen Bizone zum 1. 1. 1947. Die Franzosen, die ein Erstarken Deutschlands fürchteten, blieben diesem zusammengelegten Wirtschaftsgebiet noch fern; die Sowjets hatten mit ihrer Zone andere Pläne. Die Bizone wurde von einem Zweizonenamt in Berlin unter Leitung der beiden Militärgouverneure geführt und erhielt deutsche Verwaltungsorgane für Wirtschaft, Ernährung, Landwirtschaft, Verkehr, Post und Rechtswesen. Ein Exekutivrat aus Delegierten der Länderregierungen nahm unter alliierter Aufsicht Regierungsfunktionen wahr. Am 8. 4. 1949 wurde die Bizone durch Beitritt Frankreichs zur *Trizone* als Vorstufe der Bundesrepublik.

Blockade s. *Berlin-Blockade*

Block der Heimatvertriebenen und Entrechteten (BHE)

Die Flüchtlinge und Vertriebenen strömten nach 1945 fast alle in die Westzonen und stellten nach 1949 die Bundesrepublik vor große Integrationsprobleme. 1950 bildete sich in Schleswig-Holstein mit dem Block der Heimatvertriebenen und Entrechteten (BHE) eine Interessenvertretung der benachteiligten Deutschen aus dem Osten, die bei den Landtagswahlen im gleichen Jahr auf Anhieb 23,4 % der Stimmen erhielt. Dies führte zu bundesweiter Ausdehnung des BHE, dessen Mitgliederstand auf 200 000 anstieg und der auch in anderen Ländern zweistellige Wahlergebnisse erzielte. Der stark konservativ geprägte Bund gab sich auf dem 1. Bundesparteitag 1952 den Namen Gesamtdeutscher Block/BHE, errang 1953 bei den Wahlen zum 2. *Bundestag* 5,9 % der Stimmen (27 Mandate) und suchte das Bündnis mit der CDU. Mangels Programm (Leitsatz 1952: »Der GB/BHE ist weder Links- noch Rechtspartei, sondern die Partei des Rechts ...«) zerfiel die reine Interessenvertretung mit Konsolidierung der westdeutschen Wirtschaft. 1957 auf 4,6 % gesunken, half dem GB/BHE 1961 auch die Verschmelzung mit der *Deutschen Partei (DP)* zur *Gesamtdeutschen Partei* nicht mehr, die bei der Bundestagswahl nur noch 2,8 % der Stimmen errang; 1965 trat die Partei nicht noch einmal an.

Blocksystem
1933 ließ sich die Hitler-Diktatur nicht aufhalten, weil »die Linke«, v. a. KPD und SPD, zu keiner gemeinsamen Strategie fand. Spätere Volksfrontregierungen wie in Frankreich und Spanien zogen die Lehre aus diesem Versäumnis. Nach 1945 wurde diese Form des Zusammenschlusses aller »antifaschistisch-demokratischen« Kräfte in der DDR zum Blocksystem entwickelt: Die Kommunisten suchten das Bündnis mit bürgerlichen Kräften und banden sie in einen Einheitsblock ein, in dem sie sich zuvor die Führung gesichert hatten. In der DDR bildete sich so eine *Nationale Front* aus den Parteien SED, CDU, LDPD (Liberaldemokraten), NDPD (Nationaldemokraten) und DBD (Bauernpartei) sowie den *Massenorganisationen* FDGB, FDJ, KB (Kulturbund), DFD (Frauenbund) und VgB (Bauernhilfe). Sie konnten sich nur gemeinsam in einer *Einheitsliste* für die Parlamente bewerben, wobei die Mandatszahl der einzelnen Parteien vorher festgelegt war: Von den 500 Sitzen in der *Volkskammer* standen der SED 127, den anderen Parteien je 52, dem FDGB 61, der FDJ 37, dem DFD 32, dem KB 21 und der VgB 14 zu. Die Blockparteien handelten im Parlament einheitlich und bildeten die Regierung, eine *Opposition* gab es nicht. Das Blocksystem war damit faktisch ein Einparteiensystem.

BND s. *Bundesnachrichtendienst*

Böckler, Hans
* Trautskirchen (Franken) 26. 2. 1875, † Düsseldorf 16. 2. 1951 - Der gelernte Goldschmied Böckler war seit 1894 Gewerkschafter, in der Weimarer Zeit Reichstagsabgeordneter der SPD und im Dritten Reich mehrfach in Haft. 1945 gehörte er zu den Männern der ersten Stunde, die den *Deutschen Gewerkschaftsbund (DGB)* schufen, dessen erster Vorsitzender er 1949 wurde.

Bodenreform s. *Enteignung*

Der Schriftsteller Heinrich Böll mit dem SPD-Politiker Erhard Eppler *(r.) 1981 bei einer Friedensdemonstration in Bonn.*

Böll, Heinrich
* Köln 21. 12. 1917, † Krenzau (Kreis Düren) 16. 7. 1985 - Nach einer Buchhändlerlehre hatte Böll gerade ein Studium angefangen, als er 1939 eingezogen wurde. Er begann nach dem Krieg, das große Sterben literarisch zu verarbeiten in Büchern wie »Der Zug war pünktlich« (1949) oder »Wo warst du, Adam?« (1951). In seinen späteren Werken kritisierte Böll die restaurativen Tendenzen in der Bundesrepublik und engagierte sich für politisch verfolgte Kollegen in Ost und West. Die *Wohlstandsgesellschaft* prangerte er an in Romanen wie »Billard um halbzehn« (1959) oder »Gruppenbild mit Dame« (1971). Die Demontage des *Rechtsstaats* und die Verrohung durch Revolverjournalismus sind Thema seines Romans »Die verlorene Ehre der Katharina Blum« (1974). Böll, der 1972 den Nobelpreis für Literatur erhielt, wurde von rechts als »Sympathisant« der Terroristen der *Baader-Meinhof-Gruppe* diskriminiert und von links als Mitkämpfer in der *Friedensbewegung* zum »Gewissen der Nation« stilisiert.

Bolschewisierung
»Bolschewiki« (Mehrheitler) nannte Lenin 1903 nach einem Abstimmungssieg seine Fraktion in der russischen Sozialdemokratischen Arbeiterpartei im Unterschied zu den »Menschewiki« (Minderheitler).

Bolschewismus wurde nach 1917 zur Bezeichnung für die sowjetische Politik und die dahinterstehende marxistische Ideologie. Die Übertragung des politischen, gesellschaftlichen und wirtschaftlichen Systems der Sowjetunion auf die Ende des 2. Weltkriegs von der Roten Armee eroberten Länder Ost- und Südosteuropas nennt man daher Bolschewisierung. Ihr wurde auch die Sowjetische Besatzungszone *(SBZ)* in Deutschland durch Bildung einer Einheitsfront *(Blocksystem)* der Parteien unter kommunistischer Führung und durch Aus- oder Gleichschaltung der nichtkommunistischen Kräfte wie Kirchen, Privatkapital, Verbände u. a. unterworfen.

Bolz, Lothar
* Gleiwitz 3. 9. 1903, † Berlin (Ost) 29. 12. 1986 – In München, Kiel und Breslau studierte der Uhrmachersohn Bolz Jura, schloß sich Ende der 20er Jahre der KPD an und mußte 1933 über Danzig in die UdSSR emigrieren. Ende 1946 kehrte er nach Deutschland zurück und gründete am 16. 6. 1946 die *National-Demokratische Partei Deutschlands (NDPD)* in der *SBZ*. Bis 1972 blieb er Parteivorsitzender, war u. a. 1953–65 Außenminister der DDR und bis zu seinem Tod Mitglied der *Volkskammer*.

Bonn
Großstadt in Nordrhein-Westfalen mit knapp 300 000 Einwohnern (1993), gemäß Beschluß des *Parlamentarischen Rats* vom 10. 5. 1949 Regierungssitz und bis 1990 provisorische *Hauptstadt* der Bundesrepublik.

BPA s. *Bundespresseamt*

BpB s. *Bundeszentrale für politische Bildung*

Brandenburger Tor
Heute steht es fast genau in der Mitte Berlins, das durch Teilung 1949–90 zwei Zentren besaß, die hier aneinanderstießen: Das von Carl Gotthard Langhans 1788–91 gebaute und von Johann Gottfried Schadow 1794 mit der Quadriga geschmückte Brandenburger Tor war ursprünglich Stadttor ins westliche brandenburgische Umland Berlins, wurde später beliebter Rahmen für Paraden (u. a. 1806 Einzug Napoleons, 1933 Fackelzug zur Feier der Machtergreifung Adolf Hitlers) und deutsches Nationalsymbol. Als solches wurde es während der deutschen Teilung von der Bundesrepublik als Mahnung zur Einheit der Nation (u. a. Abbildung auf der von 1949 bis 1956 in Gebrauch befindlichen Sondermarke *»Notopfer Berlin«*) eingesetzt und politisch befrachtet. Nach dem Bau der *Berliner Mauer* 1961 gab der damalige Regierende Bürgermeister *Brandt* die Parole aus: »Macht das Tor auf!«

Das Brandenburger Tor wurde weltweit zum Symbol für die geteilte Stadt Berlin.

Dieser Wunsch ging am 22. 12. 1989 in Erfüllung, als nach dem Mauerfall auch das Brandenburger Tor wieder geöffnet wurde.

Brandt, Willy
* Lübeck 18. 12. 1913, † Unkel am Rhein 8. 10. 1992 - Seit 1930 SPD-Mitglied und seit 1931 in der sozialistischen Jugendbewegung engagiert, emigrierte Herbert Karl Frahm 1933, nahm im norwegischen, dann schwedischen Exil den Kampfnamen Willy Brandt an, war 1935 vorübergehend im Untergrund in Berlin gegen das NS-Regime tätig und kehrte 1947 nach Deutschland zurück. 1957 wurde er Regierender Bürgermeister von Westberlin, 1961 Kanzlerkandidat und 1964 Bundesvorsitzender der SPD (bis 1987, danach Ehrenvorsitzender), 1966 Außenminister der *Großen* und 1969 Bundeskanzler der sozialliberalen *Koalition.* In seiner Amtszeit bis 1974 bemühte er sich um Konsequenzen aus der *Studentenbewegung* (»mehr Demokratie wagen«), überstand 1972 knapp ein *konstruktives Mißtrauensvotum* der CDU/CSU und führte danach die SPD mit 45,8 % der Stimmen zum größten Wahlerfolg der Nachkriegszeit.
Die Regierung Brandt bewältigte die *Ölkrise* von 1973 (autofreie Sonntage), akzeptierte den *Extremistenbeschluß* der Länder zur Bekämpfung des *Terrorismus,* unterzeichnete den *Atomwaffen*sperrvertrag und setzte entsprechend der Strategie *Bahrs,* »Wandel durch Annäherung« zu

Bundesaußenminister Willy Brandt mit dem französischen Staatspräsidenten Georges Pompidou (r.) bei einem Besuch in Paris 1969.

schaffen, v. a. ostpolitische Akzente durch die Gewaltverzichtsverträge mit Polen und der UdSSR (*Deutsch-Polnischer* und *Deutsch-Sowjetischer Vertrag* 1970) sowie den *Grundlagenvertrag* mit der DDR, der die Aufnahme beider deutscher Staaten in die *Vereinten Nationen* ermöglichte. 1971 erhielt Brandt für diese Bemühungen den Friedensnobelpreis. Seit 1976 war er Vorsitzender der Sozialistischen Internationale, seit 1977 der Nord-Süd-Kommission. Zum geflügelten Wort über die *Wiedervereinigung* wurde Brandts Ausspruch im November 1989, nur wenige Stunden nach dem Fall der *Berliner Mauer*: »Jetzt wächst zusammen, was zusammengehört.«

Bertolt Brecht, einer der einflußreichsten Autoren des 20. Jahrhunderts.

Brecht, Bertolt

* Augsburg 10. 2. 1898, † Berlin 14. 8. 1956 – Seit 1924 in Berlin, ging der durch Stücke wie die »Dreigroschenoper« (1928) bekannt gewordene kommunistische Dramatiker Brecht bei Hitlers Machtübernahme 1933 ins Exil, kehrte 1948 nach Ostberlin zurück und gründete dort mit seiner Frau Helene Weigel das Berliner Ensemble. In seinem Theater am Schiffbauerdamm inszenierte er v. a. eigene Werke wie »Baal« (1918), »Leben des Galilei« (1938), »Mutter Courage und ihre Kinder« (1939), »Der kaukasische Kreidekreis« (1944/45). Die DDR ließ Brecht alle denkbaren Freiheiten, da sie von seinem Weltruf als Dichter profitierte, obwohl er sich mehrfach kritisch zur SED-Diktatur äußerte. Oft zitiert wird aus seinem Gedicht über den Aufstand des *Siebzehnten Juni 1953*: »… Wäre es da / Nicht doch einfacher, die Regierung / Löste das Volk auf und / Wählte ein anderes?«

Brenner, Otto
* Hannover 8. 11. 1907, † Frankfurt am Main 15. 4. 1972 - 1926 trat der Elektriker Brenner der SPD bei, wurde deswegen 1933 entlassen und zeitweilig in Haft genommen. 1947 wurde er Bezirksleiter der IG Metall in Hannover, deren Bundesvorsitz er 1956 übernahm. 1961 wurde Brenner Vorsitzender des Internationalen Metallarbeiterbundes, spielte als engagierter linker Sozialdemokrat auch eine entscheidende sozialpolitische Rolle und profilierte sich als Gegner der *Notstands*gesetze; er gilt als Vater der 40-Stunden-Woche.

Brentano, Heinrich von
* Offenbach 20. 6. 1904, † Darmstadt 14. 11. 1964 - Der im Zusammenhang mit dem Attentat auf Hitler am 20. 7. 1944 verhaftete Jurist Brentano gehörte 1945 zu den Mitbegründern der CDU, war 1949–55 und seit 1961 ihr *Fraktions*chef im *Bundestag.* Als bedingungsloser Anhänger der Westpolitik *Adenauers* wurde Brentano 1955 Außenminister und war maßgeblich an der Formulierung der *Hallstein-Doktrin* beteiligt. 1961 mußte er das Amt auf Druck des Koalitionspartners FDP abgeben.

Breschnew-Doktrin
Um das Eingreifen der Truppen des *Warschauer Pakts* gegen die Reformkommunisten des Prager Frühlings um Alexander Dubček (* 1921, † 1992) im Aug. 1968 zu rechtfertigen, gab die Führung der KPdSU mehrere Erklärungen ab, die nach dem sowjetischen Parteichef Leonid Breschnew zusammenfassend Breschnew-Doktrin genannt wurden: Man werde weder eine friedliche noch eine gewaltsame Änderung des sozialistischen Systems zulassen, das zu verteidigen Pflicht aller sozialistischen Länder sei, die daher nur beschränkte Souveränität besäßen und nur im Rahmen der sozialistischen Gemeinschaft unabhängig seien. China sowie Rumänien und Jugoslawien wiesen diesen sowjetischen Führungsanspruch zurück, die anderen Ostblock-Staaten, darunter die DDR, akzeptierten die Moskauer Aufsicht.

Briefwahl
Bei *Landtags-* und *Bundestags*wahlen haben Wahlberechtigte, die wegen Krankheit, Alter, Reisen o.ä. ein Wahllokal nicht selbst aufsuchen können, die Möglichkeit, auf Antrag ihre Stimme per Briefwahl abzugeben. Sie müssen dazu dem Kreiswahlleiter ihren ausgefüllten Stimmzettel und ihren Wahlschein in einem verschlossenen Wahlbriefumschlag einreichen unter eidesstattlicher Versicherung, daß sie den Stimmzettel persönlich ausgefüllt haben. Die gebührenfreien Wahlbriefe müssen bis spätestens 18 Uhr am Wahltag eingegangen sein. In den letzten Jahren ist der Anteil der Briefwahlstimmen

so sprunghaft gestiegen, daß verfassungsrechtliche Bedenken laut wurden, ob dadurch nicht das Geheimnisgebot des *Grundgesetzes* (Art. 38) ausgehöhlt werde.

Bundesadler s. *Hoheitszeichen*

Bundesämter
Für bestimmte bundesweite fachliche Aufgaben haben die Bundesministerien ihnen unterstellte Bundesämter als Bundesoberbehörden geschaffen; ähnlichen Status haben die Bundesanstalten und Bundesinstitute.

Bundesämter und Einrichtungen mit ähnlichem Status
(in Auswahl, nach Ressorts)

Bundeskanzleramt
Bundespresseamt, Bonn

Auswärtiges Amt
Deutsches Archäologisches Institut, Berlin

Verteidigungsministerium
Bundesamt für Wehrtechnik und Beschaffung, Koblenz
Bundessprachenamt, Hürth
Militärgeschichtliches Forschungsamt, Freiburg i. Br.

Innenministerium
Bundesarchiv, Koblenz (Zweigstelle Potsdam)
Bundesverwaltungsamt, Köln
Statistisches Bundesamt, Wiesbaden
Bundeszentrale für politische Bildung, Bonn
Bundesinstitut für Sportwissenschaft, Köln
Bundesamt für die Anerkennung ausländischer Flüchtlinge, Zirndorf
Bundesamt für *Verfassungsschutz*, Köln

Wirtschaftsministerium
Physikalisch-Technisches Bundesamt, Braunschweig
Bundeskartellamt, Berlin
Bundesanstalt für Materialprüfung, Berlin
Bundesanstalt für Geowissenschaften und Rohstoffe, Hannover

Arbeits- und Sozialministerium
Bundesversicherungsamt, Berlin
Bundesanstalt für Arbeit, Nürnberg

Landwirtschaftsministerium
Bundesamt für Ernährung und Forstwirtschaft, Frankfurt a. M.
Bundesforschungsanstalt für Landwirtschaft, Braunschweig
Bundesforschungsanstalt für Fischerei, Hamburg
Bundesforschungsanstalt für Viruskrankheiten der Tiere, Tübingen
Bundesamt für Fettforschung, Münster

Finanzministerium
Bundesmonopolamt, Offenbach a. M.
Bundesschuldenverwaltung, Bad Homburg v. d. Höhe
Bundesaufsichtsamt für das Kreditwesen, Berlin
Bundesaufsichtsamt für das Versicherungswesen, Berlin
Versorgungsanstalt des Bundes und der Länder, Karlsruhe
Kreditanstalt für Wiederaufbau, Frankfurt a. M.

Wissenschaftsministerium
Deutsche Historische Institute, Paris, London, Rom
Kunsthistorisches Institut, Florenz
Biologische Anstalt Helgoland, Hamburg

Justizministerium
Deutsches Patentamt, München

Postministerium
Posttechnisches Zentralamt, Darmstadt

Bauministerium
Bundesforschungsanstalt für Landeskunde und Raumordnung, Bonn
Bundesbaudirektion, Berlin

Umweltministerium
Umweltbundesamt, Berlin
Bundesforschungsanstalt für Naturschutz und Landschaftsökologie, Bonn
Bundesamt für Strahlenschutz, Salzgitter

Verkehrsministerium
Deutscher Wetterdienst, Offenbach a. M.
Kraftfahrtbundesamt, Flensburg
Bundesamt für Seeschiffahrt und Hydrographie, Hamburg
Bundesamt für Flugsicherung, Frankfurt a. M.
Luftfahrtbundesamt, Braunschweig

Bundesanwaltschaft
Jeder Instanz der deutschen *Gerichte* sind als Strafverfolgungsbehörden Staatsanwaltschaften zugeordnet; die des Bundesgerichtshofs (BGH) heißt Bundesanwaltschaft und wird von einem Generalbundesanwalt geleitet, dem mehrere Bundesanwälte unterstellt sind. Die Bundesanwaltschaft gehört zum Dienstbereich des Bundesjustizministeriums, an dessen Weisungen sie gebunden ist. Der *Bundespräsident* ernennt die Bundesanwälte auf Vorschlag des Justizministers mit Zustimmung des *Bundesrats*. Sie sind für die Verfolgung aller Straftaten zuständig, die in erster und letzter Instanz Sache des BGH sind; sie können auch bei den Oberlandesgerichten im Fall von Straftaten tätig werden, die dort in erster Instanz verhandelt werden (u. a. *Landesverrat*).

Bundesausbildungsförderungsgesetz s. *BAföG*

Bundesbank s. *Deutsche Bundesbank*

Bundesfinanzhof (BFH) s. *Gerichte*

Bundesgerichtshof (BGH) s. *Gerichte*

Bundesgesetzblatt
Gesetze und Rechtsverordnungen der Bundesrepublik Deutschland werden mit Verkündung im Bundesgesetzblatt rechtswirksam (Art. 82 GG), das vom Bundesminister der Justiz herausgegeben wird. Es erscheint seit dem 23. 5. 1949, seit 1951 in zwei Teilen, deren erster Gesetze, Entscheidungen des *Bundesverfassungsgerichts* mit Gesetzeskraft und Beschlüsse von ähnlichem Rang enthält, während Teil II überstaatliche Verträge, Abmachungen zwischen Bund und Ländern sowie minder bedeutsame Beschlüsse und ein dritter, abgeschlossener Teil die Sammlung der Gesetze aus der Zeit vor Gründung der Bundesrepublik beinhaltet, die noch fortgelten; darin nicht erfaßte Vorschriften haben mit dem 31. 12. 1968 ihre Geltung verloren.

Bundesgrenzschutz (BGS)
Dem Bundesministerium des Innern untersteht eine besondere militärisch ausgebildete Truppe von etwa 30 000 Mann zum Schutz der Landesgrenzen (Paß- und Personenkontrolle) und von Bundesorganen: der Bundesgrenzschutz (Art. 87,1 GG). Er kann auch gemäß *Notstands*gesetz bei Naturkatastrophen und zur Abwehr von Gefahren für die *freiheitlich-demokratische Grundordnung* (innerer Notstand), beim Kampf gegen den *Terrorismus* (dafür Spezialeinheit Grenzschutzgruppe/GSG 9) eingesetzt werden und dient als bundesweite Polizeireserve etwa bei Großdemonstrationen (Art. 35,2 GG). Nach Wegfall der

innerdeutschen Grenze, wo dem BGS die *Grenztruppen der DDR* gegenüberstanden, und im Zuge des Abbaus der Binnengrenzen der EG übernahm der BGS 1992 die Bahnpolizei und kontrolliert seitdem auf den meisten Flughäfen Passagiere, Gepäck und Frachten. Im Verteidigungsfall haben die Mitglieder des BGS Kombattantenstatus.

Bundesinstitute s. *Bundesämter*

Bundeskabinett s. *Bundesregierung*

Bundeskanzler
Die Stellung des Regierungschefs (Reichskanzlers) in der Weimarer Republik hatte sich als zu schwach erwiesen. Die »Väter des *Grundgesetzes*« zogen daraus die Konsequenz und statteten das Amt des Bundeskanzlers mit erheblichen Vollmachten aus (»Kanzlerdemokratie«): Er wird auf Vorschlag des *Bundespräsidenten* (Art. 63,1 GG), der in der Regel den aussichtsreichsten Kandidaten nominiert, vom *Bundestag* in einem ersten bzw. zweiten Wahlgang mit *absoluter* (Art. 63,2 GG), in einem dritten mit einfacher (relativer) *Mehrheit* gewählt und vom Bundespräsidenten ernannt, der einem nur mit einfacher Mehrheit gewählten Kanzler die Ernennung auch verweigern und den Bundestag auflösen kann (Art. 63,4 GG). Der Bundeskanzler, der nicht *Abgeordneter* sein muß, es aber gewöhnlich ist, kann nur durch ein *konstruktives Mißtrauensvotum* gestürzt werden (Art. 67 GG); die *Bundesminister* werden nur auf seinen Vorschlag hin, also ohne Mitwirkung des Parlaments, ernannt und entlassen (Art. 64,1 GG); seinen Stellvertreter, den Vizekanzler, bestimmt er allein. Dadurch hat er trotz formaler Gleichheit bei Abstimmungen im Kabinett die unbestrittene Führung, zumal er die Richtlinien der Politik bestimmt (*Richtlinienkompetenz*, Art. 65 GG) und dem Parlament allein verantwortlich ist. Im Verteidigungsfall hat der Bundeskanzler die Befehls- und Kommandogewalt über die Streitkräfte.
In der Praxis wird diese Machtfülle des Kanzlers begrenzt durch die Interessen der eigenen *Partei* und durch Rücksicht auf etwaige *Koalitions*partner, auf die öffentliche Meinung und damit auf die Wahlchancen seiner Partei. Für seine Amtsführung steht dem Kanzler mit dem Bundeskanzleramt unter einem Bundesminister eine Behörde zur Verfügung, der u. a. der *Bundesnachrichtendienst* und das *Bundespresseamt* unterstehen. Bundeskanzler seit 1949 waren: *Adenauer* (CDU, bis 1963), *Erhard* (CDU, bis 1966), *Kiesinger* (CDU, bis 1969), *Brandt* (SPD, bis 1974), *Schmidt* (SPD, bis 1982), *Kohl* (seit 1982).

Bundesländer
Deutschland ist ein Bundesstaat, also föderal verfaßt; es besteht aus 16 Bundesländern (13 Flächen- und 3 Stadtstaaten) mit eigenen grund-

gesetzkonformen *Verfassungen*, Volksvertretungen (*Landtagen* oder Bürgerschaften) für die Landesgesetzgebung und Regierungen (*Landesregierungen* oder Senate) als Spitze der *Exekutive.* Die Länder wirken über den *Bundesrat* auch an der *Gesetzgebung* des Bundes mit. Das Verhältnis zum ihm ist durch das *Grundgesetz* geregelt, nach dem der Bund ausschließlich zuständig ist für Außen- und Sicherheitspolitik, Währungs- und Zollwesen. Gemeinsam gestalten Länder und Bund das Rechtswesen, die *Wirtschafts-, Finanz-, Agrar-, Innen-* und *Sozialpolitik.* Generell gilt Art. 31 GG: »Bundesrecht bricht Landesrecht«. Kulturangelegenheiten sind fast ausschließlich Ländersache (»Kulturhoheit«), der Bund hat nur das Recht der *Rahmengesetzgebung* (Art. 75 GG). Auch die innere Verwaltung (Polizei u. a.) ist Sache der Länder, die allerdings an die Bundesgesetze gebunden sind und den Bundesbehörden Amtshilfe schulden. Allen Deutschen stehen in allen Bundesländern gleiche Rechte zu.
Aus dem Zusammenschluß der westdeutschen Länder entstand 1949 die *Bundesrepublik Deutschland*: Bayern, Bremen, Hamburg, Hessen, Niedersachsen, Nordrhein-Westfalen, Rheinland-Pfalz, Schleswig-Holstein sowie Baden, Württemberg-Hohenzollern und Württemberg-Baden, die 1952 zum Bundesland Baden-Württemberg vereinigt wurden; Westberlin war den Ländern im wesentlichen gleichgestellt, das *Saarland* wurde erst nach Ende des französischen Protektorats 1957 Bundesland. 1990 bildeten sich die Länder auf dem Gebiet der DDR neu und traten nach Art. 23 GG der Bundesrepublik bei: Brandenburg, Mecklenburg-Vorpommern, Sachsen, Sachsen-Anhalt und Thüringen; Berlin wurde wiedervereinigt.

Bundesminister

Zur Wahrnehmung seines Regierungsauftrags beruft der *Bundeskanzler* ein Kollegium *(Kabinett)* von gewöhnlich 15–20 Fachministern, die jeweils ein Ministerium (Ressort) mit seinen Behörden leiten oder ohne Geschäftsbereich besondere Aufgaben wahrnehmen; auch der Leiter des Bundeskanzleramts ist Bundesminister. Die Minister bilden mit dem Kanzler die *Bundesregierung* (Art. 62 GG); sie sind nicht dem Parlament - das nur Mißbilligungen aussprechen kann -, sondern dem Kanzler verantwortlich und führen ihre Geschäfte nach den von diesem vorgegebenen Richtlinien. Sie werden auch nur auf seinen Vorschlag hin durch den *Bundespräsidenten* ernannt und entlassen, wobei faktisch freilich vor allem die Regierungsparteien Einfluß nehmen. Bundesminister müssen nicht *Abgeordnete* sein, sind es aber in der Regel, sie müssen auch keiner *Partei* angehören, sind aber meist profilierte Mitglieder einer der Regierungs*fraktionen.* Bei ihrer Amtsführung werden sie von *Staatssekretären* unterstützt, im *Bundestag* werden sie durch ihre Parlamentarischen *Staatssekretäre* vertreten. Im Kabinett haben alle die gleichen Rechte, doch verleiht die Bedeutung des jeweiligen Ressorts den einzelnen Ministern unterschiedliches Gewicht. Als klassische Ressorts gelten das Außenministerium (Auswärtiges Amt, AA), geführt u.a. von *Brentano* (CDU, 1955-61), *Brandt* (SPD, 1966-69), *Genscher* (FDP, 1974-92); das Innenministerium, geführt u.a. von *Schröder* (CDU, 1953-61), *Höcherl* (CSU, 1961-65), Wolfgang Schäuble (CDU, 1989-91); das Justizministerium, geführt u.a. von *Dehler* (FDP, 1949-53), *Heinemann* (SPD, 1966-69), *Vogel* (SPD, 1974-81); das Verteidigungsministerium, geführt u.a. von *Strauß* (CSU, 1956-62), *Leber* (SPD, 1972-78); das Finanzministerium, geführt u.a. von *Schäffer* (CDU, 1949-57), *Strauß* (CSU, 1966-69), *Schmidt* (SPD, 1972-74).

Bundesnachrichtendienst (BND)

Die Bundesregierung unterhält mit dem Bundesnachrichtendienst einen eigenen Geheimdienst (Sitz: München-Pullach), der Auslandsnachrichten sammelt und auswertet, Auslandsaufklärung und Gegenspionage betreibt. Er entstand aus der von General Reinhard Gehlen im 2. Weltkrieg an der Ostfront aufgebauten Spionageorganisation, mit der sich dieser 1945 der US-Armee zur Verfügung stellte und die als BND 1956 dem *Bundeskanzler* unterstellt wurde. Der Chef des Kanzleramts übt die Dienst- und Fachaufsicht aus. Politisch wird der BND zusätzlich durch eine parlamentarische Kontrollkommission überwacht. Trotzdem kam es immer wieder zu Kompetenzüberschreitungen durch den BND, etwa bei der Zusammenarbeit mit dem *Verfassungsschutz* (Personenüberwachung im Inland u.a.) oder bei verdeckten Operationen wie z.B. der Beschaffung von Plutonium aus Anlagen in der ehemaligen UdSSR 1995 unter Anmaßung polizeilicher Befugnisse. Der BND hat rd. 6000 hauptamtliche Mitarbeiter (1995).

Bundespräsident

Staatsoberhaupt der Bundesrepublik Deutschland ist der Bundespräsident, zu seiner Amtsführung steht ihm das Bundespräsidialamt unter einem *Staatssekretär* zur Verfügung. Der Bundespräsident wird von der *Bundesversammlung* mit *absoluter Mehrheit* oder, falls diese in zwei Wahlgängen nicht erreicht wird, mit relativer Mehrheit auf fünf Jahre gewählt (Art. 54 GG) und muß bei der Wahl mindestens 40 Jahre alt sein. Eine direkte Wiederwahl ist nur einmal möglich. Der Bundespräsident ist damit im Gegensatz zum »plebiszitären« (vom Volk gewählten) Reichspräsidenten der Weimarer Republik ein »parlamentarisches« Staatsoberhaupt und nicht Träger von Staatsmacht; seine vorrangige Aufgabe besteht in der Repräsentation der Bundesrepublik nach innen und außen. Er vertritt den Bund völkerrechtlich und schließt in dessen Namen Verträge ab. Er fertigt die Gesetze aus und setzt sie durch Verkündung im *Bundesgesetzblatt* in Kraft. Ihm steht das Begnadigungsrecht für den Bund zu. Alle seine Handlungen bedürfen der

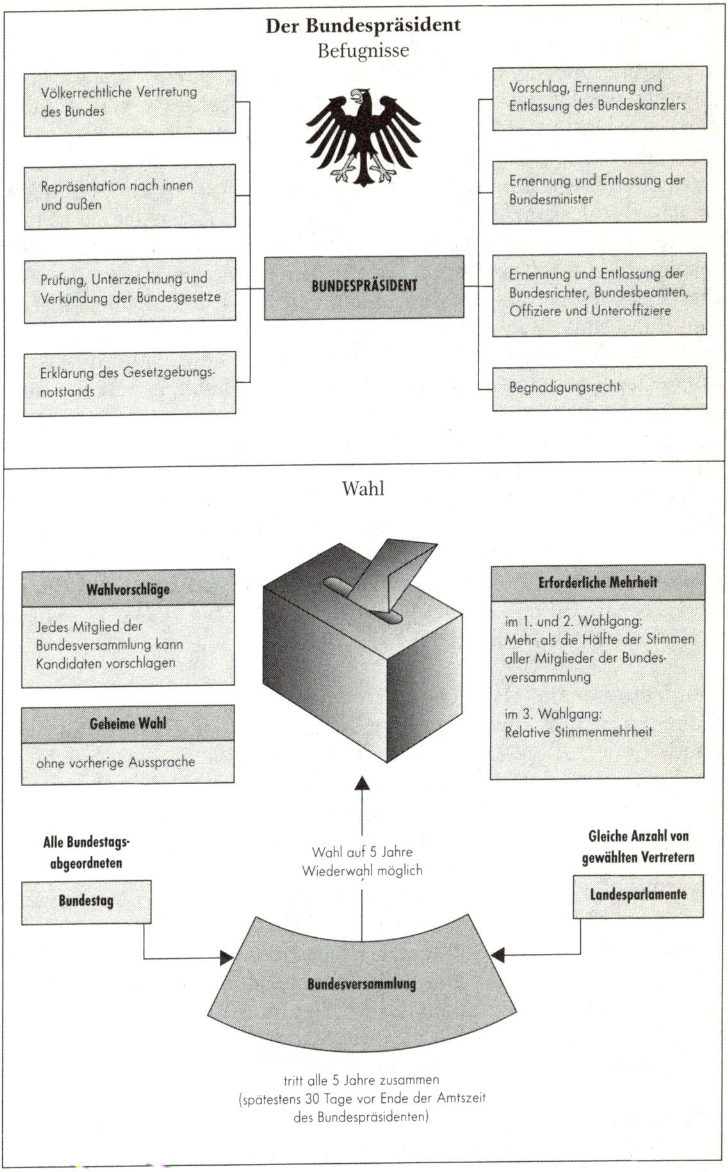
Der Bundespräsident
Befugnisse
Völkerrechtliche Vertretung des Bundes
Repräsentation nach innen und außen
Prüfung, Unterzeichnung und Verkündung der Bundesgesetze
Erklärung des Gesetzgebungsnotstands
BUNDESPRÄSIDENT
Vorschlag, Ernennung und Entlassung des Bundeskanzlers
Ernennung und Entlassung der Bundesminister
Ernennung und Entlassung der Bundesrichter, Bundesbeamten, Offiziere und Unteroffiziere
Begnadigungsrecht
Wahl
Wahlvorschläge
Jedes Mitglied der Bundesversammlung kann Kandidaten vorschlagen
Geheime Wahl
ohne vorherige Aussprache
Erforderliche Mehrheit
im 1. und 2. Wahlgang: Mehr als die Hälfte der Stimmen aller Mitglieder der Bundesversammmlung
im 3. Wahlgang: Relative Stimmenmehrheit
Alle Bundestagsabgeordneten
Bundestag
Wahl auf 5 Jahre
Wiederwahl möglich
Gleiche Anzahl von gewählten Vertretern
Landesparlamente
Bundesversammlung
tritt alle 5 Jahre zusammen (spätestens 30 Tage vor Ende der Amtszeit des Bundespräsidenten)

Gegenzeichnung durch den *Bundeskanzler* oder einen *Bundesminister*, die damit die Verantwortung gegenüber dem *Bundestag* übernehmen. Der Bundespräsident kann nur durch das *Bundesverfassungsgericht* abgesetzt werden, wenn dieses aufgrund eines Beschlusses von mindestens zwei Drittel der Mitglieder des Bundestages oder des *Bundesrates* angerufen wird (Art. 61,1 GG). Sein Stellvertreter ist der jeweilige Präsident des Bundesrates. Der Bundespräsident schlägt dem Bundestag den Bundeskanzler zur Wahl vor (Art. 63,1 GG), wobei er sich in der Regel an den aussichtsreichsten Kandidaten hält, und muß den mit absoluter Mehrheit gewählten Kanzler ernennen; einem nur mit einfacher Mehrheit gewählten Kanzler kann er die Ernennung verweigern. Der Bundespräsident ernennt und entläßt die Bundesminister und -beamten, Offiziere und Bundesrichter. Er kann die Einberufung des Bundestages verlangen und unter bestimmten Bedingungen den Bundestag auflösen (Art. 63, 68 GG) und den *Gesetzgebungsnotstand* erklären. Der Bundespräsident muß von Kabinettsvorlagen vorab informiert werden und kann seinen Staatssekretär in die Kabinettssitzungen entsenden. Da er darüber hinaus jedoch kaum aktiv auf das politische Geschehen einwirken kann, hängt die Ausfüllung seines Amtes wesentlich von seiner persönlichen Autorität ab. Bisherige Amtsinhaber: *Heuss* (FDP, bis 1959), *Lübke* (CDU, bis 1969), *Heinemann* (SPD, bis 1974), *Scheel* (FDP, bis 1979), *Carstens* (CDU, bis 1984), *Weizsäcker* (CDU, bis 1994), *Herzog* (CDU, seit 1994).

Bundespresseamt (BPA)
Jeder demokratischen Regierung ist an positiver Darstellung ihrer Politik in der Öffentlichkeit gelegen. In Deutschland ist dies Aufgabe des Presse- und Informationsamts der *Bundesregierung*, kurz Bundespresseamt genannt. Es wurde zunächst vom Chef des Kanzleramts geführt, seit 1958 von einem dem *Bundeskanzler* direkt unterstellten Regierungssprecher im Rang eines *Staatssekretärs*. Er unterrichtet die Öffentlichkeit vor der Bundespressekonferenz, einer Vereinigung von etwa 500 Korrespondenten, über Maßnahmen und Pläne der Regierung, gibt Pressemitteilungen, Informationsmaterial und amtliche Stellungnahmen heraus und stellt über die angegliederte Bundesbildstelle offizielle Illustrationen zur Verfügung. Umgekehrt unterrichtet das BPA die Regierung über die öffentliche Meinung und wertet dafür u. a. die in- und ausländische Presse aus.

Bundesrat
In einem Bundesstaat wirken die Gliedstaaten an Verwaltung und *Gesetzgebung* mit; in der Bundesrepublik geschieht dies durch den Bundesrat, der Zweiten oder Länderkammer des Parlaments (Art. 50 GG). Der Bundesrat hat 68 Mitglieder (pro Land mindestens 3, für Länder mit über 2 Mio. Einwohnern 4, mit über 6 Mio. 5 und mit mehr als

7 Mio. 6 Stimmen); sie sind nicht gewählte Volksvertreter, sondern Vertreter der *Landesregierungen*; sie können nur einheitlich landesweise abstimmen und sind - außer im *Vermittlungsausschuß* - an die Weisungen ihrer Regierungen gebunden. Die Präsidentschaft des Bundesrats wechselt jährlich unter den *Ministerpräsidenten* der *Bundesländer* in der Reihenfolge ihrer Bevölkerungszahl, wobei der Präsident zugleich Stellvertreter des *Bundespräsidenten* ist (Art. 57 GG). Er muß den Bundesrat einberufen, wenn dies mindestens zwei Länder oder die *Bundesregierung* verlangen (Art. 52,3 GG).
Der Bundesrat nimmt Stellung zu Gesetzesvorlagen der Bundesregierung, stimmt über zustimmungspflichtige Gesetzentwürfe (u. a. Verfassungsänderungen, Finanzgesetze), Verordnungen u. a. ab, erhebt gegen nicht zustimmungspflichtige Gesetze Einspruch, kann selbst Gesetze einbringen, wirkt mit bei der Wahl der Richter am *Bundesverfassungsgericht* und entsendet im Fall des *Notstands* Mitglieder in den *Gemeinsamen Ausschuß*. Lehnt der Bundesrat ein *Einspruchsgesetz* ab, hat dies nur aufschiebende Wirkung, bei *Zustimmungsgesetzen* verfügt er über ein Vetorecht. Bei Konflikten können beide Kammern den Vermittlungsausschuß anrufen. Dies ist häufig erforderlich, da immer wieder die Konstellation eintritt, daß die Bundestagsopposition im Bundesrat die Mehrheit hat und damit wichtige Vorhaben blockieren kann.

Bundesrechnungshof
Zur Kontrolle der Haushaltsführung des Bundes und seiner Organe wurde mit Gesetz vom 27. 11. 1950 aufgrund von Art. 114 GG der Bundesrechnungshof mit Sitz Frankfurt a. M. geschaffen. Er ist eine oberste Bundesbehörde, deren Mitglieder richterliche Unabhängigkeit genießen und die von einem - bis 1985 auf Lebenszeit vom *Bundespräsidenten* ernannten, seitdem von einem vom *Bundestag* gewählten - Präsidenten geleitet wird. Der Bundesrechnungshof überwacht das Vermögen der Bundesrepublik und prüft nachträglich das Finanzgebaren des Bundes auf Wirtschaftlichkeit und Ordnungsgemäßheit; etwaige Mängel sind daher oft nicht mehr zu korrigieren, aber für die Zukunft zu verhindern, auch wenn dem Bundesrechnungshof kein Weisungsrecht gegenüber den geprüften Behörden zusteht. Er kann jedoch durch seine jährlichen Berichte, die er der *Bundesregierung* und beiden Kammern des Parlaments übergibt, erheblichen öffentlichen Druck ausüben. In den Ländern bestehen entsprechende Behörden.

Bundesregierung
Oberstes Organ der *Exekutive* in der Bundesrepublik Deutschland ist die Bundesregierung; sie besteht aus dem *Bundeskanzler* und den *Bundesministern* (Art. 62 GG). Die Regierungsbildung erfolgt durch Wahl des Kanzlers im *Bundestag*, Berufung der Minister durch den

Kanzler, seine und ihre Ernennung durch den *Bundespräsidenten* sowie Ablegung des Amtseids von Kanzler und Ministern vor dem *Bundestagspräsidenten.* Formal ist der Kanzler frei in der Wahl seiner Kabinettskollegen, in der Praxis aber gehen der Regierungsbildung intensive Beratungen in den die Regierung tragenden Parteien über die Ministerliste voran. Im *Kabinett*, der Ministerrunde, wird mehrheitlich entschieden (Kollegialsystem, Art. 65 GG), wobei die Stimme des Kanzlers bei einem Patt entscheidet, wenn dieser nicht sogar von seiner *Richtlinienkompetenz* Gebrauch macht. Mit seinem Sturz, Rücktritt oder Neuwahlen endet die Amtszeit der gesamten Bundesregierung.

Die Bundesregierung

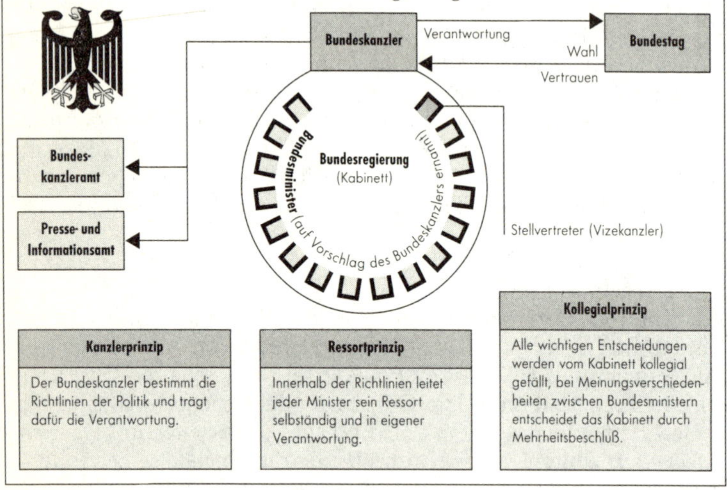

Die Bundesregierung hat das Recht, Gesetze im Parlament einzubringen, kann den *Vermittlungsausschuß* anrufen, die Einberufung des *Bundesrats* verlangen, Rechtsverordnungen erlassen, den Ländern Verwaltungsvorschriften machen oder gar Einzelweisungen erteilen und *Bundeszwang* ausüben; weitere besondere Kompetenzen sehen die Gesetze über den *Notstand* vor. Trotz der Kontrollrechte des Parlaments hat die Regierung in vielen Bereichen einen weiten Handlungsspielraum, v.a. bei der Gestaltung der internationalen Beziehungen der Bundesrepublik und auf sicherheitspolitischem Gebiet. Mit ihrem riesigen Verwaltungsapparat prägt sie maßgeblich das öffentliche Leben. Rücksicht auf die Wähler, Vereinbarungen mit dem *Koalitions*partner u.a. setzen allerdings Grenzen; erst einmal (CDU/CSU 1957–61) kam eine Regierungspartei ohne Koalitionspartner aus.

Die Bundesrepublik Deutschland nach der Wiedervereinigung.

Bundesrepublik Deutschland

Der westdeutsche Teilstaat, die Bundesrepublik Deutschland, entstand durch die Differenzen unter den *Siegermächten* des 2. Weltkriegs und ihre Konfrontation im *Kalten Krieg.* Zunächst schlossen sich die amerikanische und britische Besatzungszone zur *Bizone* zusammen, die nach Beitritt der französischen Zone zur *Trizone* wurde und bis auf das *Saarland* das gesamte künftige Staatsgebiet der Bundesrepublik umfaßte. Die Westmächte genehmigten einen *Parlamentarischen Rat*, der eine *Verfassung*, das *Grundgesetz*, ausarbeitete, dessen Inkrafttreten am

23. 5. 1949 die Bundesrepublik als demokratischen *Rechtsstaat* begründete; die Bildung der *Deutschen Demokratischen Republik (DDR)* auf dem Gebiet der *SBZ* folgte am 7. 10. Auch die immer stärkere Einbindung der beiden Teilstaaten in das jeweilige Bündnissystem verlief parallel. Die Bundesrepublik bestand allerdings auf einem *Alleinvertretungsanspruch* für ganz Deutschland und verstand sich als Rechtsnachfolgerin des Deutschen Reiches, dessen Verpflichtungen sie übernahm und für dessen Verbrechen sie *Wiedergutmachung* leistete. Während der Ära *Adenauer* (1949–63) gelang ein beispielloser Wiederaufbau *(Wirtschaftswunder)*, der die Demokratie trotz schwerer Zerreißproben (z. B. *Wiederbewaffnung*) festigte und die Bundesrepublik zum geachteten, seit 1955 souveränen Partner des Westens in der *NATO* und den Europäischen Gemeinschaften machte.
Der Konsolidierung folgte nach einer Plateauphase eine Rezession (1966/67), die zum Erstarken rechtsradikaler Kräfte, zur *Studentenbewegung* und zum Ende der konservativen Dauerherrschaft führte (*Große Koalition* 1966–69). Unter der sozialliberalen *Koalition* (1969–82) mit den Regierungen *Brandt* und *Schmidt* gelang die Aussöhnung mit dem Osten mit einer Politik des »Wandels durch Annäherung«. Die damit verbundenen »menschlichen Erleichterungen« förderten den Austausch und trugen entscheidend zur Erosion des Ostblocks bei. Sie wurde nach erneuter Übernahme der Macht durch die konservativliberalen Kräfte unter Bundeskanzler *Kohl* (seit 1982) fortgesetzt und flankiert durch konsequente *Sicherheitspolitik (NATO-Doppelbeschluß)* sowie ökonomische Erfolge. Die Reformanstrengungen des sowjetischen Partei- und Staatschefs Michail Gorbatschow (1985–91) ließen überall demokratische Hoffnungen keimen und führten zum Zusammenbruch des Ostblocks und der SED-Diktatur in der DDR und schließlich 1990 zur Überwindung der deutschen Teilung durch die *Wiedervereinigung.*

Bundestag

Der Deutsche Bundestag ist die gewählte Volksvertretung der Bundesrepublik Deutschland. Er ist das Zentrum der politischen Willensbildung und aller demokratischen Institutionen. Seine Mitglieder, die *Abgeordneten*, werden in allgemeiner, unmittelbarer, freier, gleicher und geheimer Wahl für vier Jahre gewählt. Der seit 1994 amtierende 13. Bundestag hat 672 Mitglieder, von denen 16 durch *Überhangmandate* ins Parlament eingezogen sind. In der Regel sind die Abgeordneten einer Partei (oder auch mehrerer Parteien mit ähnlichen Zielen), sofern sie die nötige Anzahl von 5 % der Mitglieder des Bundestages erreichen, in *Fraktionen* zusammengeschlossen. In den Fraktionen wird die Meinungsbildung für das *Plenum* vorbereitet. Sie schaffen durch die Auseinandersetzung in der parlamentarischen Debatte deutliche Positionen für die Öffentlichkeit. Das Plenum ist die Vollversammlung der Abgeordneten des Bundestages. Die Debatte im Plenum, geleitet vom *Bundestagspräsidenten*, soll für die Wähler und Wählerinnen die politischen Vorgänge verdeutlichen und Argumente für oder gegen politische Entscheidungen öffentlich und verständlich machen. Die gesetzgeberische Arbeit des Bundestags wird in den *Ausschüssen* vorbereitet. Ihre Zusammensetzung spiegelt die Zusammensetzung des Plenums wider. Hauptfunktionen des Bundestags v. a. nach Art. 38–49 GG:

- Als oberste gesetzgebende Gewalt *(Legislative)* berät und verabschiedet der Bundestag im Rahmen der *ausschließlichen* und *konkurrierenden* Gesetzgebung Gesetzesvorlagen. Sie müssen nach der Geschäftsordnung des Bundestages im Plenum in drei *Lesungen* behandelt werden. Neben dem Bundestag steht auch der *Bundesregierung* und dem *Bundesrat* das Recht zu, Gesetzentwürfe einzubringen.
- Der Bundestag kontrolliert die Regierung. Instrumente dazu sind die Großen und Kleinen *Anfragen*, die *Fragestunde* sowie die *Aktuelle Stunde*, in denen die Regierung Rede und Antwort stehen muß. Die *Opposition* nimmt ihre Kontrollfunktion vor allem in der *Öffentlichkeit* wahr. Die regierungstragenden Parteien artikulieren ihre Kritik gewöhnlich in der Fraktion und in anderen Gremien. Ein Hilfsorgan des Bundestages bei der Ausübung der Kontrolle über die *Bundeswehr* stellt der *Wehrbeauftragte* des Bundestages dar. Er berichtet jährlich über die Lage in den Streitkräften. Der Petitionsausschuß behandelt die gemäß dem *Petitionsrecht* an den Bundestag gerichteten Bitten und Beschwerden.

Die Organisation des Deutschen Bundestages

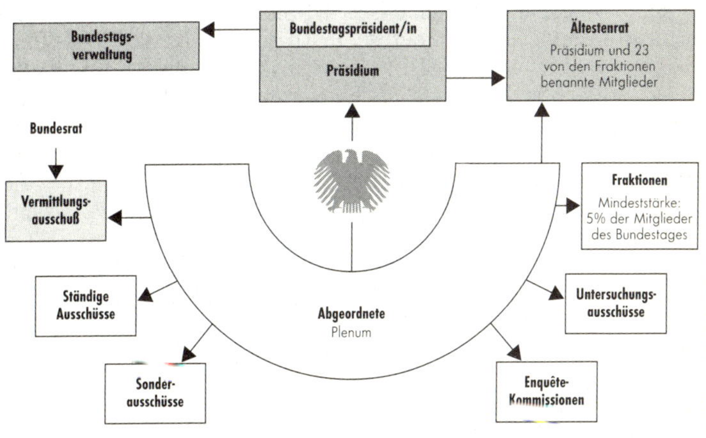

- Die Kontrolle der Finanzen ist eines der ältesten Rechte des Parlaments. Der *Haushaltsplan* der Regierung wird vor Beginn des Rechnungsjahres durch das Haushaltsgesetz festgestellt. Im Haushaltsausschuß wird der Etat unter den Gesichtspunkten der Sparsamkeit und der politischen Zweckmäßigkeit geprüft. Er ist nach Einnahmen und Ausgaben auszugleichen. Aus den Budgets der einzelnen Ministerien lassen sich die Schwerpunkte der Regierungspolitik herauslesen. Daher spricht man auch von dem in Zahlen gefaßten Regierungsprogramm. Haushaltsdebatten sind deshalb gewöhnlich Grundsatzdebatten über die Politik der Regierung. Am Ende des Rechnungsjahres muß der Finanzminister dem Parlament zur Entlastung der Bundesregierung Rechnung legen. Der *Bundesrechnungshof* verfaßt jährlich einen Bericht über die Haushalts- und Wirtschaftsführung.

Zu diesen drei Grundrechten der Legislative kommt eine Fülle elementarer Befugnisse des Bundestages: Wahl des *Bundeskanzlers*; Wahl des Bundestagspräsidenten; Beteiligung an der Wahl des *Bundespräsidenten*; Wahl der Hälfte der Verfassungsrichter und Beteiligung an der Berufung von Richtern in die obersten Gerichtshöfe; Einsetzung von *Untersuchungsausschüssen* und *Enquête*-Kommissionen; Feststellung des Spannungs- und *Verteidigungsfalles*; Entscheidung über den Friedensschluß u. a.

Bundestagspräsident
Nach parlamentarischer Tradition stellt die stärkste *Fraktion* den Vorsitzenden des *Bundestags*, den Bundestagspräsidenten, nach dem *Bundespräsidenten* zweithöchster Amtsträger des Staates. Er wird von den *Abgeordneten* in geheimer Wahl mit *absoluter Mehrheit* in der ersten Sitzung für eine *Legislaturperiode* gewählt (Art. 40,1 GG). Er »vertritt den Bundestag und regelt seine Geschäfte. Er wahrt die Würde und die Rechte des Bundestages, fördert seine Arbeiten, leitet die Verhandlungen gerecht und unparteiisch und wahrt die Ordnung im Hause« (Paragraph 7, Abs. 2, Satz 1 Geschäftsordnung des Bundestages). Er führt den Vorsitz im *Plenum* in regelmäßigem Wechsel von zwei Stunden mit seinen 4 Stellvertretern, den Bundestagsvizepräsidenten, die mit ihm das Präsidium des Bundestags bilden. Bei der Führung der Geschäfte unterstützt den Präsidenten der *Ältestenrat*. Bundestagspräsidenten waren bisher: *Ehlers* (CDU, 1950–54), *Gerstenmaier* (CDU, 1954–69), Kai Uwe von Hassel (CDU, 1969–72), Annemarie Renger (SPD, 1972–76), *Carstens* (CDU, 1976–79), Richard Stücklen (CSU, 1979–83), *Barzel* (CDU, 1983/84), Philipp Jenninger (CDU, 1984–88), Rita Süssmuth (CDU, seit 1988).

Bundestagswahlen s. *Wahlen*

Bundesverfassungsgericht (BVG)

Gemäß Art. 92 GG wurde am 12. 3. 1951 als »Hüter der *Verfassung*« und höchstes Gericht der Bundesrepublik das Bundesverfassungsgericht geschaffen und nach Art. 93 und 94 GG mit Kompetenzen ausgestattet, die im Gesetz über das BVG (BVerfGG) in der Fassung vom 12. 12. 1985 näher geregelt sind. Das BVG (andere Abkürzung BVerfG) ist ein gegenüber anderen Verfassungsorganen selbständiger und unabhängiger Gerichtshof des Bundes, zuständig für die Auslegung des *Grundgesetzes* aus Anlaß von Kontroversen zwischen den Bundesorganen (Organstreitigkeiten), bei Meinungsverschiedenheiten zwischen Bund und Ländern (Bund-Länder-Streitigkeiten) und für die Überprüfung von Gesetzen auf ihre Verfassungsmäßigkeit *(Normenkontrolle)*. Das BVG entscheidet auch über die Verwirkung von *Grundrechten*, Verbote verfassungswidriger *Parteien* u.a. Noch nicht vorgekommen, aber möglich ist die Anklage des *Bundespräsidenten* vor dem BVG, wenn dieser nach Meinung einer Zweidrittelmehrheit von *Bundestag* oder *Bundesrat* gegen das Grundgesetz oder ein Bundesgesetz verstoßen hat (Art. 61,1 GG).
Die Entscheidungen des BVG haben Gesetzescharakter, werden im *Bundesgesetzblatt* veröffentlicht und binden alle anderen Verfassungsorgane sowie *Gerichte* und Behörden. Außerdem kann jeder Bürger, der sich durch die öffentliche Gewalt in seinen Rechten verletzt fühlt, beim BVG Beschwerde einlegen. Es besteht aus zwei mehrheitlich entscheidenden Senaten zu je 8 mindestens 40 und höchstens 68 Jahre alten Richtern, die je zur Hälfte vom Bundestag und vom Bundesrat auf maximal 12 Jahre gewählt und vom Bundespräsidenten ernannt werden; eine Wiederwahl ist nicht möglich. Den Präsidenten des Gerichts und seinen Stellvertreter bestimmen abwechselnd Bundestag und Bun-

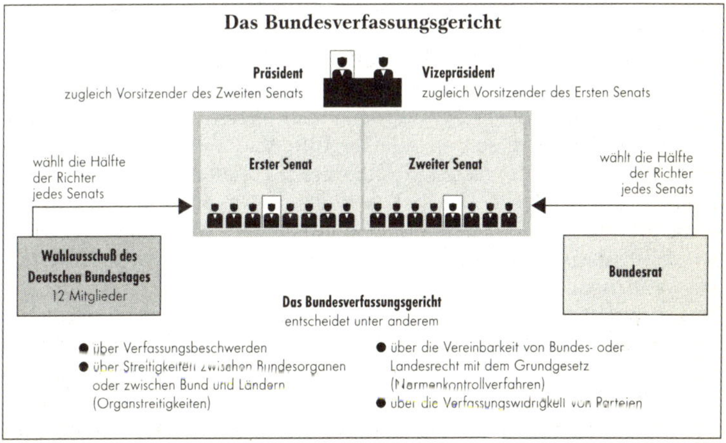

desrat. Alle Richter zusammen bilden das *Plenum* des BVG, das über die Geschäftsverteilung und in Fällen entscheidet, wenn ein Senat von der Entscheidung des anderen abweichen will. Seinen Sitz hat das BVG in Karlsruhe.

Bundesversammlung

Nur zum Zweck der Wahl des *Bundespräsidenten* wird alle 5 Jahre die Bundesversammlung vom *Bundestagspräsidenten* spätestens 30 Tage vor Ablauf der Amtszeit des amtierenden Präsidenten einberufen; seit 1979 immer am 23. Mai (Verfassungstag). Sie besteht aus den Mitgliedern des *Bundestages* und einer gleich großen Anzahl von Mitgliedern, die von den Parlamenten der *Bundesländer* nach den Grundsätzen des Verhältniswahlrechts gewählt werden. Sie müssen nicht selbst *Abgeordnete* sein; oft nominieren die Parteien prominente Personen aus Kultur, Wissenschaft oder Sport. Die Beteiligung der Länder soll das föderale (bundesstaatliche) Element zur Geltung bringen. Jedes Mitglied der Bundesversammlung hat das Recht, eine Kandidatin oder einen Kandidaten für das Amt des Bundespräsidenten vorzuschlagen; normalerweise aber bleibt es beim Vorschlag der *Parteien*. Die geheime Wahl des Bundespräsidenten erfolgt ohne Aussprache; gewählt ist, wer im ersten oder zweiten Wahlgang die *absolute Mehrheit* der Stimmen erhält, in einem gegebenenfalls dritten genügt die relative Mehrheit.

Bundeswehr

Nach der *bedingungslosen Kapitulation* der deutschen Wehrmacht 1945 einigten sich die *Siegermächte* im *Potsdamer Abkommen* auf die *Entmilitarisierung* und völlige Abrüstung Deutschlands. Der *Kalte Krieg* führte 1949 jedoch zur Gründung von zwei deutschen Staaten, die in die jeweiligen Bündnissysteme eingegliedert wurden und einen entsprechenden Wehrbeitrag leisten sollten. Während in der DDR der Aufbau von Streitkräften über die *Kasernierte Volkspolizei* hin zur *Nationalen Volksarmee (NVA)* und die Einbindung in den *Warschauer Pakt* obrigkeitlich durchgesetzt wurde, lösten die Pläne der *Bundesregierung* für eine *Wiederbewaffnung* so unmittelbar nach Weltkrieg und NS-Verbrechen harte Kontroversen aus, die Mehrheit aber stimmte schließlich dem Aufbau westdeutscher Streitkräfte zu. Am 9. 5. 1955 trat die Bundesrepublik der *NATO* bei. Mit der Aushändigung der Ernennungsurkunden durch den Bundesminister der Verteidigung an die ersten 101 Freiwilligen am 12. 11. 1955 war die Gründung der Bundeswehr vollzogen.

Ihr Hauptauftrag ist die Verteidigung (Art. 87a GG). Friedensstörende Handlungen, insbesondere solche, die einem Angriffskrieg dienen, sind untersagt (Art. 26 GG). Außer zur Verteidigung dürfen Streitkräfte nur eingesetzt werden, soweit das GG dies ausdrücklich zuläßt. Die Einsatzmöglichkeit der Bundeswehr ist auch bei Angriff auf Mit-

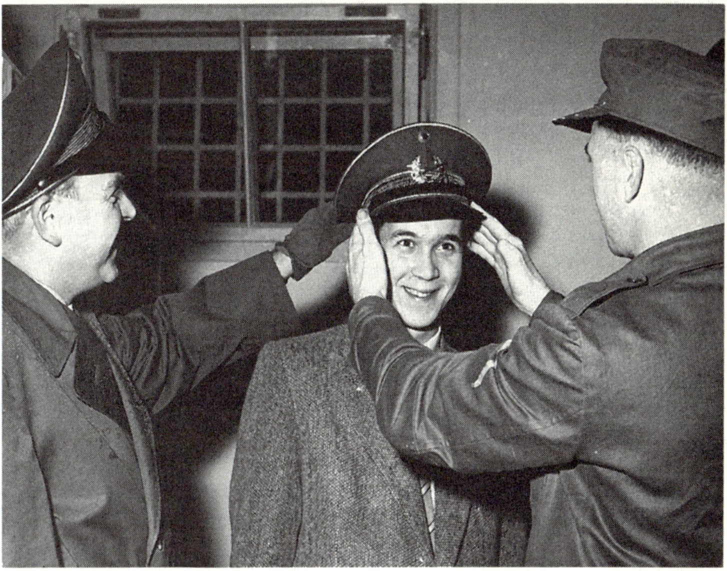

Erste Freiwillige der Bundeswehr bei der Einkleidung am 3. 1. 1956.

glieder der NATO im Rahmen des kollektiven Rechts auf Selbstverteidigung gegeben. Dabei geht die operative Führung der Streitkräfte auf die NATO-Stäbe über. Der *Bundesminister* der Verteidigung hat im Frieden, der *Bundeskanzler* im *Verteidigungsfall* die Befehls- und Kommandogewalt über die Streitkräfte.
Die Bundeswehr ist eine Wehrpflichtarmee. Neben einem festen Stamm aus Zeit- und Berufssoldaten besteht sie aus jungen Männern, die ihrer gesetzlich vorgeschriebenen *Wehrpflicht* nachkommen. Danach werden die Wehrpflichtigen entlassen und gelten dann je nach Dienstgrad bis zu einem bestimmten Alter als Reservisten. Sie können im Falle der Mobilmachung und zu Wehrübungen wieder zum Wehrdienst herangezogen werden. Während des Grundwehrdienstes erhalten die Wehrpflichtigen einen nach Dienstgraden gestaffelten Wehrsold. Neben der Wehrdienstzeit von 12 Monaten können sich Soldaten auf Dienstzeiten zwischen 2 und 15 Jahren verpflichten. Rechte und Pflichten der Bundeswehrangehörigen, zu denen auch zivile Bedienstete zählen, regeln das Soldaten- und das Beamtengesetz. Niemand darf laut Art. 4 Abs. 3 GG zum Dienst mit der Waffe gezwungen werden. Wer aus Gewissensgründen den Wehrdienst verweigert, wird zu einem 13monatigen *Zivildienst* (1996) in sozialen Einrichtungen u. a. herangezogen. Die längere Dauer des Ersatzdienstes wird mit den eventuellen späteren Wehrübungen der Wehrdienst leistenden jungen Männer begründet.

Die Bundeswehr unterscheidet drei Laufbahngruppen: Mannschaften, Unteroffiziere und Offiziere. Innerhalb der Laufbahngruppen wird nach Dienstgraden differenziert. Ranghöchster Soldat und damit höchster militärischer Repräsentant der Bundeswehr ist der Generalinspekteur. Daneben gibt es jeweils Inspekteure der Teilstreitkräfte Heer, Luftwaffe und Marine. Die Stärke der Bundeswehr - ursprünglich 500 000 Mann - wurde nach den Gesprächen zum Abschluß des *Zwei-plus-vier-Vertrags* auf 370 000 Mann herabgesetzt, 50 000 Soldaten der ehemaligen NVA wurden übernommen. 1995 wurde eine Reduzierung um weitere 30 000 Mann beschlossen.

Bundeszentrale für politische Bildung (BpB)
Zur »Festigung des demokratischen Bewußtseins und zur Förderung des Verständnisses für politische Sachverhalte« gründete die *Bundesregierung* 1952 eine Bundeszentrale für Heimatdienst, die seit 1953 Bundeszentrale für politische Bildung heißt. Sie ist dem Innenministerium unterstellt, wird von einem dreiköpfigen Direktorium geführt und von einem Kuratorium aus Bundestagsabgeordneten überwacht, das für ausgewogene Haltung und Kontrolle der politischen Wirksamkeit sorgt. Die BpB unterhält die Arbeitsgruppen »Massenmedien«, »Publizistik«, »Außerschulische politische Bildung« und »Politische Bildung in der Schule«, die Periodika (u.a. »Das Parlament«), didaktisches Material und Schriftenreihen zu Politik und Zeitgeschichte herausgeben, Tagungen durchführen und Dozenten ausbilden.

Bundeszwang
In Art. 37 GG heißt es: »Wenn ein Land die ihm nach dem GG oder einem anderen Bundesgesetz obliegenden Bundespflichten nicht erfüllt, kann die *Bundesregierung* mit Zustimmung des *Bundesrates* die notwendigen Maßnahmen treffen, um das Land im Wege des Bundeszwangs zur Erfüllung seiner Pflichten anzuhalten.« Der Bund kann sich dazu z.B. die Polizeikräfte der Länder unterstellen (Art. 91 GG) oder die betreffende *Landesregierung* absetzen und einen Bundeskommissar bestellen. Damit soll der Bundesstaat gegen Versuche gesichert werden, ihn zu einem Staatenbund aufzulockern. Die starke Beteiligung des Bundesrats und das Verbot der Auflösung eines pflichtwidrig handelnden *Bundeslandes* dienen dabei umgekehrt zur Sicherung vor Aushöhlung des föderalen Prinzips durch den Bund.

Bund Evangelischer Kirchen in der DDR (BEK)
Die 8 selbständigen evangelischen Landeskirchen in der DDR, die vorher der *Evangelischen Kirche in Deutschland (EKD)* angehörten, schlossen sich 1969 zum Bund Evangelischer Kirchen in der DDR zusammen. Dies war die Konsequenz aus dem wachsenden staatlichen Druck, sich von der »NATO«-Kirche des Westens zu lösen, die 1957

mit Zweidrittelmehrheit einen Militärseelsorgevertrag mit der *Bundesregierung* geschlossen hatte. Zunächst hatten die Landeskirchen in der DDR dem Druck widerstanden und auf ein »Überwintern« bis zu einer *Wiedervereinigung* gehofft, doch rückte diese nach Abschottung der DDR durch die *Berliner Mauer* in weite Ferne. Außerdem wurde der Informationsaustausch mit den Landeskirchen im Westen nun immer schwieriger, so daß sich die Stimmen mehrten, die dem staatlichen Wunsch nach gleichen Grenzen von DDR und Kirchenbund entsprechen wollten. Ein Bund Evangelischer Pfarrer in der DDR machte sich zum Sprecher dieser Bestrebungen.
Als am 8. 4. 1968 eine neue DDR-*Verfassung* in Kraft trat, die den Graben zwischen beiden Teilen Deutschlands vertiefte, schwenkten die Landeskirchen auf den von der SED gewünschten Kurs ein und gründeten den BEK, damit der Staat nicht durch Einzelabmachungen mit den Landeskirchen die Einheit der evangelischen Kirche unterminierte. Der BEK suchte nun eine neue Identität als »Zeugnis- und Dienstgemeinschaft in der sozialistischen Gesellschaft der DDR« – »nicht neben ihr, nicht gegen sie« (1971). Das ließ sich nur durch Kompromisse erreichen, die vielen zu weit gingen und nach der Einigung 1990 zu Zerwürfnissen führten. Darüber darf nicht vergessen werden, daß der BEK durch Hilfe für *Dissidenten*, *Kriegsdienstverweigerer*, Umwelt- und Friedensgruppen maßgeblich zur *»Wende«* beigetragen hat. Sie schloß sich 1991 wieder der EKD an.

Bündnis 90
Die *Bürgerbewegungen* der DDR schlossen für die erste freie Wahl zur *Volkskammer* am 18. 3. 1990 ein (Wahl-)Bündnis 90. Als maßgebliche Träger der Revolution in der DDR wurden sie mit einem Ergebnis von nur 2,9 % der Stimmen und 12 Mandaten in keiner Weise für ihren Einsatz belohnt, da die meisten Wähler ihre Interessen bei der einstigen Blockpartei CDU wegen deren enger Anlehnung an die Bonner Regierungspartei besser aufgehoben sahen und ihr mit 40,8 % zum Sieg verhalfen. Damit erteilten sie den im Bündnis 90 starken Strömungen zum Erhalt einer reformierten DDR mit einer fernen *Wiedervereinigung* unter neuer *Verfassung* eine deutliche Absage. Für die erste gesamtdeutsche Wahl im Dez. 1990 ging das Bündnis 90 eine Listenverbindung mit den *Grünen* ein, überwand im Wahlgebiet Ost die *Fünfprozentklausel* und zog mit 8 Abgeordneten in den *Bundestag* ein. Am 14. 5. 1993 vereinigte sich die Partei mit den Grünen zum Bündnis 90/ Die Grünen.

Bürgerbewegungen
Seit Beginn des Reformkurses des sowjetischen Partei- und Staatschefs Michail Gorbatschow 1985 machten sich auch in der DDR Reformgruppen bemerkbar, die mehr Bürgerrechte forderten. Die wichtigsten

waren: die 1985 gegründete Initiative für Frieden und Menschenrechte, das *Neue Forum* vom Sept. 1989, die gleichzeitig entstandene Gruppe Demokratie Jetzt und der einen Monat später ins Leben gerufene Demokratische Aufbruch. Hinzu kamen Friedens- und Umweltgruppen, in denen wie in den größeren Bürgerbewegungen v. a. Intellektuelle, Pfarrer, Studenten, Künstler und Wissenschaftler aktiv waren. Ihre Forderungen nach freien *Wahlen*, *Rechtsstaatlichkeit*, Presse- und Reisefreiheit wurden mit der wachsenden Fluchtwelle aus der DDR im Herbst 1989 lauter und gipfelten in der Parole der Leipziger *Montagsdemonstrationen*: »Wir sind das Volk«. Als daraus die Wiedervereinigungsformel »Wir sind ein Volk« wurde, gerieten die Bürgerrechtler ins Abseits. Viele von ihnen wollten eine reformierte DDR ohne Staatssozialismus, fanden dafür aber keinen Rückhalt in der Bevölkerung, wie das Abschneiden des von ihnen geschlossenen *Bündnisses 90* bei den Wahlen bewies.

Bürgerinitiativen
Die Bundesrepublik ist eine repräsentative Demokratie, basisdemokratische Elemente kommen kaum zur Geltung. Als *Brandt* 1969 in seiner ersten Regierungserklärung mehr Demokratie zu wagen versprach, griff er Kritik an dieser als Mangel empfundenen Tatsache auf, die im Gefolge der *Studentenbewegung* zur Bildung erster Bürgerinitiativen geführt hatte. Unter dieser Bezeichnung versteht man den temporären, überparteilichen, meist nur losen Zusammenschluß von Bürgern zur Durchsetzung eigener Interessen und/oder zur Verhinderung staatlicher oder industrieller Vorhaben. Dabei handelt es sich zumeist um bauliche Maßnahmen, bildungspolitische Planungen, Fragen der Verkehrsführung oder der Stadtgestaltung. Das größte Gewicht haben Zusammenschlüsse zum Natur- und *Umweltschutz*; sie sind aus dem Anti-Atomkraft-Bewegung der 1970er Jahre hervorgegangen und haben sich unter dem Dach des Bundesverbands Bürgerinitiativen Umweltschutz e.V. (BBU) gesammelt. Bürgerinitiativen, von denen z. Z. mehrere tausend aktiv sind, nutzen zur Durchsetzung ihrer Ziele die Medien und Formen der direkten Agitation (Flugblätter, Plakate, Straßendiskussionen u. a.), sammeln Unterschriften für Eingaben oder rufen zu Demonstrationen auf. Gewaltaktionen haben eine breite Presse, sind aber seltene Ausnahmen. Aus dem Umweltprotest von Bürgerinitiativen entwickelte sich mit den *Grünen* eine reguläre politische Partei.

bürgerliche Ehrenrechte s. *Ehrenrechte*

C

CARE
Die Anfangsbuchstaben von Cooperative for American Remittances to Europe (Vereinigung für amerikanische Hilfslieferungen nach Europa) ergeben das englische Wort »care« (Fürsorge). Die Organisation wurde 1946 in den USA durch private Initiative zur Linderung der Nachkriegsnot in Europa gegründet, insbesondere in Deutschland. Inbegriff dieser Hilfe wurden die CARE-Pakete, die Angehörige, Freunde, aber auch Unbekannte für notleidende Europäer bei der CARE-Zentrale in New York in verschiedenen Ausführungen bestellen konnten: Baby-Ausstattungspaket, Kindernahrungspaket, Fettpaket u.a. Die CARE-Sendungen für die Bundesrepublik wurden 1960 (Westberlin 1963) eingestellt, ihr Gesamtwert belief sich auf über 300 Mio. DM.

Carstens, Karl
* Bremen 14. 12. 1914, † Meckenheim bei Bonn 30. 5. 1992 - Der junge Jurist Carstens, seit 1933 SA-Mitglied, wurde 1940 in die NSDAP aufgenommen, tat im Krieg Dienst als Leutnant bei der Flak-Artillerie, wurde bei der Entnazifizierung als entlastet eingestuft und war danach als Rechtsanwalt tätig. 1955 der CDU beigetreten, machte er 1960–69 als *Staatssekretär* im Außen- und Verteidigungsministerium sowie im Kanzleramt rasch Karriere. Der inzwischen zum Professor für Staatsrecht in Köln berufene Carstens war 1973–76 Vorsitzender der CDU/CSU-Fraktion im Bundestag und danach bis 1979 *Bundestagspräsident.* 1979 wählte ihn die *Bundesversammlung* zum fünften *Bundespräsidenten,* der sein Amt bis zum Ausscheiden 1984 in betonter Distanz zur Tagespolitik führte und sich mit seinen Wanderungen von Sylt bis zur Zugspitze um Bürgernähe bemühte.

CDU s. *Christlich-Demokratische Union*

CFK s. *Christliche Friedenskonferenz in der DDR*

Checkpoint Charlie
Die Amerikaner bezeichneten die von ihrem Personal benutzten Übergänge in die DDR und nach Ostberlin (alliierte Kontrollpunkte, engl.: checkpoints) alphabetisch in geographischer Reihenfolge: Helmstedt = »A« oder »Alpha«, Dreilinden = »B« oder »Beta«, Straßenübergang Friedrichstraße = »C« oder »Charlie«. Letzterer durfte außer von den alliierten Militärangehörigen und diplomatischem Personal auch von nichtdeutschen zivilen Besuchern Berlins und von den Angehörigen der *Ständigen Vertretung* der Bundesrepublik in Ostberlin und deren Familienangehörigen benutzt werden.

Mit Karl Carstens (CDU) wurde am 23. 3. 1979 erstmals in der Geschichte der Bundesrepublik ein Mitglied der Opposition *zum* Bundespräsidenten *gewählt. Den Ausschlag gaben die Vertreter der CDU/CSU-Mehrheit in der* Bundesversammlung.

Christlich-Demokratische Union (CDU)-West
Mit dem *Zentrum* gab es in Deutschland schon seit Mitte des 19. Jh. eine katholische Partei. Sie gewann in der Weimarer Republik einiges politisches Gewicht, konnte die konfessionellen Grenzen jedoch nicht überschreiten. Erst im Widerstand gegen Hitler gelang im 2. Weltkrieg der Brückenschlag zwischen den Konservativen beider Konfessionen, der am 26. 6. 1945 zur Gründung der Christlich-Demokratischen Union Deutschlands führte. Zwar trat auch das Zentrum erneut an, doch wurde es von der neuen interkonfessionellen Union rasch verdrängt bzw. aufgesogen. Sie bildete sich zunächst nur lose verbunden in den einzelnen *Besatzungszonen* und vertrat auch unterschiedliche Ziele, von der Ost-CDU im Fahrwasser der SED über den »christlichen Sozialismus« der Berliner bis zur reformerischen rheinischen CDU und zur hochkonservativen *Christlich-Sozialen Union*, der bayerischen Schwesterpartei. Zunächst dominierte in der CDU mit dem *Ahlener Programm* (1947) die Kapitalismuskritik, die aber in den *Düsseldorfer Leitsätzen* (1949) aufgegeben wurde, woran der rheinische Vorsitzende *Adenauer* maßgeblichen Anteil hatte.
Er wurde erster Bundesvorsitzender der Partei (bis 1966) und 1949 erster *Bundeskanzler*, nachdem die CDU (mit der CSU) bei der Wahl zum 1. *Bundestag* 31 % der Stimmen erhalten hatte. Sie erlebte als bürgerliche Volkspartei in den 1950er Jahren trotz der schweren Zerreißprobe um die *Wiederbewaffnung* einen steilen Aufschwung durch den Erfolg ihrer marktwirtschaftlichen Politik *(Wirtschaftswunder)* und das außenpolitische Geschick des Kanzlers, der durch konsequenten Westkurs die Souveränität des westdeutschen Staates erreichen konnte. 1957 eroberte die CDU/CSU die *absolute Mehrheit* der Sitze im Bundestag, was seither keiner Partei mehr gelungen ist. Der Erfolg begann jedoch zu bröckeln, als die westliche Führungsmacht USA mehr Flexibilität gegenüber dem Osten anmahnte, Adenauer aber nur zögernd folgte und außerdem durch seine Angriffe auf den von der Partei als Nachfolger gewünschten *Erhard* innerparteiliche Konflikte auslöste. 1963 mußte er dennoch dem ungeliebten Konkurrenten weichen, dessen Popularität der CDU 1965 einen großen Wahlerfolg bescherte. Auf seinem ureigensten Gebiet aber, der Wirtschaftspolitik, geriet Erhard in Schwierigkeiten und wurde 1966 von *Kiesinger* als Regierungschef einer *Großen Koalition* abgelöst.
1969 in die Oppositionsrolle gedrängt, mußte die CDU eine lange Phase der personellen Regeneration und des ostpolitischen Umdenkens durchmachen, ehe sie 1982 wieder die Liberalen auf ihre Seite ziehen und in einer Kleinen *Koalition* erneut führende Regierungspartei werden konnte. Sie gewann mit ihrem Programm der »Freiheit, Solidarität und Gerechtigkeit« und ihrem Bekenntnis zu den gesellschaftlichen Säulen Ehe, Familie, Staat und Kirche die folgenden Wahlen und hatte 1990 mit Kanzler *Kohl* einen Mann an der Spitze, der auf schnellste

Wiedervereinigung setzte und diese im *Zwei-plus-Vier-Vertrag* auch erreichte. Dieser Bonus wirkte über die erste gesamtdeutsche Wahl 1990 hinaus auch noch 1994, als die CDU/CSU-FDP-Koalition wieder eine, wenn auch knappe, Mehrheit errang. Die westdeutsche CDU integrierte die einstige Blockpartei Ost-CDU, die sich programmatisch und organisatorisch weitgehend der SED angeglichen hatte, und konnte auch in den neuen *Bundesländern* eine starke Position gewinnen. Sie hat 676 000 Mitglieder (1994), ihre Jugendorganisation ist die JU (Junge Union).

Christlich-Demokratische Union (CDU)-Ost

Bereits am 26. 6. 1945 etablierte sich auch in der *SBZ* mit der Christlich-Demokratischen Union Deutschlands (CDU) eine überkonfessionelle Partei. Nach dem Willen ihrer Gründer, u. a. Andreas Hermes, *Kaiser*, *Lemmer*, Otto Nuschke und Ferdinand Sauerbruch, sollte sie für »geistige und religiöse Gewissensfreiheit«, für Verstaatlichungen sowie für ein demokratisches Staatswesen eintreten. Gegen den Druck durch die *SMAD* (sie erzwang zweimal den Rücktritt von CDU-Spitzenpolitikern) ließ sich aber diese Politik in der SBZ spätestens seit 1947 nicht mehr durchsetzen. Die Ost-CDU verzichtete auf ihre politische Selbständigkeit und schloß sich dem »Demokratischen Block« unter Führung der SED an. Die Losung lautete nunmehr »christlicher Sozialismus«. Nach dem Modell der Einheitspartei wurde auch die Struktur der CDU umgestaltet, sie wies seit 1952 analoge Parteiorgane zum ZK und dem *Politbüro* der SED auf. Der Kurswechsel kostete die CDU einen großen Teil ihrer Mitglieder, von 218 000 im Dez. 1947 sank deren Zahl in den 1950er Jahren auf rd. 70 000 ab. Unter Gerald Götting (1949–1966 Generalsekretär, 1966–1989 Vorsitzender) entwickelte sich die CDU zu einer kleinen, von Sekretären dirigierten *Kader*partei, in der die *Basis* nichts mehr zu sagen hatte. Die Vermögenswerte der Partei, zu denen auch Wirtschaftsbetriebe gehörten, wurden seit 1950 zentral verwaltet.

Die langjährig funktionierenden Organisationsstrukturen, ihre Kompetenzen in der Verwaltung und Kommunalpolitik kamen der CDU zugute, als die Herrschaft der SED 1989 zusammenbrach. Nachdem sie sich rasch ihrer »sozialistisch deformierten« Parteispitze entledigt hatte, trat die CDU unter dem neuen Vorsitzenden *Maizière* (gewählt 10. 11. 1989) aus dem Demokratischen Block und am 25. 1. 1990 auch aus der Regierung *Modrow* aus und meldete ihren Anspruch auf die politische Führung in Ostdeutschland an. Als »Volkspartei mit christlichem Profil« sprach sie sich gegen »sozialistische Experimente« aus und forderte eine sozial und ökologisch geprägte *Marktwirtschaft*. Bei den ersten freien *Volkskammer*wahlen am 18. 3. 1990 errang sie im Bündnis mit dem *Demokratischen Aufbruch (DA)* und der *Deutschen Sozialen Union (DSU)* fast die absolute Mehrheit (48,15 %), im Okt. 1990 trat sie ihrer bundesrepublikanischen Schwesterpartei bei.

Christliche Friedenskonferenz in der DDR (CFK)
Tschechoslowakische Theologen riefen 1958 zur Bildung einer internationalen Friedenskonferenz auf, die als »Allchristliche Friedensversammlung« 1961 zum ersten Mal, dann alle 3 bis 5 Jahre in Prag zusammentrat. In der DDR bildete sich eine regionale Sektion der CFK, in der v. a. evangelische Geistliche, Theologen und Laienchristen unter Führung von Ost-CDU-Mitgliedern mitarbeiteten. Sie riefen zu allgemeiner *Abrüstung* auf, bekämpften insbesondere die atomaren Massenvernichtungswaffen und forderten die Lösung der Friedensfrage durch internationale Verträge. Damit befanden sie sich auf dem Kurs der sozialistischen Staaten und wurden in der DDR entsprechend vom Staatssekretär für Kirchenfragen gefördert. Der *Bund Evangelischer Kirchen in der DDR* aber blieb der CFK fern, weil er wirkungsvolle Friedensarbeit als gesellschaftliche Aufgabe ansah (Ablehnung des Fachs Wehrkunde, Recht auf *Kriegsdienstverweigerung* u. a.). Die CFK geriet durch das militärische Eingreifen des *Warschauer Pakts* gegen den Prager Frühling 1968 in die Krise, ihre Mitglieder standen wegen ihrer Staatsnähe in der DDR immer unter Spitzelverdacht. 1992 löste sich die ostdeutsche Sektion auf.

Christliche Gewerkschaften s. *Gewerkschaften*

Christlich-Soziale Union (CSU)
Parallel zur *Christlich-Demokratischen Union (CDU)* bildete sich 1945/46 in Bayern die Christlich-Soziale Union als Schwesterpartei, die auf Bayern beschränkt blieb, wo die CDU daher nicht zu Wahlen antritt. Die CSU begreift sich als Hüterin des *Föderalismus* und lehnte daher als einzige Partei das *Grundgesetz* ab, das dafür ihrer Meinung nach nicht genügend Garantien enthielt. Als »Volksbewegung aller Stände und Konfessionen« verstand sich die CSU, als Bollwerk gegen die kommunistische Bedrohung und Bewahrerin der abendländisch-christlichen Werte. Es gelang ihr, durch intensive Pflege regionaler Traditionen die *Bayernpartei* zu überflügeln und zur stärksten Kraft in Bayern zu werden, das sie seit 1946 mit einer dreijährigen Ausnahme (1954–57) regiert, seit 1966 mit absoluter Mehrheit.
Das bundespolitische Gewicht der besonders konservativen CSU, die seit 1949 mit der CDU eine *Fraktions*gemeinschaft im *Bundestag* bildet, war daher immer erheblich und wuchs noch durch profilierte Politiker wie *Strauß*, der die Partei seit 1961 über 27 Jahre lang führte und Bayern 1978–88 als *Ministerpräsident* regierte. Er konnte 1980 sogar in der CDU/CSU seine Kanzlerkandidatur durchsetzen, blieb aber nach seiner Wahlniederlage in Bayern und machte in der Bundespolitik wieder *Kohl* Platz. Nach Strauß' Tod 1988 und der *Wiedervereinigung* sank die Bedeutung der CSU erst personell, dann zahlenmäßig; ihr Versuch, ihren Einfluß durch Förderung der *Deutschen Sozialen Union (DSU)* auf

die neuen Bundesländer auszudehnen, blieb erfolglos. Die CSU hat 177 000 Mitglieder (1994).

CoCom

Im *Kalten Krieg* legten v. a. die USA Wert darauf, den technologischen Vorsprung der westlichen Industriestaaten vor den Ostblockländern und anderen kommunistisch geführten Staaten zu bewahren. 1949 rief Washington daher ein Coordinating Commitee on Multilateral Export Controls (Koordinationsausschuß für mehrseitige Ausfuhrkontrollen) ins Leben, kurz CoCom genannt. Es gab Listen der Güter heraus, die nicht oder nur mit Ausnahmegenehmigung in den Ostblock geliefert werden durften. Sie wurden mit der Entwicklung der Mikroelektronik, den Fortschritten der Chemie und der Gentechnik immer länger und schädigten die Embargoländer oft mehr als die Zielstaaten. Das CoCom verhinderte weder den Aufbau einer leistungsfähigen Nukleartechnik noch die Entwicklung der Raumfahrtindustrie oder der Computerfertigung im Osten, belastete jedoch das politische Klima und reduzierte daher nach dem Zusammenbruch des Ostblocks seit 1991 stillschweigend seine Aktivitäten bzw. stellte sie ganz ein.

Comecon

Die wirtschaftlichen Erfolge der westlichen Staaten aufgrund des *Marshallplans* ließen in Moskau den Wunsch nach besserer Koordination der von der UdSSR abhängigen Volkswirtschaften und ihrer planwirtschaftlichen Zielsetzung entstehen. Am 25. 1. 1949 gründeten daher die Sowjetunion und fünf weitere Ostblockstaaten (Polen, Tschechoslowakei, Ungarn, Rumänien, Bulgarien) einen Council for Mutual Economic Assistance (Rat für gegenseitige Wirtschaftshilfe, RGW), kurz Comecon genannt, dem 1950 auch die DDR beitrat. Er wurde ganz an den Bedürfnissen der UdSSR ausgerichtet, die gegen Rohstofflieferungen Industriegüter bezog. Wegen der schwierigen Währungslage wurde ein System des zweiseitigen Handels entwickelt, das auf Tauschbasis funktionierte, aber unflexibel blieb, so daß die hochgesteckten wirtschaftlichen Ziele nie erreicht wurden. Dies lag auch am Zwang zur Einstimmigkeit in den Gremien des Comecon, was einem Vetorecht der Mitgliedsländer gleichkam. Daran hielten die kleineren Länder strikt fest, um einer weiteren Bevormundung durch Moskau vorzubeugen.

Containment

Die US-Außenpolitik unter Präsident Harry S. Truman (im Amt 1945–53) bemühte sich seit Beginn des Konflikts mit dem einstigen Verbündeten UdSSR 1945/46 um »Eindämmung« (engl.: containment) des *Kommunismus*. Sie setzte dabei im *Kalten Krieg* auf die Strategie, jedem sowjetischen Druck mit Gegendruck zu begegnen, da als sicher angenommen wurde, daß Moskau einen militärischen Konflikt nicht riskieren würde. Dieses Konzept stand u. a. auch hinter dem Beschluß, der *Berlin-Blockade* eine *Luftbrücke* entgegenzusetzen. Vor deren Unterbindung schreckte die sowjetische Luftwaffe denn auch tatsächlich zurück.

Cooperative for American Remittances to Europe s. *CARE*

Coordinating Committee s. *CoCom*

Council for Mutual Economic Assistance s. *Comecon*

CSU s. *Christlich-Soziale Union*

D

DA s. *Demokratischer Aufbruch*

DAG s. *Gewerkschaften*

Datenschutz
Mit der elektronischen Datenverarbeitung könnte der Alptraum vom totalen Überwachungsstaat Wirklichkeit werden. Datenschutz ist daher zu einer vordringlichen politischen Aufgabe geworden. 1977 wurde das Bundesdatenschutzgesetz (BDSG, 1. 1. 78 in Kraft) verabschiedet, das gemäß Art. 2,1 GG Datenmißbrauch verhindern und der Erfassung des Bürgers Grenzen setzen soll. Danach müssen personenbezogene Daten (Ausbildung, Einkommen, Schulden, Familienstand, Vorstrafen, Arbeitsverhältnis u. a.) vor Dritten geheimgehalten werden; die Verarbeitung dieser Daten bedarf der Einwilligung des Betroffenen, sofern das BDSG oder eine andere Rechtsvorschrift keine Ausnahme vorsehen; auf Wunsch des Bürgers ist ihm über die zu seiner Person gespeicherten Daten Auskunft zu geben, wobei er verlangen kann, daß diese gegebenenfalls korrigiert oder nach Erreichen des Speicherzwecks gelöscht oder gesperrt werden. Datenschutzbeauftragte des Bundes und der Länder, an die sich betroffene Personen direkt wenden können, überwachen die Einhaltung der gesetzlichen Vorschriften; auch private Einrichtungen und Betriebe müssen für die Einhaltung des Datenschutzes sorgen.
Bei wachsender Speicherkapazität, Vernetzung der Datensammlungen und zunehmender Zugriffsgeschwindigkeit bleiben allerdings viele Schlupflöcher für den Mißbrauch, der den Argwohn der Bevölkerung geweckt hat. So scheiterte die für 1984 vorgesehene *Volkszählung* in der Bundesrepublik an mangelhafter Berücksichtigung von Datenschutzauflagen. Sie halten ohnedies mit der technischen Entwicklung nicht Schritt und werden von den Behörden aus Sorge um effektive Steuerfahndung, Verfolgung von Straftätern u. a. häufig nicht konsequent angewandt.Weitere Maßnahmen zum Schutz der Privatsphäre vor Datensammlern und -händlern sind erforderlich.

Dahlem, Franz
* Rohrbach/Lothringen 13. 1. 1892, † Berlin (Ost) 17. 12. 1981 - Im 1. Weltkrieg Soldat, entwickelte sich der gelernte Kaufmann Dahlem zum Sozialrevolutionär und trat 1920 in die KPD ein, für die er 1928–33 Reichstagsabgeordneter war. 1933 mußte er ins Exil nach Prag und Paris ausweichen, nahm am Spanischen Bürgerkrieg teil, wurde 1939 in Frankreich interniert und 1942 nach Deutschland ausgeliefert und war 1943–45 im KZ Mauthausen inhaftiert. Dahlem gehörte zu den Wie-

derbegründern der KPD im Juni 1945 und stieg zum Mitglied des *Politbüros* der SED auf, ehe er 1953 wegen angeblicher Verbindung zu tschechischen Konterrevolutionären (u.a. R. Slánský, 1901–52 [hingerichtet]) aller Ämter enthoben wurde. 1956 rehabilitiert und 1957 wieder ins ZK der SED aufgenommen, war Dahlem v.a. in der Bildungspolitik tätig.

DBD s. *Demokratische Bauernpartei Deutschlands*

DDR s. *Deutsche Demokratische Republik*

Debatte
Im parlamentarischen Alltag ist die mehr oder weniger streitbare Aussprache über ein Thema, die Debatte, die üblichste Form der politischen Auseinandersetzung. Die Debatte im *Plenum* kann spontan zustande kommen, wird aber meist vom *Bundestagspräsidenten* angesetzt und von ihm nach einer Tagesordnung gemäß Geschäftsordnung des *Bundestags* geleitet. Danach sollen möglichst abwechselnd Stimmen aus den Lagern der Regierung und der *Opposition* zu Wort kommen, darf eine bestimmte Redezeit nicht überschritten werden, kann Rednern, die sich nicht an die Regeln halten, das Wort entzogen oder ihnen ein *Ordnungsruf* erteilt werden; auch der Ausschluß von der Sitzung ist bei groben Verstößen möglich. Die Debatte endet, wenn die Rednerliste erschöpft ist oder keine Wortmeldung mehr vorliegt. Vorher kann sie nur auf Antrag von mindestens 5 % der *Abgeordneten* und mit *Mehrheit* des Bundestages beendet werden.

Dehler, Thomas
* Lichtenfels 14. 12. 1897, † Streitberg 21. 7. 1967 – Der Anwalt Dehler war schon in der Weimarer Zeit ein engagierter Demokrat, gehörte 1924 zu den Mitbegründern der Republikschutzorganisation »Reichsbanner Schwarz-Rot-Gold« und trat der liberalen Deutschen Demokratischen Partei (DDP) bei. Als Gegner des NS-Staates wurde er 1944 in ein Zwangsarbeitslager eingewiesen. 1946 war er Hauptankläger bei der *Entnazifizierung* in Bayern, wurde Landesvorsitzender der FDP und Mitglied des *Parlamentarischen Rates*. 1949–53 war Dehler erster Bundesjustizminister, wurde dann aber auf Druck von Bundespräsident *Heuss*, der den Parteifreund für »unbeherrscht« hielt, von *Adenauer* nicht mehr berufen und führte 1953–56 die FDP-*Fraktion* im *Bundestag*. Von 1960 bis zum Tod war der geachtete und gefürchtete Debattenredner Vizepräsident des Bundestags.

Delikat-Läden s. *HO*, s. *Intershop*

Demarkationslinie

Provisorische Grenzlinien zwischen Ländern oder anderen Herrschaftsgebieten, die noch nicht völkerrechtlich als Staatsgrenze anerkannt sind, werden als Demarkationslinien bezeichnet. Im Londoner Protokoll der Alliierten vom 12. 9. 1944 wurden solche Linien zwischen den künftigen *Besatzungszonen* in Deutschland festgelegt und mit dem 3. 7. 1945 wirksam. Vor allem die Demarkationslinie zwischen den Westzonen und der *SBZ* entwickelte sich durch Befestigung von östlicher Seite aus zu einem immer dichteren *Eisernen Vorhang* über eine Länge von 1346 km. Die DDR bezeichnete sie in ihrem Bestreben nach *Anerkennung* seit 16. 11. 1957 als »Staatsgrenze West«, während im Westen weiter von Zonengrenze oder Demarkationslinie gesprochen wurde. Erst mit Inkrafttreten des *Grundlagenvertrags* am 21. 6. 1973 wurde von der Bundesrepublik der Grenzcharakter bedingt anerkannt, indem man den Begriff *innerdeutsche Grenze* prägte; ihr genauer Verlauf wurde von einer gemeinsamen Grenzkommission festgelegt.

Demission

Will ein Regierungschef, Minister oder hoher Staatsbeamter zurücktreten, muß er bei dem Staatsorgan seine Demission (lat. »demittere« = hinab-, wegschicken) einreichen, das ihn ernannt hat. Der *Bundeskanzler*, dessen Rücktritt automatisch den Rücktritt seiner gesamten Regierung nach sich zieht (Gesamtdemission), und die *Bundesminister* erklären also ihre Demission dem *Bundespräsidenten* gegenüber. Er muß dem Wunsch entsprechen, kann aber verlangen, daß die betreffenden Personen so lange im Amt bleiben, bis Nachfolger ernannt sind (Art. 69,3 GG). Ist der Rücktritt durch Entzug des Vertrauens bedingt, also erzwungen, spricht man nicht von Demission, sondern vom Sturz des Amtsträgers.

Demokratische Bauernpartei Deutschlands (DBD)

Um die Landwirte für den Sozialismus und später für den Aufbau eines »Arbeiter- und Bauernstaats« zu gewinnen, wurde mit Unterstützung der *SMAD* im April 1948 in der *SBZ* die Demokratische Bauernpartei Deutschlands gegründet und unter der Führung der SED ins *Blocksystem* eingegliedert. Zunächst mit einem Programm zum Schutz des Privateigentums der »Neu-, Klein- und Mittelbauern« angetreten, unterstützte die DBD später die *Kollektivierung* der Landwirtschaft, unterschied sich auch sonst programmatisch nicht von der SED und war mitverantwortlich für deren *Agrarpolitik*. Bei der ersten freien *Volkskammer*wahl am 18. 3. 1990 versuchte sie sich als »ökologische« Bauernpartei zu profilieren, erhielt aber nur 2,2 % der Stimmen und schloß sich im Juni darauf der Ost-CDU an.

Demokratische Partei Saar (DPS)
Im französischer Aufsicht übergebenen *Saarland* bildete sich als liberale deutsche Interessenvertretung 1945 die Demokratische Partei Saar. Sie wurde 1951 von der Mandatsmacht verboten und erst im Vorfeld der Eingliederung des Saarlands in die Bundesrepublik 1955 wieder zugelassen. 1957 wurde sie in einen Landesverband der *Freien Demokratischen Partei (FDP)* umgewandelt.

Demokratischer Aufbruch (DA)
Nach dem Konflikt um die gefälschte Kommunalwahl vom Mai 1989 in der DDR bildete sich aus einer kirchlichen Initiative heraus (Pfarrer Rainer Eppelmann u. a.) im Dez. 1989 der Demokratische Aufbruch als politische Partei. Sie wollte den konservativen Teil der *Bürgerbewegungen* sammeln, die den Umbruch in der DDR in Gang gebracht hatten, und schloß für die erste freie Volkammerwahl am 18. 3. 1990 mit CDU und DSU die *Allianz für Deutschland.* Zu deren Sieg mit 192 Sitzen trug der DA 4 Mandate bei; im Aug. 1990 vereinigte er sich mit der Ost-CDU, mit der er am 1./2. 10. 1990 in der Gesamt-CDU aufging.

Demokratischer Block s. *Blocksystem*, s. *Nationale Front*

Demokratischer Frauenbund Deutschlands (DFD)
Bei Kriegsende bildeten sich in der *SBZ* »antifaschistische Frauenausschüsse«, aus denen am 8. 3. 1947 auf dem »Deutschen Frauenkongreß für den Frieden« der Demokratische Frauenbund Deutschlands entstand. Er verstand sich als überparteilich, wurde aber bald von der SED als *Massenorganisation* vereinnahmt und in ihr *Blocksystem* eingebunden; der DFD war mit 32 Abgeordneten in der *Volkskammer* vertreten. Ein 1951 gegründeter bundesdeutscher Ableger wurde 1957 verboten. Programmatisch unterschied sich der DFD von der Staatspartei nur in der stärkeren Betonung des Kampfes für die Verwirklichung des Verfassungsgebots der *Gleichberechtigung* von Mann und Frau. In der Praxis widmeten sich seine Bezirks-, Kreis- und Ortsorganisationen v.a. der Ehe-, Erziehungs- und Familienberatung und bemühten sich um Entlastung berufstätiger Mütter. Außerdem bot der zuletzt 1,5 Mio. Mitglieder umfassende DFD ein breites Kultur- und Bildungsprogramm an und schuf seit 1967 eigene »Frauenakademien«. Manches, was der DFD durchgesetzt hatte, ging nach der *Wiedervereinigung* verloren (z. B. Straffreiheit des *Schwangerschaftsabbruchs* in den ersten 12 Wochen, umfassende Versorgung mit Kindertagesstätten).

demokratischer Zentralismus
Staat und Partei waren in den kommunistischen Staaten, nach liberaleren Anfängen seit 1950 auch in der DDR, nach dem Prinzip aufgebaut, das Lenin 1902 in seiner Schrift »Was tun?« entwickelt hatte. Was Le-

nin zunächst allerdings treffend als »bürokratischen Zentralismus« bezeichnet hatte, wurde schon 1906 zum Begriff »demokratischer Zentralismus« veredelt. Danach gilt: 1. die Wählbarkeit aller Organe, 2. eine Rechenschaftspflicht der Organe gegenüber den Wählern, 3. unbedingte Unterordnung der Minderheit unter die Mehrheit, 4. absolute Verbindlichkeit der Beschlüsse übergeordneter Gremien für die nachgeordneten. Dieses Modell, flankiert durch ein striktes Fraktionsverbot, läßt sich nach der Praxis in den fraglichen Staaten und Parteien als eine Art »kollektives Führerprinzip« bezeichnen, das nicht selten zu einem persönlichen entartete. Hatte schon Rosa Luxemburg kritisiert, daß dadurch »Cliquenwirtschaft« Vorschub geleistet werde, so prophezeite Leo Trotzki: »Die Organisation tritt an die Stelle der Partei selbst, das Zentralkomitee an die Stelle der Organisation, und schließlich tritt der Diktator an die Stelle des Zentralkomitees.«

Demokratische Volkspartei (DVP)
Nach 1945 bildeten sich in den *Besatzungszonen* unabhängig liberale Parteien; eine der bedeutenderen wurde die von *Maier* und *Heuss* gegründete Demokratische Volkspartei in Württemberg (amerikanische Zone), nach deren Muster im Jan. 1946 eine DVP in Südbaden (französische Zone) entstand. In der US-Zone bildeten die DVP, die Freie Demokratische Partei Bayerns unter *Dehler* und die Liberal-Demokratische Partei Hessens am 29. 9. 1946 eine Dachorganisation bei absoluter Selbständigkeit der einzelnen Parteien. Anders als die Programme anderer bürgerlicher Parteien beriefen sich die Liberalen nicht nur auf christliche Werte, sondern betonten das humanistische und aufklärerische Erbe. In diesem Sinne fanden die DVP und die anderen liberalen Gründungen am 12. 12. 1948 in Heppenheim zusammen und begründeten die *Freie Demokratische Partei (FDP).*

Demonstration
Ein politisches Grundrecht wurde den Bundesdeutschen erst mit den *Ostermärschen* und vor allem mit der *Studentenbewegung* bewußt: Nach Art. 5 und 8 GG gehört zur Meinungs- und Versammlungsfreiheit auch das Demonstrationsrecht, also die Freiheit, seine Meinung durch Umzüge, Aufmärsche, Plakate, Spruchbänder u. a. kundzutun (lat. »demonstrare« = zeigen, beweisen), sofern dabei nicht Gesetze durch Demonstrationsdelikte (Widerstand gegen die Staatsgewalt, Landfriedensbruch u. a.) verletzt werden. V. a. *Minderheiten* und Benachteiligte können mit *Demonstrationen Öffentlichkeit* und Entscheidungsträger auf Probleme aufmerksam machen und ihre Lösung anmahnen. Zum wichtigsten Kampfmittel wurden Demonstrationen für den Anti-Atom-Protest, die *alternative Bewegung*, die *Friedensbewegung* u. a. Letztere griff dabei in der Zeit der Nachrüstung zu umstrittenen Methoden wie Sitzblockaden vor militärischen Einrichtungen, wofür zahlreiche

Demonstranten vor Gericht zur Rechenschaft gezogen wurden. Erst 1995 kassierte das *Bundesverfassungsgericht* diese Urteile und erklärte die Blockaden angesichts der angestrebten politischen Ziele für »nicht verwerflich«. - In der DDR waren nur Demonstrationen als Massenkundgebungen zur Unterstützung der Regierungsmeinung gestattet. Der Zusammenbruch des Staates zeichnete sich denn auch ab, als die Bevölkerung 1989 mit nicht genehmigten Demonstrationen mehr politische Rechte einforderte. Besonders wirkungsvoll waren die Leipziger *Montagsdemonstrationen.*

Demontage

Reparationen (Kriegsentschädigungen) wie nach dem 1. Weltkrieg sollte es nach dem 2. nicht geben. Statt dessen wollten sich die *Siegermächte* nach Beschluß der Quebec-Konferenz vom Sept. 1944 an deutschen Industrieanlagen schadlos halten, allerdings nicht in dem Umfang, wie es der *Morgenthau-Plan* vorsah. In *Jalta* beschlossen die Alliierten die völlige Beseitigung der deutschen Rüstungsindustrie, die internationale Kontrolle von *Ruhrgebiet* und *Saarland* und eine umfangreiche *Wiedergutmachung* durch Sachleistungen, die im *Potsdamer Abkommen* im einzelnen festgelegt wurden. Danach sollte die deutsche Industrie auf das Niveau von 1932 zurückgeführt werden, was darüber lag, verfiel der Demontage (Abbau) durch die jeweilige Besatzungsmacht, wobei die UdSSR wegen des geringeren Industrieniveaus ihrer Zone noch 10 % der westlichen Demontagen erhalten sollte. In einem Level-of-Industry-Plan vom 26. 3. 1946 wurde die Demontage von 1636 Betrieben vorgesehen, was im sich verschärfenden *Kalten Krieg* für die Westzonen auf 682 Betriebe oder das Niveau von 1936 abgemildert wurde.
Die UdSSR suchte die Konstituierung eines westdeutschen Staates zu verhindern und stoppte die Demontagen offiziell schon 1948, um für eine gesamtdeutsche Lösung zu werben. In der Praxis aber endeten die Entnahmen aus der Produktion ihrer Zone bzw. der DDR erst in den 1950er Jahren. In der US-Zone erfolgte der Stopp ebenfalls bereits 1948, in den beiden anderen endete die Demontage de facto mit dem *Petersberger Abkommen* vom 22. 11. 1949, offiziell aber erst mit dem *Deutschlandvertrag* vom 26. 5. 1952. Im Westen waren bis dahin insgesamt 8 % des Wirtschaftspotentials von 1936 abgebaut worden.

Demoskopie

Politiker, Parteien, Institutionen und Firmen in freiheitlich-demokratischen Staaten sind abhängig vom Wähler und Kunden, also vom Volk und dessen Meinung. Nach Anfängen im 18. Jh. erlebte die wissenschaftliche Meinungsforschung, nach den griechischen Wörtern »demos« (Volk) und »skopein« (betrachten) Demoskopie genannt, einen erheblichen Aufschwung, seit das Gallup-Institut in den USA 1936 das

Ergebnis der Präsidentschaftswahlen präzise vorausgesagt hatte. Bei weiter verfeinertem Instrumentarium kommen seitdem immer genauere Vorhersagen zustande, obschon Fehler nie auszuschließen sind, was ebenso an der Methode liegt wie am Forschungsgegenstand, dem nicht hundertprozentig berechenbaren Menschen.
Die Demoskopen gehen nach dem Prinzip der repräsentativen Befragung vor. Sie wählen nach den Merkmalen der Gesamtbevölkerung (Männer/Frauen, Bildungsgrad, Einkommen, Stadt/Land, Konfession u. a.) eine Stichprobe von 2000–3000 Personen aus und legen ihnen Fragen zu Politik, Wirtschaft u. a. vor. Die Ergebnisse werden statistisch ausgewertet und auf die Gesamtbevölkerung hochgerechnet. Je näher ein Wahltermin rückt, desto mehr nähert sich die Voraussage (»Politbarometer«) dem tatsächlichen Ergebnis; am genauesten ist natürlich die sog. Wahlnachfrage, bei der die Wähler unmittelbar nach der Stimmabgabe befragt werden und deren Ergebnis von den Meinungsforschungsinstituten gleich nach Schließung der Wahllokale bekanntgegeben wird. Nicht nur die Auftraggeber von Befragungen richten ihr Verhalten - oft gegen bessere Einsicht - nach deren Ergebnissen, auch »das Volk« ändert manchmal seine Meinung aufgrund von Umfrageergebnissen; Mitläufer-, Mitleids- oder aber auch Trotzeffekte spielen dabei eine Rolle. Die Demoskopie kann daher durchaus manipulativ eingesetzt werden, ihre Ergebnisse sind entsprechend kritisch zu würdigen.

Deutsche Angestellten-Gewerkschaft (DAG) s. *Gewerkschaften*

Deutsche Bundesbank

Trägerin der Geldpolitik und Hüterin der Währung in der Bundesrepublik ist die in Frankfurt am Main residierende und durch Zusammenlegung der Notenbanken der *Bundesländer* und der Bank deutscher Länder 1957 entstandene Deutsche Bundesbank, geführt von einem Zentralbankrat. Sie ist selbst keine Geschäftsbank, aber allen Geschäftsbanken vorgestellt und politisch unabhängig. Ihre Aufgaben sind gemäß Art. 88 GG im Bundesbankgesetz festgelegt: Sie hat u. a. neben der Abwicklung des Zahlungsverkehrs im Inland und mit dem Ausland den Geldumlauf und die Kreditversorgung der Wirtschaft zu regeln. Ziel ist es, durch Kontrolle der umlaufenden Geldmenge die Stabilität der Währung zu sichern. Die Bundesbank hat als Notenbank daher allein das Recht, Banknoten auszugeben, und beeinflußt über die Höhe der Zinsen, mit der Geldinstitute bei ihr Kredite aufnehmen, die Kreditaufnahme insgesamt. Die Bundesbank hat in den einzelnen Bundesländern Hauptverwaltungen, die Landeszentralbanken, die wiederum eine Vielzahl von Haupt- und Zweigstellen unterhalten. Über dieses Netz steht die Bundesbank mit den Kreditinstituten in Verbindung, sozusagen als »Bank der *Banken*«.

Deutsche Demokratische Republik (DDR)
Anderthalb Jahre nach Kriegsende zeichnete sich mit Gründung der *Bizone* bereits die Bildung eines westdeutschen Staates ab, den die UdSSR zunächst zu verhindern suchte, dem sie dann aber die Gründung eines ostdeutschen Staates auf dem Gebiet ihrer *Besatzungszone* entgegensetzte. Nur einen Monat nach der *Bundesrepublik Deutschland* entstand am 7. 10. 1949 die Deutsche Demokratische Republik, die sich eine »antifaschistisch-demokratische Ordnung« gab und bereits von der *SMAD* nach sowjetischem Vorbild auf den sozialistischen Weg gebracht worden war, wozu v. a. die Entwicklung des Parteien- und *Blocksystems*, eine Bodenreform und die Schaffung planwirtschaftlicher Strukturen beigetragen hatten. Die DDR ging diesen Weg konsequent weiter, beseitigte 1952 Reste des *Föderalismus* durch Auflösung der Länder und Schaffung von 14 *Bezirken* (Ostberlin wurde als Hauptstadt ein Sonderbezirk). Oberstes Organisationsprizip in Staat und Parteien wurde der *demokratische Zentralismus*, die Industrie wurde in den 1950er Jahren verstaatlicht, die *Kollektivierung* der Landwirtschaft war bis 1960 abgeschlossen. Verfassungsreformen 1968 und 1974 festigten den Führungsanspruch der *Sozialistischen Einheitspartei Deutschlands* in Politik und Gesellschaft, die durch die allgegenwärtige *Stasi* von der SED unter Kontrolle gehalten wurde. Ihr *Politbüro* unter einem Generalsekretär war das Machtzentrum, das trotz der Rechte der *Volkskammer* die Zusammensetzung von *Ministerrat* wie *Staatsrat* allein bestimmte. *Gewaltenteilung* wie in parlamentarischen Demokratien kannte die *Volksdemokratie* der DDR nicht.

Nach 12 Jahren NS-Diktatur fand sich die Bevölkerung in der *SBZ* bzw. DDR nur schwer mit der Einparteienherrschaft der SED ab, zumal die Wirtschaft sich sehr viel langsamer als im Westen von den Kriegs- und Besatzungsfolgen erholte. Ein ständiger Strom von *Flüchtlingen* und der Volksaufstand vom *Siebzehnten Juni 1953* zwangen die Staatsführung vorübergehend zur Mäßigung. Nachdem sie ihre Macht durch Ausbau der *Volkspolizei* und Aufbau der *Nationalen Volksarmee* gefestigt hatte, wurde der harte Kurs jedoch fortgesetzt, was zu einer neuen Fluchtwelle führte. Ihr begegnete die DDR-Führung unter *Ulbricht* mit Abriegelung ihrer Grenzen durch weitere Befestigung des *Eisernen Vorhangs* und Bau der *Berliner Mauer* (13. 8. 1961). Damit gelang tatsächlich eine gewisse Konsolidierung, so daß die DDR außenpolitisch an Gewicht gewann. Dem trug die sozialliberale *Bundesregierung* unter *Brandt* Rechnung und leitete 1969 einen Verständigungsprozeß ein, der mit einem Brief von Ulbricht an *Bundespräsident Heinemann* begann, in den Begegnungen Brandts mit DDR-Ministerpräsident *Stoph* in Erfurt und Kassel fortgesetzt wurde und im *Grundlagenvertrag* gipfelte.

Die damit erreichten menschlichen Erleichterungen für die DDR-Bürger führten zu vermehrten Kontakten mit dem Westen und zur

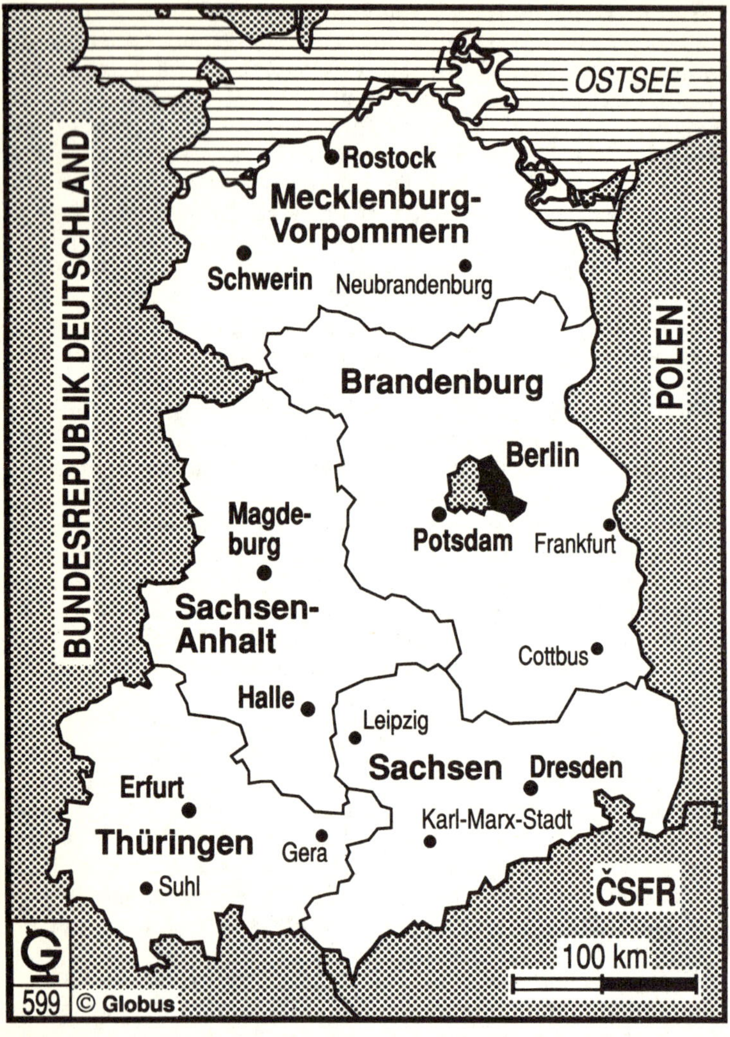

Zunächst war die DDR in fünf Länder gegliedert, die jedoch bereits 1953 aufgelöst und durch die 14 Bezirke Cottbus, Dresden, Erfurt, Frankfurt, Gera, Halle, Karl-Marx-Stadt, Leipzig, Magdeburg, Neubrandenburg, Potsdam, Rostock, Schwerin und Suhl ersetzt wurden. Ostberlin hatte als Hauptstadt einen Sonderstatus.

allmählichen Erosion des SED-Systems. Hinzu kamen die Reibungsverluste der Kommandowirtschaft in der DDR, die immer mehr »Errungenschaften des Sozialismus« über Kredite finanzieren mußte. Den letzten Stoß versetzte dem System die Reformpolitik des 1985–91 amtierenden sowjetischen Partei- und Staatschefs Michail Gorbatschow. Sie ließ das Protestpotential in der DDR explosionsartig anwachsen und führte nach einer beispiellosen Massenflucht über die sich öffnenden anderen Ostblock-Staaten in den Westen zum Sturz der SED-Herrschaft und schließlich zur *Wiedervereinigung* am 3. 10. 1990 durch Beitritt der wiedererstandenen Länder der DDR zum Geltungsbereich des *Grundgesetzes.*

deutsche Farben

Schwarz-Rot-Gold geht auf die Befreiungskriege gegen Napoleon zu Beginn des 19. Jh. zurück: Die in diesen deutschen Farben gehaltene Uniform des Freikorps Lützow wurde beim Wartburgfest 1817 das Farbvorbild für die Fahnen der Burschenschaften. In der Revolution 1848/49 wurde Schwarz-Rot-Gold zum Symbol der Forderung nach Demokratie und nationaler Einheit. Die Einheit aber erzwang dann Otto von Bismarck von oben unter Führung Preußens, dessen schwarzweiße Fahne unter Anreicherung durch das Rot der Hansestädte zunächst die Farben des Norddeutschen Bundes und 1871 auch die des Deutschen Reiches lieferte. Nach dessen Zusammenbruch 1918 besann man sich wieder auf das republikanische Schwarz-Rot-Gold, das noch einmal 1933 vom NS-Regime durch Schwarz-Weiß-Rot und Hakenkreuzfahne ersetzt wurde, ehe 1949 beide deutsche Staaten wieder die Farben der Republik wählten, die DDR unter Zusatz von *Hammer und Zirkel* im Ährenkranz.

Deutsche Friedensunion (DFU)

Das Verbot der *Kommunistischen Partei Deutschlands (KPD)* 1956 führte immer wieder zu Bemühungen um einen Zusammenschluß der linken Kräfte in der Bundesrepublik. 1960 wurde zu diesem Zweck in Stuttgart die Deutsche Friedensunion als »Volksfrontpartei« mit einem Programm gegen das Wettrüsten, für Entspannung und *Abrüstung* ins Leben gerufen. Nie über 1000 Mitglieder stark, fand die DFU im Gegensatz zum respektablen Presseecho bei den Wählern kaum Resonanz (beste Ergebnisse um 3 % bei einigen Landtagswahlen), verzichtete nach 1,3 % bei der Bundestagswahl 1965 auf eigene Kandidaten und empfahl ihren Anhängern, SPD zu wählen. 1984 gab sie den Parteienstatus auf und firmierte fortan als politische Vereinigung.

Deutsche Kommunistische Partei (DKP)

Die am 12./13. 4. 1969 gegründete Deutsche Kommunistische Partei war eindeutig eine Nachfolgeorganisation der 1956 verbotenen *Kom-*

munistischen Partei Deutschlands (KPD) und bezeichnete sich sogar ausdrücklich als »revolutionäre Kampfpartei«. Ihre völlige Bedeutungslosigkeit jedoch – sie kam weder auf Landes- noch auf Bundesebene je auf nennenswerte Stimmenanteile – erübrigte Verbotsmaßnahmen. Von der SED finanziert und von Moskau gepflegt, verlor die DKP nach der *Wende* 1989/90 ihre finanzielle wie ideologische Basis und konnte auch in der SED-Nachfolgeorganisation, der *Partei des Demokratischen Sozialismus (PDS),* nicht Fuß fassen. Sie tritt jedoch immer wieder zu Wahlen an.

Deutsche Mark (DM)

Die *Währungsreform* beseitigte 1948 nicht nur die Reichsmark-Schwemme, der kaum Güter gegenüberstanden und die daher eine galoppierende Inflation und einen florierenden *schwarzen Markt* hervorgebracht hatte – die Reform gab dem neuen deutschen Geld auch einen neuen Namen: Deutsche Mark (DM) hieß es von nun an und wurde auf eine Parität von 3,333 DM für 1 US-$ festgelegt. Ein Jahr später korrigierte man die Parität auf 4,20 DM für 1 US-$, ein Wert, der über ein Jahrzehnt stabil blieb. Das *Wirtschaftswunder* aber und die Stabilitätspolitik der *Deutschen Bundesbank* ließen den Wert der DM steigen, so daß 1961 eine erste und 1969 eine zweite Aufwertung auf zunächst 4,00 DM und dann auf 3,66 DM für 1 US-$ erforderlich wurde. Dollarabwertungen und die Freigabe der Wechselkurse 1973 führten zu weiterer Aufwertung. Heute ist die DM eine der härtesten Währungen der Welt und neben dem US-$ eine der Leitwährungen. Im *Europäischen Währungssystem (EWS)* hat sie die unangefochtene Führungsrolle.
Deutsche Mark – mit dem Zusatz »der Deutschen Notenbank« – hieß 1948 auch das neue Geld in der *SBZ* und später in der DDR. Ihr Wert wurde auf 1,80 DM-West festgelegt, was lediglich propagandistische Bedeutung hatte. Auch die spätere 1:1-Parität war irreal, wie Schwarzmarktkurse von 1:4 bis 1:7 belegten. Anläßlich der Ausgabe neuer Banknoten wurde 1964 das Wort »Deutsche« weggelassen, die Ost-Währung hieß nun Mark der Deutschen Notenbank (MDN) und seit 1968 nur noch Mark der DDR, kurz Mark. Ihre Ein- und Ausfuhr wurde verboten. Für den Handel mit kapitalistischen Ländern und für den *innerdeutschen Handel* wurden besondere Verrechnungseinheiten geschaffen. Im Vorfeld der *Wiedervereinigung* kam es am 1. 7. 1990 zur Währungsunion beider deutscher Staaten, Ost-Guthaben und Verbindlichkeiten wurden 2:1, Renten, Löhne, Mieten u.a. 1:1 umgewandelt.

Deutsche Notenbank (DNB)

Anders als die *Deutsche Bundesbank* war die am 20. 7. 1948 gegründete Deutsche Notenbank in der DDR nicht unabhängig, sondern ein Organ des *Ministerrats.* Sie hatte das alleinige Recht der Emission von Banknoten, stand an der Spitze des Bankensystems, war Geschäftsbank und im *innerdeutschen Handel* Verrechnungszentrum der DDR.

deutsche Ostgebiete
Die wegen der Westverschiebung Polens 1945 polnischer und sowjetischer Verwaltung unterstellten Gebiete Ostpreußen, Pommern östlich der Oder, fast ganz Schlesien sowie der Ostteil der Provinz Brandenburg (nicht Sudetenland, da 1937 noch nicht zum Reich gehörig) wurden in der Folgezeit zusammenfassend »deutsche Ostgebiete« genannt. Sie umfassen insgesamt 114 296 km² (24 % des Reichsgebiets von 1937), auf denen 1939 mehr als 9,6 Mio. Menschen gelebt hatten. Sie waren geflohen oder wurden Opfer der *Vertreibung*. Entgegen den Vereinbarungen im *Potsdamer Abkommen* gliederten Polen und die UdSSR die Gebiete schon kurz nach Kriegsende dem jeweiligen Staatsverband an, was von deutscher Seite in den Verträgen über die *Oder-Neiße-Linie* anerkannt wurde (DDR: 1950; Bundesrepublik: 1970). Der sowjetische Teil Ostpreußens fiel nach dem Ende der UdSSR 1991 an Rußland, zu dem keine Landverbindung besteht.

Deutsche Partei (DP)
1945 entstand in der britischen *Besatzungszone* eine bürgerliche, betont antisozialistische Niedersächsische Landespartei, die sich 1947 in Deutsche Partei umbenannte, in Hamburg und Schleswig-Holstein konservativen Landesregierungen angehörte und zu den ersten Bundestagswahlen 1949 bundesweit antrat. In den drei ersten *Bundestagen* war die DP mit 17, 15 und wieder 17 Abgeordneten vertreten, bis 1960 gehörten DP-Minister der Bundesregierung an. In ihrem Stammland Niedersachsen stellte die agrarisch orientierte DP 1955–59 sogar den Ministerpräsidenten. Mit Verschärfung der *Fünfprozentklausel* und Abwanderung von Wählern zur CDU reichten 1961 knapp 3 % nicht mehr zum Einzug in den Bundestag. Daran hatte auch der kurz zuvor erfolgte Zusammenschluß mit dem *Gesamtdeutschen Block* zur *Gesamtdeutschen Partei (GdP)* nichts ändern können. Ein Neugründungsversuch der DP auf Landesebene in Niedersachsen 1962 blieb erfolglos.

Deutscher Bundestag s. *Bundestag*

Deutsche Reichspartei (DRP)
Aus der 1946 entstandenen Deutschen Rechtspartei und anderen rechtsradikalen Splittergruppen bildete sich am 21. 1. 1950 die Deutsche Reichspartei, die nach Verbot der *Sozialistischen Reichspartei* zur größten Organisation der extremen Rechten *(Rechtsradikalismus)* in der Bundesrepublik wurde. Sie kam bei *Wahlen* zum *Bundestag* kaum über 1 % Stimmenanteil, und nur einmal – 1959 in Rheinland-Pfalz – gelang

ihr der Einzug in ein Landesparlament. Das Programm der DRP war eine Mixtur aus nationalkonservativen Parolen und nationalsozialistischen Elementen, die Forderung nach einem »neuen Reich« angesichts der politischen Realitäten absurd. 1964 löste sich die Partei auf, zerrüttet durch Richtungskämpfe und Rückgang der Mitgliederzahlen. Reste fanden sich wenig später zusammen zur Gründung der *Nationaldemokratischen Partei Deutschlands (NPD).*

Deutscher Gewerkschaftsbund (DGB) s. *Gewerkschaften*

Deutscher Industrie- und Handelstag (DIHT) s. *Industrie- und Handelskammer*

Deutscher Kulturbund s. *Kulturbund der DDR*

Deutscher Städtetag s. *kommunale Spitzenverbände*

Deutscher Volkskongreß
Um die sowjetische Deutschlandpolitik zu untersützten, die u.a. einen westdeutschen Staat verhindern wollte, rief die SED am 26. 11. 1947 zur Bildung eines gesamtdeutschen Vorparlaments, genannt »Deutscher Volkskongreß für Einheit und gerechten Frieden«, auf. Anfang Dez. 1947 trafen sich in *Berlin* über 2200 nicht gewählte, sondern von *Parteien*, Verbänden, *Massenorganisationen* u.a. entsandte Delegierte, weit überwiegend aus der *SBZ*, da aus dem Westen nur die KPD zugesagt hatte. Auch die Ost-CDU blieb fern, woraufhin ihre Vorsitzenden *Kaiser* und *Lemmer* von der *SMAD* abgesetzt wurden. Der Volkskongreß verlangte einen Friedensschluß auf der Basis der Beschlüsse von *Jalta* und des *Potsdamer Abkommens* und formulierte einen Appell zur Wiederherstellung der deutschen Einheit an die in London tagenden alliierten Außenminister. Im März 1948 kam der 2. und im Mai 1949 der 3. Deutsche Volkskongreß zusammen, immer deutlicher dominiert von der SED und abgelehnt von den Westmächten. Auf der 2. Tagung rief man einen *Deutschen Volksrat* als ständige Vertretung ins Leben, und auf der 3. Tagung wurde ein Entwurf für die *Verfassung* der *Deutschen Demokratischen Republik* vorgelegt, da die Bildung der *Bundesrepublik Deutschland* bereits konkrete Formen angenommen hatte. Mit Gründung der DDR am 7. 10. 1949 ging die Volkskongreßbewegung in die *Nationale Front* über.

Deutscher Volksrat
Als ständige Vertretung des *Deutschen Volkskongresses* wurde im März 1948 ein Deutscher Volksrat von 400 Mitgliedern (300 aus der *SBZ*, 100 aus dem Westen) gebildet unter Vorsitz u.a. von *Pieck*. Er bildete Fachausschüsse, darunter einen zur Vorbereitung einer Verfassung

unter *Grotewohl.* Im Mai 1949 folgte die Wahl eines 2. Deutschen Volksrats, der nur noch aus SBZ-Delegierten bestand. Er konstituierte sich am 7. 10. 1949 auf seiner 9. Tagung zur provisorischen *Volkskammer* und gründete mit Annahme der vorbereiteten Verfassung die *Deutsche Demokratische Republik (DDR).*

Deutsche Soziale Union (DSU)
Christliche und konservative Oppositionsgruppen in der DDR schlossen sich am 20. 1. 1990 zur Deutschen Sozialen Union zusammen, die massiv von der CSU aus dem Westen unterstützt wurde, bei den ersten freien *Volkskammer*wahlen am 18. 3. 1990 jedoch nur 6,3 % der Stimmen erhielt. Sie führte das darauf zurück, daß sie mit der CDU und dem *Demokratischen Aufbruch* das Wahlbündnis *Allianz für Deutschland* geschlossen hatte, löste sich wieder daraus, fiel aber bei Landtagswahlen weiter zurück und lehnte eine Vereinigung mit der CSU ab, die Hoffnungen auf eine Ausdehnung über Bayern hinaus mit Hilfe der DSU begraben mußte. Bei der ersten gesamtdeutschen Wahl am 2. 12. 1990 ging der Stimmenanteil der DSU bundesweit auf 0,2 % (Wahlgebiet Ost 1,4 %) zurück; die Partei verlor damit jede Bedeutung.

Deutsche Volkspolizei s. *Volkspolizei*

Deutsche Volksunion (DVU)
Noch vor den *Republikanern* versuchte der Münchener Verleger Gerhard Frey mit seiner 1971 gegründeten Deutschen Volksunion die verbrauchte *Nationaldemokratische Partei Deutschlands* am rechten politischen Rand zu beerben. Damit »Deutschland deutsch« bleibt, fordert sie in ihrem Programm u. a. die Begrenzung des Ausländerzuzugs und ist gegen das Wahlrecht für Ausländer; auch bei der Arbeitsplatzvergabe will die DVU Deutsche bevorzugt wissen. 1987 gelang der DVU im Bündnis mit der NPD der Einzug in die Bremer Bürgerschaft, in Schleswig-Holstein erreichte sie 1992 6,3 % und 5 Landtagsmandate. Seitdem verliert die Partei, die über 20 000 Mitglieder hat (1995), an Bedeutung.

Deutsche Welle s. *Hörfunk und Fernsehen*

Deutsche Wirtschaftskommission (DWK)
Mit Befehl Nr. 138 der *SMAD* wurde am 11. 6. 1947 in der sowjetischen *Besatzungszone* als deutsche Verwaltungsinstanz die Deutsche Wirtschaftskommission (DWK) geschaffen, der die bereits 1945 eingerichteten Deutschen Zentralverwaltungen unterstellt wurden. Einige ihrer Präsidenten, die Vorsitzenden des *Freien Deutschen Gewerkschaftsbundes (FDGB)* und der *Vereinigung der gegenseitigen Bauernhilfe (VdgB)* leiteten die DWK zunächst gleichrangig, deren zahlreiche Abteilungen v. a. für wirtschaftliche und soziale Fragen zuständig waren. Darüber

hinaus beriet die DWK die sowjetischen Behörden und sorgte für die Abwicklung der Reparationsleistungen an die UdSSR. Seit 12. 2. 1948 hatte sie das Recht, Verordnungen zu erlassen, und stand unter dem ständigen Vorsitz eines SED-Mitgliedes. Die Vollmachten wuchsen, die Mitgliederzahl stieg auf schließlich 101, zu denen außerdem Delegierte der *Parteien* und *Massenorganisationen* kamen. Damit gewann die DWK Regierungsfunktionen und wurde bei Gründung der DDR am 7. 10. 1949 entsprechend in die »provisorische Regierung« des neuen Staates umgewandelt.

Deutsche Zentrumspartei (DZ)

Katholische Sozialreformer versuchten am 14. 10. 1945 in Soest durch Neubegründung der Deutschen Zentrumspartei an die Erfolge des *Zentrums* der Weimarer Zeit anzuknüpfen. In der *Christlich-Demokratischen Union (CDU)* aber war ihr eine interkonfessionelle Konkurrenz erwachsen, der sie auf Dauer nicht standhalten konnte. Im ersten *Bundestag* 1949 noch mit 10 und im ersten *Landtag* von Nordrhein-Westfalen 1947 sogar mit 16 Abgeordneten vertreten, kam die Partei 1953 nur noch mit zwei Vertretern ins Bundesparlament, ehe sie völlig von der CDU aufgesogen wurde.

Außenminister Gerhard Schröder *und Bundeskanzler* Konrad Adenauer *(Bundesrepublik), Staatspräsident Charles de Gaulle, Ministerpräsident Georges Pompidou und Außenminister Maurice Couve de Murville (Frankreich, v.l.) bei der Unterzeichnung des Vertrages über deutsch-französische Zusammenarbeit.*

Deutsch-Französischer (Freundschafts-)Vertrag

Was Gustav Stresemann und sein französischer Kollege Aristide Briand nicht hatten vollenden können, gelang *Adenauer* und Frankreichs Staatspräsident Charles de Gaulle: die deutsch-französische Aussöhnung. Im Bemühen beider Partner um eine europäische Einigung war klar, daß diese nur durch Überwindung alter Rivalitäten der beiden Hauptmächte (»Erbfeinde«) zu erreichen war. Am 22. 1. 1963 unterzeichneten die beiden Politiker in Paris einen »Vertrag über deutsch-französische Zusammenarbeit«, kurz Elysée-Vertrag genannt, der regelmäßige Konsultationen der Regierungen vorsah und zu immer engeren Beziehungen bis hin zur Gründung eines gemeinsamen Jugendwerks, Kulturabkommen, Gründung eines deutsch-französischen Wirtschaftsrates und gemeinsamer Streitkräfte *(Eurokorps)* u.a. führen sollte. Trotz der vom *Bundestag* eingebrachten Präambel, nach der anderweitige Verträge und Bindungen (gemeint waren v.a. die Beziehungen zu den USA) vom Abkommen nicht berührt werden dürften, und trotz zeitweiliger Trübungen (z.B. französischer Widerstand gegen die *Wiedervereinigung*) hielten alle Regierungen an diesem Vertrag fest. Kritiker sprachen zuweilen von einer »Achse Bonn–Paris«.

Deutschland

Wer heute von Deutschland spricht, meint das in erster Linie geographisch. In der Zeit des erwachenden Nationalgefühls nach den Befreiungskriegen gegen das napoleonische Frankreich zu Beginn des 19. Jh. aber wurde der Begriff als vaterländische Vokabel mythisch aufgeladen. Nach der deutschen Einigung 1871 wurden Deutsches Reich und Deutschland weitgehend synonym gebraucht. Der Nationalsozialismus überhöhte dann Deutschland zum »rassischen Urgrund« und machte es zu einer fast religiösen Größe; auch die Gegner des NS-Systems nutzten die Vokabel und bezeichneten sich als Vertreter des »anderen«, »anständigen« Deutschlands.
Durch die *bedingungslose Kapitulation* verschwand das Deutsche Reich als Staat, so daß der Begriff Deutschland sich wieder auf die Geographie verengte und in diesem Sinne durch den im *Postdamer Abkommen* besiegelten Verlust der *deutschen Ostgebiete* auch schrumpfte. Als Völkerrechtssubjekt aber blieben Staat und Staatsvolk erhalten, wenn auch unter fremder Herrschaft. Nach Gründung zweier deutscher Staaten 1949 wurde von DDR-Seite die These entwickelt, das Deutsche Reich sei untergegangen und zwei gleichberechtigte Nachfolger seien an seine Stelle getreten (Dismembrationstheorie), während in der Bundesrepublik, die bewußt den Zusatz »Deutschland« erhielt, die Ansicht vorherrschte, Deutschland bestehe, obschon »handlungsunfähig« (*Bundesverfassungsgericht* 1973), mit einheitlichem Staatsvolk in zwei Teilordnungen (Dachtheorie) fort, die füreinander nicht Ausland sein könnten. Daraus ergab sich für die Bundesrepublik die Weitergel-

tung von Verträgen des Deutschen Reiches, eine einheitliche *Staatsbürgerschaft* und die Unmöglichkeit für jeden der beiden Teile, Friedensverträge abzuschließen.
Erst die *Wiedervereinigung* ermöglichte wieder die weitgehende Gleichsetzung des deutschen Staates mit Deutschland, das wieder handlungsfähig wurde, als Ganzes aber einige der von den Teilstaaten abgeschlossenen Verträge neu aushandeln mußte. Das betraf v.a. die *Oder-Neiße-Linie* als polnische Westgrenze. U.a. an der Debatte darüber und am Begriff des wieder »größeren« Deutschlands entzündeten sich neuer *Nationalismus* und *Rechtsradikalismus*.

Deutschlandfunk s. *Hörfunk und Fernsehen*

Deutschlandlied

1841 schrieb August Heinrich Hoffmann von Fallersleben auf Helgoland das Lied »Deutschland, Deutschland über alles ...« Nach der Einigung Deutschlands 1871 wurde zunächst »Heil Dir im Siegerkranz« *Nationalhymne*, doch schon im 1. Weltkrieg wurden Hoffmanns Strophen als »Bekenntnislied« zur Melodie der österreichischen Kaiserhymne gesungen. 1922 machte sie die Weimarer Republik zur Nationalhymne. Auch die Nationalsozialisten übernahmen sie, ließen aber nach dem Deutschlandlied stets als zweite Nationalhymne das Horst-Wessel-Lied (»Die Fahne hoch«) spielen. 1945 wurden beide von den Alliierten verboten. Das Deutschlandlied aber - wenn auch nur seine 3. Strophe (»Einigkeit und Recht und Freiheit«) gesungen werden soll - erlebte 1952 seine Wiederauferstehung in der Bundesrepublik als Nationalhymne, weil sich die von Bundespräsident *Heuss* gewünschte »Hymne an Deutschland« von Rudolf Alexander Schröder nicht durchsetzen ließ.

Deutschlandplan der SPD

Die zunehmend immobile Deutschlandpolitik der Regierung *Adenauer*, die Ende der 1950er Jahre sogar den Anschluß an den Kurs der Westmächte gegenüber dem Ostblock zu verlieren drohte, führte zur Formulierung eines Deutschlandplans der SPD. Er wurde am 18. 3. 1959 veröffentlicht und forderte zum Abbau der Blockkonfrontation die Schaffung einer entmilitarisierten und atomwaffenfreien »Entspannungszone« in Mitteleuropa. Heute würde man dies als vertrauensbildende Maßnahme bezeichnen, die ein Klima schaffen sollte, in dem die deutsche Einheit schrittweise hätte wiederhergestellt werden können. Als Einzelschritte sah der Plan vor: gesamtdeutsche, paritätisch besetzte Konferenz, Bildung eines gemeinsamen *Parlamentarischen Rats* zur Vorbereitung einer gesamtdeutschen *Verfassung*, freie Wahl einer Nationalversammlung, Herstellung eines gemeinsamen Staates. Anstelle von *NATO* und *Warschauer Pakt* sollte ein kollektives Sicherheitssystem die Stabilität der neuen Ordnung garantieren. Schon 15 Monate später rückte die SPD von diesem Plan wieder ab und gab auf dem Parteitag in Hannover, auf dem am 30. 6. 1960 *Brandt* zum Kanzlerkandidaten gewählt wurde, ein klares Bekenntnis zur NATO ab.

DeutschlandRadio s. *Hörfunk und Fernsehen*

Deutschlandsender s. *Hörfunk und Fernsehen*

Deutschlandtreffen der Jugend
Die 1946 in der damaligen *SBZ* gegründete *Freie Deutsche Jugend (FDJ)* war in den ersten Jahren auch noch in der Bundesrepublik zugelassen und rief hier und in der DDR 1950 zu einem Deutschlandtreffen der Jugend nach dem Muster der Weltfestspiele der Jugend und Studenten auf. 700 000 Jugendliche folgten diesem Ruf nach Ostberlin, allerdings kam nur ein verschwindender Prozentsatz aus dem Westen. Von dort argwöhnisch beobachtet und bürokratisch behindert, kam es noch zu zwei weiteren solchen Kundgebungen, die - natürlich zu den Bedingungen der SED - für die deutsche Einheit werben sollten: 1954 ließ sich das trotz des Aufstands vom *Siebzehnten Juni* im Vorjahr noch halbwegs glaubhaft gestalten, das dritte Treffen 1964 aber war durch den Bau der *Berliner Mauer* zur Farce geworden. Beteiligung aus der Bundesrepublik war so gut wie nicht mehr möglich, und mit dem Begriff »Deutschland« in der DDR verschwanden auch die gleichnamigen Treffen von der politischen Bühne.

Deutschlandvertrag
Im Bemühen, die Bundesrepublik angesichts wachsender Ost-West-Spannungen für einen Beitrag zur Verteidigung des freien Westens zu gewinnen, drängten v. a. die USA auf eine Ablösung des *Besatzungsstatuts*. Am 24. 10. 1951 übergab die *Alliierte Hohe Kommission* Bundeskanzler *Adenauer* den Entwurf für einen Generalvertrag. Er wurde in Verhandlungen zwischen der *Bundesregierung* und den Hochkommissaren präzisiert und am 26. 5. 1952 in Bonn als Herzstück des Deutschlandvertrags unterzeichnet. Die drei Westmächte verpflichteten sich darin, Deutschland bei seinem Bemühen um *Wiedervereinigung* in Freiheit und um einen *Friedensvertrag* zu unterstützen. Die Bundesrepublik sollte volle Souveränität erhalten. Flankiert wurde das Abkommen durch Truppen- (über die ausländischen Streitkräfte), Finanz- (über deren Unterhalt) und einen *Überleitungsvertrag* (Regelung der rechtlichen Prozedur). Wegen der Koppelung an den Vertrag über die von der französischen Nationalversammlung abgelehnte *Europäische Verteidigungsgemeinschaft (EVG)* konnte der Deutschlandvertrag erst im Rahmen der *Pariser Verträge* am 5. 5. 1955 in Kraft treten.

Deutsch-Polnischer Vertrag

Nur wenige Monate nach Abschluß des *Deutsch-Sowjetischen Vertrags* gelang es der Regierung *Brandt*, am 7. 12. 1970 auch mit Polen zu einer Vereinbarung zu kommen, die als Deutsch-Polnischer oder Warschauer Vertrag zum historischen Meilenstein wurde. Die Partner sicherten sich darin die Unverletzlichkeit ihrer Territorien zu und erklärten »jetzt und in der Zukunft« im Fall von Differenzen auf die Drohung mit und die Anwendung von Gewalt zu verzichten. Außerdem bekundeten sie ihre Absicht zur »vollen Normalisierung und umfassender Entwicklung ihrer gegenseitigen Beziehungen«. Verpflichtungen der Partner Dritten gegenüber sollten von dem Vertragswerk unberührt bleiben. Wegen der damit verbundenen Anerkennung der *Oder-Neiße-Linie* ohne *Friedensvertrag* lehnte die CDU/CSU den Vertrag ab, der erst nach scharfen Kontroversen vom *Bundestag* ratifiziert wurde und am 3. 6. 1972 mit der Unterzeichnung des Schlußprotokolls zum *Berlin-Abkommen* der Vier Mächte in Kraft trat. Die Bundesrepublik holte mit diesem Schritt zur Aussöhnung das nach, was die DDR schon im Görlitzer Abkommen vom 6. 7. 1950 mit Polen vereinbart hatte. Für ganz Deutschland schloß die *Bundesregierung* am 14. 11. 1990 nach der *Wiedervereinigung* mit Polen einen Grenzvertrag, der die Abkommen der früheren Teilstaaten bestätigte.

Deutsch-Sowjetischer Vertrag

Die *Ostpolitik* der sozialliberalen Koalition unter *Brandt* mußte als erstes den Ausgleich mit der Führungsmacht des Ostblocks suchen und schloß am 12. 8. 1970 mit der UdSSR ein Abkommen, das als Deutsch-Sowjetischer oder Moskauer Vertrag in die Geschichte einging. Darin sprachen die Partner einen gegenseitigen Gewaltverzicht aus und erklärten die Grenzen in Europa für unverletzlich, »wie sie am Tage der Unterzeichnung dieses Vertrages verlaufen, einschließlich der *Oder-Neiße-Linie*«. Auch die *innerdeutsche Grenze* und die Souveränität der DDR wurden ausdrücklich von der Bundesrepublik anerkannt, wobei die Sowjetunion allerdings einen Begleitbrief akzeptierte, nach dem »dieser Vertrag nicht im Widerspruch zu dem politischen Ziel der Bundesrepublik steht, auf einen Zustand des Friedens in Europa hinzuwirken, in dem das deutsche Volk in freier Selbstbestimmung seine Einheit wiedererlangt«. Dennoch wurde der Vertrag erst nach harten Kontroversen vom *Bundestag* ratifiziert, so daß er am 3. 6. 1972 zugleich mit dem *Berlin-Abkommen* der Vier Mächte in Kraft treten konnte. Er ebnete auch den Weg zum *Deutsch-Polnischen Vertrag* und zum *Grundlagenvertrag* mit der DDR.

DFD s. *Demokratischer Frauenbund Deutschlands*

DFU s. *Deutsche Friedensunion*

Vor der Unterzeichnung des Deutsch-Polnischen Vertrages am 7. 12. 1970 besuchte Bundeskanzler Willy Brandt *das Ehrenmal für die Helden des Warschauer Ghettos, wo er einen Kranz niederlegte und zu Ehren der Toten niederkniete.*

Dialektischer Materialismus (Diamat) s. *Marxismus-Leninismus*

Diäten

Damit auch wenig begüterte Personen ein politisches Mandat übernehmen können, erhalten *Abgeordnete* finanzielle Entschädigungen, die als Diäten bezeichnet werden (lat. »dies« = Tag, frz. »diète« = tagende Versammlung). Nach Art. 48,3 GG müssen sie »angemessen« sein und die Unabhängigkeit der Mandatsträger sichern. Sie bestehen aus einem zu versteuernden monatlichen Betrag, einer steuerfreien monatlichen Kostenpauschale, die zur Deckung aller mandatsbedingten Ausgaben gedacht ist (Fahrten im eigenen Pkw, Wohnung am Parlamentsort, Büromaterial, Miete für ein Wahlkreisbüro, Telefon- und Portokosten, Beiträge für Parteigremien, Spenden u. a.), und einem Anspruch auf Altersruhegeld nach bestimmter Dauer der Zugehörigkeit zum Parlament. Die Pauschale ist ein Höchstbetrag, der auch bei Nachweis höherer Aufwendungen nicht angehoben wird. Er wird im Gegenteil gemindert bei Nutzung eines Dienstwagens, Nichtgenügen der Anwesenheitspflicht u. a. Konfliktstoff birgt die Tatsache, daß die Abgeordneten selbst über ihre Einkünfte befinden (»Selbstbedienung«), auch wenn sich die vom *Bundestagspräsidenten* vorgeschlagenen regelmäßigen Erhöhungen an der Lohn-, Renten- und

Preisentwicklung orientieren (»Diätenbericht«). Bei wachsender Zahl der Sozialhilfeempfänger und Arbeitslosen erfordert die Festsetzung der Diäten ausgeprägtes politisches Fingerspitzengefühl.

Dibelius, Friedrich Karl Otto
* Berlin 15. 5. 1880, † ebd. 31. 1. 1967 - Der 1925 zum Generalsuperintendenten der Kurmark ernannte evangelische Theologe Dibelius sah anfangs die Machtübernahme Hitlers durchaus mit Sympathie. Wenig später aber wandte er sich angesichts der antikirchlichen Maßnahmen vom NS-System ab und schloß sich dem Widerstand der Bekennenden Kirche an. Das kostete ihn das Amt und brachte ihm wiederholt Haft und Redeverbot ein. Über die Vernichtung der Juden unterrichtet, vermochte sich Dibelius dennoch nicht zur offenen Kampfansage an den NS-Staat durchzuringen. Das von ihm mitformulierte *Stuttgarter Schuldbekenntnis* vom 19. 10. 1945 war daher zugleich das Eingeständnis persönlichen Versagens. Bis 1966 versuchte Dibelius als Bischof von Berlin-Brandenburg die Einheit der *Evangelischen Kirche in Deutschland* (EKD) zu bewahren, deren Rat er 1949-61 vorsaß.

Dienstverpflichtung
Die Grundrechte der *Berufsfreiheit* und der *Freizügigkeit* können nach Art. 12a GG in der Bundesrepublik nur im Rahmen der Gesetze über den *Notstand* eingeschränkt werden. Das gilt zu jeder Zeit für die Heranziehung von Männern über 18 zum Dienst in den Streitkräften oder im *Zivilschutz*, im Spannungs- oder *Verteidigungsfall* auch für den Einsatz von nicht gedienten Wehrpflichtigen und von Frauen zwischen dem 18. und 55. Lebensjahr, »wenn der Bedarf an zivilen Dienstleistungen [...] nicht auf freiwilliger Grundlage gedeckt werden kann«. Waffendienst für Frauen ist allerdings ausgeschlossen.

Diktatur des Proletariats
Geschichte ist nach Karl Marx die Geschichte von Klassenkämpfen, die in ihre letzte Phase träten, wenn die proletarische Revolution die Herrschaft der Bourgeoisie beseitigt habe. Ehe damit aber die letzte Stufe der klassen- und herrschaftslosen Gesellschaft erreicht werde, sei eine Übergangsphase erforderlich, »deren Staat nichts anderes sein kann als revolutionäre Diktatur des *Proletariats*«, also der Arbeiterklasse. Damit herrsche die Mehrheit über eine bürgerliche Minderheit, der die Produktionsmittel entrissen werden müßten und deren letzte Gegenwehr in dieser Übergangsperiode gebrochen werden müsse. Zugleich sei das Proletariat selbst durch die kommunistische Partei auf die klassenlose Gesellschaft hin zu erziehen. Die vorübergehend notwendigen Zwangsmaßnahmen würden damit zunehmend überflüssig, bis der herrschaftsfreie Zustand erreicht sei.

Bischof Otto Dibelius (r.) mit Prinz Louis Ferdinand von Preußen, Generalsuperintendent Jacobi und dem Minister für Gesamtdeutsche Fragen, Ernst Lemmer *(v.l.) bei der Grundsteinlegung für die neue Kaiser-Wilhelm-Gedächtniskirche in Westberlin am 9. 5. 1959.*

In der Praxis des *Marxismus-Leninismus*, der Staatsdoktrin auch der DDR war, bildete sich aber nicht die Diktatur des Proletariats heraus, sondern die der Partei über das Proletariat, was schließlich in persönliche Diktaturen mündete *(Stalinismus)*. Der Staat starb nicht nur nicht ab, sondern wurde allgegenwärtig und reglementierte das Leben seiner Bevölkerung bis ins Private hinein. Die Diskrepanz zur reinen Lehre wurde so groß, daß die Staatsparteien in den Ostblockländern den Begriff der Diktatur des Proletariats aus den *Verfassungen* strichen (UdSSR 1977); die DDR bevorzugte den Begriff der *Arbeiter-und-Bauern-Macht*.

Diplomatie

Die politische Verhandlungskunst, besonders als Teilbereich und Mittel der *Außenpolitik*, wird mit dem aus dem Griechischen stammenden Wort Diplomatie bezeichnet. Es meint zugleich die im zwischenstaatlichen Verkehr ausgebildeten Regeln und Formen sowie die Gesamtheit der damit betrauten Beamten des auswärtigen (diplomatischen) Dienstes. Unter demokratischen Staaten hat sich eine Reise-, Konferenz- und Gipfeldiplomatie entwickelt, deren Hauptaufgabe in der soliden Vorbereitung und Fundierung außenpolitischer Entscheidungen sowie im Krisenmanagement bei Konflikten besteht. Daneben nehmen Diplomaten (Botschafter, Gesandte u. a.) die Vertretung ihres Staates im Ausland wahr. Die klassische Geheimdiplomatie hat im demokratischen Rahmen naturgemäß an Bedeutung verloren.

diplomatische Beziehungen
Die meisten Staaten unterhalten in den meisten anderen Staaten Botschaften oder Gesandtschaften, die ihre und ihrer Bürger Interessen dort vertreten, völkerrechtlich gesprochen: Sie unterhalten zu diesen Staaten diplomatische Beziehungen. Diese drücken die gegenseitige *Anerkennung* als Staat aus und werden daher bei tiefgreifenden Konflikten meist einseitig abgebrochen als Zeichen des Entzugs dieser Anerkennung; im Kriegsfall gelten sie automatisch als abgebrochen. Nach Ende der Feindseligkeiten ist die erneute Aufnahme diplomatischer Beziehungen ein Zeichen der Rückkehr zum friedlichen Umgang und der Verbesserung des zwischenstaatlichen Klimas.

Diskontinuität s. *Auflösung von Parlamenten*

Diskriminierungsverbot
In Art. 3,3 GG heißt es: »Niemand darf wegen seines Geschlechts, seiner Abstammung, seiner Rasse, seiner Sprache, seiner Heimat, seiner Herkunft, seines Glaubens, seiner religiösen oder politischen Anschauungen benachteiligt oder bevorzugt werden.« Dieses umfassende Diskriminierungsverbot ist im Alltag noch lange nicht durchgesetzt; es werden aufgrund von Vorurteilen, aus Neid und Angst weiterhin Fremde ausgegrenzt, Frauen benachteiligt, *Minderheiten* drangsaliert. *Antisemitismus* und Rassismus sind auf dem Verordnungswege nicht zu überwinden, zumal auch die rechtliche Praxis die geforderte Gleichbehandlung nicht immer beachtet: Ob bei der Festsetzung von Tarifen, im beruflichen Fortkommen, bei der Vergabe - auch öffentlicher - Aufträge, überall wirken Vorurteile oder Beziehungen benachteiligend oder bevorzugend.

Displaced Persons (DP)
Die Rekrutierung von Zwangsarbeitern in den während des 2. Weltkriegs besetzten Gebieten durch die deutschen Behörden schuf ein Heer von Entwurzelten, die bei Kriegsende von den Alliierten als Displaced Persons (verschleppte Personen) eingestuft wurden. Zu ihnen gehörten auch die nichtdeutschen *Flüchtlinge*, die sich vor der Roten Armee nach Westen abgesetzt hatten. Insgesamt schätzte man die Zahl der DP 1945 auf 8,5 Mio., die von den *Vereinten Nationen* betreut und später zum größten Teil in ihre Heimatländer zurückgeschickt oder in andere Länder umgesiedelt wurden und zum kleineren

Teil als Staatenlose in der Bundesrepublik blieben. Viele wurden später eingebürgert.

Dissidenten
Ursprünglich wurden andersgläubige und -bekennende Personen im kirchlichem Bereich nach dem lateinischen Wort »dissidere« (= nicht übereinstimmen) als Dissidenten bezeichnet. In neuerer Zeit kam es zu einer Begriffsübertragung in den politischen Sprachgebrauch: Mit Dissidenten meinte man v. a. die Regimekritiker in den kommunistischen Staaten, die sich in *Bürgerbewegungen* zusammenfanden oder als prominente Einzelkämpfer, wie *Havemann* in der DDR, auftraten. Häufig vertraten sie selbst kommunistische Positionen, verlangten aber die Einhaltung der *Menschenrechte* sowie Reformen am erstarrten System und wandten sich gegen *Stalinismus* und Personenkult. Die Partei- und Staatsführungen gingen gegen die Dissidenten z. T. massiv vor, verhängten Berufs-, Schreib- und Reiseverbote oder griffen gar zum Mittel der Verbannung wie im Fall des sowjetischen Regimekritikers Andrej Sacharow oder zur *Ausbürgerung* wie im Fall *Biermann*. Mit Beginn der Reformpolitik in der UdSSR seit 1985 schwoll die Protestbewegung auch in der DDR an, eine wesentliche Ursache für den Zusammenbruch der SED-Herrschaft 1989.

DKP s. *Deutsche Kommunistische Partei*

DNB s. *Deutsche Notenbank*

DP s. *Deutsche Partei*

Drei-Staaten-Theorie
In den 1950er Jahren empfand die DDR Westberlin zunehmend als »Pfahl im Fleisch« und fand bei der UdSSR Unterstützung in dem Bemühen, die gewachsenen Bindungen der Teilstadt an die Bundesrepublik zu schwächen. Seit 1958 verfocht sie dabei eine Drei-Staaten-Theorie, nach der *Deutschland* 1945 mit der *bedingungslosen Kapitulation* als Staat aufgehört habe zu existieren und 1949 drei neue, selbständige deutsche Staaten an seine Stelle getreten seien: die DDR, die Bundesrepublik und Westberlin, für das die UdSSR in einem Ultimatum vom 27. 11. 1958 ohne Erfolg den Status einer Freien Stadt forderte.

DRP s. *Deutsche Reichspartei*

DSF s. *Gesellschaft für Deutsch-Sowjetische Freundschaft*

DSU s. *Deutsche Soziale Union*

Düsseldorfer Leitsätze der CDU

Die *Christlich-Demokratische Union (CDU)* entwickelte sich in den *Besatzungszonen* unterschiedlich, ihre ökonomische Programmatik reichte von reinem Wirtschaftsliberalismus bis hin zu dirigistischen Elementen, wie sie das *Ahlener Programm* für die britische Zone enthielt. Erst allmählich näherten sich die Standpunkte in den Westzonen an und trafen sich in der von *Erhard* geforderten sozialen *Marktwirtschaft.* Sie wurde nach einjährigen Beratungen am 15. 7. 1949 in die Düsseldorfer Leitsätze gefaßt, die das Programm für die erste Bundestagswahl darstellten. In scharfer Absage an den Liberalismus unsozialer, monopolistischer Prägung propagierten sie eine »sozial gebundene Verfassung der gewerblichen Wirtschaft, in der die Leistung freier und tüchtiger Menschen [...] ein Höchstmaß von wirtschaftlichem Nutzen und sozialer Gerechtigkeit für alle bringt«. Die politische Demokratie sollte durch wirtschaftliche Demokratie flankiert werden.

Dutschke, Rudolf (Rudi)

* Schönefeld (Brandenburg) 7. 3. 1940, † Århus 24. 12. 1979 - Wegen Verweigerung des freiwilligen Eintritts in die NVA durfte Dutschke in der DDR nicht studieren, wechselte nach Westberlin, studierte dort Soziologie, trat dem *Sozialistischen Deutschen Studentenbund (SDS)* bei und wurde dessen führender Kopf beim Kampf der *APO* und in der *Stu-*

Rudi Dutschke, einer der führenden Köpfe der Studentenbewegung *in der Bundesrepublik.*

dentenbewegung. Durch punktuelle Rebellion wollte der von Rosa Luxemburg und dem marxistischen Philosophen György Lukács beeinflußte Studentenführer Lernprozesse in der Bevölkerung in Gang bringen und das repressive System der Demokratie im Spätkapitalismus aufbrechen. Gewalt lehnte er als Zerstörung der Vernunft allerdings ab. Am 11. 4. 1968 wurde Dutschke von einem verhetzten Jugendlichen angeschossen, was schwere Krawalle auslöste. Sie richteten sich vor allem gegen den Springer-Zeitungskonzern, dem wegen der Art seiner Berichterstattung über die *APO* Mitschuld an der Tat angelastet wurde. Dutschke war später Lehrbeauftragter in Århus, wo er an den Spätfolgen seiner Schußverletzung starb.

DVP s. *Demokratische Volkspartei*

E

ECU s. *Europäisches Währungssystem*

EG s. *Europäische Union (EU)*

EGKS s. *Montanunion*

Ehlers, Hermann
* Berlin 1. 10. 1904, † Oldenburg 29. 10. 1954 - Schon früh engagierte sich Ehlers in der christlichen Jugendbewegung, studierte Jura und wurde 1936 Richter. Wegen seiner Tätigkeit in der Bekennenden Kirche wurde er 1939 aus dem Staatsdienst entlassen und war 1941-45 Soldat. 1949 zog Ehlers für die CDU in den ersten *Bundestag* ein und übernahm 1950 das Amt des *Bundestagspräsidenten.* Mit seiner fairen Amtsführung erwarb er sich über die Parteigrenzen hinweg Achtung und unterstützte so die Festigung der jungen westdeutschen Demokratie.

Ehmke, Horst
* Danzig 4. 2. 1927 - Als 16jähriger wurde Ehmke eingezogen, studierte nach dem Krieg Jura, trat 1947 der SPD bei und wurde 1960 Professor für Öffentliches Recht in Freiburg. 1966 berief ihn *Heinemann* als *Staatssekretär* ins Justizministerium, das Ehmke 1969 selbst für kurze Zeit leitete. Nach Bildung der Regierung *Brandt* machte ihn der Kanzler zu seinem Amtschef und ernannte ihn in seinem zweiten *Kabinett* 1972 zum Forschungs- und Postminister. Da die *Guillaume-Affäre* in seine Kanzleramtszeit gefallen war, stürzte Ehmke 1974 mit Brandt, blieb aber als virtuoser Debattenredner und außenpolitischer Sprecher der Partei bis zu seinem Ausscheiden aus dem *Bundestag* 1990 im *Fraktions*vorstand.

Ehrenrechte
Früher waren Verurteilungen zu Freiheitsstrafen oft mit dem Zusatz »und Verlust der bürgerlichen Ehrenrechte« gekoppelt. Das ist in dieser pauschalen Form seit dem 1. 4. 1970 nicht mehr möglich, doch können gewisse Ehrenrechte, die allen Bürgern zustehen, bei Freiheitsstrafen von 1 Jahr und mehr noch immer aberkannt werden. Zu den unverlierbaren Ehrenrechten gehört das Erlangen von Titeln und Ehrenzeichen, das Fungieren als Zeuge bei Beurkundungen, Übernahme von Vormund- oder Pflegschaft. Aberkannt werden können hingegen auf bis zu 5 Jahre das Recht, sich zur Wahl zu stellen (passives Wahlrecht) und/oder ein öffentliches (Ehren-)Amt (z. B. als Schöffe oder Geschworener) zu bekleiden; unter besonderen

Umständen kann auch das aktive Wahlrecht zeitweilig entzogen werden.

Eigentum

Juristisch wird unterschieden zwischen Besitz als tatsächlicher Verfügung über eine Sache (z. B. über eine Wohnung durch den Mieter) und Eigentum als das Recht an einer Sache und auf freie Bestimmung über ihre Nutzung (z.B. Vermietung einer Wohnung durch den Eigentümer). Neben dem Privateigentum von Einzelpersonen gibt es Gemeineigentum von Personengruppen, das bis zum Staatseigentum geht. In der Bundesrepublik ist das Recht auf (Privat-)Eigentum nach Art. 14,1 GG garantiert, doch verlangt Absatz 2: »Eigentum verpflichtet. Sein Gebrauch soll zugleich dem Wohle der Allgemeinheit dienen.« Diese Sozialbindung des Eigentums schränkt die freie Verfügbarkeit ein, was z.B. im Recht auf *Mitbestimmung* der Arbeitnehmer zum Ausdruck kommt. Auch *Enteignung* ist danach »zum Wohle der Allgemeinheit« (Art. 14,3 GG) oder dann möglich, wenn das Eigentum zum Kampf gegen die verfassungsmäßige Ordnung mißbraucht wird (Art. 18 GG). Eigentumspolitik im demokratischen Sinne muß v. a. auf eine breitere Verteilung von Eigentum (Vermögensbildung) zur Festigung des sozialen Friedens zielen.
In der *SBZ* und später in der DDR kam es zu einer grundlegenden Wandlung des Eigentumsbegriffs. Nach umfassenden Enteignungen von Industriebetrieben, *Banken* u.a. sowie der Bodenreform schon unter der *SMAD*, *Kollektivierung* der Landwirtschaft, Beteiligung des Staates an Privatbetrieben u.a. gab es gemäß Art. 9-16 der *Verfassung* von 1968 schließlich nur noch das »sozialistische Eigentum« in Form des *Volkseigentums* oder genossenschaftlichen Gemeineigentums sowie das persönliche Eigentum am Arbeitseinkommen und an Konsumgütern. Zwar existierte Privateigentum an Produktionsmitteln in kleinen Handwerksbetrieben weiter, doch wurde es juristisch wie das persönliche behandelt.

Einbürgerung

Bei der Diskussion um ein Wahlrecht für in der Bundesrepublik lebende *Ausländer* wurde von den Gegnern oft gefordert: Wer wählen wolle, solle sich einbürgern lassen. Die Hürden dazu aber sind nicht ohne weiteres zu nehmen, und die Einbürgerung steht im freien Ermessen der Länderbehörden. Sie können sie nur genehmigen, wenn sich der Ausländer hier niedergelassen hat, unbeschränkt geschäftsfähig und »unbescholten« ist, eine eigene Unterkunft nachweisen und sich und seine Familie ernähren kann. Günstig ist die Eheschließung mit einem deutschen Partner, allerdings auch nur dann, wenn der Ausländer dadurch seine bisherige *Staatsangehörigkeit* verliert oder sie dafür aufgibt. Auch dann verlangen die Behörden gewöhnlich einen mindestens fünfjährigen Aufenthalt in Deutschland, bei anderen Personen setzt man in der Regel 10 Jahre an. Einen Rechtsanspruch auf Einbürgerung haben u. a. alle Opfer von *Ausbürgerung* durch das NS-Regime, *Flüchtlinge* und Opfer von *Vertreibung* mit ehemals deutscher Staatsangehörigkeit und »deutschstämmige« Personen, die sich in der Bundesrepublik niederlassen wollen *(Aussiedler)*.

Einheitsliste
Aufgrund des *Blocksystems* in der DDR wurden dort bei *Wahlen* nur Einheitslisten zugelassen, auf denen nach zuvor vereinbartem Schlüssel Kandidaten aller in der *Nationalen Front* zusammengeschlossenen *Parteien* und *Massenorganisationen* vertreten waren. Eine Auswahl zwischen Parteien oder Kandidaten war unmöglich, dem Wähler blieb nur, die Liste zu akzeptieren oder sie abzulehnen; letzteres war wegen des Zwangs zur offenen Stimmabgabe ebensowenig ratsam wie Stimmenthaltung durch Fernbleiben, da man sich damit den Argwohn der Behörden zuzog. Die Einheitsliste stellte sicher, daß oppositionelle Gruppen nicht in die Parlamente einziehen konnten und die Führungsrolle der SED unangetastet blieb.

Einigungsvertrag
Hatten noch Ende 1989 viele befürchtet, manche geglaubt und wenige gehofft, die DDR werde in reformierter Form überleben, so wurde schon sehr bald klar, daß es zu einer möglichst raschen Vereinigung der beiden deutschen Staaten schon aus ökonomischen Gründen kaum eine Alternative gab. Flankierend zu den Gesprächen mit den einstigen *Siegermächten*, die zum Abschluß des *Zwei-Plus-Vier-Vertrags* führten, fanden daher nach der ersten freien *Volkskammer*wahl am 18. 3. 1990 deutsch-deutsche Gespräche über die vertragliche Ausgestaltung der Vereinigung statt. Am 31. 8. 1990 konnte ein »Vertrag über die Herstellung der Einheit Deutschlands«, kurz Einigungsvertrag, unterzeichnet werden.
In neun Kapiteln regelte er die Wiederherstellung der 1952 aufgelösten 5 Länder in der DDR als neue *Bundesländer* sowie die Neubildung des Landes (Gesamt-)*Berlin*, das als *Hauptstadt* des geeinten Deutschlands vorgesehen wurde (20. 6. 1991 durch Beschluß des *Bundestags* bestätigt). Der Vertrag klärte darüber hinaus die künftige Finanzverfassung, beschäftigte sich mit der Geltung der Verträge der Teilstaaten für den neuen Gesamtstaat, bestimmte die Einzelheiten der Übernahme von Behörden, Vermögen und v. a. Schulden, legte die Privatisierung ehemals *Volkseigener Betriebe* (VEB) durch eine *Treuhandanstalt* fest, kündigte die Rehabilitierung von SED-Opfern an, sah eine Übergangsfrist für die Rechtsangleichung bei *Schwangerschaftsabbruch* vor, stellte Richtlinien für die Anerkennung von Ausbildungsabschlüssen, für die Organisation des Sportwesens und für die Gestaltung der Medienland-

schaft auf. Schlußbestimmungen und Anlagen bekräftigten u.a., daß *Enteignungen* auf hoheits- bzw. besatzungsrechtlicher Grundlage zwischen 1945 und 1949 nicht rückgängig gemacht werden können. Die Rolle Deutschlands im KSZE-Prozeß erläuterte eine Denkschrift zum Einigungsvertrag.

Einparteiensystem
Der Widersinn des Begriffs Einparteiensystem ließ es den Machthabern in der DDR geraten erscheinen, daß pro forma mehrere Parteien zugelassen blieben. Ihre Einbindung in das *Blocksystem* und der verfassungsmäßig verankerte Führungsanspruch der SED im Rahmen der *Nationalen Front* widersprachen jedoch dem Sinn des Wortes Partei (lat. »pars« = Teil) als einer politischen Teilorganisation der Gesellschaft genauso wie das reine Einparteiensystem etwa in der UdSSR mit der Staatspartei KPdSU. Die SED erhob den Anspruch, den Staat und die Gesellschaft insgesamt politisch und ideologisch zu repräsentieren, und leitete daraus das Recht ab, alle Schlüsselpositionen im Herrschaftsapparat mit Personen ihres Vertrauens zu besetzen.

Einpeitscher
Aus der ältesten westlichen Demokratie, der englischen, hat die unsere manche Begriffe übernommen. Einige davon sind nur umgangssprachlich gebräuchlich; dazu gehört die Bezeichnung »Einpeitscher« (engl.: »Whipper in« oder kurz: »Whip«). So nennt man die gewählten *Fraktions*geschäftsführer im *Bundestag*, die dafür sorgen, daß bei wichtigen Abstimmungen die *Abgeordneten* ihrer Partei möglichst vollzählig erscheinen und im gewünschten Sinn abstimmen. Die dabei angewandten Mittel reichen vom bloßen Appell bis zur Drohung mit Sanktionen, die allerdings nur bei namentlichen *Abstimmungen* greifen können.

Einspruchsgesetz
Gesetze, die Belange der *Bundesländer* berühren, sind *Zustimmungsgesetze*, d.h. sie können nur mit Zustimmung des *Bundesrats* in Kraft gesetzt werden. Gegen andere Gesetze kann der Bundesrat nur Einspruch erheben, wobei das folgende Verfahren vorgesehen ist: 3 Wochen nach Zuleitung des Gesetzesbeschlusses des *Bundestages* kann der Bundesrat die Einberufung des *Vermittlungsausschusses* beantragen. Verschließt sich dieser den Bedenken der Länder, kann der Bundesrat innerhalb von 2 Wochen Einspruch erheben; der Bundestag hat die Möglichkeit, ihn mit derselben Mehrheit zurückzuweisen, mit der er vom Bundesrat beschlossen wurde. Besteht keine Klarheit, ob ein Gesetz zustimmungsbedürftig oder nur ein Einspruchsgesetz ist, entscheidet der *Bundespräsident*: Unterschreibt er, gibt er der Ansicht des Bundestages statt, verweigert er die Unterschrift, bestätigt er den Bundesrat. Dagegen ist Anrufung des *Bundesverfassungsgerichts* möglich.

Einwanderung
Deutschland, bis weit ins 20. Jh. ein klassisches Auswanderungsland, wird trotz Sterbeüberschuß des deutschen Bevölkerungsanteils in zwei Jahrzehnten fast 5 Mio. Einwohner mehr haben als heute, Folge eines unablässigen Zustroms von Arbeitssuchenden und Notimmigranten sowie von Deutschstämmigen aus Südosteuropa und den Gebieten der ehemaligen Sowjetunion *(Aussiedler)*. Daher fordern viele Politiker eine Einwanderungsgesetzgebung, die den u. a. wegen der Altersstruktur in gewissem Umfang erwünschten Zuzug kanalisiert, strukturiert und kontingentiert. Andere hingegen wollen das Land abschotten, da es ohnedies eines der am dichtesten bevölkerten der Erde ist, seine Kapazität erschöpft sei und ethnische Konflikte schon jetzt ein Problem darstellten. Diese Auseinandersetzung hat bisher rechtliche Regelungen behindert, die über Fragen von *Asyl* oder *Einbürgerung* hinausgehen.

Eiserner Vorhang
Noch eher als die Amerikaner erkannte der britische Premierminister Winston Churchill nach dem 2. Weltkrieg die neue weltpolitische Konstellation der Ost-West-Konfrontation. Er verwendete den Begriff des »Eisernen Vorhangs«, der West- und Osteuropa teile, in einem Telegramm vom 12. 5. 1945 an US-Präsident Harry S. Truman und in einer Rede in Fulton (USA) am 5. 3. 1946. Im Westen bürgerte er sich als Bezeichnung für die immer massiver befestigte, 1346 km lange Westgrenze der sowjetischen *Besatzungszone* und der späteren DDR einschließlich der *Berliner Mauer* ein sowie darüber hinaus für die gesamte *Demarkationslinie* in Europa zwischen den Blöcken im *Kalten Krieg*. Durch die erste Lücke im Eisernen Vorhang in Ungarn strömten 1989 zu Tausenden DDR-*Flüchtlinge* in den Westen und brachten das SED-System ins Wanken.

EKD s. *Evangelische Kirche in Deutschland*

Elysée-Vertrag s. *Deutsch-Französischer (Freundschafts-)Vertrag*

Emanzipation s. *Frauenbewegung*

Energiepolitik
In hochindustrialisierten Staaten wie Deutschland spielt die Energieversorgung eine zentrale Rolle. Die Politik muß daher Rahmenbedingungen schaffen, die optimale Konzepte der Förderung, Erzeugung und Verteilung von Energie sichert. Der hohe Bedarf führte zu einer immer stärkeren Konzentration auf Erdöl als Energieträger, was 1973/74 zu einer Krisensituation führte: Die seit 1960 in der OPEC (Organisation erdölexportierender Länder) zusammengeschlossenen

wichtigsten Förderstaaten drosselten den Export v.a. in mit Israel befreundete Staaten, darunter die Bundesrepublik. Der Rückgriff auf die heimische Kohle war nur begrenzt möglich. Daher wurde *Kernenergie* zu einer wichtigen Option, die jedoch auf erheblichen Widerstand bei großen Teilen der Bevölkerung stieß, weil das Risiko von Unfällen wie im ukrainischen Tschernobyl 1986 kaum kalkulierbar scheint und ein schlüssiges Konzept zur Entsorgung der strahlenden Abfälle (Atommüll) bis heute fehlt.

Der Kampf gegen die Kernenergie wiederum war eingebettet in eine breite Bewegung für *Umweltschutz*, die auch die Gefahr der Verbrennung fossiler Energieträger (Öl, Kohle, Gas) für die Atmosphäre erkannte. Die Abgase aus Pkw-Motoren, Flugzeugen, Heizungen und industrieller Verbrennung bedrohen das globale Klima, regionale Umweltschäden kommen hinzu. Dies lehrte v. a. die Energiewirtschaft der DDR, die noch 1990 u. a. aus Devisenknappheit über zwei Drittel des Energiebedarfs aus Braunkohle decken mußte und das mit gesundheitsgefährdender Luftverschmutzung und bedenklicher Landschaftsvernichtung bezahlte. Während manche Energiepolitiker nur in der Kernkraft eine Antwort auf die Umweltfrage sehen, setzen andere auf die Entwicklung alternativer Energien: die Nutzung von Sonnen- und Windenergie, die Erschließung geothermischer Energiequellen und die Förderung des Wasserstoffantriebs; zudem fordern sie die Ausschöpfung aller Sparmöglichkeiten. Eine Verständigung zwischen beiden Positionen ist nicht in Sicht.

Enquête

Für seine gesetzgeberische Tätigkeit benötigt der *Bundestag* Informationen über die jeweils betroffenen Sachgebiete. Bei unzureichend geklärter Sachlage kann er eine wissenschaftliche Untersuchung, eine sog. Enquête anfordern, für deren Erarbeitung eine Enquêtekommission gebildet wird. Ihr gehören Fachleute aus Forschung und Praxis an, die alle wesentlichen Fakten zusammentragen und bewerten. Bei den bisher eingesetzten Enquêtekommissionen handelte es sich meistens um Gremien, die die soziale oder wirtschaftliche Lage bestimmter Bevölkerungsgruppen (Frauen, Studenten u. a.) untersuchten.

Enteignung

In der Bundesrepublik ist das (Privat-)*Eigentum* nach Art. 14 GG geschützt, der allerdings die Enteignung »zum Wohle der Allgemeinheit« zuläßt. Sie kann jedoch nur aufgrund eines Gesetzes und gegen »angemessene« Entschädigung erfolgen und betrifft in der Regel nur Grund und Boden, der für Straßenbau oder andere Infrastrukturmaßnahmen gebraucht wird. Die Forderung nach Vergesellschaftung von Unternehmen, also ihre Enteignung zugunsten des Staates, wurde zuweilen laut, fand aber nie statt.

In der späteren DDR dagegen kam es bereits unmittelbar nach dem 2. Weltkrieg zur Enteignung von Großgrundbesitz über 100 ha sowie des Vermögens von angeblichen oder tatsächlichen »Kriegsverbrechern und aktiven Faschisten«. Dies und die Verstaatlichung von Bergwerken, Bodenschätzen, Mineralquellen, Industriebetrieben, Lichtspieltheatern, Apotheken u. a. wurde als Teil der *Sozialisierung* beim Umbau der politischen, gesellschaftlichen und ökonomischen Verhältnisse bezeichnet und begrifflich von der Enteignung getrennt. Sie war nach Art. 23 der *Verfassung* von 1949 wie im Westen theoretisch nur gegen Entschädigung und auf der Grundlage eines Gesetzes möglich und nach Art. 16 der Verfassung von 1978 auch nur zu »gemeinnützigen Zwecken«. Den größten Anteil der Enteignungen aber machte der Einzug der Vermögen von »Republikflüchtlingen« und anderen »Klassenfeinden« aus sowie die Konfiskation von Vermögen als Nebenstrafe bei politischen Prozessen.

Entmilitarisierung
Nachdem Deutschland 1939–45 die ganze Welt zum zweiten Mal in einen Krieg gestürzt hatte, schienen den *Siegermächten* Maßnahmen wie nach dem 1. Weltkrieg nicht mehr ausreichend. Dieses Mal sollte Deutschland in *Besatzungszonen* aufgeteilt werden, durch *Demontagen* Kriegsentschädigung leisten und vollständiger Entmilitarisierung unterworfen werden. Damit war gemäß *Potsdamer Abkommen* nicht nur Entwaffnung gemeint, sondern auch der Abbau der rüstungswichtigen Industrie zugunsten des Aufbaus einer Friedensindustrie. Im sich verschärfenden *Kalten Krieg* kam es jedoch bald zu einer Integration beider deutscher Staaten in die jeweiligen militärischen Bündnissysteme und zur *Wiederbewaffnung.*

Entnazifizierung
Für den Neuaufbau Deutschlands nach 1945 beschlossen die *Siegermächte* die völlige Beseitigung aller Elemente und die Ausschaltung aller Amtsträger des NS-Systems. Die Richtlinien dieses Programms einer umfassenden Entnazifizierung wurden im *Potsdamer Abkommen* (Aug. 1945) festgelegt: Verbot der NSDAP und jeglicher nazistischer Propaganda, Aufhebung der NS-Gesetze, Festnahme und Bestrafung der führenden NS-Größen, Entlassung aller aktiven NSDAP-Mitglieder aus öffentlichen Ämtern und Führungspositionen der Wirtschaft, Reinigung des Erziehungswesens von »nazistischen und militaristischen« Lehren. Dafür wurde das in der US-Zone am 5. 3. 1946 erlassene »Gesetz zur Befreiung von Nationalsozialismus und Militarismus« bis Ende 1946 in allen *Besatzungszonen* verbindlich.
Danach klassifizierten deutsche Spruchkammern nach Richtlinien von »Befreiungsministern« der Länder ehemalige Nationalsozialisten nach 5 Kategorien: 1. Hauptschuldige, 2. Belastete, 3. Minderbelastete,

4. Mitläufer und 5. Entlastete. Diese Form der Entnazifizierung führte zu einem schwunghaften Handel mit sog. Persilscheinen, Zeugnissen anerkannter NS-Gegner über angebliche Harmlosigkeit oder gar Widerstandstätigkeit von Betroffenen. Daraufhin wurden große Gruppen (sozial schwache und junge Leute) pauschal amnestiert. Personalmangel im öffentlichen Dienst und wachsende Rivalität zwischen den Siegermächten höhlten die Entnazifizierung weiter aus. In der *SBZ* endete sie am 26. 8. 1948, im Westen kam sie zum Erliegen, wurde aber erst Anfang der 1950er Jahre endgültig abgeschlossen. Nach Art. 131 GG stellte die Bundesrepublik seit 1951 fast alle betroffenen Beamten wieder ein. Insgesamt waren in den Westzonen 6,08 Mio. Verfahren durchgeführt worden, 4 Mio. Personen fielen in die Kategorie 5 und 1 Mio. in die Kategorie 4, dagegen nur 1700 in die Kategorie 1 und 23 000 in die Kategorie 2, die anderen wurden als Minderbelastete (3) eingestuft.

Entspannungspolitik

Nach einer langen Phase der Konfrontation im *Kalten Krieg* reifte zu Beginn der 1960er Jahre in den USA und in der UdSSR die Erkenntnis, daß der Rüstungswettlauf ein unkalkulierbares atomares Risiko bedeutete. Während die Sowjetunion die Parole von der *»friedlichen Koexistenz«* ausgab, hieß das Schlagwort im Westen »Entspannung«. Sie kam durch Abkommen zur Rüstungsbegrenzung (Atomteststopp 1963, Atomwaffensperrvertrag 1968 u. a.) schleppend in Gang, geriet immer wieder in die Krise (Beendigung des reformkommunistischen Modells des »Prager Frühlings« durch *Warschauer-Pakt*-Truppen 1968) und wurde v. a. in beiden Teilen Deutschlands zunächst mit Mißtrauen beobachtet. Die DDR fürchtete eine Öffnung und konnte noch 1961 den Bau der *Berliner Mauer* durchsetzen, die CDU-geführten *Bundesregierungen* scheuten das Experiment der Annäherung. Erst der Machtwechsel in Bonn 1969 und die Ablösung *Ulbrichts* 1971 machten auch in Mitteleuropa den Weg für die Entspannungspolitik frei.
Ihre Ergebnisse waren u. a. der *Deutsch-Sowjetische* und der *Deutsch-Polnische Vertrag*, das *Berlin-Abkommen* und der *Grundlagenvertrag* mit der DDR. Diese bilaterale Entspannung wurde multilateral flankiert durch die *Konferenz über Sicherheit und Zusammenarbeit in Europa (KSZE)*, deren Schlußakte die Achtung der *Menschenrechte* einforderte und ein Instrumentarium zur Krisenbewältigung entwickelte. Zwar kam es Ende der 1970er/Anfang der 1980er Jahre zu Rückschlägen durch die sowjetische Intervention in Afghanistan, den neuen Kurs der Konfrontation der US-Regierung unter Ronald Reagan und den *NATO-Doppelbeschluß*, doch hielten nun die deutschen Staaten ihrerseits an der Entspannung fest, obwohl 1982 wieder eine CDU-geführte Regierung die Macht in Bonn übernahm. Sie entwickelte die *Ostpolitik* fort und entzog damit den Hardlinern im Osten den Boden. Mit der

Reformpolitik des sowjetischen Staats- und Parteichefs Michail Gorbatschow seit 1985, der sich die DDR vergeblich widersetzte, begann der Ostblock zu bröckeln und zerfiel schließlich. Auf seinen Trümmern wurde dann auch die deutsche *Wiedervereinigung* möglich.

Entstalinisierung

Den Kampf um die Nachfolge des am 5. 3. 1953 verstorbenen sowjetischen Diktators Josef Stalin gewann Nikita Chruschtschow. Er verurteilte auf dem XX. Parteitag der KPdSU 1956 den *Stalinismus*, prangerte die Verbrechen Stalins und den Personenkult um ihn an und gab damit Impulse für eine Lockerung der Systeme im gesamten Ostblock. Als es daraufhin in Polen zu Unruhen und in Ungarn im Okt. 1956 sogar zu einem Volksaufstand gegen die sowjetische Vorherrschaft kam, setzte Moskau Truppen ein und versuchte, die Zügel wieder anzuziehen. Das wurde v. a. in der DDR begrüßt, die in noch frischer Erinnerung an den Aufstand vom *Siebzehnten Juni 1953* um ihre Stabilität fürchtete. Die Konfrontation um *Berlin* Ende der 1950er Jahre und der Bau der *Berliner Mauer* 1961 ließen die Ost-West-Annäherung noch einmal stagnieren, ehe sich auch Ostberlin auf die *Entspannungspolitik* einstellen mußte. Nach einer Phase der Neostalinisierung unter dem KPdSU-Generalsekretär Leonid Breschnew führte Staats- und Parteichef Michail Gorbatschow seit 1985 die Entstalinisierung durch Rehabilitierung der Opfer, Auflösung der Straflager und Aufgabe des Führungsanspuchs der KPdSU gegenüber den »Bruderparteien« konsequent zu Ende; die übrigen Ostblockstaaten folgten dem Reformkurs. Nur die DDR sperrte sich und zerbrach schließlich an der Isolierung im eigenen Lager, da sie den Protest der Bevölkerung allein nicht mehr zu kontrollieren vermochte.

Entwicklungshilfe

Ein großer Teil der Staaten der Welt ist nicht in der Lage, sich selbst zu ernähren. Die Industrieländer sind daher aufgefordert, diesen Ländern Hilfe zur Entwicklung zu leisten. Gerade Deutschland, das in der Notzeit nach dem Krieg internationaler Hilfe das Überleben (u. a. *CARE*) und den Wiederaufbau (u. a. *Marshallplan*) verdankte, hat hier eine wichtige Aufgabe. Sie wird von Einzelpersonen, Firmen, Kirchen u. a. wahrgenommen, die Hauptleistung jedoch erbringt die staatliche Entwicklungshilfe. Sie soll nach Vorgaben der *Vereinten Nationen* 0,7 % des Bruttosozialprodukts erreichen, liegt aber in fast allen Ländern (auch in Deutschland) darunter. Sie soll Hilfe zur Selbsthilfe sein, sich also allein am Wohl der Empfänger orientieren. Oft aber stehen historische (ehemalige Kolonien u. a.) oder politische Erwägungen im Vordergrund, und es dominiert der Eigennutz (Erschließung von Märkten, Sicherung von Rohstoffquellen, Verdrängung von Konkurrenten u. a.). Auch bei der Auswahl der Empfänger ist die tatsächliche Bedürftigkeit meist zweitrangig, wichtiger waren in Zeiten des *Kalten Krieges* strategische Motive sowie Bestrebungen, den Einfluß des Ostblocks einzudämmen *(Containment)* sowie von Seiten der Bundesrepublik der Versuch, die *Anerkennung* der DDR zu verhindern. Heute verlangt die *Bundesregierung* von den Empfängern Achtung der *Menschenrechte*, Demokratisierung, Rechtsstaatlichkeit, marktwirtschaftliche Strukturen u.a., weil die Hilfen vielfach nicht die bedürftigen Menschen erreichen, sondern von fragwürdigen »Eliten« abgeschöpft werden. Die Entwicklungshilfe, oft in Form von Krediten gewährt, hat außerdem eine Schuldenkrise entstehen lassen, die in Verbindung mit der Bevölkerungsexplosion in vielen Entwicklungsländern alle Erfolge aufzuzehren droht.

Eppler, Erhard
* Ulm 9. 12. 1926 - Studienrat Eppler (Deutsch, Englisch, Geschichte) war 1952–55 Mitglied der GVP, trat dann der SPD bei, gehörte 1961–76 dem *Bundestag* an, war 1968–74 *Bundesminister* für wirtschaftliche Zusammenarbeit und bis 1989 Mitglied des Bundespräsidiums seiner Partei. Er war als führendes Mitglied ihrer Grundwertekommission entscheidend an der Weiterentwicklung ihrer Programmatik in den 1970er und 80er Jahren beteiligt. Als engagierter Christ (u. a. Präsident des Evangelischen Kirchentages) trat Eppler für die *Friedensbewegung* ein und forderte mehr Einsatz für den *Umweltschutz*.

ER s. *Europäischer Rat*

Erfurt
Die heutige Hauptstadt Thüringens war am 19. 3. 1970 Schauplatz einer historischen Begegnung: Nach langem protokollarischen Tauziehen trafen sich Bundeskanzler *Brandt* und DDR-Ministerpräsident *Stoph* zum innerdeutschen Gespräch auf höchster Ebene im Hotel »Erfurter Hof«. Indem ein Gegenbesuch Stophs in *Kassel* in Aussicht genommen und erste Schritte auf dem Weg zum *Grundlagenvertrag* getan wurden, leitete dieses Treffen die Normalisierung der *innerdeutschen Beziehungen* ein: Die Bundesrepublik erklärte ihre Bereitschaft, die völkerrechtliche *Anerkennung* der DDR durch Drittstaaten hinzunehmen und selbst völkerrechtliche Verträge mit ihr zu schließen. Beide Seiten bekräftigten ihren Willen, auf Gewalt oder Androhung von Gewalt zu verzichten und die deutsche Teilung für die Menschen erträglicher zu gestalten. Trotz scharfer Kontrollen durch die *Stasi* und die *Volkspolizei* kam es vor dem »Erfurter Hof« zu einer spontanen Demonstration von DDR-Bürgern und Rufen der Masse nach Willy Brandt, für die SED-Führung ein weiterer Grund für die Besorgnis, daß engere Kontakte die innere Stabilität der DDR gefährden könnten.

Bundeswirtschaftsminister Ludwig Erhard bei einem Besuch im Weißen Haus in Washington mit US-Außenminister John Foster Dulles (l.).

Erhard, Ludwig

* Fürth 4. 2. 1897, † Bonn 5. 5. 1977 – Nach zweijähriger Soldatenzeit im 1. Weltkrieg studierte Erhard Volks- und Betriebswirtschaft und gründete nach Dozentenjahren 1942 eine eigene Forschungsstelle. Ihrer bedienten sich 1945 die US-Besatzungsbehörden bei der Planung des wirtschaftlichen Wiederaufbaus. Erhard wurde so zum »Vater« der *Währungsreform*, die die Grundlage zum späteren *Wirtschaftswunder* legte. Auf Erhard ging das Konzept der sozialen *Marktwirtschaft* zurück, das er als CDU-Mitglied in der Partei *(Düsseldorfer Leitsätze)* und als Bundeswirtschaftsminister seit 1949 im Staat durchsetzte. Trotz des Widerstands von *Adenauer* machte die CDU den beliebten Wirtschaftsprofessor am 16. Okt. 1963 zu dessen Nachfolger. Doch ausgerechnet auf seinem ureigensten Gebiet scheiterte Erhard, als er sich nicht fähig zeigte, die wirtschaftspolitischen Probleme angesichts einer allgemeinen Rezession zu lösen und parteiinterne Konflikte zu regeln. Maßhalteapelle ersetzten entschlossenes Handeln, nebulöse Visionen einer *»formierten Gesellschaft«* ließen sich der *Öffentlichkeit* nicht ver-

mitteln, und Kollisionen mit den Intellektuellen (»Pinscher«) verschlissen das Image des Erfolgspolitikers. Nachdem die FDP die *Koalition* verlassen hatte, weil sich keine Einigung mit der CDU/CSU über den Haushaltsausgleich erzielen ließ, trat er am 30. 12. 1966 zurück und machte einer Regierung der *Großen Koalition* unter *Kiesinger* Platz.

Erler, Fritz
* Berlin 14. 7. 1913, † Pforzheim 22. 2. 1967 - Im 3. Reich wurde der junge Sozialdemokrat Erler 1939 zu einer 10jährigen Haftstrafe verurteilt. 1945 befreit, wurde er Landrat in Württemberg-Hohenzollern, zog 1949 für die SPD in den *Bundestag* ein und wurde ihr außen- und militärpolitischer Sprecher. Mit *Brandt* und *Wehner* war Erler maßgeblich an der Durchsetzung des *Godesberger Programms* beteiligt. Seit 1964 arbeitete der versierte Debattenredner als *Fraktions-* und stellvertretender Parteivorsitzender auf eine Regierungsbeteiligung der SPD hin, die 1966 in der *Großen Koalition* erreicht wurde.

ERP s. *Marshallplan*

Ersatzdienst s. *Zivildienst*

Establishment
Hauptzielscheibe der *Studentenbewegung* und der *APO* war das Establishment, d.h. die politisch, gesellschaftlich und wirtschaftlich führenden Schichten der Gesellschaft. Das aus dem Englischen übernommene (Schlag-)Wort (wörtlich: »[feste] Einrichtung«) bezeichnete alle, die sich aus Sorge um ihre Privilegien, um Macht und Besitz Reformen verschlossen. Sie galten als die eigentlichen »Drahtzieher des Systems«, die hinter den Kulissen die Entscheidungen absprachen und ihren Informationsvorsprung zur Sicherung der bürgerlichen Herrschaft nutzten. Das Feindbild Establishment verblaßte durch den Machtwechsel in Bonn 1969 (Ablösung der *Großen* durch eine sozialliberale *Koalition*) und durch die Abnutzung und den Mißbrauch in der linksradikalen Propaganda. Die dahinterstehende Analyse der Erstarrung der Gesellschaft durch eine Mentalität der Besitzstandswahrung und durch die Reformfeindlichkeit der Etablierten bleibt jedoch stets aktuell.

Etat s. *Haushaltsplan*

EU s. *Europäische Union*

EU-Kommission s. *Europäische Kommission*

EuGH s. *Gerichte*

EURATOM s. *Europäische Atomgemeinschaft*

Eurokorps
1992 beschlossen Bonn und Paris die Aufstellung eines gemeinsamen Armeekorps (bis 50000 Mann) und boten anderen EG-Staaten den Beitritt an; Belgien und Spanien kündigten 1993 die Beteiligung mit mindestens 2 Divisionen an. Im Januar 1993 wurde mit der *NATO* vertraglich vereinbart, daß dieses Eurokorps mit seinem Stab in Straßburg nur unter deren Oberbefehl zu friedenserhaltenden und -wiederherstellenden Aufgaben sowie zu humanitären Zwecken eingesetzt werden soll.

Europäische Atomgemeinschaft (EURATOM)
Die gleichen sechs westeuropäischen Staaten, die 1957 die *Europäische Wirtschaftsgemeinschaft (EWG)* gründeten, verständigten sich am 25. 3. 1957 auf eine gemeinsame Behörde für die friedliche Nutzung der *Kernenergie* und den Aufbau einer Kernindustrie. Wie der EWG-Vertrag trat auch der über die Bildung der Europäischen Atomgemeinschaft, kurz EURATOM genannt, am 1. 1. 1958 in Kraft. Sie hat die ausschließliche Befugnis zur Einfuhr von Kernbrennstoffen und steht unter der Aufsicht der *Europäischen Kommission.*

Europäische Gemeinschaft (EG) s. *Europäische Union (EU)*

Europäische Gemeinschaften
Faschismus, *Nationalsozialismus* und 2. Weltkrieg hatten den Nationalstaatsgedanken nachhaltig beschädigt und ihn v. a. in Europa diskreditiert. Hier entstanden zahlreiche Initiativen, die überstaatliche Zusammenschlüsse anstrebten. Einige waren erfolgreich; sie werden unter dem Sammelbegriff »Europäische Gemeinschaften« zusammengefaßt. Zu ihnen gehören u. a. die *Westeuropäische Union (WEU)*, die Europäische Freihandelsassoziation (EFTA), der *Europarat*, die OECD (Organization for Economic Cooperation and Development) und auch die *Europäische Union (EU)*, die bis 1994 Europäische Gemeinschaft (EG) hieß, was häufig zu Begriffsverwechslung mit der Sammelbezeichnung führt, zumal die EU ihrerseits mehrere Gemeinschaften umfaßt.

Europäische Gemeinschaft für Kohle und Stahl (EGKS) s. *Montanunion*

Europäische Kommission
Nur bedingt dem *Europäischen Parlament* verantwortlich ist die Europäische Kommission (EU-Kommission), die in der *Europäischen Union (EU)* die Funktion einer Regierung hat. Ihre 21 Mitglieder für die

einzelnen Ressorts werden von den Regierungen der Mitgliedsländer der EU auf 5 Jahre entsandt und insgesamt vom Europäischen Parlament bestätigt. Die Kommissare beschließen mehrheitlich bei ihren Hauptaufgaben: Entwurf des Haushalts der EU und seine Umsetzung, Vergabe der Mittel des Strukturfonds, Erlaß von Durchführungsbestimmungen für die Beschlüsse des *Europäischen Rats (ER)* und des *Rats der Europäischen Union*, Finanzierung und Verwaltung von Forschungsprogrammen, Verhandlung mit Drittländern, Sanktionen bei Vertragsverletzungen, Statistik u. a. Dafür stehen der EU-Kommission an ihrem Amtssitz Brüssel knapp 20000 Mitarbeiter zur Verfügung.

Europäische Konvention zum Schutz der Menschenrechte und Grundfreiheiten (MRK) s. *Menschenrechte*

Europäischer Gerichtshof (EuGH) s. *Gerichte*

Europäischer Ministerrat s. *Rat der Europäischen Union*

Europäischer Rat (ER)
1974 rief die Europäische Gemeinschaft eine regelmäßig tagende Konferenz der Staats- bzw. Regierungschefs der Mitgliedsländer ins Leben. Sie wurde 1987 als Europäischer Rat (ER) oberstes Organ der Gemeinschaft, die zur *Europäischen Union (EU)* ausgebaut wurde. Der mindestens zweimal jährlich zusammentretende ER bestimmt die Richtlinien der EU-Politik, an denen sich der *Rat der Europäischen Union* (Ministerrat) orientieren muß. Über seine Sitzungen informiert der ER das *Europäische Parlament* und legt einen Jahresbericht über die Fortschritte der Union vor, insbesondere in der Gemeinsamen *Außen-* und *Sicherheitspolitik* (GASP).

Europäisches Parlament
Ziel der *Europäischen Union (EU)* ist die Einigung der Mitgliedsländer bis hin zu einer gemeinsamen Unionsbürgerschaft der Einwohner. Dazu bedarf es der demokratischen Legitimation nicht nur der Regierungen der Mitgliedsstaaten, sondern auch der Union selbst. 1979 wurden daher in der damaligen Europäischen Gemeinschaft (EG) erstmals in allen Ländern *Abgeordnete* für ein Europäisches Parlament direkt gewählt, das allerdings auch nach drei weiteren Wahlen noch immer erheblich weniger Rechte hat als die nationalen Parlamente. Es kann den *Rat der Europäischen Union* (Ministerrat) und die *Europäische Kommission* (»Regierung« der Union) nur kontrollieren und beraten, aber nicht gesetzgeberisch tätig werden. Mit dem Recht zur Kontrolle des EU-Haushalts verfügt es allerdings über ein wirksames politisches Instrument, kann außerdem die EU-Kommission mit *absoluter Mehrheit* zum Rücktritt zwingen und über die Erweiterung der Union und

Maßnahmen des *Umwelt-* und *Verbraucherschutzes* sowie Forschungsvorhaben mitbestimmen.
Seit 1995 hat das in Straßburg tagende und von einem Präsidium geleitete Europäische Parlament 626 Abgeordnete, davon 99 deutsche, je 87 französische, britische und italienische, die anderen Mitgliedsländer stellen nach ihrer Bevölkerungszahl entsprechend weniger Abgeordnete. Sie dürfen keinem anderen Parlament angehören und in keiner der europäischen Behörden tätig sein. Insgesamt sind über 80 *Parteien* vertreten, die sich in 9 übernationalen Fraktionen zusammengeschlossen haben. Die 20 *Ausschüsse* des Parlaments tagen in Brüssel.

Europäisches Währungssystem (EWS)
Einen ersten Schritt in Richtung einer gemeinsamen Währung taten die Staaten der Europäischen Gemeinschaft *(Europäische Union)* 1979 mit der Einführung des Europäischen Währungssystems. Darin haben die Mitgliedsländer die Paritäten ihrer Währungen festgelegt, die nur in engen Grenzen schwanken dürfen. Bei größeren Schwankungen sind die Notenbanken gehalten, durch Käufe oder Verkäufe regulierend in den Markt einzugreifen. Läßt sich der Kurs einer Währung dennoch nicht halten, muß das EWS neu geordnet werden. Großbritannien und Italien verließen das EWS 1992 sogar, da sich der Verfall ihrer Währungen nicht aufhalten ließ. Die übrigen EWS-Staaten haben als Verrechnungseinheit die European Currency Unit (ECU) eingeführt (1995: 1 ECU = knapp über 1,90 DM), aus der bei Vollendung der Währungsunion nach 1999 das gemeinsame europäische Zahlungsmittel, der sog. Euro, entstehen soll.

Europäische Union (EU)
Aus den drei Säulen der europäischen Einigung: *Europäische Wirtschaftsgemeinschaft (EWG)*, *Europäische Gemeinschaft für Kohle und Stahl (EGKS)* und *Europäischer Atomgemeinschaft (EURATOM)* bildete sich am 1. 7. 1967 die Europäische Gemeinschaft (EG) mit denselben Mitgliedsstaaten wie die EWG. Weitere Stufen der Integration: Das *Europäische Parlament* verabschiedete 1984 den Entwurf eines Vertrages zur Gründung der Europäischen Union, dem sich der Ministerrat 1986 mit einer Europäischen Akte zur Stärkung der Organe der Gemeinschaft anschloß; 1991 beschloß der *Europäische Rat* in *Maastricht* die Umwandlung der EG in die Union, die 1994 gebildet wurde. Damit verbunden ist die Entwicklung einer gemeinsamen *Außen-* und *Sicherheitspolitik* (GASP), das aktive und passive Wahlrecht bei Kommunalwahlen für Personen mit Wohnsitz in anderen Staaten der Union, Harmonisierung der Innen- und Rechtspolitik. Folgen sollen die Einführung einer EU-Bürgerschaft sowie eine Wirtschafts- und Währungsunion *(Europäisches Währungssystem)* mit eigener Zentralbank, doch scheint der vorgesehene Termin 1999 kaum zu halten, weil nur

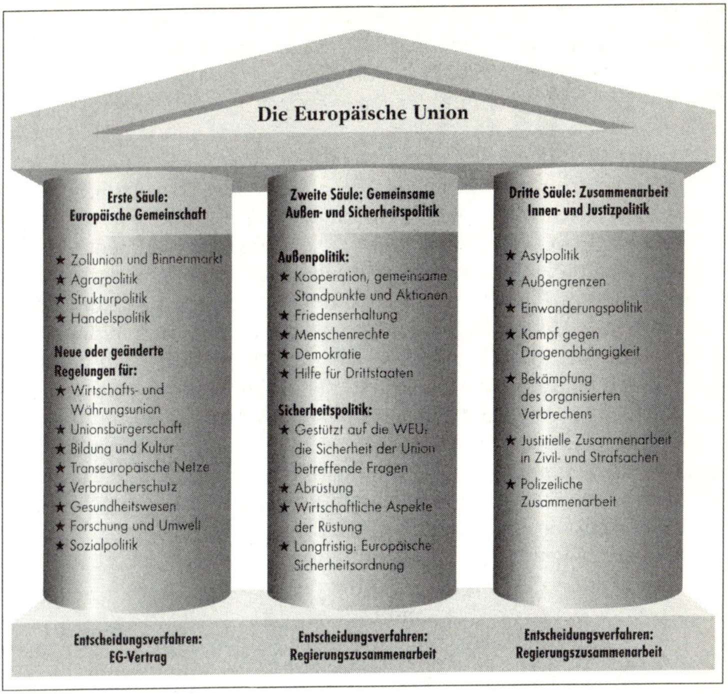

wenige Staaten die hohen Anforderungen dafür erfüllen: niedrige Inflation und Staatsverschuldung, geringes öffentliches Defizit.
Organe der Union sind der *Europäische Rat* (Staats- und Regierungschefs), der *Rat der Europäischen Union* (Ministerrat), gebildet aus den jeweils zuständigen Fachministern, die *Europäische Kommission* (»Europa-Regierung«) mit 21 von den nationalen Regierungen entsandten Kommissaren für die Fachressorts, das *Europäische Parlament*, der Europäische Gerichtshof *(Gerichte)*, der Europäische Rechnungshof, der Wirtschafts- und Sozialausschuß aus Vertretern der *Arbeitgeberverbände* und *Gewerkschaften* u. a.

Europäische Verteidigungsgemeinschaft (EVG)

Die Bundesrepublik Deutschland, Frankreich, Italien und die Beneluxländer vereinbarten 1952 in Paris noch vor der deutschen Wiederaufrüstung die Verschmelzung ihrer Streitkräfte zu einer Europäischen Verteidigungsgemeinschaft (EVG) unter einheitlichem Oberbefehl. Wegen Bedenken gegen den damit verbundenen partiellen Verzicht auf Souveränität lehnte die französische Nationalversammlung die Ratifizierung des Vertragswerks jedoch 1954 ab. Es konnte deshalb wie der mit ihm verbundene *Deutschlandvertrag* nicht in Kraft treten (ohne EVG-Vertrag keine Aufhebung des *Besatzungsstatuts*). Die *Wiederbewaffnung* wurde daher erst 1955 durch Aufnahme der Bundesrepublik in die *NATO* und Abschluß der *Pariser Verträge* möglich.

Europäische Wirtschaftsgemeinschaft (EWG)
Auf dem Weg zur heutigen *Europäischen Union (EU)* waren die *Römischen Verträge* von 1957 zur Bildung einer Europäischen Wirtschaftsgemeinschaft (EWG) mit Wirkung vom 1. 1. 1958 ein erster bedeutender Schritt. Mit Belgien, der Bundesrepublik Deutschland, Frankreich, Italien, Luxemburg und den Niederlanden vereinbarten 6 ökonomisch starke, in der *Montanunion* verbundene westeuropäische Länder die schrittweise Integration ihrer Volkswirtschaften durch: Abschaffung der Binnenzölle und der Mengenbeschränkungen; einheitliche Außenzölle und gemeinsame Handelspolitik; Abbau der Hemmnisse im Personen-, Dienstleistungs- und Kapitalverkehr; gemeinsame Verkehrs- und *Agrarpolitik*; Vereinheitlichung des Patentrechts; Harmonisierung der *Wirtschaftspolitik*; Einrichtung eines Europäischen Sozialfonds; Schaffung einer gemeinsamen Investitionsbank; *Assoziierung* überseeischer Länder und Aufnahmebereitschaft für weitere europäische Mitglieder. Ziel war die Schaffung eines »grenzenlosen« Binnenmarkts und einer Währungsunion.
Die Erweiterung der EWG bildete in den ersten Jahren ein Problem, da die Bundesrepublik schon aus Sicherheitsgründen an einer Einbindung Großbritanniens interessiert war, Frankreich dies aber aus agrarpolitischen Interessen und wegen der kolonialen Bindungen Londons ablehnte. Erst 1973 gelang die Ausweitung auf 9 Mitgliedsstaaten durch Aufnahme von Großbritannien, Irland und Dänemark, 1981 folgte Griechenland, 1986 kamen Spanien und Portugal hinzu, und 1995 konnten sich – nach Wegfall der Rücksichten auf den Ostblock – Österreich, Finnland und Schweden anschließen; die Norweger lehnten wie schon 1981 den Beitrittswunsch ihrer Regierung 1994 in einer Volksabstimmung ab. Inzwischen war aus der EWG mit rein wirtschaftlichen Zielen längst der Verbund der Europäischen Union mit weitreichenden politischen Konsequenzen geworden.

Europarat
Zehn westeuropäische Staaten gründeten am 5. 5. 1949 den Europarat (engl.: Council of Europe, frz.: Conseil de l'Europe) mit dem Ziel, »einen engeren Zusammenschluß zwischen den Mitgliedern herbeizuführen, um die Ideale und Grundsätze, die ihr gemeinsames Erbe sind, zu bewahren und zu fördern und auf wirtschaftlichen und sozialen Fortschritt hinzuwirken«. 1950 wurde die Bundesrepublik assoziiertes, 1951 Vollmitglied. Nachdem Jugoslawien 1992 ausgeschlossen wurde und 1993 erstmals Staaten der ehemaligen UdSSR und des ehemali-

gen Jugoslawien aufgenommen wurden, gehörten dem Euoparat 1995 36 Staaten an; weitere haben Aufnahmeanträge gestellt. Die beitretenden Länder verpflichten sich zur Wahrung von Rechtsstaatlichkeit, Demokratie und Achtung der *Menschenrechte*, zu deren Schutz der Europarat 1950 eine Konvention verabschiedet hat (in Kraft seit 1953). Zahlreiche weitere gelten dem *Daten-, Umwelt-* und *Minderheitenschutz* oder sind kultureller Natur. Der Europarat wird von einem aus den Außenministern der Mitgliedstaaten bestehenden Ausschuß geführt, dem eine beratende Parlamentarische Versammlung Vorschläge unterbreitet. Das Komitee beschließt einstimmig Empfehlungen, die aber für die Mitgliedstaaten nicht bindend sind. Die Geschäfte des Europarats führt ein Generalsekretariat mit Sitz in Straßburg.

European Recovery Program (ERP) s. *Marshallplan*

Evangelische Kirche in Deutschland (EKD)
Nach Jahrhunderten der Zersplitterung gelang erst 1933 die Zusammenfassung der reformierten, lutherischen und unierten evangelischen Landeskirchen in Deutschland zur Deutschen Evangelischen Kirche. Sie zerfiel im Kirchenkampf während des 3. Reiches erneut, und aus der gegen das NS-Regime gerichteten Abspaltung der Bekennenden Kirche entstand 1945 eine neue Sammlung der Landeskirchen unter dem Dach der Evangelischen Kirche in Deutschland (EKD), der auch die Landeskirchen der DDR angehörten, ehe sie sich als *Bund Evangelischer Kirchen in der DDR (BEK)* 1969 von ihr lösten. 1991 kehrten sie unter das Dach der EKD zurück und übernahmen auch deren Modell der Finanzierung über Kirchensteuern. Trotz anhaltender Kirchenaustritte vertrat die EKD 1995 noch 28,3 Mio. evangelische Christen.
Mitglieder der EKD sind die Gliedkirchen und nicht die einzelnen Gläubigen. Die Dachorganisation hat daher nur beschränkte inhaltliche Kompetenzen, Bekenntnis- und Verkündigungsfragen sind Sache der Gliedkirchen. Dennoch hat der Zusammenschluß zu mehr Gemeinsamkeit geführt. Die EKD kann die Interessen der Protestanten dem Staat gegenüber wirkungsvoller vertreten als die einzelnen Landeskirchen, und ihre Stimme hat in der Ökumene mehr Gewicht, als es kleinere Gruppierungen hätten. Ihre »Regierung« ist der Rat der EKD, der von der Synode der EKD und der Kirchenkonferenz bestellt wird. Die Synode besteht aus gewählten Mitgliedern der Synoden der Gliedkirchen, deren Leitungen je eine Stimme in der Kirchenkonferenz haben. Sie erarbeitet Vorschläge für die Synode und den Rat. Die Geschäfte führen die Kirchenkanzlei der EKD in Hannover und das Kirchliche Außenamt in Frankfurt am Main.

EVG s. *Europäische Verteidigungsgemeinschaft*

EWG s. *Europäische Wirtschaftsgemeinschaft*

EWS s. *Europäisches Währungssystem*

Exekutive
Eine der drei Gewalten im demokratischen Staat ist die Exekutive (lat.: »executio« = Ausführung, Vollzug). Sie umfaßt Regierung und Verwaltung, reicht also vom Kanzler bis zum Streifenpolizisten. Nach dem Prinzip der *Gewaltenteilung* hat die Exekutive keinen Einfluß auf die anderen beiden Gewalten, *Legislative* und *Judikative*, deren Beschlüsse sie ausführt, indem sie für die Einhaltung der Gesetze und die Vollstreckung von Urteilen sorgt.

Exquisit-Läden s. *HO*, s. *Intershop*

Extremistenbeschluß
Die Radikalisierung eines Teils der in *Studentenbewegung* und *APO* aktiven Protestler bis hin zum Abdriften in den *Terrorismus* ließ den westdeutschen Staat zu Beginn der 1970er Jahre gefährdeter erscheinen, als er es war. Der immer lautere Ruf nach Maßnahmen zur Eindämmung des Extremismus führte zu einem bei Bundeskanzler *Brandt* am 28. 1. 1972 ausgehandelten Runderlaß der *Ministerpräsidenten* der *Bundesländer* über die Beschäftigung sog. Radikaler im öffentlichen Dienst. Er verfügte, daß Personen, die nicht die Gewähr bieten, daß sie jederzeit für die *freiheitlich-demokratische Grundordnung* eintreten, nicht als *Beamte* eingestellt werden dürfen oder sogar aus dem Dienst zu entfernen sind. Ähnliches sollte für Angestellte und Arbeiter des öffentlichen Dienstes gelten. Mit diesem Extremistenbeschluß, auch »Radikalenerlaß« genannt, wollte man auch Mitglieder (noch) nicht verbotener verfassungsfeindlicher Organisationen vom Staatsdienst fernhalten. Das *Bundesverfassungsgericht* bestätigte, daß der Beschluß Art. 12 GG *(Berufsfreiheit)* nicht verletze, da Art. 33,5 GG Beamten eine besondere Treuepflicht auferlegt. De facto aber stellte er etwa für Lehrer ein Berufsverbot dar, da diese außerhalb des Staatsdienstes kaum ihrer Ausbildung entsprechende Arbeitsplätze finden können. Unterschiedliche Handhabung in den Ländern und durch die *Gerichte* sowie das Abflauen der Terrorismus-Gefahr ließen schon Ende der 1970er Jahre einige Länder vom Beschluß abrücken, der formal aber weiter gilt. Lediglich das Saarland schaffte ihn 1985 ab.

F

Familienpolitik

Nach Art. 6 GG genießt die Familie den besonderen Schutz des Staates. Unter Familienpolitik wird die Gesamtheit der Maßnahmen und Planungen verstanden, mit denen der Staat und seine Körperschaften sowie Parteien, Kirchen und Verbände versuchen, die Familie, ihre Bildung und ihren Bestand zu fördern und ihre Stellung in der Gesellschaft zu stärken. Das geschieht in der Steuerpolitik durch steuerliche Begünstigungen, in der *Sozialpolitik* durch Zahlung von Kindergeld, durch Familienhilfeleistungen, Sparförderung für Familien usw., in der Beschäftigungspolitik z. B. durch Schaffung von Teilzeitarbeitsplätzen, in der *Bildungspolitik* durch Einrichtung von Kinderhorten, Erziehungsberatungsstellen, Gewährung von Ausbildungsbeihilfen, in der Wohnungs- und Städtebaupolitik durch Verbesserung des Wohnumfeldes, Förderung des Baus familiengerechter Wohnungen u. a., in der Gesundheitspolitik *(Gesundheitswesen)* durch Schaffung und Unterhalt von Einrichtungen der Kinder-, Familien- und Müttererholung, in der Rechtspolitik durch Reform des *Familienrechts.* Familienpolitik kann auch Instrument der Bevölkerungspolitik sein, sofern sich diese zum Ziel setzt, das Wachstum der Bevölkerung (durch Geburten) zu begrenzen oder zu fördern.
Daß die Beschwörungen des hohen Werts der Familie oft nur Lippenbekenntnisse waren, bewies in der Bundesrepublik schon die häufige Umbenennung des zuständigen Ministeriums: 1949 kein eigenes Ressort, 1953 Ministerium für Familienfragen, 1957 für Familien- und Jugendfragen, 1963 für Familie und Jugend, 1969 für Familie, Jugend und Gesundheit, 1986 für Jugend, Familie, Frauen und Gesundheit, 1994 für Familie, Senioren, Frauen und Jugend. Trotz Kindergeld, steuerlicher Begünstigung u. a. sind Familien, insbesondere kinderreiche, sozial benachteiligt, da Hausfrauentätigkeit ebensowenig bezahlt wird wie Erziehungsleistungen und die Aufwendungen für die Kinder die Zuwendungen weit übersteigen. Die DDR prangerte diese familienfeindliche Haltung stets an, propagierte die volle Integration der Frauen in den Produktionsprozeß und das Modell der Arbeitsteilung in Beruf und Familie, doch die Realität zeigte, trotz eines gut ausgebauten Systems staatlicher Kinderbetreuung, wie im Westen eine deutliche Überforderung der Frauen, da das patriarchalische Familienmodell nicht aufgebrochen werden konnte.

Familienrecht

Für die Familienverfassung gibt es keine Gesetze, das Bürgerliche Gesetzbuch (BGB) regelt nur die individuellen Rechtsbeziehungen der einzelnen Familienmitglieder zueinander. Danach umfaßt das Familienrecht das Eherecht, das Verwandtschaftsrecht (Eltern-Kind-Verhältnis) und das Vormundschaftsrecht. Erste Aufgabe des Familienrechts ist es, den Personenstand zu bestimmen, d.h. festzulegen, welche Menschen zueinander in welchen familienrechtlichen Beziehungen stehen (Abstammung, Annahme als Kind, Verlöbnis, Eheschließung und -auflösung). Grundsätzlich gilt für das Rechtsverhältnis von Ehegatten die *Gleichberechtigung* von Mann und Frau und zwischen Eltern und Kind die Gleichstellung des ehelichen mit dem unehelichen Kind. Familienangehörige sind gegenseitig zum Unterhalt verpflichtet; dies gilt für Ehegatten wie für Verwandte in gerader Linie. Das Eherechtsreformgesetz von 1977 schuf grundlegende Neuregelungen zur Eheauflösung; seitdem ist für die Scheidung nicht mehr die Schuld eines Ehegatten, sondern allein das Scheitern der Ehe Voraussetzung (Zerrüttungsprinzip), zugleich wurde das Scheidungsfolgenrecht neu gestaltet. Entscheidend dabei ist der vereinbarte Güterstand, nach dem die Eheleute entweder in einer Zugewinngemeinschaft leben und den Zugewinn bei der Scheidung zu teilen haben oder sich auf Gütertrennung geeinigt haben. Für Ehe- und Familiensachen sind besondere Familiengerichte bei den Amts*gerichten* zuständig.

Farbbücher

Traditionsgemäß wählen Regierungen, die Dokumentationen über ihre Politik, besonders die *Außenpolitik*, vorlegen, für die Buchumschläge bestimmte Farben. Danach heißen solche Veröffentlichungen Farb- oder Buntbücher. So haben sich z.B. in Großbritannien Blaubücher, in den USA Rotbücher, in Frankreich Gelbbücher eingebürgert. In der DDR gab es Braunbücher, in der Bundesrepublik wird mit den Weißbüchern die Tradition des Deutschen Reiches fortgesetzt.

Faschismus

In Italien, das sich um die Früchte des Kampfes an der Seite der Alliierten im 1. Weltkrieg gebracht fühlte, entwickelte sich nach 1918 eine scharf nationalistische Stimmung, zu deren Wortführer sich der einstige Marxist Benito Mussolini mit seinem Kampfbund Fascio di combattimento machte. Das Wort »fascio« (= Bund) war bewußt gewählt, es knüpfte an die »fasces« (Rutenbündel) des alten Roms an, die Zeichen der staatlichen Amtsgewalt waren. Diese sog. Liktorenbündel, aus denen ein Beil herausragt, wurden dann auch Emblem des 1921 gegründeten Partito Nazional Fascista, der nach dem »Marsch auf Rom« (1922) die Macht in Italien übernahm. Die Bezeichnung Faschismus wurde verallgemeinert für alle politischen Bewegungen nach dem 1. Weltkrieg, die sich durch autoritäre, antidemokratische, antikommunistische und extrem nationalistische Haltung auszeichneten.
Der Sturz der alten Autoritäten im 1. Weltkrieg hatte ein zutiefst verunsichertes Bürgertum zurückgelassen, dessen Ängste der Faschismus

mit seinen Versprechungen von Recht und Ordnung, starker Staatsmacht und nationaler Größe ansprach. Wenn auch der Faschismus nur in einigen Staaten Europas (Italien, Spanien, Ungarn, Polen, Estland u. a.) direkt an die Macht kam, so gab es doch in nahezu allen europäischen Ländern starke faschistische Strömungen. Gemeinsam war ihnen, neben der Befürwortung polizeistaatlicher Methoden, Führerprinzip und *Minderheiten*verfolgung. Der totalitäre deutsche *Nationalsozialismus* teilte zwar viele Merkmale des Aufstiegs und der Herrschaftstechnik mit dem Faschismus, ging aber als rassistische Völkermordideologie weit darüber hinaus.
Mit dem Ende des 2. Weltkriegs 1945 verschwand der Faschismus keineswegs, in vielen Staaten vor allem Südamerikas, z. B. in den Diktaturen Chiles oder Argentiniens, kam es zu ähnlichen Entwicklungen. Auch in Europa nehmen neofaschistische Tendenzen in jüngster Zeit - z. T. als Reaktion auf massive Notimmigration - dramatisch zu. Als politisches Schlagwort ist der Begriff in Deutschland weitgehend verbraucht, da er allzu oft unreflektiert auf Phänomene angewendet wurde, die mit Faschismus wenig oder nichts zu tun haben. So bekämpfte die KPD der Weimarer Zeit die SPD als »Sozialfaschisten«. In der DDR wurde diese Tradition weitergeführt, der kommunistische Widerstand gegen Hitler galt als der einzig legitime gegenüber den »reaktionären« Offizieren des 20. Juli, die Bundesrepublik wurde beschuldigt, Tummelplatz alter und neuer Nazis zu sein; demgemäß pries die DDR-Propaganda die *Berliner Mauer* als »antifaschistischen Schutzwall«. »Faschisierungstendenzen« und »faschistoide Züge« entdeckte die westdeutsche *APO* in der *formierten Gesellschaft* der Bundesrepublik in den 1960er Jahren und mußte sich ihrerseits (u. a. durch den Philosophen Jürgen Habermas) »linken Faschismus« vorwerfen lassen.

FDGB s. *Freier Deutscher Gewerkschaftsbund*

FDJ s. *Freie Deutsche Jugend*

FDP s. *Freie Demokratische Partei*

Feminismus

Innerhalb der *Frauenbewegung* hat sich in den letzten Jahrzehnten eine radikale Theorie entwickelt, der Feminismus (von lat. »femina« = die Frau). Während die Frauenbewegung traditionell auf die gesellschaftliche Gleichstellung der Geschlechter bedacht ist, betont der Feminismus zudem die Notwendigkeit des Kampfes gegen die Strukturen der patriarchalischen Gesellschaft. Feministinnen und vereinzelte Feministen sehen die Wurzeln der Unterdrückung und Benachteiligung der Frauen v. a. in der Stellung der Frau in der Familie, in der geschlechts-

spezifischen Arbeitsteilung und in sexueller Ausbeutung durch den Mann.
Der Feminismus meldete sich in der Bundesrepublik erstmals im Rahmen der *APO* mit spektakulären Aktionen zu Wort (z.B. der Kastrationsaufruf »Befreit die sozialistischen Eminenzen von ihren bürgerlichen Schwänzen« des Frankfurter »Weiberrats« 1968). Er erfuhr publizistische Verbreitung vor allem durch das Wirken der Journalistin Alice Schwarzer (Buch »Der kleine Unterschied« 1977, im selben Jahr Gründung der Zeitschrift »Emma«). In der Wissenschaft gibt der Feminismus bedeutende Impulse, so etablierte sich eine Frauenforschung, die weibliche Traditionen und die Geschichte des Wirkens von Frauen im öffentlichen Raum (wieder) lebendig machen will, eine feministische Theologie usw., daneben aber auch ein feministischer Spiritualismus, der in biologistischer Argumentation eine natürliche Überlegenheit der Frau behauptet. Im Juni 1995 gründeten Feministinnen in Nürnberg die »Feministische Partei. Die Frauen«.

Fernsehen s. *Hörfunk und Fernsehen*

Filbinger, Hans

* Mannheim 15. 9. 1913 – Der Jurist Filbinger, Mitglied der CDU seit 1951, war 1960–66 Innenminister von Baden-Württemberg. 1966 wurde er Ministerpräsident. Bis 1972 führte er eine Koalitionsregierung von CDU und SPD, danach regierte die CDU allein. In Filbingers Amtszeit fielen bedeutsame Entscheidungen, die den Ausbau des »Ländle« zum modernen Industriestandort vorantrieben, allerdings mußte er dabei auch einen Rückschlag hinnehmen: Protestaktionen der Anrainer verhinderten den Bau des Kernkraftwerkes Wyhl. 1978 holte ihn seine Vergangenheit als Marinerichter in der NS-Zeit ein; ihm wurde Mitwirkung an Todesurteilen gegen Wehrmachtsdeserteure in den letzten Kriegstagen vorgeworfen. In diesem Zusammenhang prägte der Schriftsteller Rolf Hochhuth das Wort vom »furchtbaren Juristen«. Filbinger verteidigte sich mit dem vielen geschichtsbewußten Menschen ungeheuerlich erscheinenden Satz: »Was damals Recht war, kann heute nicht Unrecht sein.« 1978 mußte er als Ministerpräsident zurücktreten, 1979 gab er auch den Vorsitz in der CDU-Landesorganisation ab, den er seit 1971 innegehabt hatte.

Finanzausgleich

Nach Art. 106,3 GG soll das Aufkommen aus *Steuern* so verteilt werden, »daß ein billiger Ausgleich erzielt, eine Überbelastung der Steuerpflichtigen vermieden und die Einheitlichkeit der Lebensverhältnisse im Bundesgebiet gewahrt wird«. Dazu dient ein vertikaler Finanzausgleich zwischen Bund, Ländern und *Gemeinden*, wobei das Aufkom-

men aus der Lohn- und der veranlagten Einkommensteuer auf Bund, Länder und Gemeinden, das Aufkommen aus der Körperschafts- und der Kapitalertragsteuer nur auf Bund und Länder verteilt wird; ein horizontaler Finanzausgleich findet zwischen den Ländern statt. Danach wurden z. B. 1993 zwischen den westdeutschen *Bundesländern* rd. 3,5 Mrd. DM umverteilt, »Geberländer« waren Baden-Württemberg und Hessen. Schwächere Bundesländer werden zusätzlich durch sogenannte Ergänzungszuweisungen unterstützt.
Die neuen Bundesländer waren laut *Einigungsvertrag* zunächst nicht in das System des Länderfinanzausgleichs einbezogen, sie erhielten statt dessen 1990–94 aus einem Sonderhaushalt (sog. Fonds Deutsche Einheit) vom Bund und den westdeutschen Ländern rd. 160 Mrd. DM. Von 1995 an gilt für das gesamte Bundesgebiet eine Neuordnung, die den geringen Steuereinnahmen der ostdeutschen Länder Rechnung trägt. Diese erhalten jährlich rd. 56 Mrd. DM, von denen 51 Mrd. der Bund trägt. Der Anteil der Bundesländer an der Mehrwertsteuer (auch Umsatzsteuer) wird von 37 % auf 44 % erhöht, der Bund zahlt für 10 Jahre Sonderzuweisungen an die ostdeutschen Länder, die nunmehr in den Länderfinanzausgleich einbezogen sind.

Finanzpolitik

Unter Finanzpolitik wird die Gesamtheit der Entscheidungen über die Zusammensetzung des Bundeshaushalts und die Gestaltung der *Steuern* und deren Verwendung verstanden. Neben der Beschaffung öffentlicher Einnahmen verfolgt die Finanzpolitik auch nichtfiskalische Ziele, etwa Wohlstand, Gerechtigkeit und soziale Sicherheit. Mittel dazu sind die öffentlichen Einnahmen und Ausgaben sowie deren Kombination im öffentlichen Haushalt.
Seit den 1930er Jahren wird die Finanzpolitik auch zur Beeinflussung der *Konjunktur* eingesetzt. Abweichend von der klassischen Lehre, die nur den Haushaltsausgleich anstrebte, nimmt die moderne Haushaltspolitik Defizite und Überschüsse in Kauf, sie betreibt sog. antizyklische Finanzpolitik, um Konjunkturausschläge zu verringern: Bei einer konjunkturellen Flaute sollen die öffentlichen Ausgaben erhöht und die Steuern gesenkt werden, in der Hochkonjunktur soll durch Verringerung der öffentlichen Ausgaben und Steuererhöhung die Gesamtnachfrage gesenkt werden. Wichtig für den Erfolg finanzpolitischer Maßnahmen ist die enge Zusammenarbeit der staatlichen Stellen mit den Entscheidungsträgern der Geldpolitik, in der Bundesrepublik der *Deutschen Bundesbank*.

Finnlandisierung

Finnland unterhielt nach 1945 gutnachbarliche Beziehungen zur Sowjetunion, die ihrerseits die Souveränität des kleinen Landes respektierte. 1948 wurde zwischen beiden Staaten ein Freundschafts- und

Beistandspakt geschlossen, der 1955, 1970 und 1983 verlängert wurde. Auf dieses Modell berief sich die Sowjetunion bei ihren wiederholten Versuchen, die *NATO*-Staaten, vor allem die Bundesrepublik als unmittelbaren Blocknachbarn und nach *Wiedervereinigung* mit der sowjetisch kontrollierten DDR strebenden Staat, zu einer Politik des Wohlverhaltens ihr gegenüber zu verpflichten. Die *Ostpolitik* der sozialliberalen Koalition wurde daher u. a. von US-Politikern als Versuch einer »Finnlandisierung« der Bundesrepublik beargwöhnt.

Flick-Affäre

Seit Mitte der 1970er Jahre beschäftigte sich die Steuerfahndung im Raum Bonn, später auch die Staatsanwaltschaft in Nordrhein-Westfalen verstärkt mit der Praxis der *Parteien*, Spenden aus der Wirtschaft auf dem Umweg über gemeinnützige Organisationen an sich selbst weiterzuleiten. Im Zentrum der Ermittlungen stand dabei der Flick-Konzern, dessen Zuwendungen hauptsächlich an CDU und FDP, in geringem Umfang auch an die SPD geflossen waren. Von Juni 1983 bis März 1985 tagte ein *Untersuchungsausschuß* des *Bundestages* zu diesem Thema; eine der Konsequenzen seiner Nachforschungen war im September 1984 der Rücktritt *Barzels* vom Amt des *Bundestagspräsidenten*. Der von Aug. 1985 bis Feb. 1987 dauernde Strafgerichtsprozeß gegen den Flick-Manager Eberhard von Brauchitsch sowie die früheren Wirtschaftsminister Hans Friderichs und Otto Graf Lambsdorff (beide FDP) endete mit Verurteilungen wegen Steuerhinterziehung. Die Flick-Affäre, auch Parteispendenaffäre genannt, hatte durch den Vertrauensverlust der Parteien maßgeblichen Anteil an der um sich greifenden »Politikverdrossenheit«.

Fluchthilfe

Teils aus humanitären, teils aus kommerziellen Gründen bemühten sich zu DDR-Zeiten Personen und Organisationen, Menschen zur Flucht über die *innerdeutsche Grenze* zu verhelfen. Dabei kam es z. T. zu spektakulären Aktionen wie Ballonflügen, Durchbrechen der Grenzsperren mit gepanzerten Wagen, Floßfahrten über die Ostsee, Entführung von Flugzeugen oder Tunnelbauten unter der *Berliner Mauer*. Fluchthilfe wurde von den DDR-Behörden als »staatsfeindlicher Menschenhandel« verfolgt.

Flüchtlinge

Menschen, die aus politischen oder religiösen Gründen sowie wegen kriegerischer Ereignisse oder drohender Armut ihre Heimat verlassen, hat es zu allen Zeiten gegeben. Im 20. Jh. aber wurde das Flüchtlingsschicksal zum Massenphänomen, das Millionen betraf und weiter betrifft; bekannte Beispiele aus jüngster Zeit sind die Fluchtbewegungen im ehemaligen Jugoslawien, in Ruanda oder Afghanistan. Nach

Schätzungen des Flüchtlingshochkommissariats der *Vereinten Nationen* (UNHCR) gab es 1995 rd. 30 Mio. Flüchtlinge.
Bundesrepublik und DDR übernahmen als eine von vielen Hypotheken der Vergangenheit auch ein gewaltiges Flüchtlingsproblem. Aus den *deutschen Ostgebieten* und deutschen Siedlungsgebieten in Ost- und Südosteuropa waren in der Endphase des 2. Weltkrieges und in den Jahren danach weit über 16 Mio. Menschen gekommen, von denen sich in der Bundesrepublik etwa 12 Mio. und in der DDR etwa 4,4 Mio. ansiedelten. Teils waren diese Menschen bei Näherrücken der sowjetischen Armeen geflohen, teils waren sie Opfer der *Vertreibung*, die nach dem *Potsdamer Abkommen* im Juli/August 1945 in den baltischen Staaten, in Polen, der Tschechoslowakei, in Ungarn, Jugoslawien und Rumänien einsetzte und die keineswegs überall als »ordnungsgemäße und humane« Umsiedlungsaktion ablief, wie es das Abkommen gefordert hatte.
Die Fluchtbewegungen von Ost nach West setzten sich zwischen den beiden deutschen Staaten fort. Von 1949 bis 1961, also bis zum Bau der *Berliner Mauer*, flohen über 2,6 Mio. Menschen aus der DDR, danach floß der Flüchtlingsstrom spärlicher, versiegte jedoch nie ganz; allein 40 000 Menschen überwanden Todesstreifen und Sperranlagen an der *innerdeutschen Grenze.* Für die Belange der Flüchtlinge und Heimatvertriebenen war 1949–69 das Bundesministerium für Vertriebene, Flüchtlinge und Kriegsgeschädigte zuständig, nach dessen Auflösung (1969) gingen die Kompetenzen an das Innenministerium über.

Föderalismus
Föderalismus ist ein politisches Ordnungsprinzip, nach dem sich Gruppen, Stämme, Vereine, Stände, Länder, *Staaten* u. a. zusammenschließen können, wobei nach innen die Selbständigkeit der Mitglieder, nach außen die Geschlossenheit betont wird. Geschichtliche, kulturelle, soziale und wirtschaftliche Eigenständigkeiten können so besser erhalten, die Freiräume der Bürger gegenüber dem Staat vergrößert werden. Föderalistische Staatsformen reichen von losen Zusammenschlüssen über den Staatenbund bis zum Bundesstaat.
In der deutschen Geschichte der Neuzeit war der Föderalismus bestimmender Gedanke: Der Deutsche Bund (1815–66) war ein Staatenbund, der Norddeutsche Bund (1867–71), das Deutsche Kaiserreich (1871–1918) und die Weimarer Republik (1919–33) waren Bundesstaaten, die Bundesrepublik ist es gleichfalls (Art. 20 GG). Anders organisiert, nämlich als Einheitsstaaten, waren dagegen nur das nationalsozialistische 3. Reich (1933–45) und die DDR (seit Auflösung der Länder 1952).

Fonds Deutsche Einheit s. *Finanzausgleich*

formierte Gesellschaft

Bundeskanzler *Erhard* führte 1965 den Begriff »formierte Gesellschaft« in die politische Diskussion ein. Er stützte sich dabei auf das Konzept einer Gruppe von Beratern, dem »Sonderkreis« im Kanzleramt, zu dem u. a. die Publizisten Rüdiger Altmann und Johannes Gross gehörten: Gegenüber klassenkämpferischen Vorstellungen war die formierte Gesellschaft als eine Gemeinschaft zusammenwirkender Gruppen unter dem Dach eines in seiner Autorität gestärkten Staates gedacht; die politische, gesellschaftliche und wirtschaftliche Ordnung müsse so stabil sein, daß sie den Bürgern ein Gefühl der Geborgenheit vermittele, wodurch sich bei den einzelnen Individuen und Gruppen ein auf das »Staatsganze« gerichtetes Verantwortungsbewußtsein ergeben werde. Besondere Wirksamkeit erlangte diese Theorie nicht, sie stieß hingegen auf starken Widerspruch bei Kritikern, die darin eine Rückkehr zu autoritären Denkmustern der Vergangenheit und NS-Parolen wie »Überwindung des Klassenkampfes« in einer »Volksgemeinschaft« sahen.

Forschungspolitik

Seit der industriellen Revolution ist Forschung, sowohl als Grundlagen- wie als angewandte Forschung besonders in Naturwissenschaft und Technik, eine Überlebensfrage; ihre Ergebnisse haben zentrale Bedeutung für Wirtschaft und Gesellschaft. In der Bundesrepublik gilt Forschungsfreiheit nach Art. 5,3 GG als *Grundrecht*. Forschung wird von Hochschulen, außeruniversitären staatlichen, halbstaatlichen, überstaatlichen oder privaten Institutionen und von Wirtschaftsunternehmen betrieben. Die staatlichen Zuständigkeiten im Bereich der Wissenschaft sind zwischen Bund und *Bundesländern* aufgeteilt. Die ministerielle Verantwortung liegt auf Bundesebene beim *Bundesminister* für Bildung und Wissenschaft, dessen Ressort 1994 mit dem für Forschung und Technologie zu einem »Zukunftsministerium« verschmolz; daneben sind weitere Ministerien in der Forschungsförderung engagiert, insbesondere das Verteidigungsministerium. Die Bundesländer schlossen bereits vor Gründung der Bundesrepublik ein Abkommen zur Förderung überregionaler Forschungseinrichtungen (Königsteiner Abkommen 31. 3. 1949).

Zu den vom Bund - und in geringerem Umfang auch von den Ländern - betriebenen Großforschungseinrichtungen gehören z. B. das Deutsche Elektronen-Synchrotron in Hamburg (DESY), das Kernforschungszentrum Jülich (KFA) und die Gesellschaft für Kernforschung in Karlsruhe (GFK). Die Max-Planck-Gesellschaft zur Förderung der Wissenschaften unterhält über 60 eigene Forschungsinstitute, die v. a. Grundlagenforschung betreiben. Die Deutsche Forschungsgemeinschaft (DFG) unterstützt hauptsächlich Forschungsvorhaben an den Hochschulen, die Fraunhofer-Gesellschaft widmet sich der angewand-

ten Forschung, teils auch der Auftragsforschung. Seit 1968 haben die Hochschulen auf Empfehlung des Wissenschaftsrates eigene Sonderforschungsbereiche eingerichtet. Die nichtstaatliche Forschung wird durch die Arbeitsgemeinschaft industrieller Forschungsvereinigungen (AIF) repräsentiert, die 70 Mitglieder zählt.
In der DDR galt der Forschungspolitik seit dem VIII. Parteitag der SED (1971) besondere Aufmerksamkeit. Das Ziel, den wissenschaftlich-technischen Fortschritt allein durch isolierte Anstrengungen der DDR zu erreichen, wurde aufgegeben, nunmehr sollte er in verstärkter Zusammenarbeit mit den Staaten des *Comecon* bewirkt werden. Nach wie vor galt aber der Grundsatz, auf die durch die *CoCom*-Liste ohnehin erschwerte »schematische« Übernahme »kapitalistischer« Forschungsansätze und Lösungen zu verzichten. Der Anteil der Ausgaben für Wissenschaft und Technik am Nationaleinkommen wurde ständig gesteigert, dennoch entsprachen die neuentwickelten Erzeugnisse und Verfahren nur selten dem internationalen Standard. Der Grund für das Zurückbleiben hinter dem »Weltniveau« wurde in mangelnder Organisation der Überleitungsprozesse gesehen: Es gelang nicht, die Schwachstellen in der Kette von der Grundlagenforschung über die angewandte Forschung und Entwicklung bis zur Produktion zu beseitigen.

Fragestunde

In jeder Sitzungswoche des *Bundestags* werden bis zu drei Fragestunden durchgeführt, in denen die *Bundesregierung* zuvor eingereichte Fragen der *Abgeordneten* zu aktuellen Themen, Maßnahmen oder Plänen beantwortet. Jedes Parlamentsmitglied kann bis zu zwei Fragen vorbringen und zwei - mit Genehmigung des *Bundestagspräsidenten* auch mehr - Zusatzfragen stellen. Die Antworten der Regierung werden nicht diskutiert. Die Fragestunde wurde 1951 nach dem Vorbild der »Question Time« im britischen Unterhaus eingeführt und stellt neben der Großen und der Kleinen *Anfrage* ein parlamentarisches Kontrollinstrument dar.

Fraktion

Zum Zweck gemeinsamer Willensbildung und der Vorbereitung der parlamentarischen Arbeit bilden die *Abgeordneten* einer *Partei* eine Arbeitsgemeinschaft, die Fraktion. Im Deutschen *Bundestag* gilt dafür als Voraussetzung, daß eine solche Vereinigung mindestens 5 % der Mitglieder des Hauses umfaßt; wird diese Fraktionsstärke nicht erreicht, können gleichgesinnte Abgeordnete als Gruppe anerkannt werden, genießen aber nicht die besonderen Rechte der Fraktion (v.a. Besetzung der *Ausschüsse* und des *Ältestenrats* des Bundestags, finanzielle Zuwendungen aus Haushaltsmitteln). In den Fraktionen wird die innere Organisation der Parlamentsarbeit geregelt, sie entsenden je nach ihrer Stärke Vertreter in die Ausschüsse; die Zahl der Redner bei

Parlamentsdebatten richtet sich nach der Größe der Fraktionen, in internen Beratungen wird die Haltung einer Partei zu den im Parlament anstehenden Fragen geklärt.
Fraktionen verlangen in der Regel Disziplin, d. h. es wird erwartet, daß die Abgeordneten im Parlament so abstimmen, wie es die Fraktion zuvor beschlossen hat. Fraktionszwang darf es nicht geben, da die Abgeordneten laut Art. 48 GG nur ihrem Gewissen verpflichtet sind. Dennoch wird das freie *Mandat* in der parlamentarischen Praxis in vieler Weise eingeengt. U. a. können Abgeordnete, die die politische Grundlinie ihrer Partei verlassen oder in namentlichen *Abstimmungen* wiederholt abweichend votieren, aus der Fraktion ausgeschlossen werden, was zumeist das Ende ihrer politischen Existenz bedeutet. Bei bestimmten Fragen (z. B. im Fall der Abstimmung über das Gesetz zum *Schwangerschaftsabbruch*) stellen die Fraktionen die Abstimmung aber auch ausdrücklich frei. Zwischen den Parteiorganisationen und der Fraktion bestehen zumeist enge organisatorische und personelle Verbindungen. Als regelmäßig und häufig tagende Arbeitsgremien können die Fraktionen schneller als Parteivorstände oder gar Parteitage auf politische Fragen reagieren.
Auch in der *Volkskammer* der DDR gab es Fraktionen, die das Recht besaßen, Anfragen und Anträge einzubringen und Stellungnahmen zu Gesetzen abzugeben. Das Recht der Gesetzesinitiative stand ihnen gleichfalls zu, es wurde aber praktisch nur vom *Ministerrat* und vom *Staatsrat* wahrgenommen.

Franke, Egon
* Hannover 11. 4. 1913, † ebendort 26. 4. 1995 - Seit 1928 Mitglied der SPD, wurde der Tischler Franke 1935 von den Nationalsozialisten wegen angeblicher Vorbereitung zum Hochverrat zu zweieinhalb Jahren Zuchthaus verurteilt. Nach Kriegsende gehörte er zu den Mitbegründern der SPD im »Büro *Schumacher*« in Hannover, seit 1951 war er *Abgeordneter* im *Bundestag* (bis 1986). 1964–73 gehörte er dem Präsidium der SPD an; er galt dort als Vertreter des rechten Flügels. 1967–69 war er Vorsitzender des Ausschusses für Gesamtdeutsche Fragen. In seiner Tätigkeit als Bundesminister für *innerdeutsche Beziehungen* (1969–82) bemühte sich Franke um deren Verbesserung und Ausbau. Nach Ende seiner Amtsszeit sah er sich Vorwürfen ausgesetzt, zu großzügig Gelder für den Freikauf von DDR-Häftlingen verwendet zu haben; diese Anschuldigungen erwiesen sich jedoch als haltlos.

Frankfurter Wirtschaftsrat s. *Zweizonenwirtschaftsrat*

Frauenbewegung
Die Frauenbewegung als organisierte Form des Kampfes um politische, soziale und kulturelle Gleichstellung der Frau stand häufig im

Zusammenhang mit anderen sozialen Bewegungen. Erster Markstein war während der Französischen Revolution die »Erklärung der Frauenrechte« durch Olympe de Gouges (1792) und die Gründung eines »Cercle social«, der die politische Gleichberechtigung der Geschlechter mit aktivem und passivem Wahlrecht und Zulassung zu öffentlichen Ämtern forderte. Es folgten Impulse durch bürgerliche und sozialistische Bewegungen. Das Frauenwahlrecht setzte sich nur langsam durch. Während einzelne nordamerikanische Staaten bereits um 1870 den Zugang zu den Urnen gewährten, bekamen ihn die Schweizerinnen erst 100 Jahre später. In Deutschland führte die Weimarer Verfassung von 1919 das Frauenwahlrecht ein; 1908 waren den Frauen die Universitäten geöffnet worden. Die beiden Weltkriege brachten eine starke Zunahme weiblicher Berufstätigkeit und sorgten damit für weitere Emanzipation. Die von der NS-Ideologie geförderte Rückkehr zu den alten Rollenbildern von der Frau als Gattin (»Gefährtin des Mannes«) und Mutter blieb Episode.

In der Bundesrepublik ist die *Gleichberechtigung* von Männern und Frauen im *Grundgesetz* verankert (Art. 3 GG). Dennoch bestehen real in vielen Bereichen der Gesellschaft weiterhin Benachteiligungen für Frauen (z. B. bei der Entlohnung, bei Besetzung von Führungspositionen). An diesem Widerspruch setzte eine neue Frauenbewegung an, die im Zusammenhang mit den Protestbewegungen seit Ende der 1960er Jahre an Profil gewann. Die USA gingen voran mit dem »Women's Liberation Movement«, ihm folgte 1968 in verschiedenen deutschen Universitätsstädten die Gründung von »Weiberräten«, die die Diskriminierung von Frauen aufgrund ihres Geschlechts unter dem Begriff »Sexismus« anprangerten. Der Kampf gegen den Abtreibungsparagraphen 218 StGB *(Schwangerschaftsabbruch)* verschaffte ihren Anliegen eine breite Basis. Für einen Teil der Frauenbewegung ist die politische Gleichberechtigung weiterhin Schwerpunkt ihrer Arbeit. Hier wurden mit der Ernennung von Gleichstellungs- und Frauenbeauftragten bei den *Gemeinden* und anderen öffentlichen Arbeitgebern, z. T. auch in den Betrieben, mit *Quotenregelungen* in den politischen Parteien u. a. versucht, Benachteiligungen von Frauen im öffentlichen Leben aufzudecken und abzubauen.

Andere Teile der Frauenbewegung gehen darüber hinaus. Der Theorie des *Feminismus* folgend, ist für sie der Geschlechtergegensatz ein gesellschaftlicher Hauptwiderspruch, aus dem sich alle Formen der Frauenunterdrückung herleiten. Gegen die hergebrachten männlichen Lebensstile wird eine »Feminisierung« des Normen- und Wertesystems gefordert. In der Gleichberechtigung erkennen feministische Gruppen kein erstrebenswertes Ziel, da es in ihren Augen nur Anpassung an das Patriarchat bedeutet.

Die neue Frauenbewegung stellt sich heute in einer Vielzahl von Initiativen und Projekten dar, die weibliche Selbsterfahrung und Selbstent-

Mit der Forderung nach Abschaffung des Abtreibungsparagraphen unter dem Motto »Mein Bauch gehört mir« entfachte die Frauenbewegung eine erregt geführte öffentliche Debatte.

faltung ermöglichen wollen. Eine besondere Frauenkultur hat sich herausgebildet, die von Frauenkneipen, -buchläden, -verlagen über weibliche Schreib- und Filmgruppen bis hin zu einer Frauenforschung an den Universitäten reicht. In Frauenhäusern (das erste wurde 1976 in Berlin eingerichtet) finden Frauen und deren Kinder Zuflucht vor Mißhandlungen durch Männer. Am ausgeprägtesten wird die feministische Kultur in neuen Lesbengruppen verkörpert.
In der DDR gehörte die Gleichstellung der Frau von Anfang an zu den Zielen der sozialistischen Gesellschaftspolitik. Die Integration der Frau in den Arbeitsprozeß ging hier weiter als in der Bundesrepublik, der 1947 gegründete *Demokratische Frauenbund Deutschlands* sah als seine Hauptaufgabe, »Frauen aus allen Schichten der Bevölkerung für die Arbeit in der Produktion zu gewinnen«. Zur Erleichterung der Vereinbarkeit von Familie und Beruf wurden zahlreiche sozialpolitische Maßnahmen ergriffen (z. B. Verlängerung des Mutterschutzes, bezahltes Babyjahr, Arbeitszeitverkürzung für Mütter, Erhöhung des Kindergeldes, Ausbau von Kinderkrippen). Der Anteil von Frauen in frauenuntypischen Berufen lag höher als in der Bundesrepublik, ebenso der Anteil von Frauen auf der mittleren Führungsebene der Betriebe (z. B. wurden 90 % der Sparkassen von Frauen geleitet). In Spitzenpositionen waren sie allerdings ebenso selten zu finden wie in der Bundesrepublik.
Diese »Emanzipation von oben«, wie Wissenschaftler die Frauenpolitik der DDR kennzeichneten, konnte bestimmte Traditionen und Belastungsmomente nicht verändern, sie blieb beschränkt auf eine Fürsorge für die Frau in der Familie und wurde in feministischen Kreisen als »Muttipolitik« verspottet. Feministinnen formierten sich in der DDR seit Anfang der 1980er Jahre v. a. im kirchlichen Raum und im Rahmen der *Friedensbewegung* (1982 Zusammenschluß »Frauen für den Frieden«). Hoffnungen auf eine neue Frauenbewegung, die nach der *Wiedervereinigung* laut wurden, mußten allerdings bald begraben werden. Weder kam es zu einem kollektiven Protestverhalten gegen die Wiedereinführung des § 218, gegen die Zurücknahme einzelner sozialpolitischer Errungenschaften und den Verdrängungswettbewerb am Arbeitsplatz, von dem Frauen in den neuen Bundesländern besonders betroffen sind, noch fanden bisher feministische Vorstellungen größere Resonanz.

Frauenverbände
Interessenverbände von Frauen zumeist bürgerlicher Herkunft bildeten sich in den europäischen Ländern seit 1850. Ihre Ziele waren, die Benachteiligung von Frauen in der Ausbildung, in sozialer und politischer Hinsicht aufzuheben.
In der Bundesrepublik wurden seit 1949 zahlreiche Frauenverbände gegründet, z. T. verbunden mit *Gewerkschaften*, *Parteien* oder Kirchen.

Konfessionelle Frauenverbände sind im »Deutschen Frauenring« zusammengeschlosssen. Dachorganisation aller deutschen Frauenverbände ist der »Deutsche Frauenrat« mit rd. 11 Mio. Mitgliedern in etwa 80 Organisationen (1995). Auf der Ebene der *Bundesländer* gibt es gleichfalls Zusammenschlüsse, zumeist bezeichnet als »Landesfrauenräte«. Daneben existieren zahlreiche weitere Frauenverbände, -gruppen und -netzwerke.

In der DDR waren Frauen 1947–90 im *Demokratischen Frauenbund Deutschlands* zusammengeschlossen. 1989 betrug dessen Mitgliederzahl etwa 1,5 Mio. Am 17. 2. 1990 wurde von informellen Frauengruppen ein »Unabhängiger Frauenverband« (UFV) gegründet, der sich an der Ausarbeitung der Sozialcharta (Sicherung von Rechten der DDR-Bürgerinnen und -Bürger beim Vereinigungsprozeß) beteiligte, jedoch bei den ersten freien Wahlen zur *Volkskammer* im März 1990 kein *Mandat* erringen konnte.

Freie Demokratische Partei (FDP)

Die Freie Demokratische Partei (Abkürzung FDP, seit 1968/69 parteioffiziell F.D.P.) entstand am 12. 12. 1948 durch den Zusammenschluß der liberalen Landesparteien der westlichen *Besatzungszonen*, die sich seit 1946 gebildet hatten. Die politisch heterogene Mitgliedschaft (Linksliberale, Nationalliberale, Konservative) einte das Eintreten für die *Marktwirtschaft*. Die FDP war bereits im *Zweizonenwirtschaftsrat* (1947–49) vertreten. Mit ihrem Vorsitzenden *Heuss* stellte sie 1949–59 den ersten *Bundespräsidenten*. Bis auf zwei Unterbrechungen gehörte sie seit 1949 als *Koalitions*partner allen Bundesregierungen an, zunächst 1949–56 den von der CDU/CSU geführten *Kabinetten*. Unter *Mende* (Vorsitzender 1960–68) bildete die FDP 1961–66 erneut eine Koalition mit den Unionsparteien. 1968 begann eine linksliberale Umorientierung unter dem Vorsitzenden *Scheel* (1968–74), die in den Freiburger Thesen (1972) mit Stellungnahmen zur Sozialbindung des *Eigentums* und zum Vorrang des *Umweltschutzes* programmatisch vertieft wurde. 1969–82 regierte die FDP gemeinsam mit der SPD, vollzog aber darauf unter dem Vorsitzenden *Genscher* (1974–85) den Wechsel zurück zur CDU/CSU. Unter Bundeskanzler *Kohl* war sie seitdem in allen Kabinetten vertreten. Im August 1990 erfolgte die Vereinigung mit den liberalen Parteien der DDR (Bund Freier Demokraten, Deutsche Forumpartei). Jugendorganisation der FDP waren zunächst die Jungdemokraten, die sich aber nach links abspalteten, seit 1983 sind die Jungen Liberalen (»Julis«) anerkannte Parteijugend.

Die FDP, nach eigenem Selbstverständnis »dritte Kraft« zwischen Sozialisten und Konservativen, konnte nie große Massen an sich binden. Ihre Anhänger findet sie unter Freiberuflern, leitenden Angestellten, Selbständigen u. a. Wegen ihrer Mitgliederschwäche (1982 waren es 80 000, durch die Vereinigung stieg die Zahl 1991 auf 170 000 und sank bis Mitte 1995 wieder auf 87 000) ist die FDP mehr noch als andere Parteien auf Spenden aus der Privatwirtschaft angewiesen, was spezifische Abhängigkeiten mit sich bringt und eine deutliche Profilierung verhindert hat. Der Wähler sieht die FDP eher als *Mehrheits*beschaffer für die großen Parteien oder als Korrektiv, das über die Einhaltung bestimmter Prinzipien, etwa die bürgerlichen Freiheitsrechte, wacht. Dem entspricht auch, daß die FDP immer seltener in regionale Gremien gewählt wird, wo ihre Mehrheitsbeschaffer- und Wächterfunktion weniger nötig ist.

Freie Deutsche Jugend (FDJ)
Am 7. 3. 1946 genehmigte die *SMAD* die Gründung einer »überparteilichen, einigen, demokratischen Jugendorganisation«. Dieses Datum gilt als Gründungstag der Freien Deutschen Jugend (FDJ). Wenn auch von Kommunisten dominiert, sollte der Jugendverband doch demokratische Ziele haben. Der erste Vorsitzende *Honecker* versprach, »den überparteilichen Charakter unserer Organisation wie unseren Augapfel zu hüten«. Unter den Bedingungen des *Kalten Krieges* mußten das leere Versprechungen bleiben. Bereits 1947 wurden Uniformen eingeführt, Versuche von CDU, LDPD und den Kirchen, eigene Jugendverbände aufzubauen, wurden durch die Besatzungsorgane unterdrückt. 1952 erkannte das Parlament der FDJ die führende Rolle der SED an und übernahm zugleich das Organisationsprinzip des *demokratischen Zentralismus*, bei den Aufmärschen paradierten bereits Gruppen bewaffneter Jungen und Mädchen. 1957 konnte mit dem Beschluß der 16. Zentralratstagung, daß die FDJ »zuverlässiger Helfer und Kampfreserve der Partei der Arbeiterklasse« sein solle, der politische Formierungsprozeß des Jugendverbandes als abgeschlossen gelten. Die FDJ war fortan Jugendorganisation der SED.
Vom 14. Lebensjahr an konnten Jugendliche der FDJ beitreten, in der Regel gehörten sie ihr bis zum 25. Lebensjahr an. Für Kinder von 6 bis 14 Jahren war die Pionierorganisation »Ernst Thälmann«, die sog. Jungen Pioniere, zuständig. Die Mitgliedschaft in der FDJ war freiwillig, allerdings sorgten Benachteiligungen, die Nichtmitglieder erfuhren, für einen hohen Organisationsgrad; er betrug 1981/82 bei den »Pionieren« 86,6 % (1,6 Mio. Mitglieder), bei der FDJ 77,7 % (2,3 Mio. Mitglieder). In Dörfern, *Genossenschaften*, Betrieben und Bildungseinrichtungen bestanden Grundorganisationen (GO) der FDJ, von denen es Mitte der 80er Jahre ca. 28 500 gab, die sich wiederum in ca. 99 000 Gruppen untergliederten, geführt von rd. 650 000 ehrenamtlichen Funktionären.
Höchstes Gremium war das alle 5 Jahre zusammentretende Parlament der FDJ. Es wählte den Zentralrat der FDJ (rd. 140 Mitglieder), der ein ca. 30 Mitglieder starkes Büro mit dem Sekretariat als dem eigentlichen Leitungsorgan bestimmte. Zum ZK der SED bestanden enge organisa-

torische und personelle Beziehungen. In der *Volkskammer* stellte die FDJ im Rahmen der *Nationalen Front* eine eigene *Fraktion.* Die Jugendorganisation sollte sowohl möglichst große ökonomische Effekte erzielen als auch »vorwärtsdrängende« junge Sozialisten erziehen. Dem dienten Initiativen wie die »Jugendobjekte« (Arbeitsvorhaben im Bauwesen oder in der Landwirtschaft), die »Messen der Meister von morgen«, Aktionen wie »Jugend auf die Traktoren!«, »Hugo Leichtsinn« (Fahndung nach fahrlässig handelnden Verkehrsteilnehmern), »Ochsenkopf« (Umdrehen von nach Westen gerichteten Fernsehantennen auf Hausdächern), der Wettbewerb »stärkster Lehrling« und andere mehr. Zumindest im Sport- und Freizeitbereich vermochte die FDJ - natürlich auch mangels Konkurrenz - Erfolge zu erzielen. Auch ihre Publikationen, v. a. die »Mosaik«-Comics und die Tageszeitung »Junge Welt«, waren beliebt. Auf internationale Beziehungen wurde in der FDJ großer Wert gelegt. Mit dem Jugendverband der Sowjetunion »Komsomol« pflegte sie regen Austausch. Daneben engagierte sie sich in der »sozialistischen *Wehrerziehung*«.
Die FDJ ging mit der DDR unter. Im Januar 1990 machten einige Funktionäre noch den verzweifelten Versuch, den Verband als »fdj« weiterzuführen, doch nach dem 3. 10. 1990 verlor er jede Bedeutung. In der Bundesrepublik war die FDJ seit 1951 als verfassungsfeindlich verboten.

Freier Deutscher Gewerkschaftsbund (FDGB)

Am 10. 6. 1945 erlaubte die *SMAD* in der *SBZ* die Bildung von *Gewerkschaften.* Auf einem Gründungskongreß im Feb. 1946 konstituierte sich daraufhin der Freie Deutsche Gewerkschaftsbund (FDGB). Nach den schlechten Erfahrungen, die man vor 1933 mit den politisch und weltanschaulich gebundenen Richtungsgewerkschaften gemacht hatte, entschied man sich wie im Westen für die Einheitsgewerkschaft. Der Bundesvorstand des FDGB bemühte sich zunächst, Einfluß auf die Gewerkschaftsentwicklung in allen vier *Besatzungszonen* zu nehmen, kam jedoch auf den insgesamt 9 gewerkschaftlichen Interzonenkonferenzen zwischen 1946 und 1948 diesem Ziel nicht näher. Es setzten sich vielmehr in der FDGB-Führung die Kommunisten durch und damit Tendenzen zum Aufbau einer sozialistischen Gesellschafts- und Gewerkschaftsordnung. Ausgerichtet am Organisationsprinzip des *demokratischen Zentralismus*, entwickelte sich der FDGB zu einem Instrument staatlicher Planerfüllung und Herrschaftssicherung. Bereits im Nov. 1946 wurde das *Streik*recht beschnitten, zwei Jahre später wurden die von den Gesamtbelegschaften gewählten Betriebsräte durch Betriebsgewerkschaftsleitungen ersetzt, die nur noch von FDGB-Mitgliedern gewählt werden durften. Im Sept. 1950 erkannte der 3. FDGB-Kongreß die »führende Rolle« der SED an. Steigerung der Arbeitsproduktivität wurde zur Hauptaufgabe.

Als *Massenorganisation* war der FDGB in der *Nationalen Front* vertreten und entsandte eigene Abgeordnete in die *Volkskammer* und in die »örtlichen Volksvertretungen«. Anders als der von selbständigen Einzelgewerkschaften gebildete und verhältnismäßig machtlose DGB der Bundesrepublik besaß der FDGB politischen und finanziellen Einfluß, seine Mitgliedsgewerkschaften waren zentral gelenkte Fachabteilungen. Es galt das Prinzip »Ein Betrieb, eine Gewerkschaft«: Alle in einem bestimmten Wirtschaftsbereich tätigen Arbeiter und Angestellten waren in derselben Gewerkschaft organisiert. Von den Gewerkschaftsgruppen auf Betriebsebene baute sich die Gremienhierarchie, teilweise nach dem Produktionsprinzip, teilweise nach dem Territorialprinzip, über Kreis-, Bezirks- und Zentralvorstände bis zum Bundeskongreß auf, der den Bundesvorstand mit einem Sekretariat als eigentliches Machtzentrum wählte.
Die Mitgliedschaft war freiwillig, allerdings bestand ohne Zugehörigkeit zum FDGB kaum Aussicht auf berufliches Weiterkommen, ganz abgesehen von den zahlreichen Vergünstigungen, auf die Nichtmitglieder keinen Anspruch hatten. 1986 wurde die Mitgliederzahl im FDGB mit 9,6 Mio. angegeben, was einen Organisationsgrad von 98 % bedeutete. Im Arbeitsgesetzbuch von 1977 war die Doppelrolle des FDGB definiert: Als »Schule des Sozialismus« sollte er den Willen der Partei in die Arbeiterklasse tragen; als Interessenvertretung aller Werktätigen sollte er für die Hebung des Lebensstandards der Bevölkerung sorgen. So ließ sich der FDGB zum Organisator der *Hennecke-Bewegung* (zur Erhöhung der Arbeitsleistungen) und zum Fürsprecher von Leistungslöhnen machen und rechtfertigte die Umstellung auf Schichtarbeit. Andererseits trug er mit zahlreichen sozial- und kulturpolitischen Dienstleistungen (Feriendienst des FDGB, Einrichtung von Bibliotheken, Theatergruppen, Betriebssportgemeinschaften u. a.) zur Steigerung der Lebensqualität bei.
Der FDGB wurde im Sept. 1990 aufgelöst. Bis Ende 1990 hatten die Mitglieder die Möglichkeit, persönlich oder korporativ den Übertritt in eine der DGB-*Gewerkschaften* zu vollziehen. Das Vermögen des FDGB wurde zunächst von einer »Gewerkschaftlichen Vermögensverwaltungsgesellschaft Märkisches Ufer« (GVVG) verwaltet und 1991 der *Treuhandanstalt* übergeben.

freie Städte
Im Mittelalter gab es in Deutschland eine Reihe von Städten, die im Verlauf des 13. und 14. Jh. die Unabhängigkeit von ihren königlichen, bischöflichen oder adeligen Stadtherren erlangten. Anfang des 19. Jh. waren davon noch vier übrig: Hamburg, Bremen, Lübeck und Frankfurt am Main, die 1815 Mitglieder des Deutschen Bundes wurden. Frankfurt wurde 1866 von Preußen okkupiert, Lübeck verlor 1937 seine staatliche Selbständigkeit. Freie Städte können sich heute nur die

»Freie und Hansestadt« Hamburg und die »Freie Hansestadt« Bremen nennen. Beide sind zugleich *Bundesländer.*

Freiheit
Freiheit ist in allgemeiner Definition die Unabhängigkeit von äußerem, innerem oder durch Menschen oder Institutionen bedingtem Zwang. Freiheit ist ein ethisches Postulat, weil ohne sie sittliches Handeln nicht gedacht werden kann. Sie bedeutet für den Menschen, sein Leben in sozial verträglicher Form selbst zu gestalten und gemäß seinem eigenen Willen Entscheidungen zu treffen. Die persönliche Freiheit hat in den Verfassungen aller demokratischen Staaten hohen Rang und genießt besonderen Schutz; sie ist auch in internationalen Konventionen verankert. Im *Grundgesetz* der Bundesrepublik ist sie in den *Grundrechten* festgehalten.

Freiheit der Person
Nach Art. 2,2 GG schützt das Grundrecht auf Freiheit der Person vor willkürlichen Verhaftungen, Festnahmen, Internierungen u.a. Maßnahmen. Nur auf Grund eines förmlichen Gesetzes und unter Beachtung bestimmter vorgeschriebener Formen kann die persönliche Freiheit beschränkt werden (Art. 104 GG). Über Zulässigkeit und Fortdauer einer Freiheitsentziehung darf nur ein Richter entscheiden.

freiheitlich-demokratische Grundordnung
Das *Bundesverfassungsgericht* definierte 1952 im Urteil über die Verfassungswidrigkeit der rechtsradikalen *Sozialistischen Reichspartei (SRP)* die freiheitlich-demokratische Grundordnung (FDGO) als wertgebundene Ordnung, »die unter Ausschluß jeglicher Gewalt und Willkürherrschaft eine rechtsstaatliche Herrschaftsordnung auf der Grundlage der Selbstbestimmung des Volkes nach dem Willen der jeweiligen Mehrheit und der Freiheit und Gleichheit darstellt«. Zu den Grundwerten der FDGO zählen danach: *Menschen-* und *Grundrechte*, v.a. das Recht der Persönlichkeit auf Leben und freie Entfaltung, Volkssouveränität, *Rechtsstaat*, *Gewaltenteilung*, Verantwortlichkeit der Regierung, Gesetzmäßigkeit der Verwaltung, Unabhängigkeit der *Gerichte*, Mehrparteienprinzip, Recht auf *Opposition*, freie und gleiche *Wahlen*, Schutz von *Minderheiten*. Der Begriff der FDGO spielte in der Auseinandersetzung mit Parteien der extremen Linken und Rechten eine Rolle, weiterhin auch in der Diskussion um die *Mitbestimmung* (hier ging es um die Frage, ob zur FDGO auch die bestehende Wirtschaftsordnung - also die soziale *Marktwirtschaft* - zu zählen sei, was das Bundesverfassungsgericht verneinte). Massiv ins öffentliche Bewußtsein geriet die FDGO durch den *Extremistenbeschluß* von 1972, der »Verfassungsfeinde« vom öffentlichen Dienst ausschloß.

Freizügigkeit

Nach Art. 11 GG haben alle Deutschen das Recht, an jedem Ort des Bundesgebietes Wohnsitz oder Aufenthalt zu nehmen und sich wirtschaftlich zu betätigen. Freizügigkeit bedeutet auch, daß es jedem Deutschen möglich ist, ins Bundesgebiet einzureisen oder das Land zu verlassen; Einschränkungen sind nur möglich im Rahmen des Strafrechts. In der *Europäischen Union* (EU) hat seit Öffnung des Binnenmarktes (1. 1. 1993) jeder Bürger das Recht, innerhalb der Mitgliedstaaten zu reisen, zu wohnen, zu arbeiten und zu studieren; Gewerbetreibende, Unternehmer und Freiberufler können EU-weit Dienstleistungen anbieten. - In der DDR wurde der Begriff Freizügigkeit nur in räumlicher Beschränkung auf das Staatsgebiet angewandt. Doch auch dabei galten noch Einschränkungen, z.B. allgemein in Grenz- und Sperrgebieten und speziell bei »Wiedereingliederungsmaßnahmen« für entlassene Straftäter u. a. Das Auswanderungsrecht, noch 1949 in der *Verfassung* garantiert, wurde in die Verfassung von 1968 nicht wieder aufgenommen. Zwar hatte sich die DDR 1974 völkerrechtlich verpflichtet, ihren Bürgern die Auswanderung zu gewährleisten, doch fand sie vielfältige bürokratische Mittel, um Ausreisen und Auswanderungen zu behindern.

Fremdenfeindlichkeit

Geschlossene Gruppen wie Familien, Sippen, Stämme bis hin zu Völkern reagieren mit Abwehr gegen Fremde. Diese von den Soziologen mit dem griechischen Wort Xenophobie bezeichnete Fremdenfeindlichkeit spielte in den ersten Jahren nach dem 2. Weltkrieg in Deutschland kaum eine Rolle und äußerte sich allenfalls vereinzelt durch Beschimpfungen von Soldaten der *Siegermächte.* Sie gewann durch den Zuzug von *Gastarbeitern* in dem Moment an Boden, als in den 1970/80er Jahren die *Arbeitslosigkeit* wuchs. Bedrohliche Ausmaße aber nahm das Problem erst an, als sich nach dem Zusammenbruch der DDR die wirtschaftlichen und sozialen Probleme in den alten *Bundesländern* verschärften und in den neuen der Nachholbedarf an Freiheit und Konsum mit der Realität kollidierte, die geprägt war vom Verlust von Arbeitsplätzen, Konkurrenzdruck, der Zerstörung von Lebensentwürfen und der sozialen Identität. Hinzu kam zu Beginn der 1990er Jahre der dramatische Zustrom von Menschen, die um *Asyl* baten, doch wurde das »Mengenproblem« immer überbewertet: Bei einem Ausländeranteil von nur 1,2 % kam es in Brandenburg 1993 zu 77 Übergriffen pro 10 000 *Ausländern*, in Hamburg, einer Stadt mit einem Ausländeranteil von 13,8 %, wurden nur 10 Fälle registriert.

Vor allem männliche Jugendliche traten und treten als Täter in Erscheinung. Sie gehören meist zum rechtsextremistischen Umfeld und vertreten nicht selten Thesen des *Neonazismus.* Ihren Ausgang nahmen die schweren Übergriffe gegen Ausländer in den ostdeutschen

Angehörige trauern um die Todesopfer des am 29. 5. 1993 von Rechtsextremisten verübten Brandanschlags auf ihr Haus in Solingen.

Ländern, wo u. a. am 17. 9. 1991 im nordsächsischen Hoyerswerda und am 22. 8. 1992 in Rostock-Lichtenhagen Anschläge auf Asylbewerberheime die Welle der Gewalt auslösten. Sie erreichte ihren Höhepunkt allerdings in den alten Ländern mit dem Brandanschlag auf ein von Türken bewohntes Haus in Mölln am 23. 11. 1992, bei dem drei Menschen ums Leben kamen, und mit der Brandstiftung in einem Haus in

Solingen am 29. 5. 1993, der fünf türkische Bürgerinnen zum Opfer fielen. Trotz des Abflauens der Angriffe auf Ausländer 1994/95 gibt es keine Entwarnung, denn das Gewaltpotential bleibt hoch und kann sich bei Verschärfung der sozialen Konfliktsituation jederzeit erneut entladen. Daß nur eine kleine Minderheit der Bevölkerung mit den Tätern sympathisiert, während die große Mehrheit mit Lichterketten und *Demonstrationen* ihre Solidarität mit den ausländischen Mitbürgern ausdrückte, kann nicht beruhigen.

Friedensbewegung

Praktisch-politische Bewegungen, die für *Abrüstung* und friedliches Zusammenleben der Völker eintreten, gibt es seit dem Ende des 19. Jh. Die beiden Weltkriege warfen die Friedensbewegung weit zurück, sie lebte erst wieder in der Bewegung der *Ostermärsche* (ausgehend von einer britischen Kampagne für nukleare Abrüstung 1958) auf; diese hatte ihren Höhepunkt in den 1960er Jahren. Als Reaktion auf den *NATO-Doppelbeschluß* zur Nachrüstung (1979) bildete sich in zahlreichen westlichen Staaten eine neue Friedensbewegung auf breiter Basis. Sie trat mit ungewöhnlichen Aktionsformen an die Öffentlichkeit (Sitzblockaden vor Raketenstandorten, Erklärung von *Gemeinden* zu »atomwaffenfreien Zonen«, Menschenketten u. a.). In der Bundesrepublik umfaßte sie kirchliche und gewerkschaftliche Gruppen, die *Grünen* und Teile der SPD. Verflechtungen gibt es mit *Umweltschutz-* und *Frauenbewegung.*

In der DDR stand die Friedensbewegung zunächst im Dienst offizieller Politik. Der »Friedensrat der DDR« repräsentierte nach eigener Behauptung »ausnahmslos alle Klassen und Schichten, alle Generationen«. Das Wort »Frieden« fand sich in allen möglichen Zusammenhängen, bis hin zum »Friedenskampf«, den man den nichtsozialistischen Staats- und Gesellschaftsordnungen des Westens liefern wollte – wie andererseits der *Pazifismus* stets als »bürgerlich« diffamiert wurde. Gegen die von Staat und Parteiführung vereinnahmte Friedensbewegung bildete sich Anfang der 1980er Jahre analog zu den Kampagnen im Westen eine neue Friedensbewegung, hauptsächlich getragen von kirchlichen und Frauengruppen. Als Symbol wählte sie das alttestamentliche Prophetenwort »Schwerter zu Pflugscharen«. In der *Bürgerbewegung*, die den Umbruch in der DDR 1989 einleitete, hatte diese autonome Friedensbewegung erhebliche Bedeutung.

Das Ende des *Kalten Krieges* und der Blockkonfrontation ließ die Friedensbewegung vorübergehend abflauen. Neue Nahrung erhielt sie durch den Golfkrieg 1991, doch zerfiel sie seitdem angesichts weiterer Kriege auf dem Balkan, auf dem Gebiet der ehemaligen Sowjetunion, im Sudan u. a., weil eindeutige Parteinahme kaum mehr möglich ist.

Friedensvertrag für Deutschland

Seit Kriegsende war der Friedensvertrag für Deutschland einer der Hauptstreitpunkte im Ost-West-Konflikt. Die Sowjetunion und die DDR verlangten einen sofortigen Abschluß, die Neutralisierung Deutschlands und die Festschreibung der deutschen Ostgrenze *(Oder-Neiße-Linie).* Die Westmächte, unterstützt von der Bundesrepublik, wollten dagegen einen Friedensvertrag nur mit einem wiedervereinigten Deutschland abschließen. Am 10. 1. 1959 legte die Sowjetunion einen Entwurf für einen Friedensvertrag vor, den beide deutsche Staaten gleichzeitig abschließen sollten (was völkerrechtliche *Anerkennung* der DDR bedeutet hätte). Als die Westmächte ablehnten, drohte die Sowjetunion mit dem Abschluß eines Separatfriedens mit der DDR. Die Forderungen wurden von UdSSR und DDR bis 1965 noch mehrfach vorgetragen, danach verschwand der Begriff »Friedensvertrag für Deutschland« fast ganz aus der politischen Diskussion. Nach Abschluß der Schlußakte der KSZE 1975 bezeichnete *Honecker* die Frage eines Friedensvertrags als »überholt«. Der *Zwei-plus-Vier-Vertrag* von 1990 stellt eine friedensvertragsähnliche Vereinbarung dar.

Friedland

Dort, wo 12 km südlich von Göttingen die britische, amerikanische und sowjetische *Besatzungszone* aneinander grenzten, liegt - auf damals britischem Gebiet - die niedersächsische Gemeinde Friedland (heute rd. 7000 Einwohner). Hier kreuzten sich bei Kriegsende und danach die Ströme von *Flüchtlingen* und Opfern der *Vertreibung* aus dem Osten und begegneten dem kleineren Strom von Rückkehrern aus deutscher Kriegsgefangenschaft und Zwangsarbeit nach Osten. Seit Sept. 1945 entstand ein Grenzdurchgangslager, das täglich bis zu 5000 Menschen aufnehmen mußte, die v. a. zu Zwecken des Suchdiensts registriert wurden. Später wurde Friedland erste Station für *Heimkehrer* aus sowjetischer Kriegsgefangenschaft, dann für DDR-Flüchtlinge und für deutsche *Aussiedler* aus Ost- und Südosteuropa. Fast 4 Mio. Menschen durchliefen das Lager, in dem ein Mahnmal an das Schicksal der Entwurzelten und Überlebenden der Gefangenenlager erinnert.

friedliche Koexistenz

Wladimir Iljitsch Lenin prägte als erster die Bezeichnung »friedliche Koexistenz« für das friedliche Nebeneinanderleben verschiedener Gesellschaftsordnungen. KPdSU-Chef *Nikita Chruschtschow* (im Amt 1953–64) erklärte sie in seiner Rede auf dem XX. Parteitag der KPdSU 1956 zur Maxime der sowjetischen *Außenpolitik.* Zugrunde lag die Erkenntnis, daß das - keineswegs aufgegebene - Ziel der Weltrevolution im Zeitalter des atomaren Patts nicht mit militärischen Mitteln zu erringen sei. Vielmehr sollte die Sowjetunion versuchen, mit wirtschaftlicher, technischer und wissenschaftlicher Hilfe die neutralen

Staaten Asiens und Afrikas auf ihre Seite zu ziehen und so das weltpolitische Gleichgewicht zu verändern. Der propagierte »friedliche Wettbewerb« mit dem Westen umfaßte dabei aber auch die massive militärisch-politische Unterstützung »revolutionärer« Freiheitsbewegungen in kolonialen oder halbkolonialen Ländern. Als typische Beispiele der Politik der friedlichen Koexistenz in Mitteleuropa galten nach Auffassung der Sowjetunion die in den 1970er Jahren abgeschlossenen Verträge der Bundesrepublik mit der UdSSR, mit Polen und der DDR *(Deutsch-Polnischer Vertrag, Deutsch-Sowjetischer Bertrag, Grundlagenvertrag)*, das *Berlinabkommen* sowie die *Konferenz über Sicherheit und Zusammenarbeit in Europa (KSZE).*

Fundamentalismus

Das kompromißlose Festhalten an politischen oder religiösen Grundsätzen und ihre Umsetzung ungeachtet gewandelter Umstände wird als »Fundamentalismus« bezeichnet. Der Begriff wurde Ende des 19. Jh. für eine protestantische Bewegung in den USA geprägt, die auf wortwörtlicher Auslegung der Bibel als unmittelbarem Wort Gottes beharrte und den Liberalismus bekämpfte. Sie spielt heute noch eine Rolle beim Kampf gegen den *Schwangerschaftsabbruch* und für die Reinigung von Schulbüchern z. B. von der »unbiblischen« Abstammungslehre Darwins. Auch in der katholischen Kirche gibt es fundamentalistische Bewegungen (z. B. die Internationale Priesterbruderschaft des Hl. Pius X.). Weltpolitische Bedeutung haben die fundamentalistischen Strömungen im Islam, die sich auf die Buchstaben des Korans berufen, die »materialistische« westliche Zivilisation scharf ablehnen und die islamische Pflichtenlehre (Scharia) zum Grundgesetz islamischer Staaten machen. In der Bundesrepublik hat der Begriff in den 1980er Jahren bei den *Grünen* eine Rolle gespielt. Hier galt Fundamentalismus als Festhalten an den strengen ökologischen und antikapitalistischen Maximen, nach denen die Grünen einmal angetreten waren. Seine Anhänger, die Regierungsbeteiligungen ablehnten, wurden halbironisch »Fundis« genannt, während die Vertreter des realpolitischen Flügels entsprechend »Realos« hießen.

Fünfprozentklausel

Nach dem gültigen Wahlgesetz können Parteien, die weniger als 5 % der abgegebenen gültigen Zweitstimmen erreichen, nicht in den *Bundestag* einziehen. Nur für die erste gesamtdeutsche Wahl vom 2. 12. 1990 modifizierte das *Bundesverfassungsgericht* diese 1953 eingeführte Sperrklausel auf Bundesebene und legte eine Teilung des Wahlgebietes in das der bisherigen Bundesrepublik und das der ehemaligen DDR fest, so daß eine Partei *Abgeordnete* auch dann in den Bundestag entsenden konnte, wenn sie nur in einem der Wahlgebiete mehr als 5 % der Zweitstimmen erreichte. Die seit der Wahl von 1994 wieder für Gesamtdeutschland gültige Klausel greift nicht, wenn es einer Partei gelingt, 3 oder mehr Direktmandate über die Erststimmen zu erringen. Sie zieht dann mit so vielen Mandaten in den Bundestag ein, wie ihr nach ihrem Zweitstimmenanteil zusteht, z. B. PDS 1994: 4 Direktmandate, 4,4 % der Zweitstimmen, 30 Sitze.

Fünf Weise s. *Sachverständigenrat*

Fußballweltmeisterschaft 1974
War schon 1972 bei den *Olympischen Spielen* die DDR mit der als »Spalterflagge« im Westen angefeindeten Fahne mit dem *Hammer-und-Zirkel*-Emblem präsent gewesen, so war ihr Auftritt bei der Fußballweltmeisterschaft 1974 in der Bundesrepublik bereits ein Stück Normalität. Spannung kam dennoch durch die Tatsache auf, daß sie mit der Bundesrepublik in eine Gruppe gelost wurde, so daß es am 22. 6. 1974 zum »Bruderkampf« kam. Die hoch favorisierte westdeutsche Elf mit Kapitän Franz Beckenbauer unterlag - »schmählich«, wie viele es sahen - in Hamburg den ostdeutschen Kickern um den Schützen des einzigen Tores Jürgen Sparwasser. Doch während die DDR in der nächsten Runde scheiterte, gewann die bundesdeutsche Auswahl im Münchener Endspiel mit 2:1 über die Niederlande zum zweiten Mal nach 1954 den Weltmeistertitel.

Nach dem Gewinn der Fußballweltmeisterschaft 1974 liegen sich Bundestrainer Helmut Schön und Kapitän Franz Beckenbauer (l.) in den Armen.

G

G-7

Seit 1975 treffen sich alljährlich die Staats- bzw. Regierungschefs der 7 größten Industrienationen (Gruppe der 7): Deutschland, Frankreich, Großbritannien, Italien, Japan, Kanada, USA, wobei die Gastgeberschaft wechselt. Das kurz G-7 genannte Gremium, zu dem seit 1977 auch der Präsident der *Europäischen Kommission* und seit 1994 als politisch gleichberechtigter Partner der russische Präsident gehört (»G-8«), erörtert die Lage der Weltwirtschaft, beschäftigt sich mit Währungsfragen und allgemein interessierenden grenzüberschreitenden Sonderproblemen wie *Energiepolitik*, *Entwicklungshilfe*, *Umweltschutz* u. a. sowie mit dem ökonomischen Umbau der Staaten des früheren Ostblocks. Im Zentrum steht das Bemühen um koordinierte Problemlösungen und um gerechten Interessenausgleich. Kritiker aus wirtschaftlich schwächeren Staaten werfen der G-7 vor, ihre Absprachen dienten vornehmlich dem Erhalt ihrer weltwirtschaftlichen Dominanz.

Gastarbeiter

Das *Wirtschaftswunder* in Westdeutschland zehrte die durch Umsiedler, Opfer von *Vertreibung*, *Flüchtlinge* u. a. nach 1945 entstandene Reserve an Arbeitskräften rasch auf, so daß sich schon 1955 ein empfindlicher Mangel bemerkbar machte. Er verschärfte sich durch den Aufbau der *Bundeswehr* und das Versiegen des Zustroms von Menschen aus der DDR nach dem Bau der *Berliner Mauer*. Die Bundesanstalt für Arbeit verstärkte daher v. a. in den südeuropäischen Ländern und der Türkei die schon Mitte der 1950er Jahre angelaufenen Bemühungen um Anwerbung von ausländischen Arbeitnehmern, die in Abgrenzung zum NS-Begriff »Fremdarbeiter« als »Gastarbeiter« bezeichnet wurden. Man setzte sie v. a. für untergeordnete Tätigkeiten, für die deutsche *Arbeitnehmer* schwer zu bekommen waren, und als Schwerarbeiter ein. Arbeitsrechtlich den deutschen Kollegen gleichgestellt, sozialversicherungs- und steuerpflichtig wie sie, wurden und werden Gastarbeiter in der Praxis wegen schlechterer Ausbildung und wegen Sprachschwierigkeiten häufig diskriminiert.
Dachten die meisten Gastarbeiter zunächst nur an einen befristeten Aufenthalt, so motivierten die anhaltenden wirtschaftlichen Probleme in ihren Heimatländern viele, ihre Familien nachkommen zu lassen und die Dauerniederlassung in Deutschland anzustreben. Der bei versiegendem Boom 1973 erlassene Anwerbestopp führte so zwar zu einer Verminderung der Gastarbeiterzahl, bremste aber kaum den Zustrom von *Ausländern*. Sie alle profitierten noch eine Weile vom Bonus der Gastarbeiter, die Entscheidendes für den deutschen Wiederaufbau geleistet haben, doch mit dem Anwachsen der *Arbeitslosigkeit*, dem

Als einmillionster Gastarbeiter in der Bundesrepublik wurde am 10. 9. 1964 der aus Portugal stammende Amando Sá Rodrigues in Köln begrüßt. Als Willkommensgeschenk erhielt er ein Moped.

sich verschärfenden *Asyl*-Problem und den schweren sozialen Konflikten nach der *Wiedervereinigung* schlug das Klima um. *Fremdenfeindlichkeit* traf nun unterschiedslos alle Ausländer.

Gauck-Behörde
Beim Zusammenbruch des SED-Regimes versuchten Mitarbeiter der *Stasi* im letzten Moment, möglichst viele Akten verschwinden zu lassen. Es blieben aber über 180 km übrig, außerdem 88 Mio. Dokumente auf Mikrofilm und 5 Mio. Karteikarten. Durch den Reißwolf zerfetzte Papiere ließen sich zudem teilweise wiederherstellen. Dazu und zur Auswertung der unversehrten Akten wurde eine Behörde mit über 3000 Mitarbeitern unter dem evangelischen Pfarrer und Mitbegründer des *Neuen Forums* Joachim Gauck als Sonderbeauftragtem der Bundesregierung für die Unterlagen des früheren DDR-Ministeriums für Staatssicherheit (MfS) gebildet. Jeder Bundesbürger hat das Recht, bei der Gauck-Behörde etwaige Unterlagen über seine Person einzusehen. Das betrifft mehrere Mio. Menschen, da mindestens 91 000 hauptamtliche und ein nach Hunderttausenden zählendes Heer *Inoffizieller Mitarbeiter* (IM) der Stasi zuarbeiteten; auch zahllose Westdeutsche mit häufigen DDR-Kontakten wurden von Stasi-Agenten überwacht. Da Bagatellfälle natürlich überwiegen, wurde mehrfach erwogen, die Stasi-Akten zu schließen, doch fand sich dafür bisher keine Mehrheit.

GB/BHE s. *Block der Heimatvertriebenen und Entrechteten*

GDP s. *Gesamtdeutsche Partei*

Gebietsreform
Die Gemeinde- und Kreisgliederung der Bundesrepublik erschien in den 1960/70er Jahren nicht mehr zeitgemäß, weil zu zersplittert und verwaltungstechnisch nicht leistungsfähig genug. In einer sich bis 1978 hinziehenden Reform verkleinerte man daher die Zahl der ursprünglich über 24 000 *Gemeinden*, 425 Landkreise und 135 kreisfreien Städte, indem man ländliche Gemeinden zusammenlegte, kleinere Städte wieder in die Kreise eingliederte und Randgemeinden in Großstädte eingemeindete. Es blieben nur 8500 Gemeinden, 230 Kreise und 86 kreisfreie Städte übrig. Damit verminderte sich die Abhängigkeit der Gemeinden von Großbetrieben, verbesserte sich die Infrastruktur, wurde die Verwaltung »schlanker« und die Gebietsplanung erleichtert. Dabei ging jedoch vielfach die kommunale Identität verloren, die Großparteien verdrängten örtliche Wählergemeinschaften, Bürgernähe wurde der Effizienz geopfert. In einigen Fällen überwogen die Einbußen derart, daß die Reform dort zurückgenommen werden mußte. – Eine Gebietsreform mit ideologischem Hintergrund war dagegen die Zerschlagung der Länder in der DDR 1952 zugunsten von *Bezirken*.

Gefangenschaft s. *Kriegsgefangenschaft*

Geheimdienste s. *Bundesnachrichtendienst (BND)*, s. *Militärischer Abschirmdienst (MAD)*, s. *Stasi*, s. *Verfassungsschutz*

Geheime Abstimmung s. *Abstimmung*

Gemeinde

Unterste politische Einheit und Stufe der Verwaltung ist die Gemeinde oder Kommune. Die Gemeinden haben das Recht auf *Selbstverwaltung*, dürfen also »alle Angelegenheiten der örtlichen Gemeinschaft im Rahmen der Gesetze« selbständig regeln (Art. 28,2 GG). In der DDR wurde dieses noch 1949 verbriefte Recht schon 1952 zugunsten des *demokratischen Zentralismus* aufgegeben. Zu den Selbstverwaltungsaufgaben gehören: Einzug der Gemeindesteuern (Grund-, Gewerbe-, Vergnügungs-, Hundesteuer u. a.); Förderung der Wirtschaft; Energie- und Wasserversorgung; Müll- und Abwasserbeseitigung; Verkehrsplanung (Straßenbau, Bereitstellung von Parkraum, Einrichtung von Nahverkehrslinien); Wohnungs- und Städtebau; Schutz der Umwelt; Sorge für die sozial Schwachen (Einrichtung von Heimen, Tagesstätten, Beratungszentren u. a.); medizinische Versorgung (Bau und Unterhalt von Krankenhäusern, Anstalten für Behinderte, Stationen für gesundheitliche Aufklärung, Stellen zur Seuchenbekämpfung u. a.); Schaffung von Bildungseinrichtungen; Bereitstellung von Freizeit- und Kulturangeboten (Museen, Theater, Spiel- und Sportplätze, Schwimmbäder, Parks u. a.). Daneben müssen die Gemeinden »Auftragsaufgaben« wahrnehmen, die ihnen Land oder Bund zuweisen: Berechnung und Bewilligung von Wohngeld, Standesamtliches (Trauungen, Geburten, Todesfälle u. a.), Ausstellen von Ausweisen, Wahlbenachrichtigungen und Erbscheinen, Polizeiwesen u. a.

Zur Lösung dieser Aufgaben *(Kommunalpolitik)* ist eine umfangreiche kommunale Bürokratie erforderlich, die von einem vom *Gemeinderat* gewählten Gemeindevorsteher bzw. (Ober-)Bürgermeister geleitet wird. Mittlere Gemeinden verfügen über ein Hauptamt für Beschaffung, Personalfragen, Abhaltung der Kommunalwahlen, Öffentlichkeitsarbeit u. a.; über eine Stadtkämmerei für die Finanzverwaltung und den Haushaltsplan; über ein Sozialamt zur Bearbeitung und Auszahlung von *Sozialhife* sowie zur Betreuung von *Zivildienst*leistenden, Obdachlosen und Asylsuchenden, Berechnung von Wohngeld und Beihilfen u. a.; über ein Jugend-, Schul- und Kulturamt; über ein Stadtbauamt für Verkehrs-, Wohnungs-, Sportstätten- und Versorgungsfragen; über ein Ordnungsamt für Steuer-, Paß- und Meldeangelegenheiten, Messe- und Ausstellungswesen sowie Fundsachen. Das alles wird aus den Gemeindesteuern und aus Mitteln des vertikalen *Finanzausgleichs* finanziert und z. T. durch Zusammenschluß mit anderen Kommunen zu Gemeindeverbänden, Ämtern, Samt- oder Verbandsgemeinden ermöglicht. Zu ihrer Interessenvertretung haben die Gemeinden den Deutschen Gemeindetag, den Städtebund und den Deutschen Städtetag als *kommunale Spitzenverbände* gegründet.

Gemeinderat
Gemeindeordnungen, in deren Rahmen die Gemeinden ihre Aufgaben wahrnehmen, werden von den *Bundesländern* erlassen und sehen daher in jedem Land anders aus. Sie müssen aber den Anforderungen von Art. 28 GG entsprechen, der v. a. die Bestellung eines demokratisch - also frei, geheim, gleich, unmittelbar und allgemein - gewählten Gemeinderates (oder einer Stadtverordnetenversammlung) verlangt. An seine Stelle kann in sehr kleinen Gemeinden eine Gemeindeversammlung aller wahlberechtigten Bürger treten. Von diesem Element direkter Demokratie wird allerdings wenig Gebrauch gemacht, doch kommt durch *Bürgerinitiativen*, die v. a. auf Gemeindeebene agieren, der Volkswille zur Geltung. Außerdem gibt es in vielen Gemeindeordnungen das Instrument des Bürgerentscheids. Die *Gewaltenteilung* wird im Gemeinderat nicht immer strikt eingehalten, er ist vielfach nicht nur als Beschlußorgan, sondern auch verwaltend tätig.

Gemeinsamer Ausschuß
Bei *Notstand* und im *Verteidigungsfall* können dem Zusammentritt des *Bundestags* »unüberwindliche Hindernisse entgegenstehen«. Damit die Mitwirkung des Parlaments an den politischen Entscheidungen gesichert bleibt, bestimmt das *Plenum* zu Beginn jeder *Legislaturperiode* entsprechend der Stärke der *Fraktionen* 32 *Abgeordnete*, die in einen Gemeinsamen Ausschuß - auch »Notparlament« genannt - beider Kammern des Parlaments entsandt werden. Darin sitzen als Vertreter des *Bundesrats* auch je 1 von der *Landesregierung* bestellter, aber nicht weisungsgebundener Vertreter jedes *Bundeslandes*, also 16 Länderabgeordnete. Der Ausschuß nimmt die Funktionen des Parlaments wahr, nachdem er mit Zweidrittelmehrheit der abgegebenen Stimmen, mindestens aber mit der *absoluten Mehrheit* der Mitglieder die Verhinderung des Bundestags festgestellt hat (Art. 115 e,1 GG). Er tagt nichtöffentlich oder sogar geheim; in diesem Fall haben auch andere Parlamentsmitglieder keinen Zutritt. Der Gemeinsame Ausschuß kann Gesetze erlassen und den *Bundeskanzler* wählen oder durch *konstruktives Mißtrauensvotum* ablösen, hingegen sind ihm Verfassungsänderungen und die Neugliederung des Bundesgebiets versagt. Seine Gesetze treten spätestens 6 Monate nach Ende des Notstands außer Kraft.

Generalbundesanwalt s. *Bundesanwaltschaft*

Generationenvertrag s. *Solidarität*

GENEX Geschenkdienst

Der ständige Devisenmangel der DDR machte erfinderisch: 1957 rief die DDR-Regierung die »Geschenkdienst- und Kleinexport GmbH« ins Leben, kurz GENEX genannt. Über die von der SED betriebene Firma und ihre Filialen in Dänemark und der Schweiz konnten Bürger westlicher Staaten DDR-Bürgern hochwertige, unerschwingliche Waren aus dem Westen oder aus östlicher Produktion schenken, mußten dafür aber in harten Devisen, also in Westwährungen bezahlen. Die fast ausschließlich von wohlhabenden Bundesdeutschen genutzte GENEX lieferte ohne Wartezeiten und zu erheblich niedrigeren Preisen, als sie in der DDR galten: So kostete der 20000 Ost-Mark teure Wartburg-Pkw nur rund 9000 DM. Damit unterlief die GENEX den zum Schein aufrechterhaltenen offiziellen Kurs von 1:1, weswegen über ihre Geschäfte in DDR-Medien wenig berichtet wurde. 1990 wurde die GENEX von der *Treuhandanstalt* übernommen.

Genossenschaften

In kapitalistischen *Marktwirtschaften* haben es kleine Gewerbetreibende, Handwerker, Bauern u.a. schwer, sich gegen die großen Unternehmen zu behaupten. Seit Mitte des 19. Jh. entwickelte sich daher auch in Deutschland bei zunehmender Industrialisierung ein immer verzweigteres Genossenschaftswesen: Kleinproduzenten und -händler schlossen sich zu Selbsthilfeorganisationen zusammen, die den Mitgliedern (»Genossen«) im Konkurrenzkampf besseren Rückhalt geben (z.B. durch Kreditvergabe), effektiveres Wirtschaften ermöglichen (z.B. gemeinsame Nutzung teurer Maschinen) und am Markt größeres Gewicht verleihen (z.B. gemeinsame Werbeaktionen). Im 3. Reich weitgehend gleichgeschaltet oder gar enteignet (z.B. die *Konsumgenossenschaften*), blühten die Genossenschaften nach 1945 wieder auf und erreichten z.T. Geschäftsvolumina, die sie großen Aktiengesellschaften gegenüber durchaus konkurrenzfähig machten. Ihre wirtschaftliche und politische Bedeutung wuchs noch durch Zusammenschluß in Spitzenverbänden, die eine beachtliche *Lobby* darstellen.
Im *Sozialismus* eigentlich nicht vorgesehen, waren die Genossenschaften schon für Lenin nach Scheitern der ersten Phase seiner Wirtschaftspolitik (1921) ein Notbehelf, der sich jedoch als dauerhafter erwies als vermutet. Die *SMAD* und später die DDR-Führung hielten nach dem 2. Weltkrieg wegen der schwierigen Versorgungslage zunächst ebenfalls am Genossenschaftswesen fest. Allerdings wurden schon bald die Satzungen vom Staat vorgegeben, und wenig später wurde im Zuge der *Kollektivierung* das Freiwilligkeitsprinzip ausgehöhlt und schließlich fast ganz beseitigt. Während dieser Prozeß auf dem Agrarsektor u.a. durch die *Landwirtschaftlichen Produktionsgenossenschaften (LPG)* rasch vorankam, blieb er beim Handwerk in Ansätzen stecken; Mitte der 1980er Jahre erbrachten die in den Produk-

tionsgenossenschaften des Handwerks (PGH) vereinten Betriebe nicht einmal die Hälfte aller Leistungen in diesem Bereich.

Genscher, Hans-Dietrich

* Reideburg bei Halle/Saale 21. 3. 1927 - Mit 17 zum Reichsarbeitsdienst, ein Jahr später noch zur Wehrmacht eingezogen, studierte Genscher seit 1946 Jura, trat der *Liberaldemokratischen Partei Deutschlands (LDPD)* und nach seinem Wechsel in die Bundesrepublik 1952 der *Freien Demokratischen Partei (FDP)* bei, für die er 1965 in den *Bundestag* einzog. 1968 wurde er stellvertretender Parteivorsitzender und war 1969 maßgeblich am Zustandekommen der sozialliberalen *Koalition* beteiligt. Genscher wurde Innenminister der Regierung *Brandt* und 1974 nach der Wahl *Scheels* zum *Bundespräsidenten* dessen Nachfolger als Parteivorsitzender (bis 1985) und Außenminister der Regierung *Schmidt*. Er entwickelte die *Entspannungspolitik* fort und setzte sich für weitere europäische Integration ein. Wirtschaftspolitische Gegensätze zwischen den Koalitionspartnern führten 1982 zum Bruch der Koalition mit der SPD. Im neuen Bündnis mit der CDU/CSU blieb Gen-

Hans-Dietrich Genscher (l.) mit seinem ehemaligen sowjetischen Amtskollegen Eduard Schewardnadse bei einem Treffen in der deutschen Botschaft in Wien am 21. 2. 1992.

scher Außenminister der Regierung *Kohl* und hielt an der *Ostpolitik* fest, die schließlich 1990 zur *Wiedervereinigung* führte. Als sie gesichert war, gab Genscher 1992 das Außenamt ab und zog sich aus der vordersten politischen Linie zurück.

Gerichte

Dritte Gewalt in der Demokratie ist die *Judikative* (Rechtsprechung), ausgeübt durch die Justiz, deren Organe die Gerichte sind. Sie werden gewöhnlich nur auf Antrag oder Klage tätig und fällen ihre Urteile in einem genau vorgeschriebenen förmlichen Verfahren (Prozeß). Ziel dabei ist die Herstellung des Rechtsfriedens, möglichst durch gütliche Einigung (Vergleich), sonst durch öffentlich verkündetes Urteil, gegen das das Rechtsmittel der Berufung oder der Revision eingelegt werden kann. Je nach Instanz und Fachgerichtsbarkeit: Ordentliche, Arbeits-, Verwaltungs-, Sozial- und Finanzgerichtsbarkeit.

Ordentliche Gerichte sind die Amts-, Land- und Oberlandesgerichte sowie der Bundesgerichtshof (BGH) als oberste Instanz mit Sitz Karlsruhe. Sie entscheiden zivilrechtliche Streitigkeiten zwischen Privatpersonen sowie strafrechtliche Streitigkeiten zwischen Privatpersonen und dem Staat. Die Zivilgerichte behandeln vermögensrechtliche Streitigkeiten, Ehe-, Kindschafts- und Entmündigungssachen, Schadensersatzforderungen und Vertragsansprüche. Den Verfahrensrahmen bestimmt dabei die Zivilprozeßordnung (ZPO), rechtliche Grundlage ist das Bürgerliche Gesetzbuch (BGB). Die Strafgerichte sind zuständig für Straftaten gegen Leib und Leben (Mord, Totschlag, Körperverletzung), gegen die öffentliche Ordnung, gegen Vermögen (Diebstahl, Raub) u. a. Sie werden auf Antrag der Staatsanwaltschaft tätig, die bei hinreichendem Tatverdacht Anklage erhebt. Das Verfahren gibt die Strafprozeßordnung (StPO) vor, rechtliche Grundlage ist das Strafgesetzbuch (StGB).

Die Arbeitsgerichtsbarkeit ist für arbeitsrechtliche Konflikte zuständig, der Instanzenweg reicht vom Arbeits- über das Landesarbeits- bis zum Bundesarbeitsgericht (Kassel). Vor ihnen werden Auseinandersetzungen zwischen *Arbeitnehmern* und *Arbeitgebern*, Betriebsräten und Arbeitgebern sowie zwischen den Tarifvertragsparteien *(Gewerkschaften, Arbeitgeberverbände)* verhandelt, ausgenommen *Sozialversicherungs*streitigkeiten, die nach vorgeschriebenem vorgerichtlichen Verfahren vor die Sozialgerichte kommen. Ihre Zuständigkeit erstreckt sich auf Unfall-, Renten-, Arbeitslosen- und Krankenversicherung sowie auf das Kassenarzt- und Schwerbehindertenrecht, rechtliche Grundlage ist das Sozialgesetzbuch (SGB), das Verfahren regelt das Sozialgerichtsgesetz (SGG).

Für Steuerangelegenheiten ist die Finanzgerichtsbarkeit zuständig, die ebenfalls erst nach einem vorgerichtlichen Verfahren tätig wird. Ihre beiden Instanzen sind die Finanzgerichte der Länder und der Bundes-

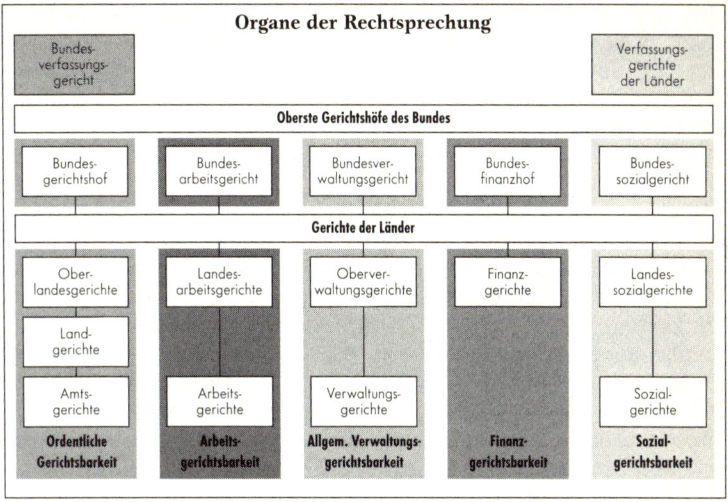

Der Aufbau der Gerichtsbarkeit in der Bundesrepublik Deutschland.

finanzhof (München). Sonstige Streitigkeiten auf dem Gebiet des öffentlichen Rechts entscheidet die Verwaltungsgerichtsbarkeit, Verfassungsfragen die Verfassungsgerichte, an deren Spitze als oberster Gerichtshof das *Bundesverfassungsgericht* in Karlsruhe steht.

Bei zunehmender Verflechtung der Staatenwelt mußten auch internationale Gerichte geschaffen werden, die übernationale Streitigkeiten verhandeln und für die Einhaltung allgemeingültiger Rechtsgrundsätze eintreten. Als eine Art »Weltgericht« fungiert dabei der Internationale Gerichtshof der *Vereinten Nationen* in Den Haag. Die Europäische Gemeinschaft *(Europäische Union)* baute den 1953 für die *Montanunion* errichteten Gerichtshof 1958 zum Europäischen Gerichtshof (EuGH) in Luxemburg aus, vor dem jeder betroffene EU-Bürger in EU-Angelegenheiten klagen kann und dessen Rechtsprechung Vorrang vor der nationalen Justiz hat.

In der DDR gab es keine *Gewaltenteilung* und damit auch keine unabhängige Justiz. Die Staatsanwaltschaft unterstand unmittelbar der *Volkskammer* und in deren Sitzungspausen dem *Staatsrat*, die Staatsanwälte waren ebenso wie die Richter aller Instanzen zu 90 Prozent Mitglieder der SED oder anderer Blockparteien und als solche an die Beschlüsse der Staatspartei gebunden und gehalten, im nach Bedarf zu definierenden »Interesse der Werktätigen« ihre Aufgaben zu erfüllen. Das führte v. a. in der politischen Justiz zu willkürlicher Auslegung der Gesetze bis hin zur Rechtsbeugung. Zudem gab es hier den sonst auch in der DDR-Gerichtsbarkeit üblichen Berufungsweg kaum, da das

Oberste Gericht der DDR alle Verfahren von einiger Bedeutung unmittelbar an sich zog. Von der fachlichen Zuständigkeit her gliederte sich die Gerichtsbarkeit wie die westdeutsche; die per Wahl durch die Parlamente der verschiedenen Ebenen besetzten Gerichte waren hierarchisch gegliedert.

Gerstenmaier, Eugen
* Kirchheim/Teck 25. 8. 1906, † Remagen 13. 3. 1986 - Nach Germanistik- und Theologiestudium hielt sich Gerstenmaier im 3. Reich zur Bekennenden Kirche, war aber 1936–44 Mitarbeiter des Kirchlichen Außenamts, wo »das Gegenteil alles kirchlichen Bekennens geradezu Prinzip war« (Karl Barth). 1940 fand Gerstenmaier Kontakt zur Widerstandsgruppe des Kreisauer Kreises und wurde nach dem Umsturzversuch des 20. Juli 1944 zu 7 Jahren Haft verurteilt. Nach dem Krieg baute er das Hilfswerk der *Evangelischen Kirche in Deutschland (EKD)* mit auf und leitete es bis 1951. Er trat der CDU bei, zog 1949 in den *Bundestag* ein, wurde 1954 dessen Präsident und 1956 stellvertretender Parteivorsitzender. Wegen massiver öffentlicher Kritik an undurchsichtigen Grundstücksgeschäften und an seinen *Wiedergutmachungs*forderungen trat Gerstenmaier 1969 zurück.

Gesamtdeutsche Partei (GDP)
Zwei konservativ-nationale Parteien, die mit abnehmender Akzeptanz in der Wählerschaft zu kämpfen hatten, wollten 1961 durch Zusammenschluß einen Neuanfang und den Wiedereinzug in den nächsten *Bundestag* schaffen: *Deutsche Partei (DP)* und der aus dem *Block der Heimatvertrieben und Entrechteten (BHE)* hervorgegangene Gesamtdeutsche Block/BHE (GB/BHE) vereinigten sich 1960 zur Gesamtdeutschen Partei (GDP). Sie erreichte aber im gleichen Jahr nur 2,8 % der Stimmen, woraufhin sich viele ehemalige DP-Mitglieder wieder aus der GdP verabschiedeten.

Gesamtdeutscher Block/BHE (GB/BHE) s. *Block der Heimatvertriebenen und Entrechteten (BHE)*

Gesamtdeutsche Volkspartei (GVP)
Der Konflikt um die *Wiederbewaffnung* führte selbst in der CDU zu internen Streitigkeiten. Innenminister *Heinemann* und andere, v.a. aus der Bekennenden Kirche stammende Persönlichkeiten traten deswegen aus der Partei aus und engagierten sich in einer »Notgemeinschaft für den Frieden Europas«, aus der im Nov. 1952 die Gesamtdeutsche Volkspartei (GVP) entstand. Sie lehnte auch die Westintegration der Bundesrepublik ab und trat für Neutralität und *Wiedervereinigung* ohne Blockbildung und Aufrüstung ein. Bei den Wahlen zum *Bundestag* 1953 kam die GVP nur auf 1,2 % der Stimmen

und löste sich 1957 auf mit der Empfehlung an die Mitglieder, sich der SPD anzuschließen.

Gesellschaft für Deutsch-Sowjetische Freundschaft (DSF)
Wurden Amerikaner oder Briten im Westen bei Kriegsende vielfach sehnlichst erwartet, so sah man den Russen in Mittel- und Ostdeutschland eher mit Bangen entgegen. Das lag an der langjährigen antisowjetischen Propaganda im 3. Reich und an den Greueltaten der Soldaten der Roten Armee beim Einmarsch. Die Besatzungsmacht war daher um Imagepflege bemüht und ließ ihre Vertrauensleute dazu an die kommunistischen Traditionen der Weimarer Republik anknüpfen, in der es bereits einen »Bund der Freunde der Sowjetunion« gegeben hatte. Am 30. 6. 1947 entstand aus schon vorher gebildeten örtlichen Gruppen eine »Gesellschaft zum Studium der Kultur der Sowjetunion«, die sich am 2. 7. 1949 in »Gesellschaft für Deutsch-Sowjetische Freundschaft« (DSF) umbenannte und zu einer *Massenorganisation* in der DDR wurde, Parole: »Von der Sowjetunion lernen heißt siegen lernen.« Die enge Anlehnung der DDR an die UdSSR führte der DSF ständig neue Anhänger zu, so daß sie schließlich über 6 Mio. Mitglieder zählte. Sie organisierten sich in Zirkeln »zur Erlernung der russischen Sprache« oder »zur Auswertung der sowjetischen Erfahrungen«, gaben eigene Periodika heraus (z. B. die Illustrierte »Freie Welt«), verfügten über mehrere Dutzend »Freundschaftshäuser« und organisierten Studienreisen in die UdSSR. Ausgerichtet nach dem Prinzip des *demokratischen Zentralismus*, war die DSF in Grundeinheiten, Kreis- und Bezirksorganisationen gegliedert mit einem vom alle 5 Jahre tagenden Kongreß berufenen Zentralvorstand an der Spitze. In der UdSSR existierte seit 1958 als Pendant die »Sowjetische Gesellschaft für Freundschaft mit der DDR«. Nach der *Wiedervereinigung* schrumpfte die DSF rapide auf knapp 25 000 Mitglieder (1994) und nahm den Charakter eines privaten Kulturvereins an.

Gesellschaft für Sport und Technik (GST)
Die *Wiederbewaffnung* in der DDR wurde von Anfang an auf eine breite Basis gestellt: Am 7. 8. 1952 wurde auf Vorschlag des ZK der SED nach sowjetischem Vorbild die »Gesellschaft für Sport und Technik« (GST) mit der Aufgabe gegründet, in zweijährigen Kursen für die vormilitärische Ausbildung und wehrsportliche Erziehung der Jugendlichen zu sorgen. Zunächst dem Innenministerium, mit Bildung der *Nationalen Volksarmee (NVA)* 1956 dem Ministerium für Nationale Verteidigung unterstellt, lieferte die GST den Streitkräften bereits vorgeschulte Rekruten. Zwar war die vom 14. Lebensjahr an mögliche Mitgliedschaft freiwillig, doch politischer Druck und reizvolle Angebote wie Führerschein- oder Flugscheinerwerb ohne Wartezeiten und Kosten führten einen hohen Prozentsatz Jugendlicher in die GST, die 1988

rund 670 000 Mitglieder hatte. Auch Reservisten konnten sich in ihrem Rahmen wehrsportlich weiter fit halten und waren aufgefordert, als Ausbilder tätig zu werden. Mit Einführung der Wehrkunde als Pflichtfach an den Ober- und Hochschulen im Rahmen der *Wehrerziehung* 1978/79 sowie in der Lehrlingsausbildung wurden die Leistungen bei der GST benotet. Die Jungen wurden v. a. an der Waffe und sportlich ausgebildet, die Mädchen auf den Sanitätsdienst u. a. vorbereitet, beide erhielten Unterricht in wehrpolitischer Bildung. Die GST schrumpfte nach Sturz des SED-Regimes zu einer rein sportlichen Organisation und löste sich Ende 1990 auf, das Kriegsgerät wurde der NVA und von ihr der *Bundeswehr* übergeben.

Gesellschaftlicher Mitarbeiter Sicherheit (GMS)
Besonders geeignet zur Informationsbeschaffung waren für die *Stasi* Persönlichkeiten des öffentlichen Lebens, die sich durch »staatsbewußte Einstellung« auszeichneten, über gute Verbindungen verfügten und umfassend unterrichtet waren. Sie arbeiteten als Parteifunktionäre, in den Führungsgremien des *Freien Deutschen Gewerkschaftsbunds (FDGB)* oder in anderen Leitungsfunktionen. Sie wurden als Gesellschaftliche Mitarbeiter Sicherheit (GMS) angeworben, leisteten selbst Spitzeldienste und sorgten für Nachschub im Heer der *Inoffziellen Mitarbeiter (IM)*, indem sie geeignete Personen ihres Vertrauens oder verdiente Mitarbeiter dafür empfahlen.

Gesetzgebung
In der parlamentarischen Demokratie ist die Volksvertretung die *Legislative*, also die gesetzgebende Gewalt, durch *Gewaltenteilung* von den anderen beiden Staatsgewalten *Exekutive* und *Judikative* geschieden. In der Praxis wirkt die *Bundesregierung* als Spitze der Exekutive durch ihr Recht zum Einbringen von Gesetzentwürfen (Gesetzesinitiative) im Parlament und zum Erlaß von *Rechtsverordnungen (RVO)* in die Gesetzgebung hinein, die sonst auf Bundesebene ausschließlich bei *Bundestag* und *Bundesrat* liegt und nicht auf andere Organe übertragen werden kann (Art. 70–75 GG). Bei *Notstand* ist der *Gemeinsame Ausschuß* vorübergehend die Legislative. Die beiden Kammern des Parlaments haben neben der Regierung die Gesetzesinitiative, die auch Gruppen von *Abgeordneten (Fraktionen)* zusteht. Beim Bund liegt die *ausschließliche* und die *Rahmengesetzgebung*, zusammen mit den *Bundesländern* nimmt er die *konkurrierende Gesetzgebung* wahr.
Auf die Entstehung eines Gesetzentwurfs nehmen auch außerparlamentarische Instanzen Einfluß: Ministerien leisten Vorarbeiten, Experten werden gehört, *Interessenverbände* üben Druck in der *Lobby* aus, das *Kabinett* berät die Vorlagen der einzelnen Ministerien. Der Entwurf der Regierung (ca. 80 % aller Fälle), des Bundesrats oder von Abgeordneten geht dem Bundestag zu, der ihn in drei *Lesungen* be-

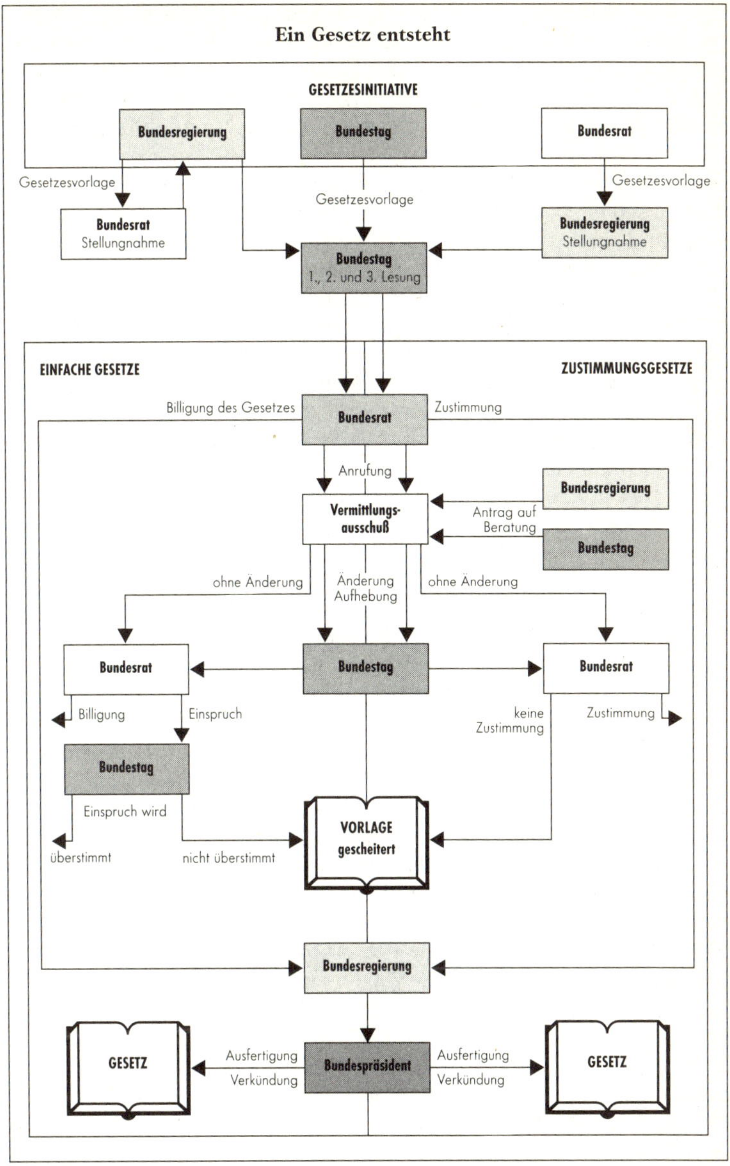

Der Gang der Gesetzgebung in der Bundesrepublik Deutschland.

rät und mehrheitlich verwirft oder verabschiedet. *Zustimmungsgesetze* kommen nur zustande, wenn der Bundesrat mehrheitlich zustimmt, gegen *Einspruchsgesetze* kann die Länderkammer intervenieren und den *Vermittlungsausschuß* anrufen. Ist das Gesetz angenommen, wird es vom *Bundespräsidenten* ausgefertigt und durch Verkündung im *Bundesgesetzblatt* in Kraft gesetzt.
In der DDR mit ihrer Gewaltenkonzentration war die Gesetzgebung theoretisch der *Volkskammer* vorbehalten, doch konnte diese Kompetenz an andere Organe delegiert werden. Nach der Verfassung von 1968/69 war für die Gesetzgebung allein die Volkskammer zuständig. Doch wenn auch nur ihre Rechtssetzungen »Gesetze« hießen, so setzten auch andere Organe unter anderen Bezeichnungen Recht: Der *Staatsrat* verkündete »Beschlüsse«, der *Ministerrat* erließ »Verordnungen«, der *Nationale Verteidigungsrat* gab »Anordnungen« heraus, und selbst regionale Körperschaften (»Örtliche Organe der Staatsmacht«) konnten durch »Satzungen« und Ordnungen Recht setzen. Fast ausnahmslos kamen alle diese im Rang allerdings abgestuften Gesetze durch Beschlüsse der Führungsgremien der SED zustande und wurden von den Parlamenten bis hin zur Volkskammer nur noch abgesegnet.

Gesetzgebungsnotstand

In der Weimarer Republik konnte der Reichskanzler notfalls ohne parlamentarische Mehrheit regieren, nur aufgrund des Rechts des Reichspräsidenten, Notverordnungen zu erlassen. Das *Grundgesetz* kennt einen solchen »Diktaturparagraphen« nicht und sieht eine Regelung vor, die bezeichnenderweise noch nie angewandt werden mußte: Findet der Antrag des *Bundeskanzlers*, ihm das Vertrauen auszusprechen, im *Bundestag* keine *Mehrheit* und lehnt der *Bundespräsident* dennoch die Auflösung des Parlaments ab (Art. 68 GG), kann dieser auf Antrag der *Bundesregierung* und mit Zustimmung des *Bundesrats* den Gesetzgebungsnotstand erklären, wenn der Bundestag eine von der Regierung als »dringlich« bezeichnete Gesetzesvorlage ablehnt (Art. 81 GG). Danach muß die Regierung die Vorlage erneut einbringen; lehnt der Bundestag diese wieder ab oder verschleppt sie, gilt das Gesetz als angenommen, wenn der Bundesrat zustimmt. Der Gesetzgebungsnotstand dauert höchstens 6 Monate; in dieser Zeit können auch weitere Vorlagen im Notverfahren verabschiedet werden. Spricht der Bundestag dem Kanzler inzwischen doch wieder das Vertrauen aus oder wählt einen neuen, endet der Gesetzgebungsnotstand.

Gesundheitswesen

Gesundheit ist als soziales Grundrecht nicht nur ein hohes Gut für den einzelnen, sondern auch für das Wohlergehen des Gemeinwesens, das schon aus wirtschaftlichem Interesse umfassende Maßnahmen zur

Gesunderhaltung oder Gesundung seiner Bürger ergreifen muß. Dazu gehören die Humanisierung der Arbeitswelt, umfassende Lebensmittelkontrollen, sorgfältige öffentliche Hygiene, Trinkwasserversorgung u. a. ebenso wie ein effektiver *Umweltschutz*, in erster Linie aber leistungsfähige Vor- und Fürsorgeeinrichtungen. Deutschlands Gesundheitssystem gehört zu den aufwendigsten der Welt - aus ökonomischen Erwägungen, aber auch, weil es eine Eigendynamik entwickelt hat, die mit staatlichen Mitteln nur schwer einzudämmen ist. Grundpfeiler ist die gesetzliche Krankenversicherung (GKV), der 90 % der Bewohner angehören, 10 % sind Mitglied in privaten Krankenversicherungen (PKV). Beider Grundlage ist das Solidarprinzip, nach dem alle Versicherten gemeinsam das Krankheitsrisiko tragen, die Gesunden also die Kranken mitfinanzieren. Eine weitere Säule ist die freie Wahl des Arztes, der seine Leistungen als privater Unternehmer anbietet, während die Krankenhäuser überwiegend in staatlicher Trägerschaft arbeiten. Dritte Säule sind Pharmaindustrie und Gerätehersteller, die primär gewinnorientiert am »Gesundheitsmarkt« tätig werden. In regelmäßigen Abständen laufen die Kosten für dieses System aus dem Ruder. In letzter Zeit wurde dem mit Erhöhung der Zuzahlungen der Versicherten, Festlegung von Verordnungsbudgets für Ärzte, Einführung von Fallpauschalen für Krankenhäuser, Kontrollen der Abrechnungen u. a. zu begegnen versucht, doch fließt weiterhin ein hoher Prozentsatz der wirtschaftlichen Produktivitätszuwächse ins Gesundheitswesen. - Daß Verstaatlichung keine Lösung ist, zeigte das Beispiel der DDR, die damit eine Massenflucht von Ärzten auslöste und die Leistungsbereitschaft nachhaltig untergrub. Ihr Gesundheitswesen wurde schon von der *SMAD* nach sowjetischem Vorbild ausgerichtet, und die SED ging diesen Weg konsequent weiter. Sie ließ zwar die niedergelassenen Ärzte unbehelligt, genehmigte aber bald keine neuen Privatpraxen mehr, sondern nur noch staatliche. Der stationäre Bereich wurde völlig verstaatlicht, ein Netz von Polikliniken sollte die medizinische Versorgung sichern, doch machte ständiger Personalmangel alle Planvorgaben immer wieder zunichte. Daher wurde ein nichtakademischer medizinischer Mittelbau gefördert, der die Ärzte von untergeordneten Tätigkeiten entlastete. Außerdem wurden die weitgehend abgeschafften Titel wie Medizinalrat u. a. zur Aufwertung des ärztlichen Berufs seit 1969 wieder eingeführt. Damit besserten sich aber weder die Mißstände auf baulichem Gebiet noch die schlechte Versorgung mit medizinischem Gerät und hochwertigen Arzneimitteln. Sie konnte wegen der angespannten Devisenlage bis zum Schluß nicht behoben werden. Hinzu kam staatliche Verdrängung schwerer volksgesundheitlicher Probleme wie Alkoholismus oder Atemwegserkrankungen aufgrund der katastrophalen Umweltsituation in vielen Regionen.

Gewaltenteilung

Diktatorische Entartung des Staates bedroht jedes System, das auf effektive Kontrolle der Staatsgewalt verzichtet. Im 18. Jh. entwickelt, in der Verfassung der USA (1776) erstmals Wirklichkeit geworden und von der Französischen Revolution in die Erklärung der *Menschenrechte* (1789) aufgenommen, hat sich die Einteilung und Trennung der Staatsgewalt in gesetzgebende (*Legislative*, Parlament), ausführende (*Exekutive*, Regierung) und rechtsprechende Gewalt *(Judikative, Gerichte)* bewährt. Ihre Unabhängigkeit voneinander sichert die bürgerlichen Freiheiten und unterbindet Willkür. Diese Gewaltenteilung oder -trennung ist in Art. 20,2 GG für die Bundesrepublik festgelegt. Es gibt natürlich dennoch Verbindungen: Z. B. kann ein *Abgeordneter* zugleich Regierungsmitglied sein, und die *Regierung* ist dem Parlament verantwortlich, das sie stürzen kann. Es kann aber nicht exekutiv (regierend) tätig werden, wie der Regierung ihrerseits die *Gesetzgebung* entzogen ist; das Parlament wirkt zwar mit bei der Bestellung der obersten Richter, hat aber keinen Einfluß auf deren Rechtsprechung usw. Durch *Inkompatibilität* wird zudem eine personelle Gewaltenteilung gesichert.
Die DDR lehnte wie alle kommunistischen Systeme die Gewaltenteilung als bürgerliche Aufsplitterung der Staatsmacht ab, die in der Hand des *Proletariats* vereinigt werden müsse. In der Praxis führte das zu umfassender Gewaltenkonzentration in den Führungsgremien der SED und zu nahezu diktatorischer Amtsführung ihrer Generalsekretäre.

Gewaltmonopol

In einem *Rechtsstaat* wie der Bundesrepublik hat allein der *Staat* das Recht, physische Gewalt gegen Personen und Sachen auszuüben oder ausüben zu lassen: Er hat das Gewaltmonopol. Bei seiner Ausübung durch Sicherheitskräfte (Polizei u. a.), die nur in staatlichem Auftrag tätig werden können, ist er an die Gesetze gebunden. Eine besondere Bedrohung dieses Monopols stellt der *Terrorismus* dar.

Gewaltverzicht

Sowohl die Völkerbundssatzung von 1919 wie die Charta der *Vereinten Nationen* von 1945 (Art. 4,2) fordern die Mitgliedstaaten auf, strittige Fragen friedlich und ohne Einsatz militärischer Gewalt zu lösen sowie die territoriale Integrität und die politische Unabhängigkeit anderer Staaten zu respektieren. Dazu verpflichteten sich sogar die Militärbündnisse der *NATO* und des *Warschauer Pakts*, die Bundesrepublik bekannte sich dazu 1952 im *Deutschlandvertrag* und 1954 auf der Londoner Neunmächtekonferenz *(Londoner Schlußakte)*, und in diesem Geist schloß sie 1970 den *Deutsch-Sowjetischen* wie den *Deutsch-Polnischen Vertrag*, die ausdrücklich als Gewaltverzichtsverträge angelegt sind. Auch der *Grundlagenvertrag* mit der DDR enthielt eine Gewaltverzichtsklausel.

Gewerkschaften

Gewerkschaften sind unabhängige Organisationen von abhängig Beschäftigten (Arbeiter, Angestellte, *Beamte*) zum Abschluß von Kollektivverträgen über gerechte Entlohnung der *Arbeitnehmer*, Regelung der Arbeitszeit, Sicherung von Urlaubs- und Arbeitsbedingungen, Schutz am Arbeitsplatz gegen Unfälle und Krankheit, Sicherung gegen *Arbeitslosigkeit*, *Mitbestimmung* im Betrieb und am Arbeitsplatz, *Humanisierung der Arbeit*; weitere Aufgaben zur Selbsthilfe der Mitglieder sind u. a.: wirtschaftliche Unterstützung bei *Streik*, Krankheit, Arbeitslosigkeit, Invalidität, Rechtsschutz und -beratung, Schulung und Fortbildung.

Die Gewerkschaften vertreten die Interessen der Arbeitnehmer gegenüber den *Arbeitgebern* und dem *Staat*. Für ihre Ziele wirken sie mit unterschiedlichen Mitteln: Lohn- und Gehaltsforderungen werden in der Regel beim Abschluß eines neuen *Tarifvertrages* durchgesetzt; gelingt dies nicht, greifen die Gewerkschaften zu *Arbeitskampfmaßnahmen*, z. B. dem *Streik*. Durch sozialpolitische Initiativen setzen sie sich u. a. ein für gesetzlich gesicherte betriebliche und überbetriebliche Mitbestimmung, Vermögensbildung in Arbeitnehmerhand, Verbesserung der Situation der Frauen, des Bildungs- und Ausbildungswesens und für den Mutter- wie *Jugendschutz*. Die Gewerkschaften finanzieren sich im wesentlichen durch Mitgliedsbeiträge und den Gewinn aus eigenen Unternehmen. Verwaltung und Organisation der Gewerkschaften liegen in der Hand eines Apparates mit hauptamtlichen Mitarbeitern.

Erste Gewerkschaften wurden 1825 in England gegründet. In den 1860er Jahren kam es auch in Deutschland zu gewerkschaftlichen Zusammenschlüssen. Weltanschauliche und politische Unterschiede führten bald zur Aufspaltung der Gewerkschaften in freie, sozialistische und christliche Gewerkschaften. Diese Richtungsgewerkschaften waren oft eng an politische *Parteien* gebunden und teilten 1933 deren Schicksal. Sie wurden verboten und durch die nationalsozialistische Deutsche Arbeitsfront (DAF) ersetzt. Nach dem 2. Weltkrieg bildeten sich in der Bundesrepublik aufgrund der Erfahrungen des Kampfes gegen den NS-Staat politisch und konfessionell unabhängige Gewerkschaften (Einheitsgewerkschaft). Die weitaus größte Organisation ist der 1949 gegründete Deutsche Gewerkschaftsbund (DGB) als Dachorganisation von 16 Einzelgewerkschaften nach Branchen (Industrieverbandsprinzip), eigener DGB-Jugend und knapp 10 Mio. Mitgliedern (1994); er hat seinen Sitz in Düsseldorf und vertritt die Interessen der Gewerkschaften gegenüber Staat und *Öffentlichkeit*, während die Tarifpolitik Sache der Einzelgewerkschaften ist. Neben dem DGB gibt es die Deutsche Angestellten-Gewerkschaft (DAG), den Christlichen Gewerkschaftsbund Deutschlands (CGB) sowie gewerkschaftsähnliche Organisationen wie den Deutschen Beamtenbund (DBB), den Deutschen Handels- und Industrieangestellten-Verband (DHV) u. a. – In der DDR etablierte sich der zentralistische *Freie Deutsche Gewerkschaftsbund (FDGB).*

Glaubens- und Gewissensfreiheit

»Die Freiheit des Glaubens, des Gewissens und die Freiheit des religiösen und weltanschaulichen Bekenntnisses sind unverletzlich«, heißt es in Art. 4 GG. Damit gehören Glaubens- und Gewissensfreiheit zu den nicht änderbaren *Grundrechten.* Das Gewissen, also die Fähigkeit, Recht und Unrecht zu erkennen, ist höchste Instanz des einzelnen für sein Handeln im Rahmen der *Verfassungs-* und Rechtsordnung. Es wird ausdrücklich im Zusammenhang mit dem Recht auf *Kriegsdienstverweigerung* (Art. 4,3 GG) genannt. Welche ethischen Normen hinter Gewissensentscheidungen stehen, ist von persönlichen Erfahrungen, sozialem Umfeld, Traditionen, v. a. aber von der religiösen Überzeugung abhängig. Selbst dann, wenn sie in der Ablehnung jeder Religion besteht, ist sie handlungsleitend. Ihr Schutz genießt daher den gleichen hohen Rang wie die Gewissensfreiheit. Konkret folgt daraus, daß niemand wegen seines Bekenntnisses oder der Zugehörigkeit zu einer Konfession bevorzugt oder benachteiligt werden darf und daß eine Auskunftspflicht über das religiöse Bekenntnis nicht besteht. »Die ungestörte Religionsausübung wird gewährleistet«, sagt Art. 4,2 GG und garantiert damit auch die Kultusfreiheit und das Recht, für den eigenen Glauben zu werben.

Gleichberechtigung

Aus der in den Art. 2 und 3,1 GG festgestellten grundsätzlichen rechtlichen Gleichheit aller Bürger folgt die Gleichberechtigung von Männern und Frauen (Art. 3,2 GG) und das Verbot, jemanden wegen seines Geschlechtes zu bevorzugen oder zu benachteiligen (Art. 3,3, GG). Allenfalls natürliche Unterschiede rechtfertigen unterschiedliche Behandlung (z. B. Mutterschutz). Das *Diskriminierungsverbot* greift allerdings in der Praxis nur unvollkommen, da Vorurteile und traditionelle Rollenzuweisungen sich nur allmählich wandeln und die Gleichstellung der Frauen auch ökonomisch immer wieder unterlaufen werden kann und unterlaufen wird. Den Kampf dagegen hat sich die *Frauenbewegung* zur Aufgabe gemacht.
Die DDR-*Verfassungen* von 1949 (Art. 7,1) und 1968 (Art. 20,2) forderten ebenfalls die Gleichberechtigung der Frau. Die SED sah in der ökonomischen Unabhängigkeit der Frau vom Mann die Grundlage wirklicher Gleichberechtigung und propagierte eine möglichst umfassende Eingliederung der Frauen in das Berufsleben. Damit begegnete

man zugleich dem ständigen, durch *Republikflucht* verschärften Arbeitskräftemangel und erhoffte sich eine Stärkung des sozialistischen Staates, der allein eine wirkliche Gleichstellung der Geschlechter sichern könne. Trotz unbestreitbarer Errungenschaften wie umfassende Versorgung mit Kindertagesstätten trugen in der Praxis die Frauen die Doppelbelastung durch Berufs- und Familienarbeit.

Gleichheit
In ihren Rechten und vor dem Gesetz (Art. 3,1 GG) sind in der Demokratie alle Bürger gleich. Daraus folgt die Gleichheit der Stimmen bei *Wahlen* und die *Gleichberechtigung* von Frauen und Männern (Art. 3,2 GG) ebenso wie das Verbot von Diskriminierung und Privilegierung aufgrund von Abstammung, Rasse, Sprache, Heimat und Herkunft, Glauben oder politischer Anschauung (Art. 3,3 GG). Soziale Ungleichheiten oder solche der Bildung und der persönlichen Ausstattung mit Gütern bleiben davon unberührt; sie sind allenfalls mit Mitteln der *Sozial-* und *Bildungspolitik* zu mildern. Die Vision des Marxismus reicht darüber hinaus und sieht am Ende der Geschichte eine klassenlose Gesellschaft ohne Herrschaft von Menschen über Menschen. Die diesem Ideal verpflichtete DDR war jedoch kaum weniger von Ungleicheiten geprägt als die kapitalistische Gesellschaft. Zwar kannte sie weniger ausgeprägte soziale und ökonomische Unterschiede, dafür jedoch massive politische Privilegien und Diskriminierung von Andersdenkenden.

Globke, Hans
* Düsseldorf 10. 9. 1898, † Bad Godesberg 13. 2. 1973 – Seine Bedeutung liegt weniger in seiner politischen Rolle als in der Beispielhaftigkeit seines Falls für den Umgang mit der NS-Vergangenheit: Der Jurist Globke trat nie der NSDAP bei, wurde aber als Ministerialrat im Reichsinnenministerium einer der eifrigsten Verfechter der Entrechtung der Juden. Er verfaßte einen Kommentar zu den Nürnberger Rassegesetzen, setzte sich für das zwangsweise Führen der Vornamen »Sara« und »Israel« durch alle Juden ein und zeichnete 1944 persönlich einen Erlaß ab, der den Übergang des Vermögens ermordeter Juden auf das Reich regelte. Nach dem Krieg für die CDU im *Bundestag* und 1953–63 *Staatssekretär Adenauers* im Bundeskanzleramt, behauptete Globke stets, mit seinen Kommentaren die NS-Gesetze abgemildert zu haben. Mehrere Rücktrittsangebote nahm Adenauer nicht an. In der DDR wurde Globke mit Steckbrief gesucht und 1963 in Abwesenheit zu lebenslangem Zuchthaus verurteilt.

GMS s. *Gesellschaftlicher Mitarbeiter Sicherheit*

Godesberger Programm

Die *Sozialdemokratische Partei Deutschlands (SPD)* begann sich gleich nach Wiedergründung 1946 mit ihren »Politischen Leitsätzen« behutsam von dem noch stark marxistisch geprägten Heidelberger Programm von 1925 zu lösen. Das setzte sich angesichts des *Wirtschaftswunders* in den 1950er Jahren fort und gipfelte 1959 im Godesberger Programm, das auch die letzten marxistischen Elemente eliminierte und die Entwicklung der SPD von der Arbeiter- zur Volkspartei abschloß. Im Mittelpunkt des in seinen Grundzügen noch heute gültigen Programms steht das Bekenntnis zum freiheitlichen *Rechtsstaat*, zur sozialen *Marktwirtschaft* und zur freien Entfaltung der Persönlichkeit; es betont, die SPD sei »die Partei der Freiheit des Geistes«, die Freiheit und Gerechtigkeit erkämpfen wolle. Dazu gehöre die Förderung des privaten *Eigentums* an Produktionsmitteln ebenso wie freies Unternehmertum. Von den planwirtschaftlichen Forderungen blieb nur die Parole übrig: »Wettbewerb so weit wie möglich – Planung so weit wie nötig«. Das Godesberger Programm wurde im 1975 verabschiedeten Orientierungsrahmen '85 und im Regierungsprogramm der Arbeitsgruppe Fortschritt '90 v.a. durch Forderungen nach einem ökologischem Umbau der Industriegesellschaft ergänzt.

Gorleben

Die kleine niedersächsische Gemeinde Gorleben am linken Elbufer (rund 600 Einwohner) im Kreis Lüchow-Dannenberg wurde Ende der 1970er Jahre zu einem Brennpunkt im Kampf um die *Kernenergie.* Die dortigen geologischen Verhältnisse und ein Salzstock bieten nach Meinung einiger Fachleute die besten Voraussetzungen zur Endlagerung von Atommüll. Andere Experten verweisen auf die langen Halbwertszeiten vieler radioaktiver Substanzen und halten eine Garantie der Sicherheit eines solchen Lagers für derartige Zeiträume für unmöglich. Schon das Bekanntwerden von Plänen zur Einrichtung einer Wiederaufbereitungsanlage (1979 zurückgezogen) und die Einrichtung eines Zwischenlagers für schwach radioaktive Abfälle, das 1983 den Betrieb aufnahm, führte zu bundesweiten Protesten, Konflikten zwischen der *Landesregierung* und dem Bund sowie zu Blockademaßnahmen von Kernkraftgegnern vor Ort. Der weitere Ausbau des »Entsorgungsparks« Gorleben zu einem Endlager auch für hochradioaktiven Müll stößt auf immer massivere Gegenwehr. Erste Transporte aus Kernkraftwerken mit Atommüll in sog. Castor-Behältern nach Gorleben wurden 1995 auf der ganzen Strecke behindert und konnten nur unter aufwendigem Polizeischutz abgewickelt werden.

Göttinger Erklärung

Nach Gründung der *Bundeswehr* strebten *Adenauer* und sein Verteidigungsminister *Strauß* auch nach atomarer Ausrüstung der bundesdeutschen Streitkräfte. Dagegen wandten sich am 12. 4. 1957 in einem Göttinger Manifest 18 führende deutsche Atomwissenschaftler, darunter der Entdecker der Kernspaltung Otto Hahn, der Nobelpreisträger Werner Heisenberg sowie der Physiker und Philosoph Carl Friedrich von Weizsäcker. Sie forderten von der *Bundesregierung* den freiwilligen Verzicht auf *Atomwaffen*, denn damit sei dem Weltfrieden eher gedient als mit einem Drohpotential. Die »Göttinger Achtzehn« kündigten an, daß sie »sich an der Herstellung, der Erprobung oder dem Einsatz« solcher Waffen nicht beteiligen würden. Sie lösten damit eine Protestwelle auch der *Gewerkschaften*, der SPD, von Schriftstellern und Theologen (u. a. *Niemöller*, Karl Barth, Albert Schweitzer) gegen die Pläne der Regierung aus. Die Bewegung »Kampf dem Atomtod« blieb erfolglos, denn der *Bundestag* stimmte der atomaren Ausrüstung der Bundeswehr im Rahmen der *NATO* zu. Die Verfügungsgewalt über diese Waffen blieb jedoch bei den USA.

Grass, Günter

* Danzig 16. 10. 1927 – 1944 noch Soldat geworden, schlug sich Grass nach Kriegsende zunächst als Jazzmusiker und Gelegenheitsarbeiter durch, ehe er mit künstlerischen und literarischen Arbeiten Erfolg hatte. Er schuf lyrische und dramatische Werke, wurde jedoch v. a. durch seine Romane bekannt: u. a. »Die Blechtrommel« (1959), »Hundejahre« (1963), »Der Butt« (1977), »Ein weites Feld« (1995). Grass gehörte zur Gruppe 47 und setzte sich seit 1961 öffentlich für die SPD und *Brandt* ein, den er 1969 und 1972 im Rahmen von Wählerinitiativen von Künstlern u. a. Prominenten unterstützte (»Ich rat euch, EsPeDe zu wählen«). Er verkörperte neben *Böll* in den 1970/80er Jahren den Typ des politischen Intellektuellen und war auch in der *Friedensbewegung* aktiv.

Grenzkommission

Die Teilung Deutschlands durch die *Demarkationslinie* zwischen den Westzonen und der *SBZ* und später zwischen der Bundesrepublik und der DDR schuf nicht nur große menschliche, sondern auch rechtliche Probleme; nicht einmal der exakte Grenzverlauf war überall geklärt. Erst im Rahmen des *Grundlagenvertrags* war die Regelung der meisten Fragen möglich. Eine gemeinsame Grenzkommission legte danach z. B. fest, ob die Strommitte oder ein Ufer der Elbe die Grenze sei, wem der Abbau grenzüberschreitender Bodenschätze zustehe, wie wasserwirtschaftliche Probleme im Grenzbereich zu regeln seien, wie Hochwassergefahren gemeinsam begegnet werden könne, was bei versehentlichem Überschreiten der Grenze, etwa beim Fischen oder bei Bootsausflügen, zu geschehen habe, bis wohin wer für Fernsprechleitungen zuständig sei oder wie sich grenzüberschreitender *Umweltschutz* sichern lasse.

Grenztruppen der DDR
In der *SBZ* übernahm zunächst die Rote Armee, die seit 1. 12. 1946 eine deutsche Grenzpolizei (GP) als Teil der *Volkspolizei* unterstützte, die Sicherung der Grenzen. Nach Gründung der DDR ging der Grenzschutz zunehmend an diese über, die dazu eingesetzten Einheiten wurden seit 1952 zusammenfassend als Deutsche Grenzpolizei (DGP) bezeichnet. Sie verstärkte die Grenzsicherungen an der *Demarkationslinie* zur Bundesrepublik ständig, was u. a. zur Ausweisung von 8000 Bewohnern des sicherheitsempfindlichen Grenzstreifens führte. 1961 wurde die inzwischen auf über 50 000 Mann angewachsene DGP dem Ministerium für Nationale Verteidigung unterstellt und als »Kommando Grenze« Teil der *Nationalen Volksarmee.* 1973/74 erhielt das Kommando unter der neuen Bezeichnung »Grenztruppen der DDR« wieder Selbständigkeit. Ihr Haupteinsatzgebiet lag an der hermetisch abgeriegelten *innerdeutschen Grenze* - inklusive der 161 km langen Grenze um Westberlin mit der *Berliner Mauer* - sowie im Küstenbereich, während an der tschechischen und polnischen Grenze nur je ein Regiment stationiert war.
Die Grenztruppen hatten v. a. *Republikflucht* zu verhindern, da ihre zweite Aufgabe, Schutz der Grenze bei Kriegsgefahr, nie aktuell war. »Grenzverletzer« waren also fast ausschließlich Mitbürger, die von der SED als »Klassenfeinde« und Kriminelle bezeichnet wurden. Gelang ihre Festnahme nicht, war ihre »Vernichtung« gemäß *Schießbefehl* vorgesehen. Das führte zu hoher psychischer Belastung der Soldaten der Grenztruppen, die sich ursprünglich aus Freiwilligen, dann aber wegen deren Fluchtanfälligkeit aus besonders ausgesuchten Wehrpflichtigen rekrutierten. In ihrer Uniform, jedoch der *Stasi* unterstellt, taten an der Grenze auch die zuletzt 7800 Mann starken Paßkontrolleinheiten (PKE) Dienst, deren bessere Besoldung und raschere Beförderung immer wieder zu Spannungen mit den einfachen Grenzern führten. Im Zuge der *Wiedervereinigung* wurden die Grenztruppen reduziert und am 21. 9. 1990 aufgelöst, Reste übernahmen *Bundesgrenzschutz* und *Bundeswehr.*

Große Drei s. *Siegermächte*

Große Koalition
Im deutschen Parteiensystem gibt es zwei große Volksparteien, die sich gewöhnlich als Regierung und *Opposition* gegenüberstehen. Bündnisse zwischen ihnen werden als Große Koalition bezeichnet. Ausgerechnet *Erhard*, der »Vater des *Wirtschaftswunders*«, sah sich als *Bundeskanzler* nach seinem Wahlsieg 1965 ökonomischen Schwierigkeiten und einem Konflikt mit dem Koalitionspartner FDP gegenüber. Als diese das Regierungsbündnis verließ, kam es rasch zu einer Einigung von CDU/CSU und SPD auf eine Große Koalition zur Überwindung

der Rezession; die neue Regierung nahm am 1. 12. 1966 die Amtsgeschäfte auf. Die SPD, seit dem *Godesberger Programm* im Aufwind (»Genosse Trend«), sah darin eine Chance, Regierungsfähigkeit zu beweisen, die CDU/CSU wollte den Machterhalt. Sie stellte als größerer Partner mit *Kiesinger* den Bundeskanzler, während *Brandt* (SPD) das Außenamt übernahm und hier bereits seine spätere *Ostpolitik* konzipierte. Weitere herausragende Politiker der Großen Koalition wurden *Strauß* (CSU) als Finanzminister und *Schiller* (SPD) als Wirtschaftsminister, wegen ihres Harmonierens nach Figuren von Wilhelm Busch »Plisch und Plum« genannt. Ihnen gelang binnen Jahresfrist die wirtschaftliche Wiederbelebung, wobei erstmals das Instrument der *Konzertierten Aktion* aller am Wirtschaftprozeß maßgeblich Beteiligten Anwendung fand.
An einem anderen Hauptprojekt der Koalition entzündeten sich *Studentenbewegung* und *APO*: Zur Ablösung alliierter Vorbehaltsrechte setzte die Regierung *Notstands*-Gesetze durch, die als »Ermächtigungsgesetze« empfunden und kritisiert wurden. Weil im Parlament nur noch die verschwindende Opposition der FDP saß, verlagerte sich der Widerstand auf die Straße und fand im *Establishment*, in der *Wohlstandsgesellschaft* und in der »Komplizenschaft« der Bundesrepublik mit den USA im »Kampf gegen das vietnamesische Volk« weitere Ziele des Protests, der nach Ende der Großen und Bildung der sozialliberalen *Koalition* im Herbst 1969 verebbte; seine Ausläufer mündeten in *Frauen-*, *Friedens-* und *alternativen Bewegungen*, einige wenige Aktivisten drifteten in den *Terrorismus* ab.

Grotewohl, Otto

* Braunschweig 11. 3. 1894, † Berlin 21. 9. 1964 – Nach einer Buchdrukkerlehre trat Grotewohl 1912 der SPD bei, ging 1918 zur USPD und kehrte nach deren Spaltung 1922 in die SPD zurück. 1925–33 war er Reichstagsabgeordneter und arbeitete im 3. Reich als Vertreter. 1938/39 war er 7 Monate lang inhaftiert. 1945 wurde Grotewohl Vorsitzender des Zentralausschusses der SPD in Berlin und führte auf sowjetischen Druck hin die Partei gegen den Willen *Schumachers* in die Vereinigung mit der KPD zur *Sozialistischen Einheitspartei Deutschlands (SED)*. Zusammen mit *Pieck* war Grotewohl bis 1954 ihr Vorsitzender, gehörte bis zu seinem Tod dem *Politbüro* an und war seit Konstituierung der DDR *Ministerpräsident*, wobei für den Schwerkranken seit 1962 *Stoph* die Amtsgeschäfte führte. So zögernd sich Grotewohl der Zwangsvereinigung mit der KPD gebeugt hatte, so konsequent stand er danach dazu; den westdeutschen Staat bezeichnete er als Ergebnis »kolonialer Versklavung« durch die Westmächte, einzig unabhängiger deutscher Staat sei die DDR.

Der erste stellvertretende Vorsitzende des Ministerrats der UdSSR und Mitglied des ZK der KPdSU, Anastas Mikojan (r.) gratuliert dem Vorsitzenden des Ministerrats der DDR, Otto Grotewohl, zu seinem 70. Geburtstag am 11. 3. 1964. Im Hintergrund: Walter Ulbricht.

Grundgesetz (GG)

Die Verfassung der Bundesrepublik Deutschland ist im Grundgesetz niedergelegt. Es ist die rechtliche Grundlage, nach der sich das Zusammenleben der Menschen und das Zusammenwirken der staatlichen Organe der Bundesrepublik regeln. Es wurde von den aus 11 *Landtagen* delegierten Abgeordneten des *Parlamentarischen Rates* unter Einfluß der Westmächte in über achtmonatiger Beratung erarbeitet. Am 8. 5. 1949 nahm der Parlamentarische Rat das Grundgesetz mit 53 gegen 12 Stimmen an, am 23. 5. 1949 wurde es durch Verkündung im *Bundesgesetzblatt* in Kraft gesetzt. Mit dem Terminus »Grundgesetz« - statt »Verfassung« - wollten »die Väter des Grundgesetzes« zum Ausdruck bringen, daß kein separater westdeutscher Staat gegründet, sondern ein zeitlich und räumlich begrenztes Provisorium bis zur Errichtung eines gesamtdeutschen Staates *(Wiedervereinigung)* geschaffen werden sollte - nach damaliger Auffassung in den Grenzen der vier *Besatzungszonen.*

Seinen inhaltlichen Niederschlag fand dieser Vorbehalt in der Präam-

bel zum Grundgesetz und den Art. 23 und 146 GG, die die Wiedererlangung der staatlichen Einheit vorschrieben bzw. ermöglichten. Mit dem Beitritt der fünf neuen Länder nach Art. 23 GG, am 3. 10. 1990, büßten beide Artikel ihr ursprüngliches Anwendungsfeld ein. Der Beitritts-Art. 23 GG fiel ersatzlos fort, Art. 146 GG, der im Zuge der Vereinigung eine Abstimmung über eine neue Verfassung und damit quasi eine Neukonstituierung der Bundesrepublik vorsah, hält auch nach der Vereinigung und seiner Umformulierung die Möglichkeit einer Abstimmung über eine neue Verfassung für die Bundesrepublik offen. Gemäß Art. 5 *Einigungsvertrag* hat eine Verfassungskommission im Okt. 1993 dem Parlament Empfehlungen zur Änderung des Grundgesetzes vorgelegt, die an keine Kernaussage rühren.
Als sogenannter »Verfassungskern« des Grundgesetzes gelten die Bestimmungen über die Unantastbarkeit der *Menschenwürde* und die Bindung der *Staatsgewalt* an die *Grundrechte*, über den demokratischen und föderativen Staatsaufbau und die Grundsätze des *Rechtsstaates* und des *Sozialstaates*. Eine Änderung dieser Grundsätze ist nach Art. 79,3 GG unzulässig. Ansonsten kann das Grundgesetz nur durch ein Gesetz geändert werden, dem zwei Drittel der Mitglieder des *Bundestages* und des *Bundesrates* zustimmen.

Grundlagenvertrag

Nach den Erfolgen ihrer *Ostpolitik* mit dem *Deutsch-Sowjetischen* und dem *Deutsch-Polnischen Vertrag* konnte die Regierung *Brandt* am 21. 12. 1972 auch die *innerdeutschen Beziehungen* mit einem Grundlagenvertrag nachhaltig verbessern. Das am 21. 6. 1973 in Kraft getretene Abkommen enthielt einen *Gewaltverzicht*, bekräftigte die Unverletzlichkeit der territorialen Integrität der Partner, stellte eine Reihe von Verträgen zur engeren Zusammenarbeit in Wirtschaft, Wissenschaft und Kultur in Aussicht, beauftragte eine *Grenzkommission*, sah Verbesserungen in humanitären Fragen vor (Familienzusammenführung, Reiseerleichterungen u. a.) und verpflichtete beide deutsche Staaten zur Förderung der europäischen Sicherheit und der Rüstungsbegrenzung. Außerdem vereinbarten die Partner die Einrichtung von *Ständigen Vertretungen* in Ostberlin und Bonn; die DDR nahm einen »Brief zur deutschen Einheit« entgegen, in dem die *Bundesregierung* betonte, daß der Grundlagenvertrag nicht dem *Wiedervereinigungs*gebot der Präambel des *Grundgesetzes* widerspreche. Dennoch klagte die CSU gegen das Vertragswerk beim *Bundesverfassungsgericht*, das aber keine verfassungswidrigen Elemente darin fand.

Grundrechte

Abschnitt I (Art. 1–19) des *Grundgesetzes* behandelt die unabänderlichen Grundrechte jedes Bürgers der Bundesrepublik, die die Freiheitssphäre des einzelnen vor Eingriffen der öffentlichen Gewalt schützen, also weitgehend Abwehrrechte gegen den *Staat* sind: Unantastbarkeit der *Menschenwürde* und Garantie der freien Entfaltung der Persönlichkeit; Recht auf Leben und *körperliche Unversehrt*heit sowie Freiheit der Person, des Glaubens, des Gewissens, des Bekenntnisses, der Meinungsäußerung, der Information, der Presse, der Wissenschaft, des Berufs, der Vereinigung und Koalition; *Freizügigkeit*; Schutz von Ehe und Familie sowie des Brief-, Post- und Fernmeldegeheimnisses; Unverletzlichkeit der Wohnung; Recht auf *Eigentum* und Erbschaft sowie auf Beschwerden und Petitionen; Verbot der *Auslieferung*. Im weiteren Sinn gehören auch Bestimmungen über die Freiheit der Parteien, das Recht auf Zugang zu öffentlichen Ämtern, das Wahlrecht, der Anspruch auf rechtliches Gehör, das Verbot der Mehrfachbestrafung u. a. zu den Grundrechten, die nur dann eingeschränkt werden können, wenn dies ausdrücklich gestattet ist. Grundrechte verwirkt allerdings, wer einzelne davon zum Kampf gegen die *freiheitlich-demokratische Grundordnung* mißbraucht. Bei Verstößen des Staates gegen Grundrechte kann das *Bundesverfassungsgericht* angerufen werden. Der Grundrechtskatalog hat sich aus den *Menschenrechten* entwickelt.

Die Grünen

Aus der *APO* über die Bürgerinitiativen für *Umweltschutz* und den Kampf gegen die *Kernenergie* entwickelten sich in den 1970er Jahren regionale »grüne« Gruppierungen, die sich 1980 großenteils in der neugegründeten Bundespartei »Die Grünen« sammelten. Sie einte in erster Linie die Sorge um die natürlichen Lebensgrundlagen, doch auch die Überwindung der zunehmenden sozialen Verwerfungen in der Bundesrepublik und der Erstarrung der politischen Strukturen stand auf ihrem Programm, Parole: »ökologisch - basisdemokratisch - sozial - gewaltfrei«. 1983 mit 27 und 1987 mit 42 Abgeordneten in den *Bundestag* eingezogen, verloren Die Grünen 1990 bei der ersten gesamtdeutschen Wahl an Boden, weil im Osten Umweltthemen noch wenig Resonanz fanden und weil der Konflikt zwischen den »Fundis«, die fundamentale Kritik an den bestehenden Verhältnissen und entsprechend grundsätzliche *Opposition* für nötig hielten, und den »Realos«, den nach Machtbeteiligung strebenden Anhängern, in der Öffentlichkeit Verwirrung gestiftet hatte. Sie errangen nur dank des Erfolgs des mit ihnen zusammen angetretenen *Bündnisses 90* im Wahlgebiet Ost acht Mandate. Nach dem Sieg des realpolitischen Flügels kehrten Die Grünen 1994 gestärkt mit 49 Abgeordneten (7,3 %) ins Parlament zurück. In den Landtagen sind sie z. T. unter anderen Bezeichnungen (z. B. Hamburg: Grün-Alternative Liste, GAL) vertreten.
Die Grünen haben ihre Hochburgen in den großen Städten, wo sie stellenweise bis zu 20 % der Wählerstimmen erringen konnten, obwohl andere Parteien inzwischen viel von ihrer Umweltprogrammatik übernommen haben. Fast überall haben die Grünen die *Freie Demokrati-*

Auf dem Bundesparteitag vom 12.–23. 3. 1980 verabschiedeten die Grünen ihr Grundsatzprogramm. Als Bundesvorstand wurden Norbert Mann, Petra Kelly und August Hausleitner (v.l.) gewählt.

sche Partei (FDP) als »dritte Kraft« verdrängt und sind v. a. Bündnisse mit den Sozialdemokraten eingegangen. Auch wenn Rot-Grün z. B. 1987 in Hessen, 1990 in Berlin oder 1995 in Frankfurt a. M. scheiterte, ist die schwarz-grüne Alternative, also das Bündnis mit der CDU, bisher nur auf lokaler Ebene (1995 in einigen Gemeinden Nordrhein-Westfalens) zustande gekommen. In Brandenburg (1990–94) und Bremen (1992–95) kam es vorübergehend zu *Ampelkoalitionen* mit FDP und SPD. Ihre schwache Position in den neuen *Bundesländern* konnten die Grünen noch nicht überwinden.

Gruppe Sowjetischer Streitkräfte in Deutschland (GSSD)

Verglichen mit den in der Bundesrepublik stationierten Streitkräften der Westmächte unterhielt die UdSSR in der *SBZ* und der DDR ein Vielfaches an Militärpotential: Noch 1990 standen 540 000 Rotarmisten der Gruppe Sowjetischer Streitkräfte in Deutschland (GSSD) hinter dem einstigen *Eisernen Vorhang* auf deutschem Boden, gegliedert in 20 voll motorisierte Divisionen mit je einem Raketenbataillon, das über taktische *Atomwaffen* verfügte, die 24. Luftflotte mit 1200 fliegenden

Einheiten sowie starken Verbänden der Baltischen Rotbanner-Flotte. Offiziell wegen der peinlichen Einschränkung ihrer Souveränität von der DDR stets als »zeitweilig auf dem Territorium der DDR stationierte sowjetische Streitkräfte« bezeichnet, unterhielt die GSSD 750 Standorte und ein Hauptquartier in Wünsdorf bei Berlin. Zusammen mit der *Nationalen Volksarmee (NVA)* und polnischen Verbänden bildete sie die 1. Strategische Staffel der Streitkräfte des *Warschauer Pakts*.
Die hohe Präsenz war nicht nur wegen der Konfrontation an der *innerdeutschen Grenze* erforderlich, sondern auch zur Stabilisierung des SED-Regimes, dem die GSSD z. B. beim Aufstand des *Siebzehnten Juni 1953* zur Hilfe kam und das sie beim Bau der *Berliner Mauer* 1961 unterstützte. Ihre Maßnahmen und Manöver sprach die GSSD-Führung gewöhnlich mit DDR-Stellen ab, war dazu aber vertraglich nicht verpflichtet. 1989 trug sie durch Verweigerung des Eingreifens gegen Demonstranten und Warnungen an die Adresse der DDR-Führung zum Sturz der SED-Herrschaft bei. Der im *Zwei-plus-Vier-Vertrag* vereinbarte Abzug der nun »Westgruppe der ehemaligen sowjetischen Streitkräfte« genannten Truppe bis 1994 ging planmäßig vonstatten; die Bundesrepublik verpflichtete sich, für heimkehrende Offiziere Wohnungen in Rußland zu bauen.

GSSD s. *Gruppe Sowjetischer Streitkräfte in Deutschland*

GST s. *Gesellschaft für Sport und Technik*

Guillaume-Affäre
Dem DDR-Geheimdienst gelang es immer wieder, Agenten in hohe und höchste Positionen in der Bundesrepublik zu schleusen. Prominentester Fall wurde 1974 der von Günter Guillaume, dem persönlichen Referenten von Bundeskanzler *Brandt*. Der Top-Agent hatte sich über Jahre ins Machtzentrum vorgearbeitet und den Kanzler auf Dienst- und häufig auch auf Privatreisen begleitet, ehe Guillaume und seine Ehefrau Christel Guillaume, Angestellte beim Beauftragten des Landes Hessen in Bonn, in der Nacht zum 24. 4. 1974 verhaftet wurden. Der Verdacht gegen sie bestätigte sich, der von Wahlniederlagen seiner Partei, der SPD, auf Länderebene angeschlagene Kanzler übernahm die politische Verantwortung für »Fahrlässigkeiten« im Zusammenhang mit der Affäre und trat am 6. 5. 1974 zurück. Die Guillaumes wurden Ende 1975 wegen *Landesverrats* zu langjährigen Haftstrafen verurteilt, 1981 begnadigt und in die DDR abgeschoben. Die DDR hatte mit dem Fall Guillaume der *Entspannungspolitik* und Brandts *Ostpolitik* empfindlich geschadet.

GVP s. *Gesamtdeutsche Volkspartei*

H

Häftlinge, politische

Die von der Roten Armee 1945 relativ wahllos als »aktive Faschisten« oder »Kriegsverbrecher« in einstige KZ gesperrten rd. 150 000 Deutschen, von denen fast die Hälfte in den Lagern umkam, können nur bedingt als politische Häftlinge bezeichnet werden. Die später von DDR-Gerichten Abgeurteilten unter den Überlebenden entsprechen den im Westen verurteilten NS-Straftätern, wobei aufgrund anderer Rechtsnormen nach westlichen Maßstäben einige als politische Häftlinge gelten können. Im engeren Sinn aber waren als solche v. a. die wegen »Staatsverbrechen« oder *Republikflucht* verurteilten DDR-Bürger zu bezeichnen, über deren Zahl nur Schätzungen vorliegen: Etwa 150 000 Menschen wurden aufgrund solcher Delikte inhaftiert oder gar wie angebliche »Rädelsführer« des Aufstands vom *Siebzehnten Juni 1953* hingerichtet. Die politischen Häftlinge wurden wie Kriminelle behandelt und verbüßten ihre Strafen in denselben Haftanstalten. Allerdings kamen ihnen einige *Amnestien* zugute und die in den 1960er Jahren einsetzenden Bemühungen der Bundesrepublik, politische Häftlinge der DDR »freizukaufen«. Rd. 25 000 Personen konnten so in den Westen ausreisen; die Höhe der dafür eingesetzten Mittel ist nicht bekannt. In der Bundesrepublik gab und gibt es keine politischen Häftlinge, was manche rechtskräftig Verurteilten, insbesondere die inhaftierten Terroristen der *Baader-Meinhof-Gruppe*/Rote Armee Fraktion (RAF) bestreiten.

Hager, Kurt

* Bietigheim/Enz 24. 7. 1912 - 1929 trat Hager, Arbeitersohn mit Abitur, in die KPD ein, ging 1933 in den Untergrund, war kurzzeitig in KZ-Haft, nahm auf republikanischer Seite am Spanischen Bürgerkrieg teil, ging ins Exil nach England und wurde 1946 nach Rückkehr Mitglied der SED. 1954 stieg Hager ins ZK der Partei auf, 1959 ins *Politbüro* und wurde als Leiter von dessen Ideologischer Kommission so etwas wie der Chefdenker der SED. 1976 rückte er, seit 1967 Vorsitzender des *Volkskammer*-Ausschusses für Volksbildung, in den *Staatsrat* auf. Er gehörte zu den Gegnern des sowjetischen Reformkurses nach 1985, den er mit der Bemerkung abtat, bloß weil der Nachbar renoviere, müsse nicht auch die DDR »neu tapeziert« werden. 1989 stürzte Hager mit dem SED-System und wurde von der zur PDS gewandelten Partei im Jan. 1990 ausgeschlossen.

Hallstein-Doktrin

Beim Kampf gegen eine *Anerkennung* der DDR drohte die Bundesrepublik in den 1950/60er Jahren allen Ländern (außer der UdSSR) mit dem Abbruch der *diplomatischen Beziehungen*, die ihrerseits solche Beziehungen zu Ostberlin aufnähmen. Dieses Prinzip wurde 1955 formuliert und nach dem damaligen Staatssekretär im Auswärtigen Amt Walter Hallstein benannt. Hinter der u. a. 1957 gegen Jugoslawien und 1963 gegen Kuba angewandten Hallstein-Doktrin stand der *Alleinvertretungsanspruch* der Bundesrepublik, zu dessen Durchsetzung das wirtschaftliche Gewicht Westdeutschlands in die Waagschale gelegt wurde. Mit der Konsolidierung der DDR nach dem Bau der *Berliner Mauer* wurde das Instrument stumpf, im Zuge der *Ostpolitik* der sozialliberalen Koalition eingemottet und schließlich bei Abschluß des *Grundlagenvertrags* aufgegeben.

Hammelsprung
Im *Bundestag* (und anderen Parlamenten) wird meist durch Handaufheben oder Aufstehen abgestimmt. Ergibt sich dabei und auch nach der Gegenprobe kein klares Bild, kann der Sitzungsvorstand einen sog. Hammelsprung anordnen. Dazu verlassen die *Abgeordneten* den Plenarsaal und kehren durch eine Ja-, Nein- oder Enthaltungstür wieder zurück, wobei sie von den Schriftführern gezählt werden. Die scherzhafte Bezeichnung rührt vermutlich von einem Bild her, das auf einer der Türen des Plenarsaals im Gebäude des *Reichstags* den Riesen Polyphem der griechischen Sage zeigte, wie er seine Widder zählt, indem er sie einzeln durch seine Beine laufen läßt. Heute werden statt des Hammelsprungs meist Abstimmungsmaschinen verwendet.

Hammer und Zirkel
Die deutschen Nationalfarben Schwarz-Rot-Gold blieben auch in der DDR erhalten, als Staatssymbol aber trat an die Stelle des Adlers 1950 ein Hammer im Ährenkranz als Sinnbild der *Arbeiter-und-Bauern-Macht*. 1953 wurde es um einen Zirkel erweitert, der die »technische Intelligenz« repräsentieren sollte, und am 26. 9. 1955 wurde dieses Emblem zum offiziellen Staatswappen der DDR erhoben. Es zierte, wie der Adler den *Bundestag*, die Stirnwand des Plenarsaals der *Volkskammer*, die Grenzmarkierungen, die diplomatischen Vertretungen der DDR im Ausland und war Zeichen der *Arbeiterfestspiele*. Am 1. 10. 1959 setzte die DDR das Hammer-und-Zirkel-Emblem auch in die Nationalflagge, um sich von der Bundesrepublik abzugrenzen und die *Zwei-Staaten-Theorie* der SED zu unterstreichen. Mit diesem im westdeutsch-konservativen Jargon »Spalterflagge« genannten Banner trat die DDR fortan international auf und warb um *Anerkennung*, was v. a. bei großen Sportveranstaltungen zusammen mit der *Becher*-Hymne Breitenwirkung erzielte, weil DDR-Athleten ungemein erfolgreich waren. Die Bundesrepublik wehrte sich vergeblich dagegen; am 27. 8. 1969 beschloß die Regierung *Kiesinger* daher, Flagge und Hymne der

DDR bei Sportwettkämpfen zu dulden. Dem folgte am 12. 3. 1970 ein allgemeiner Duldungserlaß der Regierung *Brandt.*

Handelsorganisation s. *HO*

Handwerkskammer s. *Industrie- und Handelskammer*

Harich, Wolfgang
* Königsberg (Ostpreußen) 9. 12. 1923, † Berlin 15. 3. 1995 - Das »Tauwetter« im Ostblock nach der Entstalinisierungs-Rede des sowjetischen KP-Chefs Chruschtschow 1956 ließ Hoffnungen bei den Intellektuellen auch auf eine kulturelle Liberalisierung in der DDR keimen. Wie sehr man sich damit getäuscht hatte, erfuhr der Publizist Harich, als er die Kulturpolitik der DDR in der von ihm geleiteten »Deutschen Zeitschrift für Philosophie« aus marxistischer Sicht unter die kritische Lupe nahm. Er wurde aus der SED ausgeschlossen und 1957 wegen »Bildung einer konspirativen staatsfeindlichen Gruppe« zu 10 Jahren Haft verurteilt. Harich, später von den aufbegehrenden Studenten im Westen als marxistischer Theoretiker geschätzt, machte sich nach seiner Amnestierung (1964) einen Namen mit Schriften wie »Zur Kritik der revolutionären Ungeduld« (1969). 1979 siedelte er in den Westen über.

Hauptstadt
Mit nur wenigen Ausnahmen sind die Regierungs- und Parlamentssitze zugleich Hauptstädte der jeweiligen Staaten. In der Bundesrepublik waren und sind dagegen z. T. noch bis Ende des Jahrtausends Hauptstadt und Regierungssitz getrennt. Die DDR siedelte alle Ministerien, die *Volkskammer* und obersten Behörden in (Ost-)Berlin an und bezeichnete *Berlin* entgegen den Viermächtevereinbarungen seit Mitte der 1950er Jahre als »Hauptstadt der DDR«.
Am 10. 5. 1949 erklärte der *Parlamentarische Rat Bonn* zur provisorischen Hauptstadt. Der *Bundestag* bestätigte dies am 3. 11. 1949 und bestimmte, die leitenden Bundesorgane nach *Berlin* zu verlegen, »sobald allgemeine, freie, gleiche, geheime Wahlen in ganz Berlin und in der sowjetischen Besatzungszone« durchgeführt seien. Gesetzeskraft erhielt Berlins Rolle als Hauptstadt durch das dritte Überleitungsgesetz vom 4. 1. 1952 über die Stellung Berlins im Finanzsystem des Bundes. Gemäß § 16 soll die Finanzhilfe des Bundes so bemessen sein, daß Berlin in die Lage versetzt wird, »seine Aufgaben als Hauptstadt eines geeinten Deutschlands zu erfüllen«. In den Jahren der Teilung ist Berlin immer wieder von den Politikern der Bundesrepublik als die deutsche Hauptstadt bezeichnet worden, und es bestand kein Zweifel, daß es auch Regierungs- und Parlamentssitz eines geeinten Deutschlands würde; allerdings erwartete kaum jemand eine *Wiedervereinigung.* Der *Einigungsvertrag* spiegelte dies, obwohl er eindeutig feststellte: »Die

Hauptstadt Deutschlands ist Berlin.« Doch über Sitz von Parlament und Regierung sollte erst später entschieden werden. Es begann ein Tauziehen zwischen Bonn und Berlin, das erst am 20. 6. 1991 endete, als der Bundestag mit knapper *Mehrheit* für den Umzug nach Berlin votierte.

Hausbuch
Das polizeiliche Meldewesen in der DDR verlangte für jedes Wohngebäude und alle Gemeinschaftsunterkünfte das Führen eines Hausbuchs durch Besitzer oder Verwalter. Darin waren alle Bewohner, Besucher aus der DDR, die 30 Tage oder länger blieben, v. a. aber alle in die DDR eingereisten Besucher, also insbesondere Bundesbürger, binnen 24 Stunden einzutragen. Das Hausbuch mußte auf Verlangen der *Volkspolizei* oder Vertretern der *Stasi* vorgelegt werden.

Haushaltsplan
Bund, Länder und Gemeinden brauchen zur Erfüllung ihrer Aufgaben Geld, das sie v. a. durch *Steuern*, aber auch durch Gebühren, Gewinne aus eigenen Unternehmen und Beteiligungen, Kreditaufnahmen u. a. einnehmen. Wie das Geld verwendet werden soll, wird in einem meist für ein Jahr (Haushaltsjahr) geltenden Haushaltsplan, auch Etat oder Budget genannt, festgelegt. Er ist auf Bundesebene ein Kompromiß aus den Forderungen der verschiedenen *Ministerien* und wird vom Finanzminister dem *Kabinett* zur Beratung und Billigung vorgelegt, dann dem *Bundestag* und den zuständigen *Ausschüssen* zugeleitet und nach *Debatte* verabschiedet. Diese Debatte trägt immer grundsätzliche politische Züge, da der Haushaltsplan die Ziele der *Bundesregierung* spiegelt, indem er zeigt, wo sie sich besonders engagieren und wo sie sparen will und welchen Rang sie welcher Aufgabe zuweist; er wird daher auch als »Regierungsprogramm in Zahlen« bezeichnet. Im Streit darüber klären Regierung und *Opposition* öffentlich ihre politischen Positionen.
Ausgaben und Einnahmen müssen im Haushaltsplan ausgeglichen sein, was notfalls durch Neuverschuldung geschieht, da kein Posten ohne Finanzierung genehmigt werden kann. Sind einmal unvorhergesehene Ausgaben erforderlich, werden sie im Wege eines Nachtragshaushalts genehmigt; dieser wird auch bei zu erwartendem Einnahmeausfall, z. B. durch geringeres Steueraufkommen, aufgestellt. Größte Posten im ordentlichen Haushalt betreffen beim Bund Soziales, Verteidigung und Verkehr, die Länder wenden am meisten für Kultur- und Bildungsaufgaben auf, bei den Gemeinden dominieren Infrastrukturkosten (Bauten, Verkehr, Ver- und Entsorgung), auf allen drei Ebenen spielen Personalkosten eine erhebliche Rolle, was die Spielräume für Umschichtungen oder Sparmaßnahmen einengt. Erhöhung der Einnahmen durch Steuererhöhungen ist nur sehr begrenzt möglich, da die *Konjunktur* und die Belastbarkeit der Bevölkerung berücksichtigt werden müssen. Bei der Verwendung der bewilligten Gelder müssen die

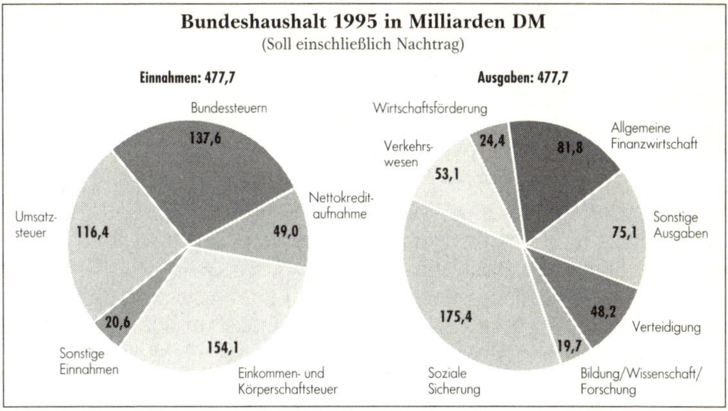

Einnahmen und Ausgaben im Haushaltsplan der Bundesrepublik Deutschland.

Behörden zweckmäßig, wirtschaftlich und sparsam vorgehen. Unabhängige Rechnungshöfe wie der *Bundesrechnungshof* prüfen dies nach Ablauf des Haushaltsjahrs.

Havemann, Robert

* München 11. 3. 1910, † Grünheide (Mark Brandenburg) 9. 4. 1982 – Als 22jähriger trat der Chemiker Havemann der KPD bei und arbeitete gegen den NS-Staat, der ihn 1943 als Mitglied einer Widerstandsgruppe zum Tod verurteilte, die Vollstreckung aber wegen kriegswichtiger Forschungen aussetzte. Seit Bildung der SED 1946 war Havemann Mitglied der Partei und wurde vielfach ausgezeichnet. Als unabhängiger Denker aber geriet er zunehmend in Gegensatz zur dogmatischen Politik der SED und kritisierte die stalinistisch-bürokratischen Strukturen in der DDR, u. a. in der Schrift »Dialektik ohne Dogma« (1964). Er wurde 1964 aus der Partei und 1966 aus der Akademie der Wissenschaften ausgeschlossen, verlor alle Ämter und stand nach Protesten gegen die Ausbürgerung *Biermanns* 1977–79 sogar unter Hausarrest. Im Nov. 1989 rehabilitierte ihn die zusammenbrechende SED postum.

Hearing

Die Themen, mit denen sich die Parlamente beschäftigen müssen, werden immer komplizierter. Kein *Abgeordneter* kann Experte für *Umwelt-*, Gesundheits- wie *Sozialpolitik* sein. In den *Ausschüssen* des Bundestags, die Gesetzesvorhaben vorbereiten, werden daher seit den 1960er Jahren vermehrt Interessenvertreter und Sachverständige aus Wirtschaft und Wissenschaft gehört und befragt, ein Verfahren, das mit dem englischen Wort »Hearing« (Anhörung) bezeichnet wird, da es zuerst 1911 in den USA eingeführt worden ist. Bei der Beratung eines Transplantationsgesetzes etwa wurden 1995 Neurologen, Vertreter der Ärztekammer, Psychiater, Theologen u. a. gehört, da es hier um die existentielle Frage geht, wann ein Mensch, dem Organe entnommen werden sollen, als tot anzusehen ist.

Heimatrecht
Die Charta der Heimatvertriebenen forderte 1950 ein Recht auf Heimat und damit zur Rückkehr in die *deutschen Ostgebiete.* Es gelang jedoch nicht, ein solches Recht und damit ein Verbot von *Vertreibung* aus dem angestammten Land im Völkerrecht zu verankern. Zwar untersagt das Genfer »Abkommen zum Schutz der Zivilbevölkerung in Kriegszeiten« von 1949 die Deportation von Zivilisten, doch die Charta der *Vereinten Nationen* erwähnt dies nicht. Ein Heimatrecht könnte auch nicht rückwirkend aufgenommen werden, da etwa das der *Flüchtlinge* und Vertriebenen aus dem ehemals deutschen Osten heute nicht mit dem der jetzigen Bewohner vereinbar wäre.

Heimatvertriebene s. *Vertreibung*

Heimkehrer
Ein kaum zu bewältigendes Problem stellten für das besetzte und zertrümmerte Deutschland und danach für die beiden deutschen Staaten die Heimkehrer aus Gefangenschaft dar. Die Westmächte entließen ihre *Kriegsgefangenen* sehr rasch, so daß die Westzonen schon früh riesige Kontingente aufnehmen mußten. Die Ostgefangenen kamen später, strömten aber ebenfalls überwiegend nach Westen und stellten die junge Bundesrepublik vor schwere Aufgaben, zumal auch der Zustrom von *Flüchtlingen* aus den *deutschen Ostgebieten* und aus der DDR bewältigt werden mußte. V. a. die Spätheimkehrer hatten ihre Familien oft viele Jahre nicht gesehen und waren vielfach gesundheitlich beeinträchtigt. Mit einem Heimkehrergesetz (HKG) vom 19. 6. 1950 und dem Kriegsgefangenen-Entschädigungsgesetz (KgfEG) vom 2. 2. 1954 wurden die dringlichsten Fragen geregelt: Danach standen nach dem 1. 1. 1947 heimgekehrten Gefangenen Hilfen zur Wiedereingliederung zu, doch waren die Mittel so knapp bemessen, daß erst nach mehrfachen Novellierungen der Gesetze die Forderungen des am 18. 3. 1950 gebildeten Verbandes der Heimkehrer erfüllt werden konnten: Entschädigung für die Arbeit in fremdem Gewahrsam, Beihilfen zur Beschaffung von Hausrat, Darlehen zur Existenzsicherung, Ausgleich von Nachteilen in der Rentenversicherung u. a. Politisch stellten die Heimkehrer ein stabilisierendes Moment dar, weil die Erfahrungen mit brauner (1933–45) wie roter Diktatur (in der Gefangenschaft) gegen radikale Positionen immunisierte.

Nach Verhandlungen zwischen Bundeskanzler Konrad Adenauer *und der sowjetischen Führung in Moskau 1955 wurden rund 10 000 Kriegsgefangene und 20 000 Zivilinternierte in die Freiheit entlassen. Im Grenzdurchgangslager* Friedland *kam es zu bewegenden Wiedersehensszenen zwischen Spätheimkehrern und Angehörigen.*

Heinemann, Gustav

* Schwelm 23. 7. 1899, † Essen 7. 7. 1976 - Von einem »Stück Machtwechsel« sprach der SPD-Politiker Heinemann, als er am 5. 3. 1969 gegen den CDU-Kandidaten *Schröder* zum *Bundespräsidenten* gewählt wurde. Die Dramatik des Umbruchs wird am Werdegang Heinemanns besonders deutlich: Im 3. Reich einer der führenden Männer der Bekennenden Kirche, trat der Jurist 1945 der CDU bei, war Oberbürgermeister von Essen, Justizminister in Nordrhein-Westfalen und 1949 erster Bundesminister der Justiz. Ein Jahr später verließ er die Regierung aus Protest gegen die *Wiederbewaffnung*, war Mitbegründer der neutralistischen *Gesamtdeutschen Volkspartei (GVP)* und ging nach deren Scheitern zur SPD. Für sie trat er 1966 erneut als Justizminister in die Regierung der *Großen Koalition* ein und brachte die Große Strafrechtsreform auf den Weg. Seine Wahl zum ersten sozialdemokratischen *Staatsoberhaupt* seit Friedrich Ebert leitete das Ende der CDU-Herrschaft ein und war nach 10 Jahren der Präsidentschaft von *Lübke* ein geistiger Neuanfang. Heinemann verstand sich als »Bürgerpräsident«, der die Kritik der unruhigen Jugend an erstarrten Strukturen

Am 5. 3. 1969 wurde Gustav Heinemann mit Unterstützung der FDP zum ersten sozialdemokratischen Staatsoberhaupt der Bundesrepublik gewählt.

ernst nahm. Ohne NS-Belastung konnte er nach außen gutnachbarliche Beziehungen zu den einst von der Wehrmacht besetzten kleineren europäischen Staaten von Norwegen bis zu den Niederlanden durch Staatsbesuche fördern.

Held der Arbeit

Das (Klassen-)Kämpferische ihrer Ideologie durchsetzte den Jargon der DDR allenthalben, Sportklubs hießen »Dynamo«, Arbeitsteams »Brigaden«, und wer sich durch herausragende Leistungen in Industrie, Handel, Landwirtschaft oder Verkehr oder durch wissenschaftliche Entdeckungen oder technische Erfindungen »besondere Verdienste um den Aufbau und den Sieg des *Sozialismus*« erwarb, war ein »Held der Arbeit«. Dieser Ehrentitel wurde 1950 gestiftet, bis zu 50mal im Jahr vergeben und war mit einem Preisgeld von bis zu 10000 Mark verbunden.

Helgoland

45 km vor der Küste Schleswig-Holsteins liegt in der Deutschen Bucht die 2 km^2 große, bis 61 m aufragende Felseninsel Helgoland mit vorgelagerter Düne. Die Kriegsmarine unterhielt dort im 2. Weltkrieg U-Bootbunker, Flakstellungen, Radarstationen und Munitionsdepots, so daß Helgoland mehrfach Ziel britischer Luftangriffe war und am 18. 4. 1945 bei einem Großangriff von fast 5000 t Bomben völlig verwüstet wurde. Am 14. 5. 1945 landeten britische Truppen, evakuierten die restliche Bevölkerung und machten die Insel zum Bombenübungsgelände. Die geplante völlige Vernichtung gelang jedoch selbst bei einer Großsprengung am 18. 4. 1947 nicht; nur ein Teil der SO-Steilküste stürzte ein. Am 1. 4. 1952 wurde Helgoland der Bundesrepublik zurückgegeben. Das Seebad hat heute rd. 1800 Einwohner und ist zollfreies Gebiet.

Hennecke-Bewegung

Schon Lenin wehrte sich gegen die Behauptung, der *Sozialismus* untergrabe den *Wettbewerb*. Das Gegenteil sei der Fall, da er nun »im Massenumfang« organisiert werden könne. In der Praxis der *SBZ* und späteren DDR geschah dies durch Erhöhung der Arbeitsnormen. Zur Rechtfertigung solcher Erhöhungen wurden gern Vorbilder hingestellt, die wie der Bergarbeiter Adolf Hennecke besondere Leistungen vollbracht hatten: Am 13. 10. 1948 gelang Hennecke als Hauer eine Übererfüllung der Schichtnorm von 387 % (530 Zentner). Daß er dies natürlich nur unter optimalen Bedingungen und bei bester Arbeitsvorbereitung hatte schaffen können, wurde ebenso betont wie der Einsatzwille, weil sein Vorbild auch der Einführung verbesserter und intensiverer Arbeitsmethoden im Rahmen einer Hennecke- oder Aktivisten-Bewegung dienen sollte. Der 13. 10. wurde zum »Tag der Aktivisten« erklärt, und Hennecke stieg 1954 ins ZK der SED auf.

Adolf Hennecke und sein sowjetisches Vorbild Alexej Stachanow (l.) bei einer Begegnung im Mai 1949 in Moskau.

Herrenchiemsee

Nach Bildung eines einheitlichen westdeutschen Wirtschaftsgebiets drängten die Westmächte trotz sowjetischer Störversuche wie der *Berlin-Blockade* die Länder ihrer *Besatzungszonen*, sich auch politisch zusammenzuschließen. Zur Vorbereitung der Arbeit eines *Parlamentarischen Rates*, der die *Verfassung* eines solchen Staates verabschieden sollte, tagte im Schloß auf der Herreninsel im Chiemsee vom 10. bis zum 23. August 1948 ein Ausschuß der Länder, dem an führender Stelle der SPD-Politiker *Schmid* angehörte. Der Herrenchiemseer Verfassungskonvent empfahl eine nur vorläufige Verfassung, damit die Tür zur *Wiedervereinigung* offenbliebe, stellte die *Menschenrechte* an die Spitze seiner Denkschrift, riet zur Einschränkung der Rechte des Staatsoberhaupts und forderte einmütig einen förderativen (bundesstaatlichen) Aufbau des neuen Staates. Diese Vorschläge wurden im *Grundgesetz* weitgehend umgesetzt.

Herzog, Roman

* Landshut 5. 4. 1934 – Im dritten Wahlgang erhielt er am 23. 5. 1994 die erforderliche absolute Mehrheit in der *Bundesversammlung*: Roman Herzog, seit 1970 Mitglied der CDU, war zum siebenten *Bundespräsidenten* gewählt worden, und erstmals hatten daran auch die Bürger der neuen *Bundesländer* mitwirken können. Damit erreichte eine Karriere

den Höhepunkt, die fast bruchlos verlaufen war: 1966 zum Jura-Professor berufen, lehrte Herzog in Berlin und Speyer, wurde 1978 Kultus- und 1980 Innenminister von Baden-Württemberg, wechselte 1983 als Vizepräsident ans *Bundesverfassungsgericht*, dessen Präsidentschaft er 1987 übernahm. Nachdem Bundeskanzler *Kohl* den von ihm bevorzugten ostdeutschen Kandidaten Steffen Heitmann in der CDU nicht hatte durchsetzen können, war Herzog fast in letzter Minute aufgestellt worden. Als seine Hauptaufgaben bezeichnete er nach der Wahl u. a. die Vollendung der inneren Einheit Deutschlands, den Kampf gegen die *Fremdenfeindlichkeit* und die Vertiefung der freundschaftlichen Beziehungen zu den Nachbarländern.

Hessischer Rundfunk (HR) s. *Hörfunk und Fernsehen*

Heuss, Theodor

* Brackenheim 31. 1. 1884, † Stuttgart 12. 12. 1963 - Während des Studiums der Kunstgeschichte und der Staatswissenschaften fand Heuss 1905 zum Journalismus (Redakteur bei der nationalliberalen Zeitschrift »Die Hilfe«) und war in den 1920er Jahren Dozent an der Hochschule für Politik in Berlin. 1924–33 saß er für die liberale Deutsche Demokratische Partei (DDP, später Deutsche Staatspartei) im *Reichstag*, stimmte aus *Fraktions*disziplin für das Ermächtigungsgesetz der Regierung Hitler, gehörte aber im 3. Reich sogleich zu den mißliebigen Journalisten und konnte sich nur mühsam u. a. mit historischen Publikationen über Wasser halten. Nach dem 2. Weltkrieg war Heuss einer der Gründer der FDP, deren Vorsitz er 1949 übernahm, ehe er am 12. 9. desselben Jahres zum ersten *Bundespräsidenten* gewählt wurde. Seine integre, politisch unbelastete Persönlichkeit machte ihn für das Ausland akzeptabel, seine Jovialität und sein Humor ließen ihn im Volk als »Papa Heuss« populär werden. Trotz mancher Differenzen mit *Adenauer* (u. a. 1952 Streit um die *Nationalhymne*, für die sich Heuss ein neues Lied wünschte, damit aber scheiterte) versuchte er nie seine Autorität gegen den Kanzler zu wenden, trug die ungeliebte *Wiederbewaffnung* mit und stellte sich seiner Aufgabe 1954 ein zweites Mal. Die Änderung des *Grundgesetzes*, mit der ihm 1959 eine dritte Amtszeit ermöglicht werden sollte, lehnte er ab. Die zehnjährige Dauer seiner Präsidentschaft trug wesentlich zur Konsolidierung der westdeutschen Demokratie bei.

Heym, Stefan

* Chemnitz 10. 4. 1913 – Helmut Flieg, so der ursprüngliche Name des Schriftstellers Heym, ging in der NS-Zeit ins amerikanische Exil und kehrte 1952 in die DDR zurück. Dort erhielt er für sein Werk (u. a. Roman »Der Fall Glasenapp«, 1958) 1959 den Nationalpreis, wurde aber 1965 als »Abweichler« mit Veröffentlichungsverbot belegt. Seine

Am 23. 5. 1994, dem 45. Jahrestag der Verkündung des Grundgesetzes, *wurde Roman Herzog als Nachfolger* Richard von Weizsäckers *in das Amt des Bundespräsidenten gewählt.*

Theodor Heuss, einer der »Väter« des Grundgesetzes, *wurde am 12. 9. 1949 zum ersten Staatsoberhaupt der Bundesrepublik Deutschland gewählt.*

Bei den zweiten Bundestagswahlen nach der Wende *errang der parteilose Schriftsteller Stefan Heym im Ostteil Berlin ein Direktmandat für die PDS und wurde* Alterspräsident *des* Bundestags.

weiteren Abrechnungen mit der stalinistischen DDR konnten daher nur in der Bundesrepublik erscheinen, u. a. »Fünf Tage im Juni« (1974, über den Aufstand vom *Siebzehnten Juni 1953*) und »Collin« (1979). Der 1979 aus dem Schriftstellerverband der DDR ausgeschlossene Heym wurde bei Zusammenbruch der SED-Herrschaft 1989 wieder aufgenommen, engagierte sich für den Erhalt einer reformierten DDR und wurde 1994 als parteiloser Kandidat für die PDS in den *Bundestag* gewählt. Wegen seiner Eröffnungsrede als *Alterspräsident* kam es zu Konflikten mit der CDU/CSU. Im Sept. 1995 verzichtete Heym wegen der seiner Meinung nach »unappetilichen Selbstbedienung« der Abgeordneten bei den *Diäten* auf sein Mandat.

Hinterbänkler
Im britischen Unterhaus sitzen die *Abgeordneten*, die kein Regierungs- oder Fraktionsamt haben und auch nicht zum *Schattenkabinett* der *Opposition* gehören, auf den hinteren Bänken (sog. backbenchers). Daraus hat sich im parlamentarischen Jargon der Bundesrepublik der ein wenig abfällige Begriff »Hinterbänkler« für Abgeordnete gebildet, die wenig in Erscheinung treten. Sie sitzen aber keineswegs nur auf den hinteren Bänken, da im *Bundestag* die Sitzordnung ausgelost, nach

dem Alphabet oder nach Dauer der Parlamentszugehörigkeit vorgenommen wird. Manchmal wechseln auch die Plätze je nach Gegenstand der Debatte.

Historikerstreit
Auf der Suche nach einem neuen deutschen Nationalbewußtsein kamen konservativen Politikern Mitte der 1980er Jahre Historiker entgegen, die sich um eine Relativierung, wo nicht Verharmlosung des NS-Regimes und seiner Verbrechen bemühten. Angeführt von Ernst Nolte, behaupteten sie, der Krieg gegen die Sowjetunion sei zum Schutz vor einem russischen Angriff eröffnet worden, der *Nationalsozialismus* sei als Reaktion auf die bolschewistische Gefahr zu sehen, der *Holocaust* sei eine Folge der Völkermorde Stalins und zudem keineswegs einzigartig gewesen. Dagegen verwahrte sich am 11. 7. 1986 der Philosoph Jürgen Habermas in einem scharfen Artikel und geißelte den Versuch, den Deutschen »die Schamröte auszutreiben«. Damit brach eine Kontroverse aus, die als Historikerstreit in die Annalen einging; Korrekturen an der Einschätzung des Hitler-Systems als der furchtbarsten Vernichtungsdespotie der Geschichte aber wurden nicht nötig.

Historischer Materialismus s. *Marxismus-Leninismus*

HO
Das Kürzel war so viel bekannter als die Vollform, daß es manche scherzhaft als »H-Null« lasen, was für »Handelsorganisation« in der DDR stand. Die HO wurde am 3. 11. 1948 in der *SBZ* von der *Deutschen Wirtschaftskommission* als staatliche Kette von Einzelhandelsgeschäften zum Verkauf von rationierten Gütern und Mangelwaren zu höheren als den festgesetzten Preisen gegründet, womit man den *Schwarzmarkt* bekämpfen und den Geldüberhang vermindern wollte. Außerdem sollte der »volkseigene Charakter« des Handels zur besseren Einfügung in die *Planwirtschaft* gestärkt werden. Nach Gründung der DDR hatte die HO dann das Monopol für den freien Verkauf rationierter Waren, so daß der private Einzelhandel durch mangelhafte Zuteilung ausgetrocknet wurde und oft zum Verkauf von Läden an die HO gezwungen war. Mit Ende der Rationierung von Lebensmitteln 1958 wurde diese Politik durch steuerliche Begünstigung der HO ersetzt, so daß sich der Schwund der Privatbetriebe weiter beschleunigte; 1982 erreichte er nur noch einen Anteil von 11,6 % am Binnenhandel, während die HO auf über 50 % kam, der Rest entfiel auf die *Konsumgenossenschaften*. Die HO betrieb auch Gaststätten, Warenhäuser, ein Versandhaus u. a.; 1962 wurden sog. Delikat- und Exquisit-Läden gegründet, die Importwaren und Luxusgüter für wohlhabendere Kreise anboten und den modischen Bedarf Jugendlicher befriedigen sollten. Im gleichen Jahr entstanden die *Intershops*.

Höcherl, Hermann
* Brennberg bei Regensburg 31. 3. 1912, † Regensburg 18. 5. 1989 - Auf seine bäuerliche Herkunft war der Jurist Höcherl stolz, weniger darauf, daß er 1935 der NSDAP beigetreten und zeitweilig im 3. Reich als Staatsanwalt tätig war. Nach dem Krieg fand er 1949 zur CSU, rückte für sie 1953 in den Bundestag ein und war 1961–65 Bundesminister des Innern. In diese Zeit fiel die *Spiegel-Affäre*, während der Höcherl auf Kritik am Vorgehen der Sicherheitsorgane den zum geflügelten Wort gewordenen Ausspruch tat, man könne ja schließlich »nicht den ganzen Tag mit dem *Grundgesetz* unterm Arm« herumlaufen. Während der *Großen Koalition* war er Ernährungsminister und fungierte nach seinem Ausscheiden aus dem Parlament 1976 häufig als Vermittler, u. a. bei *Schlichtungen* in Tarifauseinandersetzungen.

Hochschulpolitik s. *Bildungspolitik*

Hochverrat
Wer mit Gewalt oder mit der Androhung von Gewalt versucht, den Bestand der Bundesrepublik zu gefährden oder die verfassungsmäßige Ordnung des Bundes oder eines der *Bundesländer* zu ändern, wird wegen (Verfassungs-)Hochverrats mit Freiheitsentzug von mindestens 6 Monaten bestraft. Ebenfalls als gegen die innere Sicherheit des Staates gerichtet gelten Versuche, das Gebiet eines Bundeslandes oder Teile davon einem anderen Land einzuverleiben (Gebietshochverrat); Strafe: mindestens 3 Monate Freiheitsentzug. Die Gefährung der äußeren Sicherheit heißt *Landesverrat.*

Hoheitsrechte
Dem *Staat* stehen zur Erfüllung seiner Aufgaben gewisse Hoheitsrechte zu, mit denen er seine Maßnahmen auf seinem Gebiet (Territorialhoheit) und seinen Bürgern gegenüber (Personalhoheit) durchsetzen kann. Dazu gehören *Gesetzgebung*, Gerichtsbarkeit, Polizeigewalt, Wehrhoheit, Besteuerungsrecht u. a. Das Völkerrecht regelt, wie weit die Hoheitsrechte anderen Staaten gegenüber gehen, *Verfassung* und Recht legen den innerstaatlichen Rahmen für ihre Anwendung fest. Im demokratischen Rechtsstaat schränken *Gewaltenteilung* und *Grundrechte* die Hoheitsrechte des Staates ein. In Deutschland stehen auch den *Bundesländern* gewisse Hoheitsrechte wie z. B. die Kulturhoheit zu. Sie können ganz oder teilweise an den Bund delegiert werden, der seinerseits gemäß Art. 24 GG einzelne Hoheitsrechte auf übernationale Einrichtungen (z. B. die *Europäische Union*) übertragen kann.

Hoheitszeichen
Flaggen, Farben, Embleme, Siegel, Wappen, Grenzmarkierungen, Hymnen u. a. sind Zeichen, mit den einen Staat seine Hoheit auf be-

stimmten Gebieten (z.B. Botschaften, Schiffen) und bei bestimmten Handlungen (z.B. Staatsbesuche, Wettkämpfe) dokumentiert. In der Bundesrepublik sind dies die *deutschen Farben*, die 3. Strophe des *Deutschlandlieds* als *Nationalhymne*, der Bundesadler (z.B. an der Stirnseite des Bundestags oder auf Dienststandern von Regierungsfahrzeugen), das Bundessiegel (Bundesadler mit Kranz) und das Bundeswappen. Außer der Bundesflagge dürfen diese Hoheitszeichen nur von amtlichen Stellen benutzt werden. Wer sie mißbraucht, beschädigt, verunglimpft oder entfernt, macht sich strafbar; für Hoheitszeichen fremder Staaten gilt Ähnliches. - Wichtigstes Hoheitszeichen der DDR war das *Hammer-und-Zirkel*-Symbol.

Hohe Kommissare s. *Alliierte Hohe Kommission*

Holocaust

Nach Ausstrahlung der amerikanischen Fernsehserie »Holocaust« 1979 bürgerte sich auch in Deutschland diese englische Bezeichnung, abgeleitet vom griechischen Wort »holokaútoma«, das Brandopfer oder Ganzopfer bedeutet, für den NS-Völkermord an den europäischen Juden ein. Dem Holocaust fielen durch Erschießungen und v.a. in den Gaskammern der Vernichtungslager (Auschwitz u.a.) mindestens 5,1 Mio. Menschen, darunter auch Sinti und Roma, russische Kriegsgefangene u.a. aus fast allen Ländern Europas zum Opfer. An sie erinnert in *Berlin* eine 100 mal 100 m große Grabplatte mit den Namen von 4,5 Mio. von ihnen; die Namen der anderen waren nicht mehr zu ermitteln. Für die materiellen Schäden der Judenverfolgung leistete die Bundesrepublik *Wiedergutmachung.*

Honecker, Erich

* Neunkirchen/Saar 25. 8. 1912, † Santiago de Chile 29. 5. 1994 - Die politische Karriere des gelernten Dachdeckers Honecker brachte ihn zunächst in Todesgefahr, führte dann in höchste Höhen und endete mit seinem und dem Sturz des von ihm um jeden Preis verfochtenen Systems. 1929 in die KPD eingetreten, ging Honecker 1933 in den Untergrund, wurde 1937 zu 10 Jahren Zuchthaus verurteilt, 1945 von der Roten Armee befreit und im Jahr darauf in der *SBZ* Vorsitzender der *Freien Deutschen Jugend (FDJ)*, die er bis 1955 führte. 1949 war Honekker in die *Volkskammer* gewählt worden, stieg 1956 zum Sekretär des ZK der SED und 1958 in ihr *Politbüro* auf. Wie weitreichend sein Einfluß schon damals war, belegt der Aufstieg seiner Ehefrau (seit 1951) Margot Honecker von der FDJ-Funktionärin zur Ministerin für Volksbildung (1963–1989). 1971 löste er *Ulbricht* als 1. Sekretär (1976 Generalsekretär) des ZK der SED ab und wurde 1976 *Staatsrats*vorsitzender, also *Staatsoberhaupt* der DDR. In Honeckers Ära fiel die internationale *Anerkennung* der DDR, die 1973 in die *Vereinten Natio-*

Erich Honecker wird vom sowjetischen Staats- und Parteichef Leonid Breschnew (r.) auf dem Moskauer Flughafen begrüßt.

nen aufgenommen wurde, auch gelang ihm ein gewisser Ausgleich mit der Bundesrepublik im *Grundlagenvertrag.* Höhepunkt der außenpolitischen Erfolge wurde der Staatsbesuch in Bonn 1987.
Nach innen aber hielt Honecker eisern am repressiven SED-System fest, baute den Spitzelapparat der *Stasi* immer weiter aus, beharrte auf dem *Schießbefehl* an der *innerdeutschen Grenze* und lehnte die Reformpolitik des sowjetischen Staats- und Parteichefs Gorbatschow nach 1985 ab. Damit führte er die DDR in die Isolation. Da er den *Eisernen Vorhang* nicht um den gesamten Staat verlängern konnte, flohen die Menschen 1989 in Massen in einstige »Bruderländer«, v. a. Ungarn, die sich nun öffneten. Honecker sah sich im Herbst 1989 beim 40. Jahrestag der Staatsgründung Massenprotesten und erneuten Mahnungen Gorbatschows gegenüber. Am 18. 10. trat er auf Druck der Parteiführung von allen Ämtern zurück und wurde am 3. 12. aus der SED ausgeschlossen. Im Zuge der *Wiedervereinigung* mußte er mit einer Anklage wegen vollendeten und versuchten Totschlags im Zusammenhang mit dem *Schießbefehl* rechnen und setzte sich nach Moskau ab, wo er in der chilenischen Botschaft Aufnahme fand. 1991 kehrte er nach Deutschland zurück, das 1992 gegen ihn eröffnete Verfahren mußte jedoch wegen seines schlechten Gesundheitszustands einge-

stellt werden; Honecker wurde die Ausreise nach Chile zu seiner Tochter gestattet.

Hörfunk und Fernsehen
Nach dem Krieg etablierte sich in der Bundesrepublik ein öffentlich-rechtliches Rundfunk- und Fernsehsystem in Form der Arbeitsgemeinschaft der öffentlich-rechtlichen Rundfunkanstalten der Bundesrepublik Deutschland (ARD), 1963 kam das ebenfalls öffentlich-rechtliche Zweite Deutsche Fernsehen (ZDF) hinzu. Man wollte einseitige Politisierung oder zu starke Einflußnahme des Kapitals auf die Massenmedien verhindern. Grundlage sind bis heute Landes- und Bundesgesetze oder *Staatsverträge*, die dieses System von behördlicher Fachkontrolle freistellen, es mit *Selbstverwaltungs*befugnissen ausstatten und zumindest einen Teil der Finanzierung durch von den *Ministerpräsidenten* der Länder festgesetzte Gebühren regeln. Die Entwicklung neuer Kommunikationstechniken und deren Einführung in den Nachbarstaaten und v.a. in den USA verstärkten auch in der Bundesrepublik den Druck auf das Monopol von ARD und ZDF, das *Privatfernsehen* breitete sich seit Mitte der 1970er Jahre aus. Ein Staatsvertrag gab 1987 den öffentlich-rechtlichen eine »Bestandsgarantie«.
Die Aufsichtsgremien der öffentlich-rechtlichen Anstalten sind unterschiedlich besetzt. Vertreten sind in allen Rundfunkräten u.a. die *Gewerkschaften*, Journalistenverbände, Jugend- und Sportverbände, Vertreter der Kirchen und der *Arbeitgeber* sowie nach Proporz Parteienvertreter. Das zweite Kontrollorgan sind die Verwaltungsräte. Zuständigkeiten und Zusammensetzung sind von den *Bundesländern* verschieden geregelt. Intendanten, deren Amtszeiten jeweils vier bis sechs Jahre betragen, leiten die Rundfunkanstalten und vertreten sie nach außen gerichtlich wie außergerichtlich. Das ZDF hat seinen Sitz in Mainz, die ARD-Anstalten sind Landesrundfunkanstalten: Bayerischer Rundfunk (BR), München; Hessischer Rundfunk (hr), Frankfurt am Main; Mitteldeutscher Rundfunk (MDR), Leipzig; Norddeutscher Rundfunk (NDR), Hamburg; Ostdeutscher Rundfunk Brandenburg (ORB), Potsdam; Radio Bremen (RB), Bremen; Saarländischer Rundfunk (SR), Saarbrücken; Sender Freies Berlin (SFB), Berlin; Süddeutscher Rundfunk (SDR), Stuttgart; Südwestfunk (SWF), Baden-Baden; Westdeutscher Rundfunk (WDR), Köln. Daneben betreiben die öffentlich-rechtlichen Anstalten Kabelsender wie Arte und 3sat. Außerdem gibt es Bundeshörfunksender wie die Deutsche Welle oder das DeutschlandRadio.
In der DDR waren Hörfunk und Fernsehen wichtige, staatlich zentral gelenkte Instrumente der Propaganda, was offensiv vertreten wurde: »Millionen von Menschen«, hieß es parteiamtlich, könnten diese Medien »mit dem *Marxismus-Leninismus* vertraut machen« und als »Stimme des Sozialismus« sogar über die Landesgrenzen hinaus wir-

ken. Das aber gerade gelang kaum wegen der meist zu einfältigen Programme und der aufdringlichen Indoktrination, wohingegen westliche Fernsehsender sich in der DDR großer Beliebtheit erfreuten; sie konnten von 80 % der Haushalte empfangen werden. Mehrfach versuchte die SED, u.a. durch Abrißaktionen der FDJ, nach Westen ausgerichtete Antennen zerstören zu lassen oder über die Schüler die elterlichen Fernsehgewohnheiten auszuspähen, erzeugte aber nur ein Klima der Angst, ohne den westlichen Einfluß nennenswert eindämmen zu können. Störsender richteten allenfalls etwas gegen bestimmte Rundfunkfrequenzen aus. Das Westfernsehen hatte durch die bloße Wirkung der schönen Bilder wesentlichen Anteil am falschen Westbild vieler, das zur Enttäuschung nach der *Wiedervereinigung* beitrug.

Hoyerswerda s. *Fremdenfeindlichkeit*

Humanisierung der Arbeit
Berühmt geworden ist die erste Regierungserklärung *Brandts* 1969 durch den Anspruch, die sozialliberale *Koalition* wolle »mehr Demokratie« wagen. Er überstrahlte die mindestens ebenso grundsätzliche Forderung nach »Humanisierung der Arbeit«, also nach ständigem Bemühen um Schaffung von menschenwürdigen Arbeitsbedingungen. Dazu gehören neben der vordringlichen Bekämpfung der *Arbeitslosigkeit*: Vermeidung monotoner Arbeitsabläufe, Beteiligung der Arbeitnehmer durch *Mitbestimmung*, Verhinderung von physischer oder psychischer Überlastung, Einschränkung der Schichtarbeit, optimale Aus- und Weiterbildung, Verkürzung und Flexibilisierung der Arbeitszeit, zuträgliche Arbeitsplatzgestaltung, Verbesserung der innerbetrieblichen Kommunikation, angemessene Entlohnung u.a. Die Forderung nach Humanisierung der Arbeit fand ihren Niederschlag u.a. im *Betriebsverfassungs*gesetz von 1972, das von den Unternehmen die Beachtung der »gesicherten arbeitswissenschaftlichen Erkenntnisse« verlangt.

I

Ideologie

Die französische Aufklärung prägte im 18. Jh. für die Wissenschaft von den Ideen den Begriff »Ideologie«; er wurde schon bald abwertend auch für bloßes Spekulieren, utopische Gesellschaftsentwürfe und weltfremde Gedankenkonstrukte verwendet. Heute bezeichnet er weltanschauliche Konzeptionen und Theorien, politische Lehren und Rezepte aus verengter Realitätswahrnehmung und Wunschvorstellungen heraus. Man unterscheidet liberale, konservative oder sozialistische Ideologien, die als Waffe im politischen Kampf, zur Herrschaftssicherung und zur Disziplinierung der Anhänger eingesetzt werden und einen Trend zur Dogmatisierung haben. Die bundesdeutsche Gesellschaft empfand und empfindet sich weithin - im Unterschied, ja Gegensatz zur ideologiegeprägten DDR - bewußt als ideologiefrei, was zur Verdrängung ideologischer Elemente in der eigenen Weltsicht führen und selbst den Charakter einer Ideologie annehmen kann.

IHK s. *Industrie- und Handelskammer*

IM s. *Inoffizieller Mitarbeiter*

Immigration s. *Einwanderung*

Immunität

Zum Schutz der Unabhängigkeit der *Abgeordneten* und zur Aufrechterhaltung der Funktionsfähigkeit des Parlaments bestimmt Art. 46,2 GG: »Wegen einer mit Strafe bedrohten Handlung darf ein Abgeordneter nur mit Genehmigung des *Bundestags* zur Verantwortung gezogen oder verhaftet werden, es sei denn, daß er bei der Begehung der Tat oder im Laufe des folgenden Tages festgenommen wird.« Auch im letzteren Fall muß er auf Wunsch des Parlaments wieder außer Verfolgung gesetzt werden. Diese Immunität genannte Straffreiheit, die die Angehörigen der *Legislative* vor Willkürmaßnahmen der *Exekutive* bewahren soll, kann jederzeit auf Antrag der Strafverfolgungsbehörden vom Bundestag mit *Mehrheit* aufgehoben werden, sie erlischt mit Ende des politischen *Mandats* des Abgeordneten. Die *Verfassungen* der *Bundesländer* enthalten ähnliche Bestimmungen. Immunität steht auch dem *Bundespräsidenten* (Art. 60,4 GG) und völkerrechtlich den diplomatischen Vertretern fremder Staaten zu.

Indemnität

Als *Immunität* im weiteren Sinne erweist sich die Bestimmung von Art. 46,1 GG: »Ein *Abgeordneter* darf zu keiner Zeit wegen seiner Abstimmung oder wegen einer Äußerung, die er im Bundestage oder in einem seiner *Ausschüsse* getan hat, gerichtlich oder dienstlich verfolgt oder sonst außerhalb des Bundestages zur Verantwortung gezogen werden. Dies gilt nicht für verleumderische Beleidigungen.« Diesen Schutz der Volksvertreter nennt man ihre Indemnität oder auch Verantwortungsimmunität. Sie greift v.a. nach dem Ausscheiden des Abgeordneten aus dem Parlament und der Rückkehr in den Beruf: Da viele Volksvertreter aus der *Exekutive* kommen, wären sie im Wahrnehmen ihrer Kontrollfunktion gegenüber dieser Gewalt ohne Indemnität eingeschränkt, da sie spätere Nachteile befürchten müßten. Auch Abgeordnete der Länderparlamente *(Landtage)* genießen Indemnität.

Industriegewerkschaften

Im Unterschied zum Berufsverbandsprinzip etwa in Großbritannien oder in den USA, das zur Verteilung der Mitarbeiter eines Unternehmens auf viele *Gewerkschaften* führt, heißen die nach dem Industrieverbandssystem organisierten Gewerkschaften Industriegewerkschaften (IG). Im *Freien Deutschen Gewerkschaftsbund (FDGB)* der DDR waren Einzelgewerkschaften und Industriegewerkschaften bloße Fachabteilungen, gebunden an die Beschlüsse von Bundeskongreß und Bundesvorstand des FDGB und auf den unteren Ebenen angeleitet von dessen regionalen Organisationen nach dem Prinzip des *demokratischen Zentralismus.*

Industrie- und Handelskammer (IHK)

Alle zur Gewerbesteuer veranlagten natürlichen und juristischen Personen sowie Handelsgesellschaften eines bestimmten Bezirks sind in der Bundesrepublik zur Mitgliedschaft in einer Industrie- und Handelskammer (IHK) verpflichtet, ausgenommen Handwerksbetriebe, die eigenen Handwerkskammern angehören. Die IHK vertritt als eine Körperschaft öffentlichen Rechts mit dem Recht auf *Selbstverwaltung* die wirtschaftlichen Interessen ihrer Mitglieder, fördert die gewerbliche Wirtschaft, berät die staatlichen Stellen im Sinne ihrer Mitglieder, unterstützt diese in rechtlichen und wirtschaftlichen Fragen, organisiert Messen, wirkt mit bei der gewerblichen Berufsausbildung, nimmt die Lehrabschlußprüfungen vor und soll für die Wahrung von »Anstand und Sitte der ehrbaren Kaufmannschaft« sorgen. Die tariflichen und sozialpolitischen Belange nehmen dagegen die *Arbeitgeberverbände* wahr. Alle 83 IHK sind auf Bundesebene im Deutschen Industrie- und Handelstag (DIHT) mit Sitz in Bonn zusammengeschlossen. Weil der IHK höchst unterschiedliche Unternehmen angehören (z.B. Export- und Importfirmen) ist der interne Interessenausgleich (z.B. bei Zollfragen) nicht immer einfach.
Auch in der DDR gab es bis 1983, freilich staatlich zentral gelenkte, IHK auf Bezirksebene für private Unternehmen, v.a. auf den Gebieten

des Einzelhandels, des Gaststättengewerbes, im Transport-, Verkehrs- und Dienstleistungsbereich. Die IHK der DDR sollten ihre Mitglieder kontrollieren, zur Erfüllung der Volkswirtschaftspläne anhalten, für fachliche und politische Qualifikation sowie für die »Anwendung bester technologischer und organisatorischer Lösungen« sorgen. Seit 1983 hießen die IHK Handels- und Gewerbekammern der Bezirke, ohne daß sich etwas an ihrer Aufgabenstellung änderte.

Infiltration
Zu den Methoden im Kampf verschiedener politischer Systeme oder einander feindlich gesinnter Staaten gehört auch die Infiltration, das getarnte, unmerkliche Einschleusen von eigenen Anhängern in Schlüsselpositionen des Gegners, die Unterwanderung von dessen Institutionen und die Verbreitung subversiver Meinungen durch geschickt ausgewählte oder falsche Informationen. Dieses Mittel wurde von beiden deutschen Staaten dem anderen gegenüber angewandt, doch entwickelte es die DDR erheblich weiter als die Bundesrepublik. Galt dabei ihr Interesse v. a. der Gewinnung von Verbündeten im Kampf um internationale *Anerkennung*, so richteten sich die Bemühungen nach Abschluß des *Grundlagenvertrags* eher auf die Änderung der gesellschaftlichen Verhältnisse in der Bundesrepublik im kommunistischen Sinn. Ein besonders spektakulärer Fall von Infiltration und Spionage wurde in der *Guillaume-Affäre* aufgedeckt.

Informationsfreiheit
Jeder Bewohner der Bundesrepublik hat nach Art. 5,1 GG das Recht, sich »aus allgemein zugänglichen Quellen« (Presse, Rundfunk, Fernsehen, Film, Bücher u. a.) »ungehindert zu unterrichten«, genießt mithin Informationsfreiheit im Rahmen der geltenden Gesetze (z. B. Pornographieverbot). Informationsfreiheit ist ein *Grundrecht* wie die *Meinungsfreiheit*, die ohne sie ebenso wenig denkbar ist wie der Prozeß der demokratischen Willensbildung, der den informierten (»mündigen«) Bürger voraussetzt.

Informationsgesellschaft
Als Konsum-, Wegwerf-, mobile, postmoderne, Ellbogen- u. a. Gesellschaft wird der soziale Zustand in den Industriestaaten beschrieben, keine Kennzeichnung aber umreißt so treffend den heutigen Trend wie der Begriff »Informationsgesellschaft«: Mit Aufkommen der Mikrocomputer und ihrer Verwendung in der Bürokommunikation, mit dem explosionsartigen Anschwellen der Speicherkapazitäten, der internationalen Vernetzung, dem Ausbau der Satellitensysteme, mit der Verbreitung von mobilen Telefonen, allgegenwärtigen Kameras, mit der Vervielfachung der TV-Programme und der Nachrichtenströme durch Glasfaser-Technik, Telefax, Btx, Bildtelefon u. a. wird die Gesellschaft

überrollt von einer Datenflut, die nicht ohne Folgen für die Befindlichkeit des Einzelnen und die Struktur des Gemeinwesens bleiben kann. Gefahren des Mißbrauchs versucht man mit Hilfe des *Datenschutzes* zu begegnen, die psychischen Folgen der Reizüberflutung machen sich bereits in Verhaltensstörungen und wachsender Aggressivität bemerkbar, die Wahllosigkeit des Angebots fördert Orientierungsprobleme, die Isolation vor den Bildschirmen bedroht die soziale Kompetenz, die mundgerechte Aufbereitung aller denkbaren Stoffe läßt die kognitiven Fähigkeiten verkümmern und führt zu Realitätsverlusten. Andererseits steigt die Effizienz, setzen die neuen Medien kreative Impulse, bereichern die Informationstechniken das didaktische Instrumentarium und aktivieren Begabungsreserven. Politiker, Psychologen und Pädagogen stehen vor der Herausforderung, die positiven Elemente zu fördern, vor Gefahren zu warnen, Schäden zu heilen und die Entwicklung unter Kontrolle zu halten.

Infrastruktur

Die Leistungsfähigkeit eines Gemeinwesens, ob *Gemeinde* oder Staat, Einrichtungen, die sein politisches, wirtschaftliches, soziales und kulturelles Funktionieren sichern. Dazu gehören 1. Verbindungswege wie Straßen, Wasserwege, Schienen, Flugplätze u. a., ebenso Versorgungs- und Entsorgungseinrichtungen wie Wasser-, Gas- und Stromleitungen sowie Abwasserkanäle, Müllkippen u. a.; 2. Kommunikationseinrichtungen wie Telefonnetze, Telefax-Verbindungen, Rundfunk- und Fernsehsender, Vernetzung u. a.; 3. Bildungseinrichtungen wie Kindergärten, Schulen, Hochschulen, Akademien u. a. sowie ein Gesundheitssystem mit angemessener Arztdichte, Krankenhäusern, Beratungsstellen, Altenheimen, Hygiene-Aufsicht und ein geeignetes Wohnungsangebot sowie Möglichkeiten zur Freizeitgestaltung in Schwimmbädern, Stadien, Parks, Theater- und Konzerthäusern; 4. Einrichtungen für den *Umweltschutz* mit Kontrollen für Luftverschmutzung, Lärmschutzvorrichtungen, ausgewiesenen Naturschutzgebieten, Gewässerprüfung u. a.; 5. Kräfte zur Sicherung des inneren Friedens (Polizei, Justiz u. a.) und zur Verteidigung nach außen (Militär).
Der Ausbau und die Pflege der Infrastruktur sind Aufgabe des Staates und seiner Gebietskörperschaften *(Gemeinden, Bundesländer)*, also gesellschaftliche Leistungen, die dem einzelnen in unterschiedlichem Maße zugute kommen. Immobilien etwa steigen im Wert bei Verbesserung der Infrastruktur, wovon nur der Eigentümer profitiert. Ein Teil dieses Profits wird daher steuerlich (Grundsteuer u. a.) oder durch Gebühren (Anliegerkosten u. a.) umverteilt. Beim Ausbau von Infrastruktureinrichtungen gilt es heute, vermehrt darauf zu achten, daß der erwartete Nutzen nicht von den Kosten (z. B. zur Beseitigung von Umweltschäden) aufgezehrt wird.

Inkompatibilität

Alle Fachsprachen neigen zu Fremdwörtern, so auch die der politischen Wissenschaft, die von »Inkompatibilität« spricht, wenn sie »Unvereinbarkeit« meint, und zwar die mehrerer Ämter in der Hand einer Person zur Sicherung der Unabhängigkeit und zur Vermeidung von Interessenkonflikten oder Überlastung. Nach dem Prinzip der *Gewaltenteilung* hieße das ein Verbot der gleichzeitigen Wahrnehmung von Aufgaben in zwei oder drei Staatsgewalten, also z. B. die Unvereinbarkeit von (Regierungs-)Amt und *(Abgeordneten-)*Mandat. Diese Inkompatibilität findet sich oft in den *Verfassungen* von konstitutionellen Monarchien und Präsidialdemokratien, während sie in parlamentarischen Demokratien mit der engen Bindung der Regierung an die Volksvertretung nur bedingt vorgeschrieben ist. So sind die Mitglieder der *Bundes-* und *Landesregierungen* meist zugleich *Abgeordnete*, die in jüngster Zeit v. a. in der *Freien Demokratischen Partei (FDP)* geführte Debatte, die Unvereinbarkeit von Amt und Mandat wenigstens parteiintern einzuführen, blieb ohne Ergebnis.
Hingegen müssen Bundes-, Landes- oder Kommunalbeamte mit Ausnahme von Hochschuldozenten und ehrenamtlich Tätigen während einer Abgeordnetenzeit in den einstweiligen Ruhestand treten. Richter dürfen nicht zugleich in der *Legislative* tätig sein, was für Richter am *Bundesverfassungsgericht* in Art. 55 GG ausdrücklich untersagt ist. »Weder der Regierung noch einer gesetzgebenden Körperschaft« darf nach Art. 66 GG der *Bundespräsident* angehören (staatliche Inkompatibilität); er darf auch nicht gleichzeitig ein anderes besoldetes Amt oder andere auf Erwerb gerichtete Tätigkeiten nebenher ausüben. Diese wirtschaftliche Inkompatibilität gilt auch für die Mitglieder der *Bundesregierung*, die aber Aufsichtsräten angehören dürfen.

Innenpolitik

Das Zusammenleben der Menschen im Staat muß gesetzlich geregelt und die Einhaltung der Regelungen muß durchgesetzt und überwacht werden; diese Aufgaben nimmt die Innenpolitik wahr. Sie muß dabei die Vorgaben der *Verfassung* ebenso beachten wie die gesellschaftlichen Normen und Werte, die sich nur allmählich wandeln. Innenpolitik im sozialen Rechtsstaat hat nicht nur die Gleichheit der Bürger vor dem Gesetz zu sichern, sondern auch die gleichen Möglichkeiten für alle zur persönlichen, wirtschaftlichen und sozialen Entfaltung. Da diese umfassenden Aufgaben von einem Ressort nicht mehr zu bewältigen sind, wurden für bildungs-, sozial- und wirtschaftspolitische Belange eigene Ministerien gebildet. Das Innenministerium ist nur noch zuständig für Verfassungs- und Staatsrecht, allgemeine Verwaltung und *Verfassungsschutz*, öffentlichen Dienst und öffentliche Sicherheit. Die bundesdeutsche Innenpolitik war zunächst darauf gerichtet, Demokratie und *Rechtsstaat*lichkeit zu verankern und zu entwickeln

(»Verfassungspatriotismus«). Später ging es um die Ablösung alliierter Vorbehaltsrechte u. a. durch die *Notstands*-Gesetzgebung, die Kontrolle von *APO* und unruhiger studentischer Jugend, die Verteidigung gegen den *Terrorismus* (»wehrhafte Demokratie«) u. a. durch den *Extremistenbeschluß* und Bildung der Antiterror-Einheit GSG 9 des *Bundesgrenzschutzes*, in jüngster Zeit standen v. a. das Thema *Asyl* und die Regelung des Zustroms von *Aussiedlern* im Brennpunkt.
Gänzlich andere Aufgaben wurden der Innenpolitik in der DDR von der SED zugewiesen. Hier ging es v. a. um Machtsicherung und Machterhalt mit Mitteln des *Polizeistaats* wie der *Stasi*, Verfolgung politischer Gegner, den Ausbau der Grenzanlagen v. a. gegenüber der Bundesrepublik und die Durchsetzung des gesellschaftlichen Umbaus in sozialistischem Sinn. War die *Außenpolitik* Ostberlins in gewissem Maße gezwungen, die Kurswechsel Moskaus z. B. zur Zeit des »Tauwetters« nach 1956 oder im Rahmen der *Entspannungspolitik* nachzuvollziehen, so verschloß sich die Innenpolitik lange der *Entstalinisierung* und der Reformpolitik von KPdSU-Chef Gorbatschow seit 1985. Dem Protest der eigenen Bevölkerung gegen die Reformunfähigkeit erlag die DDR schließlich.

innerdeutsche Beziehungen
Der Wandel im Verhältnis der beiden deutschen Staaten zueinander und die Bereitschaft der Regierung *Brandt*, diesen Wandel anzuerkennen, wurden 1969 deutlich, als das Bundesministerium für gesamtdeutsche Fragen zum Bundesministerium für innerdeutsche Beziehungen umgewidmet wurde. Dies markierte den Endpunkt einer Entwicklung, die mit der Zerstörung gewachsener Zusammenhänge durch die *Demarkationslinien* zwischen den *Besatzungszonen* begonnen, sich mit der Bildung zweier deutscher Staaten im *Kalten Krieg* fortgesetzt und zu wachsender Entfremdung der beiden Teile Deutschlands geführt hatte. Während die DDR sich immer hermetischer abriegelte, versuchte sie u. a. durch ständige Gesprächsangebote, auf die Bonn nie einging, den Eindruck zu erwecken, der Westen zementiere die Teilung. In der Praxis aber unternahm Ostberlin alles, um Reste von Gemeinsamkeiten zu beseitigen, behinderte den Grenzverkehr, griff zu Schikanen auf den Zufahrtsstraßen nach Westberlin, verfremdete mit dem *Hammer-und-Zirkel-Emblem* die *deutschen Farben*, erschwerte Besuche von Bundesbürgern und unterband Gegenbesuche in der Bundesrepublik bald fast ganz, errichtete 1961 die *Berliner Mauer* und strich schließlich den Begriff »Deutsche Nation« aus der Verfassung.
Bonn verweigerte das Gespräch mit der Begründung, dem Partner fehle die Legitimierung durch das Volk mangels freier Wahlen. Die Bemühungen der DDR um *Anerkennung* wurden offensiv bekämpft u. a. durch die *Hallstein-Doktrin*, und nach dem Mauerbau unterbrach

die Bundesrepublik ihrerseits den noch bestehenden Kultur- und Sportaustausch. Gerade aber die Mauer brachte den Wandel durch Konsolidierung der DDR einerseits und wachsende realpolitische Einsicht im Westen andererseits. Nach dem *Passierscheinabkommen* für Berliner Bürger 1963 kam es 1967 erstmals zu einem Briefwechsel beider Regierungschefs und nach Bildung der sozialliberalen *Koalition* zu den historischen Treffen Brandts und *Stophs* 1970 in *Erfurt* und *Kassel*. Der *Grundlagenvertrag* normalisierte dann die Beziehungen so weit, daß beide deutschen Staaten in die *Vereinten Nationen* aufgenommen werden konnten, und der Staatsbesuch *Honeckers* 1987 in Bonn bildete den Höhe- und Schlußpunkt der Beziehungen, kurz bevor die DDR ökonomisch und politisch am Ende war.

innerdeutsche Grenze

Die *Demarkationslinie* zwischen der *SBZ* und den westlichen *Besatzungzonen* wurde noch im 2. Weltkrieg von den Alliierten festgelegt (Londoner Protokoll vom 12. 9. 1944), von der UdSSR in den *Eisernen Vorhang* einbezogen und von der DDR später ständig weiter befestigt. Sie verlief über 1346 km von der Lübecker Bucht nach Süden bis an die

Mobiler Beobachtungsposten der DDR-Grenzaufklärung an der deutsch-deutschen Grenze bei Ratzeburg.

Elbe, dann entlang der Westgrenzen Mecklenburgs, Sachsen-Anhalts und Thüringens, folgte dessen und Sachsens Südgrenze bis nach Hof an der deutsch-tschechischen Grenze; hinzu kamen 161 km Grenze rund um Westberlin. Diese Linie wurde von der DDR als »Staatsgrenze West« bezeichnet, von der Bundesrepublik seit dem *Grundlagenvertrag* als »innerdeutsche Grenze«. Sie war auf östlicher Seite personell gesichert durch die *Grenztruppen der DDR* und technisch durch z. T. elektrisch geladene Metallgitterzäune, tiefgestaffelte Stacheldrahthindernisse, Minenfelder, streckenweise Betonmauern, Sperrgräben, Stolperdrähte, Selbstschußanlagen (bis 1983), elektrische, optische und akustische Warnsysteme, Hundelaufanlagen, Bunker, 715 Wachtürme und fast 20000 Grenzmeldesprechstellen. Dennoch gelang nach dem Bau der *Berliner Mauer* immer noch 40100 Menschen die Überwindung der Sperranlagen, 201 Fluchtversuche an der Mauer und der innerdeutschen Grenze endeten nach Schußwaffengebrauch durch DDR-Grenzer tödlich. Einige von ihnen wurden nach 1990 in *Mauerschützenprozessen* vor Gericht gestellt.

innerdeutscher Handel

Die politischen Konflikte wirkten sich natürlich auch auf die wirtschaftlichen Beziehungen der beiden Teile Deutschlands aus. Als 1946 die Infrastruktur so weit wiederhergestellt war, daß auch überregionaler Güteraustausch in geringem Maße möglich wurde, bedeutete Interzonenhandel noch Warenverkehr zwischen allen vier *Besatzungszonen*, mit Bildung der *Bi-* und *Trizone* und schließlich der Bundesrepublik und der DDR war damit nur noch der seit Ende der 1960er Jahre so genannte innerdeutsche Handel gemeint. Er wuchs vom Interzonenhandelsabkommen (Berliner Abkommen) 1951 bis Mitte der 1980er Jahre auf das Zwanzigfache, was z. T. auf Preissteigerungen zurückging, insgesamt aber die Normalisierung der *innerdeutschen Beziehungen* seit 1972/73 spiegelte. Vom Volumen her erreichte der innerdeutsche Handel freilich kaum 2 % des westdeutschen Exportumsatzes, während er für die DDR fast 9 % ihres Exports bedeutete.
Das lag auch am relativ geringwertigen Warenkorb (v. a. Grundstoff- und Produktionsgüter), an der hohen Verschuldung der DDR in den Ostblockstaaten, die daher bevorzugt bedient werden mußten, an den Restriktionen durch die *CoCom* und am Devisenmangel der DDR, der oft nur Kompensationsgeschäfte (Ware gegen Ware) ermöglichte, die im Westen auf wenig Interesse stießen. Da zwischen beiden deutschen Währungen kein Wechselkurs existierte, wurde über Verrechnungskonten bei der *Deutschen Bundesbank* und bei der *Staatsbank der DDR* abgerechnet und ein sog. Swing eingeführt, d. h. die Partner konnten sich bis zu einer bestimmten Summe verschulden, was allerdings nur die DDR in Anspruch nahm, die damit einen Dauerkredit erhielt.

Innere Führung

Schon im Vorfeld der *Wiederbewaffnung* der Bundesrepublik wurden Überlegungen angestellt, wie die neuen Streitkräfte in die demokratische Ordnung eingefügt werden sollten. Unter Leitung von Wolf Graf von Baudissin entstand im *Amt Blank* ein Referat »Inneres Gefüge«, das später »Innere Führung« genannt wurde. Dort entwickelte man das Konzept vom »Staatsbürger in Uniform«, nach dem die militärische Struktur der Streitkräfte der zivilen Umwelt und den gewandelten technischen und sozialen Anforderungen angepaßt werden sollte. Seine Umsetzung in die Praxis wurde im »Handbuch Innere Führung« (1957) erläutert und von einem Beirat des Verteidigungsministeriums hinsichtlich Traditionspflege, Literatur für die Truppe und bei der Lehrplangestaltung der Schule für Innere Führung in Koblenz weiterentwickelt. Besonderer Wert wird dabei auf die gesellschaftliche Integration der Soldaten gelegt, u. a. durch staatsbürgerliche Schulung, und auf den unbedingten Primat der Politik; die *Bundeswehr* sollte nicht wieder, wie seinerzeit die Reichswehr, ein Staat im Staat werden.

Inoffizieller Mitarbeiter (IM)

Zur lückenlosen Überwachung der eigenen Bevölkerung genügte der SED auch der »Kaderstand« von zuletzt mindestens 91 000 hauptamtlichen Mitarbeitern der *Stasi* nicht. Es wurden *Gesellschaftliche Mitarbeiter Sicherheit (GMS)* angeworben und in riesigem Umfang Inoffizielle Mitarbeiter (IM). Bei den letzteren handelte es sich um lange vorgeprüfte Personen, denen Bespitzelungsaufträge im eigenen Umfeld gegeben wurden, nachdem sie sich schriftlich dazu bereit erklärt und einen Decknamen erhalten hatten. Ein Führungsoffizier der Stasi übermittelte Weisungen und nahm Ergebnisse meist bei Treffen in konspirativen Wohnungen entgegen. Die IM galten als »Hauptkräfte im Kampf gegen den Feind« und wurden durch Bezahlung gelockt, aus politischer Überzeugung tätig, durch Nötigung oder mit einer Kombination dieser Mittel angeworben. Über Zweck und Umfang ihrer Aufträge wurden sie gar nicht oder nur unzureichend unterrichtet, damit keine Bedenken entstünden.

Es gab verschiedene Kategorien von IM, z. B. IMB »zur unmittelbaren Bearbeitung im Verdacht der Feindtätigkeit stehender Personen«, FIM »zur Führung anderer IM und GMS«, IME »für einen besonderen Einsatz«. Wertvoll waren IM v. a. aus dem Freundes- und Verwandtenkreis »feindlich-negativer« Personen oder Mitarbeiter von Institutionen (z. B. der Kirche), die der »politischen Untergrundtätigkeit« (PUT) verdächtigt wurden. Die Zahl der IM wird auf mehrere Hunderttausend geschätzt, sie wuchs mit zunehmender Instabilität des Systems seit 1985 sprunghaft an, was zu weiterer Destabilisierung führte, weil sich ein immer größerer Teil der Bevölkerung bedroht sah, sich IM manchmal gegenseitig enttarnten und sich Zweifel über das eigene Tun im Apparat selbst ausbreiteten. Wer bespitzelt wurde, hat heute die Möglichkeit, die Berichte darüber bei der *Gauck-Behörde* einzusehen.

Interessenverbände

Das Grundrecht der *Koalitionsfreiheit* gestattet die Bildung von Gruppen aller Art, die gemeinsame Interessen verfolgen und sie gegenüber Politik und *Öffentlichkeit* vertreten. Dazu gehören *Parteien*, die das gesamte politische Spektrum vertreten, ebenso wie spezielle Interessenverbände, die Teilziele erreichen wollen und dazu Strategien der Öffentlichkeitsarbeit und der Beeinflussung von Behörden oder Parlamentariern entwickeln. Große Organisationen wie Kirchen, Unternehmerverbände, *Arbeitgeberverbände* oder *Gewerkschaften*, in denen viele Entscheidungsträger der Politik Mitglieder sind, nehmen schon vor den parlamentarischen Beratungen bei *Hearings* oder in der *Lobby* Einfluß auf Gesetzesvorhaben, üben Druck durch ihr Wählerpotential aus und erreichen mit ihren Vertretern in den Medien eine breite Öffentlichkeit. Kritik und Rat werden dabei gern im Namen des Gemeinwohls geäußert, obwohl es etwa dem Bauernverband natürlich eher um höhere Erzeugerpreise oder dem Beamtenbund um Sicherung der Privilegien seiner Mitglieder geht. Dieser Interessenkampf ist ein wesentliches Element der politischen Willensbildung und dient dem Bürger, der ohne solche Verbände weniger Gehör fände. Es gibt mehrere Tausend von ihnen, von denen allein 1200 beim *Bundestag* registriert sind. Sie vertreten wirtschaftliche (z.B. Verbraucher-, Steuerzahlerverbände), soziale (z.B. Wohlfahrts-, Familien-, Vertriebenenverbände), kulturelle, religiöse und humanitäre (z.B. Rotes Kreuz,

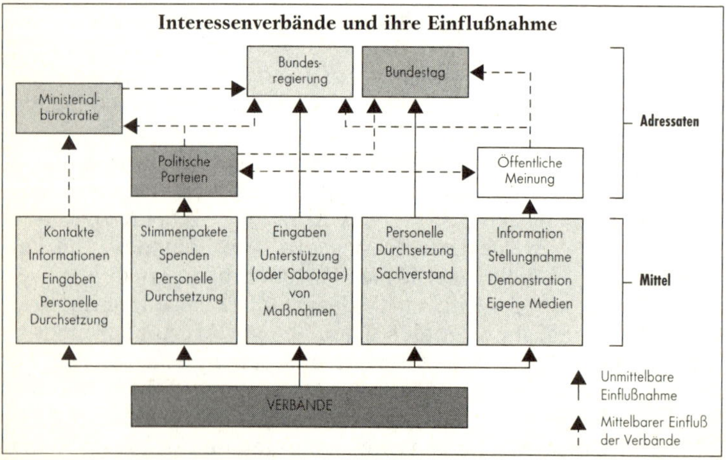

Arbeiterwohlfahrt, Bundesjugendring), Freizeit- und Sport- (z. B. Fußballbund, Reiterliche Vereinigung) oder Umweltinteressen (z.B. Greenpeace).

Intershop
Dem ständigen Devisenmangel in der DDR sollte u. a. die 1962 gegründete staatliche Handelsorganisation *(HO)* Intershop abhelfen. Sie richtete an Grenzübergangsstellen, Bahnhöfen, Transitstrecken und später auch in den größeren Städten Intershops ein, in denen zunächst nur an Reisende aus dem »kapitalistischen Ausland«, also v. a. Bundesbürger, seit 1974 auch an DDR-Bürger, hochwertige Westwaren gegen West-Währungen, v.a. DM, verkauft wurden (Umsatz 1978 rd. 700 Mio. DM). Bürger der DDR mußten allerdings seit 1979 ihr Westgeld bei der Bank 1:1 gegen sog. Mark-Schecks umtauschen. Das Angebot der Intershops reichte von Nahrungsmitteln bis zu Schmuck, Kleidung, Kosmetika und Autozubehör. Besitzer von Westgeld konnten damit gerade die Güter erwerben, die in der DDR Mangelware waren, was zu Neidreaktionen, ja sogar zu Übergriffen auf Intershops führte. Schon im Gründungsjahr der Intershops wurden daher Exquisit-Läden eingerichtet, in denen es zu stark überhöhten Preisen gegen DDR-Währung hochwertige Importgüter (v. a. Textilien, Pelz- und Lederwaren) zu kaufen gab. 1976 folgte die Gründung von Delikat-Läden für ebenfalls überteuerte Nahrungs- und Genußmittel.

Interzonenhandel s. *Innerdeutscher Handel*

J

Jalta

Im sowjetischen Badeort Jalta an der Südküste der Krim tagten vom 4. bis 11. 2. 1945 die »Großen Drei«: der britische Premierminister Winston Churchill, der sowjetische Staatschef Josef Stalin und US-Präsident Franklin D. Roosevelt. Sie beschlossen u. a.: Aufteilung des demnächst besiegten Deutschland in *Besatzungszonen*, Koordinierung der Besatzungspolitik in einem *Alliierten Kontrollrat*, *Entmilitarisierung* und *Entnazifizierung* Deutschlands, Aburteilung der Kriegsverbrecher *(Nürnberger Prozesse)*, *Demontage* deutscher Industrieanlagen als Kriegsentschädigung, Verschiebung Polens nach Westen mit der *Oder-Neiße-Linie* als Westgrenze, Anerkennung der provisorischen kommunistischen Regierung in Polen, Einberufung einer Konferenz nach San Francisco zur Gründung der *Vereinten Nationen*, Eintritt der UdSSR in den Krieg gegen Japan nach der deutschen Kapitulation. – Jalta bestätigte die sowjetische Politik der *Bolschewisierung* Ost- und Südosteuropas gegen das »Zugeständnis« des Kriegseintritts in Fernost, den Stalin ohnehin zur Sicherung eines Beuteanteils plante. Damit war

Winston Churchill, Franklin D. Roosevelt und Josef Stalin (v. l.) bei der Konferenz von Jalta.

auch die kommunistische Umgestaltung der künftigen *SBZ* vorgegeben und die deutsche Teilung vorgezeichnet.

John-Affäre

Nach Feierlichkeiten zum 10. Jahrestag des Attentats auf Hitler am 20. 7. 1954 verschwand der Präsident des bundesdeutschen *Verfassungsschutzes* Otto John spurlos. Zwei Tage später meldete er sich über den DDR-Rundfunk mit einer Ansprache »an meine Mitbürger«, in der er als Ursache für sein Überlaufen die neuen Karrieren alter Nazis wie *Globke* in der Bundesrepublik und die Politik *Adenauers* nannte, die eine *Wiedervereinigung* unmöglich mache. Am 12. 12. 1955 kehrte John ebenso überraschend in die Bundesrepublik zurück und erklärte, er sei damals vom sowjetischen Geheimdienst entführt worden und habe nur zum Schein mitgemacht, um bei passender Gelegenheit zu fliehen. Damit fand er vor dem Bundesgerichtshof keinen Glauben, wurde am 23. 12. 1956 zu 4 Jahren Haft verurteilt und nach 18 Monaten freigelassen. Seitdem kämpfte John vergeblich um seine Rehabilitierung, obwohl ehemalige sowjetische Geheimdienstler und ostdeutsche Zeugen nach dem Zusammenbruch der DDR seine Version in einigen Punkten stützten.

Joint-venture

Nach Beginn der Politik der »Perestroika« (Umbau) in der UdSSR seit 1985 bot sich westlichen Unternehmen die Möglichkeit, sich im Ostblock wirtschaftlich zu engagieren und z. B. die dortigen niedrigen Arbeits-, Energie- und Rohstoffkosten gegen die Bereitstellung von Know-how und Kapital zu nutzen. Es bildeten sich Gemeinschaftsunternehmen, englisch: Joint-ventures, die allerdings unter den völlig irrealen Wechselkursen und den Behinderungen durch die *CoCom* litten. Die DDR erschwerte solche Unternehmungen zudem bürokratisch, so daß erst 1989/90 erste deutsch-deutsche Joint-ventures zustande kamen. Nach der *Wiedervereinigung* gab es keine Grundlage für diese Art der Zusammenarbeit mehr.

Judikative

Eine der drei Staatsgewalten ist die Judikative (lat. »iudicare« = urteilen, beurteilen) oder Rechtsprechung. Sie ist nach dem Prinzip der *Gewaltenteilung* strikt von den anderen beiden, *Legislative* und *Exekutive*, geschieden und wird von den *Gerichten* ausgeübt. Die an ihnen tätigen Richter dürfen nach dem Gebot der *Inkompatibilität* nicht Mitglieder von Organen der anderen beiden Gewalten sein, also während ihrer aktiven Zeit weder dem *Bundestag* noch der *Bundesregierung* angehören.

Jugendarbeitslosigkeit

Die Unternehmen sparen in schwierigen Zeiten zuerst beim Personal; für ausscheidende oder in den Vorruhestand entlassene Mitarbeiter wird Nachwuchs nicht im gleichen Maße eingestellt. Hohe *Arbeitslosigkeit* trifft daher die Jugendlichen besonders, und unter ihnen v. a. die ohne oder mit geringwertigem Schulabschluß. Das war in den 1950er Jahren so und wiederholte sich in den frühen 1980er Jahren, als die geburtenstarken Jahrgänge ins Berufsleben traten. Zwar ist das Lehrstellenangebot inzwischen größer, doch entspricht es vielfach nicht den Berufswünschen, und nach abgeschlossener Lehre übernehmen zudem viele Firmen die ausgebildeten Jugendlichen nicht in ein Arbeitsverhältnis. Das hat nicht nur harte wirtschaftliche Folgen für die Betroffenen, die zumeist noch keinen Anspruch auf Arbeitslosengeld haben, sondern schafft auch gefährliche gesellschaftliche Probleme. Ohnedies gewaltbereite Jugendliche fühlen sich im Stich gelassen und reagieren mit Aggression gegen die Umwelt oder gegen *Ausländer*, die ihnen aus ihrer Sicht »die Arbeit wegnehmen«. Die Jugendarbeitslosigkeit ist daher nicht nur mit den Mitteln der *Wirtschafts-* und *Sozialpolitik* zu bekämpfen, sondern fordert auch die *Bildungspolitik*, die für bessere Qualifikation sorgen muß.

Jugendprotest

Der Generationenkonflikt ist so alt wie die Menschheit, wird aber in ganz unterschiedlicher Form ausgetragen. Nach der Zeit des Wiederaufbaus wurde er erstmals Ende der 1950er Jahre in der Bundesrepublik deutlich in der Bewegung der sog. Halbstarken, die durch betont flegelhaftes Benehmen, Vandalismus, Bandenbildung u. a. die Erwachsenen provozierten, deren Leitbilder noch Drill, Disziplin, Fleiß und Gehorsam waren; Erkennungsmusik: Rock 'n' Roll. Mitte der 1960er Jahre setzte eine neue Welle des Jugendprotests ein, der sich durch Übernahme von Verweigerungshaltungen der sog. Hippies (»die Karrieren den gescheiterten Existenzen überlassen«), neue Spiritualität (Jesus People u. a.) und Bruch mit Konventionen und Kleiderordnung (Langhaarigkeit u. a.) auszeichnete; Erkennungsmusik: Beat. Das mündete schließlich in die bis in die Politik wirkende *Studentenbewegung* mit ihren neuen Lebensformen (Kommunen, Kinderläden u. a.), der Renaissance der *Marxismus-Leninismus* und dem grundsätzlichen Infragestellen jeglicher Autorität. Dieser »linke« Protest wurde in den 1980er Jahren abgelöst durch »rechte« Aggression (Skinheads, Faschos u. a.), die sich bis zu *Neonazismus* steigerten. Daneben steht ein inhaltsloser Protest der Konsumjugend der 1990er Jahre; Erkennungsmusik: Techno.

Jugendschutz

Nach juristischer Definition gehören zur Jugend alle Personen unter 18 Jahren. Aufgrund ihrer noch ungenügenden Erfahrung bedürfen sie des besonderen Schutzes durch den Staat. Dem dienen u. a. das Gesetz zum Schutze der Jugend in der Öffentlichkeit (1957) und das Gesetz über die Verbreitung jugendgefährdender Schriften (1953), die mehrmals der gesellschaftlichen Entwicklung angepaßt wurden und dennoch hinter ihr herhinken. Das gilt v. a. für die Verbreitung jugendgefährdender Datenträger von Disketten und Videokassetten bis zum Internet, dessen Angebot sich jedem staatlichen Einfluß entzieht. Auch andere Bestimmungen des Jugendschutzes werden relativ liberal gehandhabt. Das reicht vom kaum beachteten Verbot des Rauchens in der Öffentlichkeit für unter 16jährige bis zur Regelung der Verbreitung pornographischer Schriften, die häufig unter den Kunstvorbehalt nach Art. 5,3 GG fallen. Ohnehin kann die Bundesprüfstelle für jugendgefährdende Schriften wegen des Verbots der *Zensur* erst nach Veröffentlichung tätig werden und für gewaltverherrlichende oder obszöne Publikationen lediglich Verkaufsbeschränkungen (Verbot des öffentlichen Angebots und des Verkaufs an Jugendliche) verhängen.

Jugendweihe

Nach dem Aufstand des *Siebzehnten Juni 1953* ging die SED vom Konfrontationskurs gegen die Kirchen zu subtileren Methoden über. Bei der Gewinnung der Jugend konnte sie dabei auf ein im 19. Jh. entstandenes Ritual zurückgreifen, das durch die *Arbeiterbewegung* weitergeführt und schon in der *SBZ* von freigeistigen Verbänden wieder aufgegriffen worden war: die Jugendweihe. Sie sollte an die Stelle von Konfirmation und Firmung treten und bei Ende der Schulpflicht Jugendliche feierlich in die erwachsene Gemeinschaft aufnehmen. Am 14. 3. 1954 beschloß das *Politbüro*, allen Jugendlichen eine solche Feier anzubieten und sie darauf mit »lebenskundlichem« Unterricht vorzubereiten, der marxistisch-leninistisch geprägt sein sollte. Ein Zentraler Ausschuß für Jugendweihe übernahm die Planung, und bereits 1955 fanden erste Weihen statt. In ihrem Mittelpunkt stand das Gelöbnis, das im Chor von den 14/15jährigen gesprochen wurde und die Verpflichtung enthielt, sich für die »allseitige Stärkung und das Wohl des sozialistischen Vaterlandes« einzusetzen. Dazu wurde erklärt, die Jugendlichen seien nun in die »Gemeinschaft aller Werktätigen unserer Deutschen Demokratischen Republik« aufgenommen.

Während die SED die Teilnahme an Jugendweihe wie Konfirmation und Erstkommunion zuließ, lehnten die Kirchen die Jugendweihe zunächst kategorisch ab, so daß die Partei ihre vorbildliche Toleranz herausstreichen konnte. In der Praxis aber entstand durch enge Bindung der Feier an die Schulen erheblicher Druck auf die Jugendlichen, an der staatlichen Weihe teilzunehmen; Verweigerer mußten zudem mit

Nachteilen rechnen. So gelang eine fast gänzliche Erfassung der Jugend, und die Kirchen konnten froh sein, wenn sich Absolventen der Jugendweihe zusätzlich konfirmieren oder firmen ließen und in der *Jungen Gemeinde* aktiv blieben. Auch nach dem Untergang der DDR nahmen und nehmen viele Jugendliche an Jugendweihe-Feiern teil, nun freilich ohne Gelöbnis.

Juliusturm
Der dicke, runde, 32 m hohe Bergfried der Spandauer Zitadelle in *Berlin* heißt Juliusturm. Er stammt noch aus der Burg des 12. Jh. und diente u. a. als Verlies und nach dem Deutsch-Französischen Krieg 1870/71 zur Aufbewahrung von 120 Mio. Goldfranc aus den französischen Kriegsentschädigungen. Wenn daher seitdem ein Finanzminister statt der üblichen Schulden Guthaben anhäufte, sprach man vom »Juliusturm«. Letztmalig gelang die Bildung so nennenswerter Reserven *Schäffer*, dem Bundesfinanzminister der Regierung *Adenauer*, in den 1950er Jahren.

Jungdemokraten s. *Freie Demokratische Partei (FDP)*

Junge Gemeinde
Schon in der *SBZ* waren neben der *Freien Deutschen Jugend (FDJ)* andere Jugendgruppen nicht zugelassen. Die Kirchen beteiligten sich daher am Aufbau der zunächst weltanschaulich neutralen FDJ. Als diese sich aber nach Gründung der DDR zur SED bekannte, war für Kirchenvertreter kein Platz mehr in ihren Gremien, im Gegenteil: Die Kirche und ihre Jugendarbeit gerieten zunehmend in den Verdacht staatsfeindlicher Tätigkeit, es kam im Vorfeld des *Siebzehnten Juni 1953* zu Verhaftungen, massiven Behinderungen, Einzug von Kirchenbesitz und umfassenden Schikanen gegen die Junge Gemeinde, so der Sammelname für alle evangelischen Aktivitäten von Jugendfreizeiten bis zu Studentengemeinden. Manches wurde nach Mäßigung der Konfrontation zurückgenommen, doch verschärfte sich der Kurs der Partei bald wieder.
Mit der *Jugendweihe* versuchte die SED mit viel Erfolg, die Jugend den Kirchen zu entfremden; mit der Benachteiligung von Mitgliedern der Jungen Gemeinde und ihrer Bespitzelung erhöhte man den Druck, so daß – verschärft durch Massenflucht ihrer Anhänger – die Mitgliederzahlen ständig sanken. Erst in der Ära *Honecker* kehrte sich der Trend um, da selbst nicht konfessionell gebundene Jugendliche im kirchlichen Raum Dialogmöglichkeiten entdeckten, ihre Jugendkultur (z. B. Blues-Messen) entwickeln und ihren Ängsten vor Krieg und Umweltzerstörung Ausdruck geben konnten. Der Trend ließ sich von der Staatsführung auch nicht durch erneute Repressalien wieder umkehren. Die Junge Gemeinde wurde zu einem Sammelbecken der *Opposi-*

tion aus *Friedensbewegung* und Umweltgruppen. Sie hatte 1989 maßgeblichen Anteil am Massenprotest, der die SED-Diktatur und die *Berliner Mauer* zum Einsturz brachte.

Junge Liberale (»Julis«) s. *Freie Demokratische Partei (FDP)*

Junge Pioniere s. *Freie Deutsche Jugend (FDJ)*

Junge Union (JU) s. *Christlich-Demokratische Union (CDU)*

Jungsozialisten (»Jusos«) s. *Sozialdemokratische Partei Deutschlands (SPD)*

Juniaufstand s. *Siebzehnter Juni 1953*

Junideklaration
Nach der *bedingungslosen Kapitulation* der Wehrmacht endete auch die Existenz des Deutschen Reiches als Staat. Deutschland existierte zwar völkerrechtlich weiter, war aber handlungsunfähig. Die USA, Großbritannien, Frankreich und die UdSSR übernahmen daher an seiner Stelle mit vier am 5. 6. 1945 - daher die Bezeichnung »Junideklaration« - herausgegebenen Erklärungen die gesamte politische Verantwortung: 1. »Erklärung in Anbetracht der Niederlage Deutschlands« über die Ausübung aller Regierungsbefugnisse durch die *Siegermächte*; 2. Errichtung eines Systems der Viermächtekontrolle über Gesamtdeutschland sowie der selbständigen Verwaltung der *Besatzungszonen*; 3. endgültige Abgrenzung dieser Zonen; 4. Erklärung der Diskussionsbereitschaft mit allen Staaten der *Vereinten Nationen* hinsichtlich der deutschen Frage. Von einer Annexion Deutschlands war nirgends die Rede, im Gegenteil: Man hatte auch die Zerstückelungsvorstellungen von *Jalta* aufgegeben. Ein *Alliierter Kontrollrat* aus den Oberkommandierenden der Besatzungsstreitkräfte sollte von der in vier Sektoren geteilten einstigen Reichshauptstadt *Berlin* aus die »Deutschland als Ganzes betreffenden Angelegenheiten« regeln. Da dazu Einstimmigkeit erforderlich war, kam es immer wieder zu Blockaden, die mit dem *Potsdamer Abkommen* ausgeräumt werden sollten.

Junker
Schon im bürgerlichen Vokabular ist der »Junker« ein Negativbegriff. Obwohl viele der damit gemeinten adligen Gutsbesitzerfamilien zu den Widerstandskämpfern des 20. Juli 1944 gegen Hitler gehört haben, verbindet man mit dem Begriff eher ihren Standesdünkel, ihre unrühmliche Rolle bei der Untergrabung der Weimarer Republik und ihr anfängliches Paktieren mit dem Nationalsozialismus. In der DDR-

Propaganda wurde der »Junker« zum Inbegriff des Volks- und Klassenfeinds. Man meinte damit die Träger des »preußischen Militarismus« und die Großgrundbesitzer als Relikte des Feudalismus, deren Ländereien schon in der *SBZ* enteignet wurden nach der Parole »Junkerland in Bauernhand«.

Justiz s. *Gerichte*, s. *Judikative*

K

Kabinett

Im Zeitalter des Absolutismus war Kabinett die Bezeichnung für das Gemach, in dem der Fürst über vertrauliche Staatsangelegenheiten zu beraten und zu entscheiden pflegte. Daher der Begriff »Kabinettspolitik« für die selbstherrliche, oft undurchsichtige Politik eines Herrschers oder seiner Räte (mit der militärischen Variante der »Kabinettskriege«). Heute versteht man unter Kabinett das Kollegium der *Minister* einer Regierung. Es berät in Kabinettssitzungen und kann wichtige Fragen gegenüber dem Parlament zu Kabinettsfragen machen (bei Ablehnung durch das Parlament erfolgt unter Umständen die Entlassung oder der Rücktritt einzelner Minister oder gar des ganzen Kabinetts). Kabinettsvorlagen sind Anträge auf Beschlußfassung, die zumeist ein Minister seiner Regierung unterbreitet.

Kader

Im Sport oder im Militärwesen versteht man unter Kader eine ausgewählte (Stamm-)Mannschaft. Im politischen Sprachgebrauch ist Kader die Bezeichnung für die Funktionärselite einer Partei oder eines Staates. In der DDR lenkten systematisch geschulte, von der Parteiführung eingesetzte und überwachte Parteikader (seit 1964 »Parteiarbeiter« genannt) die Masse der einflußlosen Parteimitglieder in den verschiedenen Grundorganisationen. Von den Parteikadern wurden strengste Parteidisziplin und völlige Linientreue verlangt. Regelmäßig fanden »Säuberungen« der Kader statt. Parteischulen oder -hochschulen werden umgangssprachlich-salopp entsprechend als »Kaderschmieden« bezeichnet.

Kaiser, Jakob

* Hammelburg (Unterfranken) 8. 2. 1888, † Berlin 7. 5. 1961 - 1912 den christlichen *Gewerkschaften* beigetreten, zog der gelernte Buchbinder Kaiser 1932 für das *Zentrum* in den Reichstag ein und ging nach der Auflösung der Partei im Sommer 1933 in den Widerstand. Nach dem Krieg war er Mitbegründer der Ost-CDU, mußte aber auf sowjetischen Druck bereits 1947 alle Ämter abgeben, da er sich geweigert hatte, am *Deutschen Volkskongreß* teilzunehmen. Kaiser ging nach Westberlin, war Mitglied des *Parlamentarischen Rates* und seit 1949 im *Bundestag*. Bis 1957 gehörte er als *Bundesminister* für gesamtdeutsche Fragen den Regierungen *Adenauers* an, dessen Politik der Westintegration er aus Sorge um die dadurch gefährdete *Wiedervereinigung* kritisch begleitete.

Kalter Krieg

Der Begriff »Kalter Krieg«, zuerst von dem amerikanischen Bankier und Politiker B. M. Baruch gebraucht, war seit 1947 allgemeines Schlagwort für den Ost-West-Konflikt, der zwischen den USA und der Sowjetunion und den von diesen jeweils geführten Blöcken mit politischen, propagandistischen und wirtschaftlichen Mitteln ausgetragen wurde. Er brach schon bald nach dem gemeinsamen Sieg über das 3. Reich aus, als sich die Alliierten immer weniger auf eine einheitliche Linie in der Besatzungspolitik verständigen konnten. Nicht mehr zu überbrücken waren die Differenzen spätestens nach Auszug des sowjetischen Delegierten aus dem *Alliierten Kontrollrat* am 20. 3. 1948 aus Protest gegen die Pläne zu einer *Währungsreform* in den Westzonen, die inzwischen von der *SBZ* durch einen *Eisernen Vorhang* abgetrennt waren.
Mehrmals, u. a. während der *Berlin-Blockade* 1948/49, im Koreakrieg 1950–53, bei der Suez-Ungarn-Krise 1956, während der Kubakrise 1962 und bei der Besetzung der Tschechoslowakei durch Truppen des *Warschauer Pakts* (darunter auch NVA-Einheiten) 1968, geriet der Kalte Krieg an den Rand eines »heißen« Krieges, doch konnte der bewaffnete Konflikt zwischen den Supermächten durch gegenseitige *Abschreckung* mittels strategischer *Atomwaffen* vermieden werden. Der Kalte Krieg wurde durch die Politik der *friedlichen Koexistenz* und die *Entspannungspolitik* der 1970er Jahre abgelöst, sein Ende ist in der Charta von Paris, der Schlußakte der Sondergipfelkonferenz der *Konferenz über Sicherheit und Zusammenarbeit in Europa (KSZE)* 1990, dokumentiert.

Kampfgruppen der Arbeiterklasse

Die DDR begann 1952 mit dem Aufbau von Betriebskampfgruppen, die zumeist rein innerbetriebliche Schutzfunktionen übernehmen sollten. Nach dem Aufstand vom *Siebzehnten Juni 1953* wurden diese Bemühungen forciert, »Arbeiterwehren« sollten nun nach dem Vorbild des Roten Frontkämpferbundes der Weimarer Zeit oder der Internationalen Brigaden des Spanischen Bürgerkrieges den Staat vor seinen Gegnern schützen. Die *Volkspolizei* übernahm die Ausbildung; nach Gründung der *Nationalen Volksarmee (NVA)* 1956 wurden die Kampfgruppen der Arbeiterklasse (so inzwischen der Name) Teil der DDR-Landesverteidigung.
Ungefähr 400 000 Mann gehörten den Kampfgruppen an. Sie sollten innere Aufstände unterdrücken, im Verteidigungsfall die Operationsfreiheit der Streitkräfte sichern sowie taktische Unterstützung gewähren. Außerdem oblag ihnen der Schutz wichtiger Objekte, die Bekämpfung von Luftlandetruppen u. a. Personelle Basis der Kampfgruppen waren die Großbetriebe. Angehörige kleiner und mittlerer Betriebe, in denen nicht genug Leute für eine Kampfgruppeneinheit zusammenzu-

bringen waren, blieben meist ausgenommen. Prinzipiell galt Freiwilligkeit, für SED-Mitglieder im passenden Alter (26–55 Jahre) bestand allerdings kaum eine Chance, sich dem Dienst zu entziehen. Ihren größten Einsatz erlebte die paramilitärische Truppe im August 1961 bei der Abriegelung der Grenzen zu Westberlin durch die *Berliner Mauer.* Im Okt. 1989 war noch ein Einsatz gegen die *Montagsdemonstrationen* geplant, der aber unterblieb, weil befürchtet wurde, daß die Verbände den Befehl verweigern würden. Im Dez. 1989 wurden die Kampfgruppen entwaffnet und in den folgenden Monaten aufgelöst.

Kanalarbeiter
Die große Bandbreite der Meinungen in den Volksparteien führt zur Bildung linker und rechter Flügel *(Links-Mitte-Rechs)*, deren Mitglieder sich zuweilen informell organisieren. Eine gewisse Prominenz erreichten die sog. Kanalarbeiter als rechte Gruppierung in der SPD. Sie hatten sich an einem Stammtisch in den 1950er Jahren zusammengefunden, pflegten sozialdemokratische und gewerkschaftliche Traditionen und verstanden sich als Bollwerk gegen modische und revolutionäre Trends in der Partei. Einfluß gewannen die nach einem Ausspruch ihres Anführers *Franke* benannten Kanalarbeiter nach Regierungsübernahme 1969, gefördert vom späteren *Bundeskanzler Schmidt* und von Schlüsselfiguren der Fraktion wie *Vogel.* Sie gerieten aber bald in die Schußlinie der innerparteilichen Kritik, da sie Postenvergabe und Rednerlisten zu kontrollieren versuchten. Hinzu kam ein deutliches programmatisches Defizit, das Ende der 1970er Jahre zu ihrer Ablösung durch den *Seeheimer Kreis* führte.

Kapitalismus
In der wirtschaftsgeschichtlichen Entwicklung bezeichnet man als Kapitalismus das durch ungehemmtes Gewinnstreben gekennzeichnete Wirtschaftssystem, das im 19. Jh. seine Blütezeit erlebte. Für den Durchbruch des modernen Kapitalismus, wie er sich seit Mitte des 18. Jh. durch die industrielle Revolution vollzog, mußte eine Reihe weiterer Faktoren zusammenwirken: Technische Errungenschaften, Bevölkerungszuwachs, Ausbau des Verkehrswesens, Intensivierung der Landwirtschaft und Entwicklung eines freien Unternehmertums ermöglichten die gewerbliche Großproduktion und die Kapitalballung im Hochkapitalismus. Seine materiellen Leistungen wurden auch von seinen Kritikern anerkannt, einig waren sich jedoch Sozialkonservative und Sozialisten in der Ablehnung der mit dem Kapitalismus verbundenen Ansprüche des Unternehmertums auf gesellschaftliche Vorrechte und in der Kritik an der Verelendung der Massen durch die kapitalistische Wirtschaftsweise. Der *Sozialismus* und sein Träger, das *Proletariat*, erklärten sich zum historischen Widersacher und Überwinder des Kapitalismus.

Im Spät- oder *Monopolkapitalismus* nach dem 1. Weltkrieg lösten *Kartelle*, Trusts und Konzerne das Prinzip der freien Konkurrenz weitgehend auf; ein Großteil des Kapitals wurde anonym. Diesem Trend setzten die kapitalistischen Staaten nach dem 2. Weltkrieg, insbesondere die Bundesrepublik, das Konzept der sozialen *Marktwirtschaft* entgegen, die u.a. durch staatliche Intervention, Sozialgesetzgebung und starke Arbeitnehmerorganisationen *(Gewerkschaften)* der ungezügelten Wirtschaftsweise des Kapitalismus Grenzen setzt. Damit haben sich die Prognosen von Karl Marx, der einen revolutionären, sich mit gesetzmäßiger Notwendigkeit vollziehenden Zusammenbruch des Kapitalismus und seiner Ablösung durch den Sozialismus bzw. *Kommunismus* vorhersagte, als falsch erwiesen. Dennoch ist damit der Bestand des Kapitalismus nicht endgültig gesichert. Seine Zukunft hängt davon ab, daß es gelingt, der fortschreitenden Ausbeutung der Ressourcen und der Zerstörung der natürlichen Umwelt Einhalt zu gebieten und die kapitalistische Ökonomie mit der Ökologie zu versöhnen.

Kapitulation s. *bedingungslose Kapitulation*

Kartell

Grundprinzip der *Marktwirtschaft* ist der freie *Wettbewerb*. Er kann durch Kartelle gefährdet werden. Dabei handelt es sich um eine vertragliche Absprache rechtlich und auch begrenzt wirtschaftlich selbständig bleibender Unternehmen der gleichen Wirtschaftsstufe. Kartelle zielen auf Wettbewerbsbeschränkung, was z.B. zu höheren Preisen und geringerer Marktversorgung und durch das Mitschleppen schwacher Kartellmitglieder zu sinkender Leistung führen kann. Auch wird u.U. der technische Fortschritt in Mitleidenschaft gezogen, da ohne Konkurrenz keine Notwendigkeit zur Modernisierung gesehen wird. Nach dem Gesetz gegen Wettbewerbsbeschränkungen sind Kartelle in der Bundesrepublik grundsätzlich verboten, der Gesetzgeber hat jedoch eine ganze Reihe von Ausnahmen zugelassen; diese erlaubten Kartelle sind teils anmelde-, teils genehmigungspflichtig. Verboten in jedem Fall aber sind Preiskartelle (Angebot gleichartiger Produkte zu einem Einheitspreis), Quotenkartelle (Produktion nur einer bestimmten Gütermenge) und Gebietskartelle (Aufteilung des Marktes nach Vertriebsgebieten). Absprachen, die zu einem Kartell führen können, müssen dem Bundeskartellamt gemeldet werden. Auch wenn sich zwei Unternehmen zusammenschließen (fusionieren) wollen, müssen die Kartellbehörden prüfen, ob durch die Zusammenlegung ein Monopol entsteht.

Kasernierte Volkspolizei

Von Okt. 1952 bis Jan. 1956 gültige Tarnbezeichnung für die im Aufbau befindlichen Streitkräfte der DDR, die am 18. 1. 1956 in *Nationale Volksarmee (NVA)* umbenannt wurden.

Auch die zweite Begegnung von Bundeskanzler Willy Brandt *und DDR-Regierungschef* Willi Stoph *(v. l.) am 21. 5. 1970 in Kassel endet ohne greifbare Ergebnisse. Erst mit dem* Grundlagenvertrag *1973 normalisieren sich die deutsch-deutschen Beziehungen.*

Kassel
Nach Bildung der sozialliberalen *Koalition* in Bonn kam es 1970 zu ersten Begegnungen zwischen den Regierungschefs der beiden deutschen Staaten. Dem Besuch von Bundeskanzler *Brandt* in *Erfurt* am 19. 3. 1970 folgte am 21. 5. 1970 ein Gegenbesuch von DDR-Ministerpräsident *Stoph* in Kassel. Verhandlungsgegenstand war der Entwurf eines »Vertrages über die Aufnahme gleichberechtigter Beziehungen zwischen der DDR und der Bundesrepublik«, den der DDR-Staatsratsvorsitzende *Ulbricht* im Dez. 1969 übersandt hatte. Brandt stellte dem nun einen 20-Punkte-Katalog für eine »vertragliche Regelung der besonderen Beziehungen zwischen den beiden deutschen Staaten« gegenüber. Beide Seiten vereinbarten, den Meinungsaustausch nach einer »Denkpause« (Stoph) fortzuführen. Die Begegnung war überschattet von rechtsextremen Ausschreitungen (Flaggenschändung, Behinderung einer Kranzniederlegung), die beinahe zur vorzeitigen Abreise der DDR-Delegation geführt hätten.

katholische Kirche
Die römisch-katholische Kirche besteht nach ihrem Selbstverständnis aus der unsichtbaren Gemeinde der schon bei Gott weilenden Gläubi-

gen und der sichtbaren Gemeinschaft der auf Erden lebenden Christen. Grundlegend für das Kirchenverständnis der katholischen Kirche ist das Amt des Bischofs von Rom, des Papstes; der »Stellvertreter Christi« ist Garant für die Einheit der Kirche und für die Unfehlbarkeit ihrer Lehraussagen. Nach wie vor nimmt die katholische Kirche für sich in Anspruch, die »allein seligmachende« zu sein, wenn auch seit dem 2. Vatikanischen Konzil (1962–65) ein verstärktes Zugehen auf die anderen christlichen Kirchen zu verzeichnen ist. U.a. aufgrund der Kolonialisierung und Missionierung Südamerikas, aber auch von Teilen Afrikas und Asiens, gehören der katholischen Kirche heute weltweit knapp 1 Mrd. Mitglieder an. In Deutschland leben rd. 28 Mio. Katholiken. Ihr Anteil an der Bevölkerung beträgt damit rd. 35 %.
Die heutige regionale Struktur der katholischen Kirche in Deutschland entstand nach dem Wiener Kongreß (1815). Umgruppierungen fanden hauptsächlich in den Jahren 1921–30, nach dem 2. Weltkrieg und 1992–94 statt. Danach gliedert sich gegenwärtig die katholische Kirche in 7 Erzdiözesen und 20 Bistümer: Kirchenprovinz Bamberg mit Eichstätt, Speyer und Würzburg; Kirchenprovinz München und Freising mit Augsburg, Regensburg und Passau; Oberrheinische Kirchenprovinz (Freiburg) mit Mainz und Rottenburg-Stuttgart; Kirchenprovinz Paderborn mit Fulda, Erfurt und Magdeburg; Kirchenprovinz Köln mit Aachen, Essen, Münster, Trier und Limburg; Kirchenprovinz Hamburg mit Osnabrück und Hildesheim; Kirchenprovinz Berlin mit Dresden-Meißen und Görlitz. Die katholische Kirche finanziert sich wie die *Evangelische Kirche in Deutschland (EKD)* vorwiegend aus vom Staat eingezogenen Kirchensteuern.
In den alten Bundesländern ist konfessionelle Zugehörigkeit traditionell verankert und weit verbreitet. Anders die Situation im Osten. Hier ist die Mitgliedschaft in einer Kirche die Ausnahme. In 40 Jahren DDR sank der Anteil konfessionell gebundener Einwohner von 90 auf 30 %, denn trotz der garantierten Religionsfreiheit wurden die Kirchen und ihre Mitglieder benachteiligt, und der Einfluß der Kirchen war im Vergleich zu den alten Bundesländern, wo Religion Schulfach ist und wo staatliche Aufgaben vielfach von den Kirchen wahrgenommen werden, sehr beschränkt.

KB s. *Kulturbund der DDR*

Kernenergie
Nach der Entdeckung der Kernspaltung 1938 und nach der Inbetriebnahme des ersten Kernreaktors in Chicago 1942 wurde die weitere Entwicklung zunächst durch die militärische Nutzung der Kernenergie zum Bau von *Atomwaffen* bestimmt. Die Forschung zur friedlichen Nutzung der Kernenergie begann erst nach dem 2. Weltkrieg. 1954 wurde der erste Leistungsreaktor bei Moskau in Betrieb genommen,

1956 das Großkraftwerk Calder Hall in Großbritannien, 1957 der »Atommeiler« von Garching bei München, 1961 das erste deutsche Kernkraftwerk (KKW) in Kahl am Main (1986 stillgelegt). Heute sind weltweit fast 430 KKW in Betrieb, davon 21 in Deutschland. Sie decken rd. 30 % des deutschen Elektrizitätsbedarfs.
Der Betrieb kerntechnischer Anlagen ist in Deutschland durch das Atomgesetz von 1959 in der Fassung von 1985 geregelt, das sich besonders mit den Gefahren und mit Haftungsfragen beschäftigt. Daneben gibt es weitere Verordnungen und Richtlinien, z. B. die Strahlenschutzverordnung in der Fassung von 1989. Im Genehmigungsverfahren ist in bestimmten Bereichen eine Beteiligung der *Öffentlichkeit* vorgeschrieben.
Die Nutzung der Kernenergie wurde von Anfang an von einer Diskussion über die Grundsätze der *Energiepolitik* und des *Umweltschutzes* begleitet. Den Befürwortern, die auf die Begrenztheit der fossilen Brennstoffvorräte, Preisvorteile, Sicherung des Wirtschaftswachstums sowie die Vermeidung des Treibhauseffekts (für den die Verbrennung fossiler Stoffe verantwortlich ist) hinweisen, stehen die Kritiker gegenüber, die vor erhöhter Strahlenbelastung, Aufheizung von Flüssen, Reaktorunfällen (bis hin zum GAU, dem Größten Anzunehmenden Unfall beim Durchschmelzen des Reaktorkerns), falschen Wirtschaftlichkeitsberechnungen (Unterschlagung der Abwrackkosten für KKW

Immer wieder machen Kernkraftgegner zu Großdemonstrationen mobil wie hier am 10. 10. 1987 in Wackersdorf.

u. a.) und der Unmöglichkeit einer dauerhaften und sicheren Entsorgung v. a. der hochradioaktiven Abfälle warnen.
Gegen den Bau und Betrieb von KKW formierte sich in der Bundesrepublik, ausgehend vom erfolgreichen Widerstand gegen das KKW Wyhl, in den 1970/80er Jahren eine breite Bewegung. Um KKW wie Brokdorf und Grohnde, den »Schnellen Brüter« Kalkar, die geplante, dann aber nicht gebaute Wiederaufbereitungsanlage Wackersdorf und das »Endlager« *Gorleben* sowie die Transporte von Atommüll dorthin gab es wiederholt erbitterte Auseinandersetzungen. Die Unfälle von Harrisburg (1979) und Tschernobyl (1986) gaben den Zweiflern Nahrung, der Ausstieg aus der Kernenergie ist seither ein Fernziel, das nicht nur *Bürgerinitiativen* und *Grüne*, sondern auch Teile der SPD anstreben.

K-Gruppen

Aus der *APO* gingen in den 1960er und 1970er Jahren Gruppen hervor, die sich zu einem maoistisch orientierten *Marxismus-Leninismus* bekannten und den Kampf gegen die bürgerliche Gesellschaft propagierten. Zu diesen sogenannten K-Gruppen (K steht für *Kommunismus*) gehörten u. a. der Kommunistische Bund Westdeutschlands (KBW; später Bund Westdeutscher Kommunisten, BWK), der Kommunistische Bund (KB), die Kommunistische Partei Deutschlands/Marxisten-Leninisten (KPD/ML), die Marxistisch-Leninistische Partei Deutschlands (MLPD). In den K-Gruppen setzte in den 1980er Jahren ein Auflösungsprozeß ein; zu den Bundestagswahlen 1994 trat nur noch die MLPD an.

Kiesinger, Kurt Georg

* Ebingen (heute zu Albstadt) 6. 4. 1904, † Tübingen 9. 3. 1988 - Nach Jura-, Philosophie- und Geschichtsstudium ließ sich Kiesinger 1935 als Rechtsanwalt nieder. 1940 wurde er als »wissenschaftlicher Hilfsarbeiter« ins Auswärtige Amt dienstverpflichtet und arbeitete dort in der Rundfunkpolitischen Abteilung. 1933–45 war er Mitglied der NSDAP. 1947 im *Entnazifizierungs*verfahren als »entlastet« eingestuft, wurde er 1949 als *Abgeordneter* der CDU in den *Bundestag* gewählt, dem er (mit Unterbrechung zwischen 1958 und 1969) bis 1980 angehörte. 1958–66 war Kiesinger *Ministerpräsident* von Baden-Württemberg. Als *Bundeskanzler* der *Großen Koalition* (1966–69) förderte er in der *Außenpolitik* die von Außenminister und Vizekanzler *Brandt* eingeleitete vorsichtige Neuorientierung der *Ostpolitik*. Auf dem Gebiet der *Innen-* und der *Wirtschaftspolitik* bemühte er sich um die Überwindung der Rezession, die Verabschiedung der *Notstands*gesetze sowie Reformen des Strafrechts und der Sozialgesetzgebung, sah sich dabei aber z. T. heftiger Kritik wegen seiner Tätigkeit im 3. Reich ausgesetzt (u. a. Ohrfeige durch Beate Klarsfeld während des CDU-Parteitages am 8. 11. 1968).

Bundeskanzler Kurt Georg Kiesinger mit dem US-Präsidenten Lyndon B. Johnson (l.), der sich zur Beerdigung von Altbundeskanzler Konrad Adenauer *am 25. 4. 1967 in der Bundesrepublik aufhält.*

Kirche und Staat

Grundlage für die gegenwärtige Regelung des Verhältnisses von Kirche und Staat in Deutschland bildet Art. 140 GG, der die Bestimmungen der Art. 136–139 und 141 der Weimarer *Verfassung* zu Bestandteilen des *Grundgesetzes* erklärt. Danach wird unterschieden zwischen Religionsgemeinschaften, die Körperschaften des öffentlichen Rechts sind, und solchen, denen diese Eigenschaft fehlt. Zu den ersteren zählen die *evangelische* und die römisch-*katholische Kirche*, einige Freikirchen (u.a. Mennoniten, Freikirchliche Gemeinden, Altkatholiken) und die jüdischen Kultusgemeinschaften. Alle Religions- und Weltanschauungsgemeinschaften genießen das *Grundrecht* der *Glaubens- und Gewissensfreiheit*; der Staat ist zu weltanschaulicher Neutralität verpflichtet. Im einzelnen wird das Verhältnis zwischen Kirche und Staat durch Verträge geregelt, und zwar in der Form von Konkordaten mit der katholischen Kirche und von Kirchenverträgen mit den evangelischen Kirchen. Die vor 1945 abgeschlossenen Länderkonkordate (Bayern 1924, Neufassung 1988; Preußen 1929; Baden 1932) gelten fort. Ebenso gilt das Reichskonkordat von 1933 im Verhältnis des Bundes zum Apostolischen Stuhl weiter, es bindet jedoch nicht die *Bundesländer*. Kirchenverträge im evangelischen Recht werden nur zwischen den einzelnen Ländern und den Landeskirchen geschlossen. In diesen

Abmachungen geht es um Staatsleistungen an die Kirchen, Grundsteuerfreiheit von Kirchengütern, Mitwirkungsrechte der Kirchen im Bildungswesen, Präsenz der Kirchen in den *Massenmedien* und im sozialen Bereich u. a. Besonders in den Fragen des Ehe- und *Familienrechts*, der Sitte und Moral üben die Kirchen großen Einfluß auf Gesetzgebung und Rechtsprechung aus.
In der DDR bestand zwischen Staat und beiden großen Kirchen ein Spannungsverhältnis. Dennoch unterließ es die SED, die Kirchen grundsätzlich in Frage zu stellen. Weder wurde ihre Abschaffung angestrebt noch ihre Herabstufung zu einem bloßen Verein. Die Einheitspartei versuchte lediglich, den öffentlichen Einfluß der Kirchen zurückzudrängen oder doch auf den Status quo zu beschränken, das gesellschaftliche Leben vollständig zu säkularisieren sowie christliches Brauchtum durch sozialistisches zu ersetzen (z. B. Namensweihe statt Taufe, *Jugendweihe* statt Konfirmation, sozialistische Eheschließung statt kirchlicher Trauung). Einer ersten Phase (ca. 1949–58), in der das Ziel im Vordergrund stand, die Position der Kirchen in der Gesellschaft wo immer möglich zu beschneiden, folgte eine zweite (bis 1971), die geprägt war durch den Kampf gegen die gesamtdeutsche Kirchenorganisation, insbesondere der *Evangelischen Kirche in Deutschland (EKD).* Seit 1971 verliefen dann die Auseinandersetzungen gedämpfter, es begann eine Politik begrenzter Partnerschaft zwischen Kirche und Staat bei fortbestehender ideologischer Kluft. Aus der Friedensarbeit der Kirchen erwuchs dann Anfang der 1980er Jahre eine autonome *Friedensbewegung*, die der staatlich verordneten entgegentrat und erheblich zum Ende der SED-Herrschaft beitrug.

KIZ s. *Liga für Völkerfreundschaft der DDR*

Klasse
Unter Klasse versteht die Sozialwissenschaft eine gesellschaftliche Gruppe, die durch gleiche wirtschaftliche Lage und Interessen ihrer Mitglieder gekennzeichnet ist. Zentrale Bedeutung hat der Begriff der Klasse im *Marxismus-Leninismus*, der die Menschheitsgeschichte als Geschichte der Klassenkämpfe sieht, in denen sich unterdrückte Mehrheiten gegen ausbeuterische Minderheiten durchsetzen. Als letzter Klassenkampf steht danach die Auseinandersetzung der besitzlosen Massen der »Proletarier« mit den Eignern der Produktionsmittel (»Kapitalisten«) bevor. Sie soll zur *»Diktatur des Proletariats«* und letztlich zu einer kommunistischen, »klassenlosen« Gesellschaft führen. Entscheidend dabei ist die Ausbildung eines Klassenbewußtseins; während dies bei der herrschenden Klasse als vorhanden gilt, muß es die Arbeiterklasse, angeleitet von der kommunistischen Partei, erst entwickeln.
In der modernen Soziologie gilt das Modell gesellschaftlicher Klassen

als durchaus brauchbares Instrument zur Erklärung der frühen kapitalistisch-industriegesellschaftlichen Entwicklungsphase (bis ca. 1900). Für die zukünftige Entwicklung aber wird sein Wert bestritten: Durch zunehmende Differenzierung der sozialen Struktur (relative Zunahme von Angestellten gegenüber Arbeitern, Übertragung von Kapitalfunktionen an Manager) werde die Einteilung der Gesellschaft in zwei sich feindlich gegenüberstehende Lager den wahren Verhältnissen nicht mehr gerecht.

Kleiner Grenzverkehr

Nach Inkrafttreten des *Grundlagenvertrages* vom Juni 1973 hatten die Bewohner von 56 grenznahen Stadt- und Landkreisen der Bundesrepublik die Möglichkeit, zu Tagesaufenthalten in den grenznahen Bereich der DDR einzureisen. Dazu wurden 4 neue Straßenübergänge (Uelzen/Salzwedel, Duderstadt/Worbis, Bad Neustadt/Meiningen und Coburg/Eisfeld) eingerichtet. Von Aug. 1984 an war auch ein Aufenthalt von 2 Tagen in der DDR möglich. Ein Besuchsziel bei Verwandten oder Freunden mußte nicht mehr nachgewiesen werden, als Reisegrund wurde auch touristisches Interesse anerkannt. Die Regelung, DDR-offiziell »Grenznaher Verkehr« genannt, wurde in der westdeutschen Publizistik als »Kleiner Grenzverkehr« apostrophiert (in Anlehnung an einen Buchtitel von Erich Kästner über die Regelung mit Österreich vor dem Anschluß 1938).

Kluncker, Heinz

* Wuppertal 20. 2. 1925 - Seit 1946 Mitglied der SPD, war Kluncker seit 1952 bei der Gewerkschaft Öffentliche Dienste, Transport und Verkehr (ÖTV) angestellt. 1964–82 war er deren Vorsitzender und Mitglied im Vorstand des DGB. 1973 wurde er zum Vizepräsidenten der Internationalen Transportarbeitergewerkschaft gewählt. Der schwergewichtige Gewerkschaftler war bei seinen Verhandlungspartnern als »der Hartnäckige mit der sanften Stimme« gefürchtet; sein Erfolg im Tarifkonflikt zur Jahreswende 1973/74 (die ÖTV erreichte nach zahlreichen Warnstreiks und einem dreitägigen allgemeinem *Streik* im Februar 1974 eine Lohnerhöhung von 11 %) bedeutete einen schweren Schlag gegen die Stabilitätspolitik der Regierung *Brandt.* Nach seinem Rücktritt vom ÖTV-Vorsitz wurde er 1985 Weltehrenpräsident der »Internationale der Öffentlichen Dienste«.

Koalition

Unter Koalition versteht man ein zweckgerichtetes, befristetes oder unbefristetes Bündnis unabhängiger Partner. Der Begriff ist gebräuchlich in den internationalen Beziehungen für den Zusammenschluß von Staaten (z. B. in den Koalitionskriegen der europäischen Mächte gegen das nachrevolutionäre und napoleonische Frankreich Ende des 18./

Anfang des 19. Jh.), in der parlamentarischen Demokratie für Bündnisse zwischen Parteien, die allein nicht die *Mehrheit* haben oder die Regierungsverantwortung nicht allein übernehmen wollen, in der Wirtschaft für Vereinigungen von Angehörigen einer Berufsgruppe (hier spielt v. a. die *Koalitionsfreiheit* sowohl der *Arbeitnehmer* als auch der *Arbeitgeber* eine Rolle).
Im politischen Leben der Bundesrepublik haben Koalitionen immer eine große Bedeutung gehabt, von der ersten Regierung *Adenauer* an (1949 gebildet aus Mitgliedern von CDU/CSU, FDP und DP) waren die Bundeskabinette stets Koalitionsregierungen, selbst 1957, als die CDU/CSU die absolute Mehrheit der Zweitstimmen erzielte, ging sie eine Koalition mit der DP ein. Dabei bildeten sich Koalitionen nicht bloß zwischen Parteien mit ähnlicher Programmatik, sondern auch zwischen solchen, deren Ziele weit auseinanderlagen, so im Bundestag die *Große Koalition* (1966-69, CDU/CSU/SPD) und die sozialliberale Koalition (1969-82, SPD/FDP) sowie in den Ländern die sogenannten *Ampelkoalitionen* aus SPD, FDP und *Bündnis 90/ Die Grünen* (Bremen 1991-95, Brandenburg 1990-94) und die »rot-grünen« Koalitionen aus SPD und Bündnis 90/Die Grünen (Niedersachsen 1990-94, Hessen seit 1991, Nordrhein-Westfalen seit 1995, Schleswig-Holstein seit 1996).

Koalitionsfreiheit
Nach Art. 9,3 GG gehört es zu den *Grundrechten*, zur Verbesserung der Arbeits- und Wirtschaftsbedingungen Vereinigungen zu bilden oder sich ihnen zu entziehen. Als Koalition in diesem Sinne sind v. a. *Gewerkschaften* und *Arbeitgeberverbände* gemeint. Alle Absprachen, die die individuelle Koalitionsfreiheit einschränken, sind unwirksam, z. B. die vertragliche Verpflichtung des *Arbeitnehmers*, keiner Gewerkschaft beizutreten, oder eine Vereinbarung, durch die ein *Arbeitgeber* sich verpflichtet, keinen gewerkschaftlich organisierten Arbeitnehmer einzustellen.

Koexistenz
In der internationalen Politik bedeutet Koexistenz das Nebeneinanderbestehen von Staaten mit unterschiedlichen Gesellschaftssystemen. Die *friedliche Koexistenz* wurde 1956 als politisches Schlagwort von Chruschtschow eingeführt: Ohne auf die ideologische Auseinandersetzung zwischen *Kommunismus* und *Kapitalismus* zu verzichten, sollte dennoch im sowjetisch-amerikanischen Dialog Entspannung erreicht werden.

Kohl, Helmut
* Ludwigshafen am Rhein 3. 4. 1930 - Bereits heute ist Helmut Kohl, 1982 zum *Bundeskanzler* gewählt, der Kanzler mit der längsten Amtsdauer in der Bundesrepublik. Das große Vorbild *Adenauer* (14 Jahre im

Bundeskanzler Helmut Kohl mit US-Präsident Ronald Reagan (r.), der sich anläßlich des 750jährigen Bestehens der Stadt zu einem Besuch in Berlin aufhält.

Amt) hat er in dieser Hinsicht hinter sich gelassen, und überblickt man die Geschichte des Parlamentarismus in Deutschland im ganzen, wird er nur noch von Bismarck (19 Jahre Kanzler im Kaiserreich, davor 4 Jahre Kanzler des Norddeutschen Bundes) übertroffen. Kohl gelangte 1959 als Mitglied der CDU in den Landtag von Rheinland-Pfalz, 1963–69 war er *Fraktions*vorsitzender und 1966–73 Landesvorsitzender seiner Partei, 1969–76 *Ministerpräsident* des Landes. 1969 übernahm er sein erstes Amt auf Bundesebene, das des stellvertretenden Bundesvorsitzenden der CDU, und 1973 den Parteivorsitz, 1976–82 führte er die Bundestagsfraktion der CDU/CSU. Im Okt. 1982 wurde Kohl nach einem *konstruktiven Mißtrauensvotum* gegen Bundeskanzler *Schmidt* (SPD) zu dessen Nachfolger und Kanzler einer *Koalitions*regierung aus CDU/CSU und FDP gewählt, 1983 und 1987 durch Wahlen bestätigt. Er erkannte nach dem politischen Umbruch in der DDR Ende 1989 die Chance für die Herstellung der deutschen Einheit *(Wiedervereinigung)* und setzte sich energisch für deren zügige Verwirklichung, v. a. aber für deren außenpolitische Absicherung ein. Er wurde im Okt. 1990 erster Kanzler des geeinten Deutschlands; nach der Bundestagswahl 1994 wurde er wiederum im Amt bestätigt.

KoKo s. *Kommerzielle Koordinierung*

Kollektivierung
Der Zusammenschluß privater Betriebe zu *Genossenschaften* gehört zum zentralen Programm sozialistischer Staaten. Nach dem Muster der Sowjetunion, die seit 1930 massiv die Gründung sogenannter Kolchosen vorangetrieben hatte, wurde auch in der DDR das Privateigentum an den Produktionsmitteln, v.a. in der Landwirtschaft als Grund und Boden, später auch Geräte und Vieh, in genossenschaftliches Eigentum überführt. Angestrebt war Freiwilligkeit, da aber die Kollektivierung nur geringen Zuspruch fand, wurde zu Zwangsmaßnahmen gegriffen. Von der Propaganda wurde die Bildung von *Landwirtschaftlichen Produktionsgenossenschaften (LPG)* in Pervertierung des Begriffs als Bauernbefreiung gefeiert. Eine ähnliche Entwicklung vollzog sich im Handwerk; hier wurden Produktionsgenossenschaften des Handwerks gebildet, deren Zahl bis 1960 auf 3878 anstieg (34,3 % des gesamten Leistungsumfangs des Handwerks).

Kollektivschuld
Das moderne Rechtsdenken kennt nur eine Rechtsschuld des einzelnen Täters und verwirft kollektive Haftung wie z. B. die nationalsozialistische »Sippenhaft« als Rechtsbeugung. Der nach 1945 erhobene Vorwurf einer Kollektivschuld des deutschen Volkes an den nationalsozialistischen Verbrechen wurde daher in diesem Sinn fallengelassen. Der erste Bundespräsident *Heuss* sprach statt dessen von einer »Kollektivscham«, die das deutsche Volk angesichts der in seinem Namen begangenen Untaten empfinden müsse, aus der die Verpflichtung zur *Wiedergutmachung* erwachse; so wollte auch das *Stuttgarter Schuldbekenntnis* der evangelischen Kirche verstanden werden. Im gleichen Sinn äußerte sich 1946 der Philosoph Karl Jaspers, der von »Mitbetroffenheit« sprach, »auch wenn wir moralisch und juristisch nicht haften«. Bundeskanzler *Schmidt* bezeichnete am 23. 11. 1977 in einer Rede am Mahnmal in Auschwitz die »heutigen Deutschen« als persönlich nicht schuldig, bejahte aber eine »Mitverantwortung« auch der nachwachsenden Generationen für die deutsche Geschichte.

Kombinate
Die Struktur der DDR-Wirtschaft wurde - wie in anderen sozialistischen Ländern auch - von den Wirtschaftseinheiten der Kombinate geprägt. Sie waren Zusammenschlüsse industrieller Erzeugungsstätten verschiedener Produktionsstufen mit Nebenbetrieben. In der DDR entstanden sie teils als Fortführung vorhandener Großbetriebe, teils als industrielle Neugründungen. In den 1950er Jahren wurden Kombinate v.a. in der Grundstoffindustrie und Metallurgie sowie in der chemischen und elektrotechnischen Industrie gebildet, später kam es

auch zu Kombinatbildungen in der Versorgungswirtschaft und im Verkehrswesen. Bereits 1970 arbeiteten ca. zwei Drittel der Beschäftigten der zentral geleiteten Industrie in Kombinaten. Galt bis dahin noch v. a. das Prinzip des horizontalen Zusammenschlusses, indem wichtige oder sogar alle Produktionsstätten einer Branche zusammengefaßt wurden, ging man danach auch vertikal vor, d. h. es wurden Lieferanten und Absatzorganisationen einschließlich des Großhandels sowie Forschungsinstitutionen und Ingenieurbüros einbezogen.
Die Bildung von Kombinaten vollzog sich gewöhnlich durch Fusion einzelner *Volkseigener Betriebe (VEB)*, wobei der qualifizierteste bzw. größte Betrieb zum Sitz des Kombinats wurde. Die Kombinatbetriebe blieben ökonomisch und juristisch selbständig und produzierten weiterhin unter ihrem eigenen Namen. Kombinate konnten sowohl zentral- wie bezirksgeleitet sein, ein Generaldirektor, der in der Regel auch Direktor des Stammbetriebs war, führte die Geschäfte.
Unter den Kombinaten gab es nach DDR-Maßstäben durchaus hochrentable Betriebe, die Gewinne in Milliardenhöhe abwarfen. Da jedoch 80 % der Gewinne an den Staat abgeführt werden mußten und die Kombinate in die Arbeitsteilung des *Comecon* eingebunden waren (in dem Erzeugnisentwicklung und Produktion für die Märkte des Ostblocks, v. a. der Sowjetunion, stets Vorrang hatten), konnten sie sich dem auf den westlichen Märkten üblichen Entwicklungs- und Produktionsniveau nie anpassen.
In den 1980er Jahren betrug die Zahl der Kombinate über 170; die bekanntesten waren: VEB Bandstahlkombinat »Hermann *Matern*«, Eisenhüttenstadt; VEB Chemiekombinat Bitterfeld; VEB Gaskombinat »Fritz Selbmann«, Schwarze Pumpe; VEB Kombinat »Carl Zeiss«, Jena; VEB Kombinat »Deutrans«; VEB Kombinat Mikroelektronik, Erfurt; VEB Kombinat Schiffbau, Rostock; VEB Kombinat Umformtechnik »Herbert Warnke«, Erfurt; VEB Leuna-Werke »Walter *Ulbricht*«, Leuna; VEB Petrochemisches Kombinat, Schwedt; VEB Schwermaschinenbaukombinat »Ernst Thälmann«, Magdeburg; VEB Sekundärrohstofferfassung, Berlin.
Nach dem Zusammenbruch der SED-Herrschaft wurden die Kombinate von der *Treuhandanstalt* privatisiert. Dabei kam es, bedingt durch Struktur- und Standortprobleme, erforderlichen Modernisierungsaufwand, Schwierigkeiten der Altlastenbeseitigung und ungeklärte Eigentumsfragen, zu weitgehender Entflechtung, wobei die Strukturen der meisten Kombinate sich auflösten.

Komitee der Antifaschistischen Widerstandskämpfer in der DDR
1947 schlossen sich die ehemaligen Widerstandskämpfer gegen das NS-Regime zur *Vereinigung der Verfolgten des Naziregimes (VVN)* zusammen, deren westdeutscher Teil seinen Sitz in Frankfurt am Main hatte, der ostdeutsche residierte in Ostberlin. 1953 wurde die VVN auf

dem Gebiet der DDR aufgelöst und durch das Komitee der Antifaschistischen Widerstandskämpfer ersetzt. Dieses war nicht mehr wie die VVN auf Vereinsbasis (mit freiwilligem Beitritt und entsprechender Mitbestimmung der Mitglieder) organisiert, sondern als zentrales Komitee, das die Beschlüsse des ZK der SED umsetzte und aus dem Staatshaushalt finanziert wurde. Der Grund für die Umwandlung wird in der Besorgnis der DDR-Führung gesehen, die ehemaligen Widerstandskämpfer könnten die gegen Hitler gezeigte Unbeugsamkeit und kritische Haltung auch gegenüber dem neuen Staat bewahren. Das Vorgehen entsprach auch der sich in der DDR etablierenden Geschichtsauffassung, die den Anteil kirchlicher und konservativer Gruppen und schon gar des Militärs an der Widerstandsbewegung planmäßig herunterspielte und als Widerstandskämpfer schließlich nur gelten ließ, wer »auch heute die Führung der Partei der Arbeiterklasse anerkennt...«. In den 1980er Jahren gehörten dem Komitee etwa 2500 Personen an, die in Bezirks- und Kreiskomitees tätig waren. Daneben bestanden besondere Sektionen und Arbeitsgemeinschaften, etwa von ehemaligen Häftlingen bestimmter Lager, Geschichtskommissionen u. a. 1990 übernahm der »Interessenverband ehemaliger Teilnehmer am antifaschistischen Widerstand, Verfolgter des Naziregimes und Hinterbliebener e.V.« (IVVdN) die Nachfolge des Komitees. Sein Vermögen wurde 1991 von der *Treuhandanstalt* beschlagnahmt.

Kommerzielle Koordinierung (KoKo)
1966 wurde im Ministerium für Außenhandel der DDR ein »Bereich Kommerzielle Koordinierung« gebildet. 1972 erhielt diese Dienststelle den Status einer Valutabehörde und eines Devisenausländers, so daß sie internationale Bankgeschäfte tätigen und Konten unterhalten konnte. Die *Stasi* sicherte sich Einfluß auf die KoKo durch gezielte Plazierung von »Offizieren im besonderen Einsatz« (DDR-Kürzel: OibE), zu denen auch der KoKo-Chef *Schalck-Golodkowski* selbst gehörte. Die KoKo operierte unkontrolliert und in einem rechtsfreien Raum, die Geschäftsführung wurde konspirativ betrieben, auch die einzelnen Abteilungen wußten kaum voneinander. Formell zwar immer noch dem Ministerium für Außenhandel unterstellt, war die KoKo jedoch tatsächlich seit 1976 in den Apparat des ZK der SED eingegliedert und unterstand dort dem ZK-Sekretär für Wirtschaft *Mittag*. Dieser, wie auch *Honecker* und *Mielke*, die als einzige in die Tätigkeit der KoKo eingeweiht waren, ließen ihr freie Hand. Mit den Geschäften der KoKo hoffte die DDR-Führung der ständig wachsenden Auslandsverschuldung zu begegnen. Die sorgfältig abgeschottete Behörde sollte Devisen beschaffen - egal wie.

Die KoKo betreute Firmen im »nicht-sozialistischen Wirtschaftsgebiet«, in der Bundesrepublik annähernd 20 Unternehmen, die der SED politisch verbunden waren; über eine in Bochum ansässige Holdinggesellschaft und Strohmänner in Liechtenstein und in der Schweiz flossen die Gewinne nach Ostberlin. Die KoKo bemühte sich um Zugriff auf westliche High-Tech-Produkte für den militärischen Bereich, lieferte NVA-Überschußbestände in die Krisenregionen der Welt (im 1. Golfkrieg sogar an Iran und Irak gleichzeitig) und verschleuderte über die »Kunst- und Antiquitäten GmbH« Kulturgut der DDR in alle Welt. Nicht einmal vor dem Handel mit NS-»Reliquien« schreckte sie zurück. Die weltweit ca. 160 von der Koko unterhaltenen Firmen verschafften der DDR zwischen 1966 und 1987 Deviseneinnnahmen von rd. 29 Mrd. DM - zu wenig, um der chronischen Devisennot der DDR wirklich abzuhelfen. Nach der *Wiedervereinigung* befaßte sich 1991–94 ein parlamentarischer *Untersuchungsausschuß* mit der KoKo. Die *Treuhandanstalt* wurde beauftragt, das Finanzimperium aufzulösen; es gelang ihr, rd. 1,5 Mrd. DM KoKo-Gelder aufzufinden, nach weiteren Milliarden wird noch gefahndet.

kommunale Spitzenverbände
Zur Vertretung ihrer Interessen gegenüber Regierungen und Parlamenten und zur Beratung ihrer Mitglieder sind in der Bundesrepublik *Gemeinden* und *Landkreise* auf Landes- und Bundesebene zu kommunalen Spitzenverbänden zusammengeschlossen, und zwar als Deutscher Städtetag (Verband kreisangehöriger und kreisfreier Städte), als Deutscher Städte- und Gemeindebund (Verband kreisangehöriger Gemeinden) und als Deutscher Landkreistag (Verband der Landkreise des Bundesgebietes).

Kommunalpolitik
In der Bundesrepublik sind den *Gemeinden* (Kommunen) wesentliche *Selbstverwaltungs*aufgaben übertragen. Neben der Daseinsvorsorge (Wasser- und Energieversorgung, Verkehr) müssen sie zahlreiche soziale Dienstleistungen erbringen (z. B. Unterhalt von Krankenhäusern, öffentlichen Bädern und Sportanlagen, kulturelle Betreuung, Erwachsenenbildung). Die enge Beziehung aller politischen Bereiche zueinander führt heute auch zu intensiverer Zusammenarbeit zwischen Bund, Ländern und Gemeinden. Die Kommunalpolitik ist für die aktive Beteiligung der Bürger an der Politik besonders bedeutsam, da die Sachprobleme überschaubarer und ihre Lösungen überprüfbarer sind als auf Landes- oder gar Bundesebene.

Kommune s. *Gemeinde*

Kommunismus
Kommunismus ist sowohl Sammelbegriff für alle politisch-ideologischen Bewegungen, die auf die materielle Gleichstellung aller Menschen abzielen, als auch Bezeichnung der Theorien des 19. Jh., die sich

gegen das Privateigentum richteten, sowie (Eigen-)Bezeichnung der politischen Systeme, die nach sowjetischem Vorbild seit 1917 auf der Basis des *Marxismus-Leninismus* begründet wurden. Zunächst gleichbedeutend mit *Sozialismus*, gewann der Kommunismus später eine eigene Bedeutung als Theorie des gewaltsamen Sturzes der kapitalistischen Gesellschaftsordnung. Nach der Oktoberrevolution 1917 setzte er sich in Rußland unter Lenin durch. Die KPdSU wurde zur Führerin aller kommunistischen Parteien und Moskau zum Zentrum des Weltkommunismus, der sich nach 1945 mehr oder weniger gewaltsam in den von der Roten Armee befreiten Staaten Osteuropas einschließlich der DDR durchsetzte. Mit der *Entstalinisierung* (1956) verstärkten sich die Differenzierungen im kommunistischen Lager. Durch den Bruch Chinas mit der Sowjetunion 1962/63 wurde die einheitliche Führung in Frage gestellt; es bildeten sich nationale reformkommunistische Ansätze heraus (z. B. der sog. Eurokommunismus in Westeuropa). Mit den von KPdSU-Generalsekretär Gorbatschow (seit 1985) eingeleiteten Reformen in der UdSSR wuchs der Druck der Bevölkerungen auf die Regierungen im Ostblock, der schließlich zusammenbrach. Dadurch wurde auch die theoretische Utopie des Kommunismus nachhaltig beschädigt.

In Deutschland wurde die *Kommunistische Partei Deutschlands (KPD)*, deren Anhänger während des 3. Reiches massiv verfolgt worden waren, nach 1945 von der *SMAD* wieder zugelassen (11. 6. 1945) und dominierte klar in der 1946 durch Zwangsvereinigung mit der SPD entstandenen *Sozialistischen Einheitspartei Deutschlands (SED)*. Bis 1989 war der Kommunismus im Osten Deutschlands herrschende Ideologie. Im Westen dagegen wurde er im *Kalten Krieg* vehement bekämpft, sowohl von den Besatzungsmächten als auch von den Parteien des demokratischen Spektrums. In der Bundesrepublik war *Antikommunismus* eine Konstante des politischen Lebens; vor allem die Ära *Adenauer* stand ganz in seinem Zeichen. Nach dem Verbot der FDJ (1951) und der KPD (1956) war kommunistische Betätigung in die Illegalität gedrängt. Als Theorie bekam der Kommunismus erst wieder Bedeutung in der *Studentenbewegung* durch die Marx-Rezeption an den Hochschulen, die Gründung von *K-Gruppen* u.a. 1968 konnte sich die *Deutsche Kommunistische Partei (DKP)* etablieren. Sie erreichte bei Wahlen aber nie nennenswerte Prozentzahlen.

Kommunistische Partei Deutschlands (KPD)

Unter Führung von Rosa Luxemburg und Karl Liebknecht zur Jahreswende 1918/19 entstanden, erstrebte die KPD das Rätesystem und die *Diktatur des Proletariats*. Ihre Anhängerschaft wuchs ständig. Nach 1933 wurde sie verfolgt; viele Mitglieder kamen im Widerstand gegen Hitler um oder fielen im Exil stalinistischen »Säuberungen« zum Opfer. Nach 1945 wurde die KPD neu aufgebaut und in der *SBZ* mit der

SPD zur SED vereinigt. In Westdeutschland blieb sie organisatorisch selbständig, wenn auch mehr und mehr vom ZK der SED angeleitet. Im 1. *Bundestag* war die KPD mit 13 *Abgeordneten* vertreten, bei den Wahlen 1953 erhielt sie nur noch 2,2 % der Stimmen. Nach dem Verbot durch das *Bundesverfassungsgericht* (17. 8. 1956) verstärkte sich die Abhängigkeit der illegal weiter existierenden KPD von der SED. Die Mitgliederzahl sank von 70000 (1953) auf 7000 (1968). Finanzhilfen aus der DDR hielten eine bescheidene Organisation und Öffentlichkeitsarbeit am Leben. Lange Zeit wurde eine Neugründung kategorisch abgelehnt, die KPD beharrte auf Wiederzulassung. Diese Taktik wurde erst 1968 mit der Gründung der *Deutschen Kommunistischen Partei (DKP)* aufgegeben.

Kompensationsgeschäft

Im Außenhandel bezeichnet man mit Kompensationsgeschäft ein Geschäft auf Gegenseitigkeit, bei dem Import und Export miteinander verkoppelt sind (Ware gegen Ware, ohne Verwendung von Devisen). Im Handel mit Entwicklungsländern sind Kompensationsgeschäfte aus Devisenmangel verbreitet; das gleiche war im *innerdeutschen Handel* üblich und hemmte seine Entwicklung.

Konferenz über Sicherheit und Zusammenarbeit in Europa (KSZE)

Als unregelmäßig tagendes Gesprächsforum wurde von zunächst 35 europäischen Staaten sowie Kanada und USA 1973 eine Konferenz über Sicherheit und Zusammenarbeit in Europa (KSZE) in Leben gerufen. Neben Fragen der Sicherheit ging es in der KSZE um wirtschaftliche und wissenschaftlich-technische Zusammenarbeit. 1975 wurde in Helsinki die Schlußakte der KSZE unterzeichnet, deren 10 Punkte (»Körbe«) u. a. das Bekenntnis zur Integrität der Staaten, zur friedlichen Regelung von Streitfällen, zur Nichteinmischung in innere Angelegenheiten, zur Achtung der *Menschenrechte* (Korb drei) und zum *Selbstbestimmungsrecht* der Völker enthalten. Zu KSZE-Folgekonferenzen kam es 1977/78 in Belgrad, 1980–83 in Madrid, 1986–89 in Wien, 1992 erneut in Helsinki und 1994 in Budapest. Seit 1991/92 gehören der KSZE auch die baltischen Staaten, die Nachfolgestaaten der Sowjetunion sowie Albanien, Slowenien, Kroatien und Bosnien-Herzegowina an. Die Mitgliedschaft Jugoslawiens (Serbien und Montenegro) ist suspendiert. 1991 wurde ein Beschluß über ein KSZE-Krisenmanagement gefaßt, das bei regionalen Konflikten schnelle Reaktionen ermöglichen soll. Entscheidendes Organ der seit 1. 1. 1995 zu einer Organisation für Sicherheit und Zusammenarbeit in Europa (OSZE) verfestigten Konferenz ist der Ausschuß der Hohen Beamten, der durch ein Mindestquorum von 12 KSZE-Staaten einberufen werden kann.

Konjunktur
Das Schwanken des Produktionsvolumens einer Volkswirtschaft durch zusammenhängende Veränderungen bestimmter ökonomischer Größen wird als Konjunktur bezeichnet. Damit verbunden ist zumeist die Vorstellung von einem Konjunkturzyklus, d. h. einer wellenförmigen Bewegung der wirtschaftlichen Entwicklung. Im Aufschwung (Prosperität) investieren die Unternehmen, die Produktion nimmt zu, die *Arbeitslosigkeit* wird geringer, die Gewinne der Unternehmen steigen. In der Hochkonjunktur (Boom) werden die Preise zunehmend erhöht, es werden erste Engpässe in der Produktion sichtbar. Die Konjunkturentwicklung erreicht ihren oberen Wendepunkt. Im Abschwung (Rezession) sinken Nachfrage, Produktion, Investitionen und Gewinne sowie die Beschäftigung. Im Tiefstand (Depression) gehen die Unternehmensgewinne und die Einkommen zurück und damit die Nachfrage nach Konsumgütern. Weitere Symptome sind erhebliche Arbeitslosigkeit und Zurückhaltung bei Investitionen. Durch sinkende Zinsen kann jedoch die Basis für einen neuen Aufschwung geschaffen werden. Die starken Schwankungen der Konjunktur mit ihren Gefahren für den sozialen Frieden auszugleichen ist Ziel der staatlichen Konjunkturpolitik. Dies geschieht durch antizyklisches Verhalten der öffentlichen Hand, z. B. vermehrte Staatsausgaben im Abschwung, Kaufkraftabschöpfung im Boom.

Konkordat s. *Kirche und Staat*

konkurrierende Gesetzgebung
Im Unterschied zur *ausschließlichen Gesetzgebung* haben bei der konkurrierenden die *Bundesländer* das Recht zur *Gesetzgebung*, soweit der Bund nicht von seiner Befugnis im Interesse bundeseinheitlicher Regelungen tätig wird. Von der Möglichkeit dieser Befugnis hat der Bund allerdings in der Vergangenheit regen Gebrauch gemacht. Gegenstände der konkurrierenden Gesetzgebung sind: Bürgerliches Recht, Strafrecht, Strafvollzug, Gerichtsverfassung, Rechtsanwaltschaft und Rechtsberatung · Personenstandswesen · Vereins- und Versammlungsrecht · Ausländerrecht · Waffen- und Sprengstoffrecht · öffentliche Fürsorge · Wirtschaftsrecht, Arbeitsrecht und *Sozialversicherung* · Erzeugung und Nutzung von *Kernenergie* · *Enteignung* und *Sozialisierung* · *Kartell*recht · Förderung der Land- und Forstwirtschaft, Küsten- und Hochseefischerei, Sicherung der Ernährung · Bodenrecht · Seuchenschutz, Verkehr von Arzneimitteln, Zulassung zu Heilberufen · Wirtschaftliche Sicherung der Krankenhäuser · Schutz beim Verkehr mit Lebensmitteln, Tierschutz · Schiffahrt und Wasserstraßen · Straßenverkehr, Kraftfahrtwesen, Bau und Unterhaltung von Fernstraßen · Abfallbeseitigung, Luftreinhaltung, Lärmbekämpfung · Besoldung und Versorgung der Angehörigen des öffentli-

chen Dienstes · Umsatzsteuer, Lohn- und Einkommensteuer, Körperschaftssteuer.

Konsens

In der Demokratie ist eine grundsätzliche Übereinstimmung (Konsens) über die Prinzipien freiheitlicher Politik und in Fragen der Gesellschaftsordnung die Voraussetzung für den Bestand eines *Staates.* Als allgemein anerkannter Minimalkonsens gilt in der Bundesrepublik: Politische Macht ist an das Recht gebunden; Grundlage des Rechts sind Anerkennung und Achtung der *Menschenrechte* und die Prinzipien der Demokratie, v. a. *Freiheit,* politische *Gleichheit,* Entscheidung durch *Mehrheiten,* Schutz der *Minderheiten.* In weitergehenden Fragen kann das Bemühen, einen Konsens herzustellen, scheitern, so beim Bemühen um einen Energiekonsens: 1993 und erneut 1995 versuchten *Regierung, Opposition* und Energiewirtschaft vergeblich, eine Einigung über die künftige *Energiepolitik* Deutschlands herzustellen.

Konservatismus

Als geistige und politische Bewegung entstand gegen Ende des 18. Jh. eine auf Bewahrung überkommener Werte und Verhältnisse gerichtete Weltanschauung: der Konservatismus (lat. »conservare« = bewahren). Er verwarf den optimistischen Fortschrittsglauben des *Liberalismus* und *Sozialismus* sowie ihre Neigung zu rationalistischen Doktrinen und Neukonstruktionen von Staat und Gesellschaft. Der Konservatismus stützte sich auf die (von der deutschen Romantik) begründete Auffassung vom organischen Wachstum des Staates und pflegte die Gefühlswerte im politischen Bereich mit Ehrfurcht vor der Tradition. In Deutschland waren die Konservativen seit 1848 unter wechselnden Bezeichnungen organisiert, in der Weimarer Republik v. a. in der Deutschnationalen Volkspartei (DNVP). Der Konservatismus wurde aus einer Teilidentität der Ziele (Aufrüstung, Revision der Ergebnisse des Krieges, autoritärer Staat u. a.) heraus zum Steigbügelhalter Hitlers. Erst spät, nach Erkennen der viel weiterreichenden Pläne des Diktators, wandten sich seine Exponenten vom *Nationalsozialismus* ab und wurden zum Träger des militärisch-politischen Widerstands, dessen Putschversuch am 20. Juli 1944 scheiterte.

Nach 1945 gab es keine Wiederbelebung des Konservatismus als politischer Bewegung, allenfalls überdauerten einzelne Züge in den bürgerlichen Parteien, v. a. in der CDU/CSU. Dem Strukturkonservatismus, v. a. an der Aufrechterhaltung der bestehenden wirtschaftlichen und gesellschaftlichen Strukturen *(Kapitalismus)* interessiert, tritt heute der Wertkonservatismus gegenüber, der »alte und gute« Werte und Prinzipien, etwa *Freiheit, Gleichheit,* Gerechtigkeit und *Solidarität,* aber auch die Werte der Familie, der Nachbarschaft und der natürlichen Umwelt erhalten oder zu neuer Geltung bringen will.

konstruktives Mißtrauensvotum

Nach Artikel 67 GG hat der *Bundestag* die Möglichkeit, dem *Bundeskanzler* das Mißtrauen auszusprechen. Allerdings ist damit die Verpflichtung verbunden, mit *Mehrheit* einen Nachfolger zu wählen - anders als in der Weimarer Republik, deren Verfassung den Sturz von Regierungen erlaubte, ohne daß sich die *Abgeordneten* vorher auf einen Nachfolger hätten einigen müssen. Entsprechend selten, nämlich nur zweimal, kam es deswegen im Deutschen Bundestag zu einem solchen als »konstruktiv« bezeichneten Mißtrauensvotum: 1972 versuchte die CDU/CSU (Kanzlerkandidat *Barzel*) die Regierung *Brandt* (SPD/FDP) abzulösen; sie verfehlte die erforderliche Mehrheit um 2 Stimmen. Erfolgreich dagegen (durch den Wechsel der FDP von der Koalition mit der SPD zu einer Koalition mit der Union) war das konstruktive Mißtrauensvotum der CDU/CSU unter *Kohl* 1982 gegen Bundeskanzler *Schmidt* (SPD).

Konsumgenossenschaften

In Deutschland entstanden im Rahmen der *Arbeiterbewegung* zur Besserung der sozialen Lage der wirtschaftlich Schwächeren *Genossenschaften*, die Arbeiter durch Schaffung einer Selbsthilfe-Organisation vor Wucher, Preistreiberei und Ausbeutung schützen und sie mit einwandfreien Waren zu angemessenen Preisen versorgen wollten. Während der NS-Herrschaft aufgelöst, wurden diese Konsumgenossenschaften nach 1945 wieder legalisiert. In der Bundesrepublik gerieten sie gegenüber den großen Handelsketten ins Hintertreffen. In der DDR dagegen bildeten sie eine *Massenorganisation*, die drittgrößte nach dem *Freien Deutschen Gewerkschaftsbund (FDGB)* und der *Gesellschaft für Deutsch-Sowjetische Freundschaft (DSF)* und neben der *HO* die entscheidende Organisationsform des DDR-Binnenhandels. Die Tätigkeitsfelder waren dabei so verteilt, daß die Konsumgenossenschaften die Landbevölkerung und die HO die Städter versorgte. 1946 zählten die Konsumgenossenschaften in der *SBZ* 1,3 Mio. Mitglieder, zu DDR-Zeiten waren es bei 198 Genossenschaften bis zu 4,6 Mio. An ihren Gewinnen waren die Mitglieder beteiligt. 1990 wurden die Konsumgenossenschaften zu 55 Betrieben fusioniert, die sich mit westdeutschen Genossenschaften zur Konsum-Interbuy-Warenhandelsgesellschaft zusammenschlossen.

Konventionen

Was im innerstaatlichen Leben die Gesetze leisten, wird im Völkerrecht meist durch Konventionen (lat. conventio = Übereinkunft) geregelt. Sie sind Abkommen mehrerer (multilaterale Verträge), im Idealfall aller Staaten wie etwa die Genfer Konventionen zum Schutz von Kriegsbetroffenen. Konventionen, denen beizutreten alle Staaten aufgefordert sind, stellen daher das bevorzugte Mittel der *Vereinten Natio-*

nen zur Setzung internationalen Rechts dar, deren Einzelheiten in der Wiener Konvention über das Vertragsrecht vom 23. 5. 1969 festgelegt sind.

Konzertierte Aktion
Die Bundesrepublik erlebte 1966/67 die erste - nach heutigen Maßstäben kaum nennenswerte - Wirtschaftskrise, die zur Ablösung der Regierung *Erhard* und zur Bildung der *Großen Koalition* beitrug. Der neue Wirtschaftsminister *Schiller* (SPD) entsann sich eines Vorschlags des *Sachverständigenrats* zur Abstimmung des Verhaltens der wichtigsten am Wirtschaftsleben beteiligten Gruppen und rief die Konzertierte Aktion ins Leben, institutionalisiert durch das Stabilitätsgesetz vom 8. 6. 1967. An den in unregelmäßigen Abständen abgehaltenen Gesprächsrunden der Aktion beteiligten sich *Bundesregierung*, *Arbeitgeberverbände*, *Gewerkschaften*, Handels-, Bauern-, Handwerks-, Sparkassen- und Bankenverbände, die Bundesanstalt für Arbeit, der *Sachverständigenrat* u.a. Sie tauschten Informationen aus, diskutierten konträre Positionen und die wirtschaftliche Lage, entwickelten Orientierungsdaten und einigten sich auf ungefähre Zielvorgaben. Kritiker, v.a. aus dem Lager der Gewerkschaften, sahen darin eine Aushöhlung der *Tarifautonomie*. Als die *Arbeitgeber* 1977 gegen das Gesetz zur *Mitbestimmung* Klage beim *Bundesverfassungsgericht* erhoben, verließen die Gewerkschaften die Konzertierte Aktion, die damit ihr Ende fand.

KPD s. *Kommunistische Partei Deutschlands*

Kreditanstalt für Wiederaufbau (KfW)
Im Bankenzentrum Frankfurt am Main residiert ein besonderes Kreditinstitut, das 1948 zur Versorgung der Wirtschaft mit Darlehen gegründet wurde: die Kreditanstalt für Wiederaufbau (KfW); Anteilseigner sind zu 80 % der Bund und zu 20 % die *Bundesländer*. Die Aufgaben der KfW verschoben sich seit 1961 auf Gewährung von langfristigen Investitions- und Exportkrediten sowie auf die Übernahme von Bürgschaften. Auch die Abwicklung der *Entwicklungshilfe* wurde der KfW übertragen, die sich ihre Mittel durch Schuldverschreibungen verschafft und seit 1990 auch in der Eigenheimfinanzierung tätig ist.

Kreisfreie Stadt s. *Landkreis*

Krenz, Egon
* Kolberg/Pommern 19. 3. 1937 - Nach einer kaufmännischen Lehre arbeitete der Schneidersohn Krenz zunächst als Landarbeiter, wurde 1953 Mitglied der FDJ und 1961 Sekretär von deren Zentralrat. 1964-67 studierte er an der Parteihochschule der KPdSU in Moskau, kehrte auf

DDR-Staatsratsschef Egon Krenz mit Kanzleramtsminister Rudolf Seiters (l.) und dem neuen Vorsitzenden des DDR-Ministerrats, *Hans Modrow (r.), am 20. 11. 1989 in Ostberlin.*

seinen FDJ-Posten zurück, wurde 1971 in die *Volkskammer* gewählt, übernahm im selben Jahr die Leitung der Pionierorganisation »Ernst Thälmann« (bis 1974) und wurde Kandidat des ZK der SED, in das er 1973 aufgenommen wurde. 1976 avancierte Krenz zum Kandidaten des *Politbüros*, in das er 1983 als Vollmitglied einzog. Ein Jahr später wurde er stellvertretender Vorsitzender des *Staatsrats* und nach dem Sturz *Honeckers* am 18. 10. 1989 dessen Nachfolger als Generalsekretär der SED, Vorsitzender des Staatsrats und des *Nationalen Verteidigungsrats (NVR)*. In diesen Eigenschaften versuchte Krenz, Reste der SED-Herrschaft zu retten, bekam aber die Entwicklung nicht mehr in den Griff und trat am 3. 12. von den Partei- und am 6. 12. 1989 von den Staatsämtern zurück. 1995 klagte ihn die Berliner Generalstaatsanwaltschaft u. a. wegen seiner Mitwirkung am *Schießbefehl* an.

Kreßbronner Kreis

Die *Große Koalition* aus CDU/CSU und SPD 1966–69 erforderte besondere Integrationskraft und besondere Instrumente zur Koordinierung. Bundeskanzler *Kiesinger* lud daher die führenden Politiker beider Parteien regelmäßig zu informellen Koalitionsgesprächen, das erste

Mal nach Kreßbronn am Bodensee. Das in wechselnder Besetzung ohne feste Tagesordnung beratende Gremium erhielt daher den Namen »Kreßbronner Kreis«, auch wenn es später nicht mehr dort tagte. Der Kreis entwickelte erhebliche Eigendynamik und zog als informelles Machtzentrum Kritik auf sich, weil er Verantwortlichkeiten verwische. Die nachfolgenden Regierungen stützten sich daher wieder auf reguläre Koalitionsausschüsse.

Kriegsdienstverweigerung
Nach den furchtbaren Erfahrungen des Krieges planten einige »Väter« des *Grundgesetzes* die Aufnahme eines Artikels zur Kriegsächtung. Als dies nicht durchzusetzen war, wurde immerhin als *Grundrecht* beschlossen: »Niemand darf gegen sein Gewissen zum Kriegsdienst mit der Waffe gezwungen werden« (Art. 4,3). Das betrifft auch die Ausbildung an Waffen in Friedenszeiten, schließt also das Recht auf Verweigerung des Wehrdienstes ein. Da die Verweigerung aus Gewissensgründen kein bloßer Willensakt sein darf, muß sie ausdrücklich begründet werden. Das geschah zunächst im Wege der mündlichen Anhörung, heute genügt ein schriftlicher Antrag an das Kreiswehrersatzamt, der nur in seltenen Fällen zu einer Anhörung führt, wenn die Begründung unklar oder unglaubwürdig ist oder wenn der Antragsteller ein gedienter oder dienender Soldat ist. Bei Ablehnung des Antrags (selten mehr als 1 %) durch das Bundesamt für Zivildienst in Köln muß der Wehrpflichtige gehört werden. Anerkannte Kriegsdienstverweigerer leisten als »Ersatz« *Zivildienst.* Verweigerer wurden lange diffamiert, doch wuchs ihre Quote so erheblich (in den 1990er Jahren durchschnittlich etwa 20 % des Jahrgangs), daß Verweigerung zum Normalfall wurde. Auch die hohen Anforderungen an die Zivildienstleistenden führten zum Umdenken. Wehrpflichtige, die auch den Zivildienst verweigern wie Angehörige mancher Religionsgemeinschaften, müssen glaubhaft machen, daß sie dies ebenfalls aus Gewissensgründen tun. Sie können dann ihren Dienst im Rahmen eines freien Arbeitsverhältnisses ableisten.
In der DDR, in der Wehrdienst als »Recht und Ehrenpflicht« ausgegeben wurde, war ein Recht auf Kriegsdienstverweigerung nicht vorgesehen. V.a. auf Druck der evangelischen Kirchen richtete das Ministerium für Nationale Verteidigung mit Gesetz vom 7. 9. 1964 jedoch einen waffenlosen Baudienst ein, in dem Verweigerer uniformiert und kaserniert als »Bausoldaten« eingesetzt werden konnten. Sie blieben freilich weiterhin in die militärischen Strukturen der *Nationalen Volksarmee (NVA)* eingebunden und mußten nach Ende des Dienstes in Studium und Beruf mit erheblichen Nachteilen rechnen. Wegen der militärischen Gestaltung wurde auch der Baudienst von vielen Pazifisten abgelehnt, die als Totalverweigerer die Gefängnisse füllten (Mindeststrafe 18 Monate).

Kriegsentschädigungen s. *Demontage*

Kriegsgefangene

Während sich die überlebenden Deutschen in der Heimat an den Wiederaufbau machten, mußten viele Kriegsgefangene noch Jahre auf ihre Entlassung warten. Die Westmächte behandelten ihre Gefangenen (ca. 7,75 Mio.) in der Regel korrekt gemäß Genfer Konvention vom 27. 7. 1929, nur in der Phase unmittelbar vor der *bedingungslosen Kapitulation* der Wehrmacht, als die Greuel in den deutschen KZ ans Licht kamen, gab es Übergriffe. Nach Kriegsende bereitete die Versorgung der großen Zahl der Kapitulationsgefangenen Probleme. Zeitweise mußten Hunderttausende unter freiem Himmel bei kargen Rationen kampieren wie etwa in den Rheinwiesenlagern der Amerikaner zwischen Ludwigshafen und Andernach, in denen mindestens 5300, vermutlich aber über 10 000 Gefangene ums Leben kamen. Die Lage wurde durch Korruption in der deutschen und alliierten Lagerleitung noch verschlimmert. Während die meisten Westgefangenen rasch freikamen, mußten ca. 700 000 von den USA an Frankreich übergebene deutsche Soldaten noch viele Monate v. a. im Bergbau und beim Minenräumen arbeiten; 21 886 Todesfälle sind registriert, wahrscheinlich aber kamen über 30 000 Gefangene um.

Weit härter, wenn auch nicht ganz so hart wie die sowjetischen Soldaten in deutscher Gefangenschaft, traf das Schicksal die deutschen Soldaten in sowjetischem Gewahrsam. Die UdSSR hatte die Genfer Konvention nicht ratifiziert, bot aber am 17. 7. 1941, also drei Wochen nach dem deutschen Überfall, ihre Beachtung auf Gegenseitigkeit an. Da Berlin nicht reagierte und bald bekannt wurde, daß gefangene Rotarmisten in deutscher Hand zu Hunderttausenden verhungerten, an Seuchen starben oder erschossen wurden, sah sich auch Moskau nicht an das Angebot gebunden. Von den in den ersten beiden Jahren des Rußlandfeldzugs gefangenen deutschen Soldaten kamen über 90 % um, von den am 31. 1./2. 2. 1943 in Stalingrad gefangenen 90 000 Deutschen sahen nur 6000 die Heimat wieder. In den Lagern starben bei entsetzlichen Zuständen insgesamt 1 094 250 deutsche Gefangene (von 3,35 Mio.), viele davon als willkürlich verurteilte »Kriegsverbrecher« bei der Zwangsarbeit in Sibirien. Die hohe Todesrate lag auch an der Dauer der Gefangenschaft: Erst beim Besuch *Adenauers* in Moskau im Sept. 1955 konnte die Freilassung der letzten Gefangenen gegen die Aufnahme *diplomatischer Beziehungen* zwischen der UdSSR und der Bundesrepublik ausgehandelt werden. Sie kehrten bereits in das Westdeutschland des *Wirtschaftswunders* zurück.

Kriegsopferversorgung

Ähnlich wie beim *Lastenausgleich* bemühte sich schon die erste *Bundesregierung* um eine solidarische Regelung der Personenschäden durch Kriegseinwirkung. Mit dem Bundesversorgungsgesetz (BVG) vom 20. 12. 1950 wurde die Versorgung der Kriegsopfer geregelt. Das mehrfach novellierte Gesetz sieht Zahlungen an die direkt Geschädigten (je nach Grad der Beeinträchtigung) und die Übernahme der Kosten für medizinische Behandlung vor, bedenkt aber auch die nächsten Angehörigen von Gefallenen und Versehrten (Witwen, Waisen, Eltern). Bezugsberechtigt sind zudem ehemalige Soldaten, die in *Kriegsgefangenschaft* geschädigt wurden. Die Leistungen werden als Zuschüsse zum Unterhalt gewährt oder als Beihilfen zur Umschulung der Betroffenen bzw. zur Ausbildung ihrer Kinder. Die Kosten trägt der Bund, die Verwaltungskosten tragen die *Bundesländer*, deren Versorgungsämter für die Abwicklung zuständig sind.

KSZE s. *Konferenz über Sicherheit und Zusammenarbeit in Europa*

Kulturbund der DDR (KB)

Den hohen Propagandawert von Kultureinrichtungen nutzen alle totalitären Systeme. In der *SBZ* und der späteren DDR wurde daher großer Wert darauf gelegt, den Einfluß des Staates auf die Kultur zu sichern. Schon im August 1945 unterstützte die *SMAD* die von führenden Vertretern des geistig-kulturellen Lebens angeregte Gründung eines »Kulturbundes zur demokratischen Erneuerung Deutschlands« (KB). In der DDR erhielt er den Status einer *Massenorganisation* und damit 22 Sitze in der *Volkskammer*. Diese Umwandlung eines allgemein humanistisch orientierten Vereins in eine Staatseinrichtung und die Unterstellung unter den Führungsanspruch der SED ließ sich nur mittels Zwang durchsetzen und führte bis zur Umbenennung in »Deutscher Kulturbund« und personeller »Säuberung« 1958 zu Konflikten. Seine westdeutschen und Westberliner Ableger verloren nach dem Verbot der KPD (1956) rasch an Boden und verschwanden Ende der 1950er Jahre ganz.

Der nach dem Prinzip des *demokratischen Zentralismus* organisierte KB erhielt die Aufgabe, für eine »Annäherung der Intelligenz an die Arbeiterklasse« zu sorgen und die staatliche Kulturpolitik zu unterstützen. 1972 erhielt er den Namen »Kulturbund der DDR«. Gegen Ende hatte er rd. 270000 Mitglieder, unterhielt 160 Klubs, 450 Galerien, zahlreiche Volksspielbühnen u. a.; die Hauptarbeit leisteten Gruppen für Denkmalpflege, Natur und Umwelt, Heimatgeschichte, Mundarten, Vorgeschichte, Numismatik, Philatelie, Astronomie, Kunst, Musik, Literatur, Film usw. Nach dem Zusammenbruch der SED-Herrschaft wurde auch der KB demokratisiert, in einen eingetragenen Verein (e.V.) umgestaltet und gemäß *Einigungsvertrag* seit 3. 10. 1990 treuhänderisch verwaltet. Er hat noch rd. 100000 Mitglieder.

Kulturpolitik
Die Hauptbereiche der politischen Ausgestaltung des kulturellen Lebens sind *Bildungspolitik*, *Forschungspolitik* und allgemeine Kulturpflege. Letztere kümmert sich um Theater, Orchester, Kunstsammlungen, Museen, Ausstellungen, Literatur, bildende Kunst, Architektur, Musik, darstellende Kunst, Film, *Hörfunk und Fernsehen*, Denkmalpflege, Natur- und Landschaftsschutz, *Sport* u. a. Den Rahmen dafür schafft staatliche *Gesetzgebung* v. a. durch die *Bundesländer*, die die Kulturhoheit haben; der Bund kann allgemeine Richtlinien erlassen. Träger der Kulturpolitik sind aber nicht nur Bund, Länder und *Gemeinden*, sondern auch Institutionen wie Kirchen, *Gewerkschaften*, Stiftungen, privatrechtliche Vereine oder überstaatliche Verbände. Das *Grundgesetz* verpflichtet den Staat zu kultureller Neutralität (Art. 5,3), aber aufgrund des Sozialstaatsprinzips auch zur Förderung der Kultur. Das geschieht u. a. durch den Unterhalt von Bibliotheken, Akademien und Kulturinstituten, steuerliche Vergünstigungen, Vergabe von Aufträgen, direkte Subventionen, Aussetzung von Preisen u. a.
Zog die Bundesrepublik aus der Katastrophe der deutschen Kultur unter dem Nationalsozialismus die Konsequenz des strikten Neutralitätsgebots für den Staat, so sah die DDR im umgekehrten Weg der staatlichen Lenkung durch *Zensur* das Mittel zur Überwindung »faschistischer« Tendenzen in der deutschen Kultur. Sie setzte an die Stelle der »braunen« Gängelung eine »rote« und hoffte, so eine »sozialistische Volkskultur« aufbauen zu können und den »Formalismus« zu überwinden, der Ausdruck der »Ideenlosigkeit des verfaulenden *Kapitalismus*« sei (*Ulbricht*, 1951). Kunst und Literatur wurden den Prinzipien des *sozialistischen Realismus* verpflichtet und den Intellektuellen der *Bitterfelder Weg* zur Überwindung der Kluft zum »Volk« gewiesen. Durften anfangs Weltberühmtheiten wie *Brecht* noch Kritik üben, so wurden später *Dissidenten* wie *Havemann* u. a. mundtot gemacht oder wie *Biermann* u. a. ausgebürgert. Andere wurden bis zur Ausreise terrorisiert oder durch Ausschluß aus den Verbänden faktisch mit Berufsverbot belegt. Doch damit häufte sich nur weiteres Konfliktpotential an, das zum Untergang des Staates beitrug.

Kultur- und Informationszentren (KIZ) s. *Liga für Völkerfreundschaft der DDR*

Kultusministerkonferenz (KMK)
Bereits im Okt. 1949 wurde in der Bundesrepublik eine freiwillige Arbeitsgemeinschaft der Kultusminister der Länder gegründet, seit 1951 heißt sie Kultusministerkonferenz (KMK). Nach ihrer Geschäftsordnung behandelt sie »Angelegenheiten der *Kulturpolitik* von überregionaler Bedeutung«. Ihre Aufgabe ist es, auf der Grundlage der den *Bundesländern* durch das *Grundgesetz* zugewiesenen grundsätzlichen

Zuständigkeit für *Kultur-* und *Bildungspolitik* zu einem Mindestmaß an Einheitlichkeit im Bildungswesen beizutragen. Im wesentlichen beruht die organisatorische und »curriculare« (den Ausbildungsgang betreffende) Gestaltung des heutigen Schulwesens in den einzelnen Bundesländern auf Beschlüssen und Empfehlungen der KMK. Auch im Hochschulbereich einschließlich der Hochschulzulassung hat sie zur Wahrung der Einheitlichkeit beigetragen. Wichtige Aktivitäten und Empfehlungen im Kulturbereich sind die gemeinsame Finanzierung überregionaler Kultureinrichtungen wie z. B. Deutscher Musikrat, Kuratorium Junger Deutscher Film, Deutsche Künsterhilfe sowie Empfehlungen zur Erwachsenenbildung und zum Umwelt- und Denkmalschutz.

Kuratorium »Unteilbares Deutschland«

Am ersten Jahrestag des Volksaufstands in der DDR am *Siebzehnten Juni 1953* konstituierte sich in Bonn ein Zusammenschluß führender Persönlichkeiten aus Politik, Wirtschaft und Kultur, die sich für das Wachhalten des Bemühens um *Wiedervereinigung* – »in Freiheit« – einsetzen wollten. Auf Vorschlag von Bundespräsident *Heuss* gab sich das Kuratorium den Namen »Unteilbares Deutschland«. Es gründete Ortskuratorien, warb im Ausland für die Wiederherstellung der deut-

Bis zur Wiedervereinigung *versucht das Kuratorium Unteilbares Deutschland in der Bundesrepublik, das Zusammengehörigkeitsgefühl mit den Deutschen jenseits des* Eisernen Vorhangs *zu stärken.*

schen Einheit und versuchte auf privater wie öffentlicher Ebene, Brükken nach »drüben« zu bauen und zu erhalten. Im Gedächtnis geblieben sind die alljährlichen Aufforderungen, zu Silvester Kerzen in die Fenster zu stellen, die zur Einheit mahnen sollten. Die Vergeblichkeit seiner von *Antikommunismus* geprägten Tätigkeit brachte dem Kuratorium Spott als Vertreter eines »Unheilbaren Deutschland« ein. Die Politik des Ausgleichs mit der DDR durch die sozialliberale *Koalition* entzog ihm seit 1969 zudem zunehmend den Boden; 1992 wurde es aufgelöst.

L

Land s. *Bundesländer*

Länderfinanzausgleich s. *Finanzausgleich*

Landesliste s. *Wahlen*

Landesregierung
In den *Bundesländern* gestalten Landesregierungen (in den Stadtstaaten Senate) die Politik v. a. auf den Gebieten Innen- Umwelt- und Kulturpolitik sowie hinsichtlich der Zusammenarbeit mit den anderen Ländern und dem Bund. Sie werden von *Ministerpräsidenten* (in den Stadtstaaten Erster oder Regierender Bürgermeister oder Senatspräsident) mit unterschiedlich starker Stellung geführt. Nordrhein-Westfalen z. B. hat das Kanzlersystem des Bundes übernommen: Der vom *Landtag* gewählte Regierungschef hat die *Richtlinienkompetenz*, und nur er (nicht einzelne Minister) kann durch *Mißtrauensvotum* gestürzt werden; dagegen herrscht etwa in Bremen das Kollegialsystem, in dem die Senatorenrunde den Regierungschef wählt und jeder Senator durch Mißtrauensvotum abgelöst werden kann. Die Regierungen der 16 Bundesländer koordinieren ihre Politik in regelmäßigen Konferenzen der Ministerpräsidenten und der Fachminister (z. B. *Kultusministerkonferenz*).

Landesverrat
Die äußere Sicherheit eines Staates ist v. a. durch feindlich gesinnte andere Staaten bedroht. Wer einem solchen Staat ein Staatsgeheimnis verrät oder sich die Kenntnis eines solchen Geheimnisses verschafft, um es zu verraten, wird nach bundesdeutschem Recht wegen Landesverrats bestraft. Auch Deutsche, die als Agenten für eine fremde Macht tätig werden, sind als Landesverräter abzuurteilen. Das Gleiche gilt für Personen, die mit fremden Regierungen oder Institutionen zum Zwecke einer bewaffneten Unternehmung oder gar eines Krieges gegen die *Bundesrepublik Deutschland* konspirieren (landesverräterische Friedensgefährdung). Ebenfalls Landesverrat begeht, wer durch gefälschte Informationen die äußere Sicherheit gefährdet oder die Beziehungen zu einer fremden Macht zu untergraben sucht. In besonders schweren Fällen können lebenslängliche Freiheitsstrafen verhängt werden. Die Gefährdung der inneren Sicherheit durch vergleichbare Vergehen heißt *Hochverrat*.

Landesvertretung
Die Bundesländer unterhalten in der *Hauptstadt* der Bundesrepublik Landesvertretungen, die den Kontakt zu den Bundesorganen, v. a. zur

Bundesregierung, pflegen. Diese Vertretungen werden meist von den jeweiligen Ministern für Bundesangelegenheiten in den *Landesregierungen* geleitet und residieren im »Bundesdorf« *Bonn* auf relativ kleinem Raum. In *Berlin* sollen mindestens 10 Landesvertretungen einen gemeinsamen Neubau in den einstigen »Ministergärten« entlang der Wilhelmstraße beziehen.

Landesverwaltung

Die Gesamtheit der *Behörden* eines *Bundeslandes* heißt Landesverwaltung. Sie nimmt landeseigene Belange wie die Durchführung der Landesgesetze sowie im Wege der Auftragsverwaltung Aufgaben für den Bund wahr, dessen Aufsicht sie insoweit unterliegt. Vertikal ist die Landesverwaltung dreistufig gegliedert: Oberste Behörde ist das jeweilige Landesministerium bzw. die Senatsbehörde (in Stadtstaaten), es folgen die Regierungen der Regierungs*bezirke*, die von den *Ministerien* übertragene Aufgaben wahrnehmen, und schließlich die kommunale Ebene der *Landkreise* und *Gemeinden*.

Landkreis

Für regionale Aufgaben, die das Zusammenwirken von mehreren *Gemeinden* erfordert oder die Leistungsfähigkeit der Einzelgemeinde übersteigt, sind die Kommunen zur Gebietskörperschaft des Landkreises zusammengeschlossen. Er sorgt für die übergemeindliche Infrastruktur (z.B. Kreisstraßen, Kreiskrankenhaus) und übernimmt im Auftragswege auch Aufgaben der Bundes- und Länderverwaltung (z.B. Landschaftspflege). Organe des Kreises sind der Kreistag als von allen Bürgern gewähltes Parlament in Angelegenheiten der *Selbstverwaltung* und der Kreisausschuß als »Regierung« mit dem *Landrat* oder Kreisdirektor an der Spitze. Die Landkreise finanzieren sich aus Gebühren und Gemeindeumlagen. Als kreisfreie Städte bezeichnet man Stadtkreise, die aus nur einer Gemeinde bestehen. Die Zahl der Kreise ging durch die *Gebietsreform* bis 1978 erheblich zurück.
In der DDR gab es zuletzt 191 Land- und 28 Stadtkreise als untere Verwaltungsebene mit ihren Behörden als »örtliche Organe der Staatsmacht«. Ihre Leitungsgremien wurden zwar wie in der Bundesrepublik gewählt, aber nach *Einheitslisten*. Die Kreise hatten zudem nach dem Prinzip des *demokratischen Zentralismus* auf der Grundlage der Beschlüsse des *Zentralkomitees der SED* nur die Gesetze der *Volkskammer* und die Beschlüsse des *Staatsrats* umzusetzen; ihre Selbstverwaltungsrechte existierten lediglich auf dem Papier.

Landrat

Die Verwaltungen der *Landkreise* werden in der Regel von Landräten geleitet. Sie werden von der *Landesregierung* als Landesbeamte ernannt (Rheinland-Pfalz, Saarland), von den Bürgern direkt (Bayern) oder vom

Kreistag als Kommunalbeamte gewählt (übrige Länder). Meist sind sie zugleich Vorsitzende des Kreisparlaments. In Niedersachsen und Nordrhein-Westfalen wird der ehrenamtliche Vorsitzende des Kreistags Landrat genannt, Leiter der Verwaltung ist hier ein Oberkreisdirektor.

Landtag

Die gesetzgebenden Parlamente der *Bundesländer* sind die Landtage (in den *Stadtstaaten* Hamburg und Bremen: Bürgerschaft, in *Berlin*: Abgeordnetenhaus). Sie gehen aus demokratischen *Wahlen* hervor, wählen ihrerseits die *Ministerpräsidenten* und amtieren 5 Jahre (Nordrhein-Westfalen, Saarland) oder 4 Jahre (übrige Länder). In Aufgaben und Kompetenz entsprechen die Länderparlamente dem *Bundestag*: Sie kontrollieren die Regierung und können sie durch *Mißtrauensvotum* stürzen. Die meisten Landtage können, anders als der Bundestag, auch einzelne Minister abwählen und auch die eigene *Auflösung* beschließen. Die Landtage sind mit Ausnahme Bayerns, das daneben noch einen Senat hat, Einkammer-Parlamente. – In der DDR bestanden Landtage mit formal ähnlichen Rechten bis zur Auflösung der Länder am 23. 7. 1952; die an ihre Stelle getretenen *Bezirks*parlamente hatten keine Gesetzgebungsbefugnis.

Landwirtschaftliche Produktionsgenossenschaft (LPG)

Mit dem Beschluß der II. Parteikonferenz der SED vom 9. - 12. Juli 1952, in der DDR mit dem Aufbau des *Sozialismus* zu beginnen, erging an die Bauern die Aufforderung, sich zu Landwirtschaftlichen Produktionsgenossenschaften (LPG) zusammenzuschließen. Bereits am Jahresende gab es fast 2000 LPG mit 37 000 Mitgliedern. Hierbei handelte es sich zunächst nur um den Typ I, in den die Genossen, nach der Bodenreform in der *SBZ* meist Neubauern mit zu kleinen Betrieben, nur die landwirtschaftliche Nutzfläche einbrachten, Gerät und Vieh aber in Privatbesitz behielten. Typ II mit weitergehender Vergesellschaftung auch der Maschinen, des Grünlands und des Waldes fand wenig Anklang, und der Typ III, bei dem lediglich die Haus- und Gartenwirtschaft privat blieb, konnte nur mit erheblichem Druck durchgesetzt werden. Das geschah v.a. nach 1958, als mit einer Mischung von Agitation und Drohung die letzten größeren Privatbetriebe in die *Kollektivierung* einbezogen wurden; am 31. 5. 1960 waren über 80 % der landwirtschaftlich genutzten Flächen in LPG-Hand; 380 000 Genossenschaftsbauern standen nun nur noch 19 000 privat wirtschaftende gegenüber.

Die weitere Entwicklung war durch die Vorgaben der *Agrarpolitik* geprägt, einen möglichst hohen Selbstversorgungsgrad zu erreichen. Das zwang zu weiterer Konzentration durch Zusammenlegung, zu Spezialisierung und Rationalisierung. Güter mit riesigen Flächen entstanden, die als LPG-P auf Anbau von Nutzpflanzen oder als LPG-T auf Tierproduktion spezialisiert waren. Mit Chemikalieneinsatz und den Folgen der Massentierhaltung handelte sich die DDR schwere Umweltprobleme ein. Die Erträge stiegen ständig, freilich ohne daß »West-Niveau« auch nur annähernd erreicht wurde. Die Bauern der LPG hatten geregelte Arbeitszeiten und den üblichen Jahresurlaub, Errungenschaften, die viele nach dem Zusammenbruch der DDR nicht preisgeben wollen. Die im *Einigungsvertrag* vorgesehene Aufhebung des Gesetzes über die LPG zum 31. 12. 1991 führte daher vielfach, auch wegen unklarer Rechtslage, nur zu ihrer Umwandlung in *Genossenschaften* nach Bundesrecht. Die durchschnittliche Flächengröße der Betriebe liegt im Osten mit über 220 ha noch immer zehnmal so hoch wie im Westen.

Lastenausgleich

Krieg und Kriegsfolgen trafen alle Deutschen, die schwersten Lasten aber mußten die Opfer von Flucht und *Vertreibung* tragen, die Heimat, Habe und Kultur verloren hatten. Die materiellen Schäden sollten in der Bundesrepublik in zumutbarem Rahmen gemeinschaftlich ausgeglichen werden, wozu am 8. 8. 1949 zunächst das Soforthilfegesetz und am 14. 8. 1952 das Lastenausgleichsgesetz in Kraft traten. Beide schufen durch Einführung von Soforthilfe bzw. Lastenausgleichsabgabe die finanzielle Grundlage für die Entschädigung für verlorenes Vermögen je nach Schadenshöhe und Bedürftigkeit des Antragstellers. In den Kreis der Entschädigungsberechtigten wurden Vertriebene und *Aussiedler* aus Ost- und Südosteuropa sowie Flüchtlinge aus der *SBZ* bzw. der DDR einbezogen. Die Zahlungen erfolgten als Hauptentschädigung, Kriegsschadenrente, Hausrats- oder Sparerentschädigung, Aufbaudarlehen u. a. Bis Ende 1994 erreichten diese Zahlungen einen Umfang von über 141 Mrd. DM.

LDPD s. *Liberaldemokratische Partei Deutschlands*

Leben und körperliche Unversehrtheit

Nicht zuletzt als Reaktion auf das menschenverachtende System des *Nationalsozialismus* haben die Verfasser des *Grundgesetzes* besonderen Wert auf das Recht aller Menschen auf Leben und körperliche Unversehrtheit gelegt und es in Art. 2,2 GG festgeschrieben. Es gilt auch für festgenommene Straftäter und Häftlinge, die nach Art. 104,1 GG »weder seelisch noch körperlich mißhandelt werden« dürfen. Folter und medizinische Menschenversuche sind danach ebenso verboten wie Tötung auf Verlangen oder Sterbehilfe; die *Todesstrafe* ist abgeschafft (Art. 102 GG). Ob *Schwangerschaftsabbruch* eine Verletzung des Rechts auf Leben ist, war bei der Debatte um den »Abtreibungsparagraphen« 218 strittig. Das Grundrecht auf körperliche Unversehrtheit ist allerdings durch Gesetz beschränkt, etwa im Falle von Impfzwang oder durch das Recht der Polizei, Kraftfahrern bei Verdacht auf Einschränkung der Fahrtüchtigkeit durch Alkoholgenuß Blutproben zu entnehmen; das Recht auf Leben findet seine Grenze in Fällen von Notwehr und bei gerechtfertigtem Waffengebrauch der Sicherheitskräfte.

Leber, Georg

* Obertiefenbach bei Limburg 7. 10. 1920 - Nach kaufmännischer Lehre, Soldatenzeit und Maurertätigkeit trat Leber 1947 der SPD bei und machte bei der Gewerkschaft Bau-Steine-Erden Karriere, die er 1957-66 führte. Er setzte erhebliche tarifliche Verbesserungen durch (z. B. Altersruhegeld, Vermögensbildung) und erwarb sich bei seinen Verhandlungspartnern Respekt als besonnener Arbeiterführer. Seit 1957 im *Bundestag*, wurde Leber 1966 in der *Großen Koalition* Verkehrsminister, behielt den Posten unter *Brandt*, wechselte 1972 ins Verteidigungsressort und war 1979-83 Vizepräsident des Bundestages. Nach seinem Ausscheiden aus dem Parlament war er mehrfach erfolgreich als Vermittler bei *Arbeitskämpfen* tätig.

Legislative

Von den drei Gewalten in einem demokratischen Rechtsstaat gilt die Legislative (von lat. »lex« [Genitiv »legis«] = Gesetz), die gesetzgebende Gewalt, als die vornehmste, weil ihr Träger, das Parlament (*Bundestag, Landtag*), vom Volk direkt gewählt ist. Die Spitze der *Exekutive*, die Regierung, wird in der parlamentarischen Demokratie von der Volksvertretung gewählt, und die *Judikative*, die Rechtsprechung, wird von beamteten, also staatlich-exekutiv bestallten Richtern ausgeübt. Trotz der *Gewaltenteilung* bestehen also zwischen den Gewalten gewisse Verschränkungen und Abstufungen: Die Legislative schafft für alle drei Gewalten den Rahmen, indem sie das Recht setzt, an das sie gebunden sind und das sie umzusetzen haben.

Legislaturperiode

Demokratisch legitimierte Macht ist immer Macht auf Zeit. Parlamente und Regierungen müssen sich in regelmäßigen Abständen zur Wahl stellen. Die Frist, für die eine gesetzgebende Körperschaft, also der *Bundestag* oder ein *Landtag*, gewählt ist, nennt man Legislatur- oder Wahlperiode. Sie beträgt für den Bundestag und die meisten Länderparlamente 4, sonst 5 Jahre, beginnt spätestens am 30. Tag nach der Wahl mit dem Zusammentreten der Volksvertretung (Konstituierung) und endet regulär oder durch vorzeitige *Auflösung des Parlaments*. Für die Bundesregierung endet damit auch ihre Amtszeit.

Lehrfreiheit

»Kunst und Wissenschaft, Forschung und Lehre sind frei«, was allerdings nicht von der »Treue zur Verfassung« entbindet, heißt es in

Art. 5,3 GG. Dieses kurz »Lehrfreiheit« genannte *Grundrecht* gehört zur *Meinungsfreiheit* und garantiert die Möglichkeit zur ungehinderten Veröffentlichung wissenschaftlicher Erkenntnisse und Theorien sowie das Recht der Hochschulen und anderer wissenschaftlicher Institutionen auf *Selbstverwaltung*. Hochschullehrer und Assistenten dürfen danach die Methoden ihrer Forschung und Lehre frei wählen, wobei durch Gesetz oder Verordnung ein Leistungsrahmen (Zahl der Unterrichtsstunden u. a.) vorgegeben sein kann. Dem entspricht die Lernfreiheit der Studenten als Teil der *Berufsfreiheit*, die allerdings durch Anforderungen an die Vorbildung eingeschränkt ist. - Die auch in der Verfassung der DDR von 1949 garantierte Lehrfreiheit wurde in der Verfassung von 1968 nicht mehr erwähnt.

Leistungsgesellschaft
Für die *Marktwirtschaft* wird als Argument gern ins Feld geführt, daß sie eine Leistungsgesellschaft fördere, in der sich beim Wettbewerb um Aufstieg, Einkommen, Arbeitsplätze u. a. stets der Beste durchsetze und so optimale Lösungen und Ergebnisse zustande kämen. Das gilt jedoch nur mit zahllosen Einschränkungen, da die Marktwirtschaft auf dem Prinzip des privaten *Eigentums* beruht, das vererbt wird und damit schon eine Ungleichheit der Startchancen schafft. Außerdem steht hinter dem Schlagwort von der »Leistungsgesellschaft« die Vorstellung, Leistungen ließen sich objektiv messen und seien miteinander vergleichbar. Dabei wird die Wirkung von Vorurteilen ebenso vernachlässigt wie die familiären Voraussetzungen und der Begriff »Leistung« vor allem auf Intelligenz, Körperkraft, technisches Geschick, Schnelligkeit, Standvermögen und Risikobereitschaft reduziert. Kreative Fähigkeiten wie Phantasie und Originalität treten in den Hintergrund, und soziale Fähigkeiten wie Solidarität, Hilfs- oder Opferbereitschaft werden häufig gänzlich vernachlässigt; die Leistungsgesellschaft degeneriert zu einer inhumanen Ellbogengesellschaft.

Lemmer, Ernst
* Remscheid 28. 4. 1898, † Berlin 18. 8. 1970 - Am 1. Weltkrieg nahm Lemmer als Freiwilliger teil, studierte dann Volkswirtschaft und war seit 1918 Mitglied der liberalen Deutschen Demokratischen Partei (DDP), für die er 1924-33 im Reichstag saß. Im 3. Reich war Lemmer Korrespondent ausländischer Zeitungen, gehörte nach dem Krieg zu den Mitbegründern der Ost-CDU, wurde aber von der *SMAD* aller Ämter enthoben, als er sich weigerte, am *Deutschen Volkskongreß* teilzunehmen. Er wechselte zur CDU Westberlins und wurde als deren Vorsitzender 1956-61 mit seiner jovialen Art populär. Seit 1952 gehörte Lemmer dem *Bundestag* an und war Minister für Gesamtdeutsche Fragen (1957-62) und Vertriebenenminister (1964/65). 1965-69 war er Sonderbeauftragter des *Bundeskanzlers* für *Berlin*.

Leninismus s. *Marxismus-Leninismus*

Lesung

Gesetzesvorlagen, *Haushaltspläne* und *Staatsverträge* werden im Deutschen *Bundestag* in zwei (Haushalt, Verträge) bzw. drei Lesungen (Gesetze) behandelt. Bei der 1. Lesung von Gesetzesvorlagen kann auf Empfehlung des *Ältestenrats* oder auf Wunsch einer Abgeordnetengruppe von mindestens 5 % der Mitglieder des Hauses eine Grundsatzdebatte stattfinden, bei weniger bedeutenden Vorlagen wird jedoch meist darauf verzichtet und die Vorlage gleich an den zuständigen *Ausschuß* überwiesen, was sonst nach der *Debatte* geschieht. Die vom Ausschuß geänderte Fassung der Vorlage geht zur 2. Lesung dem *Plenum* zu, das über jede einzelne Bestimmung des Entwurfs berät und abstimmt, wobei jeder *Abgeordnete* schriftlich Änderungsanträge stellen kann. Sind keine Änderungen vorgenommen worden, schließt sich die 3. Lesung unmittelbar an, sonst folgt sie wenige Tage später. Sie bietet noch einmal die Möglichkeit, Änderungen einzubringen; es folgt die Schluß*abstimmung* über Annahme oder Ablehnung der Vorlage. Bei völkerrechtlichen Verträgen des Bundes sind Änderungsanträge nicht zulässig, über sie muß als Ganzes abgestimmt werden.

Liberaldemokratische Partei Deutschlands (LDPD)

Bereits im Juni 1945 fand in Berlin eine Deutsche Demokratische Partei (DDP) zusammen, die die Tradition des deutschen *Liberalismus* in der *SBZ* wiederaufnehmen wollte. Im Gründungsaufruf vom 5. 7. 1945 nannte sie sich dann schon Liberal-Demokratische Partei Deutschlands (LDP, später LDPD), der sich bis Jan. 1946 alle liberalen Gruppierungen der Länder der SBZ anschlossen. Sie forderte u.a. freies Unternehmertum, *Entnazifizierung*, Wiederherstellung des Berufsbeamtentums, Demokratisierung der Kultur, Garantie der *Grundrechte.* Davon blieb kaum etwas übrig, als sich die LDPD ins *Blocksystem* einbinden ließ und den Führungsanspruch der SED anerkannte. Sie billigte trotz ihres gesamtdeutschen Anspruchs die Gründung der DDR und bekannte sich seit 1953 auch zum Aufbau des *Sozialismus.* In der *Nationalen Front* vertrat sie mit ihren 52 Mandaten in der *Volkskammer* v.a. Angestellte, Handwerker und Intellektuelle. Ihr zeitweilig stark schrumpfender Mitgliederstand wuchs wieder, als in den 1980er Jahren, die von einer Erstarrung des Systems gekennzeichnet waren, schon der Beitritt zu einer von der SED nur angeleiteten Partei als Protestsignal galt. So hatte die LDPD zum Zeitpunkt der *Wende* wieder rd. 100000 Mitglieder.

Früher als andere Parteien nahm die LDPD die Forderungen der Bevölkerung nach Reformen ernst, veröffentlichte am 10. 10. 1989 in ihrem Zentralorgan »Der Morgen« kritische Leserbriefe, strich am 24. 11. 1989 das Bekenntnis zur führenden Rolle der SED aus ihrem Programm und stellte mit ihrem Vorsitzenden Manfred Gerlach seit 6. 12. 1989 das erste *Staatsoberhaupt* der DDR, das nicht der SED angehörte (bis April 1990). Bei der ersten freien Wahl in der DDR am 18. 3. 1990 kam die nun wieder LDP abgekürzte Partei im Bündnis mit FDP und Deutscher Forumspartei auf gerade 5 % der Stimmen, bildete danach mit der *National-Demokratischen Partei Deutschlands (NDPD)* einen Bund Freier Demokraten (BFD) und trat im Aug. 1990 der bundesdeutschen *Freien Demokratischen Partei (FDP)* bei, die das Vermögen der LDPD übernahm.

Liberalismus
Das lateinische Wort »liberalis« (freiheitlich) wurde zur Bezeichnung einer Weltanschauung verwendet, in deren Zentrum die *Freiheit* des einzelnen steht. Theorien und Bestrebungen des Liberalismus, die sich gegen die Machtfülle des Monarchen wandten, regten sich zuerst im England des 17. Jh., kamen in der Theorie der *Gewaltenteilung* zum Ausdruck und wurden in der amerikanischen Verfassung von 1776 sowie 1789 in der Erklärung der *Menschenrechte* während der Französischen Revolution politisch umgesetzt. Der Liberalismus erwies sich als *Ideologie* des aufkommenden Bürgertums und seines kapitalistischen Wirtschaftssystems, wobei die soziale Komponente zu kurz kam. Folgerichtig wurde der Liberalismus als National-Liberalismus eine Säule des Obrigkeitsstaats im 19. Jh. und verlor nach dessen Bankrott im 1. Weltkrieg an Boden, als andere Parteien die Forderungen nach *Freiheit* übernahmen, aber deren Sozialbindung betonten. Erst durch die furchtbaren Erfahrungen mit den totalitären Systemen von Nationalsozialismus und Bolschewismus erhielt der Liberalismus nach 1945 erneut Auftrieb. Bis heute aber ist er von Flügelkämpfen zwischen rechtem (nationalem) und linkem (sozialem) Liberalismus geprägt. Sein politischer Träger in der Bundesrepublik, die *Freie Demokratische Partei (FDP)*, ist u. a. auch deswegen in die Krise geraten.

Liga für Völkerfreundschaft der DDR
Schon vor Gründung der DDR entstand die *Gesellschaft für Deutsch-Sowjetische Freundschaft (DSF)*, danach bildeten sich in den 1950er Jahren weitere Freundschaftsgesellschaften, die Kontakte zu anderen Ländern und Regionen pflegten. Die Einzelorganisationen wurden am 15. 12. 1961 unter dem Dach der Liga für Völkerfreundschaft der DDR vereint und in den Dienst der Kulturpropaganda und des Kampfes um internationale *Anerkennung* gestellt. Die schließlich 48 Gesellschaften zusammenfassende, staatlich finanzierte Liga, fest in der Hand von SED-Funktionären, sorgte für die Gründung von Partnergesellschaften in den betreffenden Ländern, rief dort »Anerkennungskomitees« ins Leben und betrieb dort Kultur- und Informationszentren (KIZ), die Sprachlehrgänge, Seminare, Ausstellungen u. a. anboten und unter-

halb der politischen Ebene für die DDR warben, so daß die Gaststaaten nicht in Konflikte mit der *Hallstein-Doktrin* der Bundesrepublik gerieten. Nach dem *Grundlagenvertrag* verlagerte sich der Schwerpunkt auf Selbstdarstellung und sozialistische Schulung in Entwicklungsländern. Nach der *Wiedervereinigung* zerfiel die Liga und löste sich schließlich am 1. 4. 1992 auf.

Links-Mitte-Rechts
Nach der Sitzordnung im Parlament, vom Präsidenten aus gesehen, wurden erstmals 1789 in der französischen Nationalversammlung die politische Richtung der Abgeordneten klassifiziert. Das wurde auf andere Parlamente übertragen, in denen bis heute die eher reformfreudigen, »fortschrittlichen« Parteien links sitzen und die konservativen, nationalen rechts, die Mitte halten bürgerliche Parteien. Auf die Sitzordnung im *Bundestag* paßt das Schema nur bedingt, da die SPD links außen, also noch links von der »linkeren« PDS, und die FDP rechts von der »rechteren« CSU sitzt; auch die *Grünen* sitzen politisch gesehen zu weit in der Mitte neben der CDU. Gerade die großen Volksparteien mit ihrem breiten Meinungsspektrum zeigen den äußerst begrenzten Wert des Links-Mitte-Rechts-Schemas, das auch immer noch zur Kennzeichnung von politischen Einstellungen und zur Klassifizierung von Flügeln in den Parteien verwendet wird. Bei Wahlen mit starker Zunahme von PDS, SPD und Grünen spricht man von einem Links-, im umgekehrten Fall von einem Rechtsruck.

Linksradikalismus
Wer politische Überzeugungen mit missionarischem Eifer vertritt und sie buchstäblich um jeden Preis - also notfalls auch mit Gewalt - durchzusetzen sucht, gilt als extremistisch oder radikal. Zielen diese Überzeugungen auf den Umsturz der bestehenden Verhältnisse zugunsten sozialistischer oder kommunistischer Modelle, spricht man von Linksradikalismus, bei rückwärtsgewandten Entwürfen von *Rechtsradikalismus*. Die linke Variante spielte nach 1945 in der Bundesrepublik angesichts des abschreckenden Beispiels der DDR und bei wachsendem Wohlstand zunächst kaum eine Rolle. Erst in der Kritik an der Konsumgesellschaft, an der Entmündigung der Arbeiterschaft, an der »Komplizenschaft« der Bundesrepublik beim Krieg der USA gegen das »vietnamesische Volk«, am Umgang des *Establishments* mit der NS-Vergangenheit, an der *Notstands*-Gesetzgebung u. a. bildete sich in den 1960er Jahren eine zunehmend radikalere Linke jenseits der SPD. Sie trat institutionell als *Deutsche Kommunistische Partei (DKP)* oder in sog. *K-Gruppen* auf, gewann aber breite Wirkung eher informell durch Aktionen der *APO* und der *Studentenbewegung*. Die radikalste Konsequenz aus der Analyse der bundesdeutschen Gesellschaft als angeblichem »Schweinesystem« zogen die Terroristen der *Baader-Meinhof-*

Gruppe. Ihren Aktivitäten versuchte der Staat mit polizeilichen Mitteln, aber auch mit Verwaltungsakten wie dem *Extremistenbeschluß* zu begegnen. Ob die SED-Nachfolgepartei PDS als linksradikal zu gelten hat, ist strittig; im Verfassungsschutzbericht 1995 wurden Teile der PDS als »linksextremistisch« bezeichnet.

Listenwahl s. *Wahlen*

Lizenzpresse/Lizenzparteien
Deutsche Presseerzeugnisse waren in den *Besatzungszonen* 1945 zunächst verboten, es gab nur alliierte Nachrichtenblätter in deutscher Sprache (z. B. die »Neue Zeitung« in der US-Zone). Erst allmählich vergaben die Siegermächte Lizenzen an politisch unverdächtige deutsche Verleger wie John Jahr, Axel Springer oder Rudolf Augstein. Sie standen noch einige Zeit unter Aufsicht, damit sichergestellt war, daß sie den »demokratischen Aufbau« unterstützten. In dieser Funktion als Helfer bei der »Umerziehung« *(Reeducation)* machten sie sich in den Augen von Rechtskonservativen zu Bütteln der Besatzungsmächte. Die Bezeichnung »Lizenzpresse« wurde in diesem Sinn ebenso zum Schimpfwort wie der Begriff »Lizenzparteien« für die von den Alliierten 1945/46 zugelassenen politischen Parteien.

Lobby
Die Wandelhalle im britischen Unterhaus und im US-Kongreß heißt Lobby, ein Begriff, der auf die Foyers anderer Parlamente übertragen wurde. Die Lobby ist der übliche Ort, an dem Nichtparlamentarier mit *Abgeordneten* verhandeln können, wo also auch Abgesandte von *Interessenverbänden* auf die Volksvertreter in ihrem Sinn einzuwirken versuchen. Lobby meint daher zugleich die Gesamtheit solcher Funktionäre eines *Interessenverbandes* (z. B. Lobby der Autohersteller) und alle beim Parlament und zunehmend auch bei der maßgeblich an der Vorbereitung von Gesetzentwürfen beteiligten Ministerialbürokratie vorstellig werdenden Lobbyisten. Die beim *Bundestag* tätigen Verbände müssen sich seit 1972 in eine Lobbyliste eintragen lassen.

Londoner Schlußakte
Auf die Ablehnung der *Europäischen Verteidigungsgemeinschaft (EVG)* durch die französische Nationalversammlung am 30. 8. 1954 reagierten die USA und Großbritannien mit der Einladung zu einer Neunmächtekonferenz nach London, die vom 28. 8. bis 3. 10. 1954 tagte. Außerdem nahmen teil: die Benelux-Staaten, die Bundesrepublik, Frankreich, Italien und Kanada. Das Konferenzergebnis wurde in der Londoner Schlußakte niedergelegt: 1. Die Deutschen sollten die Rechte bekommen, die einem »freien und demokratischen Volk« zustehen; 2. Italien

und die Bundesrepublik sollten in die *Westeuropäische Union (WEU)* aufgenommen werden; 3. die USA, Kanada und Großbritannien sicherten die weitere Stationierung von Truppen auf dem europäischen Kontinent zu; 4. Empfehlung des *NATO*-Beitritts der Bundesrepublik; 5. *Gewaltverzicht* der Bundesrepublik bei ihrem Streben nach *Wiedervereinigung.*

Londoner Schuldenabkommen
Am 27. 2. 1953 unterzeichnete die Bundesrepublik in London einen Vertrag mit 18 Staaten (später um 14 erweitert) über Anerkennung, Regulierung und Tilgung der seit dem 1. Weltkrieg entstandenen deutschen Schulden (Auslandsanleihen, Reparationen, *Marshallplan*-Gelder u. a.). Das am 24. 8. per Gesetz angenommene und am 16. 9. 1953 in Kraft getretene Londoner Schuldenabkommen beruhte auf dem Anspruch der Bundesrepublik, Rechtsnachfolgerin des Deutschen Reiches zu sein, was die Übernahme der Schulden des deutschen Gesamtstaats einschließen mußte, die auf 15,28 Mrd. DM festgelegt wurden. Sie sollten in Raten abgezahlt werden. Durch das Abkommen wurde die Kreditwürdigkeit der Bundesrepublik wiederhergestellt und ihre Aufnahme in den Internationalen Währungsfonds (IWF) möglich.

Londoner Sechsmächtekonferenz
Der Rat der Außenminister der vier *Siegermächte* konnte sich Ende 1947 nicht darauf einigen, wie die Deutschen künftig an der Gestaltung ihres politischen Lebens beteiligt werden könnten. Die drei Westmächte beriefen daher unter Hinzuziehung der Benelux-Staaten als direkte Nachbarn Westdeutschlands eine Sechsmächtekonferenz nach London ein, die vom 23. 2. bis 5. 3. und vom 20. 4. bis 1. 6. 1948 tagte und die Schaffung einer gemeinsamen staatlichen Ordnung in den drei Westzonen beschloß. Das Konferenzergebnis schlug sich in den sog. Londoner Empfehlungen nieder: Aus der *Bizone* sollte durch Beitritt der französischen Zone eine *Trizone* und für diese eine Verfassung ausgearbeitet werden. Die *Ministerpräsidenten* der Länder der Westzonen wurden ermächtigt, dafür eine verfassunggebende Versammlung einzuberufen, den späteren *Parlamentarischen Rat.* Außerdem beschäftigten sich die Empfehlungen mit Sicherheitsfragen, mit der Rolle der deutschen Wirtschaft in Europa und sahen eine internationale Kontrolle des *Ruhrgebiets* vor.

LPG s. *Landwirtschaftliche Produktionsgenossenschaft*

Lübke, Heinrich
* Enkhausen (heute zu Meschede) 14. 10. 1894, † Bonn 6. 4. 1972 – Im Jahr 1959 kündigte *Adenauer* an, er wolle sich um die Nachfolge von

Heinrich Lübke, als Nachfolger von Theodor Heuss *1959–1969* Staatsoberhaupt *der Bundesrepublik Deutschland.*

Heuss als *Bundespräsident* bewerben, zog dies aber wenig später zurück und präsentierte einen Ersatz-, viele sagten: Verlegenheitskandidaten der CDU: Landwirtschaftsminister Lübke. Der wenig bekannte Politiker war studierter Agronom und schon in der Weimarer Zeit hoher Bauernfunktionär. Im 3. Reich zunächst wegen angeblicher krimineller Delikte in Haft, arbeitete Lübke später bei einer Baufirma. Bereits 1945 trat er der CDU bei, war Landwirtschaftsminister in Nordrhein-Westfalen (1947–52) und danach *Bundesminister* im gleichen Ressort. Am 1. 7. 1959 wurde er im 2. Wahlgang zum Bundespräsidenten gewählt. Seine solide Amtsführung bis 1969 (1964 wiedergewählt) stand im Zeichen ausgedehnter Reisen v. a. in Länder der Dritten Welt und der Bildung der *Großen Koalition*, die der Präsident befürwortete. Die DDR versuchte vergeblich, Lübke mit gefälschten Dokumenten wegen angeblicher Mitarbeit an Bauplänen für KZ-Baracken im 3. Reich zu diskreditieren.

Luftbrücke

Die *Berlin-Blockade* der sowjetischen Besatzungsmacht als Reaktion auf die *Währungsreform* führte 1948/49 an den Rand eines neuen Krieges: Rund um Westberlin gingen die Schlagbäume herunter. Lebensmittel-, Kohle- und Stromlieferungen aus dem Osten hörten am 23./24. 6. 1948 abrupt auf, die Transitwege wurden unterbrochen. Die 2,5 Mio. Westberliner saßen bei Trockengemüse und Trockenkartoffeln im Dunkeln; wollten die Westmächte die Stadt und ihre dort stationierten Truppen nicht preisgeben, blieb nur eine militärische Lösung oder aber eine Luftbrücke. Letztere Option wurde gewählt, um zu testen, wie ernst es Moskau mit dem Anschlag auf den freien Teil *Berlins* war. Die größte Operation der Luftfahrtgeschichte setzte bereits am 26. 6. 1948 ein: In über 62000 Flügen (alle 2–3 Minuten eine Landung) transportierten die Westalliierten mit 220 amerikanischen und 150 britischen Maschinen 1,5 Mio. t Lebensmittel, Kohle u. a. Versorgungsgüter bis zum Ende der Blockade am 12. 5. 1949 nach Berlin, 88 Flieger bezahlten diesen Einsatz mit dem Leben. Ein Denkmal vor dem Flughafen Tempelhof, »Hungerkralle« genannt, erinnert an die Luftbrücke.

Vom 25.5.1948 bis zur Aufhebung der Blockade *am 12.5.1949 ist Westberlin ausschließlich auf die Versorgung durch Transportflugzeuge der Alliierten angewiesen.*

M

Maastricht
Die Hauptstadt der niederländischen Provinz Limburg war Anfang Dez. 1991 Schauplatz einer EG-Gipfelkonferenz, die den Weg zur 1995 gebildeten *Europäischen Union (EU)* wies. Der dabei ausgehandelte 230 Seiten lange, nach Ratifizierung durch die Parlamente der Mitgliedstaaten am 1. 11. 1993 in Kraft getretene Vertrag von Maastricht projektierte die Bildung einer Wirtschafts- und Währungsunion mit unabhängiger Zentralbank, die Einführung einer gemeinsamen Währung bis 1999, die Entwicklung einer Gemeinsamen Außen- und Sicherheitspolitik (GASP), die Harmonisierung der Innen- und Rechtspolitik bis hin zur Einführung eines Unions-Bürgerrechts, die allmähliche Stärkung des *Europäischen Parlaments* u. a. Weitergehende Reformen mit dem Ziel eines europäischen Bundesstaats scheiterten am Widerstand Großbritanniens, das sich auch gegen die Einführung von Mehrheitsbeschlüssen im *Europäischen Rat (ER)* sperrte.

MAD s. *Militärischer Abschirmdienst*

Maier, Reinhold
* Schorndorf 16. 10. 1889, † Stuttgart 19. 8. 1971 – In Tübingen und Grenoble studierte Maier Jura und Volkswirtschaft, war im 1. Weltkrieg Soldat und 1924–33 Vorsitzender der liberalen Deutschen Demokratischen Partei (DDP) in Württemberg, für die er 1932/33 im Reichstag saß. Im 3. Reich als Rechtsanwalt tätig, gehörte Maier 1945 zu den Mitbegründern der *Demokratischen Volkspartei (DVP)*, aus der die FDP hervorging. 1945–52 war er *Ministerpräsident* von Württemberg-Baden, 1952/53 von Baden-Württemberg und hatte in dieser Funktion entscheidenden Anteil an der Bildung des Südweststaats. 1957–60 war Maier Bundesvorsitzender der FDP und danach ihr Ehrenvorsitzender.

Maizière, Lothar de
* Nordhausen 2. 3. 1940 – Schikanen wegen seines christlichen Bekenntnisses begleiteten de Maizières Weg zum Abitur. Er studierte danach Musik, war Orchestermusiker und wechselte zur Jurisprudenz (1976 Anwalt). 1986 wurde der seit 1956 der Ost-CDU angehörende de Maizière Vizepräsident der Synode des *Bundes Evangelischer Kirchen in der DDR* und am 11. 11. 1989 Vorsitzender der CDU, die er von der SED abgrenzte und für die er als Kirchenminister in die Regierung *Modrow* eintrat. Nach dem Sieg der CDU bei den ersten freien Wahlen zur *Volkskammer* am 18. 3. 1990 wurde de Maizière erster und letzter frei gewählter *Ministerpräsident* der DDR, deren Beitritt zur Bundesrepublik seine Regierung am 3. 10. 1990 vollzog. In der Gesamt-CDU stieg

*Lothar de Maizière (CDU), erster frei gewählter Ministerpräsident der DDR, mit den Kabinettsmitgliedern Rainer Eppelmann (*Demokratischer Aufbruch*, l.) und Wilhelm Ebeling (*Deutsche Soziale Union*, r.).*

er zum stellvertretenden Parteivorsitzenden an der Seite *Kohls* und zum Minister ohne Geschäftsbereich auf, trat aber nach Vorwürfen der Zusammenarbeit mit der *Stasi* in den 1980er Jahren als *Inoffizieller Mitarbeiter* »Czerni« am 6. 9. 1991 von allen Ämtern zurück.

Mandat

In einer parlamentarischen Demokratie beauftragen die Wähler *Abgeordnete* mit der Wahrnehmung ihrer Interessen, erteilen ihnen für eine bestimmte Zeit (*Bundestag*: 4 Jahre) ein Mandat (lat. »mandatum« = Auftrag). In dieser Zeit ist der Mandatsträger vom Wähler nicht abberufbar und an Weisungen seiner *Partei* oder *Fraktion* oder von *Interessenverbänden* nicht gebunden, sondern nur seinem Gewissen unterworfen. Er verfügt über ein freies Mandat im Unterschied zum gebundenen oder imperativen Mandat, wie es früher z. B. Ständevertreter ausübten. Trotz dieser Unabhängigkeit nehmen Abgeordnete schon aus Interesse an einer Wiederwahl gewöhnlich Rücksicht auf die Parteilinie und üben Fraktionsdisziplin. Weichen sie davon ab, behält ihre Stimme dennoch Rechtswirksamkeit. Das Mandat beginnt mit der Annahme der Wahl beim Wahlleiter und endet mit der *Legislaturperiode*, beim Tod des Abgeordneten, durch Verzicht, im Fall des Verbots der entsprechenden Partei oder der Ungültigkeitserklärung der Wahl.

Die immer wieder beklagte Entfremdung der Mandatsnehmer (Abgeordneten) von den Mandatsgebern (Wählern) ließe sich durch die Verkürzung der Wahlperiode verringern, doch hätte diese hohe Reibungsverluste (Einarbeitungszeit u.a.) und häufigere *Wahlkämpfe* zur Folge.

Mark der DDR s. *Deutsche Mark*

Marktwirtschaft
»So wenig *Staat* wie möglich« war die Devise des frühen *Liberalismus*. Auf die Wirtschaftspolitik angewandt, bedeutete das, Güterproduktion, -konsum und -verkehr dem freien Spiel der Kräfte zu überlassen. Am Markt, wo Angebot und Nachfrage zusammentreffen, sollte sich im freien Wettbewerb der Preis von Waren bilden, zu denen auch die Arbeitskraft gerechnet wurde. Der Staat hatte dafür nur den rechtlichen Rahmen zu schaffen, für die Einhaltung des fairen Wettbewerbs zu sorgen, das *Eigentum* zu schützen und sich durch *Steuern* und Abgaben die Mittel zu verschaffen, die zur Bewältigung von Kollektivaufgaben nötig waren. Eine solche schrankenlose Marktwirtschaft wurde in reiner Form zwar nie verwirklicht, doch kamen die Zustände im Früh*kapitalismus* des 19. Jh. der Utopie recht nahe und entlarvten zugleich das Inhumane des Konzepts: Es kam zu Monopol- und *Kartell*bildung sowie zur Verelendung derer, die nicht über Produktionsmittel, sondern nur über ihre Arbeitskraft verfügten. Schwankungen der *Konjunktur* waren durch die Marktwirtschaft ebensowenig zu steuern wie Firmenzusammenbrüche oder *Arbeitslosigkeit* zu vermeiden.
Dem Modell der freien Marktwirtschaft wurde daher v.a. nach dem 2. Weltkrieg das einer sozialen Marktwirtschaft entgegengestellt nach dem Motto: »Soviel Staat wie nötig«. Er ist immer dann gefordert, wenn es gilt, die schwächeren Teilnehmer am Wirtschaftsleben zu schützen und den *Grundrechten* Geltung zu verschaffen. Der moderne *Sozialstaat* greift aber auch dann ein, wenn die Marktwirtschaft gegen ihre eigenen Gesetze verstößt, indem sie Großunternehmen oder Konzernen das Streben nach marktbeherrschender Stellung ermöglicht und damit den Wettbewerb verzerrt. Zudem sorgt der Staat mit den Instrumenten der *Wirtschafts-* und *Finanzpolitik* für die Steuerung der *Konjunktur* und mit sozialpolitischen Maßnahmen für die Erhaltung des sozialen Friedens. Wann eine Marktwirtschaft aufhört, sozial zu sein, ist zwischen den politischen Lagern strittig.

Marshallplan
Die USA trugen nach dem Krieg nicht nur die Hauptlast der Ernährung Deutschlands, sondern mußten auch ihre Verbündeten unterstützen. Sollte Europa vom Kostgänger zum Partner und Markt für

US-Waren werden, war Hilfe zur Selbsthilfe nötig. Dazu entwarf US-Außenminister George C. Marshall am 5. 6. 1947 in einer Rede ein Programm, das auch den sowjetisch besetzten Teil Europas einbezog. Moskau aber lehnte ab, und so flossen nach Zustimmung des US-Kongresses (3. 4. 1948) bis 1952 - größtenteils als verlorene Zuschüsse oder langfristige Kredite - etwa 13 Mrd. Dollar in 16 westliche Staaten, über 1,7 Mrd. allein in den Westteil des zerstörten Deutschland. Sie wurden hier nach der *Währungsreform* v. a. in der Grundstoffindustrie, im Verkehrswesen, in der Landwirtschaft und im *Wohnungsbau* investiert. Das European Recovery Program (ERP, Europäisches Wiederaufbauprogramm), kurz Marshallplan genannt, lag auch im Eigeninteresse der USA, da es der politischen Stabilisierung diente und die Politik des *Containment* wirkungsvoll flankierte. Ein Teil der Mittel floß zudem durch Käufe der Empfänger in den USA zurück.

Marxismus-Leninismus

Die von Karl Marx entwickelte und von Friedrich Engels in der zweiten Hälfte des 19. Jh. weitergeführte sozioökonomische und philosophische Theorie des *Sozialismus* wird unter dem Begriff »Marxismus« zusammengefaßt. Er geht aus von der Erkenntnis, daß die menschliche Geschichte eine Geschichte von Klassenkämpfen *(Klasse)* sei, in denen sich Unterdrückte gegen Unterdrücker in Revolutionen durchsetzen, zuletzt in der Französischen Revolution (1789) das Bürgertum gegen den Adel. Die neue herrschende bürgerliche Klasse stütze sich auf das Privat*eigentum* an Produktionsmitteln und beute die Arbeitskraft der besitzlosen Massen aus. Dieser Zustand muß nach marxistischer Lehre in einem letzten Klassenkampf beseitigt werden, in dem die Arbeiterschaft die Macht übernimmt *(»Diktatur des Proletariats«)*, die Produktionsmittel vergesellschaftet und die klassenlose Gesellschaft *(Kommunismus)* aufbaut. Auf den Marxismus, der auf einer genauen Analyse des *Kapitalismus* basiert (»wissenschaftlicher Sozialismus«), beriefen und berufen sich alle kommunistischen Parteien und Staaten trotz zahlreicher Varianten v. a. auf dem Gebiet der Theorie der Revolution.

Insbesondere durch den russischen Revolutionär Wladimir Iljitsch Lenin erfuhr der Marxismus Änderungen, die zur Doktrin der nach sowjetischem Vorbild geformten Staaten des Ostblocks einschließlich der DDR wurden und als Marxismus-Leninismus bezeichnet werden. Lenin begründete die Abwandlungen v. a. hinsichtlich der Praxis der Revolution und der Verwirklichung des Sozialismus mit der Notwendigkeit der Anpassung an die seit Marx veränderten historischen Bedingungen (z. B. Entwicklung des Konkurrenz- zum *Monopolkapitalismus*). Marx hatte erwartet, daß die Weltrevolution in den hochindustrialisierten Ländern ausbrechen würde, während Lenin den Kapitalismus von der Peripherie (Rußland) her zum Einsturz bringen wollte.

Dazu müsse eine straff geführte *Kader*partei von Berufsrevolutionären als Avantgarde der Arbeiterklasse die Initiative ergreifen und bei den Massen das revolutionäre Bewußtsein entwickeln. Diese Partei sei nach dem Prinzip des *demokratischen Zentralismus* auszurichten.

Masse

Dem Begriff »Masse« für eine große Menge Menschen haftet immer etwas Abschätziges an. Er wurde aus der Sicht einer bürgerlichen Oberschicht für die breite Unterschicht der Besitzlosen in der kapitalistischen Gesellschaft des 19. Jh. geprägt und spiegelt die Ängste der Eliten vor dem »dumpfen« Aufbegehren der Ausgebeuteten. In marxistischer Sicht wurde der Begriff daher auch positiv gewendet für das revolutionäre Potential, das die Massen darstellen. Die moderne Soziologie verwendet die Vokabel in zweierlei Sinn: Masse ist danach einmal eine Ansammlung von Menschen, in der sich der einzelne anders verhält, als er es allein täte, die gefühlsgeladene Reaktionen verstärkt (Mitreißeffekt) und rationale Kontrolle vermindert. Charismatische Führerpersönlichkeiten nutzen diesen Effekt zur Manipulierung der Menschen, Wahlkämpfer setzen darauf bei der Vermittlung ihrer Botschaften. Masse ist zum anderen die Gesamtheit der von Konsumdruck und Moden, von Fernsehvorbildern und Klischees der *Massenmedien* geprägten, fremdgesteuerten Menschen in den modernen Industriegesellschaften.

Massenmedien

Demokratie setzt den informierten Bürger voraus. Ohne die Verbreitung massenhafter Informationen für Massen von Konsumenten durch die Massenmedien - *Hörfunk und Fernsehen*, Bücher, Zeitschriften und Zeitungen, Schallplatten und Kassetten, Disketten und CD-ROM, Filme, Comics u. a. - wäre der politische Willensbildungsprozeß in der modernen Industriegesellschaft, ja diese selbst gefährdet. Massenmedien sind das wichtigste Mittel zur Bildung der *öffentlichen Meinung* und können unter dem Schutz des *Grundrechts* der *Meinungsfreiheit* zudem eine wirkungsvolle Wächterfunktion gegenüber der politischen Macht wahrnehmen. Sie werden zuweilen bereits als »vierte Gewalt« im Staat bezeichnet. Sie dienen der Unterhaltung und Zerstreuung, der praktischen Lebenshilfe, der Bildung und zugleich dem Transport von Werbung, womit sie doppelt abhängig sind: Die privatwirtschaftlich organisierten Massenmedien bedienen bestimmte Zielgruppen und haben Rücksicht auf deren Niveau, Interessen und soziale Befindlichkeit zu nehmen. Andererseits hängen ihre Profite ganz wesentlich von den Firmen ab, die Anzeigen oder Werbespots schalten. Auflagen und Einschaltquoten, die maßgeblich sind für die Werbepreise, machen Verleger und Privatsender von einem Massengeschmack abhängig, der nur noch auf kurzfristige Reize anspricht; fundiertere Informationen werden kaum noch aufgenommen. Die öffentlich-rechtlich organisierten Massenmedien geraten leicht in diesen Sog und haben zudem mit dem Einfluß von *Parteien* und *Interessenverbänden* zu kämpfen, deren Vertreter in den Aufsichtsgremien sitzen. Die langfristigen Folgen der zunehmenden Nutzung von Massenmedien sind nicht abzuschätzen. Fest steht, daß sie einen wesentlichen Anteil an der allgemeinen Reizüberflutung und am hohen Konsumdruck haben und daß sie dazu neigen, mit wachsender Bedenkenlosigkeit Sensationen um buchstäblich jeden Preis zu produzieren, was zu Realitätsverzerrungen, ja -verlusten führen kann. Durch Videos und Computersoftware werden außerdem oft gesetzliche Bestimmungen etwa des *Jugendschutzes* unterlaufen.

Massenorganisationen
Totalitäre Systeme bemühen sich um möglichst lückenlose Erfassung ihrer Bürger. Neben die Staatspartei SED traten daher in der DDR andere Parteien, die im *Blocksystem* gleichgeschaltet waren, und Massenorganisationen, die die Menschen in der Berufs- oder Freizeitwelt erreichen sollten. Sie waren nominell selbständig, de facto aber Instrumente der SED, der Beitritt stand frei, doch gehörte die Mitgliedschaft in wenigstens einer Massenorganisation zu den Mindestanforderungen an das politische Engagement, ohne das sich Ausbildungs- und Berufschancen deutlich verschlechterten. Wie die Staatspartei nach dem Prinzip des *demokratischen Zentralismus* organisiert, sollten die Massenorganisationen ihre Mitglieder der politischen Lenkung und Beeinflussung durch die Partei zuführen, sie für den »Aufbau des *Sozialismus*« mobilisieren und ihre Weltanschauung kommunistisch prägen. Sie hatten zudem »*Kader* bildende Funktion« d.h. sie sollten die Mitglieder zum Eintritt in die Partei und zur Übernahme von Aufgaben in Partei, Staat und Wirtschaft anhalten. Die wichtigsten Massenorganisationen waren: *Freier Deutscher Gewerkschaftsbund (FDGB), Freie Deutsche Jugend (FDJ), Demokratischer Frauenbund Deutschlands (DFD), Gesellschaft für Deutsch-Sowjetische Freundschaft (DSF), Gesellschaft für Sport und Technik (GST), Vereinigung der gegenseitigen Bauernhilfe (VdgB).* Ihnen stand je nach Größe eine entsprechende Zahl von Sitzen in der *Volkskammer* zu.

Matern, Hermann
* Burg bei Magdeburg 17. 6. 1893, † Berlin 24. 1. 1971 - Sein 60. Geburtstag erlangte traurige Berühmtheit: Als es am *Siebzehnten Juni 1953* in der DDR zum Aufstand kam, richtete sich der Protest auch gegen Matern, der als Vorsitzender der Zentralen Parteikontrollkommission (seit 1949) und Mitglied von ZK wie *Politbüro* der SED mitverantwortlich für den harten Kurs der Stalinisten um *Ulbricht* war. Wie dieser hatte der 1911 der SPD und 1919 der KPD beigetretene Matern

Hermann Matern mit dem Präsidenten der DDR-Volkskammer, *Johannes Dieckmann, dem Präsidenten der Länderkammer, August Bach, und dem Minister für Nationale Verteidigung,* Willi Stoph *(v. l.) am 23. 2. 1957 auf dem Weg zu einer Kranzniederlegung am sowjetischen Ehrenmal in Berlin-Treptow.*

während des Krieges im sowjetischen Exil gelebt und war Mitbegründer des *Nationalkomitees Freies Deutschland*, aus dem viele der später führenden Köpfe der SED hervorgingen. Als Wächter über die Parteidisziplin leistete Matern Ulbricht wertvolle Hilfe bei der Ausschaltung von Gegnern wie *Merker*, *Schirdewan* oder *Wollweber*.

Mauer s. *Berliner Mauer*

Mauerschützenprozesse
Wegen der Todesfälle an der *innerdeutschen Grenze* und an der *Berliner Mauer* aufgrund des *Schießbefehls* wurden nach dem Ende der DDR zahlreiche Verfahren gegen die sog. Mauerschützen eröffnet. Es kam zu mehreren Verurteilungen wegen Totschlags, da den Tätern Tötungsabsicht nachgewiesen wurde und sie sich nicht auf Befehlsnotstand berufen konnten. Der Kritik daran nach dem Motto: »Die Kleinen hängt man, die Großen läßt man laufen!« trifft allenfalls auf

Honecker und *Mielke* zu, deren Gesundheitszustand eine Aburteilung unmöglich machte oder doch erschwerte. Gegen den früheren Verteidigungsminister Heinz Keßler und andere Angehörige des *Nationalen Verteidigungsrats (NVR)* wurden jedoch wegen Anstiftung zum Totschlag hohe Haftstrafen verhängt; insgesamt geht es bei dem Tatkomplex um 400 Todesfälle. Hierher gehören auch die Prozesse gegen Mitglieder des Küstengrenzkommandos wegen des Todes von 82 Flüchtlingen in der Ostsee sowie gegen die Verantwortlichen für das Verlegen von Minen und die Installation von Selbstschußanlagen.

MDR s. *Hörfunk und Fernsehen*

Medienpolitik

Presse, *Hörfunk und Fernsehen* und andere *Massenmedien* gehören zum Kulturbereich. Die gesetzlichen Vorgaben dafür, also die Gestaltung der Medienpolitik, sind daher weitgehend Sache der *Bundesländer*. Der Bund hat nur auf dem Gebiet des Fernmeldewesens und im Urheber- und Verlagsrecht die *ausschließliche Gesetzgebung*. Die Länderzuständigkeit wurde 1961 vom *Bundesverfassungsgericht* bestätigt, als es die Bildung eines regierungsnahen bundesweiten TV-Senders (»*Adenauer*-Fernsehen«) untersagte, woraufhin die Länder mit einem gemeinsamen Staatsvertrag das Zweite Deutsche Fernsehen (ZDF) schufen. Es ist wie die ARD öffentlich-rechtlich organisiert und erhielt erst seit den 1970er Jahren private Konkurrenz, die ebenfalls staatsvertraglich an die Länder gebunden ist und ihrer Aufsicht unterliegt. Die privaten TV-Anbieter finanzieren sich allerdings nicht aus Gebühren, sondern ausschließlich durch Werbung. Die öffentlich-rechtlichen Systeme behalten ihr Gebührenvorrecht, weil sie nach einem Urteil des Bundesverfassungsgerichts von 1987 eine »Grundversorgung« der Bevölkerung mit Informations-, Meinungs-, Unterhaltungs-, Kultur- und Minderheitenprogrammen sicherzustellen haben. – In der DDR hatte der Deutsche Fernsehfunk (DFF) wie Presse und Rundfunk die Aufgabe, die Propaganda der SED zu verbreiten, den Aufbau des *Sozialismus* zu unterstützen und der »Volksbildung« zu dienen. Nach der *Wiedervereinigung* übernahmen ARD und ZDF die Frequenzen des ehemaligen Staatsfunks, es entstanden Landesrundfunkanstalten, private Anbieter erhielten Lizenzen. Die Presseunternehmen wurden durch die *Treuhandanstalt* privatisiert.

Mehrheit

Ein Prinzip der Demokratie ist die Entscheidung aufgrund von Mehrheiten (Majoritätsprinzip). Die wahlberechtigte Mehrheit des Volkes, in der parlamentarischen Demokratie repräsentiert durch die Mehrheit der Volksvertreter, beschließt Gesetze, die auch die ablehnende Minderheit binden. Dahinter steht der Gedanke, daß es gerechter ist, die

Mehrheit entscheiden zu lassen, und die Erfahrung, daß die theoretisch erwünschte Einstimmigkeit so gut wie nie zu erreichen ist. Die mit besonderen Rechten versehene Minderheit *(Opposition)* kann zudem hoffen, in anderen Fragen oder nach den nächsten Wahlen die Mehrheit zu gewinnen. Bei *Abstimmungen* unterscheidet man zwischen qualifizierter Mehrheit (z. B. Zweidrittelmehrheit bei Änderungen von Artikeln des *Grundgesetzes*), *absoluter Mehrheit* (mehr als 50 % der stimmberechtigten Personen), einfacher Mehrheit (mehr als 50 % der anwesenden stimmberechtigten Personen) und relativer Mehrheit (mehr als die Stimmen, die auf einen Gegenvorschlag oder -kandidaten entfallen). Das Mehrheitsprinzip, bereits durch die Repräsentation durch besonders qualifizierte *Abgeordnete* gemildert, stößt angesichts der existentiellen Bedrohung des Menschen durch sich selbst (ungehemmter Umweltverbrauch) an Grenzen. Die Beratung der Parlamentarier und anderer Entscheidungsträger durch Experten gewinnt einen immer höheren Stellenwert.

Mehrheitswahlrecht s. *Wahlen*

Mehrparteiensystem
Im Unterschied zum Vielparteiensystem der Weimarer Republik, die keine *Fünfprozentklausel* kannte, hat sich in der Bundesrepublik nach anfänglicher Zersplitterung ein Mehrparteiensystem mit nur wenigen großen Parteien in den Parlamenten entwickelt. Zeitweise schien sich ein Dreiparteiensystem zu etablieren, ja die Schwäche der FDP und Erwägungen, ein Mehrheitswahlrecht einzuführen, ließen zeitweise sogar die Reduktion auf ein Zweiparteiensystem wie in den USA wahrscheinlich werden. Durch die wachsende Bedeutung der *Grünen* und die *Wiedervereinigung* weitete es sich aber bei unverändertem Verhältniswahlrecht erneut zum Mehrparteiensystem, da im Osten die *Partei des Demokratischen Sozialismus (PDS)* mittels Direktmandaten die Sperrklausel überspringen konnte. Allerdings dominieren die Volksparteien CDU/CSU und SPD v. a. im *Bundestag* deutlich und lassen die anderen als bloße Nebenparteien erscheinen. *Koalitions*regierungen bestehen daher meist nur aus zwei Partnern, was die Stabilität der Regierungen fördert.

Meinungsforschung s. *Demoskopie*

Meinungsfreiheit
In demokratischen *Rechtsstaaten* wie der Bundesrepublik gehört es zu den *Grundrechten*, »seine Meinung in Wort, Bild und Schrift frei zu äußern und zu verbreiten« (Art. 5,1 GG). Meinungsfreiheit ist sowohl ein Abwehrrecht gegen staatliche Bevormundung z. B. mittels *Zensur* als auch ein politisches Mitwirkungsrecht in Form von Beiträgen zur

Bildung einer *öffentlichen Meinung* oder in Form von Kritik. Das Grundrecht, das Presse-, *Informations-* und *Lehrfreiheit* einschließt, sichert v. a. *Minderheiten* und der *Opposition* die Möglichkeit, Gegenvorschläge zu Regierungsvorhaben zu machen und um Zustimmung zu werben, die letztlich auch zur Ablösung der Regierung führen kann, wenn aus der Minderheit bei *Wahlen* eine *Mehrheit* wird. Meinungsfreiheit steht nach einem Urteil des *Bundesverfassungsgerichts* von 1988 selbst den Soldaten der *Bundeswehr* zu, wenn sie sich kritisch mit der Politik der *Bundesregierung* oder mit wehrpolitischen Fragen beschäftigen.
Ihre Grenze findet die Meinungsfreiheit allerdings in den allgemeinen Gesetzen z. B. zum *Jugendschutz* oder im Recht der persönlichen Ehre (Art. 5,2 GG); Beleidigungen, Verleumdungen, Gotteslästerung, pornographische Darstellungen, Verrat von Amts- oder Staatsgeheimnissen u. a. sind damit also nicht gedeckt. Die Meinungsfreiheit verwirkt, wer sie v. a. publizistisch zum Kampf gegen die *freiheitlich-demokratische Grundordnung* mißbraucht. - In der DDR hatte laut *Verfassung* jeder Bürger (nicht wie in der Bundesrepublik jeder Mensch) Meinungsfreiheit, allerdings nur »den Grundsätzen dieser Verfassung gemäß« (Art. 27,1), die notfalls sehr eng ausgelegt werden konnten.

Mende, Erich

* Groß Strehlitz/Oberschlesien 28. 10. 1916 - Der Lehrerssohn Mende war 1936–45 Offizier und wurde im Krieg mit dem Ritterkreuz ausgezeichnet. Danach studierte er Jura und politische Wissenschaften und war 1945 unter den Begründern der *Freien Demokratischen Partei (FDP)*, für die er seit 1949 im *Bundestag* saß. 1960 zum Bundesvorsitzenden aufgestiegen, erreichte Mende 1961 bei Bildung einer *Koalition* mit der CDU/CSU die Befristung der Kanzlerschaft *Adenauers* auf zwei Jahre. Unter *Erhard* blieb er Minister für Gesamtdeutsche Fragen und ging 1966 in der Zeit der *Großen Koalition* mit seiner Partei in die *Opposition.* Der nationalliberale Mende konnte eine Umorientierung der FDP nach links nicht verhindern, gab 1968 den Bundesvorsitz an *Scheel* ab und wechselte nach Bildung der sozialliberalen Koalition im Okt. 1970 zur CDU, die er noch bis 1980 im Bundestag vertrat.

Menschenrechte

In der Epoche der europäischen Aufklärung setzte sich im 18. Jh. die Ansicht durch, daß es unveräußerliche, vorstaatliche, unantastbare Rechte des einzelnen Menschen gibt, die ihm kraft der »allen Mitgliedern der menschlichen Familie innewohnenden Würde« zustehen und ihm je nach Standpunkt von Gott oder der Natur verliehen wurden. Die Menschenrechte wurden erstmals in moderner Form in der amerikanischen Unabhängigkeitserklärung von 1776 niedergelegt und in der

Französischen Revolution 1789 feierlich verkündet: Recht auf Leben, *Freiheit*, Unverletzlichkeit der Person, *Gleichheit*, *Eigentum*, *Glaubens- und Gewissensfreiheit*, *Meinungsfreiheit*, *Widerstandsrecht* u. a. Sie sind Abwehrrechte gegen den Staat und fanden Aufnahme in die Charta der *Vereinten Nationen* vom 10. 12. 1948 sowie in die Europäische Konvention zum Schutze der Menschenrechte und Grundfreiheiten (MRK) vom 4. 11. 1950, die in der Bundesrepublik innerstaatliches Recht wurde. Darin ist der Katalog um einige demokratische Mitbestimmungsrechte (u. a. Wahlrecht, *Versammlungsfreiheit*, *Freizügigkeit*) und soziale Rechte (u. a. Streikrecht, Recht auf Bildung) erweitert. Die Menschenrechte, von denen die *Grundrechte* des *Grundgesetzes* abgeleitet sind, dienen auch als Korrektiv für Entscheidungen von *Mehrheiten*, die sich über diese Fundamentalrechte nicht hinwegsetzen dürfen. Freilich genießen sie immer nur soviel Schutz, wie der Einzelstaat ihnen gewährt, da die Völkergemeinschaft nicht über hinreichende Mittel verfügt, Menschenrechtsverletzungen, wie sie täglich und nahezu überall vorkommen, zu ahnden.

Menschenwürde

Nach christlicher Lehre schuf Gott den Menschen »nach seinem Bilde«. In dieser Ebenbildlichkeit mit Gott wurzelt die Würde des einzelnen Menschen, aus der als vornehmstes *Grundrecht* ihre Unantastbarkeit und Unveräußerlichkeit folgt. Weder darf der *Staat* sie verletzen, noch kann der einzelne auf sie von sich aus verzichten. Die religiöse Fundierung wurde während der europäischen Aufklärung im 18. Jh. von einer naturrechtlichen Interpretation abgelöst, die für alle Menschen, gleich welchen Bekenntnisses, gilt. In dieser Form fand der Schutz der Menschenwürde Eingang in die *Verfassungen* der modernen demokratischen *Rechtsstaaten*. Im *Grundgesetz* steht er an erster Stelle: »Die Würde des Menschen ist unantastbar. Sie zu achten und zu schützen ist Verpflichtung aller staatlichen Gewalt« (Art. 1,1). Der Staat ist damit aufgefordert, alle Angriffe auf die Menschenwürde - auch auf die von Sträflingen - abzuwehren, wie sie u. a. Verleumdung, Verschleppung, Zwangsarbeit, Mißhandlung, Folter darstellen. Auch ein Mindestmaß an Daseinsvorsorge gehört zu menschenwürdigem Leben. Der Staat ist also gehalten, auch soziale Aufgaben wie medizinische Versorgung, Schaffung von Bildungseinrichtungen, Altersversorgung u. a. zu übernehmen.

Merker, Paul

* Oberlößnitz 1. 2. 1894, † Königs Wusterhausen 13. 5. 1969 - Seit früher Jugend in der *Arbeiterbewegung* aktiv, trat Merker 1920 der KPD bei, stieg schon 1926 ins Politbüro auf und war im Pariser Exil 1936–39 Mitarbeiter *Ulbrichts*. Nach zweijähriger Internierung gelang ihm 1942 die Ausreise ins mexikanische Exil, 1946 kehrte er nach Berlin zurück

und wurde ins *Zentralkomitee der SED* gewählt. Da er sich für eine *Wiedergutmachung* der Opfer der NS-Judenverfolgung einsetzte, wurde er 1950 aus der SED ausgeschlossen, 1952 verhaftet und 1955 nach Geheimprozeß zu 8 Jahren Zuchthaus verurteilt. Die DDR betrachtete seine projüdische Haltung als Unterstützung Israels, das als eine Speerspitze des »amerikanischen Imperialismus« galt. 1956 freigelassen, wurde Merker zwar heimlich wieder in die SED aufgenommen, öffentlich aber nie rehabilitiert.

MfS s. *Stasi*

Mielke, Erich

* Berlin 28. 12. 1907 – Schon als 14jähriger Schüler schloß sich Mielke den Kommunisten an, für deren »Rote Fahne« er 1928–31 als Reporter tätig war. Als Mitglied des »Partei-Selbstschutzes« war er 1931 an der Ermordung zweier Berliner Polizisten beteiligt, entzog sich der Festnahme aber durch Flucht in die UdSSR. Nach Kriegsende in die SED eingetreten, wirkte Mielke maßgeblich am Aufbau der *Stasi* mit, verdrängte deren Chef *Wollweber* 1957 und baute nun als Minister das Spitzelsystem zu einem engmaschigen Überwachungsnetz aus. 1959

Erich Mielke, DDR-Minister für Staatssicherheit, und Armeegeneral Heinz Hoffmann (l.) bei der Verabschiedung des Wehrdienstgesetzes am 25. 3. 1982 in der Volkskammer.

ins *Zentralkomitee der SED* und 1976 ins *Politbüro* aufgestiegen, war er mitverantwortlich für die Schüsse an der *innerdeutschen Grenze* und an der *Berliner Mauer*, auf sein Konto gingen zudem die Zerstörung zahlreicher Familien, die Quälereien in den Haftanstalten, Freiheitsberaubung, Rechtsbeugung u.a. Am 3. 11. 1989 gestürzt, wurde Mielke im Rahmen des Verfahrens gegen *Honecker* 1992 wegen vollendeten und versuchten Totschlags angeklagt, das nicht abgeschlossen werden konnte. Wegen des Polizistenmords von 1931 wurde Mielke im Okt. 1993 zu sechs Jahren Haft verurteilt, jedoch am 1. 8. 1995 aus gesundheitlichen Gründen vorzeitig entlassen.

Militärischer Abschirmdienst (MAD)

Die *Bundeswehr* verfügt mit dem Militärischen Abschirmdienst (MAD) über einen eigenen Geheimdienst. Seine 1995 rund 2000 Mitarbeiter haben die Aufgabe, Einrichtungen, Ausrüstungen und Personal vor Spionage, Sabotage o.ä. Schäden zu bewahren. Er untersteht dem Verteidigungsminister und hat seine Zentrale im Amt für Sicherheit der Bundeswehr in Köln. – Gegenstück des MAD in der DDR war der 1952 begründete, etwa gleichstarke Militärische Nachrichten- und Sicherheitsdienst der NVA (Mil-ND), der seit 1983 in Berlin-Köpenick residierte und eng mit der *Stasi* kooperierte.

Minderheit

Mit dem Begriff »Minderheit« werden gewöhnlich soziale, religiöse oder ethnische Gruppen bezeichnet, die einer Bevölkerungsmehrheit gegenüberstehen und nicht selten diskriminiert werden. Das geschieht zuweilen sogar von Staats wegen (z.B. NS-Judenverfolgung), meist aber durch Einzelpersonen oder Gruppen, die damit Aggressionen und Ängste (z.B. vor »Überfremdung« oder Arbeitsplatzverlust) abreagieren. Das *Grundgesetz* hat dagegen den Katalog der *Grundrechte* aufgestellt, der im Unterschied zu den Bürgerrechten alle Menschen und nicht nur die Deutschen schützt. Das darin enthaltene *Diskriminierungsverbot* kann jedoch nicht immer durchgesetzt werden, so daß es immer wieder zu Angriffen auf *Ausländer* u.a. Minderheiten kommt. Auch unter den Minderheiten in Deutschland (z.B. Kurden und Türken) schwelen Konflikte.

Es gibt daneben aber auch den Begriff der Minderheit im engeren politischen Sinn: Zwar entscheiden in der Demokratie *Mehrheiten*, doch sorgen *Verfassung* und Geschäftsordnungen der Parlamente dafür, daß die Minderheiten nicht unterdrückt werden. Sie haben daher besondere Rechte, die sicherstellen, daß ihre Meinung Gehör findet. So werden für bestimmte Entscheidungen qualifizierte Mehrheiten verlangt, z.B. müssen Verfassungsänderungen im *Bundestag* zwei Drittel der Mitglieder des Hauses zustimmen, was gewöhnlich nicht ohne Mitwirkung der Minderheit *(Opposition)* gelingt. Die *Mehrheit* kann zudem nicht verhindern, daß die Minderheit (mindestens ein Viertel der *Abgeordneten*) die Einsetzung eines *Untersuchungsausschusses* erzwingt; zur Durchführung einer namentlichen *Abstimmung* oder einer *Aktuellen Stunde* genügt sogar der Antrag einer mindestens 5 % der Abgeordneten umfassenden Gruppe. Zu diesen Minderheitenrechten kommen Rechte der einzelnen Abgeordneten, die die Mehrheit respektieren muß.

Minister

Die Leiter bestimmter Ressorts (Geschäftsbereiche, Ministerien) in einer Regierung heißen Minister, für Sonderaufgaben gibt es jedoch auch Minister ohne Geschäftsbereich. Die Minister werden im Bund vom *Bundeskanzler* berufen und vom *Bundespräsidenten* ernannt und auf Ersuchen des Kanzlers entlassen. In den *Bundesländern* ernennt und entläßt gewöhnlich der *Ministerpräsident* die Landesminister, in den Stadtstaaten *Berlin*, Hamburg und Bremen wählt sie das Parlament; sie heißen hier Senatoren. Die Amtszeit der Minister endet mit der *Legislaturperiode*, durch Tod, Entlassung, Sturz der Regierung, freiwilligen oder durch *Mißtrauensvotum* erzwungenen Rücktritt. Im Bund gibt es nur das *konstruktive Mißtrauensvotum* gegen den Kanzler, mit dem dann das gesamte Ministerkollegium zurücktreten muß, in den Ländern kann vielfach auch einzelnen Ministern das Mißtrauen ausgesprochen werden, wovon jedoch so gut wie nie Gebrauch gemacht wird. Trotz des Prinzips der *Inkompatibilität* sind Bundes- wie Landesminister gewöhnlich zugleich *Abgeordnete* einer Regierungspartei im jeweiligen Parlament.

Ministerium für Staatssicherheit (MfS) s. *Stasi*

Ministerpräsident

Die Regierungschefs der *Bundesländer* heißen mit Ausnahme der Stadtstaaten Ministerpräsidenten, während der Chef der *Bundesregierung* die Amtsbezeichnung *Bundeskanzler* führt. Die Ministerpräsidenten ernennen und entlassen die Landesminister und bestimmen (Ausnahme *Bremen*, *Hamburg*) die Richtlinien der Landespolitik. Sie können durch *Mißtrauensvotum* des Parlaments, dem sie verantwortlich sind, gestürzt werden. – In der DDR wurde der Vorsitzende des *Ministerrats* ebenfalls Ministerpräsident genannt.

Ministerrat der DDR

Bei Gründung der *Deutschen Demokratischen Republik (DDR)* am 7. 10. 1949 konnte die erste von der Provisorischen *Volkskammer* gewählte Regierung auf die 1945 von der *SMAD* geschaffene *Deutsche Wirtschaftskommission* zurückgreifen, die unter sowjetischer Aufsicht die *Besatzungszone* verwaltet und zentralistisch geprägt hatte. Die Regie-

rung unter dem ersten Ministerpräsidenten *Grotewohl* war bei voll ausgebildetem *Blocksystem* schon gänzlich in Händen der SED (obwohl nur 8 von 18 Mitgliedern dieser Partei angehörten) und wurde seit Nov. 1950 Ministerrat genannt. Er bestand zuletzt aus 44 Mitgliedern (40 SED) und wurde vom dem auf 5 Jahre gewählten Vorsitzenden (Ministerpräsidenten), zwei 1. Stellvertretenden Vorsitzenden und 9 weiteren Stellvertretenden Vorsitzenden geleitet. Sie bildeten mit einigen wichtigen Fachministern das Präsidium des Ministerrats, das alle Entscheidungen nach Absprache mit den zuständigen Sekretären des ZK der SED und mit dem *Politbüro* vorbereitete und dem Ministerkollegium zur Bestätigung vorlegte.
Als »Organ der Volkskammer« war der Ministerrat nominell für die »einheitliche Durchführung der Staatspolitik« und für die »Erfüllung der politischen, ökonomischen und sozialen sowie der ihm übertragenen Verteidigungsaufgaben« zuständig, leitete die *Außenpolitik* und übte die politische Kontrolle bis in die Räte der *Bezirke* aus. De facto aber hatte er, je länger, desto deutlicher, nur untergeordnete Kompetenzen. Entschieden wurde das, was er entscheiden sollte, im ZK und im Politbüro der SED oder vom Vorsitzenden des *Staatsrats*, der nach 1960 unter *Ulbricht* zum wahren Machtzentrum wurde, so daß der Ministerrat schließlich als »Exekutivorgan der Volkskammer und des Staatsrates« bezeichnet wurde. Erst unter *Honecker* wurde dies wieder korrigiert, doch die völlige Abhängigkeit von der Partei blieb unangetastet. Sie entschied, war aber nicht verantwortlich, der Ministerrat hatte nur auszuführen, trug aber die Verantwortung. Das führte zu Blockaden und im von *Mittag* aus dem Politbüro ferngesteuerten zentralen Bereich der Wirtschaftspolitik zu jenen Schwächen der *Planwirtschaft*, die wesentlichen Anteil am Zusammenbruch des Staates hatten. Das Ende der DDR bahnte sich mit dem kollektiven Rücktritt des Ministerrats am 7. 11. 1989 an und war de facto mit der Grenzöffnung zwei Tage später besiegelt.

Mißtrauensvotum

In parlamentarischen Demokratien ist die Regierung dem Parlament verantwortlich. Dieses kann der Regierung, dem Regierungschef oder einzelnen *Ministern* das Mißtrauen aussprechen und sie damit zum Rücktritt zwingen. Wo dies mit einfacher *Mehrheit* möglich ist (wie in der Weimarer Republik), ist politische Instabilität wegen häufiger Regierungswechsel die Folge. Das *Grundgesetz*, das nur ein Mißtrauensvotum gegen den *Bundeskanzler* kennt, und einige *Verfassungen* von *Bundesländern* sehen daher vor, daß die Regierung nur gestürzt werden kann, wenn das Parlament zugleich mit *absoluter Mehrheit* einen neuen Regierungschef wählt. Dieses bisher im Bund nur einmal 1982 gegen Kanzler *Schmidt* erfolgreiche *konstruktive Mißtrauensvotum* (der Versuch, die Regierung *Brandt* zu stürzen, scheiterte 1972) hat viel zur

Stabilität der *Bundesregierungen* beigetragen. Die Möglichkeit, der Regierung das Vertrauen zu entziehen, ist ein scharfes parlamentarisches Instrument bei der Kontrolle der Regierung. Niederlagen bei anderen *Abstimmungen* zwingen die Regierung hingegen nicht zum Rücktritt, es sei denn, sie hat in einer besonders wichtigen Frage die Abstimmung mit der *Vertrauensfrage* verbunden.

Mitbestimmung

Der Zusammenbruch Deutschlands 1945 galt vielen auch als ein Bankrott der kapitalistischen Wirtschaftsordnung - viele Unternehmen hatten sich durch Kooperation mit dem *Nationalsozialismus* kompromittiert. Das *Ahlener Programm* der CDU zeigte, daß die Furcht vor einem neuen unkontrollierten *Kapitalismus* parteiübergreifend waren. Die Westmächte aber bremsten den Reformeifer, und die CDU schwenkte mit ihren *Düsseldorfer Leitsätzen* bald auf ihre Linie ein. Ihr Konzept einer sozialen *Marktwirtschaft* setzte sich schließlich gegen Pläne durch, der politischen Demokratisierung eine wirtschaftliche durch gleichberechtigte (paritätische) *Mitbestimmung* der *Arbeitnehmer* an die Seite zu stellen. Immerhin konnten die *Gewerkschaften* am 21. 5. 1951 in der Montanindustrie (Bergbau, Eisen- und Stahlindustrie), der damaligen Schlüsselbranche, ein Modell durchsetzen, daß der geforderten Parität nahe kam. Danach war in Betrieben mit mehr als 1000 Beschäftigten ein elfköpfiger Aufsichtsrat zu bilden, dem je fünf Vertreter der Kapitalseite und der Arbeitnehmerschaft sowie ein gemeinsam bestimmtes »neutrales« Mitglied angehören mußten. Das blieb auch nach der Neufassung vom 6. 9. 1965 so, in der je nach Kapitalhöhe Aufsichtsräte mit 21, 15 oder 11 Mitgliedern in gleicher Weise vorgesehen sind und nach der ein Arbeitsdirektor aus der Belegschaft in den Vorstand zu berufen ist.

In allen anderen Bereichen, von denen viele (Chemie, Kfz, Handel u. a.) die Montanindustrie inzwischen deutlich überflügelt haben, blieb Mitbestimmung lange auf die im Gesetz über die *Betriebsverfassung* von 1952 gewährten minimalen Rechte der Arbeitnehmerschaft beschränkt. Erst durch das Mitbestimmungsgesetz vom 4. 5. 1976 wurde sie in Großbetrieben stärker, war allerdings immer noch nicht paritätisch an den Unternehmensentscheidungen beteiligt: Unternehmen mit mehr als 2000 Beschäftigten müssen für »gleichwertige« Vertretung von Arbeitnehmerschaft und Kapitaleignern im sechs-, acht- oder zehnköpfigen Aufsichtsrat sorgen, der mit Zweidrittelmehrheit einen Vorsitzenden wählt. Gelingt das nicht, bestimmen die Kapitaleigner den Vorsitzenden, die Arbeitnehmer den Stellvertreter. Dies und die Tatsache, daß leitende Angestellte proportional zu berücksichtigen sind, sichert der Kapitalseite stets ein Übergewicht. Eine Beteiligung der Arbeitnehmer am Vorstand wie in der Montanmitbestimmung ist zudem nicht vorgesehen.

Günter Mittag, Sekretär für Wirtschaft beim ZK der SED, beim Meinungsaustausch mit Bundeskanzler Helmut Kohl *(r.) am 18. 4. 1985 in Bonn.*

Mittag, Günter
* Stettin 8. 10. 1926, † Berlin 18. 3. 1994 – Er war der typische zweite Mann: Der Bahnlehrling Mittag trat unmittelbar nach Kriegsende der KPD bei, bekleidete verschiedene Posten in der SED, studierte Wirtschaftswissenschaften, stieg 1962 ins *Zentralkomitee der SED* und 1966 ins *Politbüro* auf. 1973–76 war Mittag erster Stellvertretender Vorsitzender im *Ministerrat* und 1984 bis zum Sturz *Honeckers* am 18. 10. 1989 stellvertretender Vorsitzender des *Staatsrats*. Am 23. 11. 1989 wurde er aus der untergehenden SED ausgeschlossen und am 3. 12. 1989 verhaftet. Aus Gesundheitsgründen erhielt er im Sommer 1990 Haftverschonung; das Verfahren wegen Veruntreuung von Volksvermögen wurde 1993 wegen Verhandlungsunfähigkeit eingestellt.

Mitte s. *Links-Mitte-Rechts*

Mitteldeutscher Rundfunk (MDR) s. *Hörfunk und Fernsehen*

Mitteldeutschland
Solange die Abtrennung der *deutschen Ostgebiete* in der Bundesrepublik nicht akzeptiert war und auch die Bezeichnung »DDR« allenfalls

in Anführungszeichen verwendet wurde, sprachen viele Deutsche von ihr als »Mitteldeutschland«. Dieser Sprachgebrauch dominierte in der konservativen Presse bis unmittelbar vor der *Wiedervereinigung*. Erst mit ihr und der definitiven Anerkennung der *Oder-Neiße-Linie* als polnischer Westgrenze 1990 verschob sich die Bezeichnung. Heute werden die neuen *Bundesländer* auf dem Territorium der einstigen DDR als »Ostdeutschland« bezeichnet.

Mittelstand

Handwerker, Einzelhändler, Angehörige freier Berufe, leitende Angestellte, höhere Beamte, kurz alle Personen mit gutem Einkommen und einigem *Eigentum* werden unter dem Begriff des Mittelstands zusammengefaßt, wobei die Abgrenzung zur Oberschicht ebenso fließend ist wie die zur Arbeiterschaft. Der Mittelstand ist aus der Sorge vor sozialem Abstieg und unter dem Konkurrenzdruck der Großunternehmen traditionell konservativ bis nationalistisch eingestellt. Der Schock der Niederlage des NS-Staates, mit dem Teile des Mittelstands paktiert hatten, änderte daran wenig. Erst das *Wirtschaftswunder* und das damit wachsende Vertrauen in den demokratischen Staat ließ v. a. den neuen Mittelstand der aufgestiegenen Angestellten und Beamten zu anderen Einstellungen finden. Seine staatstragende Rolle spiegelt sich aber weiterhin in politischen Präferenzen für bürgerliche Parteien. Sie haben durch Subventionspolitik, Eindämmung von Monopolen, *Kartell*gesetzgebung, steuerliche Hilfen u. a. einen Großteil des Mittelstands an sich binden können, der aber auch als bedeutendes Wählerreservoir von der SPD umworben wird und bei wachsendem Umweltbewußtsein für die *Grünen* ansprechbar ist.

Modrow, Hans

* Jasenitz/Kreis Ueckermünde 27. 1. 1928 - Der gelernte Schlosser Modrow mußte 1945 noch zum Volkssturm, war bis 1949 in sowjetischer Gefangenschaft und wurde nach der Rückkehr Mitglied der SED. Nach verschiedenen Posten wurde der seit 1958 der *Volkskammer* angehörende und 1967 ins ZK aufgestiegene Modrow 1973 1. Sekretär der SED-Bezirksleitung Dresden und in der Krise im November 1989 letzter SED-*Ministerpräsident* (bis April 1990). Vergeblich bemühte er sich um den Erhalt einer demokratisierten und marktwirtschaftlich reformierten DDR. Ende 1990 rückte Modrow für die PDS in den *Bundestag* ein, doch wurde seine *Immunität* vorübergehend aufgehoben, als ihm wegen der Fälschung der letzten Kommunalwahl in der DDR im Mai 1989 der Prozeß gemacht wurde; er endete mit einer »Verwarnung mit Strafvorbehalt«. Das Urteil wurde 1995 in einer vom Bundesgerichtshof angeordneten Neuverhandlung auf 9 Monate Haft mit Bewährung und 5000 DM Geldstrafe verschärft.

Mölln s. *Fremdenfeindlichkeit*

Monopolkapitalismus
Indem sich in der freien *Marktwirtschaft* der Stärkere im Konkurrenzkampf durchsetzt, verdrängt er Schwächere vom Markt, übernimmt sie oder erzwingt eine Fusion. Erreicht er so eine marktbeherrschende Stellung, hat er ein Monopol. Dieses aus dem Griechischen stammende Wort bedeutet soviel wie »Alleinanbieter«, wird aber auch schon im Falle von wirtschaftlicher Dominanz verwendet. Nach marxistischer Theorie mußte sich der Konkurrenzkapitalismus folgerichtig durch die Konzentration in Form von Trusts, Konzernen und *Kartellen* zu einem Monopolkapitalismus entwickeln und an diesem Widerspruch - das kapitalistische Konkurrenzprinzip verschwindet - zugrunde gehen. Die soziale Marktwirtschaft hat jedoch durch Eingreifen des Staates Sicherungen wie die *Mitbestimmung* und die Fusionskontrolle durch das Kartellamt entwickelt, die dem Entstehen von marktbeherrschenden Unternehmen entgegenwirken und den *Wettbewerb* schützen.

Montagsdemonstrationen
Bei den Protesten der DDR-Bevölkerung gegen die SED-Diktatur im Herbst 1989 spielte die Stadt Leipzig eine besondere Rolle. Um einen

Bei den Montagsdemonstrationen in Leipzig versammeln sich jede Woche Tausende, um ihren Forderungen nach Demokratisierung der DDR und schließlich nach Wiedervereinigung *Nachdruck zu verleihen.*

Kern von Oppositionellen, die sich zu Friedensandachten in der Nikolaikirche versammelten, bildete sich eine wachsende Schar von Bürgerrechtlern, die am 4. 9. erstmals zu einer größeren Demonstration zusammenkamen und Transparente wie »Reisefreiheit statt Massenflucht« zeigten. Die Staatsmacht griff hart durch, konnte aber nicht verhindern, daß sich nun allwöchentlich eine dramatisch wachsende Menge zu den »Montagsdemonstrationen« genannten Protesten in der Leipziger Innenstadt versammelte. Gefährlich eskalierte der Konflikt zwei Tage nach den Feierlichkeiten zum 40. Jahrestag der DDR-Gründung, als am 9. 10. über 70000 Demonstranten auf dem Karl-Marx-Platz zusammenströmten. Trotz eines Befehls *Honeckers*, mit Gewalt gegen sie vorzugehen, verlief die Kundgebung friedlich. Die Führung der *Gruppe Sowjetischer Streitkräfte in Deutschland (GSSD)* hatte signalisiert, daß sie anders als am *Siebzehnten Juni 1953* nicht eingreifen würde. Ihren Höhepunkt erreichten die Montagsdemonstrationen am 13. 11., als 200000 Menschen mit Rufen wie »Wir sind das Volk!« den Sturz der SED verlangten. Daraus entstand bald die Forderung nach *Wiedervereinigung*: »Wir sind ein Volk!« Leipzig wurde für diese Rolle bei der *Wende* als »Heldenstadt« gefeiert.

Montanmitbestimmung s. *Mitbestimmung*

Montanunion

Nur drei Jahre nach Kriegsende wurde in Frankreich mit Robert Schuman ein Mann Außenminister (bis 1952), der den Mut hatte, offen für eine Aussöhnung mit Deutschland einzutreten. Er entwickelte 1950 einen nach ihm benannten Plan, die westdeutsche und französische Montanindustrie (Kohle- und Stahlproduktion, damals Schlüsselindustrien) einer Behörde mit eigener Autorität für Preisbildung, Investitionen, Außenhandel u. a. zu unterstellen, was zugleich der internationalen Kontrolle des *Ruhrgebiets* dienen sollte. Der Plan fand auch in den Benelux-Staaten und Italien Beifall, so daß schließlich am 18. 4. 1951 eine Europäische Gemeinschaft für Kohle und Stahl (EGKS) aus sechs Nationen zustande kam, kurz Montanunion genannt. Sie stand am Anfang einer Kooperation, aus der die EWG entstand, die sich zur heutigen *Europäischen Union (EU)* erweitert hat.

Morgenthau-Plan

Der amerikanische Finanzmininister Henry Morgenthau jr. entwickelte 1944 ein Programm der USA für die Behandlung des besiegten Deutschen Reichs (»Program to prevent Germany from starting a World War III«), das Deutschland ein für alle Mal daran hindern sollte, einen 3. Weltkrieg zu beginnen. In 14 Punkten sah es neben einer völligen Entwaffnung eine stufenweise Reagrarisierung des Landes durch *Demontage* der Industriekapazitäten und Stillegung der Bergwerke vor. Darüber hinaus sollte die deutsche Wirtschaft für mindestens 20 Jahre international kontrolliert werden; umfangreiche Gebietsabtretungen sollten Deutschland schrumpfen lassen und auf dessen Gebiet zwei deutsche Staaten entstehen. Im Sept. 1944 US-Präsident Franklin D. Roosevelt vorgelegt, fand der Morgenthau-Plan zunächst dessen und auch die Zustimmung des britischen Premierministers Winston Churchill, doch verwarfen sie ihn wenig später als zu hart. Die NS-Propaganda gab den Plan dennoch als oberstes alliiertes Kriegsziel aus und nutzte ihn für Durchhalteparolen.

Moskauer Außenministerkonferenz
Knapp zwei Jahre nach Kriegsende wurde auf einer Konferenz der Außenminister der vier *Siegermächte* deutlich, wie weit sich die einstige Anti-Hitler-Koalition auseinandergelebt hatte. In Moskau versuchten George C. Marshall (USA), Wjatscheslaw Molotow (UdSSR), Ernest Bevin (Großbritannien) und Georges Bidault (Frankreich) vom 10. 3. bis zum 24. 4. 1947 vergeblich, die deutsche Frage zu regeln, wobei die Fronten keineswegs nur zwischen Ost und West, sondern auch zwischen Frankreich und den drei anderen Mächten verliefen. Der von der deutschen Aggression zum zweiten Mal in diesem Jahrhundert betroffene westliche Nachbar Deutschlands sperrte sich gegen alle Bestrebungen, zentrale deutsche Stellen zu schaffen, die ein Wiedererstehen des deutschen Gesamtstaats möglich machen könnten. Zwischen den Westmächten und der UdSSR gab es Spannungen wegen der amerikanischen Politik des *Containment*, der von den USA gewünschten Abschaffung des Zwangs zu einstimmigen Beschlüssen im *Alliierten Kontrollrat*, der soeben gebildeten *Bizone* u. a. Einigkeit erzielte man in den sechs Wochen nur über die Auflösung *Preußens*.

Moskauer Vertrag s. *Deutsch-Sowjetischer Vertrag*

multikulturelle Gesellschaft
Bei wachsender Notimmigration und Zustrom von *Ausländern* aus Staaten der *Europäischen Union* nimmt der Anteil der Nichtdeutschen an der Bevölkerung der Bundesrepublik ständig zu. Sie ist längst zu einem multinationalen Land geworden, aber noch längst keine multikulturelle Gesellschaft, in der alle *Minderheiten* gleichberechtigt integriert sind und zu einem Grundkonsens über *Freiheit*, Würde, *Gleichheit* und Demokratie gefunden haben. Viele halten aufgrund der historischen Erfahrungen eine solche Gesellschaft für utopisch, da alle derartigen Versuche gescheitert seien und nicht einmal das Zusammenleben von Basken und Spaniern, Serben und Kroaten, Christen und Moslems in viel übersichtlicheren Zusammenhängen gelingt.

Auch die immer wieder als Beispiel zitierten USA leiden unter Konflikten zwischen verschiedenen ethnischen Gruppen. Noch eint der Wohlstand, doch bröckelt diese Einheit seit der *Wiedervereinigung* unübersehbar, da immer weniger an immer mehr zu verteilen ist. Die politischen Bemühungen richten sich daher auf Integration der bereits in Deutschland lebenden Gruppen und auf Kontingentierung der *Einwanderung.*

N

Nachrüstung s. *NATO-Doppelbeschluß*

Nachwahl
Aus Großbritannien wird häufig von Nachwahlen berichtet, die zwischen den Hauptwahlen Stimmungstrends deutlich machen. Das liegt am dortigen reinen Mehrheitswahlrecht, bei dem Personen direkt gewählt werden, deren Ausscheiden aus dem Parlament (durch Verzicht, Tod u. a.) die Wahl eines neuen Kandidaten erforderlich macht. Beim deutschen Verhältniswahlrecht *(Wahlen)* finden Nachwahlen nur dann spätestens 3 Wochen nach der Hauptwahl statt, wenn Naturkatastrophen oder Unruhen die rechtzeitige Wahl in einem Wahlkreis verhindern, wenn ein Direktkandidat so kurz vor der Wahl stirbt, daß keine Zeit für die Aufstellung eines neuen Bewerbers bleibt oder wenn ein *Abgeordneter* einer Partei ohne Landesliste aus dem Parlament ausscheidet; dann muß spätestens nach 60 Tagen nachgewählt werden. In allen anderen Fällen wird das Parlament durch Nachrücker aus den Landeslisten ergänzt.

namentliche Abstimmung s. *Abstimmung*

Nation
Das lateinische Wort »natio« bedeutet Geschlecht, Volk, Stamm und meint im Unterschied zu »populus« (Bevölkerung) die Gemeinschaft, in die man hineingeboren wird. Davon ist in der modernen Verwendung des Begriffs noch der »völkische« Aspekt erhalten, den die Propaganda im 3. Reich besonders betont hat. Trotzdem scheut sich mancher nicht, weiterhin in diesem Sinne von Nation zu sprechen. Es überwiegt inzwischen jedoch die politische Bedeutung als Sammelbegriff für die Einwohner eines Staates, die nicht unbedingt zu einem Volk gehören müssen, sondern eine *multikulturelle Gesellschaft* bilden können wie die amerikanische Nation oder das Staatsvolk der Schweiz. Die dortigen Deutschen oder die Österreicher verstehen sich allenfalls noch als Angehörige der deutschen Kulturnation, die durch gemeinsame Sprache, Tradition, Religion, Abstammung und Wertvorstellungen konstituiert ist.
In diesem Sinn wurde nach dem Krieg der Begriff der deutschen Nation in beiden Teilen des Landes aufrechterhalten, im Westen aber intensiver gepflegt als in der DDR, die sich bis 1974 »sozialistischer Staat deutscher Nation« nannte (Art. 1 der Verfassung), die Bezeichnung »deutsch« dann ganz wegließ und nur noch vom »sozialistischen Staat der Arbeiter und Bauern« sprach, der auf dem Weg in die übernationale kommunistische Gemeinschaft aller Völker Nationales nicht

mehr benötigte. Im Westen hatten nationale Töne lange etwas Illusorisches, weil die Einheit der Nation zerfallen war, der Anspruch darauf aber nicht aufgegeben werden sollte. Mit der *Wiedervereinigung* kam es daher zu einer neuen Betonung des Nationalen, wie sie auch in den Staaten des zusammengebrochenen Ostblocks zu beobachten ist. Dort und vereinzelt auch hier artet sie in *Nationalismus* aus, der im Stolz auf die eigene Nation die anderen abwertet. *Fremdenfeindlichkeit* hat u. a. hier ihre Wurzeln.

Nationaldemokratische Partei Deutschlands (NPD)
Rechts von der CDU/CSU konnten sich nach dem 2. Weltkrieg Parteien nicht auf Dauer etablieren. Sie wurden entweder als neonazistisch verboten wie die *Sozialistische Reichspartei (SRP)* oder gingen aufgrund von Flügelkämpfen an Mitgliederschwund zugrunde wie die *Deutsche Reichspartei (DRP)*. Erst am 28. 11. 1964 machte Adolf von Thadden mit der Gründung der Nationaldemokratischen Partei Deutschlands (NPD) einen Neuanfang von rechts. Im Klima der ersten Wirtschaftskrise in der Bundesrepublik 1966/67 erzielte die NPD bei 7 *Landtagswahlen* Erfolge und scheiterte mit 4,3 % nur knapp bei der *Bundestagswahl* 1969. Dann wurde die Partei von Richtungskämpfen eingeholt, und mit dem Rücktritt Thaddens 1971 verlor sie auch ihre Galionsfigur. Im Schlepptau der *Deutschen Volksunion (DVU)* hatte sie 1987 in Bremen noch einmal einen kleinen Erfolg, aber seitdem hat sie jede Bedeutung verloren.

National-Demokratische Partei Deutschlands (NDPD)
1947 geriet die Entwicklung des *Blocksystems* in der *SBZ* in eine Krise, weil sich Ost-CDU und LDP (die spätere LDPD) dem Führungsanspruch der SED nicht beugen wollten. *SMAD* und SED förderten daher die Neubildung einer Partei für die national eingestellten Angehörigen des *Mittelstands* und ehemalige Soldaten. Sie wurde unter dem Namen National-Demokratische Partei Deutschlands (NDPD) von der SMAD am 16. 6. 1948 lizenziert und verlangte in ihrem Programm u. a. die Förderung des Mittelstands, die Eingliederung der einstigen Berufs*beamten*, das Ende der Diskriminierung der kleinen NSDAP-Mitglieder und der Offiziere der Wehrmacht, eine Bodenreform und die Enteignung der Konzerne. Für enge Bindung an die SED sorgten Funktionäre, die die spätere Staatspartei der NDPD zur Verfügung stellte, für Linientreue Offiziere aus dem *Nationalkomitee Freies Deutschland*.
In der DDR stellte die nach dem Muster der SED und dem Prinzip des *demokratischen Zentralismus* organisierte NDPD dann 52 Abgeordnete in der *Volkskammer* sowie je einen Stellvertretetenden Vorsitzenden des *Ministerrats* und des *Staatsrats*. Höchstes Gremium war der alle 5 Jahre zusammentretende Parteitag, der einen Hauptausschuß wählte.

Ein Sekretariat erledigte die laufenden Geschäfte. Gegen Ende der DDR hatte die NDPD 110000 Mitglieder, die regionalen »Grundeinheiten« angehörten. Wie breit gefächert die tatsächlichen, von sozialistischen Lippenbekenntnissen überdeckten politischen Meinungen in der Partei waren, erwies sich bei der *Wende*. Ein Profil wurde jedenfalls nicht deutlich, so daß die NDPD bei der ersten freien Wahl zur *Volkskammer* vom 18. 3. 1990 nur 0,39 % der Stimmen (2 Mandate) erhielt. Danach schloß sie sich dem Bund Freier Demokraten an und ging mit diesem in der *Freien Demokratischen Partei (FDP)* auf.

Nationale Front der DDR (NF)

Die diversen Zusammenschlüsse von Organisationen in der DDR ähnelten der »Puppe in der Puppe«: Da gab es schon die im *Blocksystem* verschweißten Parteien und *Massenorganisationen*, und dennoch schien den Einheitsideologen noch eine überwölbende Nationale Front (NF) als »Bündnis aller Kräfte des Volkes« erforderlich. Wie alle ihre Mitglieder - über die genannten hinaus zahllose kleinere Organisationen bis hin zum Blinden- und Sehschwachen-Verband, dem Zentralen Ausschuß für *Jugendweihe*, dem DDR-Komitee für *Menschenrechte* oder der Vereinigung der Juristen - hatte sich die NF an den Richtlinien der SED zu orientieren und gab sich als Programm eine allgemeinere Fassung des Programms der Staatspartei. Mit Gründung der DDR am 7. 10. 1949 entstanden, berief die NF einen Nationalrat, der wie dessen Sekretariat und Präsidium wiederum von SED-Funktionären dominiert waren. Gegen Ende der DDR hatte die NF 405000 ehrenamtliche Mitarbeiter, davon immerhin 132000 parteilose.

Nur einmal spielte die NF eine Schlüsselrolle, nämlich beim Aufbruch des neugegründeten Staates, als es darum ging, durch Aufstellung von *Einheitslisten* für die erste *Volkskammer*-Wahl den Führungsanspruch der SED zu zementieren. Nachdem dies mit erheblichem Druck auf Widerspenstige gelungen war, verkümmerte die NF zu einem Verlautbarungsorgan. Ihr Nationalrat nahm anfangs zu allen gesamtdeutschen Fragen im SED-Sinne Stellung und konzentrierte sich später auf die »ständige Entwicklung der sozialistischen Demokratie« durch »Annäherung der Klassen und Schichten auf dem Boden der Ideale der Arbeiterklasse«. Die Gliederungen der NF durften außerdem die Wahlen auf allen Ebenen vorbereiten und Wahl-»Kampf«-Kampagnen organisieren. Für den DDR-Alltag wichtig wurden nur die Ausschüsse der NF auf Ortsebene, wo sie nach solidarischen Lösungen für Versorgungs-, Betreuungs- oder sonstige soziale Probleme suchten.

Nationaler Verteidigungsrat der DDR (NVR)

Was in der Bundesrepublik die *Notstands*gesetzgebung regelte, das besorgte in der DDR weit früher und umfassender das Gesetz über die

Einrichtung des Nationalen Verteidigungsrates (NVR) vom 10. 2. 1960. Damit wurde ein Gremium geschaffen, das als Hilfsorgan des *Staatsrates* die Landesverteidigung zu organisieren hatte und im Verteidigungsfall als Notstandsregierung mit umfassenden gesetzgeberischen und exekutiven Vollmachten ausgestattet war. Der Vorsitzende des NVR war in diesem Fall Oberbefehlshaber aller »bewaffneten Kräfte« der DDR: dazu gehörten die *Nationale Volksarmee (NVA)*, die *Kampfgruppen der Arbeiterklasse*, die Deutsche *Volkspolizei* und ihre Bereitschaften, die *Grenztruppen*, das Wachregiment der *Stasi* u. a. Nominell wurde der Vorsitzende des NVR von der *Volkskammer* gewählt, de facto hatte aber immer der Vorsitzende des Staatsrates dieses Amt in Personalunion inne, also 1960–71 *Ulbricht*, gefolgt von *Honecker* und *Krenz*. Zu den vor der Öffentlichkeit geheimgehaltenen 12 Mitgliedern des NVR gehörten außerdem der Präsident der Volkskammer, der Vorsitzende des *Ministerrats*, seine beiden 1. Stellvertreter, einige Minister sowie die SED-Bezirkschefs der Grenzbezirke Magdeburg und Suhl. Als Befehlsorgan trat der NVR u. a. beim Bau der *Berliner Mauer* am 13. 8. 1961 und bei der Beteiligung von NVA-Einheiten an der Niederschlagung des »Prager Frühlings« im Aug. 1968 in Aktion. In den Protokollen der Sitzungen des NVR vom 20. 9. 1961 und vom 3. 5. 1974 sind Regelungen des *Schießbefehls* an der *innerdeutschen Grenze* festgehalten.

Nationale Volksarmee (NVA)

Offiziell als Antwort auf den Beitritt der Bundesrepublik zur *NATO* und auf die Aufstellung der *Bundeswehr*, in Wahrheit aber von langer Hand vorbereitet, wurde in der DDR mit Gesetz vom 18. 1. 1956 aus der kasernierten *Volkspolizei* die Nationale Volksarmee (NVA), unterstellt dem ebenfalls neu geschaffenen Ministerium für Nationale Verteidigung, das wie der gesamte *Ministerrat* vom *Politbüro* der SED angeleitet wurde. Der Aufbau der NVA vollzog sich unter ständiger sowjetischer Beratung und war auf Einbindung in den *Warschauer Pakt* angelegt, die im Mai 1958 endgültig vollzogen war. Zusammen mit der *Gruppe Sowjetischer Streitkräfte in Deutschland (GSSD)* bildeten die Einheiten der NVA nun die »erste strategische Staffel« des Paktes. Zunächst war die NVA als Freiwilligenarmee von 90 000 Mann geplant, durch *Wehrpflicht*gesetz vom 24. 1. 1962 wurde sie jedoch umstrukturiert und erheblich gestärkt. Zuletzt betrug ihr Personalbestand rd. 170 000 Mann, verteilt auf Land-, Luft- und Seestreitkräfte (»Volksmarine«); hinzu kamen 385 000 Reservisten.

Der Wehrdienst wurde in der DDR als »Ehrenpflicht« ausgegeben, die dem Schutz des Vaterlandes und der »Errungenschaften der Werktätigen« diene. Offiziell galt die NVA als Instrument zur Verteidigung, doch wurde diese so offensiv verstanden, daß in Planungen von Vorstößen bis zum Atlantik innerhalb von zwei Wochen die Rede war. Erst

Eine Ehrenkompanie der Nationalen Volksarmee beim Vorbeimarsch am Ehrenmal für die Opfer des Faschismus und Militarismus in Ostberlin.

nach der Entspannung an der *innerdeutschen Grenze* durch den *Grundlagenvertrag* setzten sich realistischere Konzepte durch. Denn trotz der hohen Gefechtsbereitschaft der NVA war ihr technischer Standard aufgrund bürokratischer Hemmnisse bei der Beschaffung und wegen der immer prekären Ersatzteillage ungenügend. Die Motivation der Soldaten litt zudem unter hohem Druck, der v. a. durch die ständige politisch-ideologische Schulung erzeugt wurde. Sie setzte schon in jungen Jahren ein und endete auch nach Ableistung des Wehrdienstes nicht. Von Jugendlichen wie Reservisten wurde Engagement in der *Gesellschaft für Sport und Technik (GST)* erwartet. Fernbleiben führte ebenso zu Nachteilen in Ausbildung oder Beruf wie die offiziell nicht vorgesehene *Kriegsdienstverweigerung.*

Nach dem Zusammenbruch der SED-Diktatur wurde der evangelische Pastor Rainer Eppelmann nach den ersten freien Wahlen zur *Volkskammer* am 18. 3. 1990 letzter Verteidigungs- und Abrüstungsminister der DDR. Er leitete die Auflösung der NVA, die Verschrottung eines Großteils ihres Geräts und ihre Lösung aus dem Warschauer Pakt ein. Die *Bundeswehr* übernahm nach der *Wiedervereinigung* die restlichen

Waffen sowie 50 000 Mann der NVA, von denen jedoch viele in der Folgezeit ausschieden.

Nationalfarben s. *deutsche Farben*

Nationalhymnen

Nationalhymnen dienen wie Flaggen und Wappen als Symbole der nationalen Identität. Für beide deutschen Staaten stellte sich nach Gründung 1949 die Frage nach einer Hymne. In der Bundesrepublik ließ sich gegen den Widerstand von Bundeskanzler *Adenauer* eine neue Hymne nicht durchsetzen. Selbst Bundespräsident *Heuss* scheiterte mit seinem Vorschlag, das Lied »Land des Glaubens, deutsches Land ...« von Rudolf Alexander Schröder zu wählen. Trotz heftiger Proteste v. a. von seiten der SPD wegen des Mißbrauchs im 3. Reich einigte man sich auf einen Kompromiß: Es blieb aus Gründen der Kontinuität beim 1841 auf *Helgoland* entstandenen *Deutschlandlied* von A. H. Hoffmann von Fallersleben, von dem aber gemäß Bulletin der *Bundesregierung* vom 6. 5. 1952 nur die 3. Strophe (»Einigkeit und Recht und Freiheit ...«) zu singen ist. Dies war auch als Reaktion auf die 1949 von *Becher* geschaffene und von Hanns Eisler vertonte DDR-Nationalhymne (»Auferstanden aus Ruinen ...«) gedacht, die lange unpopulär blieb und erst mit den großen Erfolgen der DDR-Sportler in den 1970/80er Jahren eine gewisse Akzeptanz gewann. Gesungen wurde sie allerdings damals schon nicht mehr, weil die darin vorkommende Zeile »Deutschland, einig Vaterland« inzwischen der Parteilinie widersprach. Seit der *Wiedervereinigung* ist das Deutschlandlied gesamtdeutsche Nationalhymne.

Nationalismus

Mit Entdeckung der *Nation* nach den Napoleonischen Kriegen zu Beginn der 19. Jh. entwickelte sich in Deutschland ein besonders ausgeprägter Patriotismus (von lat. »patria« = Heimat, Vaterland). Er stilisierte den deutschen Staat zum Liebesobjekt (»Vaterlandsliebe«) und forderte die Bereitschaft, für ihn notfalls das Leben zu opfern. Dieser Patriotismus schlug nach der deutschen Einigung im Kaiserreich im 1. Weltkrieg und besonders im 3. Reich in aggressiven Nationalismus um (»am deutschen Wesen soll die Welt genesen«) und war dadurch nach 1945 nachhaltig diskreditiert. Zudem was Deutschland nun geteilt, so daß ein deutscher Patriotismus nur teilstaatlich sein konnte und dem Nationalismus der Boden entzogen war. Ein Verfassungspatriotismus, also Stolz auf die *freiheitlich-demokratische Grundordnung*, wie er in der Bundesrepublik propagiert wurde, bildete sich nur in Ansätzen im Bildungsbürgertum; der »sozialistische Patriotismus«, der nach SED-Lehre die Verbindung von Klassenbewußtsein und Vaterlandsliebe sei, blieb in der DDR eine Propagandaphrase. Seit der

Wiedervereinigung zeigen sich wieder Tendenzen zur Abwertung anderer Nationen.

Nationalkomitee Freies Deutschland (NKFD)
Als sich die deutsche Niederlage im Osten immer deutlicher abzeichnete, schlossen sich am 13. 7. 1943 kommunistische Emigranten und in *Antifa*-Schulen ausgebildete deutsche *Kriegsgefangene* in der UdSSR unter sowjetischer Aufsicht zusammen, um bei den deutschen Kameraden für eine Beendigung des Krieges zu werben. Das so entstandene Nationalkomitee Freies Deutschland (NKFD) versuchte, die deutschen Soldaten von der Aussichtslosigkeit ihres Kampfes zu überzeugen und zum Überlaufen zu bewegen. Der Erfolg blieb jedoch äußerst bescheiden; die Angst vor sowjetischer Gefangenschaft und der Glaube an das »Genie des Führers« war bei den Landsern so ausgeprägt, daß die meisten bis zuletzt an den »Endsieg« glaubten. Moskau verlor zudem mit wachsender Siegesgewißheit das Interesse am NKFD, das am 2. 11. 1945 aufgelöst wurde, dessen führende Aktivisten aber z. T. in hohe Positionen in der *SBZ* und später in der DDR aufrückten.

Nationalsozialismus
Der Begriff Nationalsozialismus ist sowohl die - bewußt irreführende - Eigenbezeichnung der von Adolf Hitler in Deutschland zur Macht geführten politisch-weltanschaulichen Bewegung als auch die Bezeichnung für das durch sie geformte Herrschaftssystem 1933–45, das nationalistisch, aber kaum sozialistisch geprägt war. Ideologisch weitgehend identisch mit der Weltanschauung Hitlers, ist der Nationalsozialismus durch das Parteiprogramm der NSDAP nur unzureichend beschrieben. Wichtiger sind die Bekenntnisschrift »Mein Kampf« (1925/26) und die sonstigen programmatischen - zumeist mündlichen - Äußerungen Hitlers, in denen sich mehrere Konstanten ausmachen lassen:
1. Antiliberalismus und Antiparlamentarismus: Die aus der Niederlage geborene Demokratie wurde abgelehnt als Verstoß gegen das »aristokratische Grundgesetz der Natur«, das allein im Führerprinzip die gültige politische Entsprechung finde. Seine Aufgabe sah der Nationalsozialismus im Aufbau einer straffen autoritären Führung auf der Basis von Befehl und Gehorsam und in der Bildung einer verschworenen Volksgemeinschaft.
2. *Antikommunismus* und *Nationalismus*: Jede »internationalistische« *Ideologie* und Organisation lehnte der Nationalsozialismus als »unvölkisch« ab. Da jeder Mensch Produkt seines Volkstums sei, »entwurzele« ihn die Bindung an rein theoretische Gebilde wie *»Klasse«*, »Menschheit« oder »Humanität«. Orientierung biete allein die »Blutsgemeinschaft« des Volkes. Nationalismus war danach die Sicherung

ihres Lebensrechts, *Sozialismus* nicht die marxistische Vergesellschaftung der Produktionsmittel, sondern die Durchsetzung des Prinzips: »Du bist nichts, dein Volk ist alles!«
3. Rassismus: Unter Rückgriff auf Theorien des 19. Jh. behauptete der Nationalsozialismus eine Rangfolge von Rassen. Höchstentwickelte sei die »kulturschöpferische arische« Rasse mit ihrem »germanischen Vorvolk«, den Deutschen, niedrigste das »ewig kulturzerstörerische« Judentum, das ohne die Spur eines Belegs als Rasse ausgegeben und dem das Lebensrecht abgesprochen wurde. Aus der angeblich rassischen Überlegenheit des »Ariertums« leitete der Nationalsozialismus seinen Anspruch auf Weltherrschaft ab.
4. *Antisemitismus:* Aus der rassistischen Theorie folgte in Hitlers ideologischem Gebäude als eine der Hauptsäulen eine tödliche Judenfeindschaft, die er zur Staatsdoktrin des 3. Reiches erhob und bis zum Völkermord durch die »Endlösung der Judenfrage« verwirklichte. Unter Verweis auf den »jüdischen Bolschewismus« wurde eine »Weltverschwörung des Judentums« konstruiert, die in einem »Endkampf« zerschlagen werden müsse.
5. Militarismus und Imperialismus: Für diesen Rassenkampf mußte die »Raumfrage«, zweite Hauptsäule der Hitlerschen Vision, gelöst werden, und zwar auf Kosten Rußlands (Lebensraum im Osten). Aufrüstung und Aggression nach außen wie nach innen gehörten daher wesentlich zum Konzept des Nationalsozialismus, denn nur mit einer militarisierten Gesellschaft waren die weitgesteckten Ziele in einem 2. Weltkrieg zu erreichen.
Dieses sozialdarwinistische Konglomerat verstanden kaum enge Gefolgsleute Hitlers, geschweige denn »das Volk«. Der Nationalsozialismus, oft unzulässig verharmlost als bloße Spielart des *Faschismus*, verschwand daher mit Hitler 1945, seine Anhänger wurden der *Entnazifizierung* unterworfen. Der v. a. nach 1990 wieder aufbrechende *Neonazismus* bewahrt allenfalls nebulöse fremdenfeindliche und chauvinistische Elemente und übertrifft so das scheinbare Vorbild noch an Primitivität.

NATO

Gegen die Bedrohung aus dem Osten im beginnenden *Kalten Krieg* schlossen sich Frankreich, Großbritannien und die Benelux-Länder 1948 im Brüsseler Pakt zur Westunion zusammen. Ohne die USA jedoch war ein Gegengewicht gegen den sich bildenden Ostblock nicht denkbar. Im Zuge der amerikanischen Politik des *Containment* kam es zur Annäherung und am 4. 4. 1949 zum Abschluß des Nordatlantikpakts und zur Bildung der North Atlantic Treaty Organization, kurz NATO genannt. Mitglieder dieses Verteidigungsbündnisses waren: USA, Kanada, Großbritannien, Frankreich, die Benelux-Länder, Dänemark, Island, Italien, Norwegen und Portugal; 1952

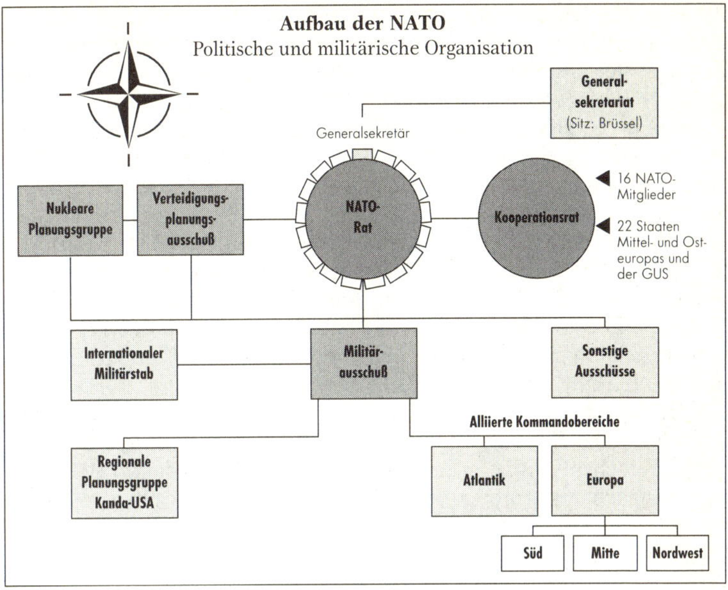

traten Griechenland und die Türkei bei, 1955 folgte die Bundesrepublik und 1982 Spanien, Frankreich zog sich 1966 aus der militärischen Integration zurück, blieb aber in die politische Organisation eingebunden.

In Art. 5 des Vertrages heißt es: »Die Parteien vereinbaren, daß ein bewaffneter Angriff gegen eine oder mehrere von ihnen in Europa oder Nordamerika als Angriff gegen sie alle angesehen werden wird ...« Hauptaufgabe der NATO war es, die *Abschreckung* gegenüber dem *Warschauer Pakt* zu gewährleisten und das militärische Gleichgewicht zu erhalten. Diesem Auftrag entsprechend, verfügt das Bündnis über politische und militärische Strukturen. Höchstes Entscheidungsgremium ist der Nordatlantikrat aus den Vertretern der Regierungen, mindestens zweimal jährlich findet die Ratsversammlung auf Außenministerebene statt. Der Generalsekretär der NATO führt den Vorsitz im Rat. Der Militärausschuß aus den Stabschefs der Mitgliedsländer ist die höchste militärische Instanz des Bündnisses. Seit 1967 gilt eine Strategie der »flexiblen Reaktion« (flexible response): Statt sofortiger massiver Vergeltung droht einem Angreifer eine abgestufte Antwort je nach Anfangsstärke des Angriffs. Dies wurde nach dem Zusammenbruch des Ostblocks 1991 dahingehend geändert, daß der Einsatz von Atomwaffen nur noch als äußerstes Mittel gilt.

NATO-Doppelbeschluß
Ende der 1970er Jahre registrierte die *NATO* einen Vorsprung der Rüstung des Ostblocks bei Atomraketen mittlerer Reichweiten (bis 5000 km). Um die Rüstungsschraube zu bremsen, regte Bundeskanzler *Schmidt* eine Initiative zur Nachrüstung an, verbunden mit Vorschlägen zur Rüstungskontrolle. Am 12. 12. 1979 verabschiedete die NATO einen entsprechenden Doppelbeschluß, der die Aufstellung neuer amerikanischer Mittelstreckenraketen vom Typ Pershing II und Cruise Missile innerhalb von 4 Jahren vorsah, wenn die UdSSR ihr Arsenal an SS-20-Raketen nicht abbaute. Der Beschluß löste in allen NATO-Staaten, v. a. in der Bundesrepublik, massive Proteste der *Friedensbewegung* aus. Die UdSSR ließ sich 1981 zu Verhandlungen bewegen, die jedoch 1983 ohne Ergebnis abgebrochen wurden. Erst mit Amtsantritt des sowjetischen Staats- und Parteichefs Gorbatschow 1985 kam erneut Bewegung in die *Abrüstungs*debatte, und Ende 1987 gelang schließlich die Einigung mit den USA auf eine sog. doppelte Nullösung: Verschrottung aller nuklearen Mittelstreckenraketen (INF-Vertrag, englisch »Intermediate Range Nuclear Forces« = atomare Mittelstreckenwaffen).

NDPD s. *National-Demokratische Partei Deutschlands*

NDR s. *Hörfunk und Fernsehen*

Neonazismus
Rechtsextreme, also antiliberal-antidemokratische, nationalistische Vereinigungen, v. a. in Deutschland, wurden und werden in der politischen Auseinandersetzung vereinfachend und übertreibend oft als »neonazistisch« bezeichnet. Dabei stehen sie dem Gedankengut des *Faschismus* meist näher als dem *Nationalsozialismus*, dessen radikaler Rassismus und Biologismus kaum kopiert werden. Erste nennenswerte Gründung (1949) war die *Sozialistische Reichspartei (SRP)*, die 1952 verboten wurde. Es folgten ebenfalls verfassungsfeindliche Organisationen, deren Verbot aber aus politischen Gründen unterblieb: z. B. die bis heute bestehende *Nationaldemokratische Partei Deutschlands (NPD)*, die *Republikaner* oder die *Deutsche Volksunion (DVU)*.
Tatsächlich neonazistisch sind hingegen die Ziele vieler im Untergrund tätiger Wehrsportgruppen, der sog. Wiking-Jugend, Hitlerkult betreibender Klubs oder gar offen rassistischer Zirkel mit Namen wie »Kampfgruppe Heinrich Himmler«. Ins Bewußtsein der Öffentlichkeit trat zeitweilig die »Aktionsfront Nationale Sozialisten« (ANS) mit einem veränderten Hakenkreuz als Emblem und abgewandeltem Hitlergruß. Nach der *Wiedervereinigung* bildeten Neonazis (»Faschos« genannt) zahlreiche neue Gruppen in den neuen Ländern. Ihre ex-

Mit Hakenkreuzen und Naziparolen wird am 21. 12. 1992 ein jüdischer Friedhof in Leipzig geschändet.

treme Gewaltbereitschaft ist zu einem gesellschaftlichen Problem geworden. 1994 rechnete man mit etwa 50 000 organisierten Rechtsradikalen mit neonazistischer Ausrichtung, die auch aus dem Ausland (v. a. USA) mit Material z. B. zur *Auschwitzlüge* unterstützt werden. Sie haben v. a. mit ausländerfeindlichen Aktionen (bis hin zum Mord), militantem Auftreten z. B. als Skinheads und Anleihen beim *Antisemitismus* bei arbeitslosen und unausgebildeten männlichen Jugendlichen Erfolg. Die theoretische und die geschichtliche Kenntnis des NS-Vorbilds erschöpft sich meist im Wiederholen von Parolen, Schmieren von Hakenkreuzen und aggressiver Hitlerverherrlichung, da solcher Protest mit größter Resonanz in der *Öffentlichkeit* rechnen kann. Rein polizeiliche und juristische Maßnahmen verfehlen daher die Ursachen des Neonazismus.

Neue Armut

Im Deutschland des *Wirtschaftswunders* und der sozialen *Marktwirtschaft* schien es in den 1950/60er Jahren absehbar, wann Armut ganz verschwunden sein würde. Die bald einsetzende Strukturkrise der deutschen Wirtschaft aber, die daraufhin drastisch wachsende *Arbeitslosigkeit*, die Einschnitte ins *soziale Netz* wegen hoher Defizite im

Staatshaushalt, die Lasten der *Wiedervereinigung* u. a. ließen breite Schichten in eine Neue Armut absinken. Diese Menschen sind nicht wie viele in der Dritten Welt absolut arm, sondern relativ zur umgebenden *Wohlstandsgesellschaft.* Als arm gilt, wer über weniger als die Hälfte des durchschnittlichen Nettoeinkommens verfügt. Dazu gehören heute über 7,5 Mio. Deutsche (4,6 Mio. davon im Westen), so daß das Schlagwort von der Zweidrittelgesellschaft (zwei Drittel wohlhabend, ein Drittel arm) noch überzogen scheint, aber bei weiterer Umverteilung von unten nach oben (z. B. Kürzung der *Sozialhilfe*sätze, ungebremste Erhöhung der Beamtenbezüge) Realität werden könnte.

Neue Linke
Als Reaktion auf den z. T. hysterischen *Antikommunismus* der Ära *Adenauer* bildete sich bei fast völligem Verschwinden der Opposition im Parlament in der *Großen Koalition* (1966–69) in der Bundesrepublik eine intellektuelle Neue Linke, die den SED-Dogmatismus ebenso ablehnte wie die Rituale der »formalen Demokratie«. Sie suchte nach radikaldemokratischen Lösungen für die sozialen Probleme der Wohlstands- und Konsumgesellschaft und wandte sich gegen »imperialistische Komplizenschaft« mit den USA im Vietnamkrieg, gegen »faschistoide« Tendenzen bürgerlicher Herrschaft, gegen die Korrumpierung des Klassenbewußtseins der Arbeiterschaft und rief zum Protest durch Regelverletzungen, passiven Widerstand und Provokation der Herrschenden auf. Vordenker der Neuen Linken waren Philosophen wie Herbert Marcuse, Theodor W. Adorno u. a., deren politische Vorstellungen *APO* und *Studentenbewegung* aufnahmen, während die *K-Gruppen* eher orthodoxe marxistische Positionen vertraten. Kinder der Neuen Linken waren die Terroristen der *Baader-Meinhof-Gruppe* ebenso wie *Grüne* oder *Friedensbewegung.*

Neue Rechte s. *Rechtsradikalismus*

Neues Forum (NF)
In Grünheide bei Berlin fanden sich am 9. 9. 1989 führende DDR-*Dissidenten* zusammen und gründeten mit dem Neuen Forum (NF) eine *Bürgerbewegung,* die Reisefreiheit, Parteienpluralismus, Demokratisierung, Auflösung der *Stasi* u. a. forderte. Das NF stand hinter den Leipziger *Montagsdemonstrationen* und anderen Massenprotesten, die zum Sturz der SED-Herrschaft führten, beteiligte sich am *Runden Tisch* und schloß sich für die erste freie Wahl zur *Volkskammer* am 18. 3. 1990 mit anderen Reformgruppen zum *Bündnis 90* zusammen. Viele Mitglieder des NF nährten lange die Hoffnung auf Erhalt einer reformierten DDR, der aber am Wunsch der Bevölkerung nach umgehender *Wiedervereinigung* scheiterte.

Neugliederung des Bundesgebiets
Art. 29,1 GG sieht vor, daß zur Wiederherstellung nach dem Krieg zerstörter geschichtlicher und kultureller Zusammenhänge oder aus Gründen wirtschaftlicher Zweckmäßigkeit eine Neugliederung des Bundesgebiets möglich ist. Sie muß durch Bundesgesetz erfolgen und durch einen Volksentscheid bestätigt werden. Ein solches Verfahren leiteten 1995 die Parlamente von *Berlin* und Brandenburg ein, als sie mit Zweidrittelmehrheit den Zusammenschluß der beiden Länder bis spätestens 2002 beschlossen; das Projekt scheiterte jedoch in einer *Volksabstimmung* am 5. 5. 96.

Neunmächtekonferenz s. *Londoner Schlußakte*

Niemöller, Martin
* Lippstadt/Westfalen 14. 1. 1892, † Wiesbaden 6. 3. 1984 - Im 1. Weltkrieg U-Boot-Kommandant, studierte Niemöller anschließend evangelische Theologie, wurde Pastor in Berlin-Dahlem und war trotz anfänglicher Sympathien für den Nationalsozialismus 1933 als Gründer eines Pfarrernotbundes und Mitbegründer der Bekennenden Kirche einer der schärfsten kirchlichen Kritiker des NS-Staates. 1937 machte man

Martin Niemöller, Präsident der hessischen Evangelischen Landeskirche und Mitbegründer der Bürgerbewegung *»Kampf dem Atomtod«.*

Niemöller den Prozeß wegen angeblichen »Kanzelmißbrauchs« und lieferte ihn nach Verbüßen der Strafe in ein KZ ein, aus dem ihn erst die Alliierten 1945 befreiten. Niemöller gehörte danach zu den Verfassern des *Stuttgarter Schuldbekenntnisses.* 1947-64 war er Kirchenpräsident der hessischen Landeskirche und blieb unbequem, bekämpfte die deutsche *Wiederbewaffnung,* warb für Verständigung mit dem Osten und unterstützte in seinen letzten Lebensjahren die *Friedensbewegung.*

Norddeutscher Rundfunk (NDR) s. *Hörfunk und Fernsehen*

Normenkontrolle

Gesetze, die Rechtsnormen setzen, können nur dann Geltung beanspruchen, wenn sie mit den höheren Normen der *Verfassung* in Einklang stehen. Ob das der Fall ist, prüft das *Bundesverfassungsgericht (BVG)* auf Antrag, wobei es zwei Möglichkeiten gibt: Zu einer »abstrakten Normenkontrolle« (Art. 93,1 GG) kommt es, wenn die *Bundesregierung,* eine *Landesregierung* oder ein Drittel der Mitglieder des *Bundestages* die Prüfung der Vereinbarkeit von Landes- oder Bundesrecht mit dem *Grundgesetz* beantragen (z. B. im Fall des *Grundlagenvertrages* auf Antrag Bayerns). Die Entscheidung des BVG hat dann Gesetzeskraft. Eine »konkrete Normenkontrolle« (Art. 100 GG) können *Gerichte* beantragen, wenn sie bezweifeln, daß ein Gesetz verfassungskonform ist, auf dessen Gültigkeit es in einem bestimmten Verfahren ankommt. Das Verfahren ist dann bis zur Entscheidung auszusetzen. Eine Normenkontrolle besonderer Art stellt die *Verfassungsbeschwerde* dar.

Note

Eine offizielle, rechtlich verbindliche schriftliche Mitteilung zwischen Völkerrechtssubjekten *(Staaten)* heißt Note. Sie wird gewöhnlich von den diplomatischen Vertretungen dem Außenministerium übergeben, kann aber auch zwischen den Regierungen direkt ausgetauscht werden. Man unterscheidet die signierte Note im engeren Sinn mit förmlicher Anrede und mit der Unterschrift des Absenders, die Verbalnote als unpersönlich abgefaßte Zusammenfassung vorangegangener Besprechungen ohne Unterschrift, die an mehrere Regierungen gerichtete gleichlautende Zirkularnote, die von mehreren Regierungen an eine andere adressierte Kollektivnote und die Mantelnote, die den Inhalt verschiedener gleichzeitig überreichter diplomatischer Schriftstücke zusammenfaßt.

Notenbank s. *Deutsche Bundesbank,* s. *Deutsche Notenbank (DNB)*

Ein Brief aus dem Jahr 1949 mit der Steuermarke »Notopfer Berlin«.

Notopfer Berlin
Vom Krieg und den politischen Verwicklungen danach (*Berlin-Blokkade*, Konfrontation der *Siegermächte* u. a.) besonders betroffen, brauchte *Berlin* finanzielle Hilfe. Im April 1949 beschloß daher der Wirtschaftsrat des Vereinigten Wirtschaftsgebiets der Westzonen die Einführung eines »Notopfers Berlin«, das bis 1956 von allen Einkommensteuer- und bis 1957 von allen Körperschaftssteuerpflichtigen erhoben wurde. Bis 1956 war zudem auf alle außerhalb Berlins aufgegebenen Postsendungen eine blaue rechteckige 2-Pfennig-Steuermarke »Notopfer Berlin« zu kleben, deren Erlös der ehemaligen *Hauptstadt* zugute kam.

Notparlament s. *Gemeinsamer Ausschuß*

Notstand
Daß im Falle eines äußeren Notstands, also im Krieg, besondere rechtliche Regelungen greifen und *Grundrechte* eingeschränkt werden können, war immer unbestritten. Aber als die *Große Koalition* den Fall des inneren Notstands bei Aufständen, Bürgerkrieg, sozialen Unruhen oder Katastrophen regeln wollte, kam es zu einer erregten öffentlichen Debatte. Der *Parlamentarische Rat* hatte im *Grundgesetz* nur für den Fall der Gefährdung der *freiheitlich-demo-*

kratischen Grundordnung (Art. 9,2, Art. 18 und Art. 21,2) vorgesorgt und in den Art. 37, 81 und 91 begrenzte Notmaßnahmen möglich gemacht. Weitergehende Maßnahmen konnten nur die *Siegermächte* treffen, deren Vorbehaltsrechte durch eine Notstandsverfassung abgelöst werden sollten. Das Machtkartell der großen Parteien stand aber ohnedies im Verdacht des Herrschaftsmißbrauchs; die geplanten Eingriffe ins Grundgesetz alarmierten daher eine von *APO* und *Studentenbewegung* sensibilisierte *Öffentlichkeit*, deren Proteste jedoch nicht gehört wurden.

Waren schon 1965 ein Ernährungs-, Verkehrs-, Wirtschafts- und Wassersicherstellungsgesetz sowie ein Gesetz über das Zivilschutzkorps zustande gekommen, folgte am 24. 6. 1968 eine Notstandsverfassung, die Einschränkungen von *Grundrechten* (z. B. Postgeheimnis, *Freizügigkeit, Berufsfreiheit*) vorsieht, und zwischen dem Spannungsfall, den der *Bundestag* feststellt, und dem *Verteidigungsfall* unterscheidet, den der

Am 1. 10. 1946 werden im Nürnberger Prozeß gegen die Hauptkriegsverbrecher die Urteile verkündet. Auf der Anklagebank: Hermann Göring, Rudolf Heß, Joachim von Ribbentrop, Wilhelm Keitel, Ernst Kaltenbrunner, Alfred Rosenberg, Hans Frank, Wilhelm Frick, Julius Streicher, Walter Funk, Hjalmar Schacht (1. Reihe, v. l.); Karl Dönitz, Erich Raeder, Baldur v. Schirach, Fritz Sauckel, Alfred Jodl, Franz v. Papen, Arthur Seyß-Inquart, Albert Speer, Constantin Freiherr von Neurath, Hans Fritzsche (2. Reihe, v. l.).

Bundestag mit Zustimmung des *Bundesrates* festzustellen hat - sofern das möglich ist. Kann nämlich das Parlament nicht zusammentreten, übernimmt auch in Fällen eines inneren Notstands ein *Gemeinsamer Ausschuß* seine Kompetenzen. Die Regierung kann zudem Streitkräfte zur Unterstützung von Polizei und *Bundesgrenzschutz* zur Bekämpfung bewaffneter Aufständischer einsetzen. Der Einsatz ist auf Verlangen des Parlaments einzustellen. Zur Verhinderung von Mißbrauch der Notstandsverfassung wurde zugleich ein *Widerstandsrecht* ins GG aufgenommen.

NPD s. *Nationaldemokratische Partei Deutschlands*

Nürnberger Prozesse
Daß die führenden Männer des 3. Reiches nach Kriegsende abgeurteilt werden sollten, wurde schon auf den Konferenzen der Alliierten in Teheran (1943) und *Jalta* beschlossen und im Londoner Abkommen am 8. 8. 1945 besiegelt. In Nürnberg kam es daher seit 1945 zu insgesamt 13 Verfahren gegen die wichtigsten NS-Persönlichkeiten aus Politik, Wirtschaft, SS, Polizei, Ärzteschaft und Wehrmacht vor dem Internationalen Militärtribunal (IMT). Im Mittelpunkt stand das Verfahren gegen Hermann Göring und 23 weitere Hauptkriegsverbrecher sowie 6 Organisationen; Anklagepunkte: Verbrechen gegen den Frieden (Planung und Führung eines Angriffskriegs), Kriegsverbrechen, Verbrechen gegen die Menschlichkeit und Mitgliedschaft in verbrecherischen Organisationen. Am 6. 10. 1945 wurde Anklage erhoben, am 20. 11. 1945 begann der Prozeß und am 1. 10. 1946 ergingen die Urteile: Zwölfmal Todesstrafe (Bormann in Abwesenheit, Frank, Frick, Göring, Jodl, Kaltenbrunner, Keitel, Ribbentrop, Rosenberg, Sauckel, Seyß-Inquart, Streicher), dreimal lebenslängliche Haft (Funk, Heß, Raeder) und viermal befristete Haftstrafen (Dönitz, Neurath, Schirach, Speer), drei Freisprüche (Papen, Fritzsche, Schacht). Außer Göring (Giftselbstmord) und Bormann (verschollen) wurden alle zum Tode verurteilten Täter am 16. 10. 1946 hingerichtet.
In den übrigen Nürnberger Prozessen wurde gegen 185 Personen Anklage erhoben und gegen 177 seit 9. 12. 1946 verhandelt, letztes Urteil am 11. 4. 1949: Insgesamt wurden 24 Todesurteile, 20 lebenslängliche und 98 befristete Haftstrafen verhängt; es ergingen 35 Freisprüche. Zahlreiche Strafen wurden durch Gnadenerlaß des US-Hochkommissars am 31. 1. 1951 herabgesetzt. Die Nürnberger Prozesse sind vielfach als »Siegerjustiz« kritisiert worden, v.a. weil deutsche Richter ausgeschlossen waren, Straftatbestände rückwirkend eingeführt wurden (Verbrechen gegen den Frieden u. a.) und alliierte Kriegsverbrechen ausgeklammert blieben. Die erhoffte Vorbildwirkung der Nürnberger Prozesse bei kriegerischen Verwicklungen in der Folgezeit blieb aus,

erst im Zusammenhang mit Verbrechen während des Bürgerkriegs im ehemaligen Jugoslawien wurde 1993 in Den Haag wieder ein Kriegsverbrechertribunal eingerichtet.

NVA s. *Nationale Volksarmee*

NVR s. *Nationaler Verteidigungsrat der DDR*

O

Oberländer, Theodor

* Meiningen 1. 5. 1905 – Er war neben *Globke* einer der höchstrangigen Bonner Politiker mit NS-Vergangenheit: Der studierte Landwirt Oberländer gehörte der NSDAP seit 1933 an und war in den Kriegsjahren Reichsführer des »Bundes deutscher Osten«. Nach dem Krieg Mitbegründer des *Blocks der Heimatvertriebenen und Entrechteten (BHE)*, trat Oberländer, seit 1953 Bundesvertriebenenminister, 1956 zur CDU über. Erst 1960 holte ihn seine Vergangenheit ein; er trat wegen des Vorwurfs zurück, er habe als Offizier der deutsch-ukrainischen Einheit »Nachtigall« im Herbst 1941 an Erschießungen von Juden und Polen teilgenommen. Während ein diesbezügliches Strafverfahren in Bonn eingestellt wurde, verurteilte das *Oberste Gericht der DDR* Oberländer in Abwesenheit zu lebenslangem Zuchthaus. 1963–65 war Oberländer nochmals Bundestagsabgeordneter, danach bezog er die Pension eines Bundesministers.

Oberstes Gericht der DDR

Mit Gesetz vom 8. 12. 1949 wurde in der DDR ein Oberstes Gericht für Strafsachen von »überragender Bedeutung« und als Instanz geschaffen, die rechtskräftige Entscheidungen anderer Gerichte in Zivil- und Strafsachen aufheben (kassieren) konnte. Seine Rechtsprechung und Auslegung der Gesetze war nach der Verfassung von 1968 maßgeblich für alle Gerichte der DDR. Die Richter des Obersten Gerichts wurden von der *Volkskammer* auf 5 Jahre gewählt und waren dem Parlament und zwischen dessen Sitzungen dem *Staatsrat* verantwortlich. Entgegen dem in demokratischen *Rechtsstaaten* geltenden Prinzip der *Gewaltenteilung* war diese höchstrichterliche Instanz also nicht unabhängig, sondern nach dem Grundsatz des *demokratischen Zentralismus* ein politisches Instrument der Staatsführung und damit letztlich der SED. Da es in besonders schwerwiegenden Fällen direkt angerufen wurde, fehlte gerade in politischen Strafsachen jede Berufungsmöglichkeit.

Oder-Neiße-Linie

Im *Potsdamer Abkommen* der *Siegermächte* vom 2. 8. 1945 wurde eine *Demarkationslinie* zwischen den abgetrennten *deutschen Ostgebieten* und dem übrigen Deutschland festgelegt. Sie sollte bis zu einer friedensvertraglichen Regelung Westgrenze Polens sein. Diese Oder-Neiße-Linie verläuft von der Ostsee westlich Swinemünde entlang der Oder und der westlichen (Lausitzer oder Görlitzer) Neiße bis zur tschechischen Grenze. Von der DDR 1950 als »Friedensgrenze« anerkannt, wurde die Oder-Neiße-Linie auch von der *Bundesregierung* 1970 im

Deutsch-Polnischen Vertrag akzeptiert und 1975 in der Schlußakte von Helsinki *(Konferenz über Sicherheit und Zusammenarbeit in Europa)* als unverletzlich bekräftigt. Der deutsch-polnische Grenzvertrag vom Nov. 1990 erkannte nochmals auch für das wiedervereinigte Deutschland diese Westgrenze Polens an.

öffentliche Meinung

Die Römer sprachen von »vox populi« (Stimme des Volkes), aus der Zeit der Aufklärung stammt die Bezeichnung »volonté générale« (Volkswille); ähnlicher Herkunft ist der englische Begriff »common sense« (allgemeine Ansicht). Sie alle meinen eine vom überwiegenden Teil der Bevölkerung geteilte, aus öffentlichen Äußerungen in Wort und Schrift hervorgehende Meinung zu Themen von allgemeinem Interesse. Sie spielt in demokratischen Staaten als Basis der politischen Willensbildung eine große Rolle, bildet sich unter dem Schutz des *Grundrechts* auf *Meinungsfreiheit* und ist die Summe individueller Meinungen, die wesentlich von der Zugehörigkeit zu gesellschaftlichen Gruppen (Konfessionen, *Parteien*, Verbänden u.a.) und von Traditionen geprägt sind. Diese öffentliche Meinung kommt v.a. in den *Massenmedien* zum Ausdruck, die sie spiegeln, v.a. aber auch durch ihre Meinungsführerschaft (veröffentlichte Meinung) beeinflussen. Die jeweilige öffentliche Meinung wird von der *Demoskopie* erforscht, von den Entscheidungsträgern in Politik und Wirtschaft schon aus Eigeninteresse in Programmen, Wahlkampfslogans, Werbeaussagen u.a. berücksichtigt und umgekehrt durch diese propagandistisch beeinflußt. In Diktaturen geschieht das auch mittels *Zensur*, Agitation, Unterdrükkung oder Manipulation von Nachrichten.

Öffentlichkeit

Alles, was nicht privat ist, ist öffentlich; damit ist Öffentlichkeit die Gesamtheit aller nicht privaten Bereiche sowie der darin öffentlich, also für alle, die es wollen, wahrnehmbar agierenden Menschen. In der Demokratie findet staatliches Handeln grundsätzlich in der Öffentlichkeit statt, Mitarbeiter des Staates stehen im öffentlichen Dienst, die Ämter des Staates arbeiten in öffentlichen Gebäuden, staatliche Einnahmen und Ausgaben verwaltet die öffentliche Hand zum öffentlichen Wohl usw. Die Öffentlichkeit hat Zutritt zu Sitzungen von Parlamenten und *Gerichten*, nimmt Einfluß auf die Politik in *Wahlen*, durch Mitgliedschaft in *Parteien*, durch Organisation von *Interessenverbänden* oder Bildung von *Bürgerinitiativen*. Das Öffentlichkeitsprinzip ist für die politische Willensbildung und die politische Kontrolle von entscheidender Bedeutung, da nur in einer informierten Öffentlichkeit eine zutreffende *öffentliche Meinung* entstehen kann. Zur Legitimierung ihres Tuns bemühen sich daher Politiker, durch geeignete Öffentlichkeitsarbeit eine möglichst breite Öffentlichkeit herzustellen.

Office for Military Government (US)
Die Verwaltung der amerikanischen *Besatzungszone* und des amerikanischen Sektors von *Berlin* übernahm 1945 die US Group Control Council (USGCC), die am 29. 9. 1945 in Office for Military Government (US), kurz OMGUS, umbenannt wurde und als Militärregierung amtierte; Militärgouverneur war General Lucius D. Clay, der 1948/49 maßgeblich am Erfolg der *Luftbrücke* beteiligt war. Ihm oblag die Wiederherstellung einer deutschen Zivilverwaltung auf demokratischer Grundlage und im Sinne der *Entnazifizierung*. Das OMGUS hatte seinen Hauptsitz zunächst in Berlin, verlegte aber im Lauf des Jahres 1948 viele Ämter (u.a. Streitkräfte, Wirtschaft, Finanzen, Transport, Internationale Beziehungen, öffentlicher Dienst, Soziales, Justiz, Gefangene, *Displaced Persons* u.a.) in die US-Zone mit Schwerpunkt Frankfurt am Main. Mit Inkrafttreten des *Besatzungsstatuts* 1949 stellte das OMGUS seine Tätigkeit ein, die verbliebenen Aufgaben übernahm die *Alliierte Hohe Kommission.*

Offizier im besonderen Einsatz (OibE)
Auf den Gehaltslisten der *Stasi* standen auch Offiziere, die in Betriebe und Institutionen von besonderer politischer, militärischer oder kultureller Bedeutung eingeschleust wurden. Ihr Auftrag, in Schlüsselpositionen aufzurücken und die Zentrale aus erster Hand zu unterrichten, blieb dabei natürlich ebenso geheim wie ihr Rang. Prominentester »Offizier im besonderen Einsatz«, wie die Spezialagenten hießen, war *Schalck-Golodkowski*, dessen Einfluß bis weit ins Ausland reichte.

Ölkrise
Die Bundesrepublik ist ein rohstoffarmes Land; die eigenen Ölvorkommen decken nur einen Bruchteil des hohen Bedarfs für die Treibstoff-, Schmiermittel- und Kunststoffproduktion. Als hochentwickelter Industriestaat traf es Westdeutschland daher besonders schwer, als die arabischen Förderländer, aus denen 75 % der deutschen Ölimporte stammten, im Herbst 1973 das Öl als Waffe im Konflikt mit Israel (Jom-Kippur-Krieg) einsetzten. Am 17. 10. beschlossen sie eine Drosselung der Förderung um 5 % und am 5. 11. sogar um 25 %. Mit Israel befreundete Länder sollten nur begrenzt oder gar nicht (Niederlande, USA) beliefert werden. Als Folge explodierte der Ölpreis, und die Industriestaaten mußten Versorgungslücken befürchten. Zur Strekkung der Vorräte ordnete die *Bundesregierung* daher Tempolimits und an vier Sonntagen sogar Fahrverbote für Privatautos an. Die Ölkrise führte zu einem Umdenken in der *Energiepolitik*, die wieder mehr auf die heimische Kohle setzte und fortan den Ausbau der *Kernenergie* vorantrieb, obwohl der Ölpreis nach Ende des Konflikts wieder nachgab und u.a. durch Erschließung der Ölvorkommen in der Nordsee eine politisch weniger riskante Streuung der Lieferanten möglich wurde.

Erich Ollenhauer, SPD-Oppositionsführer, beim Empfang durch den US-Präsidenten Dwight D. Eisenhower (l.) im Weißen Haus in Washington. Rechts im Bild der deutsche Botschafter Krekeler.

Ollenhauer, Erich

* Magdeburg 27. 3. 1901, † Bonn 14. 12. 1963 – Der Maurerssohn Ollenhauer lernte Kaufmann, trat 1916 in die Jugendorganisation der SPD ein und stieg 1933 in den Parteivorstand auf. Unmittelbar danach ging er ins Exil, kehrte 1946 zurück und schloß sich *Schumacher* an, dessen Stellvertreter als SPD-Vorsitzender er wurde. 1949 in den *Bundestag* gewählt, trat Ollenhauer 1952 Schumachers Nachfolge als Parteichef an und führte die SPD auf den Weg zur Volkspartei (*Godesberger Programm).* Sein Kampf für einen Austritt beider deutscher Staaten aus den Militärblöcken blieb ebenso vergeblich wie sein Einsatz für den Plan des polnischen Außenministers Adam Rapacki, eine atomwaffenfreie Zone in Mitteleuropa einzurichten.

Olympische Spiele 1972

Dreißig Jahre nach den Spielen von Berlin, die der NS-Staat zu einer aufwendigen Propagandaschau gemacht hatte, erhielt im April 1966 mit München erneut eine deutsche Stadt den Zuschlag zur Ausrichtung der Olympischen Sommerspiele. Das war möglich geworden, nachdem die Bundesrepublik den Widerstand gegen eine Vollmitgliedschaft der DDR im Internationalen Olympischen Komitee (IOC) aufgegeben hatte. Die Münchener Spiele sollten nach dem Willen der

Veranstalter als die »heiteren« in die Geschichte eingehen, doch gerade sie erhielten eine tragische Note: Am 10. Tag, dem 5. 9. 1972, überfiel ein arabisches Terrorkommando »Schwarzer September« die israelische Olympiamannschaft im Olympischen Dorf, tötete zwei Sportler, nahm neun als Geiseln und forderte die Freilassung von 200 in Israel inhaftierten »Mitkämpfern«. Ein Krisenstab unter Bundesinnenminister *Genscher* ging zum Schein auf die Forderungen ein, ließ die Terroristen mit ihren Geiseln per Hubschrauber nach Fürstenfeldbruck fliegen, wo die Sicherheitskräfte die Maschine zu stürmen versuchten. Alle Geiseln, fünf Araber und ein Polizist kamen beim Schußwechsel ums Leben, drei Terroristen wurden verhaftet. Die Spiele gingen nach einem Tag Pause und einer Trauerfeier weiter, weil man laut IOC-Chef Avery Brundage nicht zulassen dürfe, daß eine Handvoll Verbrecher die internationale Zusammenarbeit zerstöre. Sportlich war die Bundesrepublik mit 13 Goldmedaillen sehr erfolgreich, wurde aber von der DDR mit 20 ersten Plätzen noch deutlich übertroffen.

OMGUS s. *Office for Military Government (US)*

Opposition

Das lateinische Wort »opponere« bedeutet soviel wie »sich entgegenstellen«; Opposition ist daher zunächst allgemein jede gegnerische Haltung. In der parlamentarischen Demokratie bezeichnet man damit

Mitglieder der israelischen Olympiamannschaft bei der Trauerfeier für die Todesopfer des arabischen Terroranschlags im Münchener Olympiastadion am 5. 8. 1972.

im engeren Sinn die Gesamtheit der Personen, Gruppen, *Parteien*, Medien, *Interessenverbände* u. a., die der Regierungspolitik kritisch bis ablehnend gegenüberstehen, insbesondere die *Fraktionen* im Parlament, die nicht an der Regierung beteiligt sind. Sie sind gewöhnlich in der *Minderheit* und genießen entsprechende Schutzrechte, damit sie ihren für die Demokratie lebenswichtigen Aufgaben gerecht werden können: Kontrolle der Regierung und ihrer Behörden, Kritik der Re-

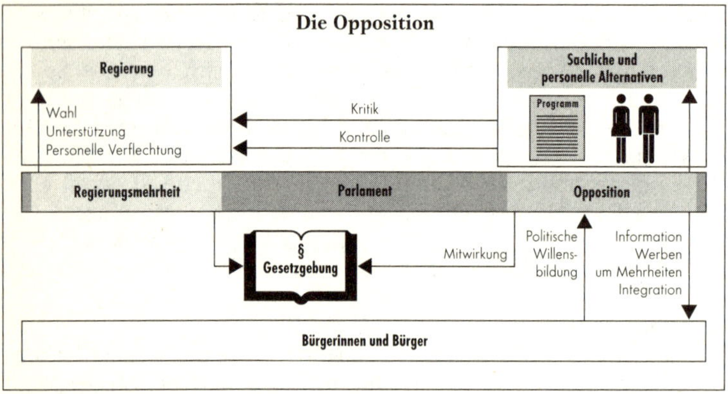

gierungspolitik und Entwicklung von politischen Alternativen, Präsentation von Programmen und Personen für die stets angestrebte Ablösung der Regierung durch das Gewinnen von *Wahlen* oder die Bildung mehrheitsfähiger *Koalitionen.* Die Opposition wird sich daher immer bemühen, eine möglichst breite *Öffentlichkeit* von ihren Zielen zu überzeugen. Eine zu schwache parlamentarische Opposition wie während der *Großen Koalition* stärkt die außerparlamentarische *(APO).*

In der Bundesrepublik stand der Regierung meistens ein geschlossener oppositioneller Block gegenüber: bis 1966 die SPD, 1966–69 die FDP, 1969–82 die CDU/CSU und 1982–90 wieder die SPD. Allerdings war schon vorher durch die *Grünen* eine kompakte Opposition schwieriger geworden, und nach 1990 zerfiel sie durch das Hinzutreten der *Partei des Demokratischen Sozialismus (PDS)*, die als SED-Nachfolgeorganisation für die meisten *Abgeordneten* als (noch) nicht koalitionsfähig gilt. – In der DDR war Opposition weder rechtlich noch politisch möglich, oppositionelle Regungen auch innerparteilicher Art wurden unterdrückt oder durch »Säuberungen« ausgeschaltet.

Ordnungsruf

Ein *Abgeordneter* kann strafrechtlich nur dann zur Rechenschaft gezogen werden, wenn das Parlament seine *Immunität* aufhebt. Es bestehen aber auch parlamentsinterne Ahndungsmöglichkeiten für Verfehlungen im Sitzungsbetrieb. So kann der *Bundestagspräsident* einem Abgeordneten einen Ordnungsruf erteilen, wenn er Kollegen oder Mitglieder der Regierung beleidigt. Nach drei Ordnungsrufen muß der Sitzungsleiter dem Abgeordneten das Wort entziehen, bei »gröblicher Verletzung der Ordnung« kann er ihn von der Sitzung ausschließen. Mit 78 Ordnungsrufen in 33 Parlamentsjahren erwies sich *Wehner* als besonders streitbarer Debattenredner.

Organisation für Sicherheit und Zusammenarbeit in Europa (OSZE) s. *Konferenz über Sicherheit und Zusammenarbeit in Europa*

Orientierungsrahmen '85 s. *Godesberger Programm*

Ostdenkschrift der EKD
Die nach 1969 zunächst umstrittene, später aber gefeierte *Ostpolitik* der sozialliberalen Koalition zog die Konsequenzen aus der Erkenntnis, daß eine Wiedergewinnung der *deutschen Ostgebiete* illusorisch war, eine Erkenntnis freilich, die nicht erst die Politiker gewannen. Schon 1962 meldete sich die Evangelische Kirche in Deutschland (EKD) mit einem Tübinger Memorandum zu Wort, an dem neben Theologen u. a. der Physiker Werner Heisenberg, der Bildungsforscher Georg Picht und der Philosoph Carl Friedrich von Weizsäcker mitgearbeitet hatten. Das Memorandum forderte Versöhnung auch mit Deutschlands östlichen Nachbarn und ging ein in eine Ost- oder *Vertriebenen*denkschrift der EKD, die am 1. 10. 1965 veröffentlicht wurde. Darin wurde die Anerkennung der *Oder-Neiße-Linie* gefordert, da das Verlangen nach Rückgabe der Ostgebiete die Glaubwürdigkeit deutscher Friedenspolitik beschädige und einer *Wiedervereinigung* zuwiderlaufe. Die folgende heftige öffentliche Diskussion der Denkschrift trug entscheidend zur Umorientierung bei und bereitete der Ostpolitik den Boden.

Ostdeutscher Rundfunk Brandenburg (ORB) s. *Hörfunk und Fernsehen*

Ostermärsche
Daß sich die Bundesrepublik nach der *Wiederbewaffnung* auch am Wettrüsten mit *Atomwaffen* beteiligen wollte, führte zu einer heftigen öffentlichen Debatte, in die am 12. 4. 1957 auch 18 führende westdeutsche Atomwissenschaftler mit der *Göttinger Erklärung* eingriffen, in der es hieß: »Die Pläne einer atomaren Bewaffnung erfüllen die unterzeichneten Atomforscher mit tiefer Sorge.« Als der *Bundestag* im März 1958 die Möglichkeit einer atomaren Bewaffnung der Bundeswehr im Rahmen der *NATO* billigte, eskalierten die außerparlamentarischen

Proteste. Die auf Anregung der SPD gegründete Aktion »Kampf dem Atomtod« mobilisierte Hunderttausende, und am 14. 4. fanden in zahlreichen Städten Massenkundgebungen statt - allein in Hamburg versammelten sich 150 000 Menschen. Von 1960 an nahmen nach britischem Vorbild - dort hatte am 4. 4. 1958 in London der erste Ostermarsch seinen Ausgang genommen - alljährlich zu Ostern Menschen aus allen Bevölkerungsschichten an Demonstrationen teil, um ihrer Sorge um Frieden und Sicherheit Ausdruck zu geben. *APO* und *Friedensbewegung* nahmen die Impulse der Ostermarsch-Bewegung auf, die erst mit dem Ende des *Kalten Krieges* an Bedeutung verlor.

Ostpolitik

Schon zu Beginn der 1960er Jahre wagte die *Bundesregierung* mit Handelsverträgen und Kulturabkommen eine vorsichtige Öffnung ihrer bisher ausschließlich westlich orientierten Politik nach Osten, und im März 1966 bemühte sich die Regierung *Erhard* mit einer Friedens-*Note* um weitere Fortschritte. Erst die Regierung der *Großen Koalition* (1966–69) jedoch wurde wirklich nach Osten aktiv und erreichte 1967 die Aufnahme *diplomatischer Beziehungen* mit Rumänien. Da sie sich aber weiterhin weigerte, die deutsche Zweistaatlichkeit anzuerkennen, blieb ein Durchbruch aus. Der glückte erst der Regierung *Brandt* 1970 mit dem *Deutsch-Sowjetischen* und dem *Deutsch-Polnischen Vertrag* sowie dem *Grundlagenvertrag* von 1972 mit der DDR. Beide deutsche Staaten hatten damit die Voraussetzung für ihre Aufnahme in die *Vereinten Nationen* erfüllt, und die Bundesregierung war ihrem Ziel, durch menschliche Erleichterungen die Folgen der deutschen Teilung v. a. für die Bewohner der DDR weniger schmerzhaft zu machen, einen Schritt näher gekommen.
Der triumphale Wahlsieg Brandts 1972 hatte nicht zuletzt in der hohen Akzeptanz dieser Ostpolitik seine Ursache. Verdächtigungen aus dem Westen, die Bundesrepublik strebe eine *Finnlandisierung* an, wurde energisch v. a. durch die Regierung *Schmidt* entgegengetreten. Es gelang, die Ostpolitik über die weltpolitische Abkühlung nach der sowjetischen Besetzung Afghanistans 1979 und dem *NATO-Doppelbeschluß* des gleichen Jahres, ja sogar über den Machtwechsel in Bonn 1982 zu retten. Die zunächst vehemente Ablehnung der Ostverträge durch die CDU/CSU (u.a. Klage Bayerns gegen den Grundlagenvertrag vor dem *Bundesverfassungsgericht*) wich der Erkenntnis, daß der Versöhnungsprozeß ohne Alternative war. Er führte letztlich zur Aufweichung der Blockkonfrontation und trug damit zur *Wiedervereinigung* entscheidend bei.

Ost-West-Handel s. *innerdeutscher Handel*

Ostpreußen
Der 2. Weltkrieg entzündete sich auch an der Frage nach einer Landverbindung zwischen dem Reichsgebiet und der Provinz Ostpreußen, die nach dem 1. Weltkrieg durch den polnischen Korridor abgetrennt worden war. Nach dem 2. Weltkrieg ging Ostpreußen als Teil der *deutschen Ostgebiete* dann ganz für Deutschland verloren. Das rd. 37 000 km^2 große Gebiet war von den etwa 2,5 Mio. deutschen Einwohnern verlassen oder durch *Vertreibung* geräumt worden und wurde im *Potsdamer Abkommen* in West-Ost-Richtung etwa in der Mitte geteilt: Der Norden wurde sowjetischer, der Süden polnischer Verwaltung unterstellt. Der Nordteil mit der Hauptstadt Kaliningrad (früher Königsberg) ist nach dem Zerfall der Sowjetunion erneut eine Enklave zwischen Litauen und Polen ohne Landverbindung zu Rußland, zu dem er gehört.

Ost-West-Konflikt s. *Kalter Krieg*

Ostzone
Die sowjetische *Besatzungszone* wurde seit 1945 entweder kurz *SBZ* oder »Ostzone« genannt. Auch nach Gründung der DDR hielt sich diese Bezeichnung, oft in der kürzeren Form »Zone«, in der Bundesrepublik hartnäckig; Kritiker der Regierung wurden gern mundtot gemacht mit dem Rat: »Geh doch in die Zone!« oder: »Geh doch nach drüben!« Daneben bildete sich die Bezeichnung *Mitteldeutschland*, weil ein zweiter deutscher Staat nicht einmal sprachlich anerkannt und zudem der Anspruch auf die *deutschen Ostgebiete* aufrechterhalten werden sollte. Als dies kaum noch zu umgehen war, halfen sich manche Presseorgane dadurch, daß sie »DDR« in Anführungszeichen setzten oder von der »sog. DDR« sprachen. Das verlor sich im Zuge der *Entspannungspolitik*, kehrte aber nach der *Wiedervereinigung* in abfälligen Namen für die Bewohner der einstigen DDR wieder, die nicht nur »Ossis«, sondern im arroganten Westjargon oft auch »Zonis« genannt werden.

OSZE s. *Konferenz über Sicherheit und Zusammenarbeit in Europa (KSZE)*

Out-of-area-Einsätze
Die *Bundeswehr* ist eine reine Verteidigungsarmee und nur für den Einsatz innerhalb des Geltungsbereichs des *NATO*-Vertrags vorgesehen. Nach Ende des Ost-West-Konflikts und nach der *Wiedervereinigung* stellte sich die Frage, ob sich Bundeswehreinheiten auch an Friedensmissionen der *Vereinten Nationen* und in deren Auftrag an

NATO-Einsätzen außerhalb des genannten Bereichs (»out of area«) beteiligen dürfen. Das *Bundesverfassungericht* bejahte im Juli 1994 diese Frage, unabhängig davon, ob es sich um humanitäre oder Kampfaufträge handelt, machte aber die Zustimmung des *Bundestages* zur Bedingung.

P

Palast der Republik

Die gefestigte DDR der 1970er Jahre brauchte einen Repräsentationsbau und schuf ihn sich in Ostberlin mit dem Palast der Republik dort, wo bis 1950 das Stadtschloß der Hohenzollern gestanden hatte, das die SED hatte sprengen lassen. Der 180 m lange, 85 m breite und 32 m hohe Palast mit seiner bräunlich getönten, spiegelnden Glasfassade wurde mit dem IX. Parteitag der SED vom 18.–22. 5. 1976 eingeweiht und dann der *Volkskammer* als Sitzungs- und Bürogebäude übergeben, in dem 1750 Mitarbeiter mit Betrieb und Unterhalt beschäftigt waren. Es bot über die parlamentarische Bestimmung hinaus einen Kongreßsaal für 5000 Personen, gastronomische Betriebe mit 1500 Plätzen, einen Jugendtreff mit Disko, ein Theater, eine Kunstgalerie sowie weitläufige Tribünen zum Marx-Engels-Platz hin, von denen aus die Partei- und Staatsführung Kundgebungen beiwohnte oder bestellten Jubel entgegennahm. Nach der *Wende* stellte sich heraus, daß 720 Tonnen Spritzasbest im Palast verarbeitet worden waren, so daß Gesundheitsgefahren gegeben scheinen. Seither wogt der Streit um Erhalt oder Abriß mit politischen und medizinischen Argumenten hin und her, der Ausgang ist noch ungewiß.

Pankow

Im Westen und in der Bundesrepublik wurde die einseitige Erklärung Ostberlins zur Hauptstadt der DDR nicht akzeptiert, da ganz *Berlin* unter Viermächtekontrolle stand und als *Hauptstadt* eines vereinten Deutschland vorgesehen war. Wie man daher kurz von *Bonn* sprach, wenn die *Bundesregierung* gemeint war, so bürgerte sich im Westdeutschland der 1950er Jahre die Bezeichnung »Pankow« für die Staatsführung der DDR ein. In diesem Ostberliner Stadtteil residierte u. a. *Pieck*, erster Präsident der DDR, im Schloß Niederschönhausen, das später Gästehaus der Regierung der DDR wurde; einige Ministerien befanden sich in Pankow sowie die Wohnungen von *Grotewohl, Becher* u. a. Mit der Kurzbezeichnung betonte man im Westen den *Alleinvertretungsanspruch* und diskriminierte zugleich die DDR, denn sonderlich vornehm war der Vorort Pankow nicht; die eigentliche Regierung saß zudem in Berlin-Mitte.

Pariser Verträge

Die Eingliederung der Bundesrepublik in das Bündnissystem des Westens geriet durch das Scheitern der *Europäischen Verteidigungsgemeinschaft (EVG)* ins Stocken. Als Ausweg wurde aufgrund der *Londoner Schlußakte* ein Bündel von Abkommen beschlossen, die gemeinsam als Pariser Verträge am 24. 10. 1954 unterzeichnet wurden: Ein zwischen der Bundesrepublik und den Westmächten ausgehandeltes Protokoll über die Beendigung des Besatzungsregimes in Deutschland, mit dem der *Deutschlandvertrag* mit einigen Änderungen ratifiziert wurde; ein Truppenvertrag über die Stationierung und Finanzierung alliierter Streitkräfte in Deutschland; ein deutsch-französisches Abkommen über die Saar (nicht ratifiziert); Protokolle zur Gründung der *Westeuropäischen Union (WEU)*, mit denen die Voraussetzungen für den *NATO*-Beitritt der Bundesrepublik geschaffen wurden. Mit Inkrafttreten der Pariser Verträge erlangte die Bundesrepublik ihre Souveränität, die freilich bis 1990 durch alliierte Vorbehaltsrechte (v. a. bezüglich *Berlin*, *Wiedervereinigung* und *Friedensvertrag*) eingeschränkt blieb.

parlamentarische Anfragen s. *Anfrage*

Parlamentarischer Rat

Zur Ausarbeitung der *Verfassung* eines westdeutschen Staates traten am 1. 9. 1948 im Gebäude der Bonner Pädagogischen Akademie 65 Delegierte (27 CDU/CSU, 27 SPD, 5 FDP, 2 DP, 2 KPD, 2 Zentrum) der elf westdeutschen *Landtage* im Beisein der drei Militärgouverneure der Westmächte zusammen; auch 5 Berliner Delegierte (3 SPD, 1 CDU, 1 FDP) waren anwesend, die aber nur beratende Stimme hatten. Die *Abgeordneten*, später pauschal als »Väter des *Grundgesetzes*« bezeichnet, obwohl auch vier »Mütter« dem Gremium angehörten (maßgeblich beteiligt an der Durchsetzung der *Gleichberechtigung*), wählten *Adenauer* zum Präsidenten des Rates und den SPD-Fraktionsführer *Schmid* zum Vorsitzenden des Hauptausschusses. Beraten wurden u. a. der vom Konvent von *Herrenchiemsee* erarbeitete Entwurf, der weitgehend Billigung fand. Beim Streit um die eher zentralistischen Pläne der SPD und die föderalistischen Vorstellungen der CDU gab die Rücksicht auf Frankreich, das einen starken deutschen Zentralstaat fürchtete, den Ausschlag zugunsten einer bundesstaatlichen Lösung. Am 8. 5. 1949 nahm der Rat das Grundgesetz, das wegen seines vorläufigen Charakters nicht Verfassung genannt wurde, gegen die Stimmen von DP, KPD und 6 CSU-Abgeordneten an.

parlamentarischer Staatssekretär s. *Staatssekretär*

Partei

Eine politische Partei ist der organisierte Zusammenschluß von Bürgern mit gemeinsamen sozialen Interessen und politischen Zielen zur Erlangung der politischen Macht, ihrer Behauptung oder Kontrolle. Wichtigste Kennzeichen sind Organisationsstruktur, ein hohes Durchsetzungsinteresse in bezug auf programmatischen Ziele (Parteiprogramm, Wahlplattform u. a.) und die Bereitschaft zur Übernahme

Organisationsschema der Parteien

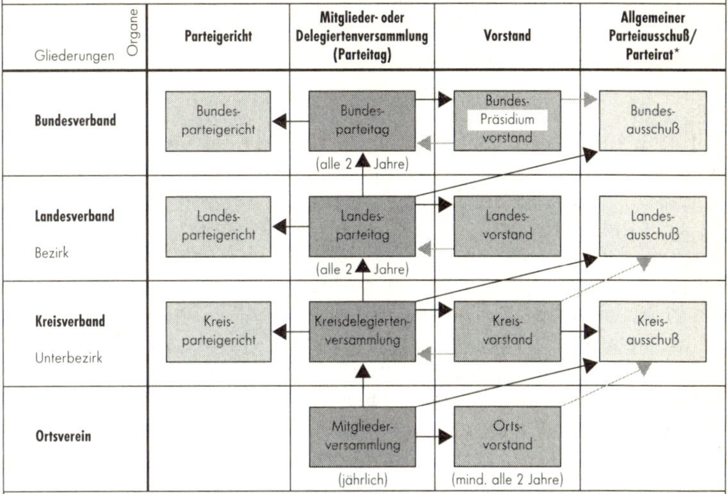

* Zwischen den Parteitagen werden im Parteiausschuß/Parteirat wichtige Grundsatzentscheidungen diskutiert

Quelle: Bodo Zeuner, Innerparteiliche Demokratie, Berlin 1970, S. 53, ergänzt.

staatlicher Leitungsfunktionen. Politische Parteien im weiteren Sinne gibt es bereits seit der Antike; das heutige Parteiwesen jedoch kam erst mit dem Parlamentarismus auf. Im 18. Jh. entstanden mit Tories und Whigs die ersten britischen *Fraktionen*, im 19. Jh. bildeten sich auch in den USA und Europa Parteien als Ausdruck bürgerlicher Befreiung vom Feudalismus. In Deutschland gibt es die wichtigsten parteipolitischen Richtungen im wesentlichen schon seit Mitte des 19. Jh.: *Konservatismus*, *Liberalismus* und *Sozialismus*, seit den europäischen Revolutionen (1848/49) nach der Sitzordnung in den Parlamenten als Parteien der Rechten, der Mitte und der Linken bezeichnet *(Links-Mitte-Rechts)*.

Die modernen politischen Parteien haben in der Regel feste organisatorische Strukturen; oberstes Organ ist der Parteitag, dessen Geschäfte vom Parteivorstand erledigt werden. Prinzip der Willensbildung in der Partei ist die innerparteiliche Demokratie. Finanziert werden die Parteien durch Mitgliedsbeiträge, Mitgliederspenden, außerparteiliche Spenden, öffentliche Mittel (z.B. *Wahlkampf*kostenpauschale), Einnahmen aus Vermögen. In der *Bundesrepublik Deutschland* regelt Art. 21 GG die staatsrechtliche Stellung der Parteien; sie wirken bei der »politischen Willensbildung des Volkes« mit und können sich frei gründen; ihre eventuelle Verfassungswidrigkeit wird durch das *Bundesverfassungsgericht* festgestellt; über die Finanzen muß öffentlich Rechenschaft abgelegt werden. – In der DDR existierten formal ebenfalls mehrere Parteien, Pluralität der Meinungen aber wurde durch das *Blocksystem* unterbunden.

Parteispendenaffäre s. *Flick-Affäre*

Partei des Demokratischen Sozialismus (PDS)
Mit dem Rücktritt *Honeckers* am 18. 10. 1989 begann der unaufhaltsame Verfall der *Sozialistischen Einheitspartei Deutschlands (SED)*; die Mitglieder liefen ihr in Scharen davon, die verbleibenden forderten radikale Reformen und Demokratisierung der Partei. Mit einem Sonderparteitag am 8./9. und 16./17. 12. 1989 versuchte die SED, den Trend zu bremsen, gab sich den Zusatznamen Partei des Demokratischen Sozialismus (PDS), schaffte *Politbüro* und *Zentralkomitee* ab und schloß belastete ehemalige Funktionäre aus. Anfang Feb. 1990 wurde der Name SED ganz gestrichen und verkündet, die PDS sei eine neue Partei, die nichts mehr mit der SED zu tun habe und einen Platz im demokratischen Spektrum links von der SPD anstrebe. Mit einem Programm vom 25. 2. 1990, das *Solidarität*, das Recht auf Arbeit sowie den ökologischen Umbau der Wirtschaft forderte und die *Grundrechte* betonte, erreichte die PDS bei der ersten freien *Volkskammer*wahl am 18. 3. 1990 über 16 % der Stimmen, zog nach der *Wiedervereinigung* bei den ersten Landtagswahlen in den neuen *Bundesländern* am 14. 10. 1990 in alle Landtage ein und überwand im Wahlgebiet Ost bei der ersten gesamtdeutschen Wahl im Dez. 1990 die *Fünfprozentklausel*, so daß sie 17 *Abgeordnete* in den Bundestag entsenden konnte.
Trotz sich häufender Affären um ehemalige *Stasi*-Spitzel in ihren Reihen und trotz der Einstufung als in Teilen linksradikal durch den *Verfassungsschutz* wuchs aufgrund der Enttäuschung über die Lasten der *Wiedervereinigung* und in nostalgischer Verklärung der DDR das Wählerpotential der PDS im Osten. 1994 zog sie mit 30 Mandaten gestärkt in den Bundestag ein, weil sie die Fünfprozenthürde durch 4 Direktmandate hatte umgehen können, obwohl sie bundesweit nur auf 4,4 % der Stimmen kam. In Mecklenburg-Vorpommern und Thüringen zwang ihr hoher Stimmenanteil bei den Landtagswahlen 1994 SPD und CDU in eine *Große Koalition*, in Sachsen-Anhalt ermöglichte sie durch Duldung eine SPD-Minderheitsregierung.

Passierscheinabkommen
In ihrem Bemühen, Westberlin als selbständige politische Einheit zu behandeln und die Bindungen der Halbstadt an die Bundesrepublik zu lockern, genehmigte die DDR nach dem Bau der *Berliner Mauer* 1961 zunächst nur Bürgern mit westdeutschem Paß Tagesaufenthalte in Ostberlin. Erst am 17. 12. 1963 gelang eine Vereinbarung über Passierscheine auch für Westberliner zum Besuch ihrer Verwandten und Freunde im Ostteil der Stadt für jeweils einen Tag in der Weihnachts-

zeit (bis 4. 1. 1964). Insgesamt nutzten über 200000 Menschen diese Möglichkeit. In den folgenden Jahren wurden weitere Passierscheinabkommen erreicht, ehe nach dem *Berlinabkommen* 1971 auch für Westberliner ein regelmäßiger Besuchsverkehr vereinbart werden konnte.

passives Wahlrecht s. *Wahlen*

Paßkontrolleinheiten (PKE) s. *Grenztruppen der DDR*

Patriotismus s. *Nationalismus*

Pazifismus
Von der *Friedensbewegung*, die er nachhaltig beeinflußte, unterscheidet sich der traditionelle Pazifismus (von lat. »pax« = Frieden) durch die radikale Ablehnung jeglicher militärischen Gewalt, auch solcher zur Verteidigung, und entsprechend von *Wehrpflicht* wie Wehrersatzdienst. Er entwickelte sich im Lauf des 19. Jh., als die Technisierung des Krieges immer bedrohlichere Formen annahm und die Zivilbevölkerung in Mitleidenschaft zog, und erlitt durch den Ausbruch des 1. Weltkriegs einen schweren Rückschlag. Im 3. Reich brutal unterdrückt, fanden pazifistische Elemente mit dem Recht auf *Kriegsdienstverweigerung* Aufnahme ins *Grundgesetz*. Der Schock der NS-Gewaltherrschaft aber, die nur durch militärisches Eingreifen von außen zu brechen gewesen war, schwächten pazifistische Positionen. Daß sie selbst bei den Rüstungsgegnern der 1970/80er Jahre nur halbherzig vertreten wurden, zeigte sich nach dem Zusammenbruch des Ostblocks und aufbrechenden ethnischen Konflikten in Europa. Die bekundete Friedfertigkeit erwies sich nun oft als bloßer Nuklearpazifismus, also Gegnerschaft gegen *Atomwaffen*.

PDS s. *Partei des Demokratischen Sozialismus*

Petersberger Abkommen
Das gerade erst vereinbarte *Besatzungsstatut* erwies sich schon bei Gründung der Bundesrepublik als Hemmnis u. a. für ihre von den USA gewünschte unmittelbare Beteiligung am *Marshallplan*; deutscherseits wurde eine Einschränkung der *Demontagen* gewünscht. Entsprechende Verhandlungen führten am 22.11.1949 zum Abschluß des nach dem Sitz der *Alliierten Hohen Kommission* benannten Petersberger Abkommens zwischen dem westdeutschen Staat und den Westmächten. Es regelte u. a. den Zugang der Bundesrepublik zu internationalen Organisationen wie z. B. dem *Europarat*, die Wiederaufnahme der Handels- und *diplomatischen Beziehungen* zu den Staaten des Westens, das Ende der Demontagen in wichtigen Branchen und komplett in Westberlin. Das Petersberger Abkommen trat gegen den Protest der SPD ohne

Ratifikation durch den *Bundestag* in Kraft, da das *Bundesverfassungsgericht* darin keinen Vertrag mit ausländischen Staaten, sondern einen Vereinbarung mit dem Kollektivorgan der Besatzungsmächte sah.

Petitionsrecht

Art. 17 GG bestimmt: »Jedermann hat das Recht, sich einzeln oder in Gemeinschaft mit anderen schriftlich mit Bitten oder Beschwerden an die zuständigen Stellen und an die Volksvertretung zu wenden.« Dieses Petitionsrecht ist also kein bloßes Bürgerrecht, das nur Deutschen zusteht, sondern ein *Grundrecht*, das auch *Ausländer* in Anspruch nehmen können. Einschränkungen durch Bestimmungen etwa des Wehr- oder *Beamten*rechts sind möglich, es darf jedoch »in seinem Wesensgehalt« nicht angetastet werden (Art. 19,2 GG). Es umfaßt die Pflicht zur Entgegennahme von Bitten und Klagen durch den *Bundestag*, der dafür einen eigenen Petitionsausschuß (*Ausschüsse*) eingerichtet hat, das *Staatsoberhaupt* (Bundespräsidialamt), die Regierung oder ihre Behörden. Diese Stellen sind nach Prüfung auch verpflichtet, den Bittstellern oder Beschwerdeführern Bescheid zu geben und sie zu beraten. Dafür kann z. B. der Petitionsausschuß von den zuständigen Ministerien Akten anfordern, Experten, Zeugen oder die Antragsteller selbst hören, *Gerichte* und Behörden um Amtshilfe ersuchen. Über seine Tätigkeit berichtet der Ausschuß regelmäßig dem *Plenum* des Parlaments, das die Petition der *Bundesregierung* als Material, zur Erwägung oder Berücksichtigung vorlegen oder die Sache als unbegründet zurückweisen oder durch inzwischen erfolgte *Gesetzgebung* für erledigt erklären kann. Petitionen sind im demokratischen *Rechtsstaat* wichtig für den Dialog zwischen Volk und Volksvertretern.

Pflegeversicherung

Im Alter wächst der Bedarf an medizinischer Behandlung und sozialer Betreuung zuweilen dramatisch. Mit zunehmender Lebenserwartung verschärfte sich das Problem und überforderte schließlich das herkömmliche Versicherungsmodell. Am 1. 1. 1995 trat daher ein Gesetz in Kraft, das in drei Abstufungen das Kostenrisiko für Pflegefälle regelt. Zur Finanzierung werden seit 1. 7. 1996 von den *Arbeitnehmern* 1,7 % des Bruttoeinkommens erhoben, die in der Regel zur Hälfte vom *Arbeitgeber* ersetzt werden. Zu deren Entlastung wurde in fast allen *Bundesländern* der Buß- und Bettag als Feiertag gestrichen, was zu Konflikten mit den evangelischen Landeskirchen führte. Auch die Tatsache, daß Kinderlose wie Kinderreiche mit dem gleichen Satz belastet werden, löste Proteste aus.

Pieck, Wilhelm

* Guben 3. 1. 1876, † Ostberlin 7. 9. 1960 - Er machte eine Tischlerlehre, trat 1895 der SPD bei, wandte sich aber bei Beginn des 1. Welt-

Der KPD-Vorsitzende Wilhelm Pieck beim Händedruck mit Otto Grotewohl *(l.), Vorsitzender des Zentralausschusses der SPD in Berlin, der die Vereinigung beider Parteien zur* Sozialistischen Einheitspartei Deutschlands (SED) *symbolisch bekräftigt.*

kriegs wegen der Bewilligung der Kriegskredite von ihr ab: Pieck war ein entschiedener Gegner des Militärs und desertierte 1918 nach Holland. 1918/19 gehörte er zu den Mitbegründern der KPD, die er 1921–28 im preußischen Landtag und 1928–33 im *Reichstag* vertrat. 1933 ging Pieck ins Exil, wurde in Moskau Vorsitzender der Exil-KPD und Mitbegründer des *Nationalkomitees Freies Deutschland*, kehrte 1945 nach Deutschland zurück, war maßgeblich an der Zwangsvereinigung von KPD und SPD zur *Sozialistischen Einheitspartei Deutschlands (SED)* beteiligt, deren Vorsitz er bis 1954 zusammen mit *Grotewohl* innehatte. 1949 wurde Pieck erster Präsident der DDR und füllte diese eher repräsentative Rolle nach Wiederwahl 1957 bis zu seinem Tod aus. Im Gegensatz zu *Ulbricht* erlangte der füllige Politiker sogar eine gewisse Popularität als »Landesvater«.

Pionierorganisation »Ernst Thälmann« s. *Freie Deutsche Jugend (FDJ)*

PKE s. *Grenztruppen der DDR*

Planwirtschaft
Hatte schon die *SMAD* die wirtschaftlichen Strukturen in der *SBZ* nach sowjetischem Vorbild durch Bodenreform und *Enteignungen* verändert, so setzte die DDR auf zügigen Ausbau einer Plan- oder Zentralverwal-

tungswirtschaft. In diesem System existiert, wenn es konsequent umgesetzt wird, kein Markt, somit kann hier der Preis auch nicht wie in der *Marktwirtschaft* die Angleichungsfunktion von Angebot und Nachfrage haben. Alles, was an Gütern und Dienstleistungen produziert und an Konsumenten und Produzenten verteilt wird, muß von einer Zentrale, der Staatlichen Planungskommission, bestimmt und gesteuert werden. Diese »Kommandowirtschaft«, verschärft noch durch *Kollektivierung* und Monopol des Staates an den Produktionsmitteln, setzt voraus, daß private und öffentliche Bedürfnisse ermittelt und dementsprechend zentrale Produktions- und Verteilungspläne für bestimmte Zeiträume erstellt werden. Ein solches, nur durch aufwendige Bürokratie für Vorgaben und Kontrolle ihrer Erfüllung praktizierbares Verfahren, kann auf kurzfristige Schwankungen (z. B. von Preisen oder Bedarf) nicht reagieren, produziert entsprechend ineffektiver und teurer, vernachlässigt mangels *Wettbewerb* Qualität und Innovationen, untergräbt wegen fehlender Leistungsanreize die Arbeitsmoral und verfehlt oft die Bedürfnisse der Konsumenten.
Eine reine Planwirtschaft hätte daher die DDR schon viel früher zum Einsturz gebracht. Der Staat verzichtete jedoch v. a. im mittelständischen Bereich auf rigorose Durchsetzung des Planprinzips, ließ Spielräume für marktwirtschaftliches Handeln und dämpfte die Unzufriedenheit der Verbraucher durch teure Importe, die allerdings mit hoher Westverschuldung erkauft wurden. Durch die Bevormundung der Wirtschaft konnte die Staatsführung zudem die *Arbeitslosigkeit* lange verdeckt halten und davon ideologisch profitieren. Das im Vergleich zum Westen geringere Einkommensgefälle durch gleiche Verteilung des Mangels milderte außerdem soziale Konflikte.

Plebiszit s. *Volksabstimmung*

Plenum

Ranghöchstes Entscheidungsgremium von Konferenzen, Parteitagen, Parlamenten u. a. ist immer die Vollversammlung aller Mitglieder oder Teilnehmer, auch Plenum (lat. »plenus« = voll) genannt. Das Plenum des *Bundestags* ist allein befugt, Gesetze zu verabschieden, den *Bundeskanzler* zu wählen oder ihn mit einem *konstruktiven Mißtrauensvotum* zu stürzen, die *Ausschüsse* zu besetzen u. a. Gerade die Ausschüsse haben sich in der Praxis zu den eigentlichen Entscheidungszentren entwickelt, weil dort die *Fraktionen* Kompromisse erarbeiten oder die *Mehrheit* ihre Standpunkte durchsetzt, denen das Plenum in der Regel nur noch zustimmt. In den öffentlichen Plenardebatten werden die verschiedenen Positionen der Allgemeinheit verständlich gemacht. – Das Plenum der DDR-*Volkskammer* war ein reines *Akklamations*-Gremium.

Pluralismus
Im Unterschied zum totalitären Staat *(Totalitarismus)* lebt die Demokratie von der Vielfalt oder dem Pluralismus (lat. »pluralis« = mehrzahlig) der Meinungen, Strömungen, Interessen und gesellschaftlichen Gruppen, die sich um Einfluß auf das politische Geschehen bemühen. Er spornt zu ständig besseren Lösungen an, sorgt für die Korrektur von Fehlentwicklungen und verhindert die Monopolisierung von Macht. *Interessenverbände* wie *Parteien* sind Ausdruck dieses Pluralismus, den der *Staat* nur insoweit regelt, als alle Beteiligten die Gesetze einhalten und sich nach den Normen der *freiheitlich-demokratischen Grundordnung* richten müssen. Kritiker bemängeln an der weitgehenden Autonomie der Verbände die geringen Chancen gerade derer, die Interessenvertretung besonders nötig hätten, sich aber kaum oder gar nicht zu organisieren vermögen (z. B. Alte, Kranke, Arme). Hier ist die Politik direkt gefordert; ein Gegenmodell zur pluralistischen Gesellschaftsverfassung strebt allerdings niemand an.

Politbüro des Zentralkomitees der SED
Staats- und Parteiführung waren in der DDR eins; was der *Ministerrat* als Regierung tat oder ließ, geschah auf Anweisung der Leitungsgremien der SED, deren oberstes das Politbüro des *Zentralkomitees (ZK)* war. Daneben existierte noch ein Sekretariat des ZK, das aber wie das Politbüro vom Generalsekretär der SED geleitet wurde, so daß beide Gremien zentral angeleitet wurden. Das Politbüro wurde formell von den ZK-Mitgliedern gewählt, ergänzte sich aber de facto selbst, indem es beim Ausscheiden von Mitgliedern oder bei Erweiterung des Gremiums Personalvorschläge machte, die immer vom Plenum des ZK akzeptiert wurden.
Das zunächst 11 stimmberechtigte Mitglieder und 2 nicht stimmberechtigte Kandidaten umfassende Politbüro wuchs bis 1989 auf 21 Mitglieder und 5 Kandidaten an, insgesamt gehörten 1949–89 68 Personen zu dieser Führungsspitze, darunter nur 5 Frauen. Die wahre Macht übte jeweils ein Kreis enger Vertrauter der Generalsekretäre *Ulbricht* bzw. *Honecker* aus. Diese Ausrichtung auf die Spitze (Hierarchisierung) führte zu Blockaden im Entscheidungsprozeß, da die überalterte Gruppe um den Generalsekretär, u. a. *Mielke, Stoph, Matern, Mittag*, die bis in Produktionsdetails gehenden Vorlagen nicht mehr bewältigte. Nach Honeckers Sturz am 18. 10. 1989 wurde das Politbüro am 8. 11. durch ein stark verkleinertes ersetzt, das sich vier Wochen später endgültig auflöste.

politische Untergrundtätigkeit (PUT) s. *Inoffizieller Mitarbeiter*

Polizeistaat
Es gehört zu den wichtigsten Merkmalen totalitärer Staaten *(Totalitarismus)*, daß sie *Opposition* nicht dulden und sie – ohne Rücksicht auf

Grundrechte – gewaltsam unterdrücken. Da dies meist mittels regulärer wie politischer Polizei und anderer Sicherheitskräfte geschieht, hat sich dafür die Bezeichnung Polizeistaat eingebürgert. Ein solcher waren das 3. Reich, das allerdings wegen der lange hohen Zustimmung einer breiten Mehrheit den Polizeiterror dosieren konnte, wie auch die DDR, die mit der *Stasi* ein erheblich engmaschigeres Spitzelssystem aufbaute und nicht nur alle abweichenden Meinungen unterdrückte, sondern die eigene Bevölkerung mit Polizeigewalt und drastischer Strafandrohung am Verlassen des Staates hindern mußte.

Pommern

Die preußische Provinz Pommern, rd. 2,4 Mio. Einwohner und 38 400 km^2 (1939), Hauptstadt Stettin, lag beiderseits der Oder und wurde daher durch die neue Grenzziehung entlang der *Oder-Neiße-Linie* 1945 geteilt: Das kleinere westliche Vorpommern blieb in der *SBZ*, das östliche Hinterpommern mit Stettin wurde polnischer Verwaltung unterstellt, die Bevölkerung vertrieben. Die DDR bildete zunächst das Land *Mecklenburg-Vorpommern*, das wie alle anderen 1952 in Bezirke aufgelöst wurde (Vorpommern: Rostock und Neubrandenburg). Mit der *Wiedervereinigung* wurde das Land Mecklenburg-Vorpommern wiederhergestellt.

Clement Richard Attlee, Harry S. Truman und Josef Stalin (sitzend, v. l.) vor der Verkündung des Potsdamer Abkommens. Dahinter William D. Leaky, Ernest Bevin, James Francis Byrnes und Michailowitsch Molotow (stehend, v. l.).

Populismus

Was populär (lat. »populus« = Volk) ist, muß nicht falsch sein, eine *Partei* oder Regierung aber, die ihre Aussagen und Programme zwecks Machterhalt und Gewinn von Wählerstimmen bevorzugt daran ausrichtet, nennt man im negativen Sinn populistisch. Denn dabei werden Emotionen geschürt und rationale Argumente oft wider besseres Wissen ignoriert. Man paßt sich den Vorurteilen des »kleinen Mannes« an, mobilisiert Ängste (z.B. vor »Überfremdung« durch *Ausländer*) oder Sehnsüchte (z.B. nach »nationaler Größe«) und holt sich so die Legitimation für autoritäre Problemlösungen. Zugleich gibt es einen Populismus »von unten«, wie er z.B. in manchen Umweltgruppen gepflegt wird, die überkommene Werte (Heimat u.a.) zur Gewinnung von Mitstreitern propagieren, sich gegen den »Moloch Staat« wenden oder zum Steuerstreik aufrufen.

Postgeheimnis

Zu den *Grundrechten* gehört in der Bundesrepublik das Postgeheimnis, das wie das Brief- und Fernmeldegeheimnis durch Art. 10,1 GG garantiert wird. Danach dürfen geschlossene Postsendungen nicht geöffnet werden, und die Bediensteten der Post dürfen über den Postverkehr der Absender und Empfänger auch keine sonstigen Informationen weitergegeben (z.B. Postaufkommen, Herkunft von Sendungen); Vergleichbares gilt für Postanweisungen. Einschränkungen des Postgeheimnisses sind nur durch richterlichen Beschluß bei Untersuchungshäftlingen möglich; bei Gefahr im Verzug kann die Staatsanwaltschaft von sich aus tätig werden und sich dies nachträglich von einem Richter genehmigen lassen. Die *Notstands*-Gesetze vom 13. 8. 1968 erlauben im Fall einer Bedrohung der *freiheitlich-demokratischen Grundordnung* oder bei drohendem bewaffneten Konflikt sowie im Krieg den Geheimdiensten auf Minister-Anordnung hin die Aufhebung des Postgeheimnisses durch Beschlagnahme von Postsendungen, Mithören des Fernsprech- oder Mitlesen des Fernkopierverkehrs ohne Benachrichtigung der Betroffenen. Solche Einschränkungen unterliegen jedoch parlamentarischer Kontrolle.

Potsdamer Abkommen

Das Abschlußkommuniqué der Konferenz der Regierungschefs der »Großen Drei« USA (Harry S. Truman), UdSSR (Josef Stalin) und Großbritannien (Winston Churchill, später Clement Richard Attlee) in Potsdam bei Berlin vom 17. 7. bis 2. 8. 1945 hatte Vertragscharakter; man spricht daher von einem Potsdamer Abkommen. Es regelte insbesondere die Behandlung des besiegten Deutschland und bestimmte: 1. völlige *Abrüstung* und *Entmilitarisierung* Deutschlands; 2. Auflösung der NSDAP und Entfernung aller ihrer Mitglieder aus öffentlichen Ämtern sowie Aburteilung der Kriegsverbrecher; 3. Demokratisierung;

4. Dezentralisierung der deutschen Verwaltung. - Wirtschaftliche Beschlüsse betrafen: 1. Verbot der Rüstungsproduktion; 2. *Demontage* von Produktionsanlagen; 3. Förderung einer Friedensindustrie; 4. alliierte Kontrolle der Wirtschaft; 5. Wiederaufbau; 6. Behandlung Deutschlands als wirtschaftliche Einheit; 7. Entschädigungszahlungen. - An Gebietsveränderungen wurde verfügt (allerdings vorbehaltlich einer endgültigen Regelung in einem *Friedensvertrag*): 1. Übergabe von Nord-*Ostpreußen* an die UdSSR; 2. Unterstellung der anderen Gebiete östlich der *Oder-Neiße-Linie* unter polnische Verwaltung; 3. Ausweisung, genauer: *Vertreibung*, der deutschen Bevölkerung aus Osteuropa und den *deutschen Ostgebieten* »in geordneter und humaner Weise«. - Das Potsdamer Abkommen, dem die provisorische französische Regierung am 7. 8. im wesentlichen zustimmte, bildete die rechtliche Grundlage für die gemeinsame Verantwortung der *Siegermächte* gegenüber Deutschland als Ganzem.

Presseamt beim Vorsitzenden des Ministerrats der DDR
Die aus der *Deutschen Wirtschaftskommission* (DWK) der *SBZ* hervorgegangene Regierung der DDR übernahm auch deren »Hauptverwaltung Information«, bezeichnete sie seit Dez. 1949 als Amt, seit 1953 als Presseamt beim *Ministerpräsidenten*, seit 1963 als Presseamt beim Vorsitzenden des *Ministerrats* der DDR. Es hatte wie in allen Staaten die Regierungspolitik zu verlautbaren, zu interpretieren und der *Öffentlichkeit* verständlich zu machen. Pressekonferenzen, Besichtigungen für Journalisten, Aufklärungsbroschüren, Statistiken u.a. dienten diesem Ziel, über das hinaus das Presseamt anders als in demokratischen Staaten weitere Kompetenzen hatte: Es gab die Sprachregelungen heraus, die die Partei- und Staatsführung für die Behandlung wichtiger Themen in den Medien wünschte; gegenüber der Nachrichtenagentur Allgemeiner Deutscher Nachrichtendienst (ADN) war das Presseamt direkt weisungsberechtigt. Es übte zudem indirekt *Zensur* aus, da es Lizenzen für Presseorgane und Sender vergeben, beschränken und auch wieder einziehen konnte. Ende 1989 verlor das Presseamt diese Kompetenzen.

Pressefreiheit s. *Meinungsfreiheit*

Presse- und Informationsamt der Bundesregierung s. *Bundespresseamt (BPA)*

Preußen
Mit 294 000 km² größer als die alte Bundesrepublik, umfaßte das Land Preußen vor 1933 fast zwei Drittel des Reichsgebiets und stellte mit über 40 Mio. Einwohnern die Hälfte der Reichsbevölkerung. Schon 1933/34 durch die Gleichschaltung der Länder de facto verschwunden, wurde es nach 1945 nicht wiederhergestellt, sondern mit Gesetz des

Alliierten Kontrollrats am 25. 2. 1947 sogar förmlich aufgelöst. Ein großer Teil, nämlich die Gebiete östlich der *Oder-Neiße-Linie*, unterstand ohnehin schon polnischer Verwaltung, andere Gebiete wurden zu eigenen Bundesländern wie *Brandenburg* oder *Schleswig-Holstein*, wieder andere verteilten die *Siegermächte* auf neu gebildete *Bundesländer*. Dieses Vorgehen entstand aus der Überlegung, daß Preußen immer schon der »Hort des deutschen Militarismus« gewesen sei, der gemäß *Potsdamer Abkommen* ausgelöscht werden sollte.

Privatfernsehen
Die privaten Rundfunkanstalten in der Bundesrepublik sind in ihrer Mehrheit Anbietergemeinschaften. Geschäftspartner wie Zeitungsverlage, Medienkonzerne und branchenfremde Firmen sind durch direkte oder indirekte Beteiligungen miteinander verflochten. Im Gegensatz zum öffentlich-rechtlichen *Hörfunk und Fernsehen* finanzieren sich die privaten Sender fast ausschließlich aus den Einnahmen durch Werbeeinblendungen. Die führenden privaten TV-Sender sind SAT1 (Mainz) und RTL (Köln); neben ihnen sendeten 1995 noch 25 weitere, u. a. Pro 7, Kabelkanal, MTV, Eurosport. Sie bedienen entweder Sonderzielgruppen wie Musikfreunde, Sportinteressierte u. a. oder versuchen mit Spielfilmen, Serien, TV-Spielen, Talkshows u. a. ein breites Publikum anzusprechen. Im Kampf um die Einschaltquoten, nach denen sich die Preise für Werbespots richten, bleibt dabei oft die Qualität auf der Strecke. Vereinzelt geht das bis hin zu Gewaltverherrlichung und Pornographie; auch die öffentlich-rechtlichen Anstalten geraten zunehmend in diesen Sog.

Privatisierung
Die Überführung von Staatsbesitz in privates *Eigentum* kann aus verschiedenen Gründen erfolgen: 1959 veräußerte der Bund 77,6 % der Preussag, 1960 gut 60 % der Volkswagen AG, und 1965 gab er 64 % des VEBA-Konzerns ab. Im Vordergrund stand damals eine möglichst breite Streuung von Vermögen, bei späteren Privatisierungen wie beim Verkauf von Lufthansa-Anteilen seit 1994 spielten auch Haushaltslücken eine Rolle. Die umfänglichen Privatisierungen von DDR-Staatsunternehmen durch die *Treuhandanstalt* nach der *Wende* hatten ideologische und marktwirtschaftliche Gründe, hinzu kamen Reprivatisierungen von beschlagnahmtem oder enteignetem Besitz (z. B. von *»Republikflüchtlingen«*). *Enteignungen*, die vor Entstehung der DDR, also zwischen 1945 und 1949 von der *SMAD* vorgenommen wurden, können gemäß *Einigungsvertrag* nicht rückgängig gemacht werden. Das bestätigte ein Urteil des *Bundesverfassungsgerichts* 1996.

Proletariat

Nach Karl Marx ist die kapitalistische Gesellschaft eine Klassengesellschaft: Die Bourgeoisie als *Klasse* der Besitzer der Produktionsmittel beute darin das Proletariat als Klasse der Lohnarbeiter aus, die zur Existenzsicherung ihre Arbeitskraft verkaufen müssen. Je bewußter dem Proletariat seine Klasseninteressen werden, desto mehr werde es bestrebt sein, diese Gesellschaft in einem Klassenkampf zu beseitigen. Das Proletariat werde so zum Träger der sozialistischen Revolution, die nach einer Phase der Diktatur des Proletariats alle Klassen überwinden werde. Zur Weckung des Klassenbewußtseins müsse allerdings, so die Lehre des *Marxismus-Leninismus*, eine »Avantgarde« in Form einer revolutionären Partei die Führung übernehmen. Als diese Avantgarde verstanden sich die Staatsparteien der Ostblockländer, in der DDR also die SED, so daß an die Stelle der Herrschaft der Arbeiterklasse eine Parteiendiktatur trat.

Proporz

Sitzen drei Unternehmer im Rundfunkrat, müssen auch drei Gewerkschafter aufgenommen werden, hat die CDU den Vorsitz im Haushaltsausschuß, beansprucht die SPD die Leitung des Auswärtigen *Ausschusses* usw. Solches Proporz-Denken (lat. »proportio« = Verhältnis) ist ein wesentliches Moment der pluralistischen Gesellschaft mit ihren *Parteien*, Konfessionen, Berufsgruppen, *Interessenverbänden* u.a. Natürlich sind Proporzlösungen z.B. bei der Besetzung von Ämtern nie in reiner Form durchzusetzen, doch eine gerechte Repräsentation der verschiedenen Schichten und gesellschaftlichen Kräfte im öffentlichen Leben ist anzustreben, um den sozialen Frieden zu wahren. Damit werden *Mehrheits*entscheidungen nicht überflüssig, doch können so zwischen betroffenen Gruppen im Vorfeld Kompromisse gesucht und Konflikte entschärft werden. Erfolgreich gelang das eine Zeitlang z.B. in der *Konzertierten Aktion.*

Protestbewegungen

Im Klima des *Antikommunismus* der 1950er Jahre gerieten gesellschaftskritische Ansichten stets rasch in *Kommunismus*verdacht. Erst in den 1960er Jahren bemühte man sich um differenziertere Beurteilung und faßte Gruppen, die die Auswüchse des *Kapitalismus*, die Formen bürgerlicher Herrschaft, die westliche Zivilisation insgesamt, die politische Ordnung, die atomare Rüstung u. a. ablehnten, unter der Sammelbezeichnung Protestbewegungen zusammen. Dazu gehört die *Ostermarsch*-Bewegung ebenso wie später die *Friedensbewegung*, die Gegner der *Kernkraft* wie die *APO*, die Hippie- wie die *Studentenbewegung*, die *alternative Bewegung* wie die *Frauenbewegung* u. a., aber auch verschiedene Formen des *Jugendprotests.*

Protokoll
Gewöhnlich versteht man unter Protokoll die schriftliche Zusammenfassung der Ergebnisse, gegebenenfalls auch des Verlaufs einer Besprechung. Im politischen Raum aber meint man damit die Gesamtheit der in der Diplomatie üblichen Formen und Verfahrensweisen. Das reicht von den Grußformen über die korrekte Anrede, Vorschriften für Zeremonien, Symbole der Rangbeachtung bis hin zur Tischordnung je nach Anlaß, Gastgeber und Gast. Über die Einhaltung der protokollarischen Regeln wacht die Protokollabteilung des Auswärtigen Amtes unter ihrem Leiter, dem Chef des Protokolls.

PUT, Abk. für politische Untergrundtätigkeit, s. *Inoffizieller Mitarbeiter*, s. *Stasi*

Q

Quorum

In Satzungen oder Geschäftsordnungen wird bestimmt, wie viele Mitglieder eines Gremiums, z. B. eines Parlaments oder eines *Ausschusses*, anwesend sein müssen, damit es beschlußfähig ist. Diese Zahl nennt man das Quorum (nach dem ersten Wort bei Entscheidungen des römischen Rechts). Es beträgt für den *Bundestag* und für die *Landtage* mehr als die Hälfte der Mitglieder des jeweiligen Hauses. Ein Quorum gilt auch für die *Wahl* des *Bundestags*; danach erhalten nur solche Parteien Parlamentssitze, auf die mindestens 5 % der Stimmen entfallen sind *(Fünfprozentklausel)* bzw. die mindestens drei Direktmandate errungen haben.

Quotenregelung

Bei der Vergabe von Ämtern, *Mandaten*, Vorstandsposten u. a. sind Frauen und *Minderheiten* meist benachteiligt. Das soll durch Zuweisung einer bestimmten Quote (prozentualer Anteil) der zu vergebenden Posten an sie gemildert oder ganz behoben werden. Die SPD führte 1988 eine Frauenquote von 40 % bei der Besetzung von Parteiämtern wie bei der Vergabe von Delegiertenplätzen ein, die *Grünen* praktizieren die paritätische Berücksichtigung der Geschlechter. Im öffentlichen Dienst versucht man, ohne Vorgabe einer Quote den Anteil der Frauen v. a. in gehobenen und Führungspositionen dadurch anzuheben, daß bei gleicher Qualifikation Frauen zu bevorzugen sind. Diese in einigen Ländergesetzen festgeschriebene Regelung verstößt dann gegen EU-Recht, wenn sie ohne Rücksicht auf Härtefälle bei männlichen Bewerbern angewendet wird (Entscheidung des Europäischen Gerichtshofs vom 16. 10. 1995).

R

Radikalenerlaß s. *Extremistenbeschluß*

Radio Bremen s. *Hörfunk und Fernsehen*

RAF s. *Baader-Meinhof-Gruppe*

Rahmengesetzgebung
Für bestimmte Bereiche der *Gesetzgebung* sind die *Bundesländer* zuständig. Da Deutschland aber ein Bundesstaat und kein Staatenbund ist, hat der Bund nach Art. 72 GG das Recht und die Pflicht, zur »Wahrung der Rechts- und Wirtschaftseinheit«, insbesondere der »Einheitlichkeit der Lebensverhältnisse über das Gebiet eines Landes hinaus«, Rahmengesetze zu erlassen, die durch Landesgesetze ausgefüllt werden sollen. Das gilt u. a. für den öffentlichen Dienst, das Hochschulwesen, Presse und Film, Jagdwesen und Naturschutz, Raumordnung, Wasserbau, Meldewesen. Davon zu unterscheiden ist die für Bund und Länder gemeinsame Grundsatzgesetzgebung des Bundes etwa im Haushaltsrecht.

Rahmenkollektivvertrag (RKV) s. *Tarifvertrag*

Rat der Europäischen Union
Früher sprach man in der Europäischen Gemeinschaft vom Ministerrat, mit Beschluß vom 8. 11. 1993 wurde die Bezeichnung Rat der *Europäischen Union* eingeführt. Er tagt in Brüssel oder Luxemburg, seine Präsidentschaft wechselt alle 6 Monate in alphabetischer Reihenfolge der Ländernamen, und er besteht aus je einem *Minister* der Mitgliedsländer, wobei das zu behandelnde Sachgebiet bestimmt, welche Fachminister den Rat bilden; danach heißt das jeweilige Gremium dann Verkehrs-, Umwelt-, Finanzrat usw. Er ist gegenüber der *Europäischen Kommission* weisungsberechtigt und nur dem *Europäischen Rat* der Staats- bzw. Regierungschefs nachgeordnet. Der Rat debattiert Vorlagen der EU-Kommission und verleiht ihnen durch Rechtsakte Gesetzeskraft, erläßt auf ihrer Basis Richtlinien oder spricht Empfehlungen aus. Entscheidungen, für die früher Einstimmigkeit nötig war, werden meist mit qualifizierter *Mehrheit* gefällt, wobei große Länder wie Deutschland 10, kleine wie Luxemburg 2 Stimmen haben.

Rat für gegenseitige Wirtschaftshilfe (RGW) s. *Comecon*

Ratifikation
In der Bundesrepublik können »Verträge, welche die politischen Beziehungen des Bundes regeln oder sich auf Gegenstände der Bundes*ge-*

setzgebung beziehen«, nur mit Zustimmung der Volksvertretung in Kraft treten (Art. 59,2 GG). In der Bundesrepublik verabschiedet der *Bundestag* dazu ein Gesetz, das der *Bundespräsident* im *Bundesgesetzblatt* verkündet. Darüber wird eine Ratifikationsurkunde angefertigt, die zusammen mit dem Vertragstext dem Vertragspartner ausgehändigt wird und diesem mitteilt, daß innerstaatlich dem Inkrafttreten des Vertrages nichts mehr im Wege steht. Kommt das Gesetz nicht zustande, ist die Ratifikation gescheitert, wie es z. B. beim Vertrag über die *Europäische Verteidigungsgemeinschaft (EVG)* geschah, den zu ratifizieren sich die französische Nationalversammlung 1954 weigerte.

rechtliches Gehör
Gerichtsentscheidungen sind in Rechtsstaaten an das *Grundrecht* auf rechtliches Gehör gebunden, nach dem jeder Betroffene Anspruch darauf hat, vor Gericht zur Sache gehört zu werden. Angeklagtem wie Staatsanwalt sowie jeder Prozeßpartei im Zivilprozeß muß nach Art. 103,1 GG Gelegenheit gegeben werden, sich vor dem Richter zu Anschuldigungen oder Ausführungen der Gegenseite zu äußern. Dabei haben jeder Angeklagte und jede Prozeßpartei das Recht der freien Wahl des Rechtsbeistands (Verteidiger, Rechtsanwalt). Prozeß und Vertretung durch einen Anwalt sind mit Kosten verbunden, die nicht jeder aufzubringen in der Lage ist. Für solche Fälle gewährt der Staat eine Prozeßkostenhilfe, früher Armenrecht genannt, die bis zur vollständigen Kostenbefreiung reichen kann.

Rechts s. *Links - Mitte - Rechts*

Rechtsprechung s. *Gerichte*

Rechtsradikalismus
Rechtes Gedankengut im Sinne von *Nationalismus*, Zivilisationsfeindlichkeit und Förderung von autoritären Strukturen gibt es auch in den etablierten konservativen Parteien, es ist dort aber eingebunden in ein breites Meinungsspektrum. Radikal sind *Parteien* zu nennen, die diese Positionen zu ihrem Programm erhoben haben und offen gegen *Ausländer* Front machen, die *multikulturelle Gesellschaft* ablehnen, den »starken Staat« propagieren, sich gegen weitere Demokratisierung wenden, die patriarchalische Familie fordern oder gar die - notfalls gewaltsame - Wiedergewinnung der *deutschen Ostgebiete* anstreben. Nach 1945 fanden solche Positionen in der Bundesrepublik nur wenig Widerhall; rechtsextremistische Parteien wie die *Deutsche Reichspartei (DRP)* erzielten allenfalls regional kleine Erfolge und gingen nach Verbot unter. Eine Wiederbelebung gelang in den 1960er Jahren vorübergehend der *Nationaldemokratischen Partei Deutschlands (NPD).* Dauerhafter etablierten sich Parteien der neuen Rechten mit jüngerer

Wählerschaft in den 1980er Jahren, allen voran die *Republikaner* und die *Deutsche Volksunion (DVU)*, die von *Arbeitslosigkeit*, Wirtschaftskrise und Ängsten vor »Überfremdung« profitieren.
Zu ihrer Anhängerschaft gehören v. a. gewaltbereite männliche Jugendliche, die als Skinheads oder Hooligans auftreten, einen militanten *Neonazismus* vertreten und »der Gesellschaft« die Schuld an ihrer schlechten sozialen Lage geben. Ihre Feindbilder sind Ausländer, *Asyl*bewerber und Behinderte, wozu sie auch alte Menschen, Kranke und Frauen rechnen. Ihnen gegenüber toben sie einen Männlichkeitswahn aus, der sich auch in Alkoholexzessen äußert und viele in Gewaltkriminalität absinken läßt. In den neuen Bundesländern, wo soziale Deklassierung weiter verbreitet ist und nach der jahrzehntelangen staatlichen Bevormundung in der DDR die Neuorientierung schwerfällt, ist das Problem besonders drängend - vielleicht auch als nachträglicher Protest gegen die Indoktrinierung durch den *Antifaschismus* der SED.

Rechtsstaat
Die Bindung des *Staates* allein an das Gesetz hatte sich 1933 als zu schwach erwiesen. Adolf Hitler war legal an die Macht gekommen, seine Maßnahmen hatten Gesetzesform, waren also ebenfalls legal, obwohl sie objektiv in vielen Fällen Unrecht in Rechtsform gossen. Daraus zogen die Verfasser des *Grundgesetzes* die Konsequenz, schrieben die durch das Ermächtigungsgesetz von 1933 aufgehobene *Gewaltenteilung* fest und bestimmten, daß die Bundesrepublik ein »republikanischer, demokratischer und sozialer Rechtsstaat« sei (Art. 28,1), in dem alles staatliche Handeln recht- und gesetzmäßig zu sein hat und alle Bürger vor dem Gesetz gleich sind. Den Begriff »Rechtsstaat« erläuterten sie näher in Art. 20,3 GG, nach dem auch die *Gesetzgebung* an die verfassungsmäßige Ordnung, die *Exekutive* und die *Judikative* an Gesetz und Recht gebunden sind. Gesetze müssen nicht nur verfassungsgemäß zustande gekommen sein, sondern auch inhaltlich den Bestimmungen des Grundgesetzes entsprechen. Damit sind v. a. die Beachtung der *Grundrechte*, die Rechtsweggarantie für alle Bürger (Art. 19,4) und das *Widerstandsrecht* (Art. 20,4) gemeint. Bei ihrer Verletzung durch den Staat kann das *Bundesverfassungsgericht* angerufen werden.

Redefreiheit s. *Meinungsfreiheit*

Reeducation
Mit *Entnazifizierung* allein, so sahen es v. a. die Amerikaner, würde man nach der NS-Diktatur in Deutschland eine funktionierende Demokratie nicht errichten können. Die USA entwickelten daher Programme zur Umerziehung (Reeducation) der Deutschen. *Parteien* wie Presseorgane bedurften einer Lizenz *(Lizenzpresse, -parteien)*, die Schulbücher muß-

ten gereinigt werden, Grundsätze für die Demokratisierung der Erziehung wurden formuliert, Schulreformgesetze erlassen u. a. Diese Bevormundung war natürlich nicht populär, und der spätere Bundespräsident *Heuss* forderte schon am 30. 5. 1945: »Die geistige Auseinandersetzung mit den Folgen der nationalsozialistischen Herrschaft muß von Deutschen selber mitgetragen werden.« Solche Appelle wären sicher noch lange folgenlos geblieben, wenn nicht der *Kalte Krieg* zu einem Wettbewerb der *Siegermächte* um die Gunst der Deutschen geführt hätte. Es erwies sich zudem, daß die wirksamste Umerziehung durch *Marshallplan* und *Wirtschaftswunder* geleistet wurde, die zur Verankerung der Demokratie in der Bundesrepublik entscheidend beitrugen.

Regierungsbezirk
Die meisten *Bundesländer* gliedern sich in Regierungsbezirke, die mehrere *Landkreise* zusammenfassen. Diese von Regierungspräsidenten geführten Bezirke stellen damit eine mittlere Verwaltungsebene zwischen Land und Kommune dar. Sie nehmen im Auftrag der *Landesregierung* und unter der Aufsicht des Innenministers des jeweiligen Landes staatliche Aufgaben wahr und können ihrerseits Kreisen und *Gemeinden* Aufgaben übertragen.

Regierungserklärung
Schon in den konstitutionellen Monarchien des 19. Jh. war es üblich, daß eine neugebildete Regierung ihr Programm in Form einer Regierungserklärung erläuterte. Das haben die modernen Demokratien übernommen und erweitert: Der *Bundeskanzler* gibt nun nicht nur nach seiner Wahl eine Regierungserklärung ab, sondern auch zu wichtigen außenpolitischen Ereignissen (z. B. zum Abschluß internationaler Verträge) und innenpolitischen Vorhaben. Dabei arbeiten ihm die jeweiligen *Bundesminister* zu, deren Entwürfe im *Kabinett* beraten werden. Der Entwurf der Regierungserklärung wird dann gewöhnlich zunächst den *Fraktionen* der Regierungsparteien zur Billigung vorgelegt, ehe sie der Regierungschef im *Bundestag* vorträgt und das Parlament darüber eine *Debatte* führt. Eine besondere Form der Regierungserklärung ist der alljährliche »Bericht über die Lage der Nation«.

Regionalpolitik
Die Verwaltungsgliederung von Staaten entspricht meist nur teilweise den historischen Landschaften oder Regionen. In der Bundesrepublik gibt es länderübergreifende Regionen wie etwa die Nordseeküstenregion, aber auch innerhalb eines *Bundeslandes* mehrere Regionen mit gemeinsamen Traditionen und/oder wirtschaftlichen Strukturen oder Problemen. Regionalpolitik bemüht sich v. a. darum, das ökonomische Gefälle zwischen den verschiedenen Regionen zu mildern und einen Ausgleich etwa zwischen reichen Industrierevieren und agrarisch ge-

prägten ärmeren Landstrichen zu schaffen. Die Mittel dazu sind entweder steuerlicher Art oder direkte Subventionen durch Übernahme der Kosten zur Verbesserung der *Infrastruktur* durch Bund oder Land oder durch vertikalen *Finanzausgleich.* Eine der größten regionalpolitischen Herausforderungen stellte das Programm Aufbau Ost nach der *Wiedervereinigung* dar. Die *Europäischen Union (EU)* betreibt überstaatliche Regionalpolitik, indem sie Mittel für strukturschwache Regionen in einem eigenen Fonds bereitstellt, aus dem u. a. auch Ostdeutschland gefördert wird.

Reichstag

Das deutsche Parlament hieß 1871–1945 Reichstag und tagte von 1894–1933 in *Berlin* im gleichnamigen, von Paul Wallot entworfenen Gebäude, das 1933 Opfer einer Brandstiftung und im Krieg, v. a. im Endkampf um Berlin, weiter zerstört wurde. Nach der Teilung der ehemaligen Hauptstadt lag das monumentale Gebäude (137 mal 97 m) unmittelbar an der Grenze zu Ostberlin und damit seit 1961 direkt an der *Berliner Mauer.* Es wurde 1957–72 für 120 Mio. DM wiederhergestellt und mit einem Plenarsaal ausgestattet, in dem die *Bundesversammlung* mehrmals den *Bundespräsidenten* wählte. Nach der *Wiedervereinigung* und dem Beschluß des *Bundestags,* seinen Sitz nach Berlin zu verlegen, wurden Pläne für eine Neugestaltung des Gebäudes entwickelt; ob der Bau weiterhin Reichstag heißen soll, obwohl dort dann der Bundestag tagt, ist strittig. 1995 wurde der Reichstag vom bulgarischen Künstler Christo für 14 Tage in Kunststoffolie verpackt. Die spektakuläre Aktion zog über 5 Mio. Besucher an, die über die Verwandlung des Kolosses in einen fast schwerelos scheinenden Silberwürfel staunten.

Reparationen s. *Demontage*

Reprivatisierung s. *Privatisierung*

Republikaner

Krisenstimmung fördert politische Radikalisierung. Das wurde deutlich bei wachsender *Arbeitslosigkeit* in den 1980er Jahren. Am 27. 11. 1983 gründeten einige konservative Politiker und Journalisten, darunter der durch ein Buch über seine Zeit bei der Waffen-SS bekannt gewordene Franz Schönhuber, als »patriotische« Partei »Die Republikaner«, deren Programm deutlich rechtsextreme, ausländerfeindliche Züge trägt. Trotz interner Querelen, bei denen Schönhuber die Oberhand behielt (1985–95 Vorsitzender), erhielt die Partei wachsenden Zulauf und erreichte 1986 mit 3,1 % in Bayern einen ersten Erfolg. 1989 schien mit 7,5 % in Berlin und 7,1 % bei den *Wahlen* zum *Europäischen Parlament* sogar der endgültige Durchbruch zu gelingen. Es folgten jedoch Einbußen, und nach einem letzten Gipfel mit 10,9 % im April 1992 in Baden-Württemberg setzte ein steter Abwärtstrend ein. Bei *Bundestags*wahlen erreichten die Republikaner 1990 mit 2,1 % der Stimmen ihr bestes Ergebnis, 1994 waren es nur noch 1,9 %. Wegen dieser Entwicklung erwiesen sich anfängliche Verbotsüberlegungen als überflüssig.

Republikflucht
Das westdeutsche *Wirtschaftswunder*, aber auch die bürgerlichen *Freiheiten* bewogen eine wachsende Zahl von DDR-Bewohnern zum Wechsel in die Bundesrepublik. Das war zunächst noch relativ leicht, weil auch die DDR die *Demarkationslinie* zur Bundesrepublik zunächst nicht als Grenze verstand. Schon 1950 aber beschäftigten sich DDR-Juristen mit der Schaffung des Straftatbestands der Republikflucht, der nach mehreren Vorstufen 1957 ins Paßgesetz aufgenommen wurde. Das Wort »Republikflucht« verschwand wieder aus den offiziellen Verlautbarungen nach dem Bau der *Berliner Mauer*, der Tatbestand blieb als »ungesetzlicher Grenzübertritt« bestehen und war im Normalfall mit bis zu 2 Jahren Haft, in schweren Fällen wegen des Mitführens von Waffen, der Fälschung von Papieren u. a. mit bis zu 5 Jahren Haft bedroht. Westdeutsche Fluchthelfer *(Fluchthilfe)* wurden wegen »staatsfeindlichen Menschenhandels« belangt. Strafbar war nicht nur die Republikflucht selbst, sondern bereits ihre Planung und Vorbereitung. Die Strafen wurden auch über Nichtrückkehrer, also erfolgreiche *Flüchtlinge* verhängt, so daß ihnen der Rückweg versperrt war und sie von Besuchsregelungen erst Gebrauch machen konnten, als *Amnestien* 1972 und 1981 Straffreiheit für Altfälle zusicherten. Etwaiges Vermögen freilich war inzwischen beschlagnahmt worden.

Reuter, Ernst
* Apenrade (Nordschleswig) 29. 7. 1889, † Berlin 29. 9. 1953 - Der Krieg machte aus dem 1912 in die SPD eingetretenen Reuter einen Kommunisten. Der junge Lehrer war nach Verwundung 1916 in russische Kriegsgefangenschaft geraten, wurde nach der Oktoberrevolution Vorsitzender eines Gefangenenkomitees und von Lenin zum Volkskommissar der Wolgadeutschen Republik ernannt. 1918 kehrte er nach Deutschland zurück, baute die Berliner KPD mit auf und wurde 1921 Generalsekretär der Partei. Sie schloß ihn jedoch bereits 1922 aus, und so machte der Frieden Reuter wieder zum SPD-Mann, der 1931–33 Oberbürgermeister von Magdeburg war. Im 3. Reich bis 1935 zweimal inhaftiert, ging Reuter ins türkische Exil und arbeitete in Ankara als Dozent für Kommunalwissenschaft. 1946 nach *Berlin* zurückgekehrt, wurde er im Jahr darauf zum Oberbürgermeister der Vier-Sektoren-Stadt gewählt, durch sowjetisches Veto aber auf den Westteil Berlins beschränkt, den er seit 1949 eng an die Bundesrepublik band. Von 1950 an war er Regierender Bürgermeister der Halbstadt.

Westberlins Regierender Bürgermeister Ernst Reuter mit dem Berater von US-Präsident Harry S. Truman, William Averell Harriman (l.), und dem Hohen Kommissar John McCloy (r.).

Revanchismus
Die DDR fühlte sich vom *Wiedervereinigungsgebot* der Präambel des *Grundgesetzes* stets bedroht und sah darin einen Revanchismus (Streben nach Rache) am Werk, der die deutsche Schuld am 2. Weltkrieg ignoriere und dessen Ergebnisse korrigieren wolle. Das galt v. a. für die Nichtanerkennung der *Oder-Neiße-Linie* und die angebliche Politik der »Einverleibung« der DDR durch die herrschenden konservativen Kräfte in der Bundesrepublik in den 1950/60er Jahren. Der Vorwurf traf auch berechtigtes Streben nach Verhandlungen über strittige Fragen. Erst mit den Ostverträgen *(Deutsch-Polnischer, Deutsch-Sowjetischer Vertrag)* der Regierung *Brandt*, insbesondere mit dem *Grundlagenvertrag*, ließen solche Vorwürfe nach, die Ostberlin aber weiterhin gegenüber Vertriebenenverbänden, Teilen der CDU/CSU und die angeblich von der »Monopolbourgeoisie« gesteuerten westdeutschen Medien aufrechterhielt. V. a. die Definition des *Bundesverfassungsgerichts*, die *innerdeutsche Grenze* sei vergleichbar mit den Grenzen der *Bundesländer*, nährte 1973 wieder den Revanchismusverdacht der SED, den sie auch gern in der *Wehrerziehung* zur Indoktrinierung der Jugendlichen einsetzte.

Revisionismus
Die Sozialdemokratie war ursprünglich eine marxistisch-revolutionäre Bewegung, und in Rußland setzte sich diese Grundhaltung durch Entwicklung zum Bolschewismus auch durch. In Deutschland aber entschied sich die SPD unter dem Einfluß u. a. von Eduard Bernstein für die Revision des revolutionären Ansatzes und die parlamentarische Demokratie. Die Mitglieder, die diesen Wandel zu einer Reformpartei nicht mitmachen wollten, spalteten sich ab und sammelten sich 1918 in der *Kommunistischen Partei Deutschlands (KPD)*, die nach 1945 im Westen kaum noch eine Rolle spielte, im Osten dagegen die SPD aufsog und als *Sozialistische Einheitspartei Deutschlands (SED)* Staatspartei der DDR wurde. Ihr galt der Revisionismus als schlimmste Abweichung von der marxistischen Lehre, zu deren Doktrin Klassenkampf und Weltrevolution gehörten. Gefährlich erschien ihr daher weniger die West-SPD, die im *Godesberger Programm* letzte marxistische Positionen räumte, sondern Kritiker in den eigenen Reihen. Sie wurden gern als Revisionisten und damit als Verräter gebrandmarkt. Auch die *Entstalinisierung* hatte aus SED-Sicht revisionistische Züge und wurde entsprechend halbherzig umgesetzt.

RGW s. *Comecon*

Richtlinienkompetenz
Die ohnedies starke Stellung des nur durch *konstruktives Mißtrauensvotum* zu stürzenden *Bundeskanzlers* in der *Verfassung* der Bundesrepublik wird von Art. 65 GG untermauert, wo es heißt: »Der Bundeskanzler bestimmt die Richtlinien der Politik und trägt dafür die Verantwortung. Innerhalb dieser Richtlinien leitet jeder *Bundesminister* seinen Geschäftsbereich selbständig und unter eigener Verantwortung.« Nach dem lateinischen Wort für »zustehen« (competere) wird dieses Vorrecht des Regierungschefs als Richtlinienkompetenz bezeichnet. Was eine Richtlinie ist, wird weder im *Grundgesetz* noch in der Geschäftsordnung der *Bundesregierung* näher ausgeführt und wurde von den verschiedenen Amtsinhabern unterschiedlich ausgelegt. Das Kollegialitätsprinzip des *Kabinetts*, nach dem nur dieses und nicht der Regierungschef allein dem *Bundestag* Gesetzesvorlagen zuleiten kann, die Rücksicht auf den *Koalitions*partner, die Mitwirkungsrechte des Parlaments u. a. ziehen der Richtlinienkompetenz Grenzen.

RKV s. *Tarifvertrag*

Rollback
Die vom demokratischen US-Präsidenten Harry S. Truman (im Amt 1945–53) 1947 entwickelte Politik des *Containment* schien vielen republikanischen Politikern zu passiv. Der Außenminister der seit 1953

amtierenden Regierung Dwight D. Eisenhower, John Foster Dulles, forderte, man müsse den Kommunismus nicht nur eindämmen, sondern »zurückrollen« (roll back). Zu den Ländern, die von der Bevormundung durch Moskau befreit werden sollten, gehörten vor allem die osteuropäischen Staaten, darunter auch die DDR. Aber nicht Gewalt wollte Dulles dafür einsetzen, sondern einen moralisch-geistigen Kreuzzug führen, unter dessen Druck der Zerfall der kommunistischen Regime nur eine Frage der Zeit sei. Damit weckte der Außenminister gefährliche Hoffnungen. Der Aufstand vom *Siebzehnten Juni 1953* in der DDR kurz nach Stalins Tod nährte sich nicht zuletzt von solchen Illusionen. Dulles und in seinem Gefolge *Adenauer* hielten jedoch am Rollback als langfristiger Strategie fest.

Römische Verträge
Die Vorteile enger ökonomischer Kooperation zwischen Staaten hatte die *Montanunion* hinlänglich bewiesen. Die Lehre daraus zogen die gleichen Staaten am 25. 3. 1957, als sie die Kooperation über Kohle und Stahl hinaus auf die gesamte Wirtschaft auszudehnen beschlossen und dementsprechende Verträge unterzeichneten, nach dem Unterzeichnungsort »Römische« genannt. Die Bundesrepublik, Frankreich, Belgien, Luxemburg, die Niederlande und Italien vereinbarten darin die Bildung einer *Europäischen Wirtschaftsgemeinschaft (EWG)* sowie die Errichtung einer gemeinsamen Behörde zur friedlichen Nutzung der Kernenergie, *EURATOM* genannt. Kernpunkt war zunächst die Angleichung des Zollniveaus der Mitgliedstaaten und dann der völlige Abbau der Binnenzölle der Gemeinschaft zur Bildung eines gemeinsamen Marktes. Als Fernziel wurde darüber hinaus bereits eine politische Integration ins Auge gefaßt. Die Gemeinschaft sollte offen sein für Beitrittswillige.

Rostock-Lichtenhagen s. *Fremdenfeindlichkeit*

Rote Armee Fraktion (RAF) s. *Baader-Meinhof-Gruppe*

Rücktritt s. *Demission*

Ruhrgebiet
Zwischen den Flüssen Ruhr und Lippe liegt das nach dem ersteren benannte wichtigste Industrierevier Deutschlands. Es spielte nach beiden Weltkriegen eine Schlüsselrolle, weil v. a. Frankreich im Ruhrgebiet die deutsche Rüstungsschmiede sah und in seiner Kontrolle eine Sicherung gegen erneute deutsche Aggressionen. Da es Frankreich 1947 nicht gelungen war, eine Internationalisierung des Ruhrgebiets, das in der britischen Zone lag, zu erreichen, verlangte es auf der *Londoner Sechsmächtekonferenz* 1948 andere geeignete Maßnahmen

zur Überwachung der Produktion an der Ruhr. Nach Beratungen zwischen Frankreich, Großbritannien und den Beneluxländern unter Mitwirkung der USA wurde am 28. 4. 1949 ein Ruhrstatut beschlossen und eine internationale Ruhrbehörde ins Leben gerufen. Sie hatte ökonomische Kontrollrechte, so daß die wirtschaftliche, nicht aber die politische Verfügungsgewalt über das Ruhrgebiet der deutschen Regierung entzogen war. Damit sollte das wirtschaftliche Potential der dortigen Industrie dem Wiederaufbau Westeuropas nutzbar gemacht werden. Im *Petersberger Abkommen* vom 22. 11. 1949 erklärte die Bundesrepublik die Bereitschaft zum Beitritt zur Ruhrbehörde, die 1952 durch die *Montanunion* abgelöst wurde.

Runder Tisch
Wenn alte Systeme bröckeln, neue sich aber noch nicht formiert haben, bilden sich häufig informelle Gremien, die den Übergang ermöglichen. Seit den Konferenzen der freien polnischen Gewerkschaft »Solidarität« mit der kommunistischen Staatsführung hat sich dafür der Begriff »Runder Tisch« als Symbol für die Gleichberechtigung aller Teilnehmer eingebürgert. Ein solches Gremium wurde auch mit der Aufgabe des Führungsanspruchs der SED Ende 1989 in der DDR erforderlich, damit alle relevanten Kräfte an der Neuordnung beteiligt werden konnten, bis eine frei gewählte *Volkskammer* das alte Parlament des *Blocksystems* ablösen konnte. Am 7. 12. 1989 trafen sich in Ostberlin auf Einladung der Kirchen, deren Vertreter als Moderatoren fungierten, erstmals Delegierte der *Bürgerbewegungen* mit Abgesandten der Blockparteien und *Massenorganisationen* an einem zentralen Runden Tisch; auf unterer Ebene gab es regionale Runde Tische. Die SED, die sich gerade zur PDS wandelte, war Verhandlungsführerin auf der staatlichen Seite, bei der *Opposition* waren die SDP (vom 13. 1. 1990 an SPD), das *Neue Forum*, der *Demokratische Aufbruch*, die Bewegung »Demokratie Jetzt«, Umweltgruppen u. a. vertreten.
Der bis zur Konstituierung der demokratisch gewählten Volkskammer im April 1990 tagende Runde Tisch wurde als Gesetzgeber und Kontrollorgan gegenüber der Regierung *Modrow* zum eigentlichen Machtzentrum während der Umbruchzeit in der DDR. Er setzte die Auflösung der *Stasi* durch und verhinderte den Aufbau einer Ersatzorganisation, scheiterte aber mit Versuchen, eine reformierte DDR als selbständigen Staat zu erhalten. Angesichts des rasanten Zerfalls von Institutionen und Wirtschaft des einstigen SED-Staats gab es zur *Wiedervereinigung* keine Alternative.

Rundfunkanstalten s. *Hörfunk und Fernsehen*

S

Saarland

Im äußersten Westen Deutschlands gelegen, wurde das Saarland 1944 als eines der ersten deutschen Gebiete von den Alliierten besetzt. Die Franzosen schlugen das an Bodenschätzen und Industrie reiche Land zunächst ihrer *Besatzungszone* zu, entzogen es dann aber der Aufsicht des *Alliierten Kontrollrats* und gliederten es, um 81 rheinland-pfälzische Gemeinden auf 2570 km² vergrößert, wie schon nach dem 1. Weltkrieg in ihr Wirtschaftsgebiet ein. Der Widerstand der Bevölkerung dagegen machte die Saarfrage zu einer Belastung im deutsch-französichen Verhältnis, so daß sich Bonn und Paris schließlich im Vertrag von Luxemburg am 26. 10. 1956 auf die Rückgabe des Saarlands zum 1. 1. 1957 einigten; seitdem ist es ein *Bundesland.*

Saarländischer Rundfunk s. *Hörfunk und Fernsehen*

Sachverständigenrat

Von der wirtschaftlichen Entwicklung eines Staates hängen zahlreiche politische Entscheidungen ab. Daher bemüht man sich um eine möglichst genaue mittelfristige Prognose. Da staatliche Stellen (u. a. Wirtschafts- und Finanzministerium) befangen sein könnten (parteipolitische Rücksichten u. a.) beruft der *Bundespräsident* auf Vorschlag der *Bundesregierung* seit 1963 einen fünfköpfigen »Sachverständigenrat zur Begutachtung der gesamtwirtschaftlichen Entwicklung« (volkstümlich »die fünf Weisen« genannt), bestehend aus angesehenen Wirtschaftswissenschaftlern, die alljährlich bis zum 15. 11. ein Jahresgutachten erarbeiten, das Empfehlungscharakter hat und der Regierung als Entscheidungshilfe dient. Sie muß innerhalb von acht Wochen in ihrem Jahreswirtschaftsbericht dazu Stellung beziehen. Der Rat, in dem jährlich ein Mitglied durch ein neues ersetzt wird, kann auch mit Sondergutachten beauftragt werden.

Salzgitter s. *Zentrale Beweismittel- und Dokumentationsstelle der Landesjustizverwaltungen*

Satzung

Gesetze können nicht alles regeln; Verfassung und Organisation von *Parteien*, Verbänden, Vereinen, Gesellschaften und Instituten werden daher zusätzlich durch Satzungen geregelt, die ihrerseits gesetzlichen Mindestansprüchen wie Schriftlichkeit, Verfassungsmäßigkeit u. a. genügen müssen. Körperschaften öffentlichen Rechts wie *Gemeinden* oder Universitäten haben im Rahmen ihrer *Selbstverwaltung* das Recht, sich selbst Satzungen zu geben. In den Satzungen privatrechtlicher

Vereine ist dagegen der gesetzlich vorgeschriebene Rahmen über ihr Zustandekommen, den Mindestinhalt und die Grenzen der Bestimmungen zu beachten; für die Satzungen von Aktiengesellschaften gilt ein eigenes Aktiengesetz.

SBZ

Für keine andere Zone bürgerte sich eine Abkürzung ein, nur die sowjetische *Besatzungszone* wurde nach 1945 oft kurz SBZ genannt, ein Kürzel, das sich in der westdeutschen Presse noch lange nach Gründung der DDR hielt. Man wollte damit zum Ausdruck bringen, daß man die östliche Staatsgründung nicht anerkannte und daß das sowjetische Besatzungsregime im Grunde fortdauerte. Ähnliche Funktionen hatten abfällige Bezeichnungen wie *Ostzone*, Zone oder *Mitteldeutschland* für die DDR, die ihrerseits die *Bundesrepublik Deutschland* zwecks Gleichstellung mit der eigenen Abkürzung als BRD bezeichnete.

Schäffer, Fritz

* München 12. 5. 1888, † Berchtesgaden 29. 3. 1967 - Nach Kriegsteilnahme 1915/16 ging der Jurist Schäffer in den bayerischen Verwaltungsdienst und trat in die Bayerische Volkspartei (BVP) ein, deren Vorsitz er 1929 übernahm. 1933 zog er sich aus der Politik zurück und arbeitete bis 1945 als Rechtsanwalt. Die US-Militärregierung ernannte Schäffer im Mai 1945 zum bayerischen *Ministerpräsidenten*, setzte ihn aber nach Kontroversen um die *Entnazifizierung* bereits vier Monate später wieder ab und verbot dem CSU-Mitbegründer 1946–48 jede politische Betätigung. 1949 wurde er in den *Bundestag* gewählt und von *Adenauer* zum Finanzminister berufen. Bis 1957 profilierte sich Schäffer als eiserner Sparer, der im sog. *Juliusturm* erhebliche Reserven anhäufte, die u. a. für die *Wiederbewaffnung* verwendet wurden. 1957–61 war er Bundesjustizminister.

Schalck-Golodkowski, Alexander

* Berlin 3. 7. 1932 - Ausgebildet zum Feinmechaniker, studierte Schalck-Golodkowski bis Mitte der 1950er Jahre an der DDR-Hochschule für Außenhandel und trat nach dem Examen 1955 der SED bei. Nach verschiedenen Posten im Ministerium für Außenhandel (MAH) übernahm er 1966 die Leitung des Bereichs *Kommerzielle Koordinierung (KoKo)*, seit 1967 im Rang eines Stellvertretenden Ministers, seit 1975 als Staatssekretär. Schalck, auch als *Offizier im besonderen Einsatz* (OibE) für die *Stasi* tätig, baute ein verzweigtes Firmennetz auf und wurde zum obersten »Devisenbeschaffer« der DDR. In dieser Eigenschaft verhandelte er auch erfolgreich u. a. mit *Strauß* über Kredite für die DDR. Nach dem Zusammenbruch der SED-Herrschaft ging Schalck in den Westen und war als Wirtschaftsberater tätig. Ein

Untersuchungsausschuß des *Bundestages* beschäftigte sich 1991-94 mit seinen Aktivitäten als KoKo-Chef. 1994 wurde gegen ihn Anklage wegen Steuerhinterziehung, illegalen Waffenhandels u. a. erhoben.

Schattenkabinett

Im *Wahlkampf* oder in seinem Vorfeld stellt die *Opposition* oft eine Mannschaft vor, die bei einem Wahlsieg die amtierende Regierung ablösen würde. Man möchte mit einer solchen in den Medien gern Schattenkabinett genannten prospektiven Regierungsmannschaft auch eine personelle Alternative zur Regierung anbieten, da die Wähler Persönlichkeiten meist besser wahrnehmen als Sachargumente. Führer des Schattenkabinetts (Kanzlerkandidat) ist gewöhnlich der Vorsitzende der stärksten Oppositionspartei, der als künftiger *Bundeskanzler* vorgesehen ist.

Scheel, Walter

* Solingen 8. 7. 1919 – Nach dem Abitur konnte Scheel noch eine Baulehre beginnen, ehe er einberufen wurde und bis 1945 Soldat bei der Luftwaffe blieb. 1946 trat er in die FDP ein und war 1961–66 unter *Adenauer* und *Erhard* Bundesminister für wirtschaftliche Zusammenarbeit. In der Zeit 1966–69, als seine Partei allein Opposition im *Bundestag* gegen die *Große Koalition* machte, übernahm Scheel von *Mende* den Parteivorsitz und steuerte die FDP in Richtung auf eine Zusammenarbeit mit der SPD. 1969 konnte er mit *Brandt* die sozialliberale *Koalition* bilden, in der er bis 1974 Außenminister und damit maßgeblich an der Entwicklung und Umsetzung der neuen *Ostpolitik* beteiligt war. 1974 zum *Bundespräsidenten* gewählt, war Scheel nach der strengen Amtsführung seines Vorgängers *Heinemann* ein eher volkstümliches Staatsoberhaupt. Er scheute sich nicht, in die Karnevals-Bütt zu steigen, und nahm sogar eine Volksliedplatte auf (»Hoch auf dem gelben Wagen«). 1979 kandidierte er dennoch nicht erneut, weil keine Aussicht mehr auf eine Mehrheit in der *Bundesversammlung* bestand. Sein Nachfolger wurde *Carstens*; die FDP ernannte Scheel zu ihrem Ehrenvorsitzenden.

Schengener Abkommen

Auf dem Weg zu einer echten *Europäischen Union (EU)* mühen sich die Partnerländer auch um politische Integration. Am 14. 6. 1985 vereinbarten im Luxemburger Weinort Schengen die Beneluxländer, Frankreich und die Bundesrepublik (Schengen-Gruppe) den Wegfall aller Personenkontrollen an den gemeinsamen Grenzen und ihre Verlegung unter gleichzeitiger Verschärfung an die Außengrenzen der Gruppe sowie die Reduzierung der Kontrollen im Warenverkehr zum 1. 1. 1990. Dem Abkommen traten bei: 1990 Italien, 1991 Spanien und Portugal, 1992 Griechenland, 1995 Österreich. Probleme bei der Umsetzung

Am 16. 5. 1974 wählt die Bundesversammlung *den FDP-Politiker Walter Scheel mit 530 Stimmen zum* Bundespräsidenten. *Sein Gegenkandidat* Richard von Weizsäcker *(CDU) erhält 498 Stimmen.*

machten ein Zusatzabkommen über die Durchführung erforderlich, das am 19. 6. 1990 unterzeichnet wurde (Schengen II). Es sieht zusätzlich die gegenseitige Anerkennung von Visa vor, hält am nationalen *Asyl*recht fest und erweitert die polizeiliche Zusammenarbeit um die sog. Polizeiliche Nacheile (Verfolgung von Straftätern über die Grenzen hinweg) und den Aufbau des Schengener Informationssystems (SIS) zur Koordinierung der Fahndung. Weil letzteres noch »nicht einsatzfähig« sei, setzte Frankreich den Vollzug des Abkommens zum 1. 2. 1994 aus. Kritiker sehen in Schengen I und II den Versuch, eine »Festung Europa« gegen Flüchtlinge v.a. aus der Dritten Welt zu errichten.

Schießbefehl

Zur Verhinderung von *Republikflucht* waren die *Grenztruppen der DDR* ermächtigt, ihre Handfeuerwaffen einzusetzen. Grundlage dieses an der *innerdeutschen Grenze* und an der Grenze zu Westberlin geltenden Schießbefehls waren die »Schußwaffengebrauchsbestimmungen für die Wachen, Posten und Streifen der *Nationalen Volksarmee*« aus dem Jahr 1963, die aber »unter Berücksichtigung der Besonderheiten der Grenzsicherung«, d.h. verschärft, anzuwenden waren. Die Bestimmungen wurden durch Geheimbefehle erweitert bis hin zur Weisung, Grenzverletzer festzunehmen oder zu »vernichten«. Das Grenzgesetz vom 25. 3. 1982 bestätigte diese Praxis, nach der die Grenzer nach dem Ruf: »Halt, Grenzposten, Hände hoch!« sofort ohne Warnschuß gezielt schießen sollten; Einschränkung: »Gegen Jugendliche und weibliche Personen sind nach Möglichkeit Schußwaffen nicht anzuwenden.« Ein Verzicht auf gezieltes Schießen, der zu einem Grenzdurchbruch führte, war mit Freiheitsstrafe bedroht. Nach Ermittlung der *Zentralen Beweismittel- und Dokumentationsstelle der Landesjustizverwaltungen* in Salzgitter kamen mindestens 201 Menschen aufgrund des Schießbefehls an den innerdeutschen Grenzen ums Leben, zahlreiche weitere wurden Opfer von Minen, Selbstschußanlagen u. a. In den sog. *Mauerschützenprozessen* versuchte die Justiz nach 1990, diese *Menschenrechts*verletzungen zu ahnden.

Schiller, Karl

* Breslau 24. 4. 1911, † Hamburg 26. 12. 1994 – Ohne SA- (1935) und NSDAP-Beitritt (1937) wäre die Karriere des Nationalökonomen Schiller sicher weniger steil verlaufen. So konnte er sich 28jährig habilitieren und Dozent an der Universität Kiel werden; 1944 erhielt er eine Professur in Rostock. 1946 trat Schiller in die SPD ein, übernahm 1947 einen Lehrstuhl in Hamburg, war dort 1948–53 Wirtschaftssenator und leitete 1961–65 das gleiche Ressort in Westberlin; seit 1964 gehörte er dem Parteivorstand an. Mit Bildung der *Großen Koalition* wurde er Bundeswirtschaftsminister und bewältigte gemeinsam mit Finanzminister

Wirtschaftsminister Karl Schiller (SPD) und Finanzminister Franz-Josef Strauß *(CSU, l.), seit dem 1. 12. 1966 Kabinettskollegen in der von* Kurt Georg Kiesinger *geführten Regierung der* Großen Koalition.

Strauß (Spitzname des Gespanns nach Wilhelm Busch: »Plisch und Plum«) die erste Wirtschaftskrise der Bundesrepublik u. a. durch Bündelung aller Kräfte in der *Konzertierten Aktion.* Er blieb auch in der Regierung *Brandt* Wirtschaftsminister, übernahm 1971 zusätzlich das Finanzressort (»Superminister«), geriet aber in Gegensatz zu den Sozialreformern in der SPD, trat 1972 zurück und verließ die Partei. 1980 wieder in die SPD eingetreten, war Schiller als Berater u. a. der Regierung von Saudi-Arabien tätig.

Schirdewan, Karl

* Königsberg (Ostpreußen) 14. 5. 1907 - Der Transportarbeiter Schirdewan schloß sich 1923 der KPD an und ging 1933 in den Untergrund. 1934 verhaftet und zu drei Jahren Zuchthaus verurteilt, wurde er nach Verbüßung der Strafe in KZ-Haft genommen und erst 1945 befreit. Er rückte danach in das ZK der KPD, dann der SED auf, war seit 1953 Mitglied des *Politbüros* und seit 1952 Abgeordneter der *Volkskammer.* 1958 wurde Schirdewan zusammen mit *Wollweber* wegen Opposition gegen *Ulbricht* und »Fraktionstätigkeit« sämtlicher Parteiämter enthoben und in die Staatliche Archivverwaltung abgeschoben. Im Januar 1990 rehabilitierte ihn die PDS.

Schlesien

Reichstes der 1945 polnischer Verwaltung übergebenen *deutschen Ostgebiete* war die preußische Provinz Schlesien, von der nur der Nordwestzipfel westlich der *Oder-Neiße-Linie* und damit in der *SBZ*/DDR lag. Den Hauptteil Schlesiens mit der Hauptstadt Breslau (heute Wrocław) bildeten die Breslauer Bucht, der Schlesische Landrücken, Teile der z. T. waldreichen Sudeten und die Oberschlesische Platte. Reich an Kohlevorkommen in Oberschlesien und im Waldenburger Bergland und gut erschlossen durch Straßen- und Schienennetz sowie den Wasserweg der Oder, war Schlesien einer der wichtigsten deutschen Industriestandorte, der im 2. Weltkrieg noch an Bedeutung gewann, da er lange nicht im Bereich der alliierten Bomber lag. Hier lebten auf rund 37 000 km² 1939 knapp 4,9 Mio. Einwohner, die bis auf einen kleinen Rest 1944/45 nach Westen flohen oder Opfer der *Vertreibung* wurden. Im *Deutsch-Polnischen Vertrag* von 1970 und erneut 1990 anerkannte die Bundesrepublik die polnische Westgrenze und damit die Zugehörigkeit Schlesiens zu Polen an.

Schleyer, Hanns Martin

* Offenburg 1. 5. 1915, † 18. 10. 1977 - Seit 1963 im Vorstand der Daimler-Benz AG, seit 1973 Präsident der Deutschen *Arbeitgeberverbände* und seit 1977 Präsident des Bundesverbandes der Deutschen Industrie, verkörperte der konservative Schleyer alles, was den Terroristen der *Baader-Meinhof-Gruppe* verhaßt war. Obwohl die hohe Gefährdung Schleyers offenkundig und seine Bewachung entsprechend sorgfältig war, gelang es einem Kommando der Roten Armee Fraktion (RAF) am 5. 9. 1977, seinen Wagen zu stoppen, seine vier Begleiter zu erschießen und Schleyer zu verschleppen. Als die Forderung der Entführer, inhaftierte Terroristen gegen ihn auszutauschen, gescheitert und auch der parallele Erpressungsversuch arabischer Terroristen durch Entführung einer Lufthansa-Maschine nach Mogadischu fehlgeschlagen war, ermordeten die Kidnapper ihr Opfer. Schleyers Leiche wurde am 19. 10. 1977 im Kofferraum eines Autos bei Mülhausen (Elsaß) gefunden.

Schlichtung

Wenn Verhandlungen über einen neuen *Tarifvertrag* gescheitert sind, können *Gewerkschaften* und *Arbeitgeber* einen neutralen Schlichter um Vermittlung bitten. Er bildet eine Schlichtungsstelle, deren Mitgliederzahl und Arbeitsweise nach Branchen unterschiedlich geregelt ist. Für alle aber gilt: Der Schlichter gibt nach Beratung mit beiden Seiten eine Empfehlung, wie der Tarifkonflikt beizulegen wäre. Bei Einigung beider Parteien auf diese Empfehlung wird ein Tarifvertrag in ihrem Sinne abgeschlossen. Da als Schlichter meist prominente Politiker fungieren, entsteht öffentlicher Druck auf die Verhandlungspartner, denn eine Ablehnung des Kompromisses wäre entsprechend unpopulär.

*Carlo Schmid mit Walter Hallstein (*Hallstein-Doktrin*) und dem Rektor der Frankfurter Johann-Wolfgang-Goethe-Universität (v. l.).*

Schmid, Carlo

* Perpignan 3. 12. 1896, † Bonn 11. 12. 1979 - Abitur (1914), Kriegseinsatz (1914–18), Mitgliedschaft in einem Soldatenrat (1918), Jurastudium (1919–22), Landgerichtsrat (seit 1925), Habilitation für Völkerrecht und internationales Privatrecht (1929) - das waren die Stationen von Schmid, ehe das 3. Reich 1933 die Karriere unterbrach. Im Krieg seit 1940 Verwaltungsrat in Lille, wurde er 1945 Landesvorsitzender der SPD in Südwürttemberg, rückte 1947 in der Parteivorstand auf, gehörte 1948/49 dem *Parlamentarischen Rat* an, zog 1949 in den *Bundestag* ein und war dessen Vizepräsident bis 1966 und erneut 1969–72. Als Mitarchitekt des *Godesberger Programms* war Schmid in der Zeit der *Großen Koalition* Bundesratsminister, wirkte aber in der Partei und über ihre Grenzen hinaus weit mehr durch seine große Autorität als renommierter Wissenschaftler und hochgebildeter Literat.

Schmidt, Helmut

* Hamburg 23. 12. 1918 - Nach Abitur, Arbeitsdienst und Kriegseinsatz (zuletzt Oberleutnant der Luftwaffe) studierte der Lehrerssohn Schmidt u. a. Volkswirtschaft, trat 1946 in die SPD ein und war 1947/48 Bundesvorsitzender des *Sozialistischen Deutschen Studentenbundes (SDS)*. Seit 1953 *Abgeordneter* im *Bundestag*, stieg er in den Fraktions-

Bundeskanzler Helmut Schmidt mit US-Außenminister Henry Kissinger (l.).

vorstand auf, wurde 1961 zum Innensenator in Hamburg berufen und erwarb sich dort durch energisches Handeln während der Sturmflutkatastrophe 1962 einen Namen als »Macher«. In der Zeit der *Großen Koalition* war Schmidt Fraktionsvorsitzender der SPD im Bundestag und steuerte mit *Barzel* das parlamentarische Zusammenspiel. 1969 übernahm er in der Regierung *Brandt* das Verteidigungsressort, wechselte nach dem Ausscheiden *Schillers* 1972 in dessen »Superministerium« für Wirtschaft und Finanzen, behielt das Finanzministerium 1972–74 und wurde nach dem Rücktritt Brandts *Bundeskanzler.* An der *Ostpolitik* der Vorgänger Brandt/*Scheel* änderten auch die neuen Partner Schmidt/*Genscher* nichts. Innenpolitisch aber standen sie vor einem bedrohlichen Anwachsen des *Terrorismus*, dem Schmidt mit pragmatischer Entschlossenheit begegnete, was wesentlich zu seiner Wiederwahl 1976 und 1980 beitrug. Die zugleich ausbrechende ökonomische Strukturkrise mit wachsender *Arbeitslosigkeit* behielt Schmidt lange unter Kontrolle, allerdings um den Preis immer höherer Staatsverschuldung. Die Krise aber zehrte die sozialliberalen Gemeinsamkeiten auf; die FDP verließ die Koalition und erzwang 1982 zusammen mit der CDU/CSU den Regierungswechsel durch ein *konstruktives Mißtrauensvotum* gegen Schmidt. Der Altkanzler zog sich allmählich aus der Politik zurück und widmete sich publizistischen Aufgaben als Herausgeber der Wochenzeitschrift »Die Zeit« (seit 1983).

Schröder, Gerhard
* Saarbrücken 11. 9. 1910, † Kampen (Sylt) 31. 12. 1989 - Der Jurist Schröder arbeitet 1933–39 an der Universität Bonn und am Kaiser-Wilhelm-Institut für ausländisches Recht in *Berlin*, ehe er eingezogen wurde. 1945 trat er in die CDU ein, wurde 1949 in den *Bundestag* gewählt und 1953 von *Adenauer* zum Innenminister berufen. In diesem Amt scheiterte er mit Plänen für eine *Notstands*gesetzgebung und mit der Forderung nach Wiedereinführung der *Todesstrafe*, konnte aber das Verbot der KPD durchsetzen. 1961 wechselte Schröder ins Auswärtige Amt, profilierte sich trotz des 1963 abgeschlossenen *Deutsch-Französischen (Freundschafts-)Vertrags* als Atlantiker und empfahl sich damit dem nächsten Bundeskanzler *Erhard*. In der *Großen Koalition* mußte er *Brandt* das Außenministerium überlassen und übernahm das Verteidigungsressort. Seine Niederlage gegen *Heinemann* bei der Wahl zum Bundespräsidenten 1969 leitete den Machtwechsel in Bonn ein. 1980 schied Schröder aus dem Bundestag aus.

Schubladen-Affäre s. *Barschel-Affäre*

Schulsystem
Schul- und *Bildungspolitik* sind in der Bundesrepublik aufgrund der Kulturhoheit der *Bundesländer* vornehmlich Ländersache. Das betrifft alle schulischen Einrichtungen, Hochschulen und Universitäten sowie Institutionen der beruflichen Bildung und Weiterbildung. An der Organisation, Finanzierung und Verwaltung der Bildungseinrichtungen sind jedoch Bund, Länder und *Gemeinden* beteiligt. Neben den staatlichen Trägern gibt es auch Ausbildungseinrichtungen der Wirtschaft, die von den Handwerks-, Landwirtschafts- und *Industrie- und Handelskammern* getragen werden. Zur Koordinierung der zahlreichen Institutionen und Bildungseinrichtungen wurden Gremien wie die *Kultusministerkonferenz (KMK)* und die Bund-Länder-Kommission für Bildungsplanung (BLK) geschaffen. Koordinierende Aufgaben haben außerdem der Planungsausschuß für den Hochschulausbau, der *Wissenschaftsrat*, die Hochschulrektorenkonferenz und der Hauptausschuß des Bundesinstituts für Berufsbildung.
In der Bundesrepublik wird das allgemeinbildende Schulsystem von sieben Schularten gebildet. Auf die vierklassige Grundschule, deren Besuch obligatorisch ist, baut ein dreigliedriges Bildungssystem auf. Es besteht aus Hauptschulen, Realschulen und Gymnasien. Die Entscheidung eines Schülers über seine Schullaufbahn fiel früher mit dem Ende des vierten Schuljahres. Das erwies sich als zu früh. Daher wurden inzwischen Orientierungsstufen in den 5. und 6. Klassen einge-

richtet. Mit der Gesamtschule, die parallel zum dreigliedrigen Schulsystem bis zum Abitur führt, wurde eine Möglichkeit zu späterer Entscheidung über die Schullaufbahn geschaffen. Zum allgemeinen Schulsystem gehören außerdem Sonderschulen sowie Institutionen des zweiten Bildungswegs (Abendschulen u. a.), an denen schulische Abschlüsse nachgeholt werden können. Die allgemeine Schulpflicht beträgt mindestens 9 Jahre. Danach kann der Hauptschulabschluß erworben werden. Für die Mittlere Reife (Realschulabschluß) sind 10 und für den Erwerb der Hochschulreife (Abitur) 13 (in einigen Bundesländern 12) Jahre Schulbesuch erforderlich.
Private Schulen spielen in Deutschland nur eine geringe Rolle. Immer wichtiger dagegen wird die Erwachsenenbildung in Betrieben, an Volkshochschulen u. a. Die Berufsausbildung ist »dual« angelegt, d. h. sie erfolgt in der Regie von Ausbildungsbetrieben der Wirtschaft auf der einen und den staatlich-öffentlichen Berufsschulen auf der anderen Seite.
In der DDR gab es nur staatliche Schulen, ihre Abstufung, die Lehrpläne, die Anforderungen an die Schüler (und Lehrer) u. a. wurden zentral vom Ministerium für Volksbildung verordnet, das nach Maßgabe der SED die Bildungspolitik gestaltete. Das »einheitliche sozialistische Bildungssystem«, das mit Gesetz vom 25. 2. 1965 als umfassend etabliert gelten konnte, sah eine Erziehung der Kinder und Jugendlichen unter Aufsicht der Partei vor von der Krippe, die zuletzt 80 % aller Kleinkinder besuchten, über die Kindergärten (93 % Erfassungsgrad) bis zum Hochschulabschluß. Kernstück war die zehnklassige Polytechnische Oberschule (POS), nach deren Abschluß besonders befähigte Schüler (ca. 10 %) auf eine Erweiterte Oberschule (EOS) wechseln konnten, die nach zwei Jahren zum Abitur und damit zur Hochschulreife führte. Diese war auch über eine Berufsausbildung mit anschließendem Fachschulbesuch zu erreichen. Die *Kombinate* und *Volkseigenen Betriebe (VEB)* unterhielten zudem Betriebsberufsschulen (BBS), die ebenfalls eine Höherqualifizierung ermöglichten. Sie war freilich wie alles berufliche Fortkommen von einem hohen Anpassungsgrad an das politische System abhängig, das eine Erziehungsdiktatur ausübte, indem es Rechtsansprüche auf bestimmte Formen der Ausbildung (bis auf den POS-Besuch) nicht vorsah und somit keinerlei Rechtsmittel gegen behördliche Bescheide kannte. Schüler aus verdächtigen Familien (z. B. kirchlich engagierte) oder gar von *Dissidenten* waren damit von höherer Bildung ausgeschlossen, während Kinder von Funktionären oder solche, die eine Laufbahn bei den »Bewaffneten Kräften« anstrebten, auch bei geringerer Qualifikation z. B. in eine EOS übernommen wurden.

Schumacher, Kurt

* Kulm (Westpreußen) 13. 10. 1895, † Bonn 20. 8. 1952 – Schon früh fiel das große politische Engagement des Kaufmannssohns Schumacher

Kurt Schumacher, der erste Nachkriegsvorsitzende der SPD, mit seiner Sekretärin Annemarie Renger (r.) *und* Erich Ollenhauer (l.).

auf. Ehe er jedoch aktiv werden konnte, kam der Krieg; Schumacher wurde schon im Dez. 1914 schwer verwundet (Verlust des rechten Arms). Es folgte ein Jurastudium, das er 1926 mit der Promotion abschloß. Inzwischen war er 1918 der SPD beigetreten und Redakteur bei der »Schwäbischen Tagwacht« in Stuttgart geworden. Als engagierter Redner gelang ihm 1924 der Sprung in den württembergischen Landtag und 1930 in den *Reichstag*, wo er sich als kompromißloser Gegner der NSDAP profilierte. Das brachte Schumacher, der die Emigration ablehnte, schon 1933 in Haft, aus der er erst 1943 als todkranker Mann entlassen wurde. Er war jedoch noch maßgeblich an der Wiederbegründung der SPD in den Westzonen beteiligt und wurde 1946 ihr Vorsitzender. In dieser Eigenschaft bekämpfte er ebenso entschieden die Vereinigung der SPD und der KPD zur *Sozialistischen Einheitspartei Deutschlands (SED)*, wie er sich nach Gründung der Bundesrepublik als *Oppositions*führer im *Bundestag* gegen die Westorientierung *Adenauers* wandte, weil er darin eine Gefahr für die *Wiedervereinigung* sah.

Schuman-Plan s. *Montanunion*

Schußwaffengebrauch s. *Schießbefehl*

Schwangerschaftsabbruch
Wo das *Grundrecht* auf *Leben und körperliche Unversehrtheit* beginnt, ob schon mit der Zeugung, erst nach der 12. Schwangerschaftswoche oder gar erst nach der Geburt, ist ethisch wie juristisch strittig. Ein möglichst weitgehender Schutz auch des ungeborenen Lebens wird allgemein bejaht, doch gehen die Meinungen auseinander, wann dieser Schutz mit dem Recht der Frau auf Selbstbestimmung kollidiert. Bis in die 1970er Jahre war der Schwangerschaftsabbruch nach § 218 Strafgesetzbuch grundsätzlich mit Strafe bedroht. Die Einführung der Straffreiheit bis zum 3. Monat durch die sozialliberale *Koalition* (Fristenlösung) wurde 1975 vom *Bundesverfassungsgericht* verworfen und mußte 1976 durch eine sog. Indikationslösung ersetzt werden. Danach war ein Schwangerschaftsabbruch legal 1. bei Gefahr für die körperliche oder seelische Gesundheit der Schwangeren (medizinische Indikation), 2. bei schweren Schädigungen der Leibesfrucht (eugenische Indikation), 3. bei Schwangerschaft infolge von Vergewaltigung (ethische Indikation) und 4. bei nicht zumutbaren wirtschaftlichen Belastungen durch ein Kind (soziale Indikation).
Dieses Modell traf bei der *Wiedervereinigung* auf eine Fristenlösung der einstigen DDR. Der *Einigungsvertrag* setzte daraufhin eine Frist bis Ende 1992, während der beide Lösungen nebeneinander gelten sollten, bis der Gesetzgeber einen für ganz Deutschland geltenden Kompromiß gefunden hätte. Der v.a. von Frauen aller Parteien getragene Entwurf für eine Fristenlösung mit Beratungspflicht wurde 1993 erneut vom BVG als in Teilen grundgesetzwidrig verworfen. Eine Neufassung der Regierungsparteien scheiterte an der SPD-Mehrheit im *Bundesrat*, die mehr Rechte für die Frau forderte. 1995 akzeptierte das BVG eine gemischte Fristen- und Indikationslösung, die nach »ergebnisoffener« Beratung einen Abbruch erlaubt, dessen Kosten bei sozial Schwachen die Krankenkasse trägt. Weiter mit Strafe bedroht bleibt, wer eine Frau dazu drängt, ihre Schwangerschaft abbrechen zu lassen.

Schwarzmarkt
Die Rationierung (begrenzte Zuteilung) von Waren bei Warenknappheit in Notzeiten und gleichzeitigem Geldüberhang ruft stets erfindungsreiche Händler auf den Plan, die die begehrten Güter »organisieren« und zu weit überhöhten Preisen unter der Hand verkaufen. Ansätze eines solchen schwarzen Markts bildeten sich schon im 2. Weltkrieg und entwickelten sich in der Not der ersten Nachkriegszeit zu einer regelrechten Schattenwirtschaft, in der amerikanische Zigaretten die Leitwährung wurden. Die Schwarzmarktzeit war gekennzeichnet von Razzien, großangelegten Raubzügen, schnell wachsenden Vermögen von Schiebern, Ausplünderung der *Flüchtlinge*, Hamsterfahrten aufs Land zum Besorgen von Lebensmitteln, florierendem Tauschhandel, Prostitution und wachsender (Beschaffungs-)Kriminalität. Versuche der Besatzungsbehörden und deutscher Stellen zur Eindämmung oder Austrocknung des Schwarzmarkts blieben so lange erfolglos, wie Angebot und Nachfrage in krassem Mißverhältnis standen. Erst mit der Geldabschöpfung durch die *Währungsreform* 1948 setzte sich wieder der reguläre Markt durch.

Schwarz-Rot-Gold s. *deutsche Farben*

SDS s. *Sozialistischer Deutscher Studentenbund*

SED s. *Sozialistische Einheitspartei Deutschlands*

Selbstbestimmungsrecht
Im Völkerrecht ist der Grundsatz verankert, daß einerseits jeder Staat seine innere Organisationsform frei bestimmen kann und andererseits jedes Volk das Recht auf staatliche Verwirklichung hat. Die Einigungsbewegungen im 19. Jh. stützten sich ebenso auf das Selbstbestimmungsrecht wie die Alliierten des 1. Weltkriegs, ohne es freilich nach dem Sieg konsequent durchzusetzen. Hitler fand daher darin einen Hebel für seine Politik der Revision (»Rückgliederung« des Sudetenlands, »Anschluß« Österreichs u. a.), brach es aber seinerseits bei seinen Raubzügen im 2. Weltkrieg. Bei der Neuordnung Europas danach ließen Entschädigungsregelungen erneut eine Beachtung des Selbstbestimmungsrechts nicht immer zu, mit dem etwa die *Vertreibung* oder die Westverschiebung Polens nicht zu vereinbaren waren. Gleichwohl fand es ohne nähere Inhaltsbestimmung Eingang in die Charta der *Vereinten Nationen*, war Motor der Entkolonialisierung und diente der Bundesrepublik als Argument für die Forderung nach *Wiedervereinigung* auf der Basis freier Wahlen in beiden Teilen Deutschlands. Wirkung erzielte sie damit kaum, da in der politischen Praxis Interessen der Großmächte immer Vorrang hatten, ob die der USA in Vietnam oder die der UdSSR in der DDR. – Als persönliches Selbstbe-

stimmungsrecht bezeichnet man die Freiheit des einzelnen zu eigenverantwortlicher Daseinsgestaltung im Rahmen der *freiheitlich-demokratischen Grundordnung (FDGO).*

Selbstverwaltung
Beim Bemühen um größtmögliche Nähe zum Bürger und um sachgerechte und den örtlichen Gegebenheiten angemessene Problemlösungen hat der demokratische Staat gewissen Körperschaften und Verbänden das Recht zur Selbstverwaltung, also zur eigenverantwortlichen, weitgehend weisungsfreien Wahrnehmung öffentlicher Aufgaben übertragen (Art. 28,2 GG). Dieses Recht steht v. a. den *Gemeinden*, aber auch den Trägern der *Sozialversicherung*, den Universitäten und den öffentlich-rechtlichen Berufskörperschaften (z. B. *Industrie- und Handelskammern*) zu. Den Selbstverwaltungskörperschaften kann gesetzlich die Wahrnehmung bestimmter Aufgaben vorgeschrieben oder freigestellt werden. Sie unterliegen der Staatsaufsicht nur hinsichtlich der Recht-, nicht aber bezüglich der Zweckmäßigkeit ihres Tuns.

Sender Freies Berlin (SFB) s. *Hörfunk und Fernsehen*

Sicherheitspolitik
Zu allen Zeiten waren Gemeinwesen bedroht und mußten mit Angriffen, Erpressung oder gar Unterwerfung rechnen. Diesen Gefahren vorzubeugen ist Aufgabe der Sicherheitspolitik; deren drei Hauptsäulen sind: Wehrpolitik durch Auf- oder Ausbau von Streitkräften, Bündnispolitik zur Stärkung des eigenen Lagers und *Außenpolitik* zum Abbau von Konfliktpotentialen. Nach 1945 und in den ersten Jahren der Existenz zweier deutscher Staaten waren die *Siegermächte* für die Sicherheitspolitik zuständig. Erst mit der *Wiederbewaffnung*, mit der Einbettung von DDR und Bundesrepublik in die jeweiligen Bündnissysteme und mit der Wiedergewinnung der *Souveränität* wuchs der außenpolitische Handlungsspielraum v. a. des westdeutschen Staates, so daß wieder von einer genuin deutschen Sicherheitspolitik gesprochen werden konnte. Sie profitierte von der atomaren *Abschreckung* der Supermächte und setzte nach einer Phase der Konfrontation seit Ende der 1960er Jahre zunehmend auf *Entspannungspolitik*, die das innerdeutsche Verhältnis entkrampfte und schließlich u. a. durch die *Konferenz über Sicherheit und Zusammenarbeit in Europa (KSZE)* Reformkräfte auch im Ostblock freisetzte und zum Ende des *Kalten Krieges* führte. Seitdem setzte eine verstärkte Europäisierung der deutschen Sicherheitspolitik ein, die sich in den Dienst von Friedensaufgaben der *NATO* und der *Vereinten Nationen* stellt und am Aufbau sog. Krisenreaktionskräfte mitwirkt.

Siebzehnter Juni 1953

Die DDR hatte nach ihrer Gründung große wirtschaftliche Probleme. Dies lag unter anderem an der Massenflucht in den Westen, die wiederum nicht zuletzt ökonomische Gründe hatte. Im Januar 1953 verließen 20000, im Februar 24000 und im März 51000 Ostdeutsche ihre Heimat. Daran änderte sich auch nichts, als am 5. 3. 1953 Josef Stalin starb. Zwar mahnte der Nachfolger Georgi Malenkow die Ostberliner Führung zur Mäßigung beim Aufbau des *Sozialismus*, aber die SED machte den Kurswechsel zunächst nicht mit, sondern versuchte, die Schwierigkeiten durch Erhöhung der Arbeitsnormen zu bewältigen. Erst als direkte Weisungen aus dem Kreml kamen, lenkte SED-Chef *Ulbricht* am 9. Juni ein und ließ erklären, daß die Regierung »eine Reihe von Fehlern« begangen habe. Die Korrektur aber bestand lediglich in Preissenkungen, milderer Behandlung von politischen Straftätern und vagen Versprechungen. Die Normen blieben unverändert, weil man sich im *Politbüro* nicht einig werden konnte.
Am 17. Juni traten daraufhin die Bauarbeiter der Stalinallee in den *Streik* und zogen demonstrierend durch die Straßen in ganz *Berlin*. Der Rundfunk im amerikanischen Sektor (RIAS) strahlte eine Resolution der Streikenden aus. Die Unruhen griffen auf das Umland über und erfaßten schließlich die ganze DDR. In 270 Orten gingen die Menschen auf die Straße, und immer häufiger kam es auch zu Angriffen auf Symbole des verhaßten Systems: Sowjetsterne wurden abmontiert, Ulbricht-Monumente umgestürzt, politische Gefangene befreit, *Stasi-*

Unterstützt von den Panzern der sowjetischen Besatzungsmacht, wehrt sich die SED-Führung im Juni 1953 gegen das aufbegehrende Volk in der DDR.

Büros gestürmt. Erst allmählich formierte sich die Gegenwehr der Staatsführung. Nachdem schon am Nachmittag des 17. sowjetische Panzer aufgefahren waren, verschärfte sich die Lage am 18. rasch. Gegen 13 Uhr verkündete der sowjetische Stadtkommandant von Berlin den Ausnahmezustand. Panzer fuhren in Menschengruppen hinein, auf Demonstranten wurde das Feuer eröffnet, den Befehl verweigernde Volkspolizisten wurden standrechtlich erschossen. Offiziell wurde später von 4 getöteten Polizisten und 21 zivilen Opfern gesprochen, doch lag die Zahl der Opfer vermutlich eher zwischen 300 und 400.
Da eine zentrale Lenkung entgegen offiziellen DDR-Verlautbarungen - sie sprachen von »westdeutschen Provokateuren« - fehlte, erlahmte der Aufstand allmählich. Tatsächliche und angebliche »Rädelsführer« gerieten in die Mühlen einer gnadenlosen Justiz, die gegen 1152 Personen insgesamt mehr als 4000 Jahre Haft verhängte. Eine politische Aufarbeitung dagegen blieb in Ansätzen stecken. Das stalinistische Regiment wurde zwar im Zuge des allgemeinen »Tauwetters« *(Entstalinisierung)* auch von Ostberlin gelockert, aber am System änderte sich nichts, an der schlechten wirtschaftlichen Lage kaum etwas. Der Aufstand blieb jedoch als Appell und Erinnerung lebendig. In der Bundesrepublik wurde der 17. Juni bis 1990 als Nationalfeiertag - *Tag der deutschen Einheit* - begangen.

Siegermächte

Nach Ende des Krieges 1945 bürgerte sich für die wichtigsten Alliierten der Anti-Hitler-Koalition die Bezeichnung »Siegermächte« ein. Zunächst waren damit nur die »Großen Drei«, USA, Großbritannien und UdSSR, gemeint. Der Anspruch Frankreichs, in diesen Kreis aufgenommen zu werden, war lange umstritten, und noch beim *Potsdamer Abkommen* zählte Frankreich nicht zu den Konferenzteilnehmern. Da es aber von den Westalliierten eine eigene Zone eingeräumt bekam, wurden bald alle vier Besatzungsmächte als Siegermächte bezeichnet.

Sindermann, Horst

* Dresden 5. 9. 1915, † Berlin 20. 4. 1990 - Als 14jähriger schloß sich der aus einer Buchdruckerfamilie stammende Sindermann der kommunistischen Jugend an, wurde als Funktionär nach 1933 mehrmals festgenommen und 1935-45 in KZ-Haft gehalten. Er gehörte 1945 zu den ersten Mitgliedern der KPD, folgte ihr in die SED, deren ZK er seit 1954 angehörte. 1963-71 war er 1. Sekretär der Bezirksleitung Halle, danach bis 1973 1. Stellvertretender Vorsitzender des *Ministerrats* und 1973-76 dessen Vorsitzender und damit Regierungschef der DDR. Seit 1967 Mitglied des *Politbüros*, amtierte Sindermann bis zum Zusammenbruch der SED-Herrschaft 1989 als Präsident der *Volkskammer*.

SMAD

Aufgrund der *Junideklaration* der Siegermächte gab die sowjetische Besatzungsmacht am 9. 6. 1945 mit »Befehl Nr. 1« bekannt, daß zur Kontrolle der Kapitulationsbedingungen und zur Verwaltung der sowjetischen Zone eine Sowjetische Militäradministration (SMAD) unter Marschall Georgi Schukow in Berlin-Karlshorst ihre Arbeit aufgenommen habe. Einen Monat später wurde die Bildung von Militärverwaltungen der Länder und von Ortskommandanturen verkündet. Die SMAD beschäftigte bis zu 60000 Personen, zu deren Hauptaufgaben *Entnazifizierung*, Bestrafung von Kriegsverbrechern, Rückführung sowjetischer Staatsbürger und die Überwachung des politischen Lebens gehörten. Mit »Befehl Nr. 2« nämlich hatte die UdSSR in ihrer Zone als erste der alliierten Mächte wieder *Parteien* zugelassen, die jedoch Pluralität nur vorspiegelten, da die Besatzungsmacht die KPD massiv förderte und auf deren Vereinigung mit der SPD zur SED drängte, unter deren Führung ein *Blocksystem* etabliert wurde. Auch sonst übertrug die SMAD das sowjetische politische Modell auf ihre Zone und stellte durch Bildung *Volkseigener Betriebe (VEB)*, Bodenreform und *Enteignungen* die Weichen in Richtung *Sozialisierung.*
Hart griff die SMAD gegen angebliche und tatsächliche NS- und Kriegsverbrecher durch, die sie z. T. in einstigen KZ internierte oder nach Sibirien deportierte. Von insgesamt 200000 so behandelten Deutschen soll rund die Hälfte umgekommen sein. Zur politischen Kontrolle ihrer Zone riegelte sie diese zudem zunehmend gegen den Westen ab und schuf einen *Eisernen Vorhang* an der *Demarkationslinie* zu den Westzonen. Dahinter stand der ideologische Konflikt mit den einstigen Verbündeten, der wegen der Streitigkeiten um eine *Währungsreform* 1948/49 in der *Berlin-Blockade* gipfelte. Mit Bildung der DDR wurde die SMAD überflüssig, die Interessen der Besatzungsmacht nahm seit 10. 10. 1949 eine Sowjetische Kontrollkommission (SKK) wahr.

Solidarität

Allein kann der Mensch nicht überleben, er braucht Gemeinschaft. Die altgriechische Philosophie definierte ihn als »zoon politikon«, als Gesellschaftswesen, und die französischen Revolutionäre stellten 1789 neben die Forderung nach *»Freiheit«* und *»Gleichheit«* die nach »Brüderlichkeit«, also nach gemeinschaftsbewußtem Handeln. Das Fremdwort dafür ist »Solidarität«, die sich aufgrund gleicher sozialer Lage, gemeinsamer Überzeugungen und/oder gemeinsamer Interessen bilden kann. Aus ihr erwächst solidarisches Handeln des einzelnen im Sinn der Gruppe und umgekehrt (»einer für alle, alle für einen«). Während bloße Interessensolidarität mit Erreichen der Ziele endet, sind soziale und Wertesolidarität auf Dauer angelegt und bewähren sich v. a. bei Bedrohungen und im Einstehen füreinander, z. B. in der

Solidargemeinschaft von Krankenversicherten, in der die Gesunden die Last für die Kranken mittragen, oder im Generationenvertrag des Rentenrechts, nach dem die verdienende Generation die Kosten auch für die aufbringt, die aus dem Arbeitsleben ausgeschieden sind. – »Solidarität«, nach marxistischer Lehre ein Wesensmerkmal des Menschen, das der *Kapitalismus* zur Herrschaftssicherung unterdrücke, war ein Leitbegriff der *Arbeiterbewegung*. In der DDR wurde daher immer wieder »Klassensolidarität« angemahnt, oder es wurden tatsächliche oder vermeintliche Verstöße dagegen angeprangert.

Solidaritätszuschlag

Zur Beschleunigung der Angleichung der Lebensverhältnisse in Ost- und Westdeutschland nach der *Wiedervereinigung* wurde ein erheblicher Kapitaltransfer von West nach Ost erforderlich im Sinne der Forderung von Bundespräsident von *Weizsäcker*: »vereinen durch teilen.« Die Zahlungen überforderten schließlich die öffentlichen Haushalte, so daß durch Erhebung eines Solidaritäszuschlags zur Einkommen- und Körperschaftssteuer zusätzliche Einnahmen erzielt werden sollten. Zum 1. 1. 1995 wurde diese Abgabe eingeführt; sie beträgt 7,5 % von der Steuerschuld, entfällt aber bei sehr niedrigen Einkommen und wird bis zu einer bestimmten Einkommensgrenze nicht in voller Höhe erhoben. 1995 flossen dem Bund zusätzlich über 26 Mrd. DM zu. Über die Dauer der Erhebung des Zuschlags bestehen in den politischen Parteien kontroverse Vorstellungen.

Solingen s. *Fremdenfeindlichkeit*

Souveränität

Völkerrechtlich übt jeder Staat auf seinem Staatsgebiet die uneingeschränkte Hoheitsgewalt aus. Dieser inneren Souveränität steht die äußere als völlige Unabhängigkeit von anderen Staaten gegenüber, die jedoch freiwillig auf der Basis von Verträgen eingeschränkt werden kann. Die beiden deutschen Staaten erhielten formal in bestimmten Schritten nach der Gründung ihre Souveränität von den *Siegermächten* des 2. Weltkriegs zurück, doch blieben, z. B. für *Berlin*, in Fragen eines *Friedensvertrags* u. a. gewisse Vorbehaltsrechte der Alliierten bis zur *Wiedervereinigung* auf der Basis des *Zwei-plus-Vier-Vertrags* bestehen. Durch Eingliederung in die jeweiligen Militärbündnisse und Wirtschaftsgemeinschaften verzichteten beide Staaten von Anfang an auf Teile ihrer äußeren Souveränität. Auch das wiedervereinigte Deutschland bleibt eingebunden in *NATO* und *Europäische Union (EU)*. Damit gehen nicht nur Einschränkungen der äußeren, sondern durch Abgabe gewisser Hoheitsrechte an die EU auch solche der inneren Souveränität einher, die im Zuge der europäischen Integration weiter reduziert werden wird.

Sowjetische Besatzungszone s. *Besatzungszone*, s. *Ostzone*, s. *SBZ*

Sowjetische Militäradministration s. *SMAD*

Sowjetisierung s. *Bolschewisierung*

Sowjetzone s. *SBZ*

Sowjetzonenflüchtlinge s. *Flüchtlinge*

Sozialabbau
Die Bundesrepublik galt lange - und gilt vielfach noch immer - als gut ausgebauter *Sozialstaat*, der die Härten der *Marktwirtschaft* durch umfassende Leistungen abfedert. Bei wachsender Staatsverschuldung und auch durch die *Wiedervereinigung* sah sich die *Bundesregierung* nach 1990 zu immer neuen Einschnitten ins *soziale Netz* gezwungen, die von der Opposition als »Sozialabbau« bekämpft wurden: Senkung der Lohnersatzleistungen (Arbeitslosengeld und -hilfe, *Sozialhilfe* u.a.), Einführung von Einkommensgrenzen für die Bemessung der Höhe des Kindergeldes, Streichung der Mutterschaftspauschale, Abkopplung der Sozialhilfe von der Preisentwicklung u.a. Das führte in einer Zeit massenhafter *Arbeitslosigkeit* zu verbreiteter *Neuer Armut* und zur Verschlechterung des sozialen Klimas, weil die Kluft zwischen Berufstätigen und Menschen ohne Erwerbseinkommen wächst. Die *Opposition* und die *Gewerkschaften* forderten daher, daß statt solcher »Umverteilung von unten nach oben« höhere Einkommen stärker zur Finanzierung der Einheit und zur Verminderung des Defizits herangezogen werden. Da davon aber insbesondere die gehobene Beamtenschaft betroffen wäre, die in den Parlamenten deutlich überrepräsentiert ist, sind Mehrheiten für solche Lösungen kaum herzustellen.

Sozialbindung des Eigentums s. *Eigentum*

Sozialdemokratische Partei Deutschlands (SPD)
Als ihr Gründungsdatum sieht die Sozialdemokratische Partei Deutschlands (SPD) den 23. 5. 1863 an, an dem Ferdinand Lassalle den Allgemeinen Deutschen Arbeiterverein ins Leben rief. Sie ist damit älteste der heute aktiven politischen Parteien. Ihr erster Nachkriegsvorsitzender *Schumacher* entzog sie in den Westzonen Volksfrontbestrebungen der KPD, die nur in der *SBZ* Erfolg hatten, wo es zur Zwangsvereinigung von SPD und KPD zur *Sozialistischen Einheitspartei Deutschlands (SED)* kam. Allerdings forderte Schumacher wie zunächst auch viele bürgerliche Politiker (z.B. *Ahlener Programm* der CDU) die *Sozialisierung* der Schlüsselindustrien, der *Banken* und des Bodens, um eine Wiederholung des Nationalsozialismus zu verhindern. Mit ihrem

antikapitalistischen Programm scheiterte die SPD, konnte aber im *Parlamentarischen Rat* gegen zentralistische Bestrebungen ein föderalistisches Modell für den Aufbau der künftigen Bundesrepublik durchsetzen.
In diesem westdeutschen Staat war die SPD von Anfang an in der *Opposition*, kämpfte gegen die *Wiederbewaffnung*, die Wiederverwendung alter NSDAP-Mitglieder, gegen die Westintegration und für einen umfassenderen *Lastenausgleich* und die erweiterte *Mitbestimmung*. Sie vermochte sich gegen die wachsende Macht des Regierungslagers nur selten zu behaupten, trug aber durch ihre unermüdliche Kritik zum Ausbau des *Sozialstaats* und zur Verankerung der Demokratie in der *Arbeitnehmer*schaft bei. 1959 löste sie sich mit dem *Godesberger Programm* von ihren marxistischen Wurzeln und wandelte sich zu einer linken Volkspartei. Sie konnte daher die Krise der CDU nach dem Ausscheiden *Adenauers* nutzen, in der *Großen Koalition* (1966–69) ihre Regierungsfähigkeit unter Beweis stellen und hatte mit *Brandt* einen auch international angesehenen Politiker an ihrer Spitze.
Ihm gelang 1969 die Verständigung mit der FDP und die Bildung einer sozialliberalen Koalition, die es sich zur Aufgabe machte, den nach 20 Jahren CDU-Herrschaft entstandenen Reformstau abzutragen. Die gegen die Verkrustung der Strukturen rebellierende Jugend konnte mit dem Programm »mehr Demokratie wagen« wieder für den Staat gewonnen werden. Mit einer neuen *Ostpolitik* leitete die SPD-geführte *Bundesregierung* die Aussöhnung auch nach Osten ein, konnte mit einer »Politik der kleinen Schritte« das Verhältnis zur DDR entkrampfen und menschliche Erleichterungen für die Ostdeutschen durchsetzen. Zwar stürzte Brandt 1974 über die *Guillaume-Affäre*, doch behauptete die SPD unter dem neuen Kanzler *Schmidt* die Macht bis 1982, als die FDP erneut die Seiten wechselte und die SPD wieder in die Oppositionsrolle drängte. Dort erholte sie sich nur langsam vom Machtverlust und erlitt im Zuge der deutschen *Wiedervereinigung* 1989/90 erneut einen Rückschlag, da sie die Stimmung falsch einschätzte und auf längere Übergangsfristen bei der Bildung eines Gesamtdeutschlands setzte. Diese größere Bundesrepublik stellte sie dann zunehmend vor innerparteiliche Probleme: Es kam zu Zerreißproben bei der Reformierung des Rechts auf *Asyl*, bei der *Privatisierung* der DDR-Wirtschaft, bei der Frage nach Friedenseinsätzen der *Bundeswehr* u. a. Personelle Querelen nach dem Abgang Brandts 1987 und seines Nachfolgers *Vogel* 1992 als Vorsitzende beschädigten den Ruf der Partei. Auch der Mitgliederstand ging von 950 000 (1991) auf unter 850 000 (1995) zurück. SPD-Mitglieder unter 35 Jahren gehören dem Jugendverband der Partei, den Jungsozialisten (Jusos), an.

soziale Marktwirtschaft s. *Marktwirtschaft*

soziales Netz

Die diversen Sicherungssysteme von der Renten- über die Kranken- und Arbeitslosen- bis hin zur *Pflegeversicherung* und zu staatlichen Zuwendungen wie *Sozialhilfe* werden oft unter der Sammelbezeichnung »Soziales Netz« zusammengefaßt. Es wurde nach 1945 immer weiter ausgebaut und war in den 1970er Jahren in der Bundesrepublik so engmaschig geknüpft wie in nur wenigen anderen Staaten. Bei wachsender *Arbeitslosigkeit* und ausufernder Staatsverschuldung aufgrund von Folgekosten, zunehmenden internationalen Verpflichtungen und schließlich den Aufgaben nach der *Wiedervereinigung* erschienen Einschnitte jedoch unvermeidlich, weil die von liberalkonservativen Kräften getragene *Bundesregierung* das Mittel der Abgabenerhöhung als erschöpft ansah. Die sozialökologische *Opposition* dagegen hielt das Maß des *Sozialabbaus* für nicht vertretbar und favorisierte Einsparungen bei *Subventionen*, Kosten des Staatsapparats u. a.

Sozialhilfe

Art. 1 GG, nach dem die Würde des Menschen unantastbar ist, verpflichtet den *Staat* auch zur Sorge für die Bürger, die nicht oder nicht mehr für sich sorgen können. Dem hat der Gesetzgeber 1961 mit dem Bundessozialhilfegesetz (BSHG) Rechnung getragen, das Hilfen für den Lebensunterhalt als Ersatz für fehlendes Einkommen und Hilfen in besonderen Lebenslagen (Alter, Krankheit, Behinderung u. a.) vorsieht. Sozialhilfe, die sich am Existenzminimum orientiert, wird grundsätzlich nachrangig gewährt, d. h. erst nach Ausschöpfen aller anderen Möglichkeiten, wozu auch Unterhaltsansprüche an Verwandte ersten Grades zählen; Träger der Kosten sind die *Gemeinden.* Bei Verabschiedung des BSHG war nicht abzusehen, welches Volumen die Sozialhilfe in der wohlhabenden Bundesrepublik annehmen würde, und noch weniger, daß es eine *Wiedervereinigung* geben könnte, deren soziale Kosten die kommunalen Kassen vollends überfordern.

Mußten für Sozialhilfe 1970 nur 3,3 Mrd. DM aufgebracht werden, waren es 1990 schon 31,9 Mrd. und 1994 über 54 Mrd. DM. Den weiteren Anstieg versuchte die Regierung zu dämpfen, indem die Maschen des *sozialen Netzes* erweitert wurden. Bis 1993 an die Preisentwicklung gekoppelt, ist die Sozialhilfe seitdem an den Anstieg der Nettolöhne gebunden, die wegen der wachsenden Abgaben (u. a. Solidaritätszuschlag, Steuer- und Gebührenerhöhungen) oft gar nicht mehr steigen. Außerdem verschärften die Gemeinden die Maßstäbe für die Bewilligung von Sozialhilfe nach dem *Subsidiaritätsprinzip*, vermehrten Arbeitsangebote an arbeitsfähige Empfänger und machten – nicht zuletzt wegen personeller Unterbesetzung – den Gang zum Sozialamt zu einer Demütigung. Experten schätzen die Dunkelziffer derer, die aus Scham, Angst oder Unkenntnis auf berechtigte Ansprüche verzichten, auf fast 50 %. Dies ist eine der Ursachen für die *Neue Armut.*

Sozialisierung

Die Ballung und der Mißbrauch von Kapitalmacht hat seit Beginn des 19. Jh. immer wieder zu Forderungen nach Sozialisierung, also Vergesellschaftung oder Verstaatlichung des *Eigentums* an Produktionsmitteln geführt. Auch unmittelbar nach dem 2. Weltkrieg bestand parteiübergreifend Einigkeit, daß die Überführung der Schlüsselindustrien, *Banken* sowie Grund und Boden in Gemeineigentum eine wichtige Sicherung darstelle gegen eine erneute Katastrophe, wie sie das Bündnis von Wirtschaft und *Nationalsozialismus* über Deutschland gebracht hatte. Die sehr weitgehenden Sozialisierungspläne scheiterten in den Westzonen jedoch am Widerstand der *Siegermächte* und in der Bundesrepublik am Schwenk der CDU/CSU vom *Ahlener Programm* zu den marktwirtschaftlichen Prinzipien der *Düsseldorfer Leitsätze,* obwohl Art. 15 GG Sozialisierung als Möglichkeit ausdrücklich vorsieht. Auch die SPD rückte von umfassender Sozialisierung ab, hielt aber in bestimmten Fällen noch im Grundsatzprogramm von 1989 Verstaatlichung »für unentbehrlich, [...] wo private Initiative fehlt oder übergroße Risiken bei anerkanntem Bedarf vorliegen«.
In der DDR hingegen wurde die Sozialisierung konsequent mittels Bodenreform, *Kollektivierung* und Bildung von *Volkseigentum* an den Produktionsmitteln durch *Enteignung* durchgeführt. Diese Bezeichnung war freilich irreführend, denn nicht das »Volk«, sondern die Partei verfügte über dieses »sozialistische« Eigentum (Art. 9 der Verfassung), so daß auch hier eher von Verstaatlichung als von Vergesellschaftung gesprochen werden muß. Das Scheitern dieses Modells hat Sozialisierungsvorstellungen weitgehend den Boden entzogen.

Sozialismus

Seit etwa 1830 entstanden Gegenmodelle zum *Kapitalismus* unter dem Begriff Sozialismus. Die durch Industrialisierung und Kapitalkonzentration verursachte Verelendung der Massen im 19. Jh. führte zu Theorien, die alle im Kern auf die Milderung der Auswüchse oder gar auf die revolutionäre Abschaffung des Privateigentums zielten. Dieser »Frühsozialismus« genannten Phase folgte der sog. wissenschaftliche Sozialismus des Marxismus, der den Zusammenbruch des Kapitalismus als historisch notwendig voraussagte. In seiner Abwandlung als *Marxismus-Leninismus* bezeichnet Sozialismus die Zeit nach der Machtergreifung des *Proletariats* als Durchgangsstadium zur klassenlosen Gesellschaft des *Kommunismus.* Die DDR verstand sich wie die anderen Staaten des Ostblocks in diesem Sinne als sozialistischer Staat.
Von den radikalen Verfechtern der Vergesellschaftung aller Produktionsmittel hatten sich um die Jahrhundertwende Reformisten und

Anhänger des *Revisionismus* abgespalten, die eine evolutionäre Veränderung des Kapitalismus anstrebten. Dieser demokratische Sozialismus wird von der westeuropäischen Sozialdemokratie, in Deutschland von der SPD vertreten. Die PDS hat diesen Begriff sogar in ihren Namen aufgenommen, doch geht sie als Nachfolgepartei der SED in ihren Sozialisierungsforderungen über bloße reformerische Vorstellungen hinaus.

Sozialistische Einheitspartei Deutschlands (SED)

Obwohl mehrere *Parteien* existierten, war die DDR ein Einparteienstaat, da die Parteien und *Massenorganisationen* in ein *Blocksystem* eingebunden waren, das von der Sozialistischen Einheitspartei Deutschlands (SED) geführt wurde. Sie kontrollierte das gesamte Staatshandeln, hatte das Erziehungsmonopol, gebot über die Streitkräfte und lenkte die Wirtschaft. Organisatorisch war die SED nach dem Modell der KPdSU aufgebaut, d. h. es galt das Entscheidungsprinzip des *demokratischen Zentralismus* von oben nach unten. An der Spitze stand der Generalsekretär (bis 1971 *Ulbricht*, dann *Honecker*), der dem *Politbüro* vorstand, das aus dem *Zentralkomitee* ergänzt wurde. Dieses wurde von den Delegierten der Parteitage gewählt. Nachgeordnet waren die Be-

Auf dem XI. Parteitag der SED vom 17.–21. 4. 1986 – dem letzten regulären – gibt der sowjetische Staats- und Parteichef Michail Gorbatschow (3. v. l.) der Parteiführung zu bedenken, daß Selbstkritik »eine unerläßliche Bedingung für den Erfolg« sei.

zirks-, Kreis-, Stadt- und Ortsleitungen; Betriebs- und Wohngruppen bildeten die Grundorganisationen. In der *Nationalen Volksarmee (NVA)* bestanden eigene Organisationen im Rang einer Bezirksleitung. Der Mitgliederbestand wuchs von 1,7 Mio. bei Gründung der DDR auf zuletzt 2,7 Mio., da berufliches Fortkommen durch Mitgliedschaft in der SED oder in einer anderen Blockpartei gefördert wurde und manche Privilegien damit verbunden waren, z.B. Wohnungen, Devisen, Auslands- und Urlaubsreisen.
Hinter der Gründung der SED standen die Erfahrungen der Spaltung der *Arbeiterbewegung*, die zum Sieg des *Nationalsozialismus* beigetragen hatte. Der Wunsch nach einer Einheitspartei war daher nach Kriegsende verbreitet. Ihre Bildung aber gelang nur in der *SBZ*, weil hier die Besatzungsmacht massiven Druck auf die SPD ausübte, sich mit der KPD zu vereinigen, während sich in den Westzonen sowohl die *Siegermächte* als auch die Führungsgruppe der SPD um *Schumacher* entschieden dagegen wehrten. Die Ost-SPD aber schloß sich am 21./22. 4. 1946 mit der Ost-KPD zur SED zusammen, den Vorsitz übernahmen gleichberechtigt KP-Chef *Pieck* und der SPD-Vorsitzende *Grotewohl*, obwohl die SPD mit 53 % mehr Mitglieder in die Einheitspartei einbrachte. Ihre Stimme aber wurde durch regelmäßige »Säuberungen« rasch zum Verstummen gebracht und die Partei ganz am stalinistischen Vorbild ausgerichtet. Die wirtschaftlichen Probleme aber bekam die SED auch nach dem Beschluß zum Aufbau des *Sozialismus* auf der II. Parteikonferenz 1952 nicht in den Griff. Im Gegenteil: Angesichts des *Wirtschaftswunders* im Westen wuchs die Unzufriedenheit und entlud sich nach Stalins Tod am *Siebzehnten Juni 1953* in einem Volksaufstand.
Der *Entstalinisierung* nach 1956 verweigerte sich daher die SED weitgehend, hatte sie doch weiterhin mit einer bedrohlichen Fluchtwelle der Bevölkerung zu kämpfen. Erst nach dem Bau der *Berliner Mauer* 1961 konsolidierte sich die DDR, und die SED-Führung konnte 1972 mit dem *Grundlagenvertrag* sogar einen Schritt zur Öffnung wagen. Sie weckte damit allerdings auch Hoffnungen auf einen höheren Lebensstandard, der nur über Importüberschüsse zu erreichen war und eine zunächst schleichende, dann galoppierende Staatsverschuldung mit sich brachte. Sie und die sowjetische Reformpolitik unter Michail Gorbatschow seit 1985 unterspülten die Fundamente der SED-Diktatur, die sich als nicht reformfähig erwies. Am 18. 10. 1989 wurde Honecker durch *Krenz* abgelöst, der aber nur noch den Konkurs einleiten konnte: Am 9. 11. mußten die Grenzen geöffnet werden, am 1. 12. strich die *Volkskammer* den Führungsanspruch der SED, am 3. 12. traten ZK und Politbüro geschlossen zurück, am 16./17. 12. gab sich die Partei den Zusatznamen *Partei des Demokratischen Sozialismus (PDS)*, der seit 4. 2. 1990 alleiniger Parteiname ist.

Sozialistischer Deutscher Studentenbund (SDS)

Da die Besatzungsmächte 1945 politische Hochschulgruppen zunächst nicht zugelassen hatten, konnten sich erst 1946 einige in den Westzonen bilden: So konstituierte sich am 6. 9. in Hamburg der Sozialistische Deutsche Studentenbund (SDS) als weitgehend selbständige Hochschulorganisation der SPD. In den 1940/50er Jahren in der Regel auf Parteilinie und u. a. von *Schmidt* geführt, geriet der SDS mit der Partei in Konflikt, als er dem *Godesberger Programm* nicht zustimmen mochte und an marxistischen Positionen festhielt. Ein parteitreuer Flügel spaltete sich als Sozialdemokratischer Hochschulbund (SHB) ab, und am 6. 11. 1961 erklärte der SPD-Parteivorstand die Mitgliedschaft im SDS und in der SPD für unvereinbar. Ohne die Kontrolle der Partei radikalisierte sich der SDS, kritisierte nicht nur die »Ordinarien-Universität«, sondern die ganze Gesellschaft, prangerte die Karrieren ehemaliger Nazis und die Reformfeindlichkeit des »Establishments« an, forderte Demokratisierung aller gesellschaftlichen Bereiche und initiierte mit dem Kampf gegen den »amerikanischen Imperialismus« im Vietnamkrieg und die deutsche »Komplizenschaft« dabei die *Studentenbewegung*. Nach deren Verebben führten interne Querelen 1970 zur Auflösung des SDS. Eine Neugründung 1988 nach Aufhebung des Unvereinbarkeitsbeschlusses durch die SPD blieb bedeutungslos.

Sozialistische Reichspartei (SRP)

Die Deutsche Rechtspartei - seit 1950 *Deutsche Reichspartei (DRP)* - war einigen Mitgliedern noch nicht rechts genug; sie spalteten sich von ihr ab und gründeten am 2. 10. 1949 die Sozialistische Reichspartei (SRP), die ein Sammelbecken unzufriedener *Flüchtlinge*, enttäuschter Berufssoldaten und überzeugter Nationalsozialisten wurde - daher der irreführende Name. Von sozialistischen Zielen nämlich konnte in dieser rechtsextremistischen Partei, die 1951 in Niedersachsen 11 % und in Bremen 7,7 % der Stimmen erhielt, keine Rede sein. Dadurch ermutigt, vertrat die SRP immer unverhüllter NS-Standpunkte, glorifizierte Adolf Hitler und erneuerte seine rassistischen und chauvinistischen Lehren. Wegen dieser verfassungswidrigen *Ideologie* und wegen der undemokratischen Organisation der Partei nach dem Führerprinzip (Ernennungen von Funktionsträgern von oben statt durch Wahl) wurde die SRP am 23. 10. 1952 nach Art. 21 GG verboten. Die Anhänger wanderten z. T. wieder zurück zur DRP oder schlossen sich informellen rechtsradikalen Gruppen an.

sozialistischer Realismus

Durch Beschluß des Zentralkomitees der KPdSU vom 23. 4. 1932 wurde der sowjetischen Literatur, Kunst und Musik offiziell sozialistischer Realismus als verbindliche Theorie und Methode verordnet. Er forderte »vom Künstler eine wahrheitsgetreue, konkret-historische

Darstellung der Wirklichkeit in ihrer revolutionären Entwicklung«. Die künstlerische Methode war demnach dem Realismus des 19. Jh. verpflichtet; die Sujets, die Bedingungen der Kunstproduktion und die angestrebte Wirkung sollten in den Dienst der Überwindung der dargestellten Realität im Sinne einer sozialistischen Konzeption gestellt werden. Der positive Held als Revolutionär, treues Parteimitglied oder Verteidiger sozialistischer Errungenschaften rückte in den Mittelpunkt einer affirmativen Kunst, die vielfach zum bloßen Propagandainstrument verkam.
Sozialistischer Realismus galt nach 1945 auch als oberste kulturpolitische Leitlinie in der DDR, wie sie etwa im *Bitterfelder Weg* zum Ausdruck kam. Sie wurde mittels *Zensur* und Fördermaßnahmen durchgesetzt. Erst seit Ende der 1960er Jahre wandelte sich das Bild allmählich, als z. B. in der Malerei u. a. in den Werken von Willi Sitte, Bernd Heisig oder Werner Tübke die Lösung vom starren Realismus gelang und die DDR-Kunst auch im Westen Anerkennung fand. Mancher sieht darin sowie in der wachsenden Distanz zum Staat in einigen literarischen Werken nachträglich erste Anzeichen für die Erosion des SED-Staates.

sozialistischer Wettbewerb
Kapitalistische Konkurrenz war in der DDR natürlich undenkbar, doch konnte man sich nicht der Einsicht verschließen, daß Menschen aus reinem Idealismus nur selten Höchstleistungen erbringen. Daher sollte der schon von Karl Marx geforderte sozialistische Wettbewerb die Werktätigen als »umfassendste Form ihrer schöpferischen Teilnahme an der Leitung und Planung der Produktion« motivieren und die DDR-Wirtschaft auf »Weltniveau« heben. Da im *Sozialismus* die individuellen mit den kollektiven Interessen übereinstimmten, sei dieser Wettbewerb humaner und zugleich effektiver als die Konkurrenz in der *Marktwirtschaft.* In der Praxis freilich war der sozialistische Wettbewerb ein verzweigtes System zur Leistungssteigerung durch Vergabe von Orden, Titeln (z. B. *Held der Arbeit* oder kollektiv: »Brigade der sozialistischen Arbeit«), Prämien u. a. im Rahmen von Aktionen wie der 1952 ausgerufenen »Mach-mit«-Bewegung, der *Hennecke-Bewegung,* der Parole »Neue Technik - neue Normen« oder der »Volkswirtschaftlichen Masseninitiative (VMI)« der 1980er Jahre.
Trotz immer neuer Ideen griff der sozialistische Wettbewerb nie oder nur sehr kurzfristig. Daran änderten auch beachtliche Zahlen nichts, wie z. B. 1988 beim Wettbewerb um den Titel »Kollektiv der sozialistischen Arbeit«, an dem sich nach offiziellen Angaben über 300 000 Produktionskollektive beteiligten. Die Strukturprobleme der *Planwirtschaft* ließen sich auch mit Parolen wie »Täglich denken - Aufwand senken«, mit der Einführung von »Pflichtheften« oder »Erneuerungspassen« nicht beheben.

sozialistisches Eigentum s. *Volkseigentum*

Sozialpolitik

Ohne staatliche Eingriffe würde sich in kapitalistischen Staaten die Schere zwischen Arm und Reich immer weiter öffnen. Da sich die Bundesrepublik als *Sozialstaat* versteht und eine soziale *Marktwirtschaft* praktiziert, ist der Staat gehalten, die Verwerfungen in der Verteilung von *Eigentum*, Einkommen und Lasten zu mildern. Das Mittel dazu ist die Sozialpolitik, die die *Arbeitnehmer*rechte schützen und entwickeln soll, für die Unterstützung in Not geratener Bürger u. a. durch *Sozialhilfe* oder Wohngeld sorgt, ein für alle erschwingliches *Gesundheitswesen* unterhält, Altersvorsorge durch *Sozialversicherung* organisiert und auf den *Arbeitsmarkt* einwirkt. Außerdem kümmert sie sich um sozialen Wohnungsbau, Familienlastenausgleich, Schulung und Umschulung, Ausbildungsförderung u. a. Auch Maßnahmen der *Finanz-*, *Wirtschafts-* und *Bildungspolitik* haben sozialpolitische Komponenten. Stellten anfangs die Kriegsfolgen mit *Kriegsopferversorgung*, *Lastenausgleich*, Flüchtlingshilfe und *Wiedergutmachung* die Sozialpolitik vor große Herausforderungen, so ging es später um Ausbau der Wohlfahrtspflege, Vermögensbildung in Arbeitnehmerhand, Chancengleichheit, Frauenförderung und Hilfen für den *Mittelstand.* Nach dem Beitritt der DDR zur Bundesrepublik 1990 stellt die Angleichung der Lebensverhältnisse im Osten das schwierigste sozialpolitische Problem dar, das im Rahmen des Programms Aufbau Ost gelöst werden soll.

Sozialstaat

Zu den Bestimmungen des *Grundgesetzes*, die nicht geändert werden können, gehört das in Art. 20 verankerte Sozialstaatsprinzip: »Die Bundesrepublik Deutschland ist ein demokratischer und sozialer Bundesstaat.« Die Festlegung, was »sozial« im einzelnen bedeutet, blieb allerdings dem Gesetzgeber überlassen, der es je nach *Mehrheit* in den Parlamenten unterschiedlich auslegte. Trotz bedeutender Leistungen der *Sozialpolitik* kam man dem Ziel einer nach den Grundsätzen der sozialen Sicherheit, *Gleichheit* und Gerechtigkeit gestalteten Gesellschaft nur wenig näher, und es rückt seit der *Wiedervereinigung* angesichts leerer öffentlicher Kassen, wachsender *Arbeitslosigkeit* und Staatsverschuldung in noch weitere Fernen. Art. 14 GG betont zwar *Freiheit* wie Sozialbindung des *Eigentums* gleichermaßen, doch rangiert nach dem Zusammenbruch des *Sozialismus* im Ostblock die freie Verfügbarkeit deutlich vor der damit verbundenen sozialen Verpflichtung. Von der in Art. 15 GG vorgesehenen Möglichkeit der *Sozialisierung* machte nicht einmal die sozialliberale *Koalition* (1969–82) Gebrauch.

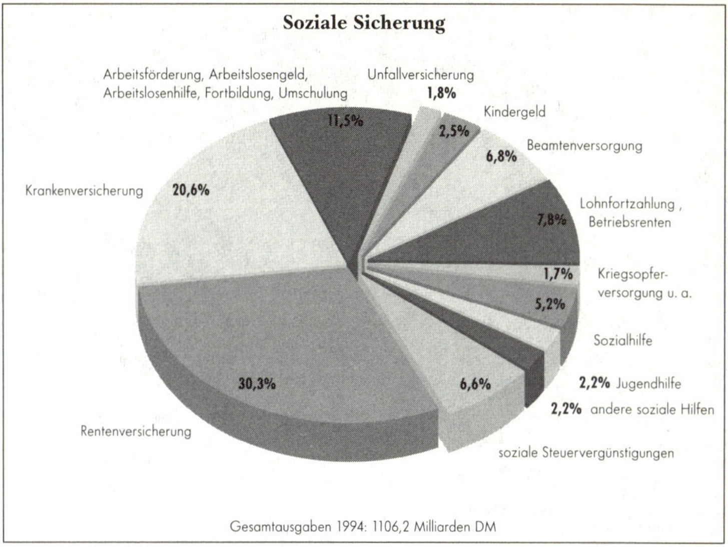

Die Leistungen des Sozialstaats.

Sozialversicherung

Krankheiten oder Unfälle können teilweise oder gänzliche Erwerbsunfähigkeit zur Folge haben, und für Arbeitnehmer, die ihren Arbeitsplatz verlieren oder nach Erreichen der Altersgrenze in den Ruhestand gehen, muß vorgesorgt werden. Für diese Fälle schreibt das Gesetz fast jedem Arbeitnehmer Versicherungen vor. Sie basieren auf dem Prinzip der *Solidarität*, nach dem alle Beiträge zahlen, die nur einigen zugute kommen. Diese Beiträge werden zu gleichen Teilen von *Arbeitgebern* und *Arbeitnehmern* aufgebracht. Die Sozialversicherung ist rechtlich geregelt und wird staatlich beaufsichtigt, doch haben die Träger das Recht der *Selbstverwaltung*. – In der DDR war der FDGB Träger der Sozialversicherung für Arbeiter und Angestellte, für alle anderen Gruppen war die Staatliche Versicherung der DDR zuständig.

Spätheimkehrer s. *Heimkehrer*

SPD s. *Sozialdemokratische Partei Deutschlands*

Spiegel-Affäre

In den 1950er Jahren hatte sich das Hamburger Nachrichtenmagazin »Der Spiegel« durch scharfe Kritik der Politik *Adenauers* und seines Verteidigungsministers *Strauß* profiliert. Helle Empörung griff daher

Spiegel-Herausgeber Rudolf Augstein und der stellvertretende Chefredakteur Conrad Ahlers (r.) nach der Aufhebung des Haftbefehls am 7. 2. 1963.

um sich, als die Staatsanwaltschaft im Zusammenwirken mit Dienststellen der *Bundeswehr* am 26. 10. 1962 die Redaktionsräume des Magazins durchsuchen und besetzen, den Verleger Rudolf Augstein sowie mehrere Redakteure verhaften und Druckfahnen beschlagnahmen ließ. Mit der Veröffentlichung einer Analyse der *NATO*-Stabsübung »Fallex 61« (»Bedingt abwehrbereit«) hatte »Der Spiegel« nach Meinung der *Bundesregierung* »publizistischen *Landesverrat*« begangen, der die Nacht-und-Nebel-Aktion rechtfertige. Das stieß nicht nur in weiten Teilen der Bevölkerung auf Unverständnis, sondern wurde später auch vom *Bundesverfassungsgericht* als Verstoß gegen die Pressefreiheit bezeichnet, zumal die Zeitschrift nur veröffentlicht habe, was »in der gesamten westlichen Welt in aller Offenheit diskutiert« werde. Die Affäre führte zum Rücktritt von Strauß, löste eine schwere Regierungskrise aus und belastete das Ende der Ära Adenauer.

Sport
Daß Sport mehr als Freizeitvergnügen oder Wettkampf nach Regeln ist, wurde schon zu Beginn des 19. Jh. deutlich, als »Turnvater« Friedrich Ludwig Jahn die Körperertüchtigung in nationalen Dienst nahm. Spä-

testens mit der Vereinnahmung der Olympischen Spiele 1936 durch die Nationalsozialisten hatte der Sport seine Unschuld verloren und gewann sie auch nach 1945 in der bewußten Abkehr von der Ideologisierung im 3. Reich nicht wieder. Während des *Kalten Kriegs* nämlich wurde er im Wettstreit der Systeme instrumentalisiert und z. B. von der DDR bewußt zur Erlangung internationaler Reputation und *Anerkennung* eingesetzt. Die sozialistische Sportförderung erzielte erstaunliche Erfolge, schreckte dabei aber weder vor Doping zurück noch vor staatlichem Kidnapping bei der Rekrutierung und Kasernierung talentierter Kinder.
In der Bundesrepublik entfaltete der Sport unübersehbar erstmals 1954 politisch Wirkung, als die deutsche Nationalelf in Bern die Fußball-Weltmeisterschaft gewann und nach den schweren Nachkriegsjahren einen ersten Glanzpunkt setzte. Die Kette der sportlichen Erfolge riß nicht mehr ab, denn was medizinische und Trainingsmaßnahmen in der DDR erreichten, schaffte im Westen eine ständig wachsende Kommerzialisierung. Der Spitzensport wurde ein erheblicher Wirtschaftsfaktor, und auch der Breitensport ließ die Umsätze steigen. Der Deutsche Sportbund mit seinen über 25 Mio. Mitgliedern ist der größte Verband der Welt. Sportübertragungen in Funk und Fernsehen erreichen die höchsten Einschaltquoten.

SSD s. *Stasi*

SSW s. *Südschleswigscher Wählerverband*

Staat

Die politische Ordnung einer Gesellschaft und die Gesamtheit der Institutionen zur Regelung ihres Zusammenlebens auf einem gemeinsamen Staatsgebiet bezeichnet man als Staat. Je nach Form der Herrschaftsausübung handelt es sich um einen autoritären (Monarchie, Diktatur u. a.) oder um einen demokratischen Staat. Die Bundesrepublik Deutschland ist eine Demokratie, in der alle Staatsgewalt vom Volk ausgeht (Art. 20,2 GG), und gemäß *Grundgesetz* der Organisationsform nach ein Bundesstaat aus 16 *Bundesländern*, seiner Verfaßtheit nach ein *Rechtsstaat* auf der Basis der *Grundrechte* und seiner Zielsetzung nach ein *Sozialstaat.*

Staatsangehörigkeit

Die in einem Staat lebenden Menschen sind entweder Bürger dieses Staates mit entsprechender Staatsangehörigkeit, *Ausländer* mit fremder Staatsangehörigkeit oder Staatenlose ohne Staatsangehörigkeit. Gewöhnlich hängt dies von der Abstammung ab: Kinder deutscher Eltern haben automatisch die deutsche Staatsangehörigkeit, ebenso von Deutschen als Kind angenommene. Bei Eltern mit unterschiedlichen Staatsangehörigkeiten kann eine der beiden gewählt werden. Die deutsche Staatsangehörigkeit kann auch durch *Einbürgerung* erworben werden, eine *Ausbürgerung*, wie sie die DDR kannte, ist bei Deutschen nicht möglich. Sie können ihre Staatsangehörigkeit nur durch Verzicht oder durch Annahme einer fremden verlieren, da eine doppelte Staatsangehörigkeit nicht vorgesehen ist. Obwohl die DDR-Bürger eine eigene Staatsangehörigkeit besaßen, galten sie in der Bundesrepublik nicht als Ausländer und hatten bei Zuzug automatisch die deutsche Staatsangehörigkeit. Sie ist verbunden mit bestimmten Rechten (z. B. Wahlrecht) und Pflichten (z. B. *Wehrpflicht*), wie sie sich aus dem *Grundgesetz* und den Gesetzen ergeben.

Staatsbank der DDR

Aus der *Deutschen Notenbank* entstand mit Wirkung vom 1. 1. 1968 die Staatsbank der DDR, die im wesentlichen die gleichen Aufgaben wie die Vorgängerin hatte und ebenso politisch abhängig blieb. Im Gesetz vom 19. 12. 1974 wurde sie als Organ des *Ministerrats* bezeichnet; der Präsident des nach dem Prinzip des *demokratischen Zentralismus* geführten obersten Kreditinstituts der DDR gehörte der Regierung an. Die Staatsbank hatte Filialen in allen 15 *Bezirken*, kontrollierte den Geldumlauf, verantwortete die Zahlungsbilanz der DDR, war für den Zahlungsverkehr im In- und mit dem Ausland zuständig und fungierte zugleich als Geschäftsbank, die u. a. die Konten der *Kombinate* und der staatlichen Einrichtungen führte, Einlagen entgegennahm und Wertpapiere sowie Edelmetalle aufbewahrte, kaufte und verkaufte. Nach Ende der DDR übernahm die *Treuhandanstalt* die *Abwicklung* der Staatsbank, die in Teilen an westdeutsche Großbanken ging, während andere in staatlicher Hand blieben.

staatsfeindliche Hetze

Angriffe oder Aufwiegelung gegen die sozialistische Staats- und Gesellschaftsordnung durch Einführen, Herstellen oder Verbreiten von entsprechenden Schriften oder Symbolen, das Androhen von Verbrechen gegen den Staat und die Anstiftung zum Widerstand gegen ihn war nach § 106 des Strafgesetzbuches der DDR als »staatsfeindliche Hetze« strafbar. Ursprünglich als »Boykotthetze« bezeichnet, war die Einstufung von Äußerungen und Handlungen als solche Hetze Sache der *Gerichte*, die dabei einen weiten Interpretationsspielraum hatten. Wegen »staatsfeindlicher Hetze« wurde zudem verfolgt, wer »Repräsentanten oder andere Bürger der DDR wegen deren staatlicher oder gesellschaftlicher Tätigkeit« oder »die Freundschafts- und Bündnisbeziehungen der DDR diskriminiert« oder »den *Faschismus* oder Militarismus verherrlicht« haben sollte. Auch dies war eine nach Bedarf dehnbare Bestimmung, die viele *Dissidenten* und kritische Intellektuelle bis zu fünf Jahre hinter Gitter brachte.

staatsfeindlicher Menschenhandel s. *Fluchthilfe*, s. *Republikflucht*

Staatsgewalt
Macht haben viele, doch Gewalt ausüben darf nur der Staat, er hat auf seinem Gebiet und gegenüber den darin lebenden Menschen das *Gewaltmonopol.* Im demokratischen Staat muß diese Gewalt durch *Wahlen* legitimiert sein, da alle Staatsgewalt nach Art. 20,2 GG vom Volk ausgeht. Es ermächtigt den Staat, durch seine Staatsorgane (Verwaltung, Polizei) die Entscheidungen der *Legislative*, *Judikative* und *Exekutive* notfalls unter Einsatz von Zwangsmitteln durchzusetzen. Nur so kann der Staat seinen Aufgaben gerecht werden, Leben, *Eigentum* und Entfaltungsmöglichkeiten seiner Bürger zu sichern und sie vor inneren und äußeren Bedrohungen zu schützen. Bei Ausübung der Staatsgewalt sind die Staatsorgane an *Verfassung* und Recht gebunden.

staatsmonopolistischer Kapitalismus s. *Stamokap*

Staatsnotstand s. *Notstand*

Staatsoberhaupt
In jedem Fall ist das Staatsoberhaupt höchster Repräsentant eines Staates. Seine Funktionen aber variieren je nach Staats- und Regierungsform: In einer absoluten Monarchie oder in einer persönlichen Diktatur bildet der König oder der Diktator zugleich die Spitze der *Exekutive.* Das ist in einer Präsidialdemokratie wie den USA ähnlich, doch ist hier der Präsident dem Parlament verantwortlich und übt sein Amt nur auf Zeit aus; auf die französische Präsidialdemokratie trifft das ebenso zu, doch beruft hier der Staatspräsident einen Ministerpräsidenten als Regierungschef. Der König in einer konstitutionellen Monarchie wie Großbritannien oder Schweden amtiert gewöhnlich zwar auf Lebenszeit, doch es regiert ein Premierminister. In einer parlamentarischen Demokratie wie der Bundesrepublik wird der *Bundespräsident* als Staatsoberhaupt auf Zeit gewählt, repräsentiert den Staat, ist sein oberster »Notar«, verfügt über das Gnadenrecht, doch es regiert ein *Bundeskanzler.* In der DDR, die de facto eine Einparteiendiktatur war, gab es mit dem *Staatsrat* ein kollektives Staatsoberhaupt, doch nahm in der Praxis der Staatsratsvorsitzende dessen Aufgaben wahr.

Staatsrat
Nach dem Vorbild des Obersten Sowjets in der UdSSR bildete die DDR am 12. 9. 1960 nach dem Tod des Präsidenten *Pieck* als ein Organ der *Volkskammer* den Staatsrat als kollektives Staatsoberhaupt. Den Vorsitzenden und damit das eigentliche Staatsoberhaupt stellte die SED (bis 1971 *Ulbricht*, dann bis zur *Wende Honecker*); ihm standen 8 Stellvertreter aus der SED und den anderen Blockparteien sowie

20 weitere Mitglieder u. a. aus FDGB, *Politbüro* und *Zentralkomitee* zur Seite. Sie alle wurden von der Volkskammer auf 5 Jahre gewählt. Der Vorsitzende des Staatsrats nahm die völkerrechtliche Vertretung der DDR wahr und vereidigte die Mitglieder des *Ministerrats* bei Amtsantritt. Der Staatsrat ratifizierte und kündigte internationale Verträge, ernannte die Botschafter der DDR, verlieh Orden und hatte das Gnadenrecht; bei ihm waren die ausländischen Geschäftsträger akkreditiert. Mit der Zeit wuchsen seine Kompetenzen bis hin zu Funktionen der *Gesetzgebung*. Da seine Mitglieder vielfach zugleich zu den Spitzen der SED zählten, wurde er zum höchsten Kontrollorgan und gewann durch das Recht zur Berufung der Mitglieder des *Nationalen Verteidigungsrates* und zur Proklamation des Verteidigungsfalles eine Schlüsselrolle im DDR-System. Das rief den Widerstand des Politbüros und des Ministerrats hervor, und nach Ulbrichts Sturz wurde der Staatsrat wieder auf seine primär repräsentativen Funktionen reduziert. Nach dem Zusammenbruch der SED-Herrschaft Ende 1989 verlor er seine Bedeutung ganz und wurde am 5. 4. 1990 abgeschafft.

Staatsschutz s. *Verfassungsschutz*

Staatssekretär
Aufgaben, die heute *Minister* erledigen, wurden noch im 19. Jh. von Staatssekretären wahrgenommen. Mit Aufkommen des Titels Minister trat der Staatssekretär ins zweite Glied. Seit 1918 ist er rechte Hand des Ministers, Regierungschefs oder *Staatsoberhaupts*, leitet in dessen Auftrag das Ministerium und vertritt den Minister in allen Angelegenheiten außer in Regierungsgeschäften (Unterzeichnung von Gesetzen u. a.), die bei Verhinderung des Ministers ein Kabinettskollege übernimmt. Heute gibt es im Kanzleramt, im Präsidialamt und im *Bundespresseamt* mehrere Staatssekretäre, und seit 1967 verfügen die Ministerien neben dem beamteten Staatssekretär über einen parlamentarischen Staatssekretär (ggf. auch mehrere, z. B. im Auswärtigen Amt und im Kanzleramt, dort »Staatsminister« genannt). Es sind *Abgeordnete* der Regierungsparteien, die die Minister im Parlament und seinen *Ausschüssen*, in den *Fraktions-* und *Kabinetts*sitzungen (mit beratender Stimme) vertreten. Welche weiteren Aufgaben sie wahrnehmen, bestimmen die Minister, mit deren Amtszeit auch die der parlamentarischen Staatssekretäre endet. – In der DDR leiteten Staatssekretäre auch eigene, meist nur zeitweilig bestehende Ressorts von untergeordneter Bedeutung.

Staatssicherheitsdienst (SSD) s. *Stasi*

Staatsvertrag
Eine völkerrechtlich bindende Vereinbarung zwischen zwei oder mehr Staaten heißt Staatsvertrag. Er kann befristet oder auf Dauer geschlos-

sen werden; sein Inhalt bestimmt die genauere Bezeichnung: Bündnis-, Beistands-, Neutralitäts-, Friedens-, Kultur-, Handels-, Transitvertrag u.a. Ausgehandelt wird ein Staatsvertrag von Vertretern der beteiligten Regierungen, die ihn schriftlich fixieren und paraphieren (abzeichnen). In der Bundesrepublik muß er dann wie in anderen parlamentarischen Demokratien ratifiziert, d.h. vom *Bundestag* per Gesetz gebilligt und vom *Bundespräsidenten* unterzeichnet werden *(Ratifikation)*. Die Urkunden darüber werden ausgetauscht oder bei einem Dritten (Depositar) hinterlegt, bei Mitgliedstaaten der *Vereinten Nationen* ist deren Sekretariat zu informieren. Beim Abschluß eines Kulturvertrags wirken die *Bundesländer* aufgrund ihrer Kulturhoheit mit. Die Verletzung der Bestimmungen eines Staatsvertrags stellt einen Bruch des Völkerrechts dar, der Anspruch auf Schadensersatz oder Genugtuung begründet und in schweren Fällen zu einseitiger Kündigung des Vertrags berechtigt, die bei unbefristeten Verträgen sonst in der Regel nur einvernehmlich möglich ist. - Auch eine rechtlich bindende Übereinkunft zwischen zwei oder mehr *Bundesländern* heißt Staatsvertrag und ist ähnlichen Regeln unterworfen.

Staat und Kirche s. *Kirche und Staat*

Stadtstaat

Stimmen Staats- und Stadtgebiet eines Staates weitgehend überein, spricht man von einem Stadtstaat. Der Begriff wird auch auf die *Bundesländer* angewandt, bei denen dies zutrifft: Berlin, Bremen und Hamburg. Sie haben wie die *Gemeinden* das Recht der kommunalen *Selbstverwaltung*, sind aber zugleich Gliedstaaten der Bundesrepublik Deutschland mit Parlament (Bürgerschaft, Abgeordnetenhaus) und Regierung (Senat). Der Regierungschef heißt in Berlin Regierender Bürgermeister, in Bremen Senatspräsident und in Hamburg Erster Bürgermeister oder ebenfalls Senatspräsident.

Stalinismus

Das von Lenin entwickelte Prinzip des *demokratischen Zentralismus* begünstigte die Herausbildung diktatorischer Strukturen und schließlich die Entstehung persönlicher Diktaturen. Abschreckendstes Beispiel wurde die Herrschaft Josef Stalins in der Sowjetunion: Er hatte sich in blutigen Machtkämpfen und »Säuberungen« zum unumschränkten Herrscher aufgeschwungen, der die Lehren des *Marxismus-Leninismus* nach Gutdünken auslegte (z.B. Aufbau des *Sozialismus* in einem Lande), der UdSSR unter ungeheuren Opfern eine radikale *Kollektivierung* der Landwirtschaft und eine forcierte Industrialisierung verordnete, einen ausufernden Personenkult förderte, die Kultur durch scharfe *Zensur* gängelte und mit einem System von Spitzeln und Straflagern (»Archipel Gulag«) Kritik im Keim erstickte. Nach dem

Sieg der Roten Armee im 2. Weltkrieg exportierte er sein Staatsmodell im Zug der *Bolschewisierung* in die Länder Osteuropas und in die DDR. Sie hielt unter *Ulbricht* am längsten an den stalinistischen Repressionsmethoden fest, schloß sich nur halbherzig der *Entstalinisierung* an und verweigerte deren konsequenter Fortsetzung unter dem sowjetischen Staats- und Parteichef Michail Gorbatschow seit 1985 die Gefolgschaft ganz. Daran zerbrach letztlich die SED-Diktatur.

Stalin-Note

Es war der UdSSR zu Beginn der 1950er Jahre nicht verborgen geblieben, daß die Einbeziehung der Bundesrepublik in das westliche Verteidigungsbündnis bevorstand. Mit einer *Note* vom 10. 3. 1952 versuchte daher der sowjetische Diktator Josef Stalin, die Entwicklung durch ein Angebot zu Verhandlungen über einen *Friedensvertrag für Deutschland* aufzuhalten. Nach seinen Vorstellungen sollte die *Wiedervereinigung* verbunden sein mit dem Abzug aller Besatzungstruppen, der Garantie der demokratischen *Freiheiten* und der *Grundrechte*, dem Verbot friedensfeindlicher und antidemokratischer Organisationen, der Grenzziehung wie im *Potsdamer Abkommen* »festgelegt«, dem Aufbau nationaler Streitkräfte zur Landesverteidigung und der Aufnahme Deutschlands in die *Vereinten Nationen*. In einer Folgenote vom 9. 4. erklärte sich Stalin ausdrücklich mit freien *Wahlen* einverstanden, allerdings erst nach Bildung einer gesamtdeutschen Regierung. Das kam zu spät und hätte auch nichts geändert, denn das Eingehen auf das sowjetische Angebot hätte Verzicht auf die Westintegration der Bundesrepublik bedeutet und zu einer Neutralisierung Deutschlands geführt. Dieser Preis war *Adenauer* zu hoch, und er drängte die ohnedies ablehnungswilligen Westmächte zur Zurückweisung von Stalins Vorschlag, was mit Note vom 25. 3. 1952 geschah. Bis heute sind die Debatten nicht verstummt, ob hier frühe Chancen zur Gewinnung der deutschen Einheit verschenkt und die Ostdeutschen der Diktatur der SED ausgeliefert wurden.

Stamokap

Da wider marxistisches Erwarten der *Kapitalismus* keineswegs automatisch zusammenbrach, entwickelten sozialistische Theoretiker auf der Basis von Gedanken Lenins die Theorie vom staatmonopolistischen Kapitalismus, kurz Stamokap genannt. Danach habe sich aus dem Konkurrenzkapitalismus der *Monopolkapitalismus* entwickelt mit den erwarteten Krisen. Der von den Monopolen (Großbanken, Versicherungen, Großindustrie) abhängige Staat sehe nun seine Aufgabe im Krisenmanagement für sie, indem er Schwankungen der *Konjunktur* mildere, als Auftraggeber im Großmaßstab (Infrastruktur, Rüstung u. a.) auftrete, die Profite der Konzerne sichere, unrentable Bereiche vergesellschafte und sich selbst zum mächtigsten Monopolisten entwickele. Daher müsse ihm daran gelegen sein, die demokratischen Rechte der Werktätigen zu beschneiden, was die gesellschaftlichen Widersprüche verschärfe. Automatisch aber werde dieses System dennoch nicht zusammenbrechen, es bedürfe des Bündnisses aller »antimonopolistischen« Kräfte mit der Arbeiterklasse, um es in Etappen zu überwinden. Die Stamokap-Theorie wurde von der DDR propagandistisch gegen die Bundesrepublik eingesetzt und fand auch in linken Gruppierungen im Westen Anhänger.

Ständige Vertretung
Da sich die Bundesrepublik weigerte, die DDR als Ausland anzuerkennen, konnte im *Grundlagenvertrag* kein Austausch von Botschaftern vereinbart werden. Man einigte sich am 21. 12. 1972 darauf, Ständige Vertretungen in der *Hauptstadt* des jeweils anderen Landes einzurichten, geleitet von einem Ständigen Vertreter. Die Kompetenzen und der Status der Vertretungen wurden in einem Protokoll vom 14. 3. 1974 festgelegt, nach dem sie de facto wie Botschaften behandelt und gemäß der »Wiener Übereinkunft über die *diplomatischen Beziehungen*« vom 18. 4. 1971 eingestuft wurden.

Stasi
Schon die sowjetische Besatzungsmacht richtete in ihrer Zone 1945/46 »Ämter für Information« ein, die Nachrichten über die Stimmung im Volk sammelten. Deutsche Stellen übernahmen diese Aufgabe bald, und schon damals spielte *Mielke* dabei eine Rolle. Am 8. 2. 1950 entstand daraus ein Ministerium für Staatssicherheit (MfS), später kurz »die Stasi« genannt. Zwischenzeitlich zum Staatssekretariat zurückgestuft, wurde es 1955 wieder Ministerium unter *Wollweber*, der besonderen Wert auf den Auslandsnachrichtendienst (Spionage) legte. Er fiel 1957 in Ungnade und mußte Mielke weichen, der die Stasi in den folgenden Jahren systematisch zu einer Staat und Volk durchdringenden Überwachungsorganisation ausbaute. Zum Schluß beschäftigte die Stasi 91 000 hauptamtliche und 174 200 *Inoffizielle Mitarbeiter (IM)* und unterhielt ein Wachregiment von 11 000 Mann. Hinzu kam ein Heer von *Offizieren im besonderen Einsatz (OibE)* und *Gesellschaftlichen Mitarbeitern Sicherheit (GMS)*; nirgends war man vor Spitzeln sicher. Gesteuert von der Zentrale in Ostberlin, infiltrierten 15 Bezirksverwaltungen und 200 Kreisdienststellen alle gesellschaftlichen Gruppen – v. a. die Kirchen – bis in die höchsten Ebenen, warben Kinder zur Ausforschung der Eltern an und umgekehrt, plazierten »Wanzen« und geheime Kameras, zapften Telefone an usw. Offizielles Ziel: »Zersetzung der feindlich-negativen Kräfte«. Bei hartnäckigen Fällen griff die Stasi zu direktem Terror: gesellschaftliche Isolierung, Berufsverbot, Konfiszierung von Postsendungen, Verurteilung, *Ausbürgerung*; nach *Republikflucht* kam es sogar über die Grenzen hinweg zu Mordanschlä-

gen. Grenzüberschreitend arbeitete v. a. die »Hauptverwaltung Aufklärung« (HVA), die Agenten in der Bundesrepublik in Schlüsselstellungen von Wirtschaft und Politik einschleuste; spektakulärster Fall: die *Guillaume-Affäre.* Zur Destabilisierung des westdeutschen Staats knüpfte die HVA auch Kontakte zu RAF-Terroristen in der Nachfolge der *Baader-Meinhof-Gruppe* und gewährte ihnen Unterschlupf. Über ihren OibE *Schalck-Golodkowski* gewann sie auch vielfach nutzbare wirtschaftliche Kontakte zu höchsten Stellen (u. a. *Strauß*) im Westen. Nach dem Sturz *Honeckers* versuchte die Regierung *Modrow* die Stasi in ein »Amt für nationale Sicherheit« (AfNS) umzuwandeln, scheiterte aber am Widerstand der Bevölkerung, die vielfach Stasi-Dienststellen stürmte. Andere Pläne ließen sich später gegen das Votum des *Runden Tisches* nicht durchsetzen; am 8. 2. 1990 wurde die Auflösung der Stasi-Überbleibsel beschlossen. Zwar waren viele Akten bereits vernichtet, doch konnte die *Gauck-Behörde* noch erhebliche Bestände übernehmen oder rekonstruieren.

Statt Partei

Wegen undemokratischer Kandidatenkür in der Hamburger CDU vor der Wahl 1991 klagten ehemalige Parteimitglieder mit Erfolg vor dem Hanseatischen Verfassungsgericht, das 1993 Neuwahlen anordnete. Einige der Kläger unter Führung von Markus Wegner gründeten dafür eine neue Partei mit dem programmatischen Namen Statt Partei, die bürgerliche Protestwähler des Stadtstaats statt der etablierten Parteien wählen sollten. Sie taten es am 19. 9. 1993 zu 5,6 %, während die CDU 10 % Stimmenanteil verlor. Da auch die SPD schwere Einbußen (über 7 %) erlitt, kam es nach Scheitern rot-grüner Verhandlungen über die Bildung der Stadtregierung zu einem Kooperationsvertrag zwischen SPD und Statt Partei. In der Folgezeit verspielte die neue Partei ihren Kredit durch ausufernde interne Querelen bis hin zum Ausschluß von Gründer Wegner (1995) und Verlust des Fraktionsstatus. Ähnliche Gründungen in anderen Bundesländern hatten keinen Erfolg.

Steuern

Zur Erfüllung seiner Aufgaben braucht der Staat Geld. Er erhebt daher auf verschiedenen Ebenen (Gemeinde, *Bundesland*, Bund) Steuern, also Abgaben verschiedenster Art: Zu den direkten Steuern zählen alle prozentualen Abgaben auf Einkommen, Vermögen und Ertrag, die sog. Besitzsteuern, die von natürlichen Personen wie von Körperschaften erhoben werden. Sie erfassen die Einkünfte bei ihrer Entstehung und orientieren sich an der persönlichen oder sachlichen Leistungsfähigkeit des Steuerpflichtigen. Indirekte Steuern sind die Verkehrs- und Verbrauchssteuern; sie setzen an der Verwendung des Einkommens an. Der Verbraucher zahlt die Steuer nicht direkt an den Staat, sondern über die Preise in den Einzelhandelsgeschäften, über Fahrpreise u. a.,

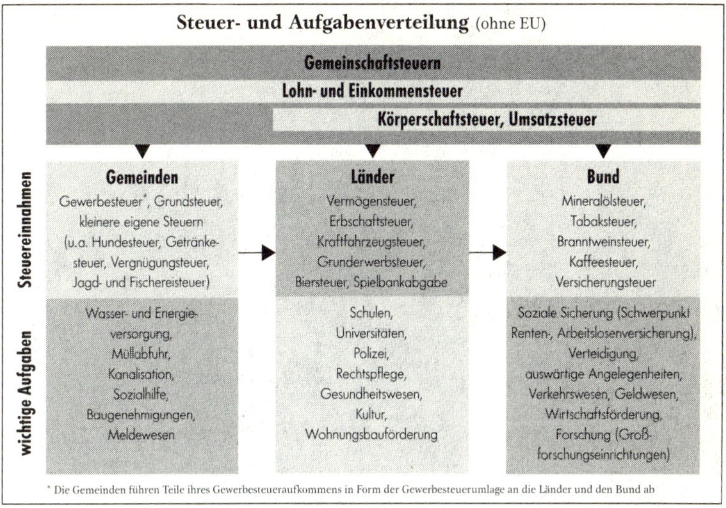

in die bereits von den Unternehmen Abgaben wie die Mehrwertsteuer einkalkuliert sind. Über die Verwendung der Steuern entscheidet das Finanzministerium im Rahmen des *Haushaltsplans.*

Stoph, Willi

* Berlin 9. 7. 1914 – Anders als viele seiner Mitstreiter blieb der gelernte Maurer Stoph nach 1933 trotz Untergrundtätigkeit von KZ-Haft oder Schlimmerem verschont. Er war 1931 der KPD beigetreten, blieb aber nach Adolf Hitlers Machtergreifung in Deutschland, war im 2. Weltkrieg Soldat, übernahm danach die deutsche Zentralverwaltung Industrie in der *SBZ* und trat 1946 in die SED ein. 1950 rückte er ins ZK der Partei auf und 1953 ins *Politbüro*, seit 1950 gehörte er auch der *Volkskammer* an. 1952–55 war Stoph Wirtschafts- und 1956–60 Verteidigungsminister, als der er bis zum Armeegeneral befördert wurde (1959). 1961 wurde er Stellvertretender und 1962 amtierender *Ministerpräsident* anstelle des erkrankten *Grotewohl.* 1964–73 und 1976 bis zum Ende der DDR war Stoph Regierungschef und zwischenzeitlich 1973–76 als Vorsitzender des *Staatsrats* auch ihr *Staatsoberhaupt.* Stets im Schatten zunächst *Ulbrichts*, dann *Honeckers*, schrieb er 1970 deutsch-deutsche Geschichte durch seine Treffen mit Bundeskanzler *Brandt* in *Erfurt* und *Kassel.* Ende 1989 aus der SED ausgeschlossen, wurde Stoph vorübergehend wegen Verdachts auf Amtsmißbrauch verhaftet, 1992 stand er wegen seiner Mitverantwortung für die Morde an der *innerdeutschen Grenze* vor Gericht, erhielt aber Haftverschonung. Im Aug. 1993 wurde das Verfahren gegen ihn eingestellt.

Willi Stoph, Vorsitzender des Ministerrats *der DDR, berichtet am 21. 3. 1970 vor der* Volkskammer *über seine Gespräche mit Bundeskanzler* Willy Brandt *am 19. 3. 1970 in* Erfurt.

Strauß, Franz Josef

* München 6. 9. 1915, † Regensburg 3. 10. 1988 - Der aus einer Metzgerfamilie stammende Historiker und Philologe Strauß wurde zu einem der umstrittensten Politiker der Bundesrepublik: 1945 gehörte er zu den Gründern der *Christlich-Sozialen Union (CSU)*, für die er 1949 in den *Bundestag* einzog. Schon als Bundesminister für besondere Aufgaben (1953–55) und Atomminister 1955/56 enger Berater *Adenauers*, wurde er von diesem 1956 zum Nachfolger des glücklosen Theodor Blank als Verteidigungsminister berufen. Wegen seines massiven Eintretens für eine Politik der Stärke und undurchsichtiger Affären (»Onkel Aloys«, »Panzerketten-«, Fibag-Affäre) zog er sich die Kritik der liberalen Presse zu und mußte nach der *Spiegel-Affäre* 1962 zurücktreten. Seit 1961 Vorsitzender der CSU, konnte Strauß sein Comeback schon in der *Großen Koalition* (1966–69) einfädeln, der er als Finanzminister diente und in der er mit dem SPD-Kollegen *Schiller* ein populäres Gespann bildete. In der Zeit der sozialliberalen Koalition (1969–82) war Strauß der schärfste Kritiker der Reform- und der *Ostpolitik*. 1978 zum bayerischen *Ministerpräsidenten* aufgestiegen, setzte er sich 1980 als Kanzlerkandidat der CDU/CSU gegen *Kohl* durch, unterlag aber bei den Bundestagswahlen am 5. 10. deutlich gegen Bundeskanzler *Schmidt*. In die Regierung *Kohl* trat Strauß 1982 nicht ein, sondern profilierte sich eher als ihr rechtskonservativer Kritiker und

betrieb auf der Basis vorzüglicher internationaler Kontakte (u. a. zu Peking sowie zu *Honecker* und *Schalck-Golodkowski*) eine Art Nebenaußenpolitik.

Streik

Letzte Waffe der *Arbeitnehmer* im *Arbeitskampf* ist die Arbeitsniederlegung, der Streik. Er ist nach Art. 9 GG rechtens, muß aber von einer *Gewerkschaft* organisiert sein, andernfalls spricht man von einem illegalen oder wilden Streik. Ebensowenig zulässig sind Sympathiestreiks, bei denen Arbeitnehmer nicht streikender Betriebe aus Solidarität mit streikenden Kollegen die Arbeit niederlegen. Legale Streiks nach Scheitern von Tarifverhandlungen und fehlgeschlagener *Schlichtung* setzen eine geheime Urabstimmung voraus, bei der mindestens 75 % der organisierten Arbeitnehmer für Arbeitsniederlegung stimmen müssen. Streiks, oft eingeleitet durch Warn- oder Schwerpunktstreiks, sollen wirtschaftlichen Druck auf die *Arbeitgeber* ausüben, die ihrerseits mit *Aussperrung* antworten können. Ist ein Kompromiß gefunden, stimmen die Gewerkschaftmitglieder erneut ab: Stimmen sie zu mindestens 50 % der Einigung zu, ist der Streik beendet. – In der DDR war das Streikrecht nach Art. 14,2 der *Verfassung* von 1949 garantiert, wurde vom FDGB aber nicht wahrgenommen, weil die Produktionsmittel angeblich dem Volk gehörten, so daß die Arbeiter nur gegen

Der CSU-Vorsitzende Franz-Josef Strauß mit dem stellvertretenden Vorsitzenden Franz Heubl (r.) auf einem CSU-Parteitag 1977.

sich selber hätten streiken können. Dennoch kam es immer wieder zu Arbeitsniederlegungen, z. B. als Auslöser des Aufstands vom *Siebzehnten Juni 1953.* Die Verfassung von 1968 erwähnte das Streikrecht nicht mehr.

Strukturpolitik s. *Wirtschaftspolitik*

Studentenbewegung
Nach Erreichen eines gewissen Wohlstandsniveaus Anfang der 1960er Jahre stellte sich für die nachwachsende Generation in der Bundesrepublik die Frage nach den gesellschaftlichen Zielen mit neuer Dringlichkeit. Naturgemäß versetzte sie zuerst die Hochschulen in Unruhe, weil dort die soziale Sondersituation und die Vorbildung kritisches Bewußtsein förderten. Die Kritik der einsetzenden Studentenbewegung entzündete sich zunächst an den Mißständen im universitären Bereich: Vermassung, Dozentenmangel, veraltete Strukturen, Selbstherrlichkeit der Lehrstuhlinhaber, Reformunfähigkeit (»Unter den Talaren Muff von 1000 Jahren«). Die Studenten griffen dabei auf in den USA entwickelte neue Protestformen zurück wie Teach-in, Go-in, Sit-in und provozierten damit die konservativen Eliten (»Establishment«), deren Gegenmaßnahmen die Konfrontation weiter verschärften. Brennpunkt der Auseinandersetzung wurde die Freie Universität in Westberlin.
Die studentische Kritik sammelte sich um den *Sozialistischen Deutschen Studentenbund (SDS),* der wegen seines Festhaltens an marxistischen Positionen in Konflikt mit der Mutterpartei SPD geraten war. Hier bildete sich die Überzeugung, daß die Mißstände an den Hochschulen ihre Ursache in der kapitalistischen Gesellschaftsordnung hätten, die folglich verändert werden müsse. Von der Hochschulbasis aus versuchten die SDS-Aktivisten in die Bevölkerung hineinzuwirken, fanden Resonanz bei der *APO,* konnten aber nicht, wie ideologisch vorgesehen, in der Arbeiterschaft Fuß fassen. Die antiautoritäre Erziehung in ihren Kinderläden, die Kommune-Gründungen und die Forderungen nach befreiter Sexualität im Sinn der Lehren des österreichischen Psychoanalytikers Wilhelm Reich ängstigten eher und isolierten die Studenten gesellschaftlich. Und selbst als es nach dem Tod des Studenten Benno Ohnesorg (2. 6. 1967) durch eine Polizeikugel bei der *Demonstration* gegen den Besuch des iranischen Schahs in Westberlin und nach dem Anschlag auf *Dutschke* zu Massendemonstrationen kam, erfaßte der Protest nur eine dünne Schicht. Die Erfolge der Studentenbewegung, die zu Beginn der 1970er Jahre verebbte, blieben letztlich auf die Hochschulreform beschränkt, wenn auch Fernwirkungen auf die Politik der sozialliberalen *Koalition* nicht zu übersehen sind (»mehr Demokratie wagen«). Von den Vorstellungen der rebellierenden Studenten nachhaltig geprägt wurde die *Alternative Bewegung.* Ins

Gegen die Reformunwilligkeit innerhalb wie außerhalb der Hochschulen protestieren die Studenten mit vielfältigen Aktionen wie hier bei der Rektoratsübergabe im Jahr 1968 in Hamburg.

Kriminelle schlug der Protest um bei den Terroristen der *Baader-Meinhof-Gruppe* und ihren Nachfolgern in der RAF.

Stuttgarter Schuldbekenntnis
Ratlos standen die Kirchen 1945 vor den moralischen Trümmern, die der *Nationalsozialismus* hinterlassen hatte, und mußten sich eingestehen, daß sie versagt hatten. Der neugebildete Rat der *Evangelischen Kirche in Deutschland (EKD)* faßte das am 19. 10. 1945 in Stuttgart in ein Schuldbekenntnis, in dem es heißt: »Wohl haben wir lange Jahre im Namen Jesu Christi gegen den Geist gekämpft, der im NS-Gewaltregime seinen Ausdruck gefunden hat; aber wir klagen uns an, daß wir nicht mutiger bekannt, nicht treuer gebetet, nicht fröhlicher geglaubt und nicht brennender geliebt haben.« Daß sich zu dieser Schuld Menschen bekannten, die wie *Niemöller* kein persönliches Opfer gescheut hatten, verlieh dem kirchlichen Neuanfang weithin Glaubwürdigkeit. Der Vorwurf, die Kirche habe damit eine *Kollektivschuld* akzeptiert, trifft dieses Bekenntnis zur Mitverantwortung nicht.

Subsidiaritätsprinzip
1931 formulierte Papst Pius XI. in einer Enzyklika einen Grundsatz der katholischen Soziallehre: Größere Gruppen und Gemeinschaften sollten erst dann tätig werden, wenn die kleineren mit der betreffenden Aufgabe überfordert seien. Dieses Subsidiaritätsprinzip machte sich der *Sozialstaat*, also auch die Bundesrepublik, zu eigen: Der Staat soll danach als größte Gemeinschaft nur hilfsweise (subsidiär) in das gesellschaftliche Leben eingreifen; was auf unterer Ebene zu regeln ist, soll dort geregelt werden. Das gilt z. B. für die *Bildungspolitik*: Der einzelne wählt allein oder in Beratung mit seinem Umfeld aus dem Bildungsangebot aus, der Schulklasse bleibt die Gestaltung ihres Zusammenlebens überlassen, das Lehrerkollegium teilt ohne Weisung von oben den Stundenplan ein, die *Gemeinde* befindet unabhängig über Schulbauten, das Land hat die Kulturhoheit, und dem Bund steht nur die *Rahmengesetzgebung* zu. Ähnlich wird bei der Vergabe von *Sozialhilfe* vorgegangen. Hinter diesem Prinzip steht die Absicht, Eigeninitiative zu fördern und staatliche Eingriffe auf den Schutz der Schwächeren zu beschränken. – In DDR galt mit dem *demokratischen Zentralismus* ein diametral entgegengesetztes Prinzip.

Subventionen
Einmalige oder laufende, nicht rückzahlbare finanzielle Hilfen für Haushalte und Unternehmen durch den Staat bezeichnet man als direkte, sonstige Vergünstigungen als indirekte Subventionen (von lat. »subvenire« = unterstützen). Sie sind ein wichtiges Instrument der *Wirtschaftspolitik*, aber auch der *Sozialpolitik*. Sie können als Beihilfe zur Umstellung bei sich wandelnden Marktbedingungen gewährt werden

oder zur Bewahrung der Wettbewerbsfähigkeit, sie dienen sozialen Zwecken (z. B. Fahrpreisvergünstigungen) oder bildungspolitischen Zielen (z. B. Angebot von Abendschulen), sollen Standortnachteile ausgleichen oder Arbeitsplätze sichern, fördern allein nicht lebensfähige Kultureinrichtungen, unterstützen den Jugendaustausch usw. Trotz der ständigen Beteuerungen, den unter dem Druck der *Interessenverbände* entstandenen Subventions-Dschungel lichten zu wollen, haben alle *Bundesregierungen*, v. a. im Vorfeld von *Wahlen*, die Aufwendungen gesteigert. Zu den Hauptnutznießern gehörten die Landwirtschaft, das lange vom Umland abgeschnittene West-*Berlin*, das Grenzgebiet zur DDR *(Zonenrandförderung)*, die Werften u. a. Explosionsartig wuchsen die Subventionen nach der *Wiedervereinigung*, als mit einem riesigen Hilfsprogramm zum Aufbau Ost die Wirtschaft der neuen *Bundesländer* konkurrenzfähig gemacht und die dortige *Infrastruktur* westlichen Standards angepaßt werden mußte. Der auch dadurch wachsende Schuldendruck zwang in neuester Zeit zu Einsparungen vor allem im Bereich der Kultur und zu Sozialabbau.

Süddeutscher Rundfunk (SDR) s. *Hörfunk und Fernsehen*

Südschleswigscher Wählerverband (SSW)
1948 entstand in Schleswig-Holstein aus der als Kulturverein tätigen Südschleswigschen Vereinigung (SSV) der Südschleswigsche Wählerverband (SSW) als politische *Partei* zur Vertretung der Interessen der dänischen *Minderheit.* Im ersten *Bundestag* noch mit einem *Abgeordneten* vertreten und bei der Landtagswahl 1950 auf 5,5 % der Stimmen gekommen, wäre der SSW schon 1954 selbst auf Landesebene an der *Fünfprozentklausel* gescheitert (3,5 %), wurde jedoch aus Gründen des *Minderheiten*schutzes davon ausgenommen. Obwohl er seit 1958 bei den Wahlen in Schleswig-Holstein nur noch um 2 % Stimmenanteil erreicht, stellt er stets einen, seit 1996 zwei Abgeordnete im Kieler Landtag.

Südwestfunk (SWF) s. *Hörfunk und Fernsehen*

Südweststaat
Das aus dem Zusammenschluß der Länder Württemberg-Baden, Württemberg-Hohenzollern und Südbaden am 25. 4. 1952 gebildete Bundesland wurde lange als Südweststaat bezeichnet, ehe sich der Name Baden-Württemberg einbürgerte.

Swing s. *innerdeutscher Handel*

T

Tag der deutschen Einheit

Zum Ausdruck der Verbundenheit mit den Deutschen in der DDR, denen die *Selbstbestimmung* versagt war, und zum Gedenken an die Opfer des Volksaufstands vom *Siebzehnten Juni 1953* erhob die *Bundesregierung* das Datum zum Nationalfeiertag als Tag der - angestrebten - deutschen Einheit. Als diese am 3. 10. 1990 durch Beitritt der ostdeutschen Länder zur Bundesrepublik *(Wiedervereinigung)* tatsächlich erreicht war, wurde dieses Datum zum neuen Tag der - nunmehr vollendeten - deutschen Einheit als Nationalfeiertag.

Tagesordnung

Es ist von erheblicher politischer Bedeutung, welche Themen in welcher Reihenfolge im *Plenum* eines Parlamentes zur Sprache kommen. Für die Plenarsitzungen des *Bundestages* ist daher in seiner Geschäftsordnung detailliert geregelt, wie die Tagesordnung dafür aufgestellt wird: Zuständig ist im allgemeinen der *Ältestenrat*, doch kann das Plenum auch den *Bundestagspräsidenten* zur Aufstellung der Tagesordnung ermächtigen. Er kann auch Nachträge dazu selbständig festsetzen, muß sich diese aber vor Sitzungsbeginn vom Haus genehmigen lassen. Die Tagesordnung wird allen Mitgliedern des Bundestags, dem *Bundesrat* und der *Bundesregierung* schriftlich mitgeteilt, Anträge auf Änderung kann jeder *Abgeordnete* bis spätestens 18 Uhr am Vortag der Sitzung stellen. Nach *Abstimmung* darüber und »Feststellung« der Tagesordnung können andere Punkte nur dann behandelt werden, wenn dagegen kein Einspruch von einer *Fraktion* oder von fünf Prozent der Mitglieder des Hauses erhoben wird. Das Plenum kann jedoch jederzeit mit *Mehrheit* der anwesenden Mitglieder Punkte von der Tagesordnung absetzen. Darauf vorgesehene Abstimmungen dürfen jedoch gegen den Widerstand einer Fraktion oder von fünf Prozent der Abgeordneten nicht abgesetzt werden. Auf Antrag einer ebensolchen Minderheit kann das Plenum die Beratung eines Punktes vertagen oder die *Debatte* schließen, letzteres allerdings erst dann, wenn jede Fraktion einmal zu Wort gekommen ist.

Tarifautonomie

Nach Art. 9,3 GG sind *Gewerkschaften* und *Arbeitgeberverbände*, also die Tarifpartner, berechtigt, per *Tarifvertrag* Löhne, Arbeitsbedingungen, Urlaub, Sozialleistungen u. a. unabhängig von staatlichen Eingriffen im Rahmen des geltenden Rechts zu regeln. Diese Tarifautonomie schließt aus, daß der Staat im Wege der Anordnung Tarife festsetzt oder bei Streitigkeiten die Tarifparteien zur *Schlichtung* zwingt. - Die DDR kannte keine Tarifautonomie, weil der FDGB nicht frei, sondern als

Massenorganisation in das von der SED geführte *Blocksystem* eingebunden war.

Tarifvertrag

Zu welchen Löhnen *Arbeitnehmer* wie lange arbeiten, wieviel Urlaub ihnen zusteht, ob und wieviel Weihnachtsgeld ihnen gezahlt wird, welche vermögenswirksamen Leistungen sie erhalten - all dies und weitere soziale Fragen werden zwischen *Gewerkschaften* und *Arbeitgeberverbänden* ausgehandelt und nach Einigung in einem Tarifvertrag festgelegt. Dabei regelt ein Manteltarifvertrag die allgemeinen Arbeitsbedingungen über einen längeren Zeitraum, ein Lohntarifvertrag das Arbeitsentgelt für eine kürzere Frist (ein bis zwei Jahre) und ein Lohn-Rahmentarifvertrag die Merkmale der verschiedenen Lohn- und Gehaltsgruppen. Tarifverträge werden auf eine bestimmte Zeit abgeschlossen, damit sie regelmäßig angepaßt werden können. Während der Laufzeit sind Arbeitskampfmaßnahmen nicht erlaubt (Friedenspflicht). Vor Auslaufen des laufenden Vertrags treten die Gewerkschaften mit Forderungen auf, die den Arbeitnehmern einen angemessenen Anteil am Erwirtschafteten sichern sollen. Darauf antworten die *Arbeitgeber* mit Angeboten, die gewöhnlich weit darunter liegen. Finden die Tarifpartner in den anschließenden Verhandlungen keinen Kompromiß und scheitert auch eine *Schlichtung*, können die Gewerkschaften ihre Mitglieder zur Urabstimmung über einen *Streik* aufrufen.
Strittig ist, ob die Gewerkschaften für ihre Mitglieder besondere Vergünstigungen aushandeln dürfen. Nach üblicher Rechtsprechung des Bundesarbeitsgerichts ist dies nicht statthaft, doch bei wachsender *Arbeitslosigkeit* und weiterer Schwächung der Gewerkschaften durch

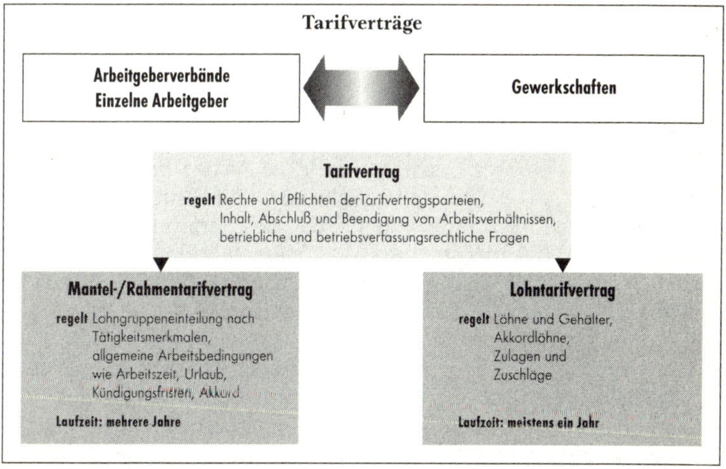

Mitgliederschwund gerät das tarifpolitische Gleichgewicht und damit der Schutz der Arbeitnehmer in Gefahr. Daher wird die Frage brennender, ob zur *Koalitionsfreiheit* nicht auch die Inkaufnahme von Nachteilen gehört, wenn ein Arbeitnehmer eine bestimmte Koalition - eben die gewerkschaftliche - nicht eingehen möchte.
In der DDR gab es Tarifverträge nur zwischen »Betrieben nichtsozialistischer Eigentumsformen« (z. B. privates Handwerk) und den zuständigen Einzelgewerkschaften. Für die *Volkseigenen Betriebe (VEB)* wurden die Arbeitsverhältnisse in Rahmenkollektivverträgen (RKV) geregelt. Das geschah nach Branchen und regional zwischen gewerkschaftlichen Organisationen und staatlichen Stellen. Der RKV erlangte Gültigkeit erst nach Bestätigung durch das Staatssekretariat für Arbeit und Löhne.

Terrorismus
Im weiteren Sinn ist jede Anwendung oder Androhung von Gewalt ohne Rechtsgrundlage Terrorismus (lat. »terror« = Schrecken). So gesehen ist »Staatsterror« ein Widerspruch in sich, da Gewaltregime ihre Unterdrückungsmaßnahmen oft in Rechtsform gießen. Das aber ist von der höheren Warte der *Menschenrechte* aus nur die Kodifizierung von Unrecht, wie es etwa die Rassengesetzgebung im 3. Reich oder das Grenzregime der DDR war. Sie erfüllten beide den Tatbestand des Terrorismus, allerdings in höchst unterschiedlichem Ausmaß. In den Augen von Sozialrevolutionären können aber auch demokratische Systeme subtilen Staatsterror ausüben, z. B. durch Monopolisierung der politischen und wirtschaftlichen Macht, durch Manipulation der *Massen* mittels vernebelnder veröffentlichter Meinung, Bestechung der Bevölkerung durch (»schein«-)soziale Leistungen und relativen Wohlstand (»Konsumterror«). Ein solcherart ausbeuterisches System herrschte etwa dem *Sozialistischen Deutschen Studentenbund (SDS)* zufolge auch in der Bundesrepublik der 1960/70er Jahre und war nur revolutionär zu ändern, d. h. zu beseitigen; die dazu erforderliche revolutionäre Situation wollte man durch Aufklärung und Agitation schaffen. Einen Schritt weiter gingen die Terroristen der *Baader-Meinhof-Gruppe* und in ihrer Nachfolge die Rote Armee Fraktion (RAF): Sie beschlossen, diese Situation gewaltsam herbeizuführen, indem sie das westdeutsche »Schweinesystem«, das sich zum imperialistischen Komplizen der USA mache, durch Anschläge auf führende Repräsentanten von Wirtschaft und *Staat* zur Offenbarung seiner »Fratze« zu zwingen versuchten. Terror sollte die Widersprüche sichtbar machen und so eine Massenopposition schaffen.
Dieser Terrorismus im engeren Sinn, der Terrorismus von unten gegen den Staat, führte zu schweren Belastungen der deutschen Demokratie, erreichte aber das Gegenteil des Erhofften: Nicht Mobilisierung der Massen war die Folge, sondern nach den ersten Morden der Ruf nach

mehr Staat, Polizei, law and order. Bedenkliche Operationen am Rechtsstaat (*Extremistenbeschluß*, Kontaktsperregesetz, Einschränkung der Rechte der Verteidigung u. a.) fanden daher breite öffentliche Zustimmung. Auf dem Höhepunkt der Krise im Herbst 1977 nach der Entführung von *Schleyer*, dem Versuch der Freipressung von inhaftierten Terroristen durch eine parallele Flugzeugentführung und dem harten Durchgreifen des Staates geriet das Land an den Rand der Hysterie: Während die einen gegen angebliche intellektuelle »Sympathisanten« hetzten, sahen andere die »kriegsgefangenen« Terroristen staatlicher »Isolationsfolter« ausgesetzt. Trotz weiterer Morde war dem deutschen Terrorismus jedoch die Spitze gebrochen, auch wenn er sich mit den Staatsterroristen der *Stasi* verbündete und internationale Verbindungen knüpfte. In neuerer Zeit beunruhigt die Gesellschaft ein längst überwunden geglaubter Terror von rechts, dessen Ziel vornehmlich *Ausländer* und »Ausländerfreunde«, *Asyl*suchende und Behinderte sind.

Todesstrafe
Art. 102 GG erklärt bündig ohne Einschränkungen: »Die Todesstrafe ist abgeschafft.« Die Bundesrepublik folgte damit nach dem Terror der NS-Justiz dem Beispiel vieler europäischer Staaten, auf die Höchststrafe zu verzichten. Nicht nur die Erfahrungen mit dem nationalsozialistischen Unrechtsstaat hatten dazu geführt, sondern schon lange diskutierte Gründe wie Probleme bei der Abgrenzung todeswürdiger Verbrechen und damit der Gefahr der Ausdehnung mit dem Tode bedrohter Straftatbestände z. B. auf politische Delikte, Unkorrigierbarkeit vollstreckter Todesurteile im Fall von Justizirrtum, Zweifel an der abschreckenden Wirkung auf Verbrecher, menschenrechtliche Bedenken u. a. Diese Argumente setzten sich gegen Forderungen nach Wiedereinführung der Todesstrafe durch, wie sie z. B. im Klima des *Terrorismus* der 1970er Jahre auch von Politikern geäußert wurden.
Dennoch gibt es weiterhin in vielen Staaten die Todesstrafe, und es gab sie auch in der DDR, wo sie erst 1987 abgeschafft wurde. Bis zur Strafrechtsreform von 1968 wurde sie dort durch Enthaupten, danach durch Erschießung vollstreckt, Begnadigungen durch den *Staatsrat* waren selten. Damit bedroht waren Mord, Planung und Durchführung von Angriffskriegen, Verbrechen gegen die Menschlichkeit, *Hochverrat*, Spionage, Terror, Sabotage sowie einige Militärstraftatbestände im Verteidigungsfall. Außer 122 NS-Verbrecher traf die Todesstrafe in der DDR, soweit bekannt geworden, etwa 80 politische Straftäter und 25 Mörder.

Todesstreifen s. *innerdeutsche Grenze*, s. *Grenztruppen der DDR*

Totalitarismus

Politische Systeme, die durch - notfalls gewaltsame - Gleichschaltung aller sozialen, kulturellen und weitgehend auch individuellen Äußerungen nach Maßgabe einer *Ideologie* gekennzeichnet sind, nennt man totalitär. Damit soll der über Autoritäres weit hinausgehende Anspruch und die völlige Kontrolle der Beherrschten ausgedrückt werden. Der Begriff »Totalitarismus« (Gegensatz: *Pluralismus*) bildete sich in der Kritik am *Faschismus*, der aber verglichen mit dem deutschen *Nationalsozialismus* oder dem *Stalinismus* allenfalls eine Vorform war. Schon die Nennung des Hitlerstaats in einem Atemzug mit der Diktatur in der Sowjetunion und später in der DDR zeigt die Problematik des Begriffs, da er unzulässigen Gleichsetzungen (»Rot« = »Braun«) Vorschub leistet. Das machte es der SED leicht, entsprechende Vorhaltungen als »bürgerliche Verfälschung« und »Ausgeburt des *Antikommunismus*« zurückzuweisen und auch die tatsächlichen Ähnlichkeiten mit dem NS-System abzustreiten: umfassende Weltanschauung und ihre Durchsetzung mit Mitteln des *Polizeistaats* und des Terrors, gelenkte Wirtschaft, *Zensur*, Revolution von oben, Mißachtung der *Menschenrechte*, Einparteienherrschaft u. a.

Treuhandanstalt

Die erste frei gewählte *Volkskammer* der DDR beschloß im Frühjahr 1990 die Bildung einer Institution, die das *Volkseigentum* (95 % des gesamten Produktivvermögens) treuhänderisch verwalten und den Erfordernissen der *Marktwirtschaft* anpassen sollte. Mit Gesetz vom 17. 6. 1990 wurde dafür die Treuhandanstalt geschaffen, die nach dem Beitritt der DDR zur Bundesrepublik zu einer *Anstalt des öffentlichen Rechts* unter Aufsicht des Bundesfinanzministers wurde; ihren Sitz hatte sie in *Berlin*, zuletzt arbeiteten ihr neun Außenstellen in den neuen *Bundesländern* zu. Zunächst sah sie ihre Hauptaufgabe in der Entflechtung der *Kombinate* und der möglichst günstigen Privatisierung *Volkseigener Betriebe (VEB)*, doch zeigte es sich, daß deren *Wettbewerbs*fähigkeit durch die *Planwirtschaft* so schwer beschädigt war, daß ein großer Teil der Betriebe unterzugehen drohte. Ihre Sanierung rückte daher in den Vordergrund, damit wenigstens ein Teil der Industriearbeitsplätze erhalten werden konnte. Als die *Privatisierung* weitgehend abschlossen war, wurde die Treuhandanstalt 1994 aufgelöst, Restaufgaben übernahmen Nachfolgeinstitutionen wie die Bundesanstalt für vereinigungsbedingte Sonderaufgaben (BVS). Gesamtbilanz: Von rd. 15 000 DDR-Unternehmen gingen 3500 in Konkurs, die anderen konnten fast alle mit Privatisierungsverträgen verkauft werden. Durch Konkurs und Sanierung gingen von 4 Mio. Arbeitsplätzen 2,5 Mio. verloren. 204 Mrd. DM Schulden der Treuhandanstalt übernahm der Bund in seinen sog. Erblastentilgungsfonds.

Trizone

Die Bundesrepublik nahm bereits Gestalt an, als am 8. 4. 1949 durch Beitritt der französischen *Besatzungszone* zur *Bizone* eine einheitlicher westdeutscher Wirtschaftsraum entstand, die Trizone. Sie existierte nur wenige Monate bis zur Gründung des westdeutschen Staates, doch blieb diese Spanne als eine erste Blütezeit nach der Nachkriegsnot im Gedächtnis: Der wirtschaftliche Aufschwung nach der *Währungsreform* verstärkte sich durch die Vergrößerung des Wirtschaftsgebiets. Der Schlager von Karl Berbuer, »Wir sind die Eingeborenen von Trizonesien«, spiegelte und karikierte die Aufbruchstimmung dieser Vorstufe zur Eigenstaatlichkeit der Bundesrepublik.

Trümmerfrauen

Die Männer gefallen, vermißt oder in Gefangenschaft, das Land zerstört: Von 19 Mio. Wohnungen waren 3,5 Mio. Luftangriffen zum Opfer gefallen, unzählige andere Bauwerke lagen ebenfalls in Trümmern, insgesamt türmten sich 1945 über 400 Mio. Kubikmeter Schutt in Deutschland auf. Mit den Aufräumarbeiten mußten die Frauen fast allein beginnen, obwohl sie in dieser Zeit ohnehin Übermenschliches zu leisten hatten. Mit dem Ehrentitel »Trümmerfrauen« setzte ihnen der Volksmund ein sprachliches Denkmal. Der Staat hingegen gewährte den Frauen dieser Generation (Jahrgänge vor 1921) erst 1987 eine kleine Entschädigung für die Doppelbelastung der Kinderziehung und des Diensts für das Gemeinwohl in Form eines zusätzlichen Rentenbetrags pro Kind.

Trümmerfrauen 1945 im Zentrum Berlins. *Hier wurde im 2. Weltkrieg die Bebauung auf einer Fläche von 28 Quadratkilometern zerstört.*

U

Überhangmandat
Trotz des letztlich reinen Verhältniswahlrechts bei Bundestags*wahlen* kann sich das über die Direktmandate in den Wahlkreisen entscheidende Mehrheitswahlrecht manchmal bemerkbar machen: Gewinnt eine Partei in einem *Bundesland* mehr Direktmandate, als ihr aufgrund der Zweitstimmen über die Landesliste zustehen, darf sie die überzähligen behalten. Die Zahl der *Abgeordneten* im *Bundestag* erhöht sich dann entsprechend. Bei den Wahlen in der alten Bundesrepublik wurde 1961 mit 5 Überhangmandaten die höchste Anzahl erreicht. Bei der ersten gesamtdeutschen Wahl 1990 waren es schon 6 und 1994 sogar 16. Sie kommen immer nur den beiden großen Parteien zugute (1994: CDU 12, SPD 4), die damit weniger Stimmen für ein Mandat brauchen; die CDU erhielt auf rund 66 000 Stimmen, die *Grünen* erst auf rund 70 000 einen Parlamentssitz. Wegen der Zunahme der Überhangmandate wurden verfassungsrechtliche Bedenken laut. Eine Organklage von *Bündnis 90/Die Grünen* wies das *Bundesverfassungsgericht* jedoch wegen Fristüberschreitung im Feb. 1995 zurück.

Überleitungsvertrag
»Zur Regelung aus Krieg und Besatzung entstandener Fragen« trat mit Beendigung des *Besatzungsstatuts* in der Bundesrepublik am 5. 5. 1955 im Rahmen des *Deutschlandvertrags* ein Überleitungsvertrag in Kraft. Er beseitigte auf strafrechtlichem Gebiet noch bestehenden Beschränkungen für die deutsche Justiz hinsichtlich der Aburteilung von NS-Gewaltverbrechern. Art. 3, 3 sah allerdings vor, daß Täter, die von britischen, französischen oder amerikanischen Gerichten verurteilt oder freigesprochen oder gegen die Ermittlungsverfahren von den Alliierten eingestellt worden waren, nicht mehr für die fraglichen Taten vor Gericht gestellt werden konnten, auch dann nicht, wenn der Schuldbeweis später möglich gewesen wäre. Aufgrund der alliierten Begnadigungspraxis, die im Hinblick auf den gewünschten deutschen Wehrbeitrag *(Wiederbewaffnung)* recht großzügig war, kam es deshalb zu Fällen, in denen hohe SS-Offiziere vor Gericht als Zeugen gegen Untergebene auftraten, die zu langen Haftstrafen verurteilt wurden, während die Befehlsgeber den Gerichtssaal als freie Männer verlassen konnten.

Übersiedler s. *Aussiedler*

Ulbricht, Walter
* Leipzig 30. 6. 1893, † Berlin 1. 8. 1973 – Über zwei Jahrzehnte prägte der gelernte Tischler Ulbricht die Geschicke der DDR, stabilisierte das kommunistische System und führte den ostdeutschen Staat aus der

DDR-Staats- und Parteichef Walter Ulbricht mit dem sowjetischen Staats- und Parteichef Nikita Chruschtschow (r.).

Isolierung. 1912 zunächst der SPD beigetreten, fand Ulbricht schon 1919 zur KPD, für die er 1928 in den *Reichstag* einzog. Seine Karriere verdankte er nicht zuletzt engen Kontakten zu sowjetischen Genossen, die er auf zahlreichen Moskaureisen geknüpft hatte. Im Okt. 1933 ging er über Paris und Prag ins sowjetische Exil, wirkte dort an der Bildung des *Nationalkomitees Freies Deutschland (NKFD)* mit und kehrte mit einem Stab von Gesinnungsgenossen, der sog. Gruppe Ulbricht, bereits eine Woche vor der deutschen Kapitulation nach Deutschland zurück, um den politischen Neuanfang in der *SBZ* zu organisieren.
Obwohl nach Bildung der *Sozialistischen Einheitspartei Deutschlands (SED)* formal hinter deren ersten Vorsitzenden *Pieck* und *Grotewohl* rangierend, war Ulbricht der wahre Machthaber, was sich 1950 in seiner Ernennung zum Generalsekretär (1953 Erster Sekretär) der Partei ausdrückte. Er nutzte den Aufstand vom *Siebzehnten Juni 1953* zur schrittweisen Entmachtung von Rivalen wie *Schirdewan* und zur Ausschaltung von Kritikern wie *Harig*. 1960 übernahm er auch den Vorsitz im *Staatsrat* und im *Nationalen Verteidigungsrat (NVR)* und übte de facto eine persönliche Diktatur aus. Auf ihn ging der Beschluß zur Errichtung der *Berliner Mauer* ebenso zurück wie der Ausbau der *Stasi*. Gegen die Machtfülle Ulbrichts sammelte sich Unmut, der sich am 3. 5. 1971 auf der 16. ZK-Tagung entlud, als ihn die Kritiker um

Honecker zum Rücktritt »aus Altersgründen« zwangen. Er blieb nominell Staatsratsvorsitzender und einflußloser Ehrenvorsitzender der Partei.

Umerziehung s. *Reeducation*

Umweltschutz
Spätestens seit dem Beginn der Industrialisierung wird die Umwelt in vielen Gebieten der Welt, aber auch global und sogar darüber hinaus (Weltraummüll) durch Lärm, anthropogene (von Menschen verursachte) Schadstoffemissionen und Verbrauch von Landschaft (Zersiedelung, Straßenbau), Rohstoffen u. a. Ressourcen belastet. Die dramatisch wachsende Bevölkerung v. a. in der Dritten Welt verschärft das Problem noch um die Dimension des Hungers, der zu zusätzlichem Raubbau führt. Umweltschutz gehört daher zu den vordringlichen Aufgaben der Industriegesellschaften, die allein die hohen Kosten für effektive Programme tragen können. Diese müssen zudem grenzüberschreitend wirken, da nationale Maßnahmen wichtig, aber gegen globale Probleme machtlos sind.
Die Luftverschmutzung machte sich als erste bemerkbar durch Zunahme der Atemwegserkrankungen (z. B. Allergien), Smogbildung in

Sterbende Bäume werden zum Symbol der bedrohlich wachsenden Umweltverschmutzung.

Ballungsräumen, Gebäudeschäden, Veränderungen des Klimas und besonders gravierend im sog. Waldsterben durch den sauren Regen. Zwar spielen auch Brandrodung in Entwicklungsländern und wachsende Viehhaltung eine wesentliche Rolle, doch Hauptproblemfaktoren sind Flugzeug- und Autoabgase sowie Industrieemissionen. Ähnliche Ursachen hat die Wasserverschmutzung, da ein großer Teil der Schadstoffe in Grund-, Fluß- und Meerwasser aus der Luft ausgewaschen wird. Hinzu kommen Versickerungen (u.a. Mineralöle, Müllrückstände), Tankerhavarien, Außenbordentsorgung von Schiffsmüll und direkte Einleitungen von ungeklärten Abwässern aus Industrie und Haushalten. Ein besonderer Faktor ist der Eintrag von Düngemitteln aus der Landwirtschaft, der zur Belastung des Grundwassers und zur Eutrophierung (Überdüngung) von Gewässern führt, die dadurch den zum Überleben von Organismen erforderlichen Sauerstoff einbüßen. Unmittelbar betrifft jeden die Bodenverschmutzung, zu der auch der Bodenverbrauch durch Kultivierung und Bebauung (Versiegelung) gehört. Gesundes Wohnen, Erholung in freier Natur und landwirtschaftliche Nutzung sind gefährdet u.a. durch großflächigen Einsatz von Pflanzenschutz- und Schädlingsbekämpfungsmitteln, durch Verseuchung der Böden und Pflanzen mit Schwermetallen aus Autoabgasen, Kontaminierung durch radioaktiven Fallout, ungeordnete Müll- und v.a. Sondermüllentsorgung.
Experten warnten schon lange, ins Bewußtsein und in die politischen Programme gelangte das Problem aber erst mit dem Kampf gegen die *Kernenergie* und dem Aufkommen der *Grünen* in den 1970er Jahren. Die DDR wartete aus wirtschaftlichen Gründen noch wesentlich länger, unterdrückte oppositionelle Umweltliteratur und trieb bedenkenlos Raubbau. Nicht zuletzt der Umweltgedanke stand daher Pate bei der Bildung von *Bürgerbewegungen*, die, oft aus kirchlichen Zusammenhängen, zum offenen Widerstand fanden und am Sturz der SED-Herrschaft mitwirkten. Das vereinigte Deutschland hatte enorme Altlasten zu übernehmen, der Handlungsbedarf ist groß. Dennoch scheiterte die Verankerung des Umweltschutzes als Staatsziel in der deutschen *Verfassung* bisher an den Anhängern konservativer Wachstumsideologie.

UNO s. *Vereinte Nationen*

Untersuchungsausschüsse
Werden Mißstände im staatlichen Bereich bekannt oder verdichtet sich der Verdacht, die *Exekutive* habe ihre Kompetenzen überschritten oder übe die Staatsgewalt mißbräuchlich aus oder einzelne ihrer Mitglieder hätten sich strafbar gemacht (z.B. durch Bestechung, Veruntreuung, Geheimnisverrat, Steuerdelikte) kann der *Bundestag* oder ein *Landtag* einen Untersuchungsausschuß einsetzen, auf Antrag eines Viertels seiner Mitglieder muß er es (Art. 44,1 GG). Solche Ausschüsse arbei-

ten wie *Gerichte*, tagen öffentlich oder nach Mehrheitsbeschluß unter Ausschluß der Öffentlichkeit, können Sachverständige hören und Zeugen unter Eid aussagen lassen. Behörden und Gerichte sind zur Amtshilfe verpflichtet. Strafen kann ein Untersuchungsausschuß jedoch nicht verhängen, auch dann nicht, wenn er in seinem Urteil strafbare Handlungen feststellt. Für deren Ahndung sind die ordentlichen Gerichte zuständig. Ein Untersuchungsausschuß kann zwar von einer *Minderheit* erzwungen werden, wird aber nach *Fraktions*stärken zusammengesetzt, so daß die Regierungsparteien die *Mehrheit* haben, den Vorsitzenden stellen und das Verfahren lenken können. Als Instrument zur Kontrolle der Regierung ist sein Wert daher begrenzt. Allerdings muß der Bericht über das Ergebnis vor dem *Plenum* des Parlaments auch die Minderheitenmeinung berücksichtigen.

Unverletzlichkeit der Wohnung
Der *Rechtsstaat* kennt eine Reihe von Abwehrrechten gegen staatlichen Zugriff, zu denen auch das *Grundrecht* der Unverletzlichkeit der Wohnung gehört (Art. 13 GG). Es gilt für Wohnungen, private Geschäftsräume und andere »befriedete Besitztümer« (z. B. Gartenhaus, Wohnwagen): Beauftragte der Staatsorgane dürfen gegen den Willen des Inhabers nicht in sie eindringen noch sich dort aufhalten. Dieses Grundrecht ist allerdings durch Gesetz eingeschränkt. Bei richterlicher Anordnung sind Hausdurchsuchungen statthaft, Verhöre transportunfähiger Personen in deren Wohnung sind ebenso erlaubt wie das Eindringen von Polizei bei auf frischer Tat ertappten Rechtsbrechern oder entwichenen Strafgefangenen; auch Konkursverwalter, Steuerfahnder, Gerichtsvollzieher u. a. haben unter bestimmten Umständen Zutrittsrecht. Ansonsten ist das Eindringen in den Privatbereich nur zur Abwendung anders nicht abzuwendender Gefahren gestattet (Lebensgefahr, Überschwemmung, Schlichtung gewaltsamer Konflikte, Seuchengefahr, Noteinweisung, Verteidigungsfall u. a.). Dabei muß immer die Verhältnismäßigkeit der Mittel gewahrt bleiben.

Urabstimmung s. *Streik*

V

VEB s. *Volkseigener Betrieb*

VEG s. *Volkseigenes Gut*

Verbraucherschutz
Schwächere Marktteilnehmer wie die Kunden des Einzelhandels bedürfen des Schutzes vor Übervorteilung, gesundheitlichen Risiken durch angebotene Waren u. a. Dazu gibt es in der Bundesrepublik kein einheitliches Verbraucherschutzgesetz, aber eine Reihe von Einzelgesetzen wie Verbraucherkredit-, Haustürgeschäftewiderrufs-, Produkthaftungs-, Arzneimittel- oder Reisevertragsgesetz sowie Verordnungen und Bestimmungen z. B. lebensmittelrechtlicher Art. Außerdem haben sich Verbraucherverbände als gemeinnützige Vereine gebildet, die in allen *Bundesländern* eine Zentrale und mehrere Beratungsstellen unterhalten. Sie und andere Institutionen des Verbraucherschutzes sind zusammengeschlossen in der 1953 gegründeten Arbeitsgemeinschaft der Verbraucherverbände (AgV) mit Sitz in Bonn, der auch die 1964 von der Bundesregierung ins Leben gerufene Stiftung Warentest angehört.

Verbrechen gegen den Frieden
Einer der vier Hauptanklagepunkte im *Nürnberger Prozeß* war gemäß Kontrollratsgesetz Nr. 10 vom 20. 12. 1945 die »Planung, Vorbereitung, Einleitung oder Durchführung eines Angriffskrieges oder eines Krieges unter Verletzung internationaler Verträge, Abkommen oder Zusicherungen«, kurz als Verbrechen gegen den Frieden zusammengefaßt. Die Verteidiger wandten gegen diesen Anklagepunkt ein, daß er bei Begehung der fraglichen Taten noch kein Straftatbestand war und somit rückwirkend Recht setze, was dem *rechtsstaat*lichen Prinzip »nulla poena sine lege« (keine Strafe ohne gesetzliche Strafbarkeit zur Tatzeit) verstoße. Dennoch hielt das Internationale Militärtribunal daran fest, da der Anklagepunkt dem »Fortschritt des völkerrechtlichen Gewohnheitsrechts« entspreche.

Verbrechen gegen die Menschlichkeit
Einer der vier Hauptanklagepunkte im *Nürnberger Prozeß* nannte als abzuurteilende Straftaten gemäß Kontrollratsgesetz Nr. 10 vom 20. 12. 1945: »Mord, Ausrottung, Versklavung, Deportation oder andere unmenschliche Handlungen, begangen an irgendeiner Zivilbevölkerung vor oder während des Krieges, Verfolgung aus politischen, rassischen oder religiösen Gründen«, zusammengefaßt als Verbrechen gegen die Menschlichkeit. Eine andere, allgemeinere Definition verstand darun-

ter Taten, die der unterschiedslosen und systematischen Zerstörung von Leben und Freiheit dienen (Urteil des Militärgerichtshofs II der USA vom 10. 4. 1948).

Vereinigung der gegenseitigen Bauernhilfe (VdgB)
In der *SBZ* entstand im Mai 1946 aus den Kommissionen für die Bodenreform und »Ausschüssen der gegenseitigen Bauernhilfe« die Vereinigung der gegenseitigen Bauernhilfe (VdgB), die 1950 mit dem Zentralverband der landwirtschaftlichen Genossenschaften Deutschlands zusammengelegt wurde. Sie entwickelte sich zu einer *Massenorganisation* der Genossenschaftsbauern, Gärtner und Winzer, entsandte bis 1963 und wieder seit 1986 Abgeordnete (zuletzt 14) in die *Volkskammer* und kümmerte sich um die Mechanisierung, den Absatz von Agrarprodukten, die Kreditvergabe u. a. Auf regelmäßigen Bauernkongressen wurden die fast 650 000 Mitglieder (1988) auf die *Agrarpolitik* der Staatspartei eingeschworen und zu Produktionssteigerungen angehalten. Die VdgB bemühte sich auch um Kulturarbeit auf dem Lande und spielte in der »Mach-mit!«-Bewegung zur Verbesserung der dörflichen Wohnverhältnisse und Verschönerung der Orte seit 1972 eine zentrale Rolle. Mit Gründung des »Bauernverbands der DDR« im März 1990 löste sich die VdgB auf.

Vereinigung der Verfolgten des Naziregimes (VVN)
Die Opfer des NS-Terrors hatten es aus unterschiedlichen Gründen in beiden Teilen Deutschlands schwer. Prominente Gegner des NS-Staats gründeten schon am 3. 6. 1945 in Berlin einen Hauptausschuß mit dem Namen »Opfer des Faschismus« (OdF), aus dem im März 1947 die »Vereinigung der Verfolgten des Naziregimes« (VVN) hervorging. Es war eine gesamtdeutsche Gründung, doch drifteten die Verbände in den Westzonen und in der *SBZ* im Zuge des *Kalten Kriegs* auseinander. Während der Ostzweig bald von der SED vereinnahmt wurde, hielt die VVN im Westen an ihrer Überparteilichkeit fest, stand aber stets als »radikale Organisation« unter Kommunismusverdacht. Es kam aber trotz eines Antrags der *Bundesregierung* im Jahr 1959 nie zum Verbot der Organisation. In der DDR dagegen mußte sich die VVN 1953 auflösen, da *Ulbricht* die erprobten Widerstandskämpfer um den Vorsitzenden *Dahlem* als Kritiker fürchtete und weil die jüdischen Mitglieder seinen antisemitischen (»antizionistischen«) Kurs störten. An die Stelle der VVN trat in der DDR ein SED-abhängiges *Komitee der Antifaschistischen Widerstandskämpfer in der DDR*.

Vereinigungsfreiheit
Ein die *Koalitionsfreiheit* umfassendes *Grundrecht* ist die in Art. 9 GG verbriefte Vereinigungsfreiheit: »Alle Deutschen haben das Recht, Vereine und Gesellschaften zu bilden.« Das gilt natürlich nur für

solche, die sich nicht gegen die *freiheitlich-demokratische Grundordnung* richten und keine kriminellen Ziele haben; auch dem »Gedanken der Völkerverständigung« dürfen sie nicht zuwiderlaufen. Die auch in der *Verfassung* der DDR (Art. 29) verankerte Vereinigungsfreiheit war hingegen zweckgebunden; sie stand den Bürgern zu, »um durch gemeinsames Handeln in politischen Parteien, gesellschaftlichen Organisationen, Vereinigungen und Kollektiven ihre Interessen in Übereinstimmung mit den Zielen und Aufgaben dieser Verfassung zu verwirklichen«.

Vereinte Nationen (UNO)

Die Kriegsgegner Deutschlands (insgesamt 50 Staaten hatten dem Deutschen Reich 1939–45 den Krieg erklärt) bezeichneten sich selbst als Vereinte Nationen und institutionalisierten dieses Bündnis am 26. 6. 1945 in San Francisco als United Nations Organization (UNO), der nur die Feindstaaten (Deutschland, Japan und ihre Verbündeten) nicht angehören durften. Die mittlerweile (1996) auf 185 Staaten angewachsenen UN sollten den Völkerbund ablösen, der als Instrument des internationalen Krisenmanagements in den entscheidenden Phasen versagt hatte. Allerdings gibt die Charta der UN der Weltorganisation, die ihren Sitz in New York hat, nicht wesentlich mehr Rechte, als sie der Völkerbund besessen hatte. Im entscheidenden Gremium, dem Weltsicherheitsrat, können die fünf ständigen Mitglieder (USA, bis 1991 Sowjetunion, dann Rußland, Großbritannien, Frankreich und China) Entscheidungen durch ihr Veto blockieren, so daß es in Zeiten des *Kalten Krieges* kaum zu UN-Militäreinsätzen kam. Als sich im Zuge der *Entspannungspolitik* das Klima besserte, nahm die jährlich tagende Vollversammlung nach Ordnung der *innerdeutschen Beziehungen* im *Grundlagenvertrag* 1973 sogar beide deutsche Staaten in die UN und ihre zahlreichen Sonderorganisationen (s. Tabelle) auf. Nach der *Wiedervereinigung* wird diskutiert, ob Deutschland seinem politisch-ökonomischen Gewicht entsprechend ebenfalls einen ständigen Sitz im Sicherheitsrat erhalten soll.

Wichtige Sonderorganisationen der Vereinten Nationen

CIJ	Cour Internationale de Justice (Internationaler Gerichtshof)	Den Haag
FAO	Food and Agriculture Organization (Ernährung und Landwirtschaft)	Rom
IAE	Internat. Atomic Energy Agency (Atomenergie-Behörde)	Wien
IBR	Internat. Bank for Reconstruction and Development (Bank für Wiederaufbau und Entwicklung)	Washington

ICA	Internat. Civil Aviation Organization (Zivilluftfahrtorganisation)	Montreal
ILO	Internat. Labour Organization (Arbeitsorganisation)	Genf
IMF	Internat. Monetary Fund (Internat. Währungsfonds)	Washington
IMO	Internat. Maritime Organization (Seeschiffahrts-Organisation)	London
ITU	International Telecommunications Organization (Fernmelde-Union)	Genf
UNESCO	UN Educational, Scientific and Cultural Organization (Erziehung, Wissenschaft, Kultur)	Paris
UNICEF	United Nations International Children's Emergency Fund (Internationaler Kinderhilfsfonds)	New York
UNIDO	UN Industrial Development Organization (Industrielle Entwicklung)	Wien
UPU	Universal Postal Union (Weltpostverein)	Bern
WHO	World Health Organization (Weltgesundheitsorganisation)	Genf
WIPO	World Intellectual Property Organization (Welturheberrechtsorganisation)	Genf
WMO	World Meteorological Organization (Weltwetterorganisation)	Genf
WTO	World Trade Organization (Welthandelsorganisation)	Genf

Verfassung
Gemeinwesen brauchen allgemein akzeptierte Grundregeln der Selbstorganisation und der Gestaltung des staatlichen Zusammenlebens der Bewohner. Der gewöhnlich schriftlich fixierte Regelkatalog über Regierungsform, Aufbau und Verwaltung des *Staates*, Rechte und Pflichten der Staatsorgane, *Grundrechte* der Bürger u.a. heißt Verfassung. Um hervorzuheben, daß der westdeutsche Staat als Provisorium zu gelten habe, nannten die Abgeordneten des *Parlamentarischen Rates*, der die Verfassung ausarbeitete, das entsprechende Regelwerk *Grundgesetz*.
Die DDR hingegen bezeichnete ihre Gründungsurkunde und deren später mehrfach geänderte Versionen als Verfassung. Sie war zunächst wie das Grundgesetz trotz gewisser autoritärer Elemente (u.a. *Blocksystem*) förderalistisch (bundesstaatlich), parlamentarisch und rechts-

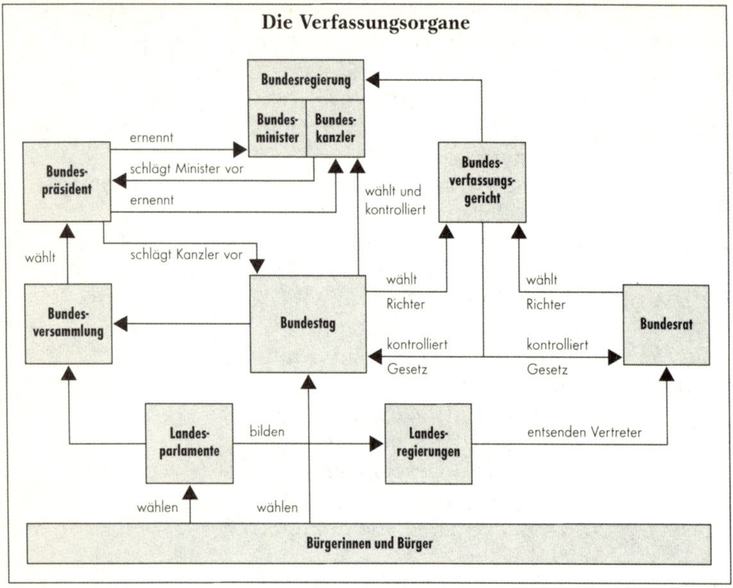

staatlich-demokratisch ausgerichtet. Der Staat aber entwickelte sich rasch zu einer *Volksdemokratie*, so daß Verfassung und politische Praxis immer weiter auseinanderdrifteten. Dem trugen die Änderungen von 1955 (Wehrdienst), 1958 (Abschaffung der Länderkammer), 1960 (Schaffung des *Staatsrats*), v.a. aber die von 1968 (Verankerung des Führungsanspruchs der SED) und 1974 (Streichung des Begriffs »deutsche Nation« und des Vereinigungsgebots) Rechnung, die der DDR eine »sozialistische Verfassung« gaben, gegliedert in die Abschnitte: Die Grundlagen der sozialistischen Gesellschafts- und Staatsordnung (Art. 1–18), Bürger und Gemeinschaften in der sozialistischen Gesellschaft (Art. 19–46), Aufbau und System der staatlichen Leitung (Art. 47–85), sozialistische Gesetzlichkeit und Rechtspflege (Art. 86–104) und Schlußbestimmungen (Art. 105 und 106).

Verfassungsbeschwerde

Jeder Bürger der Bundesrepublik, der sich in seinen *Grundrechten* oder anderen im *Grundgesetz* verbrieften Rechten durch eine der Staatsgewalten verletzt fühlt, hat das Recht, dagegen Verfassungsbeschwerde beim *Bundesverfassungsgericht* einzulegen, allerdings erst dann, wenn der übliche Rechtsweg erschöpft ist. Nur wenn ein Fall von besonderer Bedeutung ist oder dem Beschwerdeführer schwere Nachteile entstünden, kann das höchste Gericht gleich entscheiden. Rund 100 000 Verfassungsbeschwerden sind 1949–95 in Karlsruhe eingegangen, doch nicht einmal 2 % davon wurden zur Entscheidung angenommen, noch weniger natürlich wurden im Sinne der Beschwerde entschieden. Alle anderen wurden bereits in einem Vorprüfungsverfahren von einer dafür zuständigen, mit drei Richtern besetzten Kammer abgewiesen. Auch *Gemeinden* können Verfassungsbeschwerde einlegen, wenn sie ihr Recht auf *Selbstverwaltung* verletzt sehen.

Verfassungsschutz
Gesetzgeber, Justiz, Regierung, Behörden und Bürger sind aufgerufen, sich für den Schutz des *Grundgesetzes* und der von ihm verbrieften verfassungsmäßigen Ordnung einzusetzen. Hauptamtlich dafür zuständig sind das dem Innenministerium unterstellte Bundesamt für Verfassungsschutz in Köln und die Verfassungsschutzämter der Länder. Ihre Aufgaben wurden mit Gesetz über die Zusammenarbeit des Bundes und der Länder in Angelegenheiten des Verfassungsschutzes vom 22. 12. 1990 geregelt. V.a. sollen die Verfassungsschützer der *Bundesregierung* und den *Landesregierungen* Nachrichten über verfassungsfeindliche Bestrebungen, Organisationen oder Aktionen liefern. Dazu mußten sie früher Aktivitäten bis in die Länder des Ostblocks entfalten und müssen sie heute bei zunehmender Internationalisierung im gesamten Ausland operieren (Agententätigkeit), wobei sie eng mit den Geheimdiensten befreundeter Länder zusammenarbeiten. Im Inland observieren, infiltrieren und enttarnen sie verdächtige Gruppen, können gegen sie aber nur vorgehen, indem sie ihre Erkenntnisse den Strafverfolgungsbehörden weitergeben. Auch bei der Überprüfung von Personen, die mit sicherheitsempfindlichen Aufgaben betraut werden sollen, wirkt der Verfassungsschutz mit (z. B. auch bei der Umsetzung des *Extremistenbeschlusses*). Galt früher seine Aufmerksamkeit v. a. linksextremistischen Umtrieben, so nimmt die Beobachtung des *Rechtsradikalismus* neuerdings einen immer größeren Umfang an. Der Innenminister stellt alljährlich die Erkenntnisse seiner Behörde in einem Verfassungsschutzbericht vor.

Verfolgung von NS-Verbrechen s. *Zentrale Stelle der Landesjustizverwaltungen*

Vergangenheitsbewältigung
Angesichts der unvorstellbaren Verbrechen des NS-Staats stellte sich für die Menschen in beiden deutschen Staaten nach 1945 die Frage, wie sie damit und mit ihrem Anteil daran umgehen sollten. Besonders drängend war das Problem, wie man den nachwachsenden Generationen dieses dunkelste Kapitel der deutschen Geschichte nahebringen könnte. Für die Bemühungen darum bürgerte sich in der Bundesrepublik der problematische Begriff »Vergangenheitsbewältigung« ein, während in der DDR jede Verantwortung für diese Vergangenheit abge-

lehnt wurde. Auch im Westen dominierte zunächst eine Schonhaltung gegenüber den Schuldvorwürfen; von vielem und schon gar vom Völkermord in den Vernichtungslagern wollte kaum jemand gewußt haben, die Sorgen um den Wiederaufbau verdrängten die in Reden oft beschworene Bewältigung. Erst mit den großen Verfahren gegen NS-Täter wie dem *Auschwitz-Prozeß* war die Verstrickung vieler und die Mitverantwortung aller nicht mehr zu verdrängen.
Durch die *Studentenbewegung*, durch die breite Darstellung der NS-Zeit in den Medien, durch die Debatten um die Verlängerung der *Verjährung* für Völkermord und durch das allmähliche Wegsterben direkt Beteiligter an Kriegs- und KZ-Greueln entstand ein Klima, in dem offener gefragt und ehrlicher mit dieser Vergangenheit umgegangen wurde. Ein Markstein war die Rede *Weizsäckers* zum 40. Jahrestag der deutschen *bedingungslosen Kapitualtion* am 8. 5. 1985. In ihr rückte er auch den schiefen Begriff »Bewältigung« gerade: »Es geht nicht darum, Vergangenheit zu bewältigen. Das kann man gar nicht. Sie läßt sich ja nicht nachträglich ändern oder ungeschehen machen. Wer aber vor der Vergangenheit die Augen schließt, wird blind für die Gegenwart.«

Verhältniswahlrecht s. *Wahlen.*

Vergesellschaftung s. *Kollektivierung,* s. *Sozialisierung*

Verjährung
Ebenso wie alle zivilrechtlichen Ansprüche nach Fristen zwischen einigen Monaten und 30 Jahren verjähren, dürfen auch Straftaten nicht mehr verfolgt und rechtskräftige Urteile nicht mehr vollstreckt werden, wenn eine bestimmte Zeit vergangen und die Verjährung nicht unterbrochen worden ist: Kapitalverbrechen verjähren nach 30 Jahren, Ordnungswidrigkeiten je nach Höhe der Geldbuße in Monaten oder wenigen Jahren. Auch für Mord galt demnach eine Verjährungsfrist von 20 Jahren, seit 1965 von 30 Jahren,so daß 1975 NS-Gewaltverbrechen hätten außer Verfolgung gestellt werden müssen. Der *Bundestag* beschloß daher 1965 ein Gesetz, nachdem zwischen *bedingungsloser Kapitulation* (8. 5. 1945) und Ablauf des Gründungsjahrs der Bundesrepublik (31. 12. 1949) die Verjährung geruht habe, was eine Verfolgung bis 1979 ermöglichte. 1969 wurde die Bestimmung durch die generelle Abschaffung der Verjährung für Völkermord (in Kraft 1. 10. 1973) erweitert. Da dies zu Definitionsproblemen führte, folgte am 22. 7. 1979 ein Gesetz, nach dem Mord ganz allgemein nicht mehr verjährt, so daß viele NS-Täter noch viel später und z. B. *Mielke* noch 1993 für einen Mord im Jahr 1931 zur Rechenschaft gezogen werden konnten. Auch die Vollstreckungsverjährung für Verurteilungen zu lebenslanger Haft ist seitdem aufgehoben.

Vermittlungsausschuß

Nicht selten gibt es in *Bundestag* und *Bundesrat* unterschiedliche *Mehrheiten*, so daß vom Bundestag verabschiedete Gesetze von der Länderkammer abgelehnt werden können. Sie kann binnen drei Wochen gegen nicht zustimmungspflichtige Gesetze Einspruch einlegen und den Vermittlungsausschuß anrufen. Er ist ein paritätisch mit je 16 Bundestags*abgeordneten* und Bundesratsmitgliedern besetztes Gremium, das Kompromisse bei solchen *Gesetzgebungs*konflikten finden soll (Art. 77,2 GG). Die vom Bundesrat entsandten Mitglieder sind daher im Vermittlungsausschuß nicht mehr an die Weisung der *Landesregierungen* gebunden, der sie angehören. Kommt keine Einigung zustande, kann der Bundestag den Einspruch des Bundesrats mit derselben Mehrheit überstimmen, die zum Einspruch geführt hat. Lehnt der Bundesrat ein *Zustimmungsgesetz* ab, können auch *Bundesregierung* und Bundestag den Vermittlungsausschuß anrufen, die Zustimmung der Länderkammer aber nicht erzwingen. Bleibt sie bei ihrer Ablehnung, ist das Gesetz gescheitert.

Verner, Paul

* Chemnitz 26. 4. 1911, † Berlin 12. 12. 1986 - Als 18jähriger in die KPD eingetreten, mußte der Dreher Verner nach Untergrundtätigkeit 1935 ins Exil gehen, nahm bei den Internationalen Brigaden am Spanischen Bürgerkrieg teil und war 1939–43 in Schweden interniert. Nach Aufenthalt in der Sowjetunion kehrte er mit der Gruppe *Ulbricht* 1945 nach Berlin zurück und war 1946 Mitbegründer der FDJ. 1950 stieg Verner ins *ZK der SED* auf, in dem er u. a. für gesamtdeutsche Fragen zuständig war, und 1963 ins *Politbüro*. Seit 1958 war er *Abgeordneter* der *Volkskammer*, wurde 1971 als Nachfolger *Honeckers* ZK-Sekretär für Sicherheitsfragen und Mitglied des *Staatsrats*, dem er 1981–84 als stellvertretender Vorsitzender angehörte. In den letzten beiden Lebensjahren mußte er aus gesundheitlichen Gründen auf politische Tätigkeit weitgehend verzichten.

Versammlungsfreiheit

Meinungs- und *Vereinigungsfreiheit* wären nicht gewährleistet ohne ein weiteres *Grundrecht*, das Art. 8 GG garantiert: »Alle Deutschen haben das Recht, sich ohne Anmeldung oder Erlaubnis friedlich und ohne Waffen zu versammeln.« Diese Versammlungsfreiheit wird jedoch durch Gesetz beschränkt. So muß eine Versammlung unter freiem Himmel angemeldet werden, und zwar 48 Stunden vorher bei der zuständigen Behörde, die sie bei Gefahr für die öffentliche Sicherheit verbieten oder mit bestimmten Auflagen (Verlegung, polizeiliche Überwachung u. a.) genehmigen kann. Eine Versammlung im Freien, die sich nicht an die Auflagen hält oder in Gewalttätigkeiten ausartet, kann von der Polizei aufgelöst werden. Auch für bestimmte Berufsgruppen (z. B. Soldaten) kann die Versammlungsfreiheit beschränkt werden, die für *Bannmeilen* ohnedies nicht gilt. Wer das Grundrecht der Versammlungsfreiheit zum Kampf gegen die verfassungsmäßige Ordnung mißbraucht, verwirkt es. - Auch die DDR-Bürger genossen das Recht auf friedliche Versammlung »im Rahmen der Grundsätze und Ziele der Verfassung«.

Verstaatlichung s. *Sozialisierung*

Verteidigungsfall
Wird die Bundesrepublik Deutschland mit Waffengewalt angegriffen oder steht ein solcher Angriff unmittelbar bevor, kann der *Bundestag* auf Antrag der *Bundesregierung* mit zwei Dritteln der abgegebenen Stimmen, mindestens aber mit der *Mehrheit* seiner Mitglieder, den Verteidigungsfall feststellen, wozu allerdings auch die Zustimmung des *Bundesrates* erforderlich ist (Art. 115a GG). Letzteres ist besonders wichtig, da die Feststellung massive Auswirkungen auf die Länder hat. Im Rahmen der mit dem Verteidigungsfall ausgeweiteten *Gesetzgebungs*kompetenzen des Bundes werden die *Landesregierungen* und Landesbehörden nämlich den Weisungen der Bundesregierung unterstellt. Außerdem werden Verhaftungen und *Enteignungen* erleichtert, Verwaltung und Finanzwesen dürfen abweichend von grundgesetzlichen Vorgaben geregelt werden, der *Bundeskanzler* übernimmt vom Verteidigungsminister das Kommando über die Streitkräfte, die Auflösung des Bundestages ist in dieser Zeit nicht möglich. Kann er nicht zusammentreten, übernimmt der *Gemeinsame Ausschuß* die parlamentarische Rolle, der *Bundesgrenzschutz* kann im Inneren eingesetzt werden.

Verteidigungspolitik s. *Abrüstung*, s. *Abschreckung*, s. *Atomwaffen*, s. *Bundeswehr*, s. *Grenztruppen der DDR*, s. *NATO*, s. *Nationale Volksarmee (NVA)*, s. *Sicherheitspolitik*, s. *Warschauer Pakt*

Verteidigungsrat s. *Nationaler Verteidigungsrat*

Vertrauensfrage
Nach den Erfahrungen mit den instabilen parlamentarischen Zuständen in der Weimarer Republik erschwerten die Verfasser des *Grundgesetzes* die *Auflösung des Parlaments*. Sie ist nach Art. 68 GG nur möglich, wenn der Antrag des *Bundeskanzlers*, ihm das Vertrauen auszusprechen, im *Bundestag* keine Mehrheit findet. Der *Bundespräsident* kann dann auf Antrag des Kanzlers das Parlament auflösen und Neuwahlen ausschreiben. Die Vertrauensfrage dient der Regierung als Druckmittel zur Disziplinierung der *Koalitions*fraktionen, da die *Abgeordneten* bei Ablehnung mit der Auflösung des Bundestages und

damit auch mit dem Verlust ihres *Mandats* rechnen müssen. Deswegen wird die Vertrauensfrage zuweilen auch mit der Regierung wichtigen Gesetzesvorhaben verknüpft oder zur Demonstration der Geschlossenheit genutzt. So setzte sie z.B. Bundeskanzler *Schmidt* im Feb. 1982 ein, als die sozialliberale *Koalition* Verschleißerscheinungen zeigte, die Vertrauensfrage aber positiv entschied. Dennoch zerbrach die Koalition wenige Monate später.
Als Möglichkeit, Neuwahlen herbeizuführen, wurde die Vertrauensfrage zweimal genutzt: Nach dem Scheitern des *konstruktiven Mißtrauensvotums* gegen Bundeskanzler *Brandt* im April 1972 verfügte die SPD/FDP-Koalition nicht mehr über die parlamentarische *Mehrheit.* Brandt stellte daher im Herbst die Vertrauensfrage und scheiterte wie geplant, so daß Neuwahlen möglich wurden, die der Regierung wieder eine deutliche Mehrheit verschafften. 1983 wollte die durch konstruktives Mißtrauensvotum an die Macht gekommene Regierung *Kohl* sich nachträglich die Legitimation durch den Wähler verschaffen, obwohl sie über eine Mehrheit verfügte. Der Kanzler stellte die Vertrauensfrage, die CDU/CSU enthielt sich der Stimme, die SPD stimmte mit nein, der Bundespräsident löste das Parlament auf, und Neuwahlen bestätigten die neue Regierung. Dieses Verfahren löste verfassungsrechtliche Bedenken aus, weil es sozusagen durch die Hintertür die ausdrücklich nicht vorgesehene Selbstauflösung des Parlaments einführte. Das *Bundesverfassungsgericht* schloß sich in diesem Einzelfall den Bedenken nicht mehrheitlich an.

Vertreibung

Die von den Alliierten schon auf der Konferenz von Teheran Ende 1943 beschlossene Westverschiebung der polnischen Grenzen zugunsten der UdSSR und zu Lasten Deutschlands war nur durch Aussiedlung der in den *deutschen Ostgebieten* lebenden Bevölkerung zu erreichen. Ein großer Teil der Menschen dort war schon bei Herannahen der Roten Armee Anfang 1945 geflohen, die anderen wurden vertrieben. Zwar bestimmte das *Potsdamer Abkommen,* daß dies in »geordneter und humaner Weise« zu geschehen habe, doch waren zu diesem Zeitpunkt schon die meisten Ostdeutschen zum Verlassen der Heimat gezwungen worden, und das unter Umständen, die den barbarischen Methoden der deutschen Besatzer in den Ländern Europas kaum nachstanden. Von den insgesamt 19,7 Mio. Deutschen östlich der *Oder-Neiße-Linie* und in Ost- und Südosteuropa kamen bis 1950 fast 12 Mio. nach Westdeutschland und 4,4 Mio. in die DDR (von wo sie meist als *Flüchtlinge* nach Westen weiterzogen). Sie hatten fast alle ihre gesamte Habe verloren; 2 Mio. verloren auch ihr Leben während der Vertreibung, in der sich aufgestauter Haß entlud, aber auch planmäßig mit tödlicher Brutalität zur Abschreckung von Rückkehrwilligen vorgegangen wurde. In der Bundesrepublik erhielten die Vertriebenen durch Gesetz vom 19. 5. 1953 einen besonderen Rechtsstatus und Hilfen nach dem am 14. 8. 1952 erlassenen *Lastenausgleichs*-Gesetz; sie hatten schon 1950 in einer »Charta der Heimatvertriebenen« ausdrücklich auf Vergeltung verzichtet; ihre Verbände jedoch halten zumeist bis heute an der Forderung nach - friedlicher - Wiedergewinnung der Grenzen von 1937 fest.

Vertriebenendenkschrift der EKD s. *Ostdenkschrift*

Vier-Mächte-Abkommen s. *Berlinabkommen*

Vizekanzler

Nach Art. 69,1 GG ernennt der *Bundeskanzler* einen Minister seiner Regierung zu seinem Stellvertreter. Wie weit diese Stellvertretung bei Abwesenheit oder sonstiger Verhinderung des Kanzlers geht, ist vom *Grundgesetz* nicht näher festgelegt; sie hängt von Persönlichkeit und Machtstellung des Ernannten ab. Letztere ist meist wenig ausgeprägt, da in der Bundesrepublik fast immer *Koalitions*regierungen amtieren, in denen der fast immer sehr viel kleinere Partner (Ausnahme 1966–69 *Große Koalition*) den Vizekanzler genannten Stellvertreter stellt. Die *Richtlinienkompetenz* wird daher in der Praxis von ihm nicht wahrgenommen werden können, zumal der Kanzler stets, also auch für die Maßnahmen seines Vertreters, die Verantwortung trägt und er allein durch *konstruktives Mißtrauensvotum* gestürzt werden kann.

Vogel, Hans-Jochen

* Göttingen 3. 2. 1926 - 1943 wurde der Schüler Vogel zur Wehrmacht eingezogen, studierte nach Kriegsende Jura, trat 1950 in die SPD ein, wurde 1958 Stadtrat in München und 1960 Oberbürgermeister der Stadt. In seine bis 1972 währende Amtszeit fiel die Vergabe der *Olympischen Spiele* an die bayerische Hauptstadt, die Vogel nach Querelen mit dem linken Flügel seiner Partei verließ. Er trat im gleichen Jahr als Städtebauminister in die Regierung *Brandt* ein und wechselte unter *Schmidt* ins Justizressort. 1981 kurze Zeit Regierender Bürgermeister von *Berlin*, unterlag Vogel als Spitzenkandidat der SPD 1983 in der Bundestagswahl gegen *Kohl*, übernahm von *Wehner* die Fraktionsführung im Bundestag und 1987 von Brandt den Parteivorsitz. Beide Ämter gab er 1991 ab, blieb jedoch *Abgeordneter.*

völkerrechtliche Verträge s. *Staatsvertrag*

Volksabstimmung

Mit plebiszitären (auf direkter Meinungsäußerung des Volkes beruhenden) Elementen der Demokratie hat die Weimarer Republik schlechte Erfahrungen gemacht (z. B. Direktwahl des Reichspräsidenten). Die Verfasser des *Grundgesetzes* sind deswegen sehr zurückhaltend damit umgegangen. Die *Verfassung* sieht allein für den Fall der Neugliederung des Bundesgebiets einen Volksentscheid vor, der durch ein Volksbegehren einer Mindestzahl von Bürgern herbeigeführt werden kann. Daher scheiterte z. B. der Plan der SPD 1957/ 58, im Wege der Volksabstimmung die geplante Ausrüstung der Bundeswehr mit *Atomwaffen* zu verhindern. Anders ist dies auf Länderebene: Die Verfassungen einiger *Bundesländer* sehen Volksabstimmungen vor (z. B. kann in Baden-Württemberg die Auflösung des Landtags durch ein solches Plebiszit durchgesetzt werden); sie können durch ein Volksbegehren einer bestimmten Zahl von Wahlberechtigten erzwungen werden.

In der DDR waren nach Art. 53 der Verfassung Volksabstimmungen vorgesehen, die von der *Volkskammer* beschlossen wurden, von Bürgern aber nicht verlangt werden konnten. Da Gegenvorschläge nicht zugelassen waren, das Wahlgeheimnis nicht garantiert war und neben der amtlichen Propaganda keine Gegenstimme laut werden durfte, waren solche Urnengänge meist bloße *Akklamationen*; z. B. wurde die Verfassung von 1968 am 6. 4. 1969 in einer Volksabstimmung mit 94,49 % angenommen.

Volksbegehren s. *Volksabstimmung*

Volksdemokratie

Das aus dem Griechischen stammende Wort »Demokratie« bedeutet Volksherrschaft. Die nach dem 2. Weltkrieg im Zuge der *Bolschewisierung* kommunistisch gewordenen Länder bezeichneten sich selbst als »Volksdemokratien«, ein Begriff, in dem der Bestandteil »volks-« gleich zweimal enthalten ist. Man wollte damit betonen, daß die bürgerlichen Demokratien die Herrschaft des Volkes nicht verwirklicht hätten, während die *Diktatur des Proletariats* damit Ernst gemacht habe. Die auch als »Volksrepubliken« bezeichneten Länder seien unter Führung der Partei der Arbeiterklasse im Aufbau des *Sozialismus* begriffen. Formal existierten zwar weiterhin meist mehrere *Parteien*, doch sorgte das *Blocksystem* dafür, daß jede *Opposition* ausgeschaltet war. Die Volksdemokratie war daher in der Praxis die Diktatur einer Partei und nicht selten die persönliche Diktatur eines Parteichefs.

Volkseigener Betrieb (VEB)

Beschlagnahmen durch die *SMAD*, entschädigungslose *Enteignungen* von »Naziaktivisten und Kriegsverbrechern«, ebenfalls unentschädigte Verstaatlichung von Schlüsselindustrien, Bodenschätzen, Transportunternehmen, Versicherungswesen und *Banken* kennzeichneten die ökonomische Vor- und Frühgeschichte der DDR. Waren bei deren Gründung schon rund die Hälfte aller Produktionsmittel in Volks- bzw.

genossenschaftliches Eigentum überführt, so setzte sich diese Entwicklung mit dem Beschluß der VII. Parteikonferenz der SED (9.–12. 7. 1952) zum »planmäßigen Aufbau des *Sozialismus*« beschleunigt fort, bis fast der gesamte Produktionsbereich vom Staat kontrolliert wurde. Die einzelnen Unternehmen gingen entweder in *Kombinaten* auf, wurden von *Genossenschaften* geführt oder erhielten den Status im Rahmen der *Planwirtschaft* eigenverantwortlich wirtschaftender, abgabepflichtiger Volkseigener Betriebe, die das Kürzel VEB im Namen zu führen hatten. Sie wurden zunächst unter dem Dach der Vereinigungen Volkseigener Betriebe (VVB) der verschiedenen Branchen zusammengefaßt, später oft direkt kommunalen oder Bezirksbehörden oder den entsprechenden Industrieministerien unterstellt. Ihre Veräußerung an Privatpersonen war verboten. Die überwiegende Zahl der zuletzt ca. 8000 VEB arbeitete nach Weltmarktmaßstäben unwirtschaftlich, so daß der *Treuhandanstalt* nach dem Zusammenbruch der DDR ihre *Privatisierung* oder Sanierung nur unter Anhäufung eines riesigen Schuldenberges gelang. Unzählige Arbeitsplätze gingen dabei verloren.

Volkseigenes Gut (VEG)
Die von der *SMAD* 1945/46 verfügte Bodenreform in der *SBZ* brachte große Flächen in Staatsbesitz, auf denen Länder, Kreise und Gemeinden Mustergüter organisieren sollten. So entstanden dadurch von »werktätigen« (fest angestellten) Bauern betriebene staatliche Landwirtschaftsunternehmen, die als Volkseigene Güter (VEG) bezeichnet wurden. Stieg ihre Zahl von zunächst 500 auf zeitweise fast 700, so sank sie bis zum Ende der DDR, allerdings bei wachsender bearbeiteter Fläche (zuletzt 446 000 ha), auf 465. Das lag daran, daß die *Agrarpolitik* ab 1952 genossenschaftlich orientiert war und vornehmlich auf das Modell der *Landwirtschaftlichen Produktionsgenossenschaften (LPG)* setzte. Allerdings waren die VEG als Staatsbetriebe leichter zu lenken, ihre Belegschaften wiesen einen hohen parteipolitischen und gewerkschaftlichen Organisationsgrad auf und bildeten damit sozusagen die agrarpolitische Vorhut der SED. 1990 ging ihr Vermögen in die Verwaltung der *Treuhandanstalt* über, viele Alteigentümer der VEG-Flächen machten Ansprüche geltend.

Volkseigentum
Schon die *SMAD* stellte 1945–49 die Weichen zur Verstaatlichung der Produktionsmittel. Die DDR weitete diese Verstaatlichung planmäßig aus, sprach aber vom Volkseigentum an den Produktionsmitteln, weil der Staat als »politische Organisation der Werktätigen« und die SED als »Partei der Arbeiterklasse« für das Volk stehe. Es sei über diese Organisation an allen Entscheidungen und am Erwirtschafteten beteiligt. Vollständig in Volkseigentum in diesem Sinn überführt wurden Bodenschätze, Bergwerke, Gewässer, Naturreichtümer, Kraftwerke, *Ban-*

ken, Versicherungen, Transportmittel, Verkehrswege, Luftfahrt, Schifffahrt, Post- und Fernmeldewesen sowie letztlich alle Industriebetriebe. Vokseigentum durfte nicht veräußert, belastet, verpfändet oder in andere Eigentumsformen umgewandelt werden.

Volksentscheid s. *Volksabstimmung*

Volksfront s. *Aktionseinheit*

Volkskammer
Vergeblich hatten die SED und die mit ihr im *Blocksystem* verbundenen Kräfte die Gründung der Bundesrepublik Deutschland zu verhindern versucht. Der von nicht gewählten Delegierten des *Deutschen Volkskongresses* gebildete *Deutsche Volksrat* in der *SBZ* arbeitete daher die Verfassung für einen ostdeutschen Staat aus und erklärte sich am 7. 10. 1949 zur provisorischen Volkskammer der damit gegründeten DDR. Eine Woche später folgten die *Wahlen* zur ersten Volkskammer nach einer *Einheitsliste.* Die zu vergebenden 466 Mandate waren vorher nach einem festgelegten Schlüssel auf die Blockparteien und *Massenorganisationen* verteilt worden. Er galt für die alle vier Jahre stattfindenden und von der *Nationalen Front* organisierten Volkskammerwahlen bis 1963, als die Abgeordnetenzahl auf 500 angehoben wurde und fortan folgende Verteilung herrschte: SED 127, die anderen Blockparteien je 52, FDGB 61, FDJ 37, DFD 32, KB 21, VdgB 14. Da fast alle *Abgeordneten* der Massenorganisationen zugleich Mitglieder der SED waren, hatte diese stets eine *absolute Mehrheit.* Sie brauchte sie allerdings nicht, da die anderen Parteien den Führungsanspruch der SED bereits 1952 anerkannt hatten; 1968 fand er sogar Aufnahme in die *Verfassung.* Obwohl in dieser als das »oberste staatliche Machtorgan« und das »einzige verfassungs- und gesetzgebende Organ« bezeichnet, war die Volkskammer de facto ein reines Akklamationsinstrument für die von *Politbüro* und ZK-Abteilungen ausgearbeiteten Gesetzesvorlagen, die in den Ausschüssen des Parlaments allenfalls noch genauer auf SED-Linie getrimmt wurden, ehe sie zur *Abstimmung* kamen. Gegenstimmen gab es nie. Neben der »gesetzgeberischen« Tätigkeit wählte die Volkskammer *Staatsrat* und *Ministerrat*, den Vorsitzenden des *Nationalen Verteidigungsrats* sowie die obersten Richter und den Generalstaatsanwalt.
Nach dem Sturz *Honeckers* gab es im Okt. 1989 bei der Wahl seines Nachfolgers *Krenz* erstmals Gegenstimmen (26) und Enthaltungen (26). Im Dez. 1989 erhielt die Volkskammer mit dem *Runden Tisch* Konkurrenz und verlor mangels Legitimation durch die Wähler rapide an Einfluß. Daher wurde am 18. 3. 1990 erstmals in freien Wahlen eine neue Volkskammer gewählt, in der die *Allianz für Deutschland* die Mehrheit hatte und die CDU die Regierung bildete. Sie trat umgehend

mit der *Bundesregierung* in Verhandlungen über einen Beitritt der DDR zur Bundesrepublik ein, der nach Durchsetzung der Währungs- und Sozialunion am 1. 7. 1990 und Verabschiedung des *Einigungsvertrags* am 3. 10. 1990 vollzogen wurde.

Volkskongreß s. *Deutscher Volkskongreß*

Volkspolizei
Unmittelbar nach Kriegsende genehmigte die *SMAD* in der *SBZ* den Aufbau deutscher Sicherheitskräfte, in denen aber nur ausgewiesene »Antifaschisten« tätig sein sollten, während Angehörige der NS-Polizei zu entlassen waren. Die Gründung der Deutschen Volkspolizei (DVP) wurde per Dekret auf den 1. 7. 1945 festgelegt, obwohl, v. a. auf Ortsebene, schon vorher Polizeiformationen bestanden. Sie arbeiteten auch nach Gründung der DDR noch lange ohne neuen gesetzlichen Auftrag auf der Basis preußischer Gesetze aus der Weimarer Zeit; erst am 11. 6. 1968 wurde ein »Gesetz über die Aufgaben und Befugnisse der DVP« erlassen. Das hatte seinen Grund im zunächst unscharfen Auftrag: Wie in allen Ländern war der Volkspolizei die öffentliche Sicherheit und Ordnung anvertraut. Daneben aber existierten in den ersten Jahren auch paramilitärische Verbände wie die späteren *Grenztruppen der DDR* oder die *Kasernierte Volkspolizei*, die erst mit Gesetz über den Aufbau der *Nationalen Volksarmee (NVA)* 1956 in den Streitkräften aufging und v. a. deren Ausbilder und Offiziere stellte. Alle waffentragenden Einheiten in der DDR waren bis dahin unter dem Dach der DVP versammelt.
Sie unterstanden anfangs den Landesbehörden, wurden aber bald dem Innenministerium unterstellt, die eigentliche Polizei wurde dabei in zahlreiche Hauptabteilungen (HA) gegliedert, darunter auch eine für den Strafvollzug. Seit 1962 verfügte die DVP über eine eigene Hochschule, die bis 1989 rd. 3500 Offiziere ausbildete. Die Volkspolizei mit ihren zuletzt rd. 80 000 hauptamtlichen Polizisten und 177 500 »freiwilligen Helfern« war allgegenwärtig und bei planmäßig hergestellter Rechtsunsicherheit und weitem Ermessensspielraum entsprechend gefürchtet. Dazu trugen die Überwachung der *Hausbücher* durch Abschnittsbevollmächtigte (ABV) und der Terror in den Strafanstalten ebenso bei wie die vielfältigen Verbindungen zur *Stasi*, die eigene Leute in Schlüsselpositionen der DVP plazierte. Über die Personenkennzahl (PKZ) konnten beide Organisationen über jeden Bürger alle in diversen Datenbanken gespeicherten Informationen erhalten. Gegen Ende war der *Polizeistaat* DDR so weit perfektioniert, daß er sich sozusagen selbst mißtraute und auch daran scheiterte. Mit Beitritt der DDR zur Bundesrepublik am 3. 10. 1990 ging die Polizeihoheit an die neuen *Bundesländer* über, etwa 40 % der DVP-Mitarbeiter mußten aus dem Dienst ausscheiden.

Volkszählung
Der Staat braucht für die wirtschafts- und sozialpolitische Planung möglichst genaue Angaben über die Zahl der Einwohner, Gebäude, Wohnungen und Arbeitsstätten sowie über die berufliche Struktur der Bevölkerung. Deswegen werden in größeren Abständen Volkszählungen durchgeführt und in kleineren ein sog. Mikrozensus erhoben, bei dem nur 1 % der Bürger (ca. 250 000 Haushalte) befragt werden. In beiden Fällen herrscht Auskunftspflicht. Mit wachsender Leistungsfähigkeit der Datenverarbeitung machten sich Bedenken über möglichen Mißbrauch der dabei gewonnenen Informationen breit (Schlagworte: »Überwachungsstaat«, »gläserner Bürger«). Gegen die für den 27. 4. 1983 geplante fünfte Volkszählung (nach 1946, 1950, 1961 und 1970) gingen daher zahlreiche *Verfassungsbeschwerden* beim *Bundesverfassungsgericht* ein, das die Zählung 14 Tage vor dem Termin durch einstweilige Verfügung untersagte und ihre gesetzliche Grundlage wenig später als in Teilen verfassungswidrig einstufte. Erst nach Beseitigung der laufenden Kennziffer auf den Erfassungsbögen und weiteren Änderungen zur Sicherung des *Datenschutzes* konnte die Volkszählung am 25. 5. 1987 vorgenommen werden, wobei der Wert der gewonnenen Daten durch eine breite Boykottbewegung und vorsätzliche Falschaussagen gemindert wurde. Obwohl nach der *Wiedervereinigung* erheblicher neuer Datenbedarf entstand, wurde auf eine weitere Volkszählung bisher verzichtet.

Vollbeschäftigung
Ein Eckpunkt des magischen Vierecks der *Wirtschaftspolitik* ist ein möglichst hoher Beschäftigungsgrad. Er erreichte lange Zeit in der Bundesrepublik derartige Höhen, daß man von Vollbeschäftigung (unter 3 % *Arbeitslosigkeit*), wo nicht von Überbeschäftigung sprechen konnte. Seit Mitte der 1970er Jahre kam es jedoch zu einer anhaltenden Beschäftigungskrise, die strukturelle Gründe hat: Geburtenstarke Jahrgänge überfüllen den Arbeitsmarkt, Rationalisierung spart Personal, die Weltmarktkonkurrenz wächst u. a. Ein deutsches Sonderproblem ist dabei durch den Zusammenbruch der DDR entstanden. Die veralteten Produktionsmethoden, die geringe Produktqualität und eine große Zahl von Scheinarbeitsplätzen (Doppelbesetzungen, bürokratischer Wasserkopf u. a.) in Ostdeutschland ließen Vollbeschäftigung in weite Ferne rücken.

vollziehende Gewalt s. *Exekutive*

W

Wahlanfechtung

Hegt ein Wähler, eine Gruppe von Wählern, eine Partei oder eine amtliche Stelle den begründeten Verdacht, daß bei der Abhaltung einer *Wahl* gesetzliche Vorschriften verletzt worden sind, kann er oder sie die Wahl anfechten. Gründe können sein: Teilnahme von nicht Wahlberechtigten, Nichtbeachtung von Wahlgrundsätzen (allgemein, unmittelbar, frei, gleich und geheim), Wahlbehinderung, undemokratische Kandidatenauswahl durch eine Partei u. a. Aus letzterem Grund mußte die Hamburger Bürgerschaftswahl von 1991 im Jahr 1993 wiederholt werden; die CDU hatte gegen die Gesetze der innerparteilichen Demokratie verstoßen. Wahlanfechtungen setzen eine *Wahlprüfung* in Gang.

Wahlen

Alle Staatsgewalt geht gemäß Art. 20,2 GG vom Volk aus. Dieser Grundsatz der repräsentativen Demokratie wird durch Wahlen zu den Parlamenten der *Gemeinden*, *Bundesländer* und des Bundes verwirklicht. Für alle gelten die in Art. 38 GG festgelegten Wahlgrundsätze, nach denen die Wahlen allgemein, unmittelbar, frei, gleich und geheim sein müssen: 1) jeder mündige Staatsbürger, der im Besitz des aktiven Wahlrechts ist, muß unabhängig von Geschlecht, Rasse, Einkommen oder Besitz, Stand, Religionszugehörigkeit oder Bildung Gelegenheit zur Teilnahme an der Wahl bekommen; 2) zwischen Wählern und Gewählten dürfen keine Wahlmänner- oder andere Gremien eingeschaltet sein; 3) die Urteilsbildung vor der Wahl steht unter dem Schutz des *Grundrechts* auf *Meinungsfreiheit*, und die Stimmabgabe muß frei von Zwang oder sonstiger Beeinflussung von außen (z. B. Werbung von Parteien im Wahllokal) sein; 4) jede Stimme hat gleiches Gewicht, sie darf nicht nach Bildung, Besitz, Alter, Geschlecht o.ä. des Wählers differenziert werden; 5) die Stimmabgabe muß verdeckt erfolgen, so daß dem Wähler aus seinem Wahlverhalten kein Nachteil entstehen kann, für die *Briefwahl* muß daher eine eidesstattliche Versicherung abgegeben werden, daß die Ausfüllung des Stimmzettel geheim vorgenommen wurde.

Die Volksvertreter werden persönlich und über Listen gewählt und gewöhnlich von einer *Partei* aufgestellt. Die Kandidaten müssen über das passive Wahlrecht verfügen, also seit mindestens einem Jahr Deutsche, über 18 Jahre alt und im Besitz der *Ehrenrechte* sein. Bei den Wahlen zum *Bundestag* hat jeder Wahlberechtigte zwei Stimmen: Mit der ersten wählt er unter den Wahlkreiskandidaten aus, die zweite gibt er einer Landesliste der vom ihm favorisierten Partei. Erhält eine Partei in einem Land mehr Direktmandate, als ihr nach dem Anteil an den

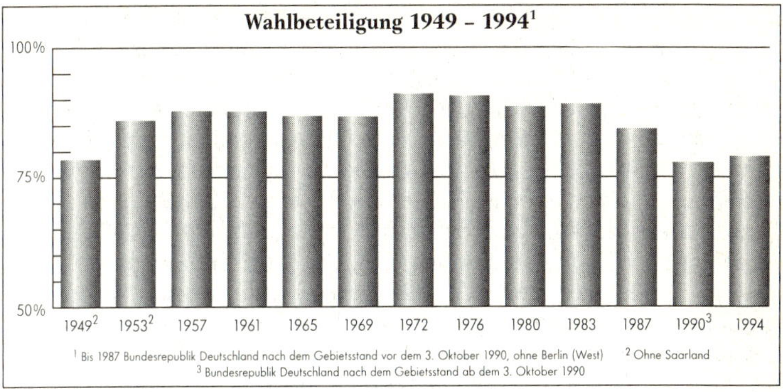

Zweitstimmen zusteht, ergeben sich *Überhangmandate.* Trotz der Mehrheitswahl der Direktkandidaten entscheidet also fast ausschließlich das für die Listenwahl geltende Verhältniswahlrecht über die Zusammensetzung des Parlaments. Zur Verhinderung einer Parteienzersplitterung im Bundestag gilt eine *Fünfprozentklausel.* Die gewählten *Abgeordneten* amtieren eine *Legislaturperiode* lang und wählen ihrerseits neben der *Bundesregierung* das Präsidium des *Bundestages*, den *Ältestenrat*, die Mitglieder der *Ausschüsse* u.a. Organisiert werden die Bundestagswahlen von den Gemeinden, der Bund erstattet den Ländern die Kosten: 1953 waren das 4,6 Mio. DM, 1969 schon 12,2 Mio. und 1987 über 59 Mio. DM; die erste gesamtdeutsche Wahl 1990 kostete 90,4 Mio. DM.
Auch in der DDR gab es Wahlen zu den Volksvertretungen, sie fanden aber nach *Einheitslisten* statt und erlaubten allenfalls Ablehnung oder Zustimmung. Da das Wahlgeheimnis nicht gewahrt war und *Dissidenten* mit erheblichen Nachteilen rechnen mußten, kam es fast immer zu über 90 %igen Zustimmungsergebnissen.

Wahlgrundsätze s. *Wahlen*

Wahlkampf

Parteien bemühen sich kontinuierlich um die Gunst der Wähler, doch steigern sie dieses Bemühen im unmittelbaren Vorfeld (ca. 3 Monate) von *Wahlen* so sehr, und die Auseinandersetzungen mit den politischen Gegnern nehmen solche Formen an, daß man von Wahlkampf bzw. seiner »heißen« Phase spricht. Denn bei den relativ kurzen *Legislaturperioden* herrscht eigentlich immer Wahlkampf, in einem Bundesstaat wie Deutschland zudem, weil regelmäßig Kommunalwahlen, Landtagswahlen oder – Höhepunkt aller Wahlkämpfe – Wahlen zum *Bundestag* anstehen. Die Werbung der Parteien zielt dabei weniger auf Information als auf Emotion: Die *Demoskopie* liefert Erwartungsprofile, denen sich die Wahlkämpfer anpassen und danach ihre Wahlplattformen formulieren. Man bemüht sich, Sympathieträger als Redner auftreten zu lassen, plakatiert die Prominenz, präsentiert gegebenenfalls eine attraktive prospektive Regierungsmannschaft mit Kanzlerkandidaten, betont die Schwächen der Gegner, streicht eigene Leistungen heraus und sucht nach möglichst griffigen Parolen, die Neuwähler oder noch unentschiedene Wähler auf die eigene Seite ziehen sollen. Dieser Aufwand - Engagieren von Werbeagenturen, Plazierung von Anzeigen, TV-Spots, Straßenwerbung, Postwurfsendungen u. a. - verschlingt große Summen, die nur *Parteien* aufbringen können, und meist nicht nur aus eigener Kraft: Jede Partei erhält pro Jahr für bis zu 5 Mio. Wählerstimmen 1,30 DM pro abgegebener Stimme, für jede weitere 1,- DM. 1994 wurden insgesamt 230 Mio. DM an die Parteien gezahlt.

Wahlnachfrage s. *Demoskopie*

Wahlprüfung
Über *Wahlanfechtungen* bei Bundestagswahlen befindet nach Art. 41,1 GG das gewählte Parlament selbst, in dem es ein Wahlprüfverfahren einleitet: Dabei gewichtet ein Wahlprüfungsausschuß die vorgebrachten Einwände gegen die Gültigkeit der Wahl. Der Ausschuß erarbeitet einen Bericht, der dem *Plenum* des *Bundestags* zur Beschlußfassung vorgelegt wird. Gegen den dann gefällten Parlamentsbeschluß, der von Abweisung der Anfechtung über die Ungültigkeitserklärung der Wahl einzelner *Abgeordneter* bis zur Annullierung der Wahl selbst reichen kann, ist gemäß Art. 41,2 GG binnen zwei Wochen Beschwerde beim *Bundesverfassungsgericht* zulässig.

Wahlrecht s. *Wahlen*

Wahlwerbung s. *Wahlkampf*

Währungsreform
Sollte sich die deutsche Wirtschaft nach dem Ende des 2. Weltkriegs 1945 erholen, mußte das Verhältnis von Warenangebot und Geldmenge wieder normalisiert werden. Das 3. Reich hatte den Krieg nämlich mittels Notenpresse und zurückgestauter Inflation finanziert. Die Reichsmark (RM) verlor nach dem Ende des Staates rapide an Wert, die Waren verschwanden vom Markt und tauchten vielfach überteuert auf dem *Schwarzmarkt* wieder auf. Da eine gesamtdeutsche Lösung des Problems nicht gelang, stellten sich die westlichen *Siegermächte* auf eine Währungsreform in ihren Zonen ein und begannen im Okt. 1947 in den USA mit dem Druck neuen Geldes, das in Geheimtransporten nach Frankfurt/M. gebracht wurde. Eine deutsche Exper-

tenkommission mit *Erhard* in führender Rolle erarbeitete seit 20. 4. 1948 in Rothwesten bei Kassel die Details für die Geldausgabe. Der Termin dafür blieb bis zuletzt geheim; erst zwei Tage vor dem Stichtag des 20. 6. 1948 wurde er veröffentlicht.
An diesem Sonntag erhielten die Bewohner der Westzonen ein Kopfgeld von 40 *Deutschen Mark* (DM), wie die neue Währung hieß, im August folgten noch einmal DM 20,- für jeden. Die Gehälter und Renten liefen im Verhältnis 1:1 weiter, Guthaben wurden im Verhältnis 100 RM : 6,50 DM umgestellt. Während damit die Sparer schwere Einbußen hinnehmen mußten, wurden Eigentümer von Immobilien, Produktionsmitteln oder Wertgegenständen bevorzugt, was v.a. die *Flüchtlinge* noch einmal empfindlich traf. Spätere Korrekturen - u.a. Altsparergesetz von 1953 - linderten das nur unvollkommen. Alle aber profitierten vom schlagartigen Aufschwung der Wirtschaft, der in das legendäre *Wirtschaftswunder* mündete.
Die Währungsreform teilte Deutschland endgültig, denn zum einen zogen die Sowjets in ihrer Zone mit einer eigenen Geldumstellung nach, zum anderen entwickelte sich die *Planwirtschaft* im Osten nur schleppend. Das Wohlstandsgefälle von West nach Ost bedrohte die politische Stabilität der *SBZ* und der späteren DDR und verschärfte die Konfrontation der Blöcke. Sie war in *Berlin* am deutlichsten spürbar, weil dort die Kommandanten der Westsektoren die westliche Währungsreform übernahmen und die östliche Umstellung zurückwiesen. Sie ähnelte zwar den westlichen Maßnahmen, doch begünstigte sie die kleinen Anleger, behielt Altschulden 1:1 bei und wandelte größere Guthaben v.a. der Privatwirtschaft in eine Ablösungsanleihe um. Dadurch wurde den Unternehmern im Sinne der geplanten *Sozialisierung* der Handlungsspielraum genommen und die Produktion gehemmt.

Währungsunion

War die *Währungsreform* der entscheidende Schritt zur Teilung Deutschlands, wurde die *Wiedervereinigung* durch eine Währungsunion eingeleitet. Am 18. 5. 1990 unterzeichneten die Finanzminister der Bundesrepublik und der DDR einen *Staatsvertrag* über die am 1. 7. 1990 in Kraft tretende Wirtschafts-, Währungs- und Sozialunion der beiden deutschen Staaten. Danach wurden auch in Ostdeutschland die Löhne, Gehälter, Renten, Mieten und Stipendien künftig 1:1 in *Deutscher Mark* ausgezahlt, für Kinder bis 14 Jahren konnten 2000, für Personen zwischen 15 und 59 Jahren durften 4000 und für noch ältere 6000 DDR-Mark 1:1 in DM gewechselt werden. Höhere Beträge wurden 2:1 umgestellt. Die schlagartige Einbeziehung der DDR in das Wirtschaftssystem der Bundesrepublik führte zu erheblichen Anpassungsproblemen wie dem Zusammenbruch ganzer *Kombinate*, explodierende *Arbeitslosigkeit*, Ausverkauf von DDR-Betrieben und Immobilien, *Ab-*

wicklung von Institutionen, schwere Belastung des Bundeshaushalts durch Sozialleistungen u. a. Die Währungsumstellung nutzten Spekulanten zu illegalen Geschäften, das Schlagwort von der »Vereinigungskriminalität« entstand.

Warschauer Pakt

Als Gegenstück zur *NATO* schlossen am 14. 5. 1955 Polen, Ungarn, die Tschechoslowakei, die DDR, Rumänien, Bulgarien, Albanien und die Sowjetunion einen Vertrag »für Freundschaft, Zusammenarbeit und gegenseitigen Beistand«, nach dem Ort der Unterzeichnung Warschauer Pakt genannt. Er wurde auf 20 Jahre geschlossen (Verlängerung bei Nichtkündigung um jeweils 10 Jahre) und kodifizierte im Grunde nur, was im sowjetisch beherrschten Ostblock politische Realität war: Moskau bestimmte die *Außen-* und *Sicherheitspolitik* der im Zuge der *Bolschewisierung* entstandenen oder umgeformten Staaten Ost- und Südosteuropas. Wie weit das ging, zeigte sich schon anderthalb Jahre nach Vertragsschluß, als die Rote Armee den ungarischen Volksaufstand niederschlug und erneut 1968, als Truppen des Warschauer Pakts das Experiment des »Prager Frühlings« niederwalzten, obwohl Art. 8 des Vertrages ausdrücklich die Einmischung in die inneren Angelegenheiten eines Mitgliedstaats untersagte. Was solche Angelegenheiten waren, bestimmte allein die Sowjetunion, die auch stets den Oberbefehl über die Streitkräfte des Paktes innehatte. Das Gemeinsame Oberkommando war daher nie mehr als eine Filiale des sowjetischen Verteidigungsministeriums, und dem zweiten Organ, dem beratenden politischen Ausschuß, fehlte angesichts der Machtverhältnisse jeglicher Einfluß. Gegen die Moskauer Dominanz begehrten die Mitgliedsländer zwar zuweilen auf, doch einzig Albanien kehrte dem Pakt 1968 den Rücken. Mit der Reformpolitik des sowjetischen Staats- und Parteichefs Gorbatschow setzte seit 1985 eine Erosion des Paktes ein, die sich durch Erfolge in der *Abrüstung* und Verminderung des Ost-West-Konflikts beschleunigte: Ungarn öffnete 1989 den *Eisernen Vorhang*, die DDR wurde 1990 in die *Wiedervereinigung* entlassen, und im Juli 1991 folgte die formelle Auflösung des Bündnisses. Die über 550 000 in den anderen Mitgliedsstaaten stationierten sowjetischen Soldaten wurden abgezogen.

Warschauer Vertrag s. *Deutsch-Polnischer Vertrag*

Wehner, Herbert

* Dresden 11. 7. 1906, † Bonn 19. 1. 1990 – Er wurde zu einer prägenden Gestalt der Nachkriegs-SPD, begann aber seine politische Laufbahn als Kommunist: Der Handwerkerssohn Wehner schloß sich Mitte der 1920er Jahre anarchistischen Gruppen an, trat 1927 in die KPD ein und

Herbert Wehner, langjähriger stellvertretender SPD-Vorsitzender und »Zuchtmeister« der Fraktion seiner Partei im Bundestag.

stieg 1931 in deren ZK auf. 1933–35 arbeitete Wehner für seine verbotene Partei im Untergrund in Deutschland, ging dann über Frankreich und Holland 1937 ins Moskauer Exil. 1941 zur Kontrolle in Schweden arbeitender Genossen entsandt, wurde er im Jahr darauf verhaftet. Die Exil-KPD verdächtigte ihn der Kollaboration mit der Polizei und schloß ihn aus; dies erfuhr Wehner jedoch erst nach dem Krieg, als er seinerseits längst mit dem Kommunismus gebrochen hatte. Er trat nach seiner Rückkehr 1946 in Hamburg der SPD bei und gehörte bald zum engsten Führungskreis um *Schumacher.* 1949 zog er in den *Bundestag* ein, übernahm den Vorsitz des *Ausschusses* für gesamtdeutsche Fragen und war *Minister* für dasselbe Ressort in der *Großen Koalition* (1966–69). An ihrem Zustandekommen hatte Wehner maßgeblich mitgewirkt, nachdem er 1960 der Partei, deren Stellvertretender Vorsitzender er seit 1958 war, die Zustimmung zu *Adenauers* Wehr- und Westpolitik abgerungen hatte. Langfristig aber arbeitete Wehner auf deren Flankierung durch eine neue *Ostpolitik* hin, wie sie *Brandt* und *Schmidt* dann seit 1969 in der sozialliberalen *Koalition* verwirklichten. Sie unterstützte Wehner von Anfang an als *Fraktions*chef (»Zuchtmeister«) der SPD im Bundestag. Nach ihrem Ende zog er sich 1983 schwer krank aus der Politik zurück, die er so lange auch als gefürchteter Debattenredner (78 *Ordnungsrufe* in 33 Jahren) aus der zweiten Reihe mitbestimmt hatte.

Wehrbeauftragter
Bei der *Wiederbewaffnung* wurden in der Bundesrepublik Befürchtungen laut, die neuen Streitkräfte könnten ein Eigenleben wie einst die Reichswehr (»Staat im Staat«) entwickeln, undemokratischem Gedankengut eine Plattform bieten oder gar den Primat der Politik gefährden. Am 19. 3. 1956 wurde daher mit Art. 45b GG das Amt des Wehrbeauftragten des *Bundestags* geschaffen. Das Gesetz über den Wehrbeauftragten vom 26. 6. 1957 regelt dessen Kompetenzen und Aufgaben: Seit 1959 wacht ein vom Parlament mit *absoluter Mehrheit* auf fünf Jahre gewählter Wehrbeauftragter über die Einhaltung der Grundsätze der *Inneren Führung* und über die Respektierung der *Grundrechte* der Soldaten. Jeder Soldat kann sich ohne Einhaltung des Dienstwegs mit Beschwerden an ihn wenden; Nachteile dürfen dem Beschwerdeführer dadurch nicht entstehen. Der Wehrbeauftragte hat unangemeldet Zugang zu allen Dienststellen, Stäben und Truppen der *Bundeswehr*, darf Akten einsehen und kann Auskünfte verlangen. In einem jährlichen Gesamtbericht informiert er den Bundestag über seine Eindrücke und eingegangene Klagen. Er hat jedoch kein Weisungsrecht; Mißstände können nur vom Gesetzgeber oder vom Minister der Verteidigung abgestellt werden. Der Wehrbeauftragte darf keinen anderen Beruf ausüben, er wird besoldet wie ein *Bundesminister.*

Wehrdienstverweigerung s. *Kriegsdienstverweigerung*

Wehrerziehung
Bei der Entwicklung des Konzepts der *Inneren Führung* in der *Bundeswehr* wurde Wert darauf gelegt, daß sich die Streitkräfte nicht wie früher als »Schule der Nation« verstehen. Ideal ist der »Bürger in Uniform«. In der DDR arbeitete die SED hingegen darauf hin, alle wehrfähigen Bürger zu »Soldaten in Zivil« auszubilden. Die Wehrerziehung begann schon im Kindergarten mit Besuchen in Kasernen und Auftritten von Soldaten vor Kindergruppen. Das setzte sich fort mit Geländeübungen in den unteren Schulklassen, in den Ferienlagern der Jungen Pioniere der *Freien Deutschen Jugend (FDJ)* und in Patenschaften von Einheiten

der *Nationalen Volksarmee (NVA)* für Jugendgruppen. In den Lehrplänen der Mittelstufe sollte Wehrerziehung integrierter Bestandteil aller Fächer sein, wobei v. a. im Sportunterricht militärische Ordnungsformen einzuüben waren. Das mündete in der Oberstufe in direkte vormilitärische Ausbildung der Jungen und Vorbereitung der Mädchen auf Aufgaben der *Zivilverteidigung.* Mit dem Schuljahr 1978/79 wurde das Fach »Wehrkunde« an den Oberschulen obligatorisch. Die NVA und die *Gesellschaft für Sport und Technik (GST)* unterstützten diese Bemühungen intensiv. Wehrerziehung war auch fester Bestandteil der beruflichen Bildung. Schulabgänger, die sie ablehnten, erhielten keinen Lehrvertrag. An den Universitäten, in den Betrieben, im FDGB u. a. gab es zahlreiche Programme zur Wehrerziehung, die militärische Fertigkeiten vermitteln, aber auch ein klares Feindbild verankern sollten. Die damit verbundene ständige Indoktrinierung erzeugte jedoch oft Abwehr und speiste die auch in der DDR zuletzt nicht mehr zu unterdrückende *Friedensbewegung.*

Wehrpflicht

Im Zuge der *Wiederbewaffnung* wurde in der Bundesrepublik die allgemeine Wehrpflicht für Männer durch Einfügung des Art. 12a ins GG am 9. 3. 1956 eingeführt und im Wehrpflichtgesetz vom 21. 7. 1956 geregelt. Danach unterliegen Männer vom vollendeten 18. Lebensjahr an bis zum 45. Lebensjahr der Wehrpflicht und Wehrüberwachung, wenn sie nicht aufgrund gesundheitlicher, beruflicher (Geistliche u. a.) oder räumlicher Gründe (bis 1991 Bewohner Westberlins) davon befreit sind oder waren oder wegen einer Verurteilung vom Wehrdienst ausgeschlossen sind. Unter bestimmten Voraussetzungen (Studium, Krankheit u. a.) können Wehrpflichtige vorübergehend zurückgestellt werden. Alle anderen leisten Wehrdienst in der *Bundeswehr* oder ersatzweise *Zivildienst*, wenn sie von ihrem Recht auf *Kriegsdienstverweigerung* aus Gewissensgründen Gebrauch machen und ihre Gründe anerkannt worden sind. Frauen unterliegen nicht der Wehrpflicht, können aber im *Verteidigungsfall* zwischen dem 18. und 55. Lebensjahr zu Dienstleistungen im zivilen Heeresdienst herangezogen werden; mit der Waffe dürfen sie auch nicht freiwillig Dienst leisten (Art. 12a,4 GG). Nach der Verkleinerung der Bundeswehr gemäß *Zwei-plus-Vier-Vertrag* sank der Bedarf an gedienten Wehrpflichtigen, so daß die Dienstzeit auf 10 Monate (Zivildienst 13 Monate) reduziert werden konnte und eine Diskussion über die Umwandlung der Bundeswehr in eine Berufsarmee einsetzte.

In der DDR galt Wehrpflicht als »Recht und Ehrenpflicht« seit Verabschiedung eines entsprechenden Gesetzes am 24. 1. 1962. Ein Recht auf Kriegsdienstverweigerung bestand nicht, nur ein waffenloser Dienst als Bausoldat, ebenfalls im Rahmen der *Nationalen Volksarmee (NVA)*, wurde angeboten. Die Dienstzeit betrug zuletzt 18 Monate. Frauen

Richard von Weizsäcker, am 23. 5. 1984 als Nachfolger von Karl Carstens *zum 6. Bundespräsidenten gewählt, erwirbt sich durch seine Integrität und Dialogbereitschaft über die Parteigrenzen hinaus die Anerkennung aller gesellschaftlichen Gruppen.*

konnten auf freiwilliger Basis Wehrdienst in Bereichen wie medizinische Versorgung, Kommunikation, Verwaltung, Meteorologie u. a. leisten.

Weißbuch s. *Farbbücher*

Weizsäcker, Richard von

* Stuttgart 15. 4. 1920 - Der Sohn des 1938–43 im Auswärtigen Amt als Staatssekretär tätigen Ernst von Weizsäcker studierte Jura und verteidigte seinen Vater beim *Nürnberger Prozeß*, konnte aber dessen Verurteilung zu 7 Jahren Haft (1950 vorzeitig entlassen) nicht verhindern. 1954 trat Weizsäcker in die CDU ein, für die er 1969–81 als *Abgeordneter* im *Bundestag* saß, 1972–79 als stellvertretender Fraktionsvorsitzender und 1979–81 als Vizepräsident des Bundestags. Im Anschluß daran beendete er durch einen Wahlsieg die lange SPD-Herrschaft in *Berlin* und wurde Regierender Bürgermeister. Der über die Parteigrenzen populäre Politiker und Kirchentagspräsident (1964–70 und 1979–81) gab das Amt 1984 ab und wurde als Nachfolger von *Carstens* zum *Bundespräsidenten* gewählt. Im In- und Ausland hoch geachtet, konnte der 1989 wiedergewählte Weizsäcker dem repräsentativen Amt große moralische Autorität verleihen und in einer schwierigen, von gesellschaftlichen Verwerfungen und dramatischen Entwicklungen geprägten Zeit Wege weisen, integrieren und Vorbildfunktion gewinnen. Seine Rede zum 40. Jahrestag der deutschen *bedingungslosen Kapitulation* am 8. 5. 1985 vor dem Bundestag setzte Zeichen für einen verantwortungsbewußten Umgang mit der nationalsozialistischen Vergangenheit, seine Mahnungen nach dem Zusammenbruch der DDR bereiteten die Bevölkerung auf die Probleme der Einheit vor: »Sich zu vereinen, heißt teilen lernen.« 1994 löste ihn *Herzog* als *Staatsoberhaupt* ab.

Wende

Für den Zusammenbruch der DDR haben sich Bezeichnungen wie »deutsche Revolution«, »Mauerfall« u. a. eingebürgert, die *Wiedervereinigung* wird meist nur »Vereinigung« genannt. Ganz zutreffend ist keiner dieser Begriffe, weil keine wirkliche Revolution stattfand und von Einheit im vollen Sinne noch lange nicht gesprochen werden kann. Angesichts dieser Unklarheiten greifen viele gern zum unscharfen Begriff der »Wende« für das noch nicht endgültig zu benennende Geschehen 1989/90. Allerdings gibt es auch dagegen Einwände, weil mit diesem Wort in propagandistischer Absicht lange der Umbruch 1982 in der Bundesrepublik bezeichnet wurde, als die sozialliberale Koalition von einer liberalkonservativen abgelöst wurde.

Mit der Öffnung der Berliner Mauer *am 9. 11. 1989 – hier einen Tag später am* Checkpoint Charlie *– beginnt die Wende, die zum Ende der DDR führt.*

Westdeutscher Rundfunk s. *Hörfunk und Fernsehen*

Westeuropäische Union (WEU)

Trotz des totalen Zusammenbruchs 1945 wich die Sorge vor neuen deutschen Aggressionen in den Nachbarländern nicht gleich. 1948 schlossen sich daher Frankreich, Großbritannien und die Benelux-Staaten im Brüsseler Pakt zusammen, der auch Westunion genannt wurde. Angesichts der überzeugenden Westpolitik *Adenauers* und des Scheiterns der *Europäischen Verteidigungsgemeinschaft (EVG)* wurde der Pakt am 23. 10. 1954 zur Westeuropäischen Union (WEU) umgestaltet, in deren Rahmen ein deutscher Verteidigungsbeitrag möglich wurde. Die Bundesrepublik und Italien wurden 1955 aufgenommen, 1989 schlossen sich Spanien und Portugal an, 1992 trat Griechenland bei. Die WEU ist Teil der *NATO* als ihr »europäischer Pfeiler« und soll, auch mit eigenen Militärverbänden wie *Eurokorps*, die Integration und Sicherheit in Europa fördern. Ihre Leitungsorgane sind der Rat der WEU, gebildet aus den Außen- und Verteidigungsministern der Mitgliedstaaten, und das Generalsekretariat in Brüssel; in Paris arbeitet ein WEU-Institut für Sicherheitsstudien.

Westpreußen

Im deutschen Kaiserreich war Westpreußen, das Land beiderseits der unteren Weichsel, preußische Provinz. Durch den Versailler Vertrag

(1919/20) kam der größte Teil von Westpreußen - Pommerellen (ohne die Freie Stadt Danzig) und das Kulmer Land - an Polen, die restlichen Teile wurden Ostpreußen und der Grenzmark Posen-Westpreußen angegliedert. Nach dem deutschen Überfall auf Polen wurde 1939 der Reichsgau Danzig-Westpreußen geschaffen. 1945 kam ganz Westpreußen an Polen, die deutsche Bevölkerung wurde bis auf geringe Reste vertrieben. Endgültig wurden die Grenzen im Deutsch-Polnischen Grenzvertrag 1990 festgelegt.

Wettbewerb
In einer *Marktwirtschaft* ist Wettbewerb das zentrale Lenkungs- und Ordnungselement. Der Wettbewerb wird als Mittel zur Auslese angesehen, er soll zur Leistungssteigerung sowie zu optimalen Lösungen wirtschaftlicher, gesellschaftlicher und wissenschaftlicher Aufgaben führen. Durch gesetzliche Bestimmungen versucht der Staat, den Wettbewerb zu sichern.
In der Bundesrepublik wurde diese Aufgabe im wesentlichen dem Bundeskartellamt in Berlin übertragen. Es soll vor allem die Einhaltung des grundsätzlich geltenden Verbots von *Kartellen* überwachen, eine vorbeugende Fusionskontrolle bei drohender Markteinschränkung durchführen und die mißbräuchliche Ausnutzung von Marktmacht verhindern. Ein weiterer Schwerpunkt der Wettbewerbspolitik ist der gesetzliche Schutz vor unlauteren Wettbewerbsmethoden. - In der DDR wurde der *sozialistische Wettbewerb* nach sowjetischem Vorbild auf allen Ebenen, von den Spitzenleistungen einzelner über Wettbewerbsverpflichtungen von Unternehmen bis hin zum Wettbewerb der Staaten des *Comecon* untereinander gepflegt.

WEU s. *Westeuropäische Union*

Widerstandsrecht
Das Recht zur Auflehnung gegen eine rechtswidrig handelnde Staatsgewalt wird abgeleitet aus übergesetzlichen Normen, die um höherer oder besserer Werte willen zur Erhebung berechtigen oder eine solche zur Pflicht machen.
In der Bundesrepublik ist das Recht auf Widerstand seit der *Notstands*gesetzgebung (1968) ins *Grundgesetz* aufgenommen (Art. 20,4): Gegen jeden, der es unternimmt, die verfassungsmäßige Ordnung zu beseitigen, selbst staatliche Organe, haben alle Deutschen das Recht zum Widerstand, wenn andere Abhilfe nicht möglich ist. Das Widerstandsrecht ist allerdings nur als Notrecht zur Wiederherstellung der Rechtsordnung zu verstehen; das bekämpfte Unrecht muß offenkundig sein

Wiederbewaffnung

Zu den Kernpunkten des *Potsdamer Abkommens* von 1945 gehörte die völlige Abrüstung und *Entmilitarisierung* Deutschlands. Der bald entstehende Ost-West-Konflikt, vor allem der Koreakrieg seit 1950, führte in den USA und den anderen westlichen Staaten jedoch zu einer Abkehr von diesen Prinzipien, da man befürchtete, daß die Sowjetunion im geteilten Deutschland eine ähnliche Strategie wie im geteilten Korea (gewaltsame Einverleibung) verfolgen könnte. Als erster forderte der britische Premierminister Winston Churchill im *Europarat* im Aug. 1950 die Aufstellung einer »Europa-Armee« unter Beteiligung deutscher Kontingente. Im Okt. 1950 legte Frankreich den sog. Pleven-Plan zur Gründung der *Europäischen Verteidigungsgemeinschaft (EVG)* vor. Der endgültige Vertrag über die EVG wurde vom Deutschen *Bundestag* nach leidenschaftlicher Debatte im März 1953 angenommen. Er scheiterte jedoch am ablehnenden Votum der französischen Nationalversammlung 1954.

Danach betrieben Großbritannien und die Vereinigten Staaten verstärkt die Eingliederung der Bundesrepublik in die *NATO* und in eine neue Form des westlichen Zusammenschlusses, die *Westeuropäische Union (WEU)*. In den *Pariser Verträgen* vom Okt. 1954 wurde diese Eingliederung vollzogen. Trotz heftiger Reaktionen der noch unter Kriegsschock stehenden Öffentlichkeit entschied sich der Deutsche Bundestag am 27. 2. 1955 mit 315 zu 157 Stimmen für den Beitritt zur WEU und zur NATO. Im selben Jahr begann der Aufbau der *Bundeswehr*, nachdem im *Amt Blank* bereits seit Ende 1950 Vorarbeit dafür geleistet worden war; im folgenden Jahr wurde die allgemeine *Wehrpflicht* eingeführt.

In der DDR vollzog sich die Wiederbewaffnung durch den Aufbau der *Kasernierten Volkspolizei* seit 1952, nachdem die ersten See- und Luftstreitkräfte insgeheim schon 1950 aufgestellt worden waren. Aus diesen und der Kasernierten Volkspolizei wurde 1956 die *Nationale Volksarmee (NVA)* gebildet; die allgemeine Wehrpflicht wurde erst 1962 eingeführt.

Wiedergutmachung

Der Völkermord an den Juden Europas ist nie zu sühnen und schon gar nicht wiedergutzumachen, insofern war das, was zwischen der Bundesrepublik Deutschland und Israel 1952 vertraglich geregelt wurde, allenfalls finanzieller Ersatz für materielle Schäden. Es wurden im Rahmen einer globalen Wiedergutmachung Zahlungen von 3 Mrd. DM an Israel und von 0,45 Mrd. DM an die sog. Claims Conference von 23 Organisationen außerhalb Israels lebender Juden vereinbart. Die Zahlungen waren in Israel umstritten, da man dahinter eine deutsche Freikaufstrategie vermutete. Auch andere Länder erhielten Entschädigungszahlungen, die sich bis 1980 auf über 63 Mrd. DM beliefen. Zählt man die Wiedergutmachungsleistungen nach dem am 29. 6. 1956 erlassenen Bundesentschädigungsgesetz (BEG) für Einzelpersonen hinzu, erreichte der Finanzaufwand über 85 Mrd. DM. Die Privatunternehmen haben eine Wiedergutmachung für die Ausbeutung von Zwangsarbeitern in den meisten Fällen verweigert oder lediglich symbolische Zahlungen geleistet.

Wiedervereinigung

Der Ost-West-Gegensatz führte nach 1945 zur Teilung Deutschlands und 1949 zur Bildung zweier deutscher Staaten. Während die DDR die Teilung bald als endgültig verstand, blieb in der Bundesrepublik das Volk durch die Präambel des *Grundgesetzes* aufgefordert, »in freier Selbstbestimmung die Einheit und Freiheit Deutschlands zu vollenden«. Dieses sog. Wiedervereinigungsgebot mußte damit handlungsleitend für jede *Bundesregierung* sein. *Adenauer* suchte den Weg dazu durch Integration der Bundesrepublik ins westliche Bündnissystem und durch wirtschaftliche Stärkung; mit der *Hallstein-Doktrin* versuchte er zugleich einer Aufwertung oder gar Anerkennung der DDR entgegenzuwirken. Deren Konsolidierung aber schritt voran, so daß sich die *Große Koalition* (1966) der von den USA eingeleiteten Politik der *Entspannung* anschloß und die Regierungen *Brandt* und *Schmidt* seit 1969 mit einer neuen *Ostpolitik* einen »Wandel durch Annäherung« und »menschliche Erleichterungen« anstrebten.
Trotz des 1972 geschlossenen *Grundlagenvertrags* mit der DDR schien eine Wiedervereinigung auf absehbare Zeit ausgeschlossen zu sein, und es kam sogar zu Diskussionen über die Streichung der entsprechenden Passage im *Grundgesetz.* Sie wurden 1989 gegenstandslos durch die Entwicklung in der DDR, wo unter dem Druck der sowjetischen Reformpolitik und der eigenen Bevölkerung (Fluchtbewegung, Massenproteste) das SED-Regime stürzte. Nach Zustimmung der *Siegermächte* in den *Zwei-Plus-Vier-Gesprächen* trat am 3. 10. 1990 die DDR nach Art. 23 GG der Bundesrepublik bei, am 2. 12. 1990 folgten die ersten gesamtdeutschen Wahlen, das Wiedervereinigungsgebot war eingelöst. Man sprach und spricht inzwischen allerdings lieber schlicht von Vereinigung, um den Unterschied zum früheren Gesamtdeutschland (einschließlich der *deutschen Ostgebiete*) deutlich zu machen.

Wirtschaftspolitik

Unter Wirtschaftspolitik wird die Gesamtheit der staatlichen Maßnahmen zur Gestaltung und Sicherung der Wirtschaftsordnung sowie zur Einflußnahme auf die Struktur und den Ablauf des Wirtschaftsprozesses *(Konjunktur)* verstanden. In der DDR geschah das mit den Mitteln der *Planwirtschaft*, in der Bundesrepublik und im wiedervereinigten Deutschland ist das Zielsystem der Wirtschaftspolitik durch

Ausrichtung an den Prinzipien der sozialen *Marktwirtschaft*, durch das *Grundgesetz* mit seinem *Sozialstaats*gebot und durch das Stabilitätsgesetz von 1967 gegeben. Letzteres nennt Stabilität des Preisniveaus, hohen Beschäftigungsstand, außenwirtschaftliches Gleichgewicht und gleichmäßiges Wirtschaftswachstum als anzustrebende Ziele. Da es erfahrungsgemäß kaum möglich ist, alle vier Ziele gleichzeitig zu erreichen, wird das System auch magisches Viereck genannt. Wird in den Zielkatalog noch die gerechte Einkommensverteilung aufgenommen, spricht man vom noch weniger erreichbaren magischen Fünfeck. Da der Staat nur durch Maßnahmen der *Finanzpolitik* (*Steuern*, Abgaben, Umschichtung von Ausgaben u. a.), Pflege der *Infrastruktur* und Gesetze zum Schutz des *Wettbewerbs* regulierend in der Wirtschaftskreislauf eingreifen kann, sind seine Mittel zur Bewältigung von Krisen begrenzt, wie z.B. die hohe *Arbeitslosigkeit* der letzten Jahrzehnte beweist. Die wirtschaftspolitische Balance zu halten ist durch die Bildung der *Europäischen Wirtschaftsgemeinschaft (EWG)* und der *Europäischen Union (EU)* noch schwieriger geworden, da Sonderinteressen der Mitgliedsländer Störfaktoren sein können. Die Vorteile der Bündelung der Kräfte überwiegen allerdings bei weitem: Stärkung der Position am Weltmarkt, Intensivierung des Handels, Entwicklung strukturschwacher Regionen u. a.

Wirtschaftswunder

»Ich trag Schuhe ohne Sohlen,/ und der Rucksack ist mein Schrank./ Meine Möbel hab'n die Polen/ und mein Geld die Dresdner Bank...« Erich Kästners »Marschlied neunzehnhundertfünfundvierzig« beschrieb die Lage im zerstörten, hungernden, scheinbar für immer verelendeten Deutschland. Zehn Jahre später wohnten die meisten Flüchtlinge und Ausgebombten schon wieder recht komfortabel, manche besser als je zuvor, vor immer mehr Türen standen Autos, und die Dresdner Bank hütete neue Spareinlagen in harter *Deutscher Mark*. Die *Währungsreform*, maßgeblich gelenkt vom späteren Bundeskanzler *Erhard*, hatte Kräfte freigesetzt, mit denen selbst Optimisten nicht gerechnet hatten. Hinzu kamen die Auslandsgelder des *Marshallplans* und die *Marktwirtschaft*, die diesen Kräften den richtigen Schub gaben. Dabei verschrieb man sich keineswegs einem schrankenlosen Wirtschaftsliberalismus, sondern verlangte ausdrücklich seine soziale Bändigung, und das war mehr als Kosmetik: 1951 wurde die *Mitbestimmung* in der Montanindustrie verfügt, im gleichen Jahr kam eine Regelung des Kündigungsschutzes, das *Lastenausgleichs*gesetz verteilte 1952 die Not vieler auf alle, das *Betriebsverfassungs*gesetz, ebenfalls 1952 verabschiedet, sicherte die Rechte der *Arbeitnehmer*, die Dynamisierung der Renten beteiligte seit 1957 auch die aus dem Arbeitsleben Ausgeschiedenen am Produktivitätsfortschritt. Erst diese Maßnahmen zur Festigung des sozialen Friedens machten aus dem Wiederaufbau-Boom das, was in aller Welt mit dem deutschen Wort »Wirtschaftswunder« bestaunt wurde.

Wissenschaftsfreiheit s. *Lehrfreiheit*

Wissenschaftsrat
1957 wurde aufgrund eines Verwaltungsabkommens zwischen Bund und Ländern ein Deutscher Wissenschaftsrat als zentrales Beratungsgremium für die Förderung von Wissenschaft und Hochschulen mit Sitz in Köln gegründet. Seine Hauptaufgaben sind die Erarbeitung von Lösungsvorschlägen und Empfehlungen zur inhaltlichen und strukturellen Förderung und Entwicklung von Hochschulen, Wissenschaft und Forschung und zum Bau von Hochschulen.

Wohlstandsgesellschaft
Eine Gesellschaft, in der durch Industrialisierung und wirtschaftliche Prosperität Hunger und Armut als Massenphänomene weitgehend überwunden sind und das durchschnittliche Pro-Kopf-Einkommen der Bevölkerung beträchtlich über dem Existenzminimum liegt, wird als Wohlstandsgesellschaft bezeichnet. Während dieser Begriff in den 1960er und 1970er Jahren auf die Verhältnisse in der Bundesrepublik angewendet werden konnte, ist seit Anfang der 1980er Jahre eine Entwicklung zu beobachten, die unter den Stichworten *Neue Armut* und Zweidrittelgesellschaft zusammengefaßt wird. Steigende *Arbeitslosigkeit* und immer mehr Menschen, die auf *Sozialhilfe* angewiesen sind, sinkende Sozialleistungen, die Ausgrenzung einer Minderheit der Gesellschaft lassen erkennen, daß das Gesamtbild der bundesrepublikanischen Gesellschaft mit dem Wort »Wohlstandsgesellschaft« nicht mehr zu beschreiben ist.

Wohnraumbewirtschaftung
Die Wohnraumbewirtschaftung, d. h. die Kontrolle der Wohnungszuteilung und -belegung durch kommunale Wohnungsämter gehörte in der Bundesrepublik zur Phase des Wiederaufbaus in den ersten beiden Jahrzehnten nach dem Krieg. Sie wird nach Aufgabe der *Wohnungszwangswirtschaft* seit 1960 nur noch im Bereich der Sozialwohnungen weitergeführt, die mit öffentlichen Mitteln errichtet wurden. – In der DDR dagegen entschieden bis zuletzt die Abteilungen für Wohnungspolitik bei den örtlichen Räten über die Vergabe von »volkseigenem« wie von privatem Wohnraum. Die »Wohnraumlenkung« war wichtiges Instrument der Gesellschaftspolitik; z. B. wurden NS-Verfolgte, kinderreiche Familien, Personen mit »besonderen Verdiensten um den Aufbau des Sozialismus« oder auch gesuchte Fachkräfte bei der Vergabe von Wohnungen bevorzugt. Planung und Lenkung vermochten dem Bedarf nicht immer gerecht zu werden; daher versuchte

die Bevölkerung oft auf eigene Faust, die passende Wohnung zu finden. In den großen Städten blühte der privat organisierte Wohnungstausch.

Wohnungsbau
Bei der Erstellung von Wohnraum wird unterschieden zwischen öffentlich gefördertem (sozialer Wohnungsbau), steuerlich begünstigtem und frei finanziertem Wohnungsbau. In den ersten Jahrzehnten nach dem Krieg stellte die Versorgung mit Wohnraum im damaligen Bundesgebiet vor allem ein quantitatives Problem dar: Zerstörungen durch den Krieg und der Zustrom von Flüchtlingen und Opfern von *Vertreibung* belasteten den Wohnungsmarkt. Bei der Wohnungszählung von 1950 wurde ermittelt, daß in den 10,1 Mio. erhalten gebliebenen Wohnungen durchschnittlich 4,7 Einwohner lebten. Mit einer Neubautätigkeit von rd. 500 000 Wohnungen jährlich wurde bis 1968 ein Wohnungsbestand von 19,3 Mio. erreicht. Damit kamen durchschnittlich 3,0 Einwohner auf eine Wohnung. Die Zunahme verlangsamte sich in den 1970/80er Jahren. Bei der Volkszählung 1987 wurden 25,3 Mio. bewohnte Eigentums- und Mietwohnungen festgestellt (2,4 Einwohner pro Wohnung). In den 1990er Jahren wurde ein erheblicher Wohnungsmangel deutlich; die Gründe hierfür sind zum einen in der unvorhergesehenen Zunahme der Bevölkerung (Zuzug von Ausländern, Um- und *Aussiedlern*), zum anderen in gesellschaftlichen Veränderungen (gesteigerte Raumansprüche Besserverdienender, Zunahme von Einpersonenhaushalten) zu sehen. Der Fehlbestand wurde auf 2–3 Mio. Wohnungen geschätzt. In jüngster Zeit wurde der Wohnungsbau daher wieder intensiviert.
In der von Kriegszerstörungen weniger betroffenen DDR, die zudem auch weniger Flüchtlinge aufnehmen mußte, waren die Verhältnisse günstiger, entsprechend gering fiel das Wohnungsbauvolumen aus; es betrug 1950 nur ein Viertel der Aufwendungen, die in der Bundesrepublik pro Einwohner geleistet wurden, in den 1980er Jahren waren es 65 %. Die Wohnraumzählung von 1981 wies 6,6 Mio. Wohnungen aus, die durchschnittlich von 2,5 Personen bewohnt wurden. Allerdings waren die Wohnungen in der DDR durchweg kleiner als im Westen (durchschnittlich 58 m² in der DDR gegenüber 78 m² in der BRD). Überalterung des Wohnungsbestandes, schlechte Ausstattung und hoher Reparaturbedarf machten zudem große Investitionen erforderlich. Obwohl zwischen 1971 und 1989 rd. 386 Mrd. Mark für den Bau von Wohnungen und Gemeinschaftseinrichtungen und zur Erhaltung der alten Bausubstanz aufgewendet wurden, blieb der schlechte Bauzustand der Wohnungen u. a. wegen fehlender oder mangelhafter Materialien Dauerthema.

Wohnungszwangswirtschaft

Die katastrophale Wohnungsnot nach Kriegsende machte in der Bundesrepublik Maßnahmen der Wohnungsbestandspolitik in Form von staatlichen Eingriffen in die Mietpreise, den Mieterschutz und die *Wohnraumbewirtschaftung* nötig. Diese Wohnungszwangswirtschaft endete durch das Abbaugesetz vom 23. 6. 1960, die Mietpreisbindung für Altbauwohnungen galt in einigen Ballungsgebieten noch bis Mitte der 1970er Jahre, in Berlin bis 1989. Zum Schutz der Mieter wurde 1971 das Wohnraumkündigungsschutzgesetz erlassen; außerdem gibt es ein umfangreiches Mietpreisrecht. Für die neuen Bundesländer, in denen die Wohnungszwangswirtschaft bis 1990 geübt wurde, gelten Übergangsregelungen.

Wolf, Markus

* Hechingen 19. 1. 1923 - Der Sohn des Arztes und Schriftstellers Friedrich Wolf emigrierte 1933 mit den Eltern und lebte 1934–45 in der Sowjetunion. 1942 wurde er Mitglied der KPdSU, 1946 Mitglied der SED. Er arbeitete nach dem Krieg zunächst im Berliner Rundfunk, dann im diplomatischen Dienst der DDR. 1951 wurde Wolf zum Leiter des »Instituts für Wirtschaftswissenschaftliche Forschung«, einer Spionageorganisation im DDR-Außenministerium ernannt. 1952 wechselte Wolf zur *Stasi* und erhielt 1956 die Leitung der Hauptverwaltung Aufklärung (HVA), in der v.a. Spionage gegen die Bundesrepublik betrieben wurde. Die Tätigkeit seiner »sozialistischen Kundschafter an der unsichtbaren Front« wurde dabei keineswegs verheimlicht, und Wolf sonnte sich gern öffentlich in den Erfolgen seiner Truppe. Bis zu seinem Ausscheiden aus dem aktiven Dienst 1986 erklomm er hohe militärische Ränge, zuletzt (1980) den eines Generalobersten. 1993 wurde Wolf vom Oberlandesgericht Düsseldorf wegen *Landesverrats* zu 6 Jahren Haft verurteilt. Das Urteil wurde jedoch am 18. 10. 1995 aufgehoben. Wolf profitierte vom Spruch des *Bundesverfassungsgerichts* (23. 5. 1995), wonach Spionage zu Lasten der Bundesrepublik, ausgeübt von Personen, die ihren Lebensmittelpunkt in der DDR hatten, nicht mehr unter Strafe zu stellen ist. Allerdings warten auf Wolf noch weitere Verfahren wegen Bestechung, Freiheitsberaubung, Entführung und Nötigung.

Wollweber, Ernst Friedrich

* Hannoversch Münden 28. 10. 1898, † Berlin 3. 5. 1967 - Der Matrose Wollweber trat 1919 in die KPD ein. 1928–32 war er Abgeordneter im Preußischen Landtag, 1932 im Deutschen *Reichstag*. Als Abteilungsleiter für Organisation im ZK der KPD baute er das Westeuropa-Büro der Komintern auf (sog. Wollweber-Organisation). Er emigrierte 1933 zunächst nach Dänemark, dann nach Schweden, später in die UdSSR. 1946 kehrte er nach Deutschland zurück und war seit 1947 Generaldi-

rektor für das Schiffahrtswesen in der *SBZ*, seit 1949 Staatssekretär im Ministerium für Verkehr. 1955–57 als Minister Chef der *Stasi*, gehörte er 1954–58 dem ZK der SED an. Im Februar 1958 wurde Wollweber zusammen mit Karl *Schirdewan* wegen »*Fraktions*bildung« aus dem ZK ausgeschlossen. Postum erfuhr er 1990 seine Rehabilitierung durch die SED/PDS.

Z

Zaisser, Wilhelm

* Rotthausen (heute Gelsenkirchen-R.) 19. 1. 1893, † Berlin 3. 3. 1958 - Zum Lehrer ausgebildet, konnte Zaisser diesen Beruf nach Teilnahme am 1. Weltkrieg 1914-18 aber nur kurze Zeit ausüben. 1921 wurde er, KPD-Mitglied seit 1919, wegen militärischer Betätigung in der »Roten Ruhrarmee« aus dem Schuldienst entlassen und zu 4 Monaten Gefängnis verurteilt. Danach widmete sich Zaisser ausschließlich der Tätigkeit für die Kommunistische Partei, zunächst als Zeitungsredakteur, dann als Funktionär im militärischen Apparat des ZK der KPD. Er war Mitarbeiter im Exekutivkomitee der Komintern und im Nachrichtendienst der Roten Armee in China und Deutschland und studierte an einer sowjetischen Militärakademie. 1936-38 führte er als »General Gomez« die XIII. Internationale Brigade im Spanischen Bürgerkrieg. 1938 emigrierte er in die UdSSR, kehrte 1947 nach Deutschland zurück und beteiligte sich am Aufbau der *Kasernierten Volkspolizei* in der *SBZ*. Von 1950 an war er *Stasi*-Chef und Mitglied des *Politbüros* der SED. Im Juli 1953 wurde er im Zusammenhang mit dem Volksaufstand vom *Siebzehnten Juni 1953* wegen »parteifeindlicher fraktioneller Tätigkeit« aus allen Ämtern entfernt und im Jan. 1954 auch aus der SED ausgeschlossen. Der Bannstrahl der Partei traf auch seine Frau Else Zaisser; sie verlor ihre Funktion als Ministerin für Volksbildung und arbeitete danach als Verlagslektorin.

ZDF s. *Hörfunk und Fernsehen*

Zensur

Die Unterdrückung der *Meinungsfreiheit* ist stets eine der ersten Maßnahmen, die in Diktaturen eingeführt werden. Deutschland erlebte sie während des Hitlerregimes 1933-45 in Form einer »Gleichschaltung« aller Informationsmittel. Dagegen setzte das *Grundgesetz* der Bundesrepublik Deutschland in Art. 5 das klare Bekenntnis zur Meinungsfreiheit: »Jeder hat das Recht, seine Meinung in Wort, Schrift und Bild frei zu äußern und zu verbreiten ... Eine Zensur findet nicht statt.« Damit ist v. a. die Vorzensur gemeint, die Meinungsäußerungen vor ihrer Veröffentlichung behindern könnte; diese Vorzensur darf es nicht geben. Möglich ist jedoch eine Nachzensur, wenn etwa die *Verfassung* angegriffen, gegen *Jugendschutz*bestimmungen verstoßen oder die persönliche Ehre verletzt wird. Bei Filmen schaltet sich die Freiwillige Selbstkontrolle (FSK) ein, die fertige Filme überprüft und gegebenenfalls Schnittauflagen (bei Sexszenen oder Gewaltverherrlichung) durchsetzt.

In der DDR etablierte sich bereits im Aug. 1949, also kurz vor der offiziellen Übergabe aller Verwaltungsfunktionen durch die *SMAD* (10. 10. 1949) ein Zensursystem für alle Publikationen und *Massenmedien*, das bis zur Auflösung des Staates im wesentlichen unverändert blieb. Bestandteile des Systems waren 1. *Kader*politik: Besetzung der Entscheidungspositionen in den Kulturinstitutionen, Massenmedien, Verlagen, im Filmwesen usw. mit loyalen Anhängern der SED; 2. *Medienpolitik*: staatliche Lizenzpflicht und Veröffentlichungsgenehmigungen, Einfuhrbeschränkungen für Druckerzeugnisse aus dem Westen; 3. Selbstzensur der Medienschaffenden (»Kritik und Selbstkritik«). Auch die Tätigkeit der ausländischen Korrespondenten in der DDR unterlag der Zensur. Das Außenministerium behielt sich die Akkreditierung vor und widerrief sie, wenn in unerwünschter Weise berichtet wurde. So wurde z. B. im Jan. 1978 das Ostberliner Büro des »Spiegel« geschlossen, nachdem dieser ein oppositionelles Manifest veröffentlicht hatte.

Zentrale Beweismittel- und Dokumentationsstelle der Landesjustizverwaltungen

Nach dem Bau der *Berliner Mauer* am 13. 8. 1961 kam es immer wieder zu Zwischenfällen an der *innerdeutschen Grenze* und zu Gewaltmaßnahmen gegen Fluchtwillige oder Kritiker des Systems in der DDR. Die Justizminister der *Bundesländer* beschlossen daher die Bildung einer Zentralen Erfassungsstelle für solche strafbaren Handlungen, obwohl die Bundesrepublik sie nur verfolgen konnte, wenn ein Täter einreiste, oder im damals hypothetischen Fall einer *Wiedervereinigung*. Die Stelle nahm am 24. 11. 1961 in Salzgitter die Arbeit auf und erfaßte v. a. vier Tatkomplexe: vollendete oder versuchte Tötungshandlungen (z. B. zur Verhinderung von *Republikflucht*), Unrechtsurteile aus politischen Gründen, Mißhandlungen im Strafvollzug und Verschleppung oder politische Verfolgung. Die DDR bekämpfte sie stets als »Institution des *Revanchismus* und grobe Einmischung in die inneren Angelegenheiten der DDR«.

Mit Öffnung der DDR-Grenzen erreichte die Erfassungsstelle noch einmal eine Flut von Informationen über staatliche Gewaltakte der SED-Diktatur; ihre ursprüngliche Aufgabe endete mit dem Beitritt der DDR zur Bundesrepublik am 3. 10. 1990. Heute in Braunschweig angesiedelt, fungiert sie seitdem als Beweismittel- und Dokumentationsstelle für Amts- und Rechtshilfeersuchen von Behörden. Sie rechnet mit insgesamt 33 000 Vorgängen, die von Staatsanwaltschaften für Verfahren gegen Täter aus der einstigen DDR angefordert werden. Dabei geht es v. a. um *Mauerschützenprozesse* und Bestrafung von Juristen wegen Rechtsbeugung und Freiheitsberaubung.

Zentrale Stelle der Landesjustizverwaltungen zur Aufklärung nationalsozialistischer Verbrechen
Der Bundesrepublik wurde häufig vorgeworfen, sie habe sich ihrer Verantwortung hinsichtlich der NS-Vergangenheit nur ungenügend gestellt. Dies trifft zumindest juristisch nicht zu: Am 6. 11. 1958 gründeten die Justizminister bzw. -senatoren der *Bundesländer* eine Zentrale Stelle zur Verfolgung der NS-Verbrechen mit Sitz in Ludwigsburg. Sie sammelt sämtliches erreichbare Material über diese Verbrechen, sichtet es und wertet es aus mit dem Ziel, Verfahren gegen die Täter zu ermöglichen. Ihre Vorermittlungen leitet die Zentrale Stelle den zuständigen Staatsanwaltschaften zu. Sie gab damit den Anstoß zu rund 15 000 Ermittlungsverfahren, die zu über 5000 Prozessen, darunter der *Auschwitz-Prozeß*, führten. Ihre Akten sind für die Historiker eine bedeutende Quelle.

Zentralismus s. *demokratischer Zentralismus*

Zentralkomitee der SED
In kommunistischen Parteien ist das Zentralkomitee (ZK) das nominelle Führungsgremium zwischen den Parteitagen. Es wählt aus seinen Mitgliedern das *Politbüro* und das Sekretariat, die eigentlichen Führungs- und Machtinstanzen der Partei.
Das ZK der SED wurde zum ersten Mal beim III. Parteitag der SED im Juli 1950 gewählt (bis dahin hatte es, wie bei anderen Parteien auch, einen Parteivorstand gegeben). Es setzte sich aus Mitgliedern mit vollem Stimmrecht und aus Kandidaten mit beratender Stimme zusammen. 1950 waren es 51 Mitglieder und 30 Kandidaten. Im Laufe der Jahre vergrößerte sich das ZK; 1986 hatte es 165 Mitglieder und 57 Kandidaten. Teils lag dies an der Zunahme der Aufgabenbereiche, teils daran, daß besonders verdienstvolle Genossen im ZK blieben, obwohl ihre Arbeit längst von Jüngeren gemacht wurde. Protokollarisch stand das ZK über dem *Ministerrat*, wichtige Entscheidungen der Minister wurden stets vorher mit den Abteilungsleitern im ZK abgestimmt. Das ZK verkörperte die politische Elite des SED-Staates, es herrschte unbedingte Disziplin und absolute Treue zu einmal gefaßten Beschlüssen. Offene Diskussionen gab es spätestens seit *Honeckers* Machtantritt nicht mehr.

Zentrum
Im protestantisch-preußisch dominierten Kaiserreich (1871–1918) etablierte sich mit dem Zentrum eine Partei des politischen Katholizismus. Es war in der Weimarer Republik (1918–33) in fast allen Reichsregierungen vertreten und stellte auch mehrere Reichskanzler, zuletzt Heinrich Brüning (1930–32). 1933 wurde seine Selbstauflösung durch den NS-Staat erzwungen. Nach 1945 schlossen sich die überlebenden

Zentrumsführer in ihrer Mehrheit der auch von den Deutschen Bischofskonferenz unterstützten CDU als überkonfessioneller christlicher Partei an, eine linksorientierte Neugründung des Zentrums in Westdeutschland gewann bei der *Bundestags*wahl 1949 noch 10 Sitze, nach den Wahlen 1953 blieben lediglich 2. 1957 trat das Zentrum zum letzten Mal an und bekam nur noch 86 000 Stimmen (= 0,3 %). Regionale Bedeutung hatte es zeitweilig in Nordrhein-Westfalen, dort war es bis 1958 an verschiedenen Landesregierungen beteiligt.

Zivildienst

Wehrpflichtige deutsche Männer, die von ihrem Recht auf *Kriegsdienstverweigerung* aus Gewissensgründen Gebrauch machen, müssen als Ersatz einen Zivildienst leisten; er ist seit 1973 im Zivildienstgesetz geregelt. Einsatzbereiche des Zivildienstes sind u. a. Krankenhäuser, psychiatrische Kliniken, Kurheime, Heime für Süchtige, Blinde, Taube, Stumme, geistig und körperlich Behinderte, Altenpflegeheime, Jugend- und Kinderheime, Unfallrettungsdienste und *Umweltschutz*. Der Zivildienst dauert grundsätzlich länger als der Wehrdienst, seit dem 1. 1. 1996 sind es 13 Monate, gegenüber 10 Monaten Grundwehrdienst. Dem liegt die - auch vom *Bundesverfassungsgericht* 1978 bestätigte - Auffassung zugrunde, daß der *Wehrdienst* der Normalfall, der Zivildienst dagegen, bei aller Bedeutung, die er inzwischen gerade im sozialen Bereich gewonnen hat, die Ausnahme sei und bleiben müsse; auch werde der Zivildienstleistende später nicht wie viele Gediente zu Wehrübungen herangezogen. Für die zeitweilige Zurückstellung vom Zivildienst gelten dieselben Bestimmungen wie beim Wehrdienst.

Zivilverteidigung

Neben der militärischen Verteidigung müssen im Kriegsfall Anstrengungen zum Schutz der Bevölkerung und der Staatseinrichtungen unternommen werden. Zu dieser Zivilverteidigung gehören die Aufrechterhaltung der Staats- und Regierungsgewalt, der *Zivilschutz*, die Versorgung der Bevölkerung und der Streitkräfte mit allem Lebenswichtigen und die Unterstützung der Streitkräfte bei Operationen auf dem nationalen Territorium. Gesetzlich ist dies in der 1968 verabschiedeten *Notstands*verfassung geregelt. Eine Akademie für zivile Verteidigung des Bundesministeriums des Innern bereitet Beamte und Staatsangestellte auf ihre Aufgaben in der Zivilverteidigung vor.
Die DDR regelte die Zivilverteidigung gesetzlich zwischen 1967 und 1970, unterstellte ihr die Sanitätseinrichtungen des Deutsche Roten Kreuzes (DRK) und integrierte den Katastrophenschutz. Unterstellt war die Zivilverteidigung zunächst dem Vorsitzenden des *Ministerrats*, seit 1978 dem Ministerium für Nationale Verteidigung. Daher konnte in ihrem Einrichtungen auch ein waffenloser *Wehrdienst* abgeleistet werden. Frauen konnten für Aufgaben der Zivilverteidigung dienst-

verpflichtet werden. Offiziere wurden in einem 1960 geschaffenen Institut der Zivilverteidigung ausgebildet.

Zivilschutz
Früher ziviler Bevölkerungsschutz, auch Luftschutz genannt, ist der Zivilschutz Teil der *Zivilverteidigung*; für ihn hat der Bund die *ausschließliche Gesetzgebung* nach Art. 73,1 GG. Der Zivilschutz gliedert sich in den Selbstschutz (auf freiwilliger Grundlage, z.B. durch Erste-Hilfe-Kurse), den Katastrophenschutz, den Schutzraumbau, den Warndienst (z.B. vor Luftangriffen), die Aufenthaltsregelung im Spannungs- und *Verteidigungsfall* (z.B. mögliche Evakuierungen), das *Gesundheitswesen* (z.B. Anlage von Arzneimitteldepots, Not- oder Hilfskrankenhäuser) und den Schutz von Kulturgut. Für die Verwaltungsaufgaben im Zusammenhang mit dem Zivilschutz ist das Bundesamt für Zivilschutz in Bonn zuständig. Andere Einrichtungen wie das Technische Hilfswerk, das Deutsche Rote Kreuz u.a. nehmen ebenfalls Aufgaben des Zivilschutzes wahr.

ZK s. *Zentralkomitee der SED*

Zonengrenzen
Die von den *Siegermächten* des 2. Weltkrieges in Deutschland eingerichteten *Besatzungszonen* waren durch *Demarkationslinien* voneinander getrennt, deren Verlauf in der Konferenz von *Jalta* im Jan. 1945 festgelegt worden war. Mit der Gründung der Bundesrepublik Deutschland 1949 wurden die Grenzen zwischen den Westzonen, die seit Einrichtung der *Trizone* bereits an Bedeutung verloren hatten, gänzlich aufgehoben. Bestehen blieb jedoch der Grenzabschnitt zur *SBZ*, die sich bald darauf als DDR konstituierte. Diese *innerdeutsche Grenze* wurde zur Systemgrenze zwischen Ost und West; mit der Errichtung von Sperrzonen, aus denen die Bevölkerung zwangsumgesiedelt wurde, und immer schärferer Bewachung wurde der Grenzübertritt erschwert. Nahezu unmöglich wurde er durch den Bau der *Berliner Mauer* im Aug. 1961, die danach folgende Befestigung der Zonengrenze (im offiziellen Sprachgebrauch »Staatsgrenze West der DDR«) und den *Schießbefehl.* Nach dem 9. 11. 1989 wurden die Grenzanlagen rasch abgebaut, über den Erhalt einzelner Abschnitte des »Todesstreifens« als Denkmal der deutschen Teilung oder als Biotop (da die Gebiete landwirtschaftlich nicht genutzt und kaum begangen wurden, konnten bestimmte seltene Pflanzen und Tiere hier Lebensräume finden) - wird diskutiert.

Zonenrandförderung
Als Ausgleich für die Folgen der Teilung Deutschlands erhielten seit 1971 Westberlin und das sog. Zonenrandgebiet, ein 40 km breiter Strei-

fen westlich der *innerdeutschen Grenze*, Unterstützung in Form von regionaler Wirtschaftsförderung, steuerlichen Vergünstigungen, Maßnahmen zur Verkehrserschließung, zum *Wohnungsbau* und zur Schaffung sozialer Einrichtungen u.a. Berlin- und Zonenrandförderung wurden auch nach der deutschen Einigung in Teilen noch bis 1994 weitergeführt.

Zustimmungsgesetze
In der *Gesetzgebung* des Bundes wird unterschieden zwischen Gesetzen, die nicht der Zustimmung des *Bundesrates* bedürfen (sog. *Einspruchsgesetze*), und Gesetzen, bei denen die Zustimmung zwingend erforderlich ist (Art. 52,3 GG). Zustimmungsgesetze sind z.B. Gesetze, die mit einer Änderung der *Verfassung* verbunden sind oder die bundesstaatliche Ordnung oder Hoheitsrechte der *Bundesländer* berühren. Bestehen Differenzen zwischen *Bundestag* und Bundesrat darüber, ob ein bestimmtes Gesetz zustimmungspflichtig ist, entscheidet zunächst der *Bundespräsident* durch Unterschrift bzw. deren Verweigerung. Dagegen kann das *Bundesverfassungsgericht* angerufen werden.

Zweidrittelgesellschaft s. *Neue Armut*

Zwei-plus-Vier-Vertrag
Eine *Wiedervereinigung* Deutschlands war auch nach Zusammenbruch der SED-Diktatur in der DDR nur mit Zustimmung der vier *Siegermächte* möglich. Daher suchten die beiden deutschen Staaten 1989/90 in sog. Zwei-plus-Vier-Gesprächen etwaige Bedenken der USA, Großbritanniens, Frankreichs und der UdSSR hinsichtlich einer Vereinigung zu zerstreuen und die Bedingungen auszuhandeln, unter denen sie für alle Beteiligten akzeptabel wäre. Am 12. 9. 1990 wurde ein Zwei-plus-Vier-Vertrag unterzeichnet, der für das vereinte Deutschland galt, von *Bundestag* und *Volkskammer* am 20. 9. 1990 mit überwältigender Mehrheit angenommen wurde und am 4. 3. 1991 in Kraft trat, nachdem die UdSSR die Abmachungen als letzter Staat ratifiziert hatte. Damit erhielt die Bundesrepublik die volle innen- wie außenpolitische *Souveränität* gegen die Zusicherung, keinerlei Gebietsansprüche gegenüber anderen Staaten zu erheben, ihre Streitkräfte auf 370000 Mann zu verringern und auf ABC-Waffen zu verzichten. Im Zusammenhang mit dem Vertrag sagte Deutschland der UdSSR 13 Mrd. DM Finanzhilfe für den darin vereinbarten Abzug ihrer Truppen bis 1994 zu.

Zwei-Staaten-Theorie
Nach Einbeziehung der Bundesrepublik und der DDR in die *NATO* bzw. den *Warschauer Pakt* (1955) vollzog die Sowjetunion eine Kursänderung in ihrer Deutschlandpolitik. Fortan behauptete sie die Existenz

zweier deutscher Staaten. Diese Zwei-Staaten-Theorie wurde von der DDR und den sozialistischen Staaten übernommen. Sie besagte, daß die *Wiedervereinigung* auf keinen Fall durch gesamtdeutsche Wahlen (wie es sich der Westen vorstellte), sondern nur in Form einer Konföderation möglich sei, der eine »Annäherung« der beiden deutschen Staaten mit ihren verschiedenen Gesellschaftssystemen vorauszugehen habe. Im Zusammenhang mit dem *Berlin*-Ultimatum von 1958 wurde die Zweistaatentheorie durch die Erklärung Westberlins zur »selbständigen politischen Einheit« zu einer Drei-Staaten-Theorie erweitert.

Zweizonenwirtschaftsrat
Am 29. 5. 1947 trafen Großbritannien und die USA ein Abkommen zum weiteren Ausbau der *Bizone*, dem Ende 1946 geschaffenen Zusammenschluß ihrer *Besatzungszonen* in Deutschland. Dazu gehörte die Bildung eines bizonalen deutschen Wirtschaftsparlaments, des Zweizonenwirtschaftsrates (nach seinem Sitz auch Frankfurter Wirtschaftsrat genannt). Er hatte zunächst 52, später 104 Mitglieder, die von den *Landtagen* der Bizone gewählt wurden. Der Zweizonenwirtschaftsrat besaß das Recht der *Gesetzgebung* für Post, Eisenbahn und Seeverkehr und des Erlassens von *Rahmengesetzen* für die übrigen Wirtschaftsgebiete. Die Bedeutung dieses Gremiums wurde v. a. in der *Währungsreform* (20. 6. 1948) deutlich. Die Auseinandersetzungen im Zweizonenwirtschaftsrat zwischen CDU und FDP auf der einen und SPD und KPD auf der anderen Seite über die Grundsätze, die beim Aufbau der deutschen Wirtschaft gelten sollten, ließen bereits die künftigen Gegensätze im politischen Leben der Bundesrepublik ahnen.

Personenregister

Zur Erhöhung der Fundstellenzahl folgt ein Register relevanter Personen, die nicht mit einem eigenen Eintrag vertreten sind. Statt der sonst üblichen Seitenzahlen verweist das Register auf die Artikel, in denen der jeweilige Name zu finden ist.

Literatur

Auf die Nennung von Spezialuntersuchungen und Aufsätzen muß hier verzichtet werden. Die genannten umfassenderen Darstellungen vorwiegend neueren Datums enthalten ihrerseits so viele Hinweise auf weiterführende Literatur, daß über sie fündig wird, wer zu Einzelfragen Weiteres sucht.

Backes, Uwe u. a.: Deutschland, Deutschland. 40 Jahre. Eine Geschichte der Bundesrepublik Deutschland und der DDR in Bild und Text. Gütersloh 1989

Beck, Reinhart: Sachwörterbuch der Politik, 2. erweiterte Aufl. Stuttgart 1986

Behr, Wolfgang: Bundesrepublik Deutschland - Deutsche Demokratische Republik. Systemvergleich Politik, Wirtschaft, Gesellschaft, 2. Aufl. Stuttgart / Berlin / Köln / Mainz 1985

Benz, Wolfgang (Hrsg.): Die Geschichte der Bundesrepublik Deutschland, 4 Bde. Frankfurt a. M. 1989

Benz, Wolfgang: Deutschland seit 1945. Entwicklungen in der Bundesrepublik und in der DDR. Chronik, Dokumente, Bilder. München / Bonn 1990

Bögeholz, Hartwig: Die Deutschen nach dem Krieg. Eine Chronik. Reinbek bei Hamburg 1995

Bracher, Karl Dietrich u.a. (Hrsg.): Geschichte der Bundesrepublik Deutschland, 5 Bde. Stuttgart / Wiesbaden 1981-87

DDR-Handbuch, Wissenschaftliche Leitung: Hartmut Zimmermann, hrsg. vom Bundesministerium für Innerdeutsche Beziehungen. 2 Bde., 3. Aufl. Köln 1985

Diemer, Gebhard / Kuhrt, Eberhard: Kurze Chronik der Deutschen Frage. Mit den drei Verträgen zur Einigung Deutschlands, 3. Aufl. München 1991

Drechsler, Hanno / Hilligen, Wolfgang / Neumann, Franz: Gesellschaft und Staat. Lexikon der Politik, 8. neubearbeitete und erweiterte Aufl. München 1992

Fischer, Claus A. (Hrsg.): Wahlhandbuch für die Bundesrepublik Deutschland 1946-1989, 2 Bde. Paderborn 1990

Fuhr, Eckhard: Geschichte der Deutschen 1949-1990. Eine Chronik zu Politik, Wirtschaft und Kultur. Frankfurt a. M. 1990

Glaessner, Gert-Joachim: Die andere deutsche Republik. Gesellschaft und Politik in der DDR. Opladen 1989

Grosser, Alfred: Geschichte Deutschlands seit 1945, 15. Aufl. München 1991

Hamel, Hannelore (Hrsg.): Bundesrepublik Deutschland - DDR. Die Wirtschaftssysteme. Soziale Marktwirtschaft und Sozialistische Planwirtschaft im Systemvergleich. München 1983

Herbst, Andreas / Ranke, Wilfried / Winkler, Jürgen: So funktionierte die DDR, 3 Bde. Reinbek 1994

Klessmann, Christoph: Die doppelte Staatsgründung. Deutsche Geschichte 1945-1955, 5. Aufl. Göttingen / Bonn 1991

Klessmann, Christoph: Zwei Staaten, eine Nation. Deutsche Geschichte 1955-1970. Göttingen / Bonn 1988

Lehmann, Hans Georg: Deutschland-Chronik 1945 bis 1995. Bonn 1995

Morsey, Rudolf: Die Bundesrepublik Deutschland, Entstehung und Entwicklung bis 1969, 3. Aufl. München 1995

Ritter, Gerhard / Niehuss, Merit: Wahlen in Deutschland 1946–1991. München 1991. Ergänzungsband: Wahlen in Deutschland 1990–1994. München 1995

Sontheimer, Kurt: Grundzüge des politischen Systems der neuen Bundesrepublik Deutschland. Völlig überarbeitete Neuausgabe von: Grundzüge des politischen Systems der Bundesrepublik Deutschland, 15. Aufl. München 1993

Weber, Hermann: Die DDR 1945–1990, 15. Aufl. München 1993

Weidenfeld, Werner / Zimmermann, Hartmut (Hrsg.): Deutschland-Handbuch. Eine doppelte Bilanz 1949–1989. München / Bonn 1989

Zuckert, Gudula und Ulrich: Eine getrennte Geschichte. Die Bundesrepublik Deutschland und die Deutsche Demokratische Republik von 1945/49 bis 1990, 2. Aufl. Bamberg 1994

Bildnachweis

dpa: 49, 52, 54, 67, 69, 154, 207, 221, 245, 256, 274, 276, 288, 293, 309, 333, 364, 382

Keystone: 10, 17, 43, 46, 47, 56, 65, 68, 87, 92, 112, 117, 119, 122, 134, 162, 166, 168, 173, 190, 193, 201, 202, 204, 206, 208, 212, 226, 237, 239, 241, 261, 278, 283, 295, 303, 311, 313, 314, 320, 321, 336, 349, 356, 358, 360, 361, 368, 376, 392, 393, 395, 404, 407, 431, 434, 436

Karten
Globus Kartendienst GmbH, Hamburg: 59, 81, 106

Schaubilder
Europäische Kommission, Vertretung in der Bundesrepublik Deutschland, Bonn: 139

Werbeagentur Rechl, Wanfried-Aue: 15, 77, 83, 85, 199, 224, 322, 381, 391, 399, 414, 427

Wissenschaftsverlag Volker Spiess, Berlin: 329

Die Schaubilder auf S. 80, 175, 179 und 307 wurden nach ZAHLENBILDER, Erich Schmidt Verlag, Berlin, gestaltet und teilweise nach eigenem Ermessen verändert. Wir danken für die Überlassung der Nutzungsrechte.

SERIE PIPER

Wolfgang Körner

Körners endgültige Geschichte der Deutschen

Von der Völkerwanderung bis heute. 238 Seiten. SP 2540

Ähnlich dem Vorurteil, Geschichte sei von Männern gemacht, hat sich das Vorurteil gehalten, daß nur bestimmte Dinge überlieferungswert sind: nämlich Schlachten, Kriege, Herrscher, Staatsmänner und Verfassungsänderungen. Bis jetzt. Satirisch und vergnüglich erzählt Wolfgang Körner die Historie der Deutschen völlig neu. Nein, er verfälscht in keiner Weise geschichtliche Fakten – er liefert lediglich eine »etwas andere« Betrachtung der Dinge. Daß er dabei Personen und Ereignisse souverän ignoriert, die Historiker für wichtig halten mögen, tut dem Leser-Nutzen keinen Abbruch. So entsteht in dreiundneunzig Kapiteln ein höchst vergnüglicher Abriß unserer Geschichte von den alten Germanen bis zur Neuzeit, in dem Interessantes, Unbekanntes und Ungeahntes kunstvoll miteinander verbunden sind.
Wer weiß schon, daß die alten Römer bereits Sozialhilfeempfänger hatten oder warum die schnelle Postkutsche von dem langsamen Briefträger verdrängt wurde? Die deutsche Chronik als ein unterhaltendes, brillantes Feuerwerk. Aha-Erlebnisse sind garantiert – ein Lesevergnügen nicht nur für die, die in der Schule gepennt haben!

Körners endgültige Entdeckung Amerikas

Von Donald Duck bis Donald Trump. 197 Seiten. SP 2477

Noch immer wird Amerika für das Land der unbegrenzten Möglichkeiten gehalten, in dem kühnste Träume und Hoffnungen durch hinreichende Anstrengungen – »den Tüchtigen belohnt Gott« – verwirklicht werden können. Der Millionär, der als Tellerwäscher angefangen hat, ist der sprichwörtlichste »american dream«. Wolfgang Körner, seit mehr als einem Jahrzehnt unterwegs zwischen Anchorage und Key West, zwischen Seattle und San Diego, hat genau hingesehen. Mit diesem Buch nimmt er die USA unter die Lupe und vermittelt auf höchst vergnügliche Weise ein respektloses, überraschendes Bild der »Heimat der Tapferen«. Körner on the road – mit high speed durch Amerikas Landschaften, seine Vergangenheit und den Alltag seiner Gegenwart.

Politik und Zeitgeschichte

Walter Grab
Der deutsche Weg der Judenemanzipation 1789–1938
204 Seiten. SP 1008

Johannes Ludwig
Boykott – Enteignung – Mord
Die »Entjudung« der deutschen Wirtschaft. 400 Seiten mit 40 Fotos und Faksimiles. SP 1580

Gitta Serenyi
Am Abgrund: Gespräche mit dem Henker
Franz Stangl und die Morde von Treblinka. Aus dem Englischen von Helmut Röhrling. 441 Seiten. SP 1867.

Die Adenauer-Ära Die Bundesrepublik Deutschland 1949–1963
Herausgegeben von Werner Bührer. 363 Seiten. SP 1744

Peter Longerich / Ernst Piper / Otto Schily / Thomas Schmid / Julius H. Schoeps / Bassam Tibi
Der neue alte Rechtsradikalismus
Herausgegeben von Ulrich Wank. 168 Seiten. SP 1857

Jörg Friedrich
Die kalte Amnestie
NS-Täter in der Bundesrepublik. 543 Seiten. SP 1553

»Was ist des Deutschen Vaterland?«
Dokumente zur Frage der deutschen Einheit 1800 bis 1990. Herausgegeben von Peter Longerich. 303 Seiten. SP 1269

Ferdinand Seibt
Deutschland und die Tschechen
Geschichte einer Nachbarschaft in der Mitte Europas. Aktualisierte Neuausgabe. 516 Seiten. SP 1632

Der Zerfall der Ostblockländer und die Öffnung der Grenzen machen jahrzehntelang voneinander geschiedene Länder wieder zu dem, was sie ihrer Lage nach eigentlich sind: Nachbarländer, die auf eine über tausend Jahre währende, wechselvolle Geschichte ihrer Beziehungen zurückblicken können. Erst in der Mitte unseres Jahrhunderts geriet diese Nachbarschaft in eine Katastrophe: Die deutsche Aggression bedrohte zum erstenmal das tschechische Volk in seiner Existenz. Was im 20. Jahrhundert durch Protektoratsterror, Judenmord, Vertreibung der Deutschen und die Zeit des »Eisernen Vorhangs« gewaltsam abgeschnitten und vergessen wurde, das holt dieses Buch in die Gegenwart zurück.